Informe Final
de la Trigésima Cuarta
Reunión Consultiva
del Tratado Antártico

REUNIÓN CONSULTIVA
DEL TRATADO ANTÁRTICO

Informe Final
de la Trigésima Cuarta
Reunión Consultiva
del Tratado Antártico

Buenos Aires, Argentina
20 de junio al 1 de julio de 2011

Secretaría del Tratado Antártico
Buenos Aires
2011

Reunión Consultiva del Tratado Antártico (34ª : 2011 : Buenos Aires)
Informe Final de la Trigésima Cuarta Reunión Consultiva del Tratado Antártico.
 Buenos Aires, Argentina, 20 de junio al 1 de julio de 2011.
Buenos Aires : Secretaría del Tratado Antártico, 2011.
366 p.

ISBN 978-987-1515-32-5

1. Derecho internacional – Asuntos ambientales. 2. Sistema del Tratado Antártico. 3. Derecho ambiental – Antártida. 4. Protección del medio ambiente – Antártida.
DDC 341.762 5

ISBN 978-987-1515-32-5

Índice

VOLUMEN 1 (versión impresa y en CD)

VOLUMEN 2 (en CD y copias disponibles para adquirir en línea)

SEGUNDA PARTE. MEDIDAS, DECISIONES Y RESOLUCIONES (cont.)

4. Planes de gestión

TERCERA PARTE. INFORMES Y DISCURSOS DE APERTURA Y CIERRE

1. Declaraciones en la Sesión de Conmemoración del 50° Aniversario de la entrada en vigor del Tratado Antártico

Acrónimos y siglas

ACAP	Acuerdo sobre la Conservación de Albatros y Petreles
API	Año Polar Internacional
ASOC	Coalición Antártica y del Océano Austral
CAML	Censo de Vida Marina Antártica
CC-CRVMA	Comité Científico de la CCRVMA
CCFA	Convención para la Conservación de las Focas Antárticas
CCRVMA	Convención para la Conservación de los Recursos Vivos Marinos Antárticos / Comisión para la Conservación de los Recursos Vivos Marinos Antárticos
CEE	Evaluación medioambiental global
CHA	Comité Hidrográfico sobre la Antártida
CIUC	Consejo Internacional de Uniones Científicas
CMNUCC	Convención Marco de las Naciones Unidas sobre el Cambio Climático
COI	Comisión Oceanográfica Intergubernamental
COMNAP	Consejo de Administradores de los Programas Nacionales Antárticos
CPA	Comité para la Protección del Medio Ambiente
EIA	Evaluación del impacto ambiental
GCI	Grupo de contacto intersesional
GT	Grupo de Trabajo
IAATO	Asociación Internacional de Operadores Turísticos en la Antártida
IEE	Evaluación medioambiental inicial
IP	Documento de información
IPCC	Grupo Intergubernamental de Expertos sobre el Cambio Climático
IUCN	Unión Internacional para la Conservación de la Naturaleza y los Recursos Naturales
OHI	Organización Hidrográfica Internacional
OMI	Organización Marítima Internacional
OMM	Organización Meteorológica Mundial
OMT	Organización Mundial del Turismo
OPI-API	Oficina de Programas Internacionales del API
ORGP	Organización Regional de Gestión de la Pesca
PCTA	Parte Consultiva del Tratado Antártico

PNUMA	Programa de las Naciones Unidas para el Medio Ambiente
RCETA	Reunión Consultiva Extraordinaria del Tratado Antártico
RCTA	Reunión Consultiva del Tratado Antártico
SCALOP	Comité Permanente sobre Logística y Operaciones Antárticas
SCAR	Comité Científico de Investigación Antártica
SMH	Sitio y monumento histórico
SP	Documento de la Secretaría
STA	Sistema del Tratado Antártico o Secretaría del Tratado Antártico
WP	Documento de trabajo
ZAEA	Zona antártica especialmente administrada
ZAEP	Zona antártica especialmente protegida
ZEP	Zona especialmente protegida
ZMP	Zona marina protegida

PRIMERA PARTE
Informe Final

1. Informe Final

Informe Final de la Trigésima Cuarta Reunión Consultiva del Tratado Antártico

Buenos Aires, del 20 de junio al 1 de julio de 2011

(1)   Conforme al Artículo IX del Tratado Antártico, los representantes de las Partes Consultivas (Argentina, Australia, Bélgica, Brasil, Bulgaria, Chile, China, Ecuador, Finlandia, Francia, Alemania, India, Italia, Japón, la República de Corea, los Países Bajos, Nueva Zelandia, Noruega, Perú, Polonia, la Federación de Rusia, Sudáfrica, España, Suecia, Ucrania, el Reino Unido de Gran Bretaña e Irlanda del Norte, los Estados Unidos de Norteamérica y Uruguay) se reunieron en Buenos Aires del 20 de junio al 1 de julio de 2011, con el propósito de intercambiar información, realizar consultas, y considerar y recomendar a sus gobiernos medidas para promover los principios y objetivos del Tratado.

(2)   También asistieron a la Reunión delegaciones de las siguientes Partes Contratantes del Tratado Antártico, las cuales no son Partes Consultivas: Colombia, Cuba, República Checa, Grecia, Mónaco, Rumania, Suiza y Venezuela. Una delegación de Malasia estuvo presente por invitación de la XXXIII RCTA para observar la Reunión.

(3)   De conformidad con las Reglas 2 y 31 de las Reglas de Procedimiento, asistieron a la Reunión los observadores de la Comisión para la Conservación de los Recursos Vivos Marinos Antárticos (CCRVMA), el Comité Científico de Investigación Antártica (SCAR) y el Consejo de Administradores de los Programas Nacionales Antárticos (COMNAP).

(4)   De conformidad con la Regla 39 de las Reglas de Procedimiento, asistieron a la Reunión expertos de las siguientes organizaciones internacionales y organizaciones no gubernamentales: la Coalición Antártica y del Océano Austral (ASOC), la Asociación Internacional de Operadores Turísticos en la Antártida (IAATO), la Organización Hidrográfica Internacional (OHI) y el Programa de las Naciones Unidas para el Medio Ambiente (PNUMA).

(5)   Argentina, el país anfitrión cumplió con sus requerimientos de información a las Partes Contratantes, los observadores y expertos a través de circulares y cartas de la Secretaría, y un sitio web con secciones para el público y secciones sólo para miembros.

Tema 1. Apertura de la Reunión

(6)   La Reunión se inauguró oficialmente el 20 de junio de 2011. En representación del gobierno anfitrión, conforme a las Reglas 5 y 6 de las Reglas de Procedimiento, el Secretario Ejecutivo de la Secretaría del gobierno anfitrión, el Sr. Jorge Roballo abrió la sesión y propuso la candidatura del distinguido jurista y Embajador Ariel Mansi como Presidente de la XXXIV RCTA. Se aceptó la propuesta.

(7)   El Presidente dio una cálida bienvenida a Buenos Aires a todas las Partes, los observadores y expertos. Recordó a los delegados que en el año 2011 se cumplía el 50° aniversario de la entrada en vigor del Tratado Antártico, el 20° aniversario de la firma del Protocolo sobre Protección del Medio Ambiente y, remontándose un poco más atrás, el centenario del año en que la expedición noruega liderada por Roald Amundsen llegó por primera vez al Polo Sur. Estos aniversarios constituyeron un hito sobre el que la comunidad antártica podría reflexionar acerca del futuro.

(8)   El Dr. Lino Barañao, Ministro de Ciencia, Tecnología e Innovación Productiva de la Argentina, dio la bienvenida oficial a los delegados a la Reunión en el 50° aniversario de la entrada en vigor del Tratado Antártico. Recordó los constantes desafíos científicos que presenta la Antártida y cómo el principio de consenso de las reuniones del Tratado ha generado un espíritu de cooperación entre todos aquellos que trabajan en la región. Desde el establecimiento de la primera estación científica permanente en la Antártida en 1904, Orcadas, Argentina ha mantenido su interés por las investigaciones científicas en la Antártida, y hace apenas 60 años estableció el Instituto Antártico Argentino, reconocido recientemente por el Ministerio de Ciencia, Tecnología e Innovación Productiva como una de las organizaciones científicas y tecnológicas más importantes del país.

(9)   El Presidente agradeció al Ministro su reconocimiento de la importancia científica de la Antártida. Señaló que el programa de esta Reunión cubría una gran variedad de temas que incluían la gobernanza de la Antártida, la gestión de su medio ambiente, ciencia y las implicaciones del cambio climático, así como asuntos operacionales y la bioprospección.

(10) La Argentina observó que los recientes fallecimientos del Embajador Jorge Berguño de Chile y el Dr. Teodor Negoita de Rumania privarán a la comunidad antártica de sus valiosos talentos y experiencia. Al recordar que el Embajador Berguño había asistido a 19 Reuniones Consultivas y representado a Chile en muchas otras reuniones internacionales, Argentina rindió homenaje a sus importantes contribuciones durante varias décadas para el desarrollo del Tratado Antártico. Sus colegas y amigos de todo el mundo echarán de menos sus amplios conocimientos y su sabiduría de las leyes y gobernanza de la Antártida. Chile agradeció a la Argentina por sus cálidas palabras y comentó que su excelencia legal y experiencia personal no podrán reemplazarse. Rumania habló acerca de la manera en que el Dr. Negoita contribuyó a la ciencia de la Antártida. La Reunión hizo un minuto de silencio para conmemorar sus contribuciones.

Tema 2. Elección de autoridades y formación de los grupos de trabajo

(11) El Sr. Richard Rowe, representante de Australia (país anfitrión de la XXXV RCTA) fue elegido Vicepresidente. De acuerdo con la Regla 7 de las Reglas de Procedimiento, el Dr. Manfred Reinke, Secretario Ejecutivo de la Secretaría del Tratado Antártico, se desempeñó como Secretario de la Reunión. El Sr. Jorge Roballo, jefe de la Secretaría del país anfitrión, se desempeñó como Subsecretario. El Dr. Yves Frenot de Francia había sido elegido Presidente del Comité para la Protección del Medio Ambiente en la XIII Reunión del CPA.

(12) Se establecieron tres grupos de trabajo:

- El Grupo de Trabajo sobre Asuntos Jurídicos e Institucionales;
- El Grupo de Trabajo sobre Actividades Turísticas y No Gubernamentales;
- El Grupo de Trabajo sobre Asuntos Operacionales.

(13) Se eligieron los siguientes Presidentes de los grupos de trabajo:

- Asuntos Jurídicos e Institucionales: el Sr. Richard Rowe de Australia
- Actividades Turísticas y No Gubernamentales: el Embajador Donald Mackay de Nueva Zelandia
- Asuntos Operacionales: el Dr. José Retamales de Chile.

Tema 3. Aprobación del programa y asignación de temas

(14)   Se propuso el siguiente programa:

1. Apertura de la Reunión
2. Elección de autoridades y formación de los grupos de trabajo
3. Aprobación del programa y asignación de temas
4. Funcionamiento del Sistema del Tratado Antártico: Informes de Partes, observadores y expertos
5. Funcionamiento del Sistema del Tratado Antártico: Asuntos generales
6. Funcionamiento del Sistema del Tratado Antártico: Examen de la situación de la Secretaría
7. Informe del Comité para la Protección del Medio Ambiente
8. Responsabilidad: Aplicación de la Decisión 1 (2005)
9. Seguridad de las operaciones en la Antártida
10. El turismo y las actividades no gubernamentales en el Área del Tratado Antártico
11. Inspecciones en virtud del Tratado Antártico y el Protocolo sobre Protección del Medio Ambiente
12. Temas científicos, cooperación científica y facilitación, incluido el legado del Año Polar Internacional 2007-2008
13. Implicaciones del cambio climático para la gestión del Área del Tratado Antártico
14. Asuntos operacionales
15. Temas educacionales
16. Intercambio de información
17. La prospección biológica en la Antártida
18. Formulación de un plan de trabajo estratégico plurianual
19. Conmemoración del 50° Aniversario de la entrada en vigor del Tratado Antártico
20. Preparativos para la 35° Reunión
21. Otros asuntos
22. Aprobación del Informe Final

(15)   El Sr. Jorge Roballo, Subsecretario, describió las actividades incluidas en el tema 19 del programa, que incluían una visita a la corbeta histórica *Uruguay*, una reunión a la que asistieron varios representantes importantes

y una recepción de celebración organizada por el Ministro de Asuntos Exteriores de la Argentina. Debido al poco tiempo disponible quedó claro a partir de los comentarios de varias de las partes que se necesitaría realizar una planificación cuidadosa para que puedan realizar declaraciones todos aquellos que deseen hacerlo.

(16) La Reunión aprobó la siguiente asignación de temas del programa:

- Sesion plenaria: Temas 1, 2, 3, 4, 7, 18, 19, 20, 21, 22
- Grupo de Trabajo Jurídico e Institucional: Temas 5, 6, 8, 17, 18 y revisión de las medidas preliminares del informe del CPA, Tema 7
- Grupo de Trabajo de Turismo: Tema 9, 10
- Grupo de Trabajo de Asuntos Operacionales: Temas 9, 11, 12, 13, 14, 15, 16.

Se analizarán documentos presentados en relación con los Temas 9 y 10 en una reunión conjunta entre el Grupo de Trabajo de Turismo y el Grupo de Trabajo de Asuntos Operacionales

(17) La Reunión decidió asignar los documentos preliminares que surgieron del trabajo del Comité para la Protección del Medio Ambiente, y los Grupos de Trabajo de Asuntos Operacionales y Turismo al Grupo de Trabajo sobre Asuntos Jurídicos e Institucionales para que éste analice sus aspectos jurídicos e institucionales.

Tema 4. Funcionamiento del Sistema del Tratado Antártico: Informes de Partes, observadores y expertos

(18) El Sr. Michel Rocard (ex Primer Ministro de Francia), junto con el Sr. Robert Hawke (ex Primer Ministro de Australia) y el Sr. Felipe González, (ex Presidente del Gobierno de España) estuvieron estrechamente vinculados con el rechazo de la ratificación de la Convención para la Reglamentación de las Actividades sobre Recursos Minerales Antárticos (CRAMRA), y el inicio y desarrollo del Protocolo al Tratado Antártico sobre Protección del Medio Ambiente (el Protocolo). Este año marcó el 20° aniversario de la aprobación del Protocolo al Tratado Antártico sobre la Protección del Medio Ambiente. Al recordar la historia de la negociación del Protocolo tras no lograr ratificar la CRAMRA, el Sr. Rocard destacó la necesidad de extender la protección del medio ambiente antártico a través del aumento de la cantidad de partes del Protocolo. Teniendo presente que 14 de las

Partes no Consultivas aún no se habían adherida al Protocolo, Francia, junto con Australia y España habían decidido que sería importante convencer a la mayor cantidad posible para que adoptaran el Protocolo y propusieron que la Reunión debía aprobar una resolución que instara a estos estados a adherirse al Protocolo. Tanto Italia como Chile apoyaron firmemente esta iniciativa para aumentar la efectividad del régimen.

(19) Australia agradeció al Sr. Rocard, destacando el papel fundamental que tuvieron el Sr. Rocard, el Sr. Hawke y el Sr. González en el desarrollo del Protocolo. Australia señaló que lamentaba que el Sr. Hawke no pudiera asistir a la RCTA por enfermedad. Australia transmitió un mensaje personal del Sr. Hawke en el que destacaba la importancia del Protocolo, que coloca la protección del medio ambiente al frente de nuestra atención. El Sr. Hawke observó los avances realizados durante los últimos 20 años para proteger y administrar los notables valores naturales de la Antártida, e indicó que es necesario que las Partes no Consultivas que aún no se han adherido al Protocolo lo hagan. Australia confirmó que aún mantenía un firme compromiso con el Protocolo y destacó que, junto con Francia y España, apoyaban en forma conjunta una resolución para instar a que las Partes no Consultivas que aún no se hubieran adherido al Protocolo, lo hicieran. Australia encomendó la resolución a la Reunión.

(20) Conforme a la Recomendación XIII-2, la Reunión recibió informes de: Los Estados Unidos, como país depositario del Tratado Antártico y el Protocolo; el Reino Unido, como depositario de la Convención para la Conservación de las Focas Antárticas (CCFA); Australia, como país depositario de la Convención para la Conservación de los Recursos Vivos Marinos Antárticos (CCRVMA) y país depositario del Acuerdo para la Conservación de Albatros y Petreles (ACAP); la Comisión para la Conservación de los Recursos Vivos Marinos Antárticos (CCRVMA); el Comité Científico de Investigación Antártica (SCAR), y el Consejo de Administradores de los Programas Nacionales Antárticos (COMNAP).

(21) Los Estados Unidos, como gobierno depositario, informó acerca del estado del Tratado Antártico y el Protocolo al Tratado Antártico sobre la Protección del Medio Ambiente (IP 22).

(22) No se habían adherido nuevos estados durante el año y hasta entonces había 48 Partes del Tratado Antártico y 34 Partes del Protocolo (véase Vol. 2).

(23) El Reino Unido, como país depositario para la Convención para la Conservación de las Focas Antárticas informó que no se había registrado

ninguna adhesión a la Convención desde la XXXIII RCTA. No se mataron focas durante el período que se extiende desde marzo de 2009 a febrero de 2010 (IP 3). El Reino Unido manifestó su agradecimiento a las Partes de la Convención por cumplir con el plazo anual del 30 de junio para presentar la información a la que se hace referencia en el párrafo 6 del Anexo a la Convención al SCAR y a las Partes Contratantes (véase Vol. 2, Parte III, sección 3).

(24) Australia, como país depositario para la Convención para la Conservación de los Recursos Vivos Marinos Antárticos, informó que no había habido ninguna adhesión a la Convención desde la XXXIII RCTA y que hasta entonces había 34 Partes de la Convención. (IP 67).

(25) Australia, como país depositario para el Acuerdo sobre la Conservación de Albatros y Petreles, informó que no había habido ninguna adhesión al Acuerdo desde la XXXIII RCTA y que hasta entonces había 13 Partes del Acuerdo (IP 66).

(26) El observador de la CCRVMA introdujo el IP 80 *Informe del observador de la CCRVMA para la Trigésima Cuarta Reunión Consultiva del Tratado Antártico*, un informe sobre los resultados de la XXIX CCRVMA que se llevó a cabo en Hobart, Australia entre octubre y noviembre de 2010. En el informe indicó que seis miembros de la CCRVMA cosecharon 211.974 toneladas de krill entre 2009 y 2010, y observó que la subárea 48.1 se cerró cuando la pesca alcanzó el 99% del nivel de activación para la subárea. La pesca de austromerluza entre 2009 y 2010 fue de 14.518 toneladas y la pesca informada de draco rayado fue de 363 toneladas. Resumió las prioridades del Comité Científico de la CCRVMA para los próximos dos a tres años, que incluyen la retroalimentación sobre la gestión para la pesca de krill, la evaluación de la pesca de austromerluza, ZMP y cambio climático. Informó sobre los planes para el taller de la ZMP de la CCRVMA que se llevará a cabo en Brest, Francia en agosto de 2011, e informó a la Reunión que la Comisión estaba trabajando para establecer una beca científica de la CCRVMA. Por último, informó que Noruega había sido seleccionada como actual Presidente de la Comisión, y destacó que el 7 de abril de 2012 será el 30° aniversario de la entrada en vigencia de la Convención para la Conservación de los Recursos Vivos Marinos Antárticos.

(27) El Presidente del Comité Científico de Investigación Antártica introdujo el Informe del SCAR (IP 81), que incluyó las principales actividades del SCAR de 2010, muchas de las cuales se tratan más detalladamente en otros temas del programa. Al seleccionar algunos temas clave, mencionó que en 2009

el SCAR fue sometido a una revisión externa y ha recientemente publicado un nuevo plan estratégico de seis años y está en vías de renovar su principal programa científico. El próximo simposio sobre Ciencias de la Tierra Antártica se llevará a cabo en Edimburgo en 2011. La última Conferencia Abierta de Ciencias del SCAR se realizó en Buenos Aires en 2010, en tanto que la próxima se llevará a cabo en 2012 en Portland, Oregón, EE.UU. El SCAR tuvo el agrado de anunciar el segundo Premio Martha Muse para la Ciencia y Política, otorgado a la profesora Helen Fricker de Estados Unidos de América. Mónaco se había convertido el miembro más reciente del SCAR, con lo que se alcanzó una membresía total de 36 países. Junto con varios socios, el SCAR había desarrollado el plan del Sistema de Observación del Océano Austral, en tanto que se había publicado recientemente en forma conjunta con el Comité Internacional de Ciencias Árticas un nuevo plan científico sobre el balance de masa de la plataforma de hielo de ambos polos. El SCAR había llevado a cabo recientemente un taller inicial para desarrollar una nueva iniciativa sobre la conservación antártica para el siglo XXI.

(28) La Secretaria Ejecutiva del Consejo de Administradores de los Programas Nacionales Antárticos presentó el Informe del COMNAP (IP 10). Destacó varios puntos, incluida la beca de investigación del COMNAP, un simposio muy exitoso titulado "Respuestas al cambio a través de nuevos enfoques" y talleres de buenas prácticas sobre gestión de la energía y las implicancias de tratar con los resultados del proyecto API sobre especies no autóctonas en la Antártida.

(29) En relación con el Artículo III-2 del Tratado Antártico, la Reunión recibió informes de la Organización Hidrográfica Internacional (OHI), la Coalición Antártica y del Océano Austral (ASOC), la Asociación Internacional de Operadores Turísticos en la Antártida (IAATO) y el Programa de las Naciones Unidas para el Medio Ambiente (PNUMA). Se pueden consultar estos informes en el Vol. 2.

(30) La Organización Hidrográfica Internacional presentó el IP 114, *Informe de la Organización Hidrográfica Internacional (OHI) sobre la "Cooperación en levantamientos hidrográficos y cartografía de las aguas antárticas"*. Destacó el uso constante de seminarios brindados a una amplia variedad de audiencias para centrar la atención en la manera en que otros pueden contribuir con el trabajo. Si bien la OHI mostró inquietud frente a la lentitud para la recopilación de información, se observó que el trabajo en la Antártida era muy costoso. Reconoció el apoyo de las embarcaciones de la IAATO y señaló que se acogería con satisfacción la mayor recopilación de información

por parte de las naves de oportunidad. Continúa el avance con las cartas de navegación electrónicas para el Océano Austral.

(31) El representante de la Coalición Antártica y del Océano Austral presentó el informe de la ASOC (IP 129). La ASOC señaló que había presentado una serie de documentos sobre temas clave durante este año, incluidos documentos sobre la acidificación de los océanos, el cambio climático, una revisión de los primeros veinte años del Protocolo de Madrid, Zonas Marinas Protegidas y el mar de Ross, así como también desarrollos en el área de turismo.

(32) La Asociación Internacional de Operadores Turísticos en la Antártida presentó su Informe Anual, IP 108. La IAATO expresó que valora la participación junto con las Partes del Tratado para desarrollar políticas de gestión del turismo que sean pragmáticas y puedan justificarse para abordar cuestiones importantes relativas a la seguridad y el medio ambiente. Para la temporada 2010-11, las actividades turísticas generales de los operadores miembro de la IAATO continuaron disminuyendo debido a la recesión económica en todo el mundo. La IAATO continúa comprometida con una política de transparencia y apertura respecto de sus actividades, para garantizar una gestión efectiva y, en lo que respecta a incidentes, destacó las lecciones que se pueden aprender. Destacó también el apoyo logístico de los miembros de la IAATO a la comunidad científica y el apoyo monetario a las organizaciones de conservación de la Antártida. Invitó a los asistentes de la RCTA a la próxima reunión anual de la IAATO, que se realizará en Providence, Rhode Island, EE.UU., del 1 al 4 de mayo de 2012.

(33) El representante del PNUMA centró la atención en el documento elaborado en forma conjunta con la ASOC (IP 113) que revisa la efectividad de los informes anuales de las Partes sobre las medidas que se toman para implementar el Protocolo.

Tema 5. Funcionamiento del Sistema del Tratado Antártico: Asuntos generales

(34) Argentina presentó el documento de trabajo WP 24, *Informe de avance del Grupo de Contacto Intersesional sobre la Revisión de las Recomendaciones de la RCTA*. La XXXIII RCTA estableció el GCI para evaluar y revisar el estado de las recomendaciones de la RCTA sobre las zonas y monumentos protegidos; asuntos operacionales; y cuestiones ambientales que no sean

protección y gestión de zonas. El WP 24 es un informe inicial que enumera aquellas recomendaciones que podrían considerarse como obsoletas. Los resultados de la revisión se resumen en el WP 24 Anexo 1, Lista de recomendaciones propuestas para ser consideradas como obsoletas; y el WP 24 Anexo 2, Lista de recomendaciones que requieren mayor asesoría.

(35) Se observó que el CPA también estaba analizando el WP 24. Se acordó enviar el Anexo 2 al CPA y al SCAR para su revisión y asesoramiento.

(36) Luego del análisis sobre cómo abordar las recomendaciones que se determinaron que eran obsoletas, la Reunión acordó que debían archivarse para que la Secretaría pueda consultarlas e identificarlas claramente como obsoletas.

(37) Se analizó brevemente cómo abordar algunas Recomendaciones relacionadas con las focas antárticas aprobadas antes de la Convención para la Conservación de las Focas Antárticas (CCFA), en especial para aquellos estados que no formaban parte de la CCFA. Argentina, previa consulta con otras delegaciones, sugirió que para evitar confusiones, las cuatro recomendaciones del Tema 3 del Anexo 2 debían aparecer como vigentes.

(38) Suecia solicitó aclaraciones con respecto al Anexo 1, punto 8, en relación con las medidas que precedieron al Protocolo al Tratado Antártico sobre la Protección del Medio Ambiente (el Protocolo). Argentina observó que este punto no fue abordado por el GCI, y sugirió que posiblemente sería necesario analizarlo con mayor profundidad. El Reino Unido aclaró que todas las Partes Consultivas eran miembro del Protocolo y que, considerando el Artículo 22 del Protocolo, éste seguiría siendo el caso.

(39) Por lo tanto, y luego de verificar que no hubiera Partes No Consultivas que hubieran aprobado estas cuatro recomendaciones del Anexo 1.8, la Reunión observó que estas recomendaciones podrían declararse como obsoletas.

(40) Argentina informó sobre las consultas informales para considerar las propuestas del Grupo de Contacto Intersesional sobre la Revisión de las Recomendaciones de la RCTA, y señaló que el CPA, previo análisis de las recomendaciones, había sugerido que las Recomendaciones III-8, III-10, IV-22, X-4, X-7, XII-3 y XIII-4, debían considerarse obsoletas.

(41) Suecia recordó el análisis realizado en la Reunión sobre el estado de la Recomendación IV-22 relativa a la caza de focas, que es anterior a la adopción de la Convención para la Conservación de las Focas Antárticas. La posición de la Reunión era que la Recomendación IV-22 debía considerarse

vigente para evitar confusión respecto de las obligaciones de las Partes Consultivas con respecto a la caza de focas en la Antártida.

(42)   La Reunión acordó adoptar la Decisión 1 (2011) e indicar claramente las medidas que consideraban obsoletas.

(43)   Argentina observó que el Grupo de Contacto Intersesional (GCI) sobre la Revisión de las Recomendaciones de la RCTA aún tenía trabajo pendiente en la consideración de los documentos mencionados en el SP 6 (2010), especialmente en relación con las recomendaciones sobre asuntos operacionales. La Reunión agradeció a Argentina por el trabajo que había asumido como convocante. Teniendo en cuenta que la finalización de este trabajo era importante, y luego de un análisis más profundo, la Reunión aceptó la oferta del Secretario Ejecutivo de la Secretaría, de encargarse de este trabajo intersesional relacionado con las recomendaciones sobre asuntos operacionales. La Secretaria coordinaría un GCI para que lleve a cabo esta revisión e informará a la XXXV RCTA.

(44)   Los Países Bajos y Alemania presentaron el documento de trabajo WP 22, *Procedimiento adicional para las consultas intersesionales entre las PCTA*. Se refirieron a las solicitudes de organismos externos, especialmente a las solicitudes de determinadas Divisiones de la Secretaría de la ONU relacionadas con la entrega de información relevante de la Secretaría del Tratado Antártico, señalando que la Secretaría no tenía un mandato para responder ni ningún mecanismo intersesional para organizar un procedimiento de consulta. Los Países Bajos destacaron la relevancia del Tratado Antártico para los actores internacionales, y la necesidad de proporcionarle a la comunidad internacional respuestas concretas, oportunas y actualizadas. Los Países Bajos consideraron que la Regla 46 no era suficiente para este propósito y se usaba con poca frecuencia. Sugirieron que el punto de contacto para el futuro país anfitrión podría encontrarse en una mejor posición para proporcionar una respuesta concreta luego de la consulta a las Partes del Tratado.

(45)   Mientras apoyaban el objetivo general del WP 22 de mejorar la eficiencia en el trabajo intersesional de la RCTA, varias Partes centraron la atención en la necesidad de respetar el principio de consenso del proceso de toma de decisiones y de tener en cuenta la necesidad de las Partes de contar con suficiente tiempo para analizar y elaborar las respuestas. Noruega señaló la falta de claridad con respecto a la relación entre la ONU y la RCTA en la solicitud de la ONU a la que se hace referencia en el WP 22, y que esto podría plantear preguntas relacionadas con el Artículo IV del Tratado.

China hizo hincapié en la necesidad de asegurar que una Parte haya visto la información y propuso que se le solicite a la Secretaría que conserve una copia de la recepción de un proyecto de respuesta de dicha Parte.

(46) Tras las deliberaciones, los Países Bajos observaron que había cuatro puntos principales que suscitaban inquietudes: la importancia de respetar el principio de consenso; la necesidad de otorgar suficiente tiempo para que las delegaciones consideren los proyectos de respuesta; claridad con respecto a la naturaleza y la relevancia de las solicitudes de información de las organizaciones internacionales adecuadas; y el rol del Estado anfitrión frente a la función del Secretario Ejecutivo. Tras las consultas informales realizadas por Alemania y los Países Bajos, la Reunión aceptó enmendar las Reglas de Procedimiento.

(47) La Reunión acordó analizar dos documentos de trabajo juntos, el WP 25, *Presentación oportuna de documentos antes de las RCTA*, y el WP 36, *Propuesta de método nuevo para el manejo de documentos informativos*, y tener presente el interés del Comité de Protección Ambiental en ambos documentos.

(48) Al presentar el WP 25, *Presentación oportuna de documentos antes de las RCTA*, Alemania y los Estados Unidos señalaron la necesidad de establecer incentivos para la presentación oportuna de documentos dentro de un plazo establecido. Propusieron un método de tres pasos: la enmienda de las reglas de procedimiento de la RCTA; la enmienda de las reglas de procedimiento del CPA; y el reemplazo de las directrices existentes para la presentación de documentos por un nuevo conjunto de procedimientos, incluidos nuevos mecanismos.

(49) Francia presentó el WP 36, *Propuesta de método nuevo para el manejo de documentos informativos* en representación de Australia y Nueva Zelandia, y comentó que si se combinan las ideas de los dos documentos, mejoraría la eficacia en la preparación de los documentos. El aumento constante de la cantidad de documentos de información (IP) estaba generando dificultades y gastos. Si se clasifican los IP en tres categorías: documentos de información, documentos de expertos y documentos de antecedentes, sería más fácil para los grupos de trabajo decidir cómo usarlos. Australia se refirió a la necesidad urgente de agilizar el manejo de los documentos de información para mejorar la eficiencia de las reuniones, y señaló que no se realizaría ningún cambio a los documentos de trabajo ni a los documentos de la Secretaría.

(50) Varias Partes coincidieron en la necesidad de restringir la cantidad de documentos informativos que se presentan y acentuaron la necesidad de centrarse en establecer plazos de presentación firmes. Noruega y Japón manifestaron su inquietud en relación con la consideración conjunta de

estos documentos, ya que consideran que apuntaban a objetivos distintos. Destacaron la necesidad de centrarse en lograr la simplificación. China observó la necesidad de establecer una definición clara de Documento de información. Suecia apoyó la intención de los respectivos documentos, mientras dejó asentada su inquietud en cuanto al párrafo 2 del WP 25, relacionado con la traducción de documentos tardíos.

(51) Alemania instó a debatir si una reunión o el Presidente de una reunión deberían participar en la decisión acerca de si un documento se había presentado tarde, e indicó que se deberán redactar cuidadosamente las excepciones para permitir la presentación tardía de documentos. Luego de los debates de los grupos de contacto abiertos, Alemania informó que si bien se había establecido un acuerdo preliminar entre los participantes para el cambio según se indica en el WP 25, aún no se había alcanzado el consenso con respecto a la redacción precisa.

(52) Luego de una reunión de los grupos de contacto en la que participaron la RCTA y el CPA, Nueva Zelandia observó cómo difería del método actual el proyecto de propuesta relacionado con el WP 36 sobre la designación y la gestión de documentos preparados para la RCTA. Además de la designación actual de los documentos de la Secretaría, documentos de trabajo y documentos de información, el grupo de contacto apoyó el uso de los documentos de antecedentes (DA). El objetivo de los documentos de antecedentes sería proporcionar una vía formal para informar a otros participantes de la Reunión. No obstante, los documentos de antecedentes se incluirían en la lista de documentos de reunión de la RCTA en el Informe Final y se archivarían en el sitio web de la Secretaría. Nueva Zelandia informó que el grupo de contacto había consultado al CPA sobre dónde se esperaba que los documentos de antecedentes fueran más útiles.

(53) Luego de más deliberaciones, la Reunión aceptó el método propuesto en una versión revisada del WP 36, y que se combinara el WP 25 con éste según fuera necesario. Los proponentes de los dos documentos acordaron trabajar en la producción de un único proyecto de Decisión, revisar las Reglas de Procedimiento de la RCTA y el CPA así como las Directrices para la presentación, traducción y distribución de documentos para la RCTA y el CPA. Los Países Bajos observaron que dicha revisión también debía incorporar las enmiendas que se requieren como resultado de la aprobación del WP 22 por parte de la Reunión. La Reunión aprobó la Decisión 2 (2011) que contiene las "Reglas de Procedimiento Revisadas para la RCTA (2011)" y las "Reglas de Procedimiento Revisadas para el CPA (2011)".

(54) Al presentar el documento de trabajo WP 40, *Fortalecimiento del respaldo del Protocolo de Madrid*, Francia mencionó la importancia de rendirle homenaje al vigésimo aniversario de la aprobación del Protocolo. Francia señaló el tono personal del discurso del Sr. Rocard. Francia enfatizó que la intención de la propuesta incluida en el WP 40 era informar a la Reunión sobre el deseo de Francia, Australia y España de establecer una acción diplomática coordinada para alentar a las catorce Partes No Consultivas que aún no eran Parte del Protocolo a que lo fueran. Como copatrocinadores de esta propuesta, Australia y España señalaron la importancia de conmemorar y reforzar los principios fundamentales del Protocolo, y enfatizaron la importancia que le asignaban a instar a todas las Partes No Consultivas para que fueran Parte del Protocolo, tal como se proponía en el proyecto de resolución presentado en el WP 40.

(55) Estados Unidos se refirió a las principales contribuciones realizadas por muchas de las Partes Consultivas para el desarrollo del Protocolo e indicó que apoyaba el lanzamiento de la propuesta de las Partes Consultivas de convencer al resto de las Partes No Consultivas a convertirse en Parte del Protocolo. Señaló que el mensaje para todas estas Partes No Consultivas debía provenir de todas las Partes Consultivas y ser aceptable para todas ellas.

(56) Noruega agradeció a los proponentes del WP 40, y respaldó la inquietud de Estados Unidos con respecto a la coherencia del mensaje. Sugirió que una manera de avanzar podría ser que el Presidente de la Reunión les escribiera a las Partes que aún no se habían adherido al Protocolo.

(57) Dado que había un fuerte apoyo al objetivo del WP 40, y teniendo en cuenta la diversidad de mecanismos posibles para promover la adhesión al Protocolo (incluido el contacto por las distintas Partes del Tratado, una carta del Presidente de la RCTA, una carta del Secretario Ejecutivo en representación de las Partes del Tratado, cambios al texto del proyecto de resolución presentado en el WP 40, y una sugerencia de agregar un párrafo a la Declaración de Cooperación Antártica en Ocasión del 50° Aniversario de la entrada en vigor del Tratado Antártico aprobada en esta RCTA, que hace referencia además al 20° aniversario del Protocolo de Madrid e insta a trabajar para lograr nuevas adhesiones al Protocolo), se estableció un grupo de contacto abierto para considerar la mejor manera de avanzar sobre este tema.

(58) Francia, Australia y España ofrecieron tomar la iniciativa para organizar las representaciones en nombre de las Partes Consultivas que se realizarían a las 14 Partes No Consultivas que no son Parte del Protocolo. Indicaron que tenían pensado organizar gestiones en las capitales de las Partes No

Consultivas, a las que se invitaría a participar a todas las Partes Consultivas. En cada gestión, los representantes de las Partes Consultivas participantes deberán proporcionar una copia de la Resolución sobre esta iniciativa, la Declaración aprobada en esta RCTA y un recordatorio en el que se indiquen las razones para adherirse al Protocolo. Los tres países indicaron que redactarían un recordatorio y coordinarían su contenido con las Partes Consultivas antes de las gestiones. El recordatorio debería estar disponible suficiente tiempo antes de las gestiones, de modo que las embajadas de las Partes Consultivas tengan tiempo para realizar los preparativos. Noruega propuso que el contenido del recordatorio fuera igual al de la Resolución.

(59)   La Reunión aceptó la oferta de Francia, Australia y España, y acordó que se siguieran los procedimientos propuestos por las tres Partes. La Reunión entonces aprobó la Resolución 1 (2011).

(60)   Al aprobar esta Resolución, el Reino Unido hizo hincapié en que el procedimiento adoptado en relación con esta iniciativa, es decir, la práctica de nombrar Partes Consultivas en los párrafos operativos de una Resolución, no debería considerarse como un precedente.

(61)   La Federación de Rusia presentó el documento de trabajo WP 55, *Sobre la estrategia para el desarrollo de actividades de la Federación de Rusia en la Antártida durante el período comprendido hasta el año 2020 y perspectivas de mayor plazo*. La Federación de Rusia señaló que sus actividades están diseñadas, entre otros objetivos, para fortalecer la capacidad económica de la Federación de Rusia mediante el uso mejorado de los recursos biológicos marinos del Océano Austral, y de investigaciones complejas de los recursos minerales, de hidrocarburos y otros recursos naturales de la Antártida. Aclaró que estas investigaciones serían puramente científicas y coherentes con la declaración realizada en la XXV RCTA (Varsovia) sobre la investigación exploratoria, y que no contravendría el Artículo 7 del Protocolo Ambiental.

(62)   La Federación de Rusia señaló que sus actividades también incluirían investigaciones relacionadas con la evaluación de la función y el lugar de la Antártida en el cambio climático global; actividades relacionadas con el sistema de navegación satelital GLONASS; la construcción y modernización de las estaciones rusas en la Antártida; la construcción de dos rompehielos de investigación de gran tonelaje para llevar a cabo actividades de pesca e investigación oceanográfica integrados y un nuevo buque para estudios geológicos y geofísicos en el Océano Austral.

(63)   La Reunión tomó nota de la propuesta de la Federación de Rusia. El Reino Unido agradeció a la Federación de Rusia su aclaración de que las referencias en el WP 55 relacionadas con los minerales e hidrocarburos eran coherentes con la XXV RCTA - IP 14 (Federación de Rusia) y el párrafo 125 del Informe Final de la XXV RCTA.

(64)   La ASOC presentó el IP 89 rev. 1, *The Antarctic Environmental Protocol, 1991-2011*, señalando los logros de las Partes desde la entrada en vigor del Protocolo. Estos incluyeron el alcance y la profundidad del cumplimiento del Protocolo de algunas Partes; el desarrollo del CPA como un organismo sólido; la aprobación del Anexo II revisado; y la aprobación de un Anexo de Responsabilidades.

(65)   La ASOC también identificó varias inquietudes, que incluyen la necesidad de identificar y proteger los valores silvestres de la Antártida; la proliferación de estaciones nacionales; la implementación despareja de evaluaciones de impacto ambiental; el uso no uniforme del sistema electrónico de intercambio de información; el impacto acumulativo de las actividades humanas en la Antártida; y la necesidad de desarrollar una matriz efectiva de zonas protegidas. Señaló la necesidad de mejorar las sinergias entre la RCTA-CPA y la CCRVMA para establecer ZMP y ZAEP en el Océano Austral. La ASOC sugirió que el IP 89 rev. 1 podría usarse como base para una revisión de la implementación del Protocolo para el 25° aniversario de su firma dentro de cinco años (2016).

(66)   Los Países Bajos presentaron el IP 95, *Paying for Ecosystem Services (PES) of Antarctica?*, señalando que los servicios de ecosistema podrían considerarse como el dividendo que recibe la sociedad del capital natural. Cuando había pocas actividades humanas en la Antártida, los Países Bajos la consideraban un ecosistema con gran potencial para uso futuro. Para investigar las opciones de implementación de un programa de PSE en la Antártida, era relevante preguntar: ¿Quiénes serían los vendedores de los servicios de ecosistema de la Antártida? ¿Qué era un servicio bien definido? ¿Quiénes serían los compradores elegibles? ¿Cuáles son los costos de transacción de la implementación de programas de pago?

(67)   Los Países Bajos indicaron su esperanza de que este documento, el primero redactado sobre este tema en la RCTA, dé lugar a un debate y un intercambio de opiniones que pueda madurar en los próximos años. La Reunión señaló la utilidad de este documento para la consideración de este tema en el futuro.

Tema 6. Funcionamiento del Sistema del Tratado Antártico: Examen de la situación de la Secretaría

(68) El Presidente presentó el tema 6 del programa, y remitió al Grupo de Trabajo al SP 2 rev. 2, *Informe de la Secretaría 2010/11,* el SP 3, *Programa de la Secretaría para 2011/12* y el SP 4, *Contribuciones recibidas por la Secretaría del Tratado Antártico durante 2008-2012.*

(69) El Secretario Ejecutivo agradeció a las Partes su apoyo y manifestó su agradecimiento hacia el gobierno de Argentina por sus destacables esfuerzos permanentes para la preparación de la XXXIV RCTA y por apoyar las actividades de la Secretaría.

(70) El Secretario Ejecutivo señaló las mejoras realizadas al sitio web de la STA que incluyen el agregado de todas las medidas y los procedimientos adoptados en la XXXIII RCTA y la XIII Reunión del CPA, una vista más clara del sitio en su página principal con acceso más fácil a otras secciones del sitio desde la página principal; y una reorganización que les permite a los usuarios descargar todos los documentos de las reuniones en un solo paso.

(71) El Secretario Ejecutivo informó que la Secretaría ha realizado ahorros significativos en los costos asociados con la edición, impresión y distribución. El Informe Final de la RCTA se había distribuido entre los representantes de las Partes en Buenos Aires. Pueden obtenerse copias listas para imprimir a través de Amazon *(http://www.amazon.com/).* Se había actualizado el Manual del CPA y se había elaborado una *Compilación de documentos fundamentales del Sistema del Tratado Antártico,* en dos volúmenes. El Secretario Ejecutivo observó que, debido a la cantidad de páginas necesarias para incluir los documentos relacionados con el Tratado Antártico, el Protocolo Ambiental, la CCRVMA, la CCFA y la Secretaría en un solo volumen se comprobó que no era viable realizar una versión de bolsillo. Se habían impreso las Reglas de Procedimiento y las Regulaciones Administrativas en un volumen más delgado, el Volumen 2, que permitiría a la Secretaría revisar el volumen más pequeño, para tener en cuenta los cambios y las revisiones sin necesidad de volver a editar el Volumen 1. Pueden obtenerse copias adicionales de ambos volúmenes a través de Amazon.

(72) El Secretario Ejecutivo informó que la Secretaría había firmado un contrato de dos años con la compañía ONCALL Conference Interpreters and Translators para los servicios de interpretación y traducción en la XXXIV y XXXV RCTA, con un ahorro en los costos de aproximadamente US$168.000 a US$303.000 en comparación con los costos de la compañía anterior que

brindó sus servicios en la XXXII y XXXIII RCTA. ONCALL ha organizado los servicios de idiomas extranjeros para la CCRVMA en Hobart desde 2002 y cuenta con la certificación de las normas de gestión de calidad ISO.

(73) El Secretario Ejecutivo informó a la Reunión sobre la mudanza de la Secretaría a sus nuevas instalaciones proporcionadas por Argentina, ubicadas en Maipú 757, en Buenos Aires. Destacó que las nuevas instalaciones eran más amplias y constituían una mejora considerable para las condiciones de trabajo de la Secretaría. También señaló que Argentina había brindado un fuerte apoyo a la Secretaría para asegurar el nuevo espacio y elogió la estrecha colaboración del país sede con la Secretaría, y la intervención oportuna en este tema. Argentina informó a la Reunión que había finalizado los arreglos para cubrir todos los gastos asociados con la mudanza de la Secretaría. La Reunión manifestó su agradecimiento a Argentina por su apoyo y generosidad.

(74) El Secretario Ejecutivo informó acerca de varios asuntos relativos al personal, incluido un ascenso del Responsable de Finanzas al rango G-2, de acuerdo con lo acordado en la XXXIII RCTA; la duración del contrato del Subsecretario Ejecutivo hasta 2014; y la lesión de un miembro del personal mientras se encontraba en el trabajo. En el último caso, informó que los Estatutos del personal de la Secretaría no hacían referencia a los accidentes en el lugar de trabajo. En estas materias, la Secretaría recibió asesoría de sus asesores jurídicos y consultó a las autoridades argentinas.

(75) El Secretario Ejecutivo señaló que el informe del Auditor correspondiente al período que se extiende hasta el 31 de marzo de 2010 indicaba, en el lenguaje convencional, que los estados financieros de la Secretaría se encontraban presentados de manera razonable en todos sus aspectos.

(76) El Secretario Ejecutivo informó que el antiguo Secretario Ejecutivo, el Sr. Jan Huber, en una carta con fecha del 25 de enero de 2011, aclaró que, dado que recibiría beneficios jubilatorios del Servicio Exterior de los Países Bajos, no era necesario que solicitara la cesantía y los beneficios jubilatorios de la Secretaría, conforme a la disposición 10.4 de los Estatutos del personal.

(77) Al presentar el SP 3, *Programa de la Secretaría para 2011/12*, el Secretario Ejecutivo señaló el requisito de viajar para asistir a las reuniones del COMNAP y el CCRVMA, planes de publicar las decisiones y el informe de la XXXIV RCTA y los grupos de contacto intersesionales de apoyo organizados por la RCTA y el CPA, así como el uso continuo y la expansión de los medios de comunicación modernos previstos. La Secretaría solicitó

a las Partes proporcionar Informes anteriores y otros documentos para conservarlos en los archivos de la RCTA, especialmente en otros idiomas que no fueran el inglés.

(78) El Secretario Ejecutivo enfatizó que su gran meta era conseguir un crecimiento real cero absoluto en el presupuesto para 2012/13. Indicó que se estimaba que el presupuesto se mantendría estable durante el período 2013-15, a partir de cuyo momento anticipaba un aumento de aproximadamente el 2%.

(79) Japón solicitó una aclaración acerca de cómo se había calculado la cifra que aparecía como Fondo de Capital de Trabajo en el Anexo 1 del SP 3. El Secretario Ejecutivo respondió que el Fondo de Capital de Trabajo representaba un sexto de las contribuciones de las Partes, de acuerdo con el Reglamento financiero.

(80) Japón también acogió con satisfacción el presupuesto proyectado para 2012/13, ya que presentaba un crecimiento nominal cero, y observó que los presupuestos proyectados después de 2013, como se indica en el SP 3, no implicaban ningún compromiso de las Partes.

(81) Alemania agradeció a la Secretaría por sus actividades en general y por el presupuesto preliminar para el próximo año, y señaló que para cualquier aumento en los salarios se usaría la misma metodología que se había aplicado en los dos años anteriores.

(82) La Reunión felicitó al Secretario Ejecutivo por su excelente labor en muchos aspectos, incluido el presupuesto, y especialmente por lograr una reducción en los costos relativos a la interpretación y traducción, y manifestó sus deseos de que se mantuviera el crecimiento nominal cero en el presupuesto.

(83) El Secretario Ejecutivo presentó el SP 4, *Contribuciones recibidas por la Secretaría del Tratado Antártico durante 2008-2012,* y señaló que la Secretaría había recibido la mayoría de las contribuciones para 2010 y 2011, y confirmó que no había contribuciones pendientes de los años anteriores. Instó a las Partes con pagos pendientes para este año a que realizaran sus contribuciones cuanto antes posible.

(84) Perú informó a la Reunión que recientemente había recibido la aprobación gubernamental para el pago de su contribución, la cual se estaría realizando en las próximas semanas.

(85) La Reunión agradeció al Secretario Ejecutivo por su presentación integral y clara del SP 2 rev. 2, el SP 3 y el SP 4, y por sus esfuerzos constantes y

sus ideas innovadoras para mantener bajos los costos. La Reunión aprobó el Informe financiero auditado 2009/10 (presentado en el SP 2 rev. 2). Acordó tomar nota del perfil presupuestario quinquenal prospectivo para el período 2011 a 2016, y aprobar todos los demás componentes del Programa de la Secretaría (SP 3), incluido el presupuesto para 2011/12 y el presupuesto proyectado para 2012/13. La Reunión aprobó la Decisión 3 (2011).

(86) Al considerar que el Sistema electrónico de intercambio de información (SEII) resultaba útil en el contexto de las operaciones de búsqueda y rescate en la Antártida, el Secretario Ejecutivo recomendó que las Partes realizaran un mayor uso de dicho sistema. Indicó que sólo 17 Partes habían agregado información a este sistema durante el último año. Además observó que el CPA tenía algunas inquietudes acerca de la facilidad de uso del sistema. Es posible que sea necesario realizar mejoras al sistema así como alentar a las Partes a que agreguen más información a la ya existente en el sistema.

(87) En respuesta a una solicitud del Reino Unido, la Secretaría distribuyó una lista de las Partes que habían estado usando el SEII durante los últimos tres años, a fin de facilitar debates acerca de las circunstancias que prevenían un uso más difundido de este sistema. Varias Partes indicaron que el sistema en su forma actual era relativamente fácil de usar y propusieron un aumento del uso en tiempo real de este sistema por todas las Partes.

(88) Nueva Zelandia señaló que si el buque noruego *Berserk* hubiera obtenido un permiso y esta información hubiese estado disponible a través del SEII, ello podría haber ayudado en las operaciones de búsqueda y rescate. Nueva Zelandia alentó a todas las Partes a publicar la información que tenían disponible.

(89) Francia se centró en el documento de trabajo WP 11, *Medidas adoptadas en respuesta a la presencia no autorizada de veleros franceses en la zona del Tratado y a los daños ocasionados en la cabaña Wordie House – Observaciones sobre las repercusiones del hecho*, señalando que sólo unas pocas Partes usaron el sistema SEII.

(90) Estados Unidos recomendó el uso del SEII a todas las Partes que tienen actividades relacionadas con expediciones o turismo para informar; sin embargo, Estados Unidos también compartió las inquietudes planteadas en el CPA acerca de la facilidad de uso del sistema, especialmente para las Partes con varias expediciones que requieran muchos desembarques. Suecia sugirió que las Partes que no participen en actividades no gubernamentales o de turismo en la Antártida en un determinado año no hagan uso del SEII.

Tema 7. Informe del Comité para la Protección del Medio Ambiente

(91) El Dr. Yves Frenot, Presidente del Comité para la Protección del Medio Ambiente, presentó el informe de la XIV Reunión del CPA. El CPA analizó 46 documentos de trabajo, 68 documentos de información y 4 documentos de la Secretaría (la lista completa de documentos se proporciona como un Anexo al Informe de la XIV Reunión del CPA).

Deliberaciones estratégicas sobre el futuro del CPA (Tema 3 del programa de la Reunión del CPA)

(92) El Comité revisó y actualizó su Plan de trabajo quinquenal. Analizó detalladamente el problema de los desechos y la limpieza de los sitios con actividad anterior y decidió darle mayor prioridad a este tipo de problemas en el futuro. Asimismo, para responder a la solicitud de la RCTA incluida en la Decisión 4 (2010), agregó a su plan de trabajo una tarea especial sobre la reparación o remediación del daño ambiental con la prioridad más alta.

Funcionamiento del CPA (Tema 4 del programa de la Reunión del CPA)

(93) El Comité observó que el nivel de cumplimiento con la presentación de informes anuales sobre la aplicación del Protocolo se mantenía bajo, aún cuando habían pasado ya doce años desde su ratificación. A fin de aumentar este nivel de cumplimiento, algunos Miembros señalaron que podría hacerse más sencillo el uso del Sistema electrónico de intercambio de información (SEII).

(94) La Secretaría estuvo de acuerdo en convocar a un grupo de contacto informal sobre el Foro de discusión del CPA con el fin de coordinar las propuestas técnicas de los Miembros en esta materia.

Impacto del cambio climático en el medio ambiente (Tema 5 del programa de la Reunión del CPA)

(95) El Comité analizó una propuesta presentada por el Reino Unido y Noruega para realizar un seguimiento de las medidas para poner en práctica las recomendaciones surgidas de la Reunión de Expertos del Tratado Antártico sobre las implicaciones del cambio climático de 2010 (RETA sobre el Cambio Climático). Apoyó la propuesta de que la Secretaría continúe registrando las medidas relacionadas con cada una de las 30 recomendaciones de la RETA, adoptadas tanto por el CPA como por la RCTA.

(96)   El Comité analizó una metodología propuesta por el Reino Unido y Noruega para evaluar los posibles impactos del cambio climático en las ZAEP. Observó que había un fuerte interés por tal enfoque y alentó a los Miembros interesados a colaborar para desarrollar y definir mejor esta metodología.

Evaluación del impacto ambiental (Tema 6 del programa de la Reunión del CPA)

Proyectos de Evaluación Medioambiental Global (CEE)

(97)   Se distribuyeron dos Proyectos de Evaluación Medioambiental Global (CEE) antes de la XIV Reunión del CPA y fueron examinados por el Comité:

1. Proyecto de Evaluación Medioambiental Global para la propuesta de exploración del lago subglacial Ellsworth, Antártida (Reino Unido)

(98)   El Comité analizó detalladamente este proyecto de CEE elaborado por el Reino Unido, así como también el informe de Noruega respecto del Grupo de Contacto Intersesional (GCI) establecido para considerar el proyecto de CEE, de conformidad con los Procedimientos entre sesiones del CPA para considerar proyectos de CEE, y la información adicional proporcionada por el Reino Unido en respuesta a las cuestiones planteadas en el GCI. El Comité informó a la Reunión que:

(99)   El proyecto de CEE y el proceso seguido por el Reino Unido cumplen, en términos generales, con los requisitos contenidos en Artículo 3 del Anexo I al Protocolo al Tratado Antártico sobre Protección del Medio Ambiente.

(100) La información contenida en el proyecto de CEE respalda sus conclusiones, que indican que la actividad propuesta tendrá un impacto menor que mínimo o transitorio sobre el medio ambiente antártico, teniendo en cuenta las rigurosas medidas de prevención y mitigación elaboradas y aprobadas por el proponente. Asimismo, la actividad propuesta se encuentra justificada sobre la base de la importancia científica global y las ventajas que se obtendrán a través de la exploración del lago Ellsworth.

(101) Al preparar la CEE final requerida, el proponente debería considerar, y abordar según corresponda, todos los comentarios planteados por los Miembros. En particular, se llama la atención de la RCTA respecto de la sugerencia de que la CEE final debería proporcionar información pormenorizada acerca de: la evaluación de las actividades del contratista auxiliar, documentación y consideración adicional respecto del problema de una posible mezcla en el punto de penetración, análisis en mayor profundidad de la forma de

reducir a un mínimo la alteración de la columna de agua como resultado de la presencia de equipos científicos, evaluación del riesgo por la posible pérdida de equipos dentro del lago, consideración de las dimensiones del equipo que trabaje sobre el hielo en atención a la seguridad del proyecto, y consideraciones relativas a la colaboración internacional.

(102) El proyecto de CEE es claro y está bien estructurado, está correctamente redactado y contiene gráficos e imágenes de alta calidad.

(103) El CPA recomendó que la RCTA avalara estas opiniones y la Reunión aceptó la recomendación del CPA.

2. Proyecto de Evaluación Medioambiental Global para la construcción y operación de la Estación de Investigación Antártica Jang Bogo en la Bahía de Terra Nova en la Antártida (República de Corea)

(104) El Comité analizó detalladamente este proyecto de CEE y también analizó el informe de Australia respecto del GCI establecido para considerar el proyecto de CEE de conformidad con los *Procedimientos entre sesiones del CPA para considerar proyectos de CEE*, y la información adicional proporcionada por la República de Corea en respuesta a los problemas planteados en el GCI. El Comité informó a la Reunión que:

(105) El proyecto de CEE cumple en forma general con los requisitos contenidos en el Artículo 3 del Anexo I al Protocolo al Tratado Antártico sobre Protección del Medio Ambiente.

(106) La información contenida en el proyecto de CEE respalda la conclusión del proponente, según la cual es probable que la construcción y operación de la base Jang Bogo tenga más que un impacto menor o transitorio sobre el medio ambiente. La información proporcionada también respalda la conclusión del proponente de que estos impactos serán compensados por el conocimiento e información que se obtendrían mediante las actividades de investigación a las que brindará apoyo la base.

(107) Al preparar la CEE final requerida, el proponente debería considerar y abordar, según corresponda, todos los comentarios planteados por los Miembros. En particular, se llama la atención de la RCTA respecto de la sugerencia de que la CEE final debería proporcionar información pormenorizada acerca de: los posibles impactos acumulativos de las actividades de múltiples operadores en la región de la bahía Terra Nova; infraestructuras auxiliares de la base; sistema de tratamiento de aguas residuales; manejo de los residuos de alimentos y sedimentos de aguas residuales; prevención de los derrames de

petróleo; medidas para evitar impactos sobre la colonia de skúas; medidas para evitar la introducción de especies no autóctonas; y planes para el desmantelamiento de la base.

(108) El proyecto de CEE es claro, bien estructurado y está bien presentado.

(109) El CPA recomendó que la RCTA avalara esta opinión y la Reunión aceptó la recomendación del CPA.

Otros temas relacionados con la evaluación del impacto ambiental

(110) Se informó al Comité respecto del progreso del estudio sobre turismo del CPA llevado a cabo por Nueva Zelandia, mencionando el interés de la RCTA en la propuesta del CPA de examinar los aspectos e impactos medioambientales relativos al turismo y a las actividades no gubernamentales en la Antártida. El trabajo, que el CPA ha identificado como una prioridad, finalizará el próximo año y se presentará un informe en la XV Reunión del CPA.

(111) Por otra parte, se informó al Comité acerca de la distribución de dos CEE finales:

- *Evaluación medioambiental global (CEE) final de la nueva estación de investigación de la India en las colinas de Larsemann* (India)
- *Evaluación medioambiental global final del "Muestreo del agua del lago subglacial Vostok"* (Federación de Rusia)

(112) La Federación de Rusia también brindó información sobre la tecnología para investigar el agua del lago subglacial Vostok.

Protección y gestión de zonas (Tema 7 del programa de la Reunión del CPA)

Planes de gestión para Zonas Protegidas y Administradas

(113) El Comité había recibido 12 planes de gestión revisados para 11 ZAEP y una ZAEA. Uno de ellos había sido examinado por el Grupo Subsidiario sobre Planes de Gestión (GSPG) y 11 planes de gestión revisados habían sido presentados directamente en la XVI Reunión del CPA.

(114) Siguiendo la recomendación del CPA, la Reunión aprobó las siguientes Medidas para las Zonas Protegidas y Administradas:

- Medida 1 (2011): Zona Antártica Especialmente Protegida Nº 116 (Valle de New College, playa Caughley, cabo Bird, isla Ross): Plan de Gestión revisado

- Medida 2 (2011): Zona Antártica Especialmente Protegida N° 120 (archipiélago de Pointe-Géologie, Tierra de Adelia): Plan de Gestión revisado
- Medida 3 (2011): Zona Antártica Especialmente Protegida N° 122 (Alturas de Arrival, península Hut Point, isla Ross): Plan de Gestión revisado
- Medida 4 (2011): Zona Antártica Especialmente Protegida N° 126 (península Byers, isla Livingston, islas Shetland del Sur): Plan de Gestión revisado
- Medida 5 (2011): Zona Antártica Especialmente Protegida N° 127 (isla Haswell): Plan de Gestión revisado
- Medida 6 (2011): Zona Antártica Especialmente Protegida N° 131 (glaciar Canadá, lago Fryxell, valle Taylor, Tierra de Victoria): Plan de Gestión revisado
- Medida 7 (2011): Zona Antártica Especialmente Protegida N° 149 (cabo Shirreff e isla San Telmo, isla Livingston, islas Shetland del Sur): Plan de Gestión revisado
- Medida 8 (2011): Zona Antártica Especialmente Protegida N° 165 (punta Edmonson, bahía Wood, mar de Ross): Plan de Gestión revisado
- Medida 9 (2011): Zona Antártica Especialmente Protegida N° 167: (isla Hawker, colinas de Vestfold, costa de Ingrid Christensen, tierra de la Princesa Isabel, Antártida Oriental): Plan de Gestión revisado
- Medida 10 (2011): Zona Antártica Especialmente Administrada N° 2: (Valles Secos de McMurdo, Tierra de Victoria Meridional): Plan de Gestión revisado

(115) Dado que se proponían cambios importantes en el plan de gestión de la ZAEP 140, Partes de la Isla Decepción, islas Shetland del Sur, el Comité decidió remitir el plan de gestión al GSPG para un examen en el período entre sesiones.

Grupo Subsidiario sobre Planes de Gestión del CPA

(116) El Comité revisó el informe de su Grupo Subsidiario sobre Planes de Gestión (GSPG) coordinado por Australia. Durante la preparación del período entre sesiones el GSPG había revisado y corregido la *Guía para la preparación de Planes de Gestión para Zonas Antárticas Especialmente Protegidas* (aprobada en virtud de la Resolución 2 (1988), que incluye la incorporación de una redacción normalizada y una plantilla para los planes de gestión de ZAEP.

(117) El Comité convino en:

- respaldar la Guía para la preparación de Planes de Gestión de Zonas Antárticas Especialmente Protegidas revisada y la plantilla y redacción normalizada para planes de gestión de ZAEP incorporadas, y
- alentar a las Partes proponentes que aún no hayan proporcionado información sobre la situación de los planes de gestión de ZAEP, cuyo plazo de revisión haya caducado, a que proporcionen dicha información.

(118) El Comité aprobó además un plan de trabajo para las actividades del GSPG durante el período entre sesiones 2011/2012.

(119) La Reunión aprobó la Resolución 2 (2011): Guía para la Preparación de Planes de Gestión para las Zonas Antárticas Especialmente Protegidas.

(120) En relación con este tema también se analizaron diversas cuestiones, incluidas las actividades de seguimiento propuestas dentro de la ZAEP N° 107 (isla Emperador, islas Dion, bahía Margarita, península Antártica). La Secretaría acordó enviar un recordatorio a las Partes responsables de un plan de gestión de una ZAEP/ZAEA que debe revisarse durante el próximo año.

Sitios y Monumentos Históricos

(121) Se informó al Comité sobre los resultados de los debates informales entre sesiones coordinados por Argentina sobre Sitios y Monumentos Históricos. El análisis se centró en: a) las diferentes formas en que las Partes definen y aplican el concepto de "patrimonio histórico" y las actuales definiciones acordadas con respecto al contexto antártico, y b) la capacidad de adecuación de los actuales mecanismos disponibles para la protección de sitios históricos en el Sistema del Tratado Antártico. Teniendo en cuenta la amplia variedad de conceptos y opiniones sobre estos problemas, el Comité estuvo de acuerdo en que los debates informales sobre Sitios y Monumentos Históricos habían sido productivos y debían continuar.

(122) El Comité había recibido una propuesta para un nuevo SMH, y una propuesta para revisar la descripción del SMH 82. Siguiendo la recomendación del CPA, la Reunión aprobó las siguientes Medidas sobre sitios y monumentos históricos:

- Medida 11 (2011): Sitios y Monumentos Históricos en la Antártida: Placas conmemorativas en el Monumento al Tratado Antártico

- Medida 12 (2011): Sitios y Monumentos Históricos en la Antártida: Edificio Nº 1 de la Estación Gran Muralla

(123) Si bien aceptó la Medida 11 (2011), el Reino Unido reiteró su preocupación, manifestada previamente, acerca del uso de doble designaciones en la lista de sitios históricos.

(124) El Comité observó que la lista más reciente de SMH se encontraba muy desactualizada, y sugirió que la RCTA encomendara a la Secretaría la actualización de la lista en forma anual.

(125) La Reunión analizó la solicitud del CPA y aceptó encomendar a la Secretaría la tarea de mantener una lista actualizada de Sitios y Monumentos Históricos en el sitio Web de la Secretaría.

Directrices para sitios

(126) El Comité analizó el informe del Grupo de Contacto Intersesional abierto sobre la revisión de los elementos ambientales de la Recomendación XVIII-1 convocado por Australia. El GCI ha desarrollado directrices actualizadas para visitantes basándose en la Recomendación XVIII-1 (1994), pero en un formato que pueda usarse también como nota de remisión genérica de las directrices específicas para sitios.

(127) La Reunión analizó y aprobó las Directrices Generales para visitantes a la Antártida con la aprobación de la Resolución 3 (2011).

(128) El Comité analizó propuestas para dos directrices para sitios revisadas y propuestas para tres directrices para sitios nuevas. El Comité respaldó las versiones revisadas de las directrices para sitios para caleta Balleneros y punta Hannah, y las nuevas directrices para sitios para el valle de Taylor, península Ardley y las cabañas de Mawson.

(129) La Reunión analizó y aprobó dos Directrices para sitios revisadas y tres Directrices para sitios nuevas mediante la Resolución 4 (2011).

La huella humana y los valores silvestres

(130) El Comité analizó los conceptos de Huella humana y Valores silvestres relacionados con la protección del medioambiente antártico, y reconoció el interés por el desarrollo de terminología. Asimismo apoyó el concepto de áreas inalteradas que podrían servir como sitios de referencia.

Gestión y protección del espacio marino

(131) El Comité felicitó a la Secretaría por la elaboración de su excelente resumen del trabajo del CPA sobre Zonas Marinas Protegidas. Estuvo de acuerdo con una solicitud de que la Secretaría brinde actualizaciones periódicas del informe en línea en el sitio Web de la STA.

(132) Se informó al Comité acerca del Taller sobre ZMP de la CCRVMA que se llevará a cabo en Brest (Francia) desde el 29 de agosto al 2 de septiembre de 2011. El Comité recordó el compromiso que asumió previamente de participar en forma constructiva con la CCRVMA en relación con estos asuntos y señaló que queda a la espera de un informe del próximo Taller sobre ZMP de la CCRVMA en Brest. El Comité agradeció a la CCRVMA su invitación para asistir al Taller. Polly Penhale de los Estados Unidos será la Representante del CPA.

Otros asuntos relacionados con el Anexo V

(133) El Comité analizó la propuesta de Australia para la mejora de la base de datos sobre Zonas Antárticas Protegidas y acordó:

- que la base de datos sobre Zonas Antárticas Protegidas debía ampliarse para incluir campos que representen: (1) el principal motivo de su designación; y (2) el principal dominio ambiental representado;
- alentar a los proponentes a permitir que los límites de las ZAEP y ZAEA estén disponibles en formato digital adecuado para usar en un SIG cuando sea posible, y brindar esta información a la Secretaría para su administración central y acceso a través de la base de datos sobre Zonas Antárticas Protegidas;
- solicitar a la Secretaría que se modifique la base de datos sobre Zonas Antárticas Protegidas según corresponda para implementar estos cambios; y
- recomendar que la RCTA modifique la portada para los Documentos de Trabajo que presenten ZAEP y ZAEA adjunta a la Resolución 1 (2008) para permitirle a la Secretaría capturar la información relevante que se deba incluir en la base de datos.

(134) La Reunión aprobó la Resolución 5 (2011): Guía revisada para la presentación de Documentos de Trabajo que contengan propuestas de Zonas Antárticas Especialmente Protegidas, Zonas Antárticas Especialmente Administradas o Sitios y Monumentos Históricos.

(135) El CPA también analizó el informe del Taller del CPA sobre Zonas Antárticas Especialmente Administradas Marinas y Terrestres realizado en Montevideo, Uruguay, del 16 al 17 de junio de 2011. El Comité felicitó a los co-convocantes al taller de Australia y Uruguay, y agradeció a Uruguay por oficiar de sede del taller.

(136) El Comité apoyó las cuatro recomendaciones surgidas en el taller y acordó:

1. Solicitar a la Secretaría que establezca enlaces desde el sitio Web de la STA a los sitios Web de las ZAEA, cuando sea posible.

2. Promover un mayor intercambio de información respecto de las prácticas recomendadas para la gestión de ZAEA. En particular, se podría alentar a los Grupos de Gestión de ZAEA a intercambiar información sobre iniciativas que podrían resultar de interés para aplicarse en otras ZAEA.

3. Buscar identificar las oportunidades de aprovechar la mayor experiencia y responsabilidades del COMNAP para facilitar la cooperación y coordinación en la elaboración, aplicación y gestión de ZAEA. Asimismo, el CPA puede recurrir al SCAR como referencia respecto de las actividades científicas, a la IAATO en relación con las actividades turísticas, y al CC–CCRVMA en cuanto a las buenas prácticas para la identificación, gestión y seguimiento de las zonas marinas.

4. Alentar a los Miembros interesados a revisar las disposiciones de los planes de gestión de las ZAEA existentes, con la perspectiva de preparar un plan de trabajo sugerido, y material de apoyo para contribuir a las iniciativas implementadas por el GSPG en el desarrollo de orientaciones para el establecimiento de ZAEA y para la preparación y revisión de planes de gestión de ZAEA.

Conservación de la flora y fauna antárticas (Tema 8 del programa de la Reunión del CPA)

Cuarentena y especies no autóctonas

(137) El tema de las especies no autóctonas en la Antártida continúa siendo un asunto prioritario en el plan de trabajo quinquenal del CPA. El Comité revisó el trabajo de un GCI establecido en la XII Reunión del CPA y coordinado por Nueva Zelandia. Los principales resultados del segundo año de trabajo del GCI incluyen la finalización del objetivo general y los principios rectores fundamentales del trabajo de las Partes para abordar los riesgos planteados

por las especies no autóctonas, y la culminación del Manual sobre especies no autóctonas.

(138) El Comité apoyó las recomendaciones del GCI de:

1. Avalar el objetivo general y los principios rectores fundamentales que guiarán las acciones de las Partes para abordar los riesgos planteados por las especies no autóctonas;
2. Alentar la difusión y el uso del Manual;
3. Continuar desarrollando el Manual sobre especies no autóctonas con los aportes del SCAR y del COMNAP sobre cuestiones científicas y prácticas, respectivamente; y
4. Encomendar a la Secretaría la publicación del Manual en los cuatro idiomas del Tratado en el sitio web de la STA.

(139) La Reunión aprobó la Resolución 6 (2011): Especies no autóctonas

(140) El Comité analizó las listas de verificación preparadas por el COMNAP y el SCAR para que los gestores de la cadena de suministro redujeran el riesgo de introducción de especies no autóctonas. El CPA aprobó las recomendaciones, incluida la incorporación de las listas de verificación en el "Manual sobre especies no autóctonas".

(141) El Comité también analizó las medidas para reducir el riesgo de introducción de especies no autóctonas en la región antártica en relación con los alimentos frescos, propuestas por el SCAR. El Comité aceptó el ofrecimiento del SCAR de moderar un debate informal en torno a este problema durante el período entre sesiones, con el objeto de presentar una versión revisada del documento en la XV Reunión del CPA.

Otros asuntos relacionados con el Anexo II

(142) Se informó al Comité sobre el deseo de Alemania de oficiar de sede para el 2º Taller del "Foro de debate de autoridades competentes" sobre el impacto del sonido submarino antropogénico en el medioambiente antártico. El Comité señaló su interés por profundizar sus conocimientos sobre este tema y acogió con satisfacción los ofrecimientos del SCAR y la ASOC de presentar un resumen de la información más actualizada sobre este tema en la XV Reunión del CPA a fin de facilitar todo debate adicional.

(143) El Comité destacó la redacción de dos nuevos Códigos de Conducta por parte del SCAR:

- El Código de Conducta del SCAR para la exploración e investigación de entornos acuáticos subglaciales
- El Código de Conducta del SCAR para el uso de animales con fines científicos en la Antártida

Vigilancia ambiental e informes sobre el estado del medio ambiente (Tema 9 del programa de la Reunión del CPA)

(144) El Comité analizó el posible uso de técnicas de teledetección para una mejor vigilancia del medioambiente y el cambio climático en la Antártida. El análisis se basó en el documento de trabajo WP 15 rev. 1 elaborado por el Reino Unido, que recomendaba que el CPA:

1. destaque y respalde el potencial de la teledetección para contribuir en forma significativa a futuros programas de vigilancia ambiental, incluso en el contexto de la gestión de Zonas Protegidas y la vigilancia del impacto del cambio climático;
2. considere de qué otra manera la utilización de los datos obtenidos por teledetección pueden brindar apoyo al trabajo del CPA y de la RCTA; y
3. continúe explorando oportunidades para utilizar e investigar nuevas aplicaciones de vigilancia.

(145) El Comité acordó apoyar estas recomendaciones y alentó el intercambio de información para el beneficio a todas las Partes que trabajan en la región antártica, y para evitar la duplicación de esfuerzos.

Informes de inspecciones (Tema 10 del programa)

(146) El Comité analizó el Informe de inspección de Japón (WP 1 e IP 4). Japón enfatizó los resultados del tratamiento y la eliminación de desechos, el tratamiento de aguas residuales y desechos líquidos domésticos en varias estaciones, y realizó recomendaciones que incluyen mejoras en las instalaciones de tratamiento de aguas residuales y tanques de petróleo en algunas estaciones.

(147) El Comité también analizó el Informe de inspección de Australia (WP 51 e IP 39, IP 40). Australia señaló que sus inspecciones habían detectado algunas áreas de inquietud de carácter ambiental, y remitió a la Reunión a sus recomendaciones de que las Partes deberían:

- emplear su mayor esfuerzo en administrar las instalaciones que funcionan actualmente conforme al Protocolo;
- mantener y evaluar periódicamente las instalaciones que están desocupadas provisoriamente, a fin de garantizar que no se esté produciendo daño ambiental;
- considerar adecuadamente la remoción de las instalaciones y los equipos que ya no están en uso y la eliminación de los materiales de desecho acumulados;
- implementar iniciativas para compartir con la Parte operadora información sobre las instalaciones desocupadas; e
- intercambiar conocimientos y experiencias acerca de cómo abordar el desafío de tratar los legados de actividades pasadas.

(148) En cuanto a las observaciones realizadas respecto de la necesidad de contar con medidas más sólidas para el tratamiento de aguas residuales, particularmente en las estaciones ubicadas en el interior del continente, el Comité solicitó al COMNAP que presentara información sobre las mejores prácticas para el tratamiento de aguas residuales en la XV Reunión del CPA. El Comité también recibió con satisfacción la información brindada por la Federación de Rusia en respuesta a las observaciones realizadas por el equipo de inspección de Australia en 2010, y su intención de informar en una reunión futura sobre las medidas adicionales tomadas en relación con los problemas identificados.

Cooperación con otras organizaciones (Tema 11 del programa de la Reunión del CPA)

(149) El Comité recibió los informes anuales del COMNAP, SCAR, CCRVMA y el informe del Observador del CPA al Grupo de Trabajo del CC-CCRVMA sobre Control y Gestión de Ecosistemas.

Asuntos generales (Tema 12 del programa de la Reunión del CPA)

Posibilidad práctica de reparar y remediar el daño ambiental

(150) El Comité analizó la solicitud de la XXXIII RCTA de asesoramiento sobre problemas ambientales relacionados con la posibilidad práctica de reparar y remediar el daño ambiental. Australia elaboró un documento de trabajo (WP 28) para fomentar el debate y ayudar al CPA a proporcionar una respuesta oportuna y útil a la Decisión 4 (2010), e identificó ocho puntos que Australia consideraba que el CPA debía tener en cuenta para preparar dicha respuesta.

(151) El Comité alentó a los Miembros a presentar documentos y propuestas sobre este tema a la XV Reunión del CPA, con el objeto de establecer un GCI sobre reparación y remediación del daño ambiental en esa reunión.

Revisión de las Recomendaciones de la RCTA

(152) El CPA observó que la RCTA había analizado el documento de trabajo WP 24 *Informe de avance del Grupo de Contacto Intersesional sobre la revisión de las Recomendaciones de la RCTA* (Argentina), y había solicitado asesoramiento en cuanto a los elementos aún pendientes de varias Recomendaciones que tratan cuestiones ambientales distintas a la protección y gestión de zonas.

(153) El Comité recomendó a la Reunión que las siguientes Recomendaciones remitidas por la RCTA para su consideración sean consideradas como obsoletas:

- Recomendación III-8
- Recomendación III-10
- Recomendación IV-22
- Recomendación X-7
- Recomendación XII-3
- Recomendación XIII-4

(154) Asimismo, el Comité informó a la Reunión que los elementos de las Directrices para las perforaciones científicas en el área del Tratado Antártico presentadas en la Recomendación XIV-3 no han sido reemplazadas, y que podía resultar útil conservar dichas directrices.

(155) La Reunión aceptó la recomendación del Comité.

Elección de autoridades (Tema 13 del programa de la Reunión del CPA)

(156) El Comité reeligió a Verónica Vallejos de Chile como vicepresidenta por un segundo período de dos años.

Preparación para la XV Reunión del CPA (Tema 14 del programa de la Reunión del CPA)

(157) El Comité aprobó el programa provisional para la XV Reunión del CPA incluido en el Anexo del informe del CPA. También apoyó la propuesta,

como se describe en el documento de trabajo WP 8 presentado por Australia, de realizar la XV Reunión del CPA en 2011 con una duración de cinco días.

(158) Se ha agregado un nuevo tema al programa para reflejar la necesidad del Comité de responder a la solicitud de la RCTA sobre la posibilidad práctica de reparar y remediar el daño ambiental - Decisión 4 (2010).

(159) La Reunión agradeció al Dr. Frenot por su excelente presidencia y felicitó al Comité por presentar un informe de alta calidad.

(160) Con respecto al Sistema Electrónico de Intercambio de Información (SEII), varias Partes admitieron que el sistema actual podría ser más sencillo para los usuarios, y recibieron con agrado la iniciativa de la Secretaría de implementar mejoras técnicas. Sin embargo, estas Partes recordaron a la Reunión que el intercambio de información era, de todos modos, un requisito que exige el Protocolo.

(161) Diversas Partes reiteraron su apoyo a la recomendación del CPA de respaldar los proyectos de CEE presentados por el Reino Unido y la República de Corea, y señalaron que aguardaban con interés recibir las CEE finales.

(162) Nueva Zelandia destacó la importancia de que el CPA continuara adoptando un enfoque estratégico para su trabajo, y sugirió que ello podría ser un punto de referencia para la RCTA al considerar un plan de trabajo estratégico plurianual. Nueva Zelandia recibió con agrado la finalización por parte del CPA de la asesoría medioambiental general a los visitantes y el desarrollo del Manual sobre especies no autóctonas. Nueva Zelandia subrayó la importancia de una interacción permanente entre el CPA y la RCTA.

(163) Al respaldar el informe del CPA, el Reino Unido destacó una serie de puntos, incluido el hecho de que el intercambio de información es un requisito formal que exige el Protocolo, y que la información recopilada con el SEII contribuye significativamente al trabajo de otras partes de la RCTA, incluido el Grupo de Trabajo de Turismo. El Reino Unido también señaló que el propósito de la revisión de la asesoría para los visitantes basada en la Recomendación XVIII-1 era mejorar y complementar dichas recomendaciones, y no reemplazarlas. La Reunión alentó a la única Parte que aún no había implementado la Recomendación XVIII-1 a que lo hiciera lo antes posible, a fin de que pudiera entrar en vigor.

(164) Estados Unidos destacó el enfoque proactivo de la Secretaría en su disposición para liderar a un grupo informal de debate para tratar problemas técnicos relacionados con el Sistema Electrónico de Intercambio de Información. Estas iniciativas deberían facilitar un mejor uso del SEII. Con respecto a las CEE

presentadas por el Reino Unido y la República de Corea, Estados Unidos destacó la alta calidad del proceso de EIA empleado por ambas Partes, y elogió su receptividad a las preguntas y recomendaciones presentadas por el CPA. Las Directrices para visitantes a la Antártida fueron consideradas un aporte importante para la reducción del impacto ambiental. Además, se reconoció que este trabajo del CPA promueve el trabajo del Grupo de Trabajo de Turismo. Estados Unidos espera con interés la colaboración continua entre el CPA y el CC-CCRVMA en el ámbito de la gestión espacial de las áreas marinas y aguarda con interés el resultado del taller sobre ZMP del CC-CCRVMA.

Tema 8. Responsabilidad: Aplicación de la Decisión 1 (2005)

(165) La Reunión señaló que cinco Partes (Finlandia, Perú, Polonia, España, Suecia) ya habían aprobado la Medida 1 (2005). De acuerdo con la Decisión 4 (2010) (que reemplazó a la Decisión 1 (2005)) otras Partes proporcionaron una actualización de sus avances desde la XXXIII RCTA al aprobar el Anexo VI al Protocolo sobre la Protección del Medio Ambiente en relación con la Responsabilidad derivada de las emergencias ambientales.

(166) La mayoría de las Partes destacaron la importancia de ratificar el Anexo VI, si bien informaron que sus respectivos gobiernos aún se encontraban en diversas etapas de la preparación de las medidas de implementación necesarias para la aprobación.

(167) Australia, los Países Bajos, el Reino Unido y Nueva Zelandia informaron al Grupo de Trabajo que habían realizado avances considerables con respecto a la ratificación del Anexo VI. El Reino Unido y Nueva Zelandia señalaron que su proyecto de legislación estaba disponible en internet. Estados Unidos informó a la Reunión que el Presidente había presentado el Anexo VI al Senado de los Estados Unidos para recibir sugerencias y el consentimiento para la ratificación, y estaba por finalizar la legislación relacionada para presentarla ante el Congreso.

(168) Al agradecer a las Partes por sus actualizaciones y los avances realizados hasta el momento, la ASOC sugirió que los paquetes legislativos nacionales desarrollados por aquellas Partes que estaban más avanzadas en el proceso de ratificación del Anexo VI podrían proporcionar sugerencias y ayuda a las demás Partes para facilitar su avance. Los Países Bajos manifestaron preocupación por la falta de avances en relación con el Anexo VI y apoyaron esta propuesta de la ASOC.

(169) La Reunión debatió si era adecuado colocar la legislación o los proyectos de legislación en un foro de debate para lograr progresos en el análisis de este tema. La Secretaría aceptó facilitar esta cuestión.

(170) Finlandia presentó el IP 34 *Implementation of Annex II and VI of the Protocol on Environmental Protection to Antarctic Treaty and Measure 4 (2004)*. La Reunión le agradeció a Finlandia por su actualización.

Tema 9. Seguridad de las operaciones en la Antártida

(171) Argentina presentó el documento de trabajo WP 2 rev. 1 *Sistema de alerta temprano para Antártida por la llegada de olas generadas por terremotos*, señalando que los eventos sísmicos de gran magnitud recientes que incluyen los terremotos de Chile y Japón generaron tsunamis que cruzaron los océanos por miles de kilómetros y llegaron a las costas de continentes distantes. Si bien la Antártida no se considera un continente altamente sísmico, se han registrado terremotos de alta magnitud con epicentros debajo del lecho marino en la región antártica (en las Islas Orcadas del Sur en 2007) o cerca de éste (en las Islas Sandwich del Sur en 2011), con la posibilidad de generar tsunamis.

(172) Dado que la mayoría de las estaciones de la Antártida son costeras y que una cantidad importante de las actividades científicas, logísticas y turísticas se llevan a cabo en áreas costeras, Argentina notó la importancia fundamental de contar con información sobre la llegada de tsunamis a la costa antártica.

(173) Argentina señaló que existe un sistema de boyas que sirve como sistema de alerta temprano (SAT) de tsunamis. Instituciones científicas, tales como la Administración Nacional Atmosférica y Oceánica (NOAA, por sus siglas en inglés) de los Estados Unidos producen y publican modelos numéricos para calcular la altura y tiempo de llegada estimados de las olas de tsunamis. Sin embargo, estos modelos no incluyen habitualmente las costas antárticas.

(174) Por lo tanto, Argentina propuso que la Secretaría del Tratado Antártico se comunicara con las instituciones que elaboran los modelos numéricos para calcular la llegada y la altura de las olas de los tsunamis para solicitarles que amplíen su trabajo e incluyan a la costa antártica. También propuso que solicitara al SCAR que informara sobre los riesgos asociados con terremotos y tsunamis a lo largo de la costa de la Antártida y al COMNAP que analizara los riesgos de las bases y operaciones de la Antártida, y que considerara el establecimiento de un SAT para alertar sobre la llegada de tsunamis a las costas de la Antártida.

(175) La Reunión agradeció a la Argentina por su documento y propuestas, y manifestó su fuerte apoyo. Varias Partes y organizaciones señalaron su disposición para contribuir a mejorar el SAT para ampliar su aplicación a la Antártida. La Reunión señaló que es sumamente importante mejorar la cartografía batimétrica para proporcionar datos que puedan ser usados por los modelos del SAT, a fin de calcular con precisión la llegada y las alturas de las olas de los tsunamis que alcancen las costas de la Antártida.

(176) Estados Unidos recibió con agrado el documento e indicó su disposición para proporcionar alertas en caso de tsunamis, y afirmó que se necesitaría tiempo para iniciar este proceso. Invitó a otros países a sumarse al Sistema de Alerta de Tsunami en el Pacífico, (SATP) y CARIBE-SAT (Grupo de Coordinación Intergubernamental para el Sistema de Alerta de Tsunamis y Otras Amenazas Costeras para el Caribe y Regiones Adyacentes).

(177) Alemania observó que luego del tsunami que tuvo lugar en Indonesia, se desarrolló un SAT para la región. India agregó que también ha establecido un sistema de alerta de tsunamis para los países de la costa del Océano Índico y que el sistema está funcionando bien. India también está aportando datos sísmicos y de GPS a través de sus observaciones a la OMM. La Federación de Rusia agregó que ha analizado la posibilidad de instalar su propio sistema SAT en el Extremo Oriente Ruso.

(178) Alemania destacó la importancia de mejorar la cartografía batimétrica, especialmente para los "puntos blancos" en las cartas, para calcular la altura de las olas. Avaló la importancia del trabajo del SCAR y el COMNAP en el SAT, e indicó su disposición para colaborar con dicho trabajo.

(179) Nueva Zelandia informó que había mantenido mareómetros en el Mar de Ross durante un período prolongado en el cabo Roberts, y que cuenta con una gran cantidad de datos disponibles sobre la altura de las olas. Los mareómetros, por ejemplo, registraron datos de las olas del terremoto de Japón en abril dentro de las 24 horas.

(180) El COMNAP señaló que ya había comenzado a trabajar en un proyecto relacionado con el riesgo que representan los tsunamis para la infraestructura y el personal costeros de la Antártida, y presentará un informe del proyecto en la Reunion General Anual del COMNAP, que se llevará a cabo en agosto. Si la Reunion lo considera útil, el COMNAP podrá presentar el informe como un documento de trabajo en la XXXV RCTA. La Reunión consideró que el informe sería útil y solicitó al COMNAP que, con la ayuda del SCAR, lo presentara en la XXXV RCTA para facilitar un debate en mayor profundidad sobre este tema.

(181) El Reino Unido sugirió que sería útil que Estados Unidos incluya un representante de la NOAA en su delegación que asistirá a la XXXV RCTA, a fin de presentar información sobre su SAT contra tsunamis global. El Reino Unido indicó que ha comprobado que el sistema es sumamente útil para el British Antarctic Survey (BAS) y que efectivamente establece algunas predicciones para la Antártida. El Reino Unido usó predicciones del sistema para evacuar al personal de la Estación de Rothera durante el terremoto chileno.

(182) El Reino Unido señaló que tanto el SCAR como el COMNAP cuentan con información científica y de operaciones que podría resultar útil, y destacó la importancia de acercarse a la Comisión Hidrográfica para la Antártida (parte de la Organización Hidrográfica Internacional) en relación con la necesidad de mejorar la cartografía batimétrica. El Presidente acordó escribir a la OHI para informarles acerca de este tema e invitarlos a aportar información sobre la cartografía batimétrica para la predicción de tsunamis en la XXXV RCTA.

(183) El SCAR también respaldó la necesidad de mejorar la batimetría e indicó que cuenta con un Grupo de Acción sobre la "Carta Batimétrica Internacional del Océano Austral".

(184) Chile se mostró interesado en apoyar esta iniciativa y compartir su amplia experiencia con los demás, y también con los grupos de trabajo que podrían trabajar sobre estos temas, e indicó que se le debe dar la más alta prioridad a estas cuestiones.

(185) Ecuador señaló que en las Islas Galápagos están instalando un centro de alerta de tsunamis que puede brindar datos a solicitud. Además, Ecuador consideró que era importante generar un sistema de comunicación global de alerta de tsunamis en la Antártida.

(186) Francia observó los efectos en los fracasos reproductivos y el impacto en el comportamiento reproductivo de las colonias de pingüinos en sus islas subantárticas luego del tsunami de 2004 en Sumatra. Francia está preparada para integrar los datos de sus observatorios en el Océano Índico a un SAT de mayor alcance.

(187) Argentina agradeció a la Reunión su apoyo y mencionó que el registro de las cinco estaciones que pertenecen a la Red Sísmica Antártica Ítalo-Argentina (RSAIA) se encuentra en línea, disponible para su uso. Además, indicó que el Servicio Hidrográfico Argentino está realizando la cartografía batimétrica con el buque de investigación *Puerto Deseado*. Asimismo, sugirió que sería muy valioso tener enlaces a todas las páginas Web del sistema de alerta.

(188) La Federación de Rusia presentó el documento de trabajo WP 56 *Medidas para garantizar la seguridad de los buques en aguas antárticas adoptadas por la Federcción de Rusia,* que indica que la comunidad internacional antártica está seriamente preocupada por la mayor frecuencia de accidentes de buques marinos en el Océano Austral, que algunas veces generan emergencias ambientales.

(189) La Federación de Rusia ha estado presente en forma activa en el Océano Austral desde su crucero ballenero de la temporada estival 1946-47. Desde entonces, los buques rusos han operado en grandes cantidades en las aguas antárticas y cuentan con una amplia experiencia respecto de las condiciones antárticas.

(190) Los buques rusos alquilan sus servicios con frecuencia, y otros países aprovechan la experiencia de los capitanes y la tripulación rusos para respaldar sus programas nacionales de investigación. Se han utilizado los buques rusos y la experiencia rusa en la navegación por mares de hielo para asistir a los buques chinos y coreanos en sus operaciones en la Antártida. La República de Corea reconoció esta ayuda y manifestó su agradecimiento. Argentina destacó el profesionalismo de la tripulación de los buques rusos que había alquilado.

(191) La Federación de Rusia, un país que habitualmente navega en este tipo de aguas, está dispuesta a compartir su experiencia y brindar asesoramiento sobre la navegación segura. Rusia ha adoptado un sistema de capacitación brindado por varios capitanes y oficiales polares, y pilotos en hielo altamente calificados. En el WP 56 se brinda información sobre su capacitación y certificación.

(192) La Federación de Rusia dirigió la atención de la Reunión a una publicación poco conocida, pero muy útil, de la Organización Meteorológica Mundial (OMM) sobre la navegación por mares de hielo: el Informe 35 de la OMM en una serie sobre Meteorología marina y actividades oceanográficas asociadas (WMO/TD n° 783, 1996).

(193) La Reunión expresó su agradecimiento a la Federación de Rusia por su documento y por destacar la importancia de la capacitación específica para las condiciones que deben enfrentar los buques, los capitanes y la tripulación en la Antártida. Alemania sugirió que en la medida de lo posible, los programas nacionales deben usar una tripulación con experiencia para operar en las condiciones antárticas. Argentina observó la importancia de capacitar a las tripulaciones de todos los buques, especialmente los miembros pequeños

que no pertenezcan a la IAATO, e informó sobre el Curso de Navegación en Aguas Antárticas que realiza anualmente.

(194) Nueva Zelandia comentó acerca del importante valor del sistema de informe de buques del COMNAP para garantizar la seguridad de los buques que participan en programas nacionales.

(195) Chile informó a la Reunión que los Capitanes de los buques chilenos que operan en el área antártica, de acuerdo con las leyes marítimas nacionales, deben haber realizado el curso "Navegación y Operaciones en Aguas Antárticas", desarrollado en el Centro de Instrucción y Capacitación Marítima, CIMAR. Todos aquellos que deseen obtener más información sobre este curso, pueden encontrarla en *www.cimar.cl*.

(196) Chile presentó el IP 134 *Situación SAR en los últimos 5 años en el área de la Antártica de responsabilidad de Chile.* Las estadísticas en el documento, aunque posiblemente no están completas, identifican la cantidad de buques que llegan a los puertos y las bases importantes designadas para recopilar información de los buques. El informe también incluye evacuaciones médicas de buques turísticos. Chile ha hecho lo posible por asegurar la presencia según sea necesario de la Patrulla Antártica Naval combinada entre Chile y Argentina con sus buques navales en áreas de la Antártida en las que Chile tiene responsabilidades SAR. Chile observó que a menudo no se dispone de suficiente información sobre la ubicación de los buques en el área para acudir en su ayuda. Es necesario contar con información precisa para asegurar la búsqueda, el rescate y la protección ambiental. La Resolución 6 (2010) exige a los buques de las Partes que informen su ubicación y movimientos. Chile ha estado brindando esta información y alienta a las demás Partes a contribuir con esta iniciativa.

(197) China, al comentar su IP 6 *Report on the Evacuation of an Altitude Sickness – Suffered Expeditioner at the Kunlun Station* in *Dome A,* agradeció a los colegas por su ayuda para efectuar la evacuación y habló en memoria de William Colston.

(198) Noruega informó sobre una evacuación exitosa llevada a cabo el 22 de junio en la Estación Troll con un Gulfstream G 550 (sin realizar el reabastecimiento de combustible en los tramos antárticos), una pequeña aeronave que voló desde Ciudad del Cabo hasta la estación y regresó a Ciudad del Cabo en el término de 12 horas.

(199) Noruega presentó el documento de información IP 59 *The grounding of the Polar Star*, e informó que el encallamiento (al golpear contra una roca) fue un

incidente que no revistió mayor importancia ni produjo lesiones a los pasajeros ni daño ambiental. Si bien se trató de un incidente de menor importancia, Noruega hizo hincapié en la importancia de informar todos los incidentes para tener datos completos en los que basarse al realizar evaluaciones de riesgos en el futuro y analizar las posibles reglamentaciones.

(200) Noruega presentó el documento de información IP 60 *Working Group on the development of a mandatory code for ship operating in polar waters, IMO*. El Subcomité de Diseño y Equipamiento de la Organización Marítima Internacional (OMI) tiene a su cargo esta tarea. Teniendo en cuenta la necesidad urgente de requisitos obligatorios, el Código Polar se aplicaría inicialmente a los buques de pasajeros y carga del Convenio Internacional para la Seguridad de la Vida Humana en el Mar (SOLAS). El informe de su reunión llevada a cabo en marzo de 2011, anexado al IP 60, contiene información sobre el estado de los debates actuales en la OMI y contexto para los debates sobre las posibles directrices futuras para los yates y buques pesqueros.

(201) La ASOC agradeció a Chile por el documento de información IP 134, y a Noruega por el documento de información IP 59, e instó a todas las Partes del Tratado Antártico cuyos buques llevan su bandera, o tienen su permiso o autorización y hayan sufrido incidentes similares, a informarlos a la RCTA.

(202) La ASOC presentó el documento de información IP 85, *Developing a Mandatory Polar Code – Progress and Gaps*. La ASOC le solicitó a la RCTA que adopte una Resolución respecto de la toma de medidas colectivas a fin de asegurar que el Código Polar Obligatorio brinde los niveles de seguridad y protección adecuados para las operaciones con buques en las aguas de la Antártida.

(203) La ASOC presentó el documento de información IP 91, *Vessel Protection and Routing – Options Available to Reduce Risk and Provide Enhanced Environmental Protection*. La ASOC recomienda que la RCTA apruebe una Resolución sobre la necesidad de revisar las medidas para abordar las colisiones, los encallamientos y la protección de áreas vulnerables.

(204) Muchas Partes felicitaron a Noruega por su trabajo de presidir el Grupo de Trabajo de la OMI en la elaboración del Código Polar.

(205) La Reunión respaldó el llamado de Nueva Zelandia para que todas las Partes participen activamente y sigan el programa de trabajo del Código Polar Obligatorio de la OMI, ya que la elaboración del código obligatorio había sido solicitada por la RCTA, y por lo tanto, debía garantizar que

se representara adecuadamente la perspectiva antártica. Observó que dicha acción debía ser coherente con la Resolución 5 (2010) respecto de la coordinación entre las Partes del Tratado Antártico de las propuestas antárticas bajo consideración en la OMI.

(206) El Reino Unido subrayó la importancia de que las Partes envíen delegados al Grupo de Trabajo de la OMI para asegurarse de estar bien informados sobre las operaciones de los buques en la Antártida. El Reino Unido informó a la RCTA que ha llevado a su propio delegado de la OMI a la Antártida en el HMS Scott, para ofrecerle una experiencia directa de las condiciones del hielo únicas de la región.

(207) Argentina alentó a las Partes a trabajar estrechamente con el COMNAP sobre cuestiones de navegación, búsqueda y rescate en relación con la elaboración del Código Polar Obligatorio.

(208) El COMNAP informó a la RCTA que está prestando mucha atención a la elaboración del Código, e invita a los Programas Nacionales Antárticos (PNA) a participar en su Grupo de Expertos en Navegación.

(209) Noruega agradeció el apoyo recibido para el trabajo del Código Polar Obligatorio, y resaltó que la OMI es el lugar de toma de decisiones sobre los requisitos de navegación de la Antártida.

(210) Chile presentó el documento de información IP 135, *Patrulla de rescate terrestre Argentina-Chilena PARACACH (Bases Antárticas "Esperanza" y "O'Higgins")*.

(211) Documentos que también se presentaron en esta sesión:

- IP 44 *Actividades de entrenamiento en exploración, búsqueda y rescate terrestre en apoyo a la actividad científica, técnica y operacional logística* (Uruguay)

Tema 10. Actividades Turísticas y No Gubernamentales

Panorama del turismo antártico en la temporada 2010/11

(212) La IAATO presentó el documento de información IP 106 rev. 1 *Overview of Antarctic Tourism*, y observó que la cantidad general de turistas que viajaron con los operadores de la IAATO durante la temporada 2010-11 fue de 33.824, una reducción del ocho por ciento con respecto a la temporada 2009-2010. Para la temporada 2011-12, la IAATO anticipa una reducción adicional del 25% a 25.319 visitantes, debido principalmente al retiro

del mercado de varios miembros de la IAATO que están afectados por las nuevas disposiciones sobre combustible de la OMI. A pesar de esta reducción, la IAATO observó tendencias que aumentan en varios segmentos más pequeños: crucero aéreo, programas terrestres y expediciones en yate. Manifestó su preocupación acerca de las actividades de algunos yates que no pertenecen a la IAATO, y señaló el gran valor que tiene el proceso y la acción de las autoridades competentes en contra de aquellos que no cumplen con los requisitos de las Partes del Tratado.

(213) Argentina presentó el documento de información IP 20 *Informe sobre flujos de visitantes y de buques de turismo antártico que operaron en el puerto de Ushuaia durante la temporada estival austral 2010/2011*, en el que se informa que 33.656 visitantes en total viajaron a la Antártida a través de Ushuaia. Argentina destacó la importancia de este documento como fuente de información originada fuera del sector industrial.

(214) La Reunión agradeció a Argentina y a la IAATO por presentar sus documentos, y señaló que la gestión efectiva de las actividades turísticas requiere que haya datos integrales disponibles sobre estas actividades.

Reglamento de turismo

(215) Estados Unidos presentó el documento de trabajo WP 26 *Revisión por parte de la RCTA del Reglamento de Turismo,* presentado en forma conjunta con Francia, Alemania, los Países Bajos y Nueva Zelandia. Estas Partes consideran que la RCTA debería llevar a cabo una revisión de la idoneidad de las actuales reglas internacionales en relación con el turismo en la Antártida, con el objeto de identificar áreas donde exista la necesidad de mayor regulación, señalando que las RCTA previas habían reconocido la necesidad de tratar esta cuestión. Estados Unidos enfatizó que esta iniciativa debería ayudar a la Reunión a determinar los temas de turismo de mayor prioridad, y por lo tanto, a identificar los temas en los que deberían centrarse en los próximos años.

(216) La Reunión agradeció a los Estados Unidos y a sus copatrocinadores por este documento e indicó que, en principio, apoyaba el desarrollo de un enfoque estratégico para la gestión de las actividades turísticas en la Antártida.

(217) India, que contó con el apoyo de varias Partes, sugirió que era importante que la RCTA se centrara no sólo en la idoneidad de las medidas actuales, sino también en la idoneidad de su implementación por parte de las autoridades nacionales.

(218) Noruega destacó el punto señalado en el WP 26, de que algunos temas relevantes para este debate podrían derivarse a otros organismos internacionales, como la OMI y la OHI. Noruega también enfatizó la importancia de considerar las implicaciones para las actividades turísticas del Código Polar obligatorio para la navegación, cuando obtenga la aprobación de la OMI.

(219) La ASOC agradeció a los Estados Unidos de América y a los demás países que contribuyeron con el WP 26. Señaló que el tema del turismo requiere perspectivas estratégicas, lo que implica anticipar lo que va a suceder. El turismo actual, si bien incluye menos turistas que el pico reciente, ha cambiado en los últimos años, por ejemplo, en términos de las actividades que tienen lugar en el interior de la Antártida y la cantidad de campamentos de turismo semipermanentes. La ASOC avaló el contenido del WP 26, particularmente en referencia con la necesidad de adoptar un enfoque preventivo.

(220) Los Países Bajos presentaron el documento de trabajo WP 21 *Turismo antártico: Hacia un enfoque estratégico y activo a través de un inventario de preguntas pendientes*, presentado en forma conjunta con el Reino Unido. El enfoque propuesto por los Países Bajos era identificar las cuestiones más importantes que requieren la atención de la RCTA, para considerar las formas más adecuadas de acción en respuesta a dichas cuestiones, y para determinar cuáles de ellas serían las prioridades para debatir en la próxima RCTA.

(221) Como coautor del documento, el Reino Unido recordó a la Reunión que en 2008 había presentado una propuesta en la XXXI RCTA, para considerar una visión estratégica para el desarrollo del turismo antártico en la próxima década. El Reino Unido observó que, a pesar de las acciones que surgieron de este documento anterior, aún había algunas preguntas que la ATCM debía abordar. Las dieciséis preguntas señaladas en el documento de trabajo WP 21 representaban una herramienta para centrar el debate y debían ayudar a establecer las prioridades.

(222) Muchas partes estuvieron de acuerdo en que sería más beneficioso analizar el WP 21 y WP 26 en forma conjunta.

(223) Argentina y Suecia manifestaron su apoyo al WP 21, y al mismo tiempo sugirieron que sería beneficioso obtener cierta aclaración de los resultados previstos. Suecia sugirió que podría ser un resultado útil realizar una encuesta o inventario sobre la implementación del reglamento de turismo existente por parte de las autoridades nacionales.

(224) Francia señaló que el WP 21 planteaba una serie de preguntas importantes, y destacó la necesidad de que el GT adoptara una perspectiva a largo plazo en

relación con la reglamentación de las actividades turísticas. Francia observó que la seguridad era una inquietud fundamental.

(225) Bélgica destacó que tenía la misma importancia implementar las medidas ya aprobadas en otras Reuniones, y continuar desarrollando el reglamento. Varias Partes solicitaron que se aclarara que la lista de preguntas era un programa para debatir sobre el tema en el futuro, y agregaron el valor de analizar el reglamento de turismo antártico en foros internacionales más amplios. Algunas Partes también destacaron la importancia de analizar los efectos del cambio climático en relación con los mecanismos de reglamentación del turismo en el futuro.

(226) China expresó su apoyo para un debate en la próxima RCTA, y para identificar las cuestiones prioritarias en relación con el turismo, teniendo en cuenta las preguntas enumeradas en el WP 21 y otras cuestiones que pueden ser presentadas por las Partes Consultivas.

(227) Brasil informó que había aprobado recientemente legislación nacional sobre la reglamentación de las actividades turísticas en la Antártida.

(228) Estados Unidos señaló la importancia de considerar las cuestiones relacionadas con la seguridad marítima además de las cuestiones abordadas en la Resolución 7 (2009).

(229) Australia indicó que el estudio del CPA sobre turismo posiblemente se completará según lo previsto el próximo año, y esto contribuirá a debates informados sobre el tema en el futuro.

(230) La IAATO recibió con agrado los debates planteados en el WP 21 y el WP 26, que sugieren que los debates futuros sobre la idoneidad de las medidas de gestión del turismo actuales tengan en cuenta que, si bien han disminuido las cifras del turismo en los últimos años, la naturaleza de las actividades turísticas está evolucionando actualmente.

(231) La ASOC agradeció a los autores del WP 21 por plantear de manera práctica el camino a seguir, al elaborar una lista de preguntas pertinentes que contribuirían a aclarar la cuestión del turismo. En particular, la ASOC avaló las preguntas que abordan el principio II de la Resolución 7 (2009), que indica que no se debe permitir que el turismo contribuya a la degradación a largo plazo del medio ambiente antártico y otros valores de la Antártida.

(232) La Reunión aceptó que era conveniente adoptar un enfoque más estratégico para la revisión de las políticas de turismo por parte de la RCTA, identificar áreas donde exista la necesidad de mayor regulación, y establecer prioridades

para debatir en el futuro, teniendo en cuenta los instrumentos y directrices regulatorios existentes, y su implementación. Acordó que la XXXV RCTA analizará otras iniciativas relacionadas con el turismo, con el objeto de establecer las prioridades clave, incluida la consideración de:

- El informe del Grupo de Contacto Intersesional mencionado en el párrafo 261;
- Cuestiones para las cuales podría ser conveniente elaborar nuevos instrumentos o directrices regulatorios internacionales, como Medidas o Resoluciones;
- Los resultados del estudio llevado a cabo por el Comité de Protección del Medio Ambiente sobre el impacto ambiental del turismo en el área del Tratado Antártico, si estuvieran disponibles, y sus implicancias para el trabajo futuro en la política sobre turismo.

(233) La Reunión solicitó a la Secretaría que recuerde a las Partes Consultivas acerca de este acuerdo tres meses antes de la XXXV RCTA por medio de una circular.

(234) La Reunión acordó convocar un Grupo de Contacto Intersesional (GCI) abierto que trabaje hasta la XXXV RCTA para preparar la revisión de las políticas de turismo por parte de la RCTA con los siguientes términos de referencia. El GCI identificará:

- preguntas sobre la política relacionadas con la gestión y la regulación del turismo, incluidas aquellas identificadas en el WP 21;
- cuestiones para las cuales podría ser conveniente elaborar nuevos instrumentos o directrices regulatorios, como Medidas o Resoluciones; y
- una lista de cuestiones prioritarias que puedan considerarse en la RCTA, incluidas a modo de ejemplo, la seguridad y la protección ambiental.

(235) Asimismo se acordó que:

- Se invitará a participar en el GCI a los Observadores y Expertos que participan en la XXXIV RCTA;
- La Secretaría desarrollará un foro de debate electrónico interactivo y brindará asistencia al GCI; y
- Los Países Bajos oficiarán de convocante, e informarán a la XXXV RCTA sobre los avances realizados por el GCI.

(236) Francia presentó el documento de trabajo WP 46 *Limitación de las actividades turísticas y no gubernamentales solo para los sitios a los que se aplican Directrices para visitas a sitios,* con el objeto de alentar a los operadores turísticos a que se limiten a realizar visitas únicamente a los sitios con Directrices acordadas. La resolución propuesta tiene como objeto mejorar el análisis del impacto de los desembarques, garantizar más seguridad para los turistas y limitar los riesgos y accidentes.

(237) Algunas Partes manifestaron su apoyo al concepto de la propuesta de Francia, aunque sugirieron que se modificara su redacción. Francia aclaró posteriormente que había habido un problema de traducción al inglés, y que no se pretendía que el proyecto de resolución fuera obligatorio. Francia sugirió que la palabra "invitar" reflejaba mejor el espíritu de la propuesta comparada con la palabra "instar".

(238) Si bien agradecieron a Francia por presentar el documento y enfatizar la necesidad de continuar desarrollando Directrices para sitios, algunas Partes manifestaron una serie de inquietudes.

(239) Argentina señaló que limitar las visitas únicamente a los sitios que cuentan con Directrices aumentaría la presión en dichos sitios y en última instancia sería contraproducente, especialmente, teniendo en cuenta que los sitios que cuentan con Directrices son generalmente los más vulnerables o los sitios que actualmente reciben la mayor cantidad de visitantes. Asimismo, Argentina instó a las Partes a preparar más directrices para sitios de este tipo en el futuro.

(240) Luego de la intervención de Argentina, varias Partes manifestaron su inquietud en relación con los posibles impactos ambientales negativos de limitar las actividades turísticas únicamente a determinados sitios.

(241) Uruguay sugirió que el CPA instara a los miembros a desarrollar Directrices para los sitios que no cuentan con ellas y luego ponerlas a disposición de los operadores de turismo.

(242) Con respecto al WP 46, Ucrania recordó a las Partes acerca de las recomendaciones previas (Informe final de la XXXIII RCTA, párrafos 242-248) que alientan a las Partes a elaborar políticas claramente expresadas relacionadas con los visitantes a sus estaciones de investigación. Respecto de este tema, la política sobre las visitas de turistas a la Estación de Vernadsky, elaborada por Ucrania en el formato de Directrices para visitantes para la gestión del turismo, podría considerarse una contribución aplicable a este debate.

(243) Los Países Bajos señalaron que, debido al cambio climático, ahora había más lugares que podían visitarse y que si las directrices se volvieran más estrictas, esto podría alentar a los operadores turísticos a desembarcar en sitios sin directrices.

(244) Varias Partes llamaron la atención respecto del Protocolo de Madrid y otras Medidas y Resoluciones sobre turismo establecidas para gestionar las actividades turísticas, y señalaron que cuando los visitantes desembarcan en sitios que no cuentan con directrices, no llegan a un lugar exento de regulaciones generales. El Reino Unido también destacó que estas directrices para sitios se aplican a todos los visitantes.

(245) En este sentido, la IAATO sugirió que existían algunas ventajas al considerar la gestión del área de la Antártida en el contexto de todas las actividades humanas en su conjunto, en lugar de restringir las visitas sólo a los sitios que cuentan con directrices.

(246) Australia señaló que no se había seleccionado el conjunto de sitios que cuentan con directrices como los únicos lugares en los que se podían realizar actividades turísticas, por lo que la idea de concentrar todas las actividades turísticas en esos sitios podría ser problemática.

(247) Estados Unidos estuvo de acuerdo con el concepto de protección ambiental que expresa el WP 46 y las inquietudes manifestadas respecto de la posible consecuencia no intencional de concentrar el turismo en los lugares que cuentan con directrices para sitios. Por otra parte, la propuesta parecía no tener en cuenta que no hay directrices de sitio para el turismo por tierra.

(248) Se centró la atención en el documento de información IP 30, *Áreas de interés turístico en la región de la Península Antártica e Islas Orcadas del Sur. Temporada estival austral 2010/2011*, presentado por Argentina, y el documento de información IP 105, *Report on IAATO Operator use of Antarctic Peninsula Landing Sites and ATCM Visitor Guidelines 2009-2010 and 2010-11 seasons*, presentados por la IAATO, que se consideraron relevantes para los temas analizados.

(249) La ASOC agradeció a Francia por el WP 46 y resaltó varios conceptos útiles de este documento que son importantes para la gestión del turismo. Señaló que la idea de alentar la visita a algunos sitios y no a otros es algo que ya se aplica en algunos planes de gestión, por ejemplo en la ZAEA Isla Decepción y la ZAEA Valles Secos. También destacó que las cuestiones de dispersar o concentrar al turismo deberían analizarse desde una perspectiva global, que incluya los grupos de sitios en los que se realizan desembarques,

quizás en todas las regiones antárticas, en lugar de hacerlo en sitios aislados entre sí.

(250) La mayoría de las Partes aceptaron que la propuesta presentada por Francia planteaba algunas preguntas importantes que deberían analizarse en mayor profundidad en el futuro.

(251) Noruega presentó el documento de información IP 75, *The legal aspects of the Berserk Expedition* y señaló que, si bien la expedición en cuestión no contaba con la aprobación necesaria de las autoridades noruegas era, de todos modos, un problema del gobierno noruego ya que se trataba de un velero registrado en Noruega y cuatro ciudadanos noruegos.

(252) Los miembros reconocieron el tratamiento minucioso y transparente del tema por parte de Noruega, y la rápida búsqueda y salvamento en respuesta a este incidente.

(253) Muchas Partes destacaron la necesidad de que exista un intercambio de información apropiado, adecuado y oportuno.

(254) En relación con este aspecto, y dado que un miembro de la tripulación del *Berserk* era de doble nacionalidad noruega-británica, el Reino Unido recordó la Resolución 3 (2004), que recomienda a aquellas Partes que hayan tomado conocimiento de expediciones en las que participen buques o ciudadanos de otra Parte del Tratado, consultar inmediatamente a las Partes relevantes.

(255) Nueva Zelandia sugirió que en este contexto podría ser útil realizar una revisión de los controles del estado de los puertos.

(256) La IAATO destacó lo útil que había sido la comunicación entre Noruega y otras partes, incluida la IAATO, que tuvo lugar antes del inicio de la expedición del *Berserk*, y reconoció la iniciativa de Noruega de interponer una acción judicial en respuesta al incidente del *Berserk*, indicando que una acción judicial favorable podría significar una fuerza de disuasión efectiva para futuros incidentes.

(257) La ASOC presentó los documentos de información IP 84, *Antarctic Tourism – What Next? Key Issues to Address with Binding Rules*, y señaló que considera que las tendencias actuales sugieren que, sin restricciones regulatorias, el turismo continuará expandiéndose y diversificándose, adoptará nuevas modalidades y se adentrará aún más en el continente antártico y expandirá a lo largo de sus costas. Esto podría tener consecuencias, entre otras, sobre el medio ambiente, el desarrollo de actividades científicas, la seguridad de los turistas y otros valores de la región antártica reconocidos por el Tratado

Antártico y su Protocolo. Por lo tanto, es importante que los estados del Tratado Antártico tomen medidas proactivas para restringir los desarrollos del turismo dentro de límites sostenibles desde el punto de vista ecológico, que sean adecuados para la Antártida. Para ello, un primer paso efectivo sería hacer uso de los mecanismos ya existentes.

(258) La ASOC se refirió a su documento de información IP 87, *Land-Based Tourism in Antarctica*, que examina la interrelación entre el turismo comercial por tierra y el uso de infraestructuras de programas nacionales, así como también los recientes desarrollos en materia de turismo por tierra. Estas operaciones se basan directa o indirectamente en alguna forma de apoyo estatal, que incluye permisos, el uso de pistas de aterrizaje y el uso de instalaciones y terrenos adyacentes a las estaciones de investigación. La amplia variedad de actividades en tierra disponibles hoy en día para los turistas señala un crecimiento del turismo por tierra. La ASOC considera que de no adoptar ninguna medida en el corto plazo, es probable que el turismo por tierra pronto se consolide como una actividad a gran escala.

(259) Estados Unidos objetó la apreciación de la ASOC de que la operación del campamento de Antarctic Logistics and Expeditions en Glaciar Union había tenido un impacto mayor que mínimo o transitorio. También señaló que la actividad es similar en cuanto al tamaño y la operación a otros campamentos de verano operados por el Programa Antártico de los Estados Unidos que también tuvieron un impacto no mayor que mínimo o transitorio. Informó que había EIA de operadores no gubernamentales de los Estados Unidos disponibles en la Agencia de Protección Ambiental de Estados Unidos.

(260) En respuesta a los comentarios de Estados Unidos, la ASOC señaló que la EIA para el campamento Glaciar Union no estaba disponible en el sitio Web de la Secretaría en el momento de la redacción del documento de información IP 87, y que sus comentarios acerca del impacto de esta instalación se basaban en la gran área de operaciones de las actividades realizadas desde el Campamento que se extiende hasta las Montañas Ellsworth, los Cerros Patriot, y el Polo Sur, y su suposición de que una actividad que se llevó a cabo durante más de dos décadas seguramente tendría más que un impacto transitorio.

Supervisión y gestión del turismo

(261) Argentina presentó el documento de trabajo WP 48, *Informe del grupo de contacto intersesional sobre la supervisión del turismo en la Antártida*, resumió los principales puntos analizados por el GCI, y destacó que las

opiniones de todas las Partes que participaron estaban reflejadas en este documento. Argentina indicó que seis Partes, la IAATO y la ASOC habían participado activamente en estos debates, que se centraron en la variedad de mecanismos disponibles en la actualidad dentro del sistema del Tratado Antártico, y su aplicación por las Partes, a fin de garantizar una supervisión más adecuada del turismo a bordo de cruceros, buques pequeños y yates en la Antártida.

(262) La Reunión agradeció a Argentina por convocar el GCI, y reconoció el valor del trabajo llevado a cabo por este GCI.

(263) Si bien muchas Partes comentaron que les pareció muy útil el uso de las listas de verificación para inspección ya existentes, algunas Partes señalaron que podía ampliarse aún más el alcance de estas listas de verificación, por ejemplo, para que puedan aplicarse a los tipos de actividades turísticas que no están cubiertas actualmente por dichas listas.

(264) Muchas Partes destacaron la importancia de las inspecciones para regular las actividades en la Antártida. Brasil sugirió que los operadores de turismo podrían contribuir a financiar dichas inspecciones. Uruguay y Ecuador indicaron que las estaciones científicas ubicadas cerca de los lugares que visitan los turistas también cumplían una función importante en la inspección de las actividades turísticas.

(265) Los Países Bajos, al observar la necesidad de que se realicen más inspecciones de las actividades turísticas, alentaron a las Partes a incluir inspecciones de las actividades turísticas como parte de sus inspecciones nacionales.

(266) En respuesta a este comentario, Alemania indicó que, si bien los Programas Nacionales Antárticos podían colaborar con los procedimientos de inspección, en última instancia correspondía a las autoridades competentes responsables de emitir los permisos encargarse de liderar las inspecciones.

(267) La ASOC agradeció a Argentina por el WP 48 y señaló que las inspecciones constituyen un mecanismo útil para verificar lo que sucede en el terreno, pero que en el caso del turismo, consideraba que, en cierta medida, este mecanismo no se aplicaba demasiado ni estaba lo suficientemente desarrollado. Si bien se deben verificar todas las actividades, y se debe evaluar si su impacto es adecuado, la ASOC considera que es necesario centrarse en el turismo. La ASOC acentuó la importancia de identificar con precisión la huella del turismo comercial y señaló que las inspecciones eran una de las formas de hacerlo.

(268) La Reunión coincidió en que las inspecciones y los programas de observadores eran importantes, y en que era necesario continuar mejorando los mecanismos de inspección. Argentina acordó continuar convocando al Grupo de Contacto Intersesional sobre la supervisión del turismo en la Antártida para el siguiente período intersesional.

(269) Se acordaron los siguientes Términos de Referencia para un GCI:

- Continuar elaborando una lista de verificación que cubra las actividades de los visitantes en los sitios de aterrizaje y desembarco, tomando como modelo el proyecto de lista de verificación elaborada por el GCI durante el período intersesional 2010-11, apoyar las inspecciones conforme al Artículo VII del Tratado Antártico y el Artículo 14 del Protocolo de Madrid.
- Considerar el desarrollo de otras listas de verificación que cubran otros tipos de actividades de los visitantes a la Antártida.
- Presentar un informe a la XXXV RCTA (Hobart, 2012).

(270) Asimismo se acordó que:

- Se invitará a participar en el GCI a los Observadores y Expertos que participan en la XXXIV RCTA;
- La Secretaría desarrollará un foro de debate electrónico interactivo y brindará asistencia al GCI; y
- Argentina oficiará de convocante, e informará a la XXXV RCTA sobre los avances realizados por el GCI.

(271) La IAATO llamó la atención de la Reunión respecto de su trabajo para mejorar los programas de observadores de sus organizaciones descritos en el documento de información IP 107, *Towards an IAATO Enhanced Observer Scheme*, y señaló que la iniciativa es una dentro de una serie de esfuerzos por asegurar que la organización pueda confiar en sus sistemas. El programa mejorado comprende un proceso de tres partes que incluye dos ejercicios de escritorio (una revisión interna y una externa) y observaciones en campo. El programa atravesará una fase piloto en la próxima temporada. La IAATO presentó las listas de verificación asociadas con estos distintos procesos a la RCTA para su información y para aportar al debate.

(272) Al introducir el documento de información IP 105 *Report on IAATO operator use of Antarctic Peninsula Landing Sites and ATCM Visitor Site Guidelines, 2009-2010 and 2010-11 Seasons,* la IAATO señaló que pretendía continuar ofreciendo esta información sobre las actividades de sus miembros en cada temporada. El documento sugiere que se deben considerar otros dos sitios

para la elaboración de directrices de sitios, y señaló que cada temporada los operadores miembro de la IAATO se encuentran con visitas en estos sitios de visitantes que no pertenecen a la IAATO.

(273) Las Partes agradecieron a la IAATO por el trabajo realizado en el IP 107, y Australia y Argentina destacaron los sólidos enfoques y mecanismos adoptados por la IAATO para evaluar las actividades de sus miembros.

(274) Ecuador presentó el documento de información IP 126, *Manejo turístico para la isla Barrientos*, y agradeció el apoyo de la IAATO a su trabajo para monitorear las actividades de los turistas en la isla Barrientos.

(275) Argentina y Uruguay manifestaron su apoyo a las iniciativas de Ecuador.

(276) En relación con este tema del programa se presentaron también los siguientes documentos de información:

  - IP 9, *Antarctic Site Inventory: 1994-2011* (Estados Unidos)
  - IP 23 *Antarctic Peninsula Compendium, 3rd Edition* (Estados Unidos y Reino Unido)

(277) Nueva Zelandia y la IAATO agradecieron a Estados Unidos y el Reino Unido por sus documentos de información, y señalaron la importancia de la investigación y el monitoreo para informar el trabajo de la RCTA.

Actividades de los yates en la Antártida

(278) El Presidente señaló que el documento de trabajo WP 37 *Directrices para yates que complementan los estándares de seguridad del tráfico de buques alrededor de la Antártida* y el documento de trabajo WP 20 *Recopilación de datos e informes sobre la actividad de navegación a vela en la Antártida en 2010/2011* son en cierta medida complementarios, y propuso que se los considerara en forma conjunta.

(279) China sugirió que un primer paso era regular las actividades de los yates en las aguas antárticas dentro de la competencia de la RCTA, y luego las regulaciones relacionadas pueden sugerirse a la OMI para su consideración en el desarrollo del Código Polar.

(280) Al presentar el WP 37, Alemania señaló que los yates no están incluidos en las negociaciones para la primera parte del Código Polar de la OMI, el cual una vez finalizado se relacionará con algunas actividades en el mar en el Área del Tratado. El WP 37 propone una lista de verificación para aquellos que pretendan realizar actividades con yates en la Antártida.

(281) El Reino Unido presentó el documento de trabajo WP 20 *Recopilación de datos e informes sobre la actividad de navegación a vela en la Antártida en 2010/2011,* cuyo propósito es proporcionar información a las Partes en relación con la cantidad de yates que navegaron por la Península Antártica en la temporada 2010/11. La IAATO señaló que sus miembros tenían el agrado de contribuir a esta lista relacionada con el avistamiento de yates que no eran miembro de la IAATO, muchos de los cuales parecían carecer de autorización. Se subrayó la importancia del intercambio permanente de información al respecto.

(282) Muchas Partes agradecieron a los autores de ambos documentos de trabajo por su información y reconocieron que la lista de verificación proporcionada en el WP 37 y los datos informados en el WP 20 eran muy útiles y proporcionaban una buena base para otros debates sobre el tema. Sin embargo, las Partes observaron que la lista de verificación no es exhaustiva, y que será necesaria una mayor elaboración del texto.

(283) Varias Partes también sugirieron que la RCTA debería aconsejar a la OMI que sería recomendable que se incluyeran las actividades de los yates en la segunda etapa del Código Polar obligatorio para la navegación que está analizando la OMI.

(284) La IAATO señaló que los operadores de yates de la IAATO representaban la menor parte de los yates registrados en el área, y destacó la importancia de la experiencia y la capacitación, teniendo en cuenta los desafíos del medio ambiente antártico, para minimizar los riesgos.

(285) Australia respaldó las propuestas descritas en ambos documentos de trabajo, y señaló en relación con el WP 20 que un yate que figuraba como no perteneciente a la IAATO era australiano y contaba con la debida autorización de Australia.

(286) Francia agregó, en relación con el WP 37, la necesidad de que se proporcione mayor claridad en los términos. En relación con el WP 20, se mencionó que la tabla sólo incluía los nombres de los buques, sin ninguna indicación del lugar donde estos estaban registrados.

(287) En respuesta a la consulta de Francia, el Reino Unido señaló que el WP 20 no incluía información específica del país bandera debido a que era difícil estar completamente seguros de dicha información. De modo similar, el WP 20 no indicaba si los buques habían sido autorizados, ya que cada país posee su propia legislación y normas de autorización locales. En este sentido, el Reino Unido destacó la necesidad de mejorar el nivel de coordinación entre las Partes.

(288) En relación con el WP 37, Chile observó que cada país cuenta con su propio sistema legal que requiere que los buques cumplan con reglamentos de seguridad, y enfatizó la importancia del intercambio de información entre las Partes en este aspecto.

(289) En relación con el WP 37, Argentina manifestó su apoyo a las iniciativas intersesionales destinadas a analizar las directrices para los yates. Además observó que la redacción de esta lista de verificación propuesta incluía el uso de verbos que sugerían distintos grados de cumplimiento, algunos de los cuales no serían adecuados para una lista de verificación.

(290) Se acordó establecer un Grupo de Contacto Intersesional para la preparación de directrices para yates y el intercambio de información con los Términos de Referencia mencionados en el siguiente párrafo.

(291) Para promover las buenas prácticas, proteger el medio ambiente y contribuir a mejorar las normas de seguridad de los yates que visitan la Antártida, estando aún pendiente la introducción de medidas adecuadas adoptadas por la OMI, se deben analizar las siguientes cuestiones durante el período intersesional:

- Evaluar los reglamentos ya existentes de la RCTA, nacionales e internacionales pertinentes para definir la necesidad de realizar mejoras a fin de garantizar que las expediciones en yate a la Antártida sean seguras;
- Continuar elaborando la lista de verificación propuesta en el WP 37 y analizar las opciones para difundir más su uso;
- Elaborar directrices específicas para yates sobre la base de la lista de verificación y directrices antes mencionadas, y analizar la mejor forma de difusión y consulta entre la comunidad de yates;
- Proponer un mecanismo para el intercambio de información sobre el avistamiento de buques y yates; e
- Informar a la XXXV RCTA sobre el resultado del GCI.

(292) Asimismo se acordó que:

- Se invitará a participar en el GCI a los observadores y expertos que participen en la XXXIV RCTA;
- La Secretaría desarrollará un foro de debate electrónico interactivo y brindará asistencia al GCI; y
- Alemania oficiará de convocante, e informará a la XXXV RCTA sobre los avances realizados por el GCI.

(293) Argentina presentó el documento de información IP 21 rev. 1, *Embarcaciones de placer y/o deportivas no comerciales que realizaron viajes a la Antártida a través de Ushuaia durante la temporada 2010/2011.*

(294) El Reino Unido tomó el documento de información IP 15, *Training Course for Yachts intending to visit Antarctica* como leído por las Partes, pero señaló que los cursos de capacitación implementados en el Reino Unido fueron muy satisfactorios y que el Reino Unido se complacerá en trabajar en colaboración con toda otra Parte que desee dar este tipo de cursos.

(295) La IAATO presentó el documento de información IP 14, *IAATO Yacht Outreach Campaign.* Al comentar el IP 15, la IAATO confirmó que había participado en los cursos de capacitación y que esto había sido efectivo para aumentar la concientización entre los usuarios de yates. En relación con el IP 14, la IAATO se centró en la campaña de difusión cuyo objetivo era la concientización entre los operadores que no pertenecen a la IAATO.

(296) Las Partes se centraron en el documento de información IP 28, *Technical safety standards and international law affecting yachts with destination Antarctica,* presentado por Alemania, por su relevancia para el trabajo que está realizando el GCI sobre las directrices para yates.

(297) Noruega presentó el documento de información IP 94, *Use of dogs in the context of a commemorative centennial expedition,* y Argentina presentó el documento de información IP 122, *Percepciones de la Antártida a partir de la visita de los viajeros modernos.*

Otros asuntos

(298) Argentina realizó la siguiente declaración: "Con respecto a las referencias incorrectas de la situación territorial de las Islas Malvinas, Georgias del Sur e Islas Sandwich del Sur, contenidas en documentos que se encuentran disponibles y en las presentaciones efectuadas en la presente Reunión Consultiva del Tratado Antártico, Argentina rechaza toda referencia a estas islas que las considere como una entidad ajena a su territorio nacional, y que por lo tanto, les otorgue una condición internacional que no poseen. Asimismo, rechaza el registro de navegación operado por las supuestas autoridades británicas de estos territorios, así como cualquier otra medida unilateral que tomen dichas autoridades coloniales, que no están reconocidas por Argentina. Las Islas Malvinas, Georgias del Sur y Sandwich del Sur, y las plataformas marinas correspondientes constituyen una parte integral del territorio nacional argentino, se encuentran bajo ocupación británica ilegal,

y son objeto de una disputa de soberanía entre la Argentina y el Reino Unido de Gran Bretaña e Irlanda del Norte".

(299) En respuesta, el Reino Unido manifestó que no tenía ninguna duda respecto de su soberanía sobre las islas Falkland, Georgias del Sur y Sandwich del Sur y sobre las plataformas marinas que las rodean, como es de conocimiento de todos los delegados. En tal sentido, el Reino Unido no posee ninguna duda acerca del derecho del gobierno de las islas Falkland de llevar un registro de navegación para los buques que llevan las banderas del Reino Unido e islas Falkland.

(300) Argentina rechazó la declaración efectuada por el Reino Unido y reafirmó su posición legal.

(301) Luego de la finalización de todos los temas del programa, el Presidente invitó a las Partes a realizar comentarios generales sobre las cuestiones planteadas ante el Grupo de Trabajo.

(302) Al abrir el debate, Francia manifestó una profunda preocupación dado que, en la actualidad, el Grupo de Trabajo no estaba centrando su atención en el debate de los temas clave relacionados con el desarrollo del turismo, y señaló la importancia de los nuevos tipos de turismo antártico, en particular el turismo de aventura. La atención también se centró en las cuestiones relacionadas con la protección ambiental y la seguridad. El hecho de ocuparse de los problemas a medio y largo plazo no debería impedir tomar medidas a corto plazo.

(303) Varias Partes coincidieron con los principales puntos planteados por Francia, que destacaban la necesidad de reevaluar las prioridades de los temas, aumentar la cantidad de documentos de trabajo sobre los temas principales, y sugirieron que los documentos de trabajo WP 21 y WP 26 podrían ofrecer una buena base para los debates en la próxima RCTA. Las partes observaron los importantes beneficios de trabajar en forma conjunta sobre estas cuestiones con los Grupos de Trabajo sobre Temas Operacionales y Legales.

(304) Las Partes enfatizaron que una mayor cooperación entre las Partes Consultivas proporcionaría la base para avanzar sobre estos temas, reconociendo la importancia del intercambio de información y el diálogo permanente y constructivo. Para avanzar, será fundamental contar con documentos de trabajo que aporten contenidos fácticos y contextuales más elaborados, y un análisis más profundo de los problemas de actualidad. Las Partes deben asistir a la RCTA bien preparadas para trabajar sobre los principales temas relacionados con el turismo, y centrarse menos en el proceso.

(305) Australia señaló que, como sede de la XXXV RCTA, esperaba un debate centrado en las cuestiones de turismo en Hobart en la próxima reunión, y que apoyaba las propuestas para adoptar un enfoque estratégico para las cuestiones relacionadas con la gestión del turismo y el trabajo planificado para el período intersesional. Australia se sumó a los comentarios de otras Partes relativos a la necesidad de que los documentos establezcan un argumento claro para identificar un problema o una propuesta, sobre la base de hechos disponibles.

(306) Estados Unidos destacó que era necesario mejorar el enfoque de la RCTA para trabajar sobre las cuestiones de turismo, y que la clave era lograr un mayor compromiso y participación, tanto en las Reuniones como en los períodos intersesionales. Agregó que era fundamental establecer las prioridades para el futuro.

(307) Varias Partes señalaron el valor de los GCI como foros de debate, que contribuyen a alcanzar resultados más sólidos antes de las RCTA y fomentan una mejor participación entre las Partes. Varias Partes también destacaron la importancia preeminente de la Reunión del Grupo de Trabajo sobre Turismo como la plataforma principal de debate.

(308) India, apoyada por varias Partes, se refirió a la importancia de considerar las cuestiones antárticas dentro de un contexto global más amplio, y destacó el valor de establecer vínculos con otros instrumentos y organizaciones internacionales relevantes. Brasil sugirió que este enfoque podría desarrollarse a través de un taller para elaborar un marco estratégico sobre cuestiones generales más amplias sobre turismo antes de la próxima RCTA.

(309) Bélgica sugirió que el trabajo de la RCTA sobre turismo debía evolucionar de manera similar al CPA, por ejemplo, con un programa de trabajo continuo, y un debate estratégico debía tener lugar al comenzar a considerar los temas de turismo en sus reuniones.

(310) La IAATO observó el desafío que plantea la aplicación incongruente del Protocolo y el método para abordar las actividades no autorizadas, un tema del que se ocupó Alemania, que sugirió que las reglamentaciones incluidas en el Protocolo dificultan la prohibición de algunas actividades.

(311) Los Países Bajos consideraron que se debía desalentar el desarrollo de determinadas formas de actividades de turismo extremo en la Antártida. Temía que, al no elaborar políticas de turismo con la rapidez suficiente como para mantenerse a tono con los avances de la industria, la RCTA enfrentara puntos de referencia cambiantes para la toma de decisiones. Consideraba

que las Partes tienen el derecho de no otorgar permisos para las actividades que consideren incompatibles con los valores intrínsecos o silvestres de la Antártida, incluso cuando dichas actividades no provocan un daño directo al medio ambiente, y que las PCTA debían, en la opinión de los Países Bajos, evitar en forma individual o conjunta, que la Antártida se convierta en el campo de juego para actividades extremas que las Partes prohibirían en sus propias reservas naturales nacionales.

(312) Nueva Zelandia señaló que su enfoque para las actividades turísticas y no gubernamentales estaba informado en forma parcial por su extensa área SAR. Se han registrado muertes en una expedición en yate y un buque pesquero en la temporada reciente. Nueva Zelandia invitó a las Partes del Tratado a apoyar en forma activa las consideraciones específicas de la Antártida en el Código Polar obligatorio para la navegación de la OMI.

(313) La ASOC observó una falta de información sobre el turismo terrestre como resultado de una marcada falta de atención a los temas principales en el debate sobre turismo, e invitó a apoyar decisiones de política que guarden coherencia con la Resolución 7 (2009). La ASOC sugirió que el WP 21 y el WP 26 ofrecían un buen marco para un debate estratégico sobre turismo.

Sesión Conjunta de los Grupos de Trabajo sobre Actividades Turísticas y sobre Asuntos Operacionales

(314) Francia presentó el documento de trabajo WP 11, *Medidas adoptadas en respuesta a la presencia no autorizada de veleros franceses en la zona del Tratado y a los daños ocasionados en la cabaña Wordie House – Observaciones sobre las repercusiones del hecho,* sobre las medidas que tomó Francia en relación con este incidente, y para facilitar un debate más amplio entre las Partes sobre el tema.

(315) Francia informó a la Reunión que, dado que ninguno de los yates involucrados en el incidente había recibido la autorización de Francia, conforme a la legislación francesa era posible para las autoridades francesas tomar medidas en contra de los dos Capitanes involucrados. Francia confirmó que el Prefecto había iniciado acciones legales para que el Tribunal de París se pronuncie al respecto.

(316) Teniendo en cuenta el incidente, Francia enfatizó la importancia de mejorar la claridad con respecto a la entrega de documentos de seguridad solicitados a los yates por las autoridades portuarias de las Partes. Además, indicó que

esta documentación no constituye una autorización para realizar actividades en las aguas antárticas.

(317) Francia consultó acerca de la posibilidad de realizar búsquedas en el SEII por nombre de buque y solicitó a la Secretaría que obtuviera la información necesaria.

(318) Francia planteó dudas acerca de la capacidad de las leyes nacionales para abordar posibles incidentes de características similares en el futuro. Podría ser necesario trabajar más sobre el tema, de acuerdo con las posibilidades concedidas a las Partes por el Art. 9 del Tratado Antártico. Francia se ofreció a redactar un documento de trabajo sobre este tema para la próxima RCTA.

(319) Francia alentó la colaboración entre las Partes y con la Secretaría para abordar estos problemas, e invitó a las Partes a usar el sitio web del STA para obtener mejores resultados.

(320) El experto en Información y Tecnología de la Secretaría confirmó que puede incluirse el filtro "por nombre de buque" en el SEII, pero observó que depende de las Partes decidir si es adecuado o no el suministro de información en relación con el rechazo de solicitudes de autorización. Recibió con agrado las sugerencias de las Partes sobre cómo se podría desarrollar más la sección de informes resumidos del SEII para ofrecer otras funciones que podrían resultarles útiles.

(321) Chile señaló que la documentación emitida por sus autoridades marítimas pertinentes relacionada con la seguridad de tripulaciones y buques para fines de búsqueda y rescate, no constituía una autorización para ingresar en las aguas antárticas. Chile agregó que para negarle a un buque la partida, era necesario contar con una orden judicial o documento emitido por una autoridad competente.

(322) El Reino Unido apoyó la sugerencia de Francia de buscar en el SEII por buque. También señaló que, luego de experiencias similares con yates no autorizados, se suministra ahora a Chile una lista de todos los yates británicos autorizados para ingresar en aguas antárticas. En la opinión del Reino Unido, este incidente señaló la necesidad de un mayor diálogo entre las autoridades competentes para analizar las autorizaciones e infracciones existentes. El Reino Unido agradeció a Francia por el gran esfuerzo que realiza para investigar este incidente y para tomar acciones en contra de todos aquellos involucrados.

(323) La Federación de Rusia indicó que sólo una pequeña cantidad de Partes emiten autorizaciones para ingresar en la Antártida, y que, en la mayoría

de los casos, no existían procedimientos de autorización. Rusia destacó la necesidad de establecer procedimientos nacionales de las Partes Consultivas para que se apliquen conforme al Art. 1 del Anexo 1, y señaló la dificultad para aplicar el Anexo VI.

(324) La Federación de Rusia sugirió aumentar la responsabilidad del puerto del Estado de última escala de los yates que viajan a la Antártida, y sugirió mejorar la coordinación y el intercambio de información entre las autoridades nacionales competentes encargadas de emitir las autorizaciones, la Secretaría y el puerto del Estado de última escala.

(325) La República de Corea manifestó su preocupación en cuanto a la confidencialidad respecto de la Recomendación 2 sobre la denegación de autorizaciones y en relación con su capacidad legal para divulgar tal información.

(326) En relación con la denegación de autorizaciones, Noruega informó que si un buque no figuraba en la lista como autorizado, las Partes debían asumir que no estaba autorizado. Noruega agregó que era responsabilidad de los países bandera asegurar que los buques que llevan sus banderas cumplan con las leyes internacionales y que depende de los países bandera tomar las medidas necesarias. Noruega destacó el desafío colectivo planteado por los testimonios y que es necesario analizar este tema desde una perspectiva más amplia.

(327) Japón manifestó su preocupación en cuanto a la inclusión de las denegaciones de autorización en el SEII, e indicó que actuaba con cautela en lo que respecta a agregar nuevos elementos al SEII que no fueran solicitados explícitamente a las Partes.

(328) Estados Unidos se ofreció para compartir información en cuanto a su experiencia para abordar las infracciones y confirmó la existencia de legislación en Estados Unidos para tratar estas cuestiones.

(329) La IAATO señaló que usaba el SEII como un primer puerto de escala para obtener información sobre las autorizaciones, y que era problemático cuando esta información no estaba completa. La IAATO destacó el valor de las acciones judiciales para este tipo de incidentes, para evitar socavar las iniciativas relacionadas con el medio ambiente y la seguridad llevadas a cabo por los grupos autorizados.

(330) Chile y Argentina resumieron los procedimientos que se aplican para emitir permisos y autorizaciones para actividades privadas o nacionales.

(331) El Presidente destacó que todas las Partes deben aportar información al SEII de acuerdo con las Decisiones previas de la RCTA. Francia mencionó

que presentaría una propuesta más detallada en términos de jurisdicción y cuestiones probatorias, y los problemas asociados con los posibles procedimientos del proceso judicial.

(332) Chile se refirió a las categorías actuales del SEII que incluyen "información previa a la temporada" e "informes posteriores a la temporada" y sugirió que el SEII podía evolucionar como un sistema diseñado para incorporar actualizaciones de información en tiempo real.

(333) Noruega comentó que la Resolución 3, 2004 no se ha implementado por completo, y que conforme a la Recomendación 1, todas las Partes debían nombrar a un sólo punto de contacto para información sobre turismo. La Reunión destacó las ventajas de nombrar puntos de contacto para cuestiones de turismo.

(334) Varias Partes apoyaron la precaución con respecto a realizar cualquier cambio importante al SEII actual, y señalaron que se debía continuar analizando el problema en el futuro.

(335) La Secretaría confirmó que el tema de las denegaciones podía tratarse en forma paralela al SEII.

(336) El Reino Unido presentó el documento de trabajo WP 19, *Evaluación de actividades en tierra en la Antártida,* que proponía una lista de verificación para ayudar a evaluar este tipo de actividades en función de las disposiciones del Protocolo y de otros instrumentos del Tratado relevantes. Este documento había sido elaborado junto con los procedimientos específicos del Reino Unido para tratar las autorizaciones para actividades en tierra, e invitaba a otras Partes a colaborar para mejorar y adaptar la lista de verificación.

(337) Muchas Partes agradecieron al Reino Unido por presentar el WP 19 y manifestaron su apoyo a la lista de verificación.

(338) En respuesta a una consulta de China, el Reino Unido respondió que la lista de verificación se refería específicamente a las actividades no gubernamentales y no a las actividades científicas nacionales.

(339) Alemania informó a la Reunión que había redactado un cuestionario para autorizar las actividades en tierra que era muy similar a la lista de verificación propuesta e invitó al Reino Unido a consultarla. Alemania planteó varios problemas relacionados con la elaboración de la lista de verificación del Reino Unido, incluidos los métodos de acceso a las áreas en el interior del continente y la salida de dichas áreas, las visitas a ZAEP y ZAEA, la introducción de materiales y la necesidad de definir el término "vehículo".

(340) Japón mencionó que el documento utilizaba dos expresiones similares para identificar las actividades en cuestión, y sugirió que se utilizara únicamente la expresión "actividades en tierra no gubernamentales".

(341) Francia y Argentina sugirieron que podía agregarse a la lista de verificación el tema de las especies no autóctonas.

(342) Argentina señaló que había otras cuestiones que debían incluirse en la lista de verificación y que era necesario analizar aún más este tema.

(343) La Federación de Rusia señaló que también enfrentó algunas dificultades al emitir autorizaciones para las actividades en tierra y se sumó a la preocupación manifestada por Alemania acerca de los puntos de acceso a las actividades en tierra. Rusia también planteó que si dichas actividades se llevan a cabo en las áreas donde se encuentran ubicadas las instalaciones de los programas nacionales antárticos, ello se debía acordar previamente con los programas nacionales antárticos en cuestión.

(344) Estados Unidos informó que contaba con experiencia sobre este tema y que la lista de verificación propuesta era, en términos generales, coherente con sus propias prácticas, y que le agradaría trabajar con el Reino Unido entre sesiones para realizar más aportes.

(345) Los Países Bajos manifestaron su preocupación acerca de formalizar estas directrices, ya que incluían referencias al uso de vehículos y tractores, y sugirió que se tuviera precaución con este tema. Los Países Bajos expresaron la preocupación de que al incluir tales referencias en las directrices se autorizaran y se fomentaran implícitamente tales actividades, y se redujera la capacidad nacional para controlarlas.

(346) Muchas Partes expresaron su apoyo a la lista de verificación en tanto que sugirieron que se realizaran varias mejoras. Varias Partes y la IAATO se ofrecieron para trabajar con el Reino Unido entre sesiones para encargarse de este tema, y que se podría utilizar el foro de la STA.

(347) Los Países Bajos, si bien reconocieron que sería útil una lista de verificación, consideraron que era necesario realizar análisis estratégicos para determinar los tipos de actividades turísticas que eran aceptables para la RCTA.

(348) La ASOC agradeció al Reino Unido por la lista de verificación propuesta y observó que en cierta medida, la falta de claridad sobre el turismo en tierra es resultado del escaso intercambio de información y análisis. Por ejemplo, no se había realizado ningún debate en la RCTA ni en el CPA sobre las evaluaciones del impacto ambiental por el establecimiento de instalaciones

turísticas en tierra, mientras que se había analizado el establecimiento de nuevas estaciones de investigación.

(349) Nueva Zelandia presentó el documento de información IP 18, *El incidente del Berserk, mar de Ross, febrero de 2011,* presentado en forma conjunta con Noruega y Estados Unidos, sobre la operación de búsqueda y rescate y la contribución que pueden hacer los procesos de autorización de EIA no sólo para la protección ambiental, sino también para la seguridad en el mar y la eficacia de las operaciones de búsqueda y rescate. Nueva Zelandia manifestó su preocupación de que el organizador de la expedición del *Berserk* pudiera llevar a cabo otra expedición no autorizada al área del Tratado Antártico, y señaló las dificultades inherentes para prevenir tales expediciones no autorizadas.

(350) Los coautores agradecieron a Nueva Zelandia por presentar este documento y señalaron la importancia de compartir este tipo de información con el objeto de aprender las lecciones y mejorar la política.

(351) Chile consideró que sería más efectivo en las próximas reuniones contar con un programa comentado, estructurado según temas específicos, preparado previamente para la reunión de Turismo y la reunión conjunta entre el Grupo de Trabajo sobre Turismo y sobre Temas Operacionales. Recomienda que la Secretaría considere esta sugerencia al planificar la próxima reunión.

(352) En relación con este tema del programa se presentó también otro documento:

- IP 28 *Technical safety standards and international law affecting yachts with destination Antarctica* (Alemania)

Tema 11. Inspecciones en virtud del Tratado Antártico y el Protocolo sobre Protección del Medio Ambiente

(353) Japón presentó el documento de trabajo WP 1, *Inspección realizada por Japón de acuerdo con el Artículo VII del Tratado Antártico y el Artículo XIV del Protocolo sobre Protección del Medio Ambiente,* y realizó recomendaciones respecto de: i) abordar las actividades de ONG, ii) logística de DROMLAN, iii) gestión y eliminación de residuos, iv) tratamiento de aguas residuales y desechos líquidos domésticos , v) energía renovable, vi) cooperación respecto del uso eficaz de instalaciones y equipos, y vii) cooperación científica internacional.

(354) La RCTA agradeció a Japón por la manera detallada y profesional en que llevó a cabo sus inspecciones de las estaciones, y por la valiosa contribución al mecanismo de inspección del Tratado Antártico.

(355) La Federación de Rusia indicó que presentará un informe en la próxima RCTA sobre los comentarios que recibió a partir de la inspección de sus estaciones que realizaron Japón y Australia. Además presentará un informe sobre la red DROMLAN en la reunión del COMNAP que se llevará a cabo en Suecia en agosto de 2011.

(356) Nueva Zelandia elogió a Japón por la inspección de las especies no autóctonas, que refleja las prioridades del CPA. Nueva Zelandia agregó que la idea de las inspecciones podría extenderse a los posibles impactos en la zona marina.

(357) El Reino Unido felicitó a Japón por su inspección de conformidad con el Tratado Antártico, que era la primera que habían realizado en la Antártida. El Reino Unido apoyó las recomendaciones incluidas en el informe de la inspección.

(358) La República de Corea apoyó las recomendaciones de Japón para el tratamiento de residuos y el uso de fuentes de energía alternativas.

(359) Sudáfrica agradeció a Japón por el informe detallado y positivo de la inspección de la estación SANAE IV.

(360) India, agradeció a Japón por su inspección detallada de la Estación Maitri, y señaló que está usando una planta de biodegradación para el tratamiento de aguas residuales antes de su descarga.

(361) Bélgica agradeció a Japón por la inspección de su estación y por las recomendaciones proporcionadas. Bélgica también expresó sus deseos de compartir con las Partes interesadas su experiencia e información relacionada con las alternativas de energía renovable.

(362) Varias Partes señalaron que, teniendo en cuenta los avances tecnológicos actuales, es imposible que las estaciones funcionen únicamente con energía renovable durante el invierno. Informaron que este tipo de energía puede usarse como complemento de otros tipos de energía existentes. Algunas Partes indicaron que experimentan problemas técnicos con las turbinas de viento debido a las condiciones meteorológicas extremas.

(363) Alemania señaló que, independientemente de la necesidad de contar con energía alternativa, la preocupación principal debe ser la seguridad de la estación y sus habitantes. Alemania sigue estando convencida de que actualmente no es seguro basarse por completo en la energía renovable. Los informes deben incluir información acerca de las fallas de los sistemas de energía sustentable, para permitir que otros evalúen la confiabilidad antes de instalarlos.

(364) Ecuador confirmó que la energía renovable será una prioridad para su estación, y observó que consideraba que el uso de energía renovable debería ser una prioridad para todos los países.

(365) Noruega comentó que la energía renovable no se había implementado todo lo posible, pero que ha finalizado un proyecto descrito en el documento de información IP 74, *Assessment of Wind Energy Potential at the Norwegian Research Station Troll* (Tema 13 del programa) que evaluará la posibilidad de implementarla.

(366) Noruega señaló que las actividades relacionadas con la descarga de datos satelitales en Troll son beneficiosos para la sociedad, en particular en lo que respecta a las investigaciones sobre el pronóstico meteorológico, la contaminación y el cambio climático. Varias Partes manifestaron su disposición para el intercambio de información y la colaboración para la eliminación de residuos o restos de las antiguas estaciones.

(367) Japón señaló que la primera inspección fue una experiencia valiosa y manifestó su intención de continuar realizando aportes a la RCTA.

(368) Australia presentó el documento de trabajo WP 51, *Inspecciones de Australia dentro del marco de Tratado Antártico y el Protocolo sobre Protección del Medio Ambiente: enero de 2010 y enero de 2011*. Para cada inspección en terreno de una estación ocupada, el equipo de inspección incluyó una persona que hablaba con fluidez el idioma usado en la estación. Australia señaló que las principales observaciones y recomendaciones estaban relacionadas con cuestiones ambientales. Estas cuestiones habían sido consideradas detalladamente por el Comité de Protección Ambiental. Los inspectores estaban impresionados por el compromiso con la actividad científica que observaron en las instalaciones en las que llevaron a cabo las inspecciones, y evaluaron que el proyecto de perforación del lago Vostok parecía estar realizándose de acuerdo con la CEE distribuida por la Federación de Rusia. Los inspectores no habían observado ningún caso de incumplimiento de las disposiciones del Tratado Antártico.

(369) El Reino Unido agradeció a Australia por los dos informes de inspección de conformidad con el Tratado Antártico. El Reino Unido indicó que el equipo de inspección había visitado sitios muy remotos en la Antártida Oriental a los que es difícil llegar. El Reino Unido señaló que el equipo de inspección había visitado la estación de Vostok (Federación de Rusia) y había observado que el proyecto de perforación para ingresar en el lago subglacial Vostok estaba desarrollándose en gran medida de acuerdo con

la CEE final. El Reino Unido apoyó las recomendaciones incluidas en los informes de la inspección.

(370) Alemania manifestó que lamentaba que no estuviera disponible su estación (Gondwana) para inspecciones en el interior debido a circunstancias imprevistas, y señaló que la colaboración para la limpieza de las antiguas estaciones podría ser una manera valiosa de ahorrar costos.

(371) Japón recibió con agrado el informe de la inspección de la Estación Syowa. Brindó a Japón una imagen distinta de su estación desde la perspectiva de distintas Partes, y contribuirá a la gestión de su estación.

Tema 12. Temas científicos, cooperación científica y facilitación, incluido el legado del Año Polar Internacional 2007-2008

(372) Argentina presentó el documento de información IP 5, *60° Aniversario del Instituto Antártico Argentino y el* documento de información IP 17, *Biorremediación de suelos antárticos contaminados con hidrocarburos. Diseño racional de estrategias de biorremediación.* Con respecto al IP 17, se mencionó que se habían analizado distintas estrategias de biorremediación para reducir los niveles de hidrocarburos en los suelos antárticos. Las estrategias de bioestimulación parecieron ser eficientes para mejorar la degradación de estos compuestos que generan preocupación ambiental.

(373) Japón presentó el documento de información IP 41, *Japan's Antarctic Research Highlights in 2010-2011 Including Those Related to Climate Change.* El tema principal fue la instalación y la primera observación de un gran sistema de radares atmosféricos (PANSY).

(374) El SCAR presentó el documento de información IP 51, *The Southern Ocean Observing System (SOOS): An Update* además del documento de información IP 55, *Summary Report on IPY 2007-2008 by the ICSU-WMO Joint Committee.*

(375) Noruega y la Federación de Rusia comentaron las cuestiones del legado del API incluidas en el documento de información IP 58 *IPY Legacy Workshop,* y el documento de información IP 101 rev. 1, *Russian Proposals for an International Polar Decade.*

(376) Noruega informó sobre el Taller del Legado realizado en forma conjunta con la Conferencia de Ciencias del API en Noruega, en junio de 2010. Se analizó y se respaldó la realización de dicho taller en la XXXII RCTA. Al taller asistieron sesenta representantes de una gran cantidad de países y

organizaciones. El informe se anexó al IP 58. Se avanzó más recientemente con las recomendaciones del taller sobre la Década Polar Internacional (DPI) en un taller conjunto entre la OMM-Roshydromet sobre la iniciativa de la DPI llevado a cabo en San Petersburgo en abril de 2011 y también en el Congreso de la OMM que tuvo lugar en mayo de 2011.

(377) La Federación de Rusia señaló que el taller de San Petersburgo fue un intercambio científico informal. Sin embargo, las resoluciones aprobadas en mayo de 2011 en el Decimosexto Congreso Hidrológico y la Séptima Reunión Ministerial del Consejo Antártico apoyaron la idea de una DPI. Se les solicitará al SCAR y al COMNAP que consideren el apoyo para que comience en 2014 una DPI.

(378) La República de Corea presentó el documento de información IP 77, *Scientific and Science-related Collaborations with Other Parties during 2010-11.* Estas colaboraciones incluyeron: una expedición de investigación conjunta entre el Instituto Coreano para la Investigación Polar (KOPRI, por sus siglas en inglés) y Estados Unidos con el buque de investigación rompehielos *Araon* en el mar Amundsen. La expedición conjunta para buscar meteoritos antárticos llevada a cabo entre el KOPRI y el Programa Nacional de Investigaciones Antárticas (PNRA) de Italia recuperó 113 meteoritos y se prolongará. El KOPRI y Estados unidos colaboraron en un proyecto de geociencias marinas y cuaternarias sobre el abrupto cambio ambiental en el sistema de la plataforma de hielo Larsen. El KOPRI realizó un breve estudio sobre la cresta antártica a principios de 2011 en colaboración con los científicos estadounidenses participantes. La República de Corea apoyó el estudio colectivo internacional realizado por Japón sobre el magnetismo en la isla Rey Jorge (isla 25 de Mayo). Finalmente, el KOPRI e Italia llevaron a cabo un estudio inicial colectivo sobre los hidratos de gas antárticos. La República de Corea tiene previsto ampliar la colaboración para incluir a otras Partes en el futuro.

(379) Nueva Zelandia agradeció el trabajo realizado por la República de Corea, en particular el apasionante trabajo sobre los hidratos de gas. También felicitó a la República de Corea por el trabajo que pudo realizar gracias a su nuevo rompehielos.

(380) La Federación de Rusia informó el trabajo descrito en el IP 97 *Current status of the Russian drilling project at Vostok station.* Si bien la Federación de Rusia había planeado perforar el hielo hasta el lago Vostok, debido a los problemas técnicos que hubo con la broca y la presencia de cristales de hielo en la parte inferior del pozo, se interrumpió la perforación a los 3720 metros. Se reanudará la perforación de los 20-30 metros de hielo restantes

en diciembre de 2011, momento en que será posible determinar el grosor real del glaciar sobre el lago.

(381) La Federación de Rusia hizo hincapié en que la perforación fue llevada a cabo conforme a un permiso emitido por el gobierno ruso y cumple plenamente con la evaluación de impacto ambiental (EIA) proporcionada por el CPA. La EIA exige que se tomen todas las medidas necesarias para controlar la penetración en el lago y la perforación se interrumpirá automáticamente una vez que se llegue al lago. Se extraerá todo el líquido que quede en el pozo. Rusia presentará los documentos que describan su trabajo una vez finalizada la perforación.

(382) Alemania agradeció a la Federación de Rusia por su debate abierto y la presentación, y manifestó la esperanza de que el proyecto pueda ser visto en el futuro por todos como un ejemplo de cómo informar a la comunidad sobre los avances de un proyecto, incluidas todas sus dificultades. Señaló que el trabajo fue realizado bajo condiciones muy difíciles, y comentó que los monocristales recuperados pueden ser muy útiles para comprender mejor el hielo en la tierra.

(383) Chile indicó que sus actividades científicas llevadas a cabo en 2010/11 se presentan en el documento de información IP 118, *Contribuciones chilenas al conocimiento científico de la Antártica: Expedición 2010/11.*

(384) Ecuador presentó el documento de información IP 125 *Cooperación en investigación científica entre Ecuador y Venezuela.* Ecuador se refirió a tres proyectos binacionales realizados con Venezuela en 2011. Dichos proyectos incluyeron una actualización de las cartas náuticas en las Islas Shetland del Sur que será continuada por los hidrógrafos durante la etapa 2 en 2012. El segundo y el tercer proyecto eran un estudio de paleontología en la isla Dee y un estudio de bioprospección de los organismos antárticos. Ecuador agradeció a Brasil, Argentina y Chile por su apoyo logístico y de otro tipo a los proyectos.

(385) Al comentar su IP 119 *Programa chileno de ciencia Antártica PROCIEN: Un Programa Abierto al Mundo,* Chile destacó la importancia de abrir al mundo la ciencia antártica y señaló cómo mejora la ciencia cuando se la presenta para una revisión y examen internacionales. Chile señaló que era necesaria una mayor colaboración científica para lograr que participen otros científicos y se reduzcan los costos.

(386) En esta sesión también se presentaron los siguientes documentos:

- IP 7 *Brief Introduction of the Fourth Chinese National Arctic Expedition* (China)
- IP 36 *ERICON AB Icebreaker FP7 Project. A New Era in Polar Research* (Rumania)

- IP 37 *Law-Racovita Base. An Example of Co-operation in Antarctica* (Rumania)
- IP 42 *Legacy of IPY 2007-2008 for Japan* (Japón)
- IP 61 *The SCAR Antarctic Climate Evolution (ACE) Programme* (SCAR)
- IP 70 *The Dutch Science Facility at the UK's Rothera Research Station* (Países Bajos y Reino Unido)
- IP 96 *Scientific Workshop on Antarctic Krill in the Netherlands* (Países Bajos)
- IP 100 *Preliminary Results of the Russian Scientific Studies in the Antarctic in 2010* (Federación de Rusia)
- IP 112 *Ukrainian Research in Antarctica 2002-2012* (Ucrania)
- IP 132 *Report on the Research Activities: Czech Research Station J.G.Mendel, James Ross Island and the Antarctic Peninsula, Season 2010/11* (República Checa)
- IP 133 *Report on All-Terrain Vehicles Impact on Deglaciated Area of James Ross Island, Antarctica* (República Checa)

Tema 13. Implicaciones del cambio climático para la gestión del Área del Tratado Antártico

(387) El Reino Unido presentó el documento de trabajo WP 44, *Informe del avance de la RETA referido al cambio climático.* El Reino Unido informó que Noruega y el Reino Unido redactaron el WP 44 para facilitar la consideración permanente de la RCTA de las conclusiones y recomendaciones que surgieron de la Reunión de Expertos del Tratado Antártico sobre las implicaciones del cambio climático de 2010 (RETA). La tabla de resumen incluida en el Anexo A incluye las acciones llevadas a cabo hasta la fecha por el CPA y la RCTA en relación con cada una de las 30 recomendaciones de la RETA.

(388) El Reino Unido y Noruega propusieron que la RCTA le asignara a la Secretaría el mantenimiento y la actualización de la tabla para informar los futuros debates sobre las recomendaciones de la RETA, hasta tanto se haya completado la totalidad. La Reunión acordó que la Secretaría conservará la tabla y la actualizará periódicamente para las futuras reuniones del CPA y la RCTA.

(389) Nueva Zelandia y Australia elogiaron el trabajo de la RETA y apoyaron sus recomendaciones. Nueva Zelandia reconoció el importante trabajo del SCAR.

Australia comentó que probablemente sea necesario reflejar los debates y acuerdos correspondientes a esta RCTA y CPA en el informe de avance.

(390) Argentina señaló que no tenía ninguna objeción con respecto a la propuesta del WP 44, aunque también comentó que dicha propuesta no implica la aprobación, por parte de la RCTA, de las recomendaciones incluidas en el WP 44.

(391) Noruega indicó que algunas de las recomendaciones de la RETA se relacionan con el trabajo del SCAR sobre el cambio climático, especialmente la publicación Cambio climático antártico y medioambiente (ACCE). Noruega centró la atención de la Reunión en el documento de información IP 83, *Plan de comunicación sobre el cambio climático antártico* de la ASOC, que está dirigido a abordar la Recomendación 2 de la RETA (2010). Noruega anunció que el Reino Unido, Noruega y la ASOC brindarán apoyo financiero para facilitar la comunicación de las futuras actualizaciones y publicaciones relacionadas con el Informe ACCE. Noruega comentó que dichas futuras actualizaciones incluirían temas tales como "Cambio en el Océano Austral", "Antártida 2100", "Capas de hielo y aumento del nivel del mar" y "Recuperación del agujero de ozono".

(392) El SCAR agradeció al Reino Unido, Noruega y la ASOC por su ayuda y luego presentó el documento de información IP 52 *Antarctic Climate Change and the Environment – 2011 Update,* la segunda actualización desde que se completó el informe ACCE. El grupo del SCAR que fomenta el ACCE ahora incluye a la Federación de Rusia y China; tiene previsto sumar otros miembros de otros países en el futuro.

(393) El Reino Unido agradeció al SCAR por la actualización sobre el Cambio climático antártico y medioambiente (ACCE). El Reino Unido destacó la importancia de publicar actualizaciones periódicas, ya que la ciencia se desarrolla rápidamente. Por ejemplo, los investigadores estadounidenses y británicos habían publicado recientemente una investigación en la revista Nature que informaba que el glaciar Pine Island en la Antártida occidental actualmente se estaba derritiendo un 50% más rápido que hace 15 años atrás. El Reino Unido reiteró la importancia de presentar el informe del ACCE ante los responsables de la toma de decisiones y el público, y se complacía en brindar apoyo financiero al SCAR, junto con Noruega y la ASOC, para ayudar a comunicar sobre el cambio climático en la Antártida.

(394) Bulgaria presentó el documento de información IP 11 *Permafrost and Climate Change in the Maritime Antarctic: 5 Years of Permafrost Research*

at the St Kliment Ohridksi Station in Livingston Island, y comentó sobre el trabajo y monitoreo que realizó en forma conjunta con España y Portugal.

(395) El COMNAP presentó el documento de información IP 8 *COMNAP Energy Management Workshop.* El taller fue un ejemplo de los esfuerzos del COMNAP por compartir la experiencia sobre la eficiencia energética y las prácticas energéticas alternativas. Este trabajo, junto con otro trabajo del COMNAP, incluido, por ejemplo, el Simposio 2010, también aborda la Recomendación 4, viñeta 2 de la RETA.

(396) Noruega presentó el documento de información IP 74 *Assessment of Wind Energy Potential at the Norwegian Research Station Troll.* Previa consulta a dos compañías privadas, Noruega ha recopilado datos del año 2008, 2009 y 2010 sobre el funcionamiento del complejo de energía eólica. Los vientos en Troll alternan entre períodos breves de vientos muy fuertes y períodos más prolongados de vientos muy suaves. La generación de viento puede tener el potencial de satisfacer el 10-15% de las necesidades energéticas de Noruega en Troll, pero si bien es promisoria, tiene sus limitaciones. La Fase 2 de la consideración de Noruega respecto de la energía alternativa explorará el uso de otras fuentes, incluida la energía solar.

(397) Australia recibió con agrado el documento de Noruega, que contribuía directamente con la Recomendación 6 de la RETA 2010 sobre el clima. También recordó el documento de información IP 48 de la XXX RCTA, que informaba sobre la experiencia de Australia en la operación de una granja eólica en la estación Mawson. De especial relevancia para la Recomendación 6, dicho documento proporcionó detalles acerca de los aspectos relativos a la ingeniería y el diseño de la granja eólica, así como información sobre las consideraciones importantes para la aplicación de la energía eólica a ubicaciones remotas, tales como las estaciones antárticas.

(398) La Federación de Rusia presentó el documento de información IP 98, *New Approach to Study of Climate Change based on Global Albedo Monitoring.* Rusia indicó que el monitoreo del albedo global agrega un parámetro importante para el monitoreo atmosférico y mencionó su uso por parte de la NOAA en Estados Unidos. Rusia alentó su uso en la Antártida como un complemento muy útil para los métodos existentes.

(399) El SCAR comentó que el método usado para medir el albedo global en el documento de la Federación de Rusia era una técnica interesante que requería mayor investigación.

(400) La ASOC agradeció al COMNAP por el IP 8 y a Noruega por el IP 74, y por la iniciativa proactiva para llevar adelante las recomendaciones de la RETA sobre cambio climático. La ASOC también presentó el documento de información IP 92, *The Ross Sea: A Valuable Reference Area to Assess the Effects of Climate Change*, que explica cómo las predicciones del IPCC indican que el mar de Ross será la última porción del Océano Austral con hielo marino todo el año. Por lo tanto, la protección del mar de Ross proporcionará un área de referencia para los científicos para evaluar la magnitud de los cambios que se producen en cualquier otro lugar del Océano Austral.

(401) Otros documentos que se presentaron en esta sesión fueron:

- IP 88 *Ocean Acidification and the Southern Ocean* (ASOC)
- IP 103 *IAATO Climate Change Working Group: Report of Progress* (IAATO)
- IP 111 *Installation of new meteorological equipment at Vernadsky Station* (Ucrania)

Tema 14. Asuntos operacionales

(402) La República de Corea presentó el documento de información IP 19, *The Draft Comprehensive Environmental Evaluation for the Construction and Operation of the Jang Bogo Antarctic Research Station, Terra Nova Bay, Antarctica,* que se había analizado en la reunión del CPA.

(403) Varias Partes felicitaron a la República de Corea por su contribución a la investigación científica en Antártida occidental y reiteraron los comentarios realizados en la reunión del CPA. Francia solicitó que se compartiera la información sobre el tratamiento de aguas residuales y el sistema de reciclado del agua, ya que podría ser de valor para otras estaciones antárticas. La República de Corea indicó que se complacería en hacerlo.

(404) Australia presentó el documento de información IP 49, *Renewable Energy and Energy Efficiency Initiatives at Australia's Antarctic Stations.* El documento respondía a la Recomendación 4 de la RETA 2010 sobre el clima y proporcionaba un resumen de una serie de ejemplos de prácticas de gestión energética en la Antártida por parte de Australia. Australia indicó que se complacería en brindar más información a las Partes interesadas.

(405) La República de Corea presentó el documento de información IP 78, *The First Antarctic Expedition of Araon (2010/2011).*

(406) India preguntó cuál era el grosor máximo de hielo que el buque había encontrado y que estaba diseñado para romper. La República de Corea respondió que el *Araon* estaba diseñado para romper un grosor de 1,5 m de hielo marino a una velocidad de 3 nudos. Se lo ha probado con un grosor de hasta 1,5 m, pero se cree que podría romper hielo de mayor grosor a una velocidad más lenta.

(407) La ASOC presentó el documento de información IP 82, *An Antarctic Vessel Traffic Monitoring and Information System*. La ASOC solicitó a la RCTA que adopte una Resolución o Decisión con respecto al desarrollo de un Sistema de Información y Vigilancia del Tráfico de Buques en la Antártida (VTMIS, por sus siglas en inglés).

(408) La IAATO indicó que todos sus miembros que operan los buques de pasajeros del convenio SOLAS deben participar en el sistema de vigilancia de buques de la IAATO.

(409) Estados Unidos señaló que el desarrollo de cualquier sistema de tráfico de buques/de informes obligatorio estará bajo la jurisdicción de la Organización Marítima Internacional (OMI) como el organismo internacional adecuado, no de la RCTA. Sin embargo, la RCTA o un Gobierno Contratante podría enviar una propuesta a la OMI. Estados Unidos reafirmó su apoyo a la máxima participación en los sistemas voluntarios que actualmente operan el COMNAP y la IAATO.

(410) Argentina presentó el IP 121 *Informe de evacuación médica realizada por la Patrulla Antártica Naval Combinada*. Suecia agradeció a Chile y Argentina por haber ayudado en forma oportuna a los ciudadanos suecos en peligro.

(411) Brasil agradeció el apoyo proporcionado por el buque chileno *Lautaro* en diciembre de 2010, por el transporte de equipos e investigadores desde la estación chilena Presidente Frei a la estación brasileña Comandante Ferraz.

(412) Bulgaria agradeció a Brasil por su apoyo y el uso de su buque para la apertura de la estación búlgara St. Kliment Ohridski.

(413) Otro documento que también se presentó en esta sesión fue:

- IP 63 *Renovación del Parque de Tanques de combustible de la Base Científica Antártica Artigas* (Uruguay)

Tema 15. Temas educacionales

(414) Ecuador presentó el IP 124 *I Concurso Intercolegial sobre Temas Antárticos (CITA, 2010)* y señaló que este ejercicio era una herramienta importante para lograr que los jóvenes se interesaran por la Antártida. Ecuador agradeció al Instituto Antártico Chileno por su colaboración.

(415) Bulgaria presentó el documento de información IP 128, *The excitement "Antarctic" Distance In Itself Invisible* y presentó un material de video relacionado con su exhibición.

(416) Los documentos presentados en relación con este tema del programa incluyeron:

- IP 45 *Publicación del libro "La Isla Elefante. La aventura de los pioneros uruguayos en la Antártida""* (Uruguay)
- IP 46 *Publicación del libro "Versos Antárticos' en ocasión de la celebración del 25° aniversario de Uruguay como Miembro Consultivo del Tratado Antártico* (Uruguay)
- IP 47 *Emisión de sello postal conmemorativo: "25° aniversario de Uruguay Miembro Consultivo del Tratado Antártico"* (Uruguay)

Tema 16. Intercambio de información

(417) La ASOC presentó el documento de información IP 113, *Review of the implementation of the Madrid Protocol: Annual Report by Parties (Article 17)* (presentado anteriormente en la Reunión del CPA).

Tema 17. Prospección biológica

(418) Argentina y los Países Bajos presentaron documentos relacionados con la bioprospección en la Antártida: respectivamente el documento de información IP 16, *Informe sobre las recientes actividades de bioprospección desarrolladas por Argentina durante el periodo 2010-2011,* y el documento de información IP 62, *A case of Biological Prospecting.* Ambos documentos fueron presentados por el Grupo de Trabajo.

(419) Los Países Bajos informaron oralmente acerca de los desarrollos internacionales sobre bioprospección desde la XXXIII RCTA. El primer

desarrollo fue la finalización el 30 de octubre de 2010 del Protocolo de Nagoya para la Convención sobre la Diversidad Biológica (CDB).

(420) La Reunión manifestó un amplio apoyo a la posición que sostenía que el Protocolo de Nagoya no se aplicaba a la bioprospección en la Antártida. Varias Partes reconocieron la necesidad de asegurar que no exista ambigüedad con respecto a esta cuestión, y señalaron que el sistema del Tratado Antártico era el foro adecuado para abordar la bioprospección en la Antártida.

(421) El segundo desarrollo fue el resultado de una reunión del Grupo de Trabajo Informal *ad hoc* de la Asamblea General de las Naciones Unidas (AGONU) sobre la conservación y el uso sostenible de la diversidad biológica marina en áreas que traspasan la jurisdicción nacional. El Grupo de Trabajo *ad hoc* realizó recomendaciones a la AGONU para abordar este tema en dicho foro, incluidas las preguntas con respecto a los recursos genéticos marinos.

(422) Los Países Bajos instaron a la Reunión a comenzar a abordar las implicaciones legales y relativas a las políticas del Protocolo de Nagoya y el proceso de la ONU.

(423) Japón señaló que también se deben considerar las próximas negociaciones intergubernamentales sobre el Protocolo de Nagoya, en las que se debatirá la necesidad de contar con un mecanismo multilateral global para la distribución de beneficios, y sus modalidades.

(424) Varias Partes tomaron nota de las propuestas de la XXXIII RCTA, presentadas por los Países Bajos y Chile, de centrarse en la bioprospección en la Antártida y, teniendo en cuenta los desarrollos por parte de la CDB y la AGONU, actualmente este problema debía ser tratado en forma urgente. Suecia propuso establecer un grupo de contacto intersesional.

(425) Se solicitó a los Países Bajos que consultaran informalmente sobre el desarrollo de los términos de referencia de un posible grupo de contacto intersesional. Si bien varias Partes apoyaron este enfoque, estas consultas reflejaron que, al no existir un documento de trabajo sobre el tema, debería existir una comprensión más específica del enfoque y el proceso mediante el cual la Reunión avanzaría sobre este tema. Luego de las consultas, los Países Bajos informaron que no había sido posible acordar la formación de un grupo de contacto intersesional sobre bioprospección. Varias Partes sostuvieron que debían continuar los contactos informales entre varias Partes interesadas.

(426) La Federación de Rusia presentó el documento de información IP 99, *Microbiological monitoring of coastal Antarctic stations and bases as a factor*

of study of anthropogenic impact on the Antarctic environment and the human organism. La Federación de Rusia señaló que había identificado hongos patógenos en la nieve, el hielo, el aire, en ambientes abiertos y cerrados, y en el suelo. Estos hongos pueden ser peligrosos para los seres humanos y se recolectaron en áreas que no habían sido visitadas por seres humanos por varios años. La Federación de Rusia invitó a cooperar con su trabajo y señaló que sus hallazgos podrían contribuir a combatir la propagación de enfermedades.

Tema 18. Formulación de un plan de trabajo estratégico plurianual

(427) Nueva Zelandia abrió el debate, señalando que el uso de un plan de trabajo plurianual había resultado muy útil para el CPA. Si bien sería un desafío importante, Nueva Zelandia consideró que sería valioso formular un plan de trabajo estratégico plurianual para la RCTA. Dicho plan de trabajo permitiría detenerse cada año y analizar nuestra visión colectiva de la Antártida, y al mismo tiempo guiar nuestro trabajo de un año al otro. Un plan de este tipo debería ser lo suficientemente flexible como para incorporar las nuevas cuestiones que se planteen, junto con aquéllas que ya forman parte del programa de la RCTA. Los debates sobre la formulación de un plan de trabajo estratégico plurianual deberían formar parte de los debates en curso acerca de la manera en la que la Reunión estructura su trabajo.

(428) Australia consideró que era muy valioso trabajar para acordar cuáles eran los asuntos más importantes que requerían la atención colectiva de las Partes, y formular un enfoque estructurado para abordar dichos asuntos. Enfatizó que los debates sobre la formulación de un plan de trabajo estratégico plurianual debían ser informados y respaldados por propuestas claras y analizadas. Australia señaló que un análisis minucioso previo de los temas sería un beneficio clave para un plan de trabajo estratégico, a fin de permitirles a las Partes preparar cuidadosamente un debate sustancial y constructivo. Además indicó que sería útil identificar principios o criterios para guiar el análisis colectivo de las Partes y acordar las prioridades. Asimismo, sería importante que el plan de trabajo estratégico sea flexible y dinámico para adaptarse a las nuevas cuestiones que se planteen.

(429) Bélgica consideró que una desventaja actual, que podría ser abordada por el plan estratégico, era la falta de memoria institucional y de continuidad de los debates, y coincidió en que, al formular el plan de trabajo estratégico, era fundamental establecer con claridad su propósito. En su opinión, las prioridades eran el cambio climático, la energía renovable, la bioprospección

y las zonas marinas protegidas. Bélgica sugirió que la Reunión podía trabajar en forma más estrecha con otras organizaciones y con gobiernos nacionales, y que el CPA era un buen ejemplo a seguir al diseñar una estrategia, que debía ser flexible y concisa a la vez.

(430) El Reino Unido apoyó la idea de formular un plan de trabajo estratégico y señaló que era importante recordar los objetivos del Tratado Antártico, conforme al Artículo IX. El Reino Unido sugirió contar con la colaboración de expertos para tratar determinados asuntos, y enfatizó que la elaboración de una política debía basarse en los datos y la ciencia, por ejemplo, teniendo en cuenta las recomendaciones del CPA para cada tema relevante del programa, en lugar de simplemente considerar todo el informe del CPA en una sesión.

(431) Argentina indicó que dicho plan sería útil, dado que le permitiría a la RCTA establecer una dirección clara, definir las prioridades y hacer que las reuniones sean más eficientes. Argentina también destacó la importancia de los GCI e invitó a más Partes a participar en ellos.

(432) Para Alemania, el Artículo IX del Tratado ofrece una base adecuada a partir de la cual se puede formular el plan; este país consideró que la formulación de una visión colectiva entre las Partes era una meta importante. Alemania señaló la importancia de la reevaluación periódica del programa de la RCTA, para poder responder a las nuevas cuestiones que se planteen. Sugirió que la Parte anfitriona podría proponer uno o dos temas prioritarios para que las Partes, los expertos y observadores los analicen minuciosamente en cada Reunión, a partir de los cuales se elaboraría un documento acordado con los resultados, a fin de que la RCTA adopte medidas, y para establecer mejores lazos con la comunidad internacional más amplia. Alemania formuló preguntas acerca de cómo transformar en acciones los principales resultados de la investigación científica en curso y cómo comunicar al público dichos resultados y los resultados de la RCTA.

(433) Los Países Bajos coincidieron con la idea de contar con una visión estratégica y con el concepto de dedicar un día de la Reunión a analizar un tema específico. Señalaron la vigencia del Protocolo como un instrumento de gran importancia, y se centraron en asuntos que tienen un impacto en la vida humana, incluidos los posibles asentamientos humanos futuros en el continente y las probabilidades de que se establezcan más estaciones, y sugirió que Ny Alesund podía ofrecer un modelo valioso para mitigar los futuros impactos y mejorar la cooperación científica en la Antártida. Los Países Bajos señalaron que el incidente de Wordie House resaltaba la necesidad de elaborar un mecanismo conjunto de vigilancia y cumplimiento.

(434) Japón destacó la necesidad de mejorar la eficiencia de las reuniones, e indicó que los documentos de trabajo deberían estimular y dar un marco para el debate entre las Partes en lugar de ser informativos. Hizo una propuesta concreta para que los documentos de trabajo incluyan propuestas de decisiones o resoluciones, excepto para casos urgentes.

(435) Ecuador consideró que debía consolidarse aún más el trabajo intersesional, que se debía hacer un mejor uso del SEII, y que la participación de profesionales de distintas disciplinas podría mejorar los debates en las reuniones.

(436) Estados Unidos señaló la importancia de establecer temas prioritarios, así como de identificar asuntos específicos dentro de estos temas para su análisis. Apoyó la idea de dedicar parte de una RCTA a un tema específico, pero señaló la importancia de mantener el consenso en la selección de los asuntos que se debían debatir.

(437) Suecia sugirió que, además de los asuntos actuales, se deben tener en cuenta en el plan estratégico las nuevas cuestiones que se planteen. Coincidió con otras Partes sobre la utilidad del trabajo intersesional, con ayuda de las herramientas electrónicas a nuestra disposición en el sitio web de la Secretaría, y destacó la necesidad de analizar la interface entre la RCTA y el CCRVMA con respecto a las ZMP. Suecia agregó que la RCTA se beneficiaría si se valiera más de las competencias del SCAR y el COMNAP, y que sería muy útil su participación en el trabajo colectivo y la difusión.

(438) Brasil apoyó las opiniones expresadas anteriormente, especialmente las sugerencias hechas por los Países Bajos y los puntos prioritarios presentados por Bélgica. Destacó la importancia de evitar la duplicación en la RCTA del trabajo que ya se realizó en otros foros. Brasil apoyó la idea de acordar un tema para las RCTA, coincidió en que la reunión debía ser más corta y subrayó la importancia de que las Partes preparen sus documentos en forma oportuna.

(439) Uruguay señaló que la formulación de un plan de trabajo estratégico plurianual requería una base clara y manifestó que la reducción a ocho días de trabajo no debería ir acompañada de un aumento en la cantidad de delegados ni en más Grupos de Trabajo ni mayores costos. Como puntos finales sugirió que las reuniones intersesionales y de expertos se realicen en forma electrónica, y que el tema clave de cada reunión se determine por consenso.

(440) India consideró que un plan estratégico plurianual le dará a la RCTA una dirección clara, y también identificará los asuntos prioritarios. También resaltó la necesidad de presentar un documento de trabajo sobre este tema en la próxima RCTA.

(441) China propuso que el plan contara con una visión definida por los principios del Tratado Antártico, que debe destacar el papel de la investigación científica. Identificó el desafío que representaba el aumento de las actividades humanas en la Antártida como un área clave de inquietud. China señaló que la investigación científica era de vital importancia y debía analizarse en mayor profundidad, para asegurar que las políticas y medidas se basen en evidencias concretas.

(442) La ASOC consideró que el objetivo y los principios ambientales del Protocolo proporcionaban una visión para el futuro. La ASOC manifestó su inquietud respecto de las presiones que surgen en todos los niveles, que representan una amenaza para el estado de reserva natural de la Antártida. Al apoyar las sugerencias de que la planificación anticipada para las RCTA ayudaría a producir resultados claros, también alentó a las Partes a aportar evidencias tangibles de que la condición natural de la Antártida está protegida, de que se minimizan y administran las presiones sobre el medioambiente, y de que la acción se basa en evidencias científicas y/o el enfoque preventivo.

Tema 19. Conmemoración del 50° Aniversario de la entrada en vigor del Tratado Antártico

(443) El Presidente informó que las Partes habían examinado y analizado minuciosamente el texto de la Declaración de Cooperación Antártica en Ocasión del 50° Aniversario de la Entrada en Vigor del Tratado Antártico. Se incorporaron todos los aportes al texto realizados por las Partes y se logró el consenso con respecto a la redacción del texto en inglés. La redacción del texto en los demás idiomas oficiales reflejará el consenso. La Declaración está anexada como el Anexo XX.

(444) El Presidente presentó la Declaración para su aprobación, observó el consenso de la Reunión e informó de la aprobación de la Declaración.

(445) El Presidente señaló con placer la asistencia del Ministro Héctor Timerman, Ministro de Relaciones Exteriores, Comercio Internacional y Culto de Argentina, el Ministro Alfredo Moreno Charme, Ministro de Relaciones Exteriores de Chile y el Ministro Luis Almagro Lemes, Ministro de Relaciones Exteriores de Uruguay, así como el Embajador Luiz Alberto Figueiredo Machado, Subsecretario de Medioambiente, Energía, Ciencia y Tecnología, del Ministerio de Relaciones Exteriores, como Representante Especial de Brasil, y el Sr. Michel Rocard como Representante Especial de

Francia para presentar declaraciones en representación de sus gobiernos sobre este aniversario que marca un hito en el Tratado Antártico. El texto integral de las declaraciones de estos altos representantes se anexan en el Vol. 2, Parte III, sección 1 junto con las declaraciones de las Partes Consultivas.

Tema 20. Preparativos para la 35° Reunión

a. Fecha y lugar

(446) La Reunión recibió con agrado la gentil invitación del gobierno de Australia para oficiar de sede de la XXXV RCTA en Hobart del 4 al 13 de junio de 2012.

(447) Para la planificación futura, la Reunión tomó nota del siguiente posible cronograma para las próximas RCTA:

- 2013 Bélgica
- 2014 Brasil

(448) La Reunión recibió con agrado la intención del gobierno del Reino de Bélgica para oficiar de sede de la XXXVI RCTA en Bruselas.

(449) Australia presentó el documento de trabajo WP 8 *Calendario propuesto para la 35ª Reunión Consultiva del Tratado Antártico, Hobart, 2012*, y señaló la importancia de asegurar que la reducción de la duración de la Reunión de diez a ocho días deje tiempo suficiente para que el CPA, la RCTA y los Grupos de Trabajo establecidos realicen el trabajo necesario. Australia indicó que la propuesta incluía la posibilidad de establecer nuevos Grupos de Trabajo, y subrayó la importancia de mantener el foco en la protección del medio ambiente. El Comité para la Protección del Medio Ambiente también consideró el calendario propuesto para la reunión que se llevará a cabo en Hobart en este sentido.

(450) Noruega presentó el documento de trabajo WP 60, *Propuesta para acortar las Reuniones Consultivas del Tratado Antártico*. Noruega señaló que el objetivo de su propuesta para reducir la duración de la Reunión a seis días y medio de trabajo era mejorar la eficiencia y los métodos de trabajo de las Reuniones a través de diversos métodos, como la integración de temas del programa, el mayor uso de reuniones de expertos entre sesiones, reuniones más cortas, y una reconsideración de la estructura de los grupos de trabajo.

Noruega señaló que la RCTA puede decidir continuar desarrollando su propuesta luego de la Reunión de 2012 en Hobart.

(451) La Reunión recibió con agrado el calendario propuesto en el WP 8 para la XXXV RCTA.

(452) La Reunión señaló que había puntos de interés común en ambos documentos. Varias Partes se centraron en la necesidad de priorizar nuevamente el programa de trabajo teniendo en cuenta la reducción de la duración de la reunión prevista para la XXXV RCTA, y considerar la reestructuración de los Grupos de Trabajo. El Reino Unido destacó la importancia de que las delegaciones tengan la capacidad para presentar expertos para todas las áreas a fin de evitar tomar decisiones en forma aislada. Sugirió el establecimiento de un Grupo de Trabajo sobre el Impacto Humano más amplio. La Reunión consideró que necesitaba conservar los Grupos de Trabajo en su forma actual para la siguiente reunión.

(453) Varias Partes se mostraron preocupadas de que seis días y medio fuera poco tiempo, agregaron que acortar aún más la duración de la Reunión podría afectar la eficiencia y sugirieron que se evalúe nuevamente la duración de la reunión luego de la XXXV RCTA. También se mencionó que los ahorros que podrían obtenerse con la reducción de la duración de las reuniones a menos de ocho días podrían perderse debido a la necesidad de realizar más reuniones de expertos entre sesiones. Algunas Partes consideraron que valía la pena analizar el concepto de las reuniones de expertos en conjunto con las RCTA para evitar mayor tiempo y gastos de viaje, y para permitirles participar a todas las Partes en dichas reuniones. Chile y Alemania señalaron los posibles beneficios de incluir "Desarrollos árticos y antárticos" como un tema separado del programa. Sin embargo, Japón cuestionó la inclusión de este tema. Estados Unidos indicó que la necesidad de realizar reuniones de expertos es independiente de la duración de las RCTA.

(454) Argentina apoyó el calendario propuesto para la XXXV RCTA, si bien señaló que la reducción de la duración de las RCTA no debía implicar más reuniones de expertos debido a las limitaciones del presupuesto y de los viajes, ni a una menor participación y ausencia de traducción e interpretación en estas reuniones.

(455) Algunas partes preguntaron si era necesario que el CPA se reuniera durante los cinco días completos de la Reunión, mientras que otras destacaron la importancia de que el CPA cuente con suficiente tiempo para analizar los asuntos importantes que debe tratar. Otras sugirieron la posibilidad de llevar

a cabo reuniones de grupos de contacto informales el día sábado del fin de semana intermedio. Varias Partes señalaron la importancia de asegurar que las noches y los fines de semana permanecieran sin compromisos laborales para permitir períodos de descanso adecuados para todos los que participan en la Reunión.

(456) Otras sugerencias incluyeron la posibilidad de que las Reuniones de la RCTA se realicen dos veces por año, como sucedía anteriormente. Otras partes señalaron que aún preferían que la Reunión fuera anual. También se sugirió que la primera reunión de Jefes de Delegación se realizara el lunes antes de la primera Sesión Plenaria.

(457) La Reunión indicó que sería útil evaluar la eficacia de una reunión de ocho días luego de la finalización de la XXXV RCTA. Australia, como sede de la XXXV RCTA, indicó que se ocuparía de este tema. Bélgica informó que, como preparación para la XXXVI RCTA que se llevaría a cabo en 2013, analizaría las propuestas descritas en ambos documentos de trabajo.

b. Invitación de organizaciones internacionales y no gubernamentales

(458) De acuerdo con la practica establecida, la Reunión acordó que se debería invitar a las siguientes organizaciones que tienen interés científico o técnico en la Antártida a que envíen expertos para asistir a la XXXV RCTA: La Secretaría del ACAP. la ASOC, la IAATO, la OHI, la OMI, la COI, el Panel Intergubernamental sobre Cambio Climático (PICC), la UICN, el PNUMA, la OMM y la OMT.

c. Invitación a Malasia

(459) El Presidente informó sobre el contacto informal con la Delegación de Malasia. Al recordar que se había invitado a Malasia a observar la RCTA en varias ocasiones, si Malasia no accede antes de la XXXV RCTA, el país anfitrión de la RCTA seguirá el procedimiento de los años anteriores con respecto a la participación, si así lo solicita Malasia.

d. Preparación del programa para la XXXV RCTA

(460) La Reunión aprobó el Programa preliminar para la XXXV RCTA.

e. Organización de la XXXV RCTA

(461) Conforme a la Regla 11, la Reunión decidió como cuestión preliminar proponer los mismos Grupos de Trabajo que participaron en esta Reunión para la XXXV RCTA.

f. Conferencia del SCAR

(462) Teniendo en cuenta la valiosa serie de conferencias que dio el SCAR en diversas RCTA, la Reunión decidió invitar al SCAR a dar otra conferencia sobre los temas científicos relevantes para la XXXV RCTA.

Tema 21. Otros asuntos

(463) No se plantearon otros asuntos.

Tema 22. Aprobación del Informe Final

(464) La Reunión aprobó el Informe Final de la 34ª Reunión Consultiva del Tratado Antártico.

(465) El Presidente de la Reunión, el Embajador Ariel Mansi, pronunció las palabras de cierre.

(466) La Reunión se cerró el viernes 1 de julio a las 13:40.

2. Informe de la XIV Reunión del CPA

2. Informe del Comité para la Protección del Medio Ambiente (XIV Reunión del CPA)

Buenos Aires, 20 al 24 de junio de 2011

Tema 1. Apertura de la Reunión

(1)   El Dr. Yves Frenot, Presidente del CPA, declaró abierta la reunión el lunes 20 de junio de 2011, agradeciendo a Argentina por organizar dicha reunión en la ciudad de Buenos Aires y por ser su país anfitrión.

(2)   El Presidente recordó los diversos e importantes aniversarios que se celebran en esta XXXIV RCTA, que incluyen el 20° aniversario de la apertura a firma del Protocolo de Madrid, celebrado en 1991. También ofreció sus condolencias por las pérdidas tanto del Embajador Jorge Berguño (Chile) y como del Dr. Teodor Negoiţă (Rumania), ambos apreciados miembros de la comunidad antártica.

(3)   El Presidente resumió el trabajo realizado durante el periodo entre sesiones. Este incluyó cuatro grupos de contacto intersesionales (dos de los cuales están dedicados a la evaluación de proyectos de CEE distribuidos durante el periodo), la realización de un taller y otros estudios que aportaron a la documentación previa a la XIV Reunión del CPA. Se logró la mayor parte del trabajo planificado que se había decidido al concluir la XIII Reunión del CPA.

Tema 2. Aprobación del programa

(4)   El Comité aprobó el siguiente programa y confirmó la asignación a los temas del programa de 46 documentos de trabajo, 68 documentos de información y 4 documentos de la Secretaría:

   1.   Apertura de la Reunión

   2.   Aprobación del programa

   3.   Deliberaciones estratégicas sobre el trabajo futuro del CPA

   4.   Funcionamiento del CPA

5. Implicaciones del cambio climático para el medio ambiente: enfoque estratégico

6. Evaluación del impacto ambiental (EIA)

   a. Proyectos de evaluación medioambiental global

   b. Otros temas relacionados con la evaluación del impacto ambiental

7. Protección de zonas y planes de gestión

   a. Planes de gestión

   b. Sitios y monumentos históricos

   c. Directrices para sitios

   d. La huella humana y los valores silvestres

   e. Protección y gestión del espacio marino

   f. Otros asuntos relacionados con el Anexo V

8. Conservación de la flora y fauna antárticas

   a. Cuarentena y especies no autóctonas

   b. Especies especialmente protegidas

   c. Otros asuntos relacionados con el Anexo II

9. Vigilancia ambiental e informes sobre el estado del medio ambiente

10. Informes de inspecciones

11. Cooperación con otras organizaciones

12. Asuntos generales

13. Elección de autoridades

14. Preparativos para la próxima reunión

15. Aprobación del informe

16. Clausura de la reunión

(5) El Presidente se refirió al incremento continuo en el grado y volumen de los Informes Finales del CPA en cada reunión. Sugirió reducir el tamaño de este informe concentrándolo solamente en los temas clave debatidos, en las decisiones adoptadas y en la asesoría del Comité a la RCTA, así como también en los objetivos del trabajo futuro.

Tema 3. Deliberaciones estratégicas sobre el trabajo futuro del CPA

(6)   La ASOC presentó el documento IP 89 rev. 1, *The Antarctic Environmental Protocol, 1991-2011*. Si bien señaló los muchos logros del Protocolo, la ASOC planteó algunas inquietudes con respecto a que éste no está siendo aplicado de manera uniforme por todas las Partes y que algunos de sus aspectos más innovadores y progresistas relativos a la gestión medioambiental, como por ejemplo la colaboración internacional, la evaluación de impacto ambiental para todas las actividades, y ecosistemas dependientes y asociados se están realizando en forma mucho menos apropiada de lo que podría esperarse. La ASOC sugirió la necesidad de una aplicación más uniforme de la letra y espíritu del Protocolo, incluyendo la mayor transparencia en la aplicación nacional y un mayor compromiso con la gestión internacional de la región antártica.

(7)   El Comité observó el valor de los estudios independientes y agradeció a la ASOC por su documento, el cual fue una práctica referencia para las nuevas consideraciones sobre el trabajo continuo del CPA, incluyendo su plan de trabajo quinquenal. Algunos miembros señalaron que el documento de información IP 89 rev. 1 podría constituir la base para un posible estudio en 2016, durante el 25° aniversario del Protocolo, acerca de la aplicación del Protocolo. Se sugirió también que este documento podría resultar útil para ayudar a las Partes en la evaluación interna de su desempeño con respecto a los objetivos del Protocolo.

(8)   Durante este debate, la Federación de Rusia recordó al Comité acerca de la importancia de la aplicación uniforme de las EIA, y ofreció trabajar con las Partes interesadas.

(9)   El Comité revisó y actualizó el Plan de trabajo quinquenal (Anexo 3).

Tema 4. Funcionamiento del CPA

(10)   El Presidente señaló que los dos documentos a ser presentados dentro de este tema del programa serían también presentados para su análisis por parte del Grupo de Trabajo sobre Asuntos Jurídicos e Institucionales.

(11)   Estados Unidos presentó el documento de trabajo WP 25, elaborado conjuntamente con Alemania, y denominado *Presentación oportuna de documentos antes de las RCTA,* el cual aspiraba a mejorar la eficiencia y eficacia del trabajo de la RCTA y del CPA, al incluir entre las Reglas de

Procedimiento pautas claras relacionadas con el envío por adelantado de documentos a las RCTA.

(12) Australia presentó el documento de trabajo WP 36, elaborado conjuntamente por Francia y Nueva Zelanda, denominado *Propuesta de un método nuevo para el manejo de documentos de información.* Este documento se proponía mejorar la eficacia de las reuniones al modificar los procedimientos de manejo de documentos de información, incluyendo el tomar provisiones para que aquellos documentos que no son relevantes a los debates del programa de la RCTA/CPA sean puestos a disposición sólo por medio del sitio Web y no sean distribuidos o presentados durante la reunión.

(13) Estos documentos no fueron analizados en detalle por el Comité y fueron tratados por el Grupo de Trabajo sobre Asuntos Jurídicos e Institucionales.

(14) El Programa de las Naciones Unidas para el Medio Ambiente (PNUMA) presentó el documento de información IP 113, *Review of the Implementation of the Madrid Protocol: Annual Report by Parties (Article 17)*, presentado conjuntamente con la ASOC. El PNUMA puso de relieve que el nivel de cumplimiento con la producción de informes anuales sobre la aplicación del Protocolo se mantenía bajo, aún cuando habían pasado ya doce años desde su ratificación.

(15) Muchos miembros estuvieron de acuerdo en que el actual nivel de cumplimiento requería considerables mejoras y reiteraron que todas las Partes debían presentar sus informes anuales. Algunos miembros señalaron que con este fin podría hacerse más sencillo el uso del Sistema electrónico de intercambio de información (EIES), la plataforma para este procedimiento.

(16) La Secretaría estuvo de acuerdo en convocar a un grupo de contacto informal sobre el Foro de discusión del CPA con el fin de coordinar las propuestas técnicas de los miembros en esta materia.

(17) En relación con este tema del programa se presentaron también los siguientes documentos:

- IP 71 *Annual Report Pursuant to Article 17 of the Protocol on Environmental Protection to the Antarctic Treaty 2009-2010* (Italia)

- IP 93 *Annual Report Pursuant to Article 17 of the Protocol on Environmental Protection to the Antarctic Treaty* (Ucrania)

Tema 5. Implicaciones del cambio climático para el medio ambiente: Enfoque estratégico

(18) El Reino Unido presentó en forma conjunta con Noruega, el documento de trabajo WP 44, *Informe del avance de la RETA referido al cambio climático,* el cual incluía un seguimiento de las conclusiones y recomendaciones surgidas de la *Reunión de Expertos del Tratado Antártico 2010 sobre las implicaciones del cambio climático (RETA sobre el Cambio Climático).*

(19) El SCAR informó al Comité que había incorporado ya en sus programas de investigación la Recomendación 17 de la RETA relativa a la identificación de regiones, hábitats y especies clave en mayor riesgo debido a los efectos del cambio climático.

(20) Sudáfrica señaló que el impacto del cambio climático sobre la biodiversidad es en la actualidad uno de los desafíos clave de la investigación antártica.

(21) Australia señaló que las recomendaciones de la RETA podrían administrarse de mejor manera si fuesen incorporadas a los aspectos relevantes de las actividades del Comité, incluyendo el plan quinquenal de trabajo. Australia señaló además que la combinación o agrupación de las recomendaciones según temas (por ejemplo, especies no autóctonas y protección de zonas) podría ayudar en un método como este.

(22) Varios miembros consideraron que un marco como el propuesto en el documento de trabajo WP 44 sería un instrumento útil para aportar información a las actividades de gestión del CPA a lo largo de su plan quinquenal de trabajo.

(23) La IAATO hizo referencia su documento de información IP 103, *Climate Change Working Group: Report on Progress* y declaró que continuaría proporcionando información al CPA sobre este trabajo y que generaría conciencia acerca del cambio climático en la Antártida a otros Miembros interesados, señalando la exitosa colaboración con el SCAR a comienzos de este año.

(24) La CCRVMA agregó que su Comité científico había considerado las Recomendaciones 19, 26, 28 y 1, 2, 4, 5, 6, de la RETA y expresó su acuerdo en que los futuros Grupos de trabajo deberían continuar centrándose en la gestión de ecosistemas. La CCRVMA señaló también su continuada

participación en el Comité con la presentación del documento de información IP 31, *Informe del observador de la CC-CCRVMA ante la decimocuarta reunión del Comité de Protección Ambiental.*

(25) El COMNAP destacó que las Recomendaciones 4 y 5 de la RETA que aluden directamente al COMNAP se habían abordado en el Documento de trabajo IP 8, *COMNAP Energy Management Workshop*, para ser analizadas en el Tema 13 del programa de la RCTA. El COMNAP está en condiciones de proporcionar las Recomendaciones 4 y 5 de la RETA actualizadas para ser incluidas en este informe de avance.

(26) El Comité estuvo de acuerdo en encomendar a la Secretaría la actualización en forma periódica del cuadro resumen en el Anexo A del documento de trabajo WP 44, mediante el registro de las medidas adoptadas en relación con cada una de las 30 recomendaciones de la RETA, tanto por el CPA como por la RCTA.

(27) El Reino Unido presentó sus primeras medidas para la elaboración de una evaluación sencilla y rápida de la vulnerabilidad de 12 ZAEP frente al cambio climático (Documento de trabajo WP 43, *Desarrollar una metodología simple para clasificar las Zonas Antárticas Especialmente Protegidas según su vulnerabilidad al cambio climático presentado conjuntamente por el Reino Unido y Noruega*). El Reino Unido explicó que este documento evaluaba los posibles impactos ambientales en términos de dos componentes: la vulnerabilidad de sus valores claves y la exposición regional al cambio climático. El Reino Unido se refirió a la ZAEP 107, Islas Dion y a la ZAEP 151 Lions Rump, dos de las 12 ZAEP con mayor vulnerabilidad que resultarían del análisis.

(28) India felicitó al Reino Unido por su excelente documento, planteando sin embargo algunas inquietudes con respecto a un posible sesgo en la evaluación de impactos al centrarse únicamente en la biología y vegetación de las ZAEP en lugar de adoptar un enfoque más amplio de su biodiversidad. Sugirió que estas evaluaciones contaban con información insuficiente acerca de las especies minerales o sobre el retiro de los glaciares y la forma en que estas amenazas podrían ser identificadas en estos casos.

(29) Estados Unidos señaló que, si bien la metodología era prometedora, la ubicación de la ZAEP en la matriz podría beneficiarse de la aplicación del enfoque de ecosistema en lugar del enfoque más sencillo, centrado en una

especie única o en una característica única de la ZAEP. Esto probablemente se incluya en el Plan de trabajo quinquenal del CPA.

(30) Argentina concordó con los puntos de vista de Estados Unidos y sugirió que las variables preliminares propuestas en el documento de trabajo WP 43 eran demasiado disímiles en cuanto a peso y escala espacial (nivel regional por un lado, y la zona abarcada por la ZAEP por el otro) . Por lo tanto, en la opinión de Argentina, esta matriz necesita de una mayor elaboración.

(31) Australia observó que la metodología propuesta por el Reino Unido y Noruega podía combinarse con una comprensión de los impactos producidos por las actividades locales a fin de entender mejor los riesgos para las zonas protegidas y los valores por los cuales se ha designado su protección. Observó además que una metodología de este tipo podía ayudar a identificar y proteger zonas que son de valor científico en su calidad de sitios de referencia frente al cambio climático o de sitios desde los cuales observar y dar seguimiento al cambio climático.

(32) Argentina, Chile, Alemania, Sudáfrica, Francia y la ASOC respaldaron un trabajo adicional con el fin de desarrollar el alcance y equivalencias en las variables de un proyecto como este.

(33) Nueva Zelandia, agradeciendo al Reino Unido y a Noruega por estos muy provechosos documentos, observó el importante papel que desempeñará la protección de zonas en la creación de resiliencia al cambio climático. Se observó además que el enfoque basado en riesgos era muy práctico y que podía utilizarse un rango de parámetros (o variables) para evaluar en forma más completa la vulnerabilidad y el riesgo.

(34) El Presidente señaló el difundido interés en este enfoque y sugirió que si bien podía considerarse desde ya como un útil instrumento para los planes de gestión de las zonas protegidas, podría tener una utilidad aún mayor si se aumentaba la cantidad de parámetros. El Presidente alentó al Reino Unido, Noruega y a los Miembros interesados a continuar el trabajo.

(35) El SCAR hizo una breve presentación del documento de información IP 52, *Antarctic Climate Change and the Environment – 2011 Update*. El SCAR señaló que se había ampliado la membresía del nuevo Grupo de expertos sobre el cambio climático en la Antártida y el medio ambiente (ACCE, por su sigla en inglés) del SCAR, con el fin de que incluyera un abanico más

extenso de experticias y para incluir además a expertos provenientes de la Federación de Rusia, China, y otros países. La intención del SCAR consiste en continuar atrayendo a nuevos miembros con el objeto de garantizar una representación tan abarcadora como sea posible. El SCAR tiene además planes de reunir, en el corto a mediano plazo, una serie de publicaciones para ámbitos específicos, basadas en el Informe ACCE.

(36)   La ASOC presentó el Documento de información IP 83, *An Antarctic Climate Change Communication Plan* e IP 88, *Ocean Acidification and the Southern Ocean.*

(37)   El Reino Unido agradeció a la ASOC por ambos documentos de información y observó que esta información seguía siendo una tarea importante, independientemente de si era distribuida por el CPA o por la RCTA como un todo, o por las Partes individuales, lo importante era generar conciencia acerca de estos temas. El Comité concordó en alentar a las Partes a desarrollar investigación en esta área.

(38)   El SCAR informó al Comité que un Grupo de Acción sobre la acidificación de los océanos produciría otro informe integral en un plazo de dos años, y que este se centraría en las respuestas a la acidificación oceánica tanto del ecosistema como de las especies.

(39)   En relación con este tema del programa se presentaron también los siguientes documentos de información:

- IP 8, *COMNAP Energy Management Workshop* (COMNAP)

- IP 56, *Marine Spatial Protection and Management under the Antarctic Treaty System: New Opportunities for Implementation and Coordination* (UICN)

- IP 65, *Frontiers in understanding Climate Change and Polar Ecosystems Workshop Report* (Estados Unidos)

Tema 6. Evaluación del impacto ambiental (EIA)

6a) Proyectos de evaluación medioambiental global

(40)   El Reino Unido presentó el documento de trabajo WP 16, *Proyecto de Evaluación Medioambiental Global (CEE) para la propuesta de exploración*

del lago subglacial Ellsworth, Antártida. El Reino Unido expresó su gratitud hacia Noruega por su convocatoria del Grupo de Contacto intersesional, GCI, así como a todos los participantes de este grupo por sus edificantes comentarios sobre el proyecto de CEE, observando que en el documento de información IP 13, *The Draft Comprehensive Environmental Evaluation (CEE) for the Proposed Exploration of Subglacial Lake Ellsworth, Antarctica,* se expone una respuesta preparatoria a sus comentarios.

(41) Noruega presentó el Documento de trabajo WP 14, *Informe del grupo de contacto abierto intersesional para considerar el Proyecto de CEE para la "Propuesta de exploración del lago subglacial Ellsworth, Antártida".*

(42) Noruega destacó que luego de analizar el proyecto de CEE del Reino Unido para la "Propuesta de exploración del lago subglacial Ellsworth, Antártida", de conformidad con los *Procedimientos para la consideración del CPA entre sesiones de los proyectos de CEE*, el GCI recomendó al CPA lo siguiente:

1) El proyecto de CEE y el proceso seguido por el Reino Unido cumplían, en términos generales, con los requisitos contenidos en Artículo 3 del Anexo I al Protocolo sobre Protección del Medio Ambiente del Tratado Antártico.

2) Hubo un acuerdo general respecto de la conclusión del proponente respecto a que los impactos causados serán mínimos o transitorios, habida cuenta de las rigurosas medidas de prevención y mitigación propuestas y aprobadas por el proponente. Estas medidas han mitigado de manera sustancial los riesgos que justificaban la preparación de la CEE. Asimismo, hubo además un acuerdo general respecto a que la actividad propuesta se encuentra justificada sobre la base de su importancia científica global y las ventajas que se obtendrán a través de la exploración del lago Ellsworth.

3) El proyecto de CEE es claro y está bien estructurado.

4) Al preparar la CEE final requerida, el proponente debería considerar detenidamente y abordar, según sea pertinente, los comentarios planteados por los participantes y resumidos anteriormente en el Apéndice A del Documento de trabajo WP 14.

5) La CEE final podría mejorarse aún más de tomarse en cuenta las sugerencias editoriales de los participantes (identificadas en el Apéndice B del Documento de trabajo WP 14).

(43) Varios Miembros subrayaron la importancia de la CEE y agradecieron a Noruega por la conducción del GCI. Francia observó que durante este trabajo entre sesiones diversos participantes habían comentado que la CEE carecía de una relación pormenorizada sobre los aspectos logísticos de la propuesta.

(44) Alemania agradeció al Reino Unido por el documento de información IP 13. Alemania quiso destacar el propósito de la utilización de técnicas de perforación de bajo impacto que limitaran los impactos en el medio ambiente, y queda a la espera de la CEE final.

(45) Los Países Bajos plantearon un punto que debía ser aclarado con respecto a la siguiente acción luego de la consulta sobre el proyecto de CEE. Los Países Bajos preguntaron si se le exigiría al Reino Unido que considerara los problemas planteados por el GCI y el Comité antes de presentar la CEE para su aprobación final por parte de la RCTA.

(46) El Presidente aclaró que el Anexo I al Protocolo exige que el proponente aborde los comentarios sobre un proyecto de CEE recibido de otras Partes. Por consiguiente el CPA ofrecerá asesoría técnica a la RCTA con respecto a la idoneidad de esta CEE, de conformidad con los requisitos en virtud del Protocolo.

(47) La Federación de Rusia concordó con los comentarios del Presidente y sugirió que el Reino Unido debe hacerse cargo de la recomendación del CPA sobre el proyecto de CEE, de conformidad con lo establecido en los procedimientos nacionales. Rusia sostuvo que el Reino Unido necesita mitigar todos los posibles problemas y ofrecer explicaciones con respecto las razones para escoger la metodología que empleará.

(48) La ASOC hizo referencia a sus comentarios sobre el proyecto de CEE durante el GCI y agregó que el impacto en el medio ambiente y el adecuado cumplimiento del Protocolo se abordarían de mejor manera si el Reino Unido considerara realizar un proyecto de auditoría independiente del proyecto de perforación, similar al realizado por Nueva Zelandia con respecto a la CEE de ANDrill. Sugirió que luego de su penetración un lago subglacial intacto podía considerarse alterado en forma permanente, sin recobrar jamás su estado prístino.

(49) El Reino Unido expresó su gratitud por los comentarios recibidos de varios Miembros e indicó que realizaría todos los esfuerzos necesarios para responder a dichos comentarios al preparar la CEE final durante el próximo año. El Reino Unido agradeció también a Noruega en su calidad de presidente del GCI.

Asesoramiento del CPA a la RCTA

(50) El Comité analizó detenidamente el proyecto de Evaluación Medioambiental Global (CEE) preparado por el Reino Unido para la "Propuesta de exploración del lago subglacial Ellsworth, Antártida" (Documentos de trabajo WP 16 y de información IP 13). Analizó además el informe realizado por Noruega acerca del GCI establecido para considerar el proyecto de CEE de conformidad con los Procedimientos entre sesiones del CPA para considerar Proyectos de CEE (Documento de trabajo WP 14), y la información adicional proporcionada por el Reino Unido en respuesta a los problemas planteados en el GCI (documento de información IP 13). Estos análisis se resumen en los párrafos anteriores 40- 50.

(51) Habiendo considerado el proyecto de CEE en su totalidad, el Comité recomienda a la XXXIV RCTA lo siguiente:

- El proyecto de CEE y el proceso seguido por el Reino Unido cumplen, en términos generales, con los requisitos contenidos en el Artículo 3 del Anexo I al Protocolo al Tratado Antártico sobre Protección del Medio Ambiente.

- La información contenida en el proyecto de CEE respalda sus conclusiones en relación con que la actividad propuesta tendrá un impacto menor que mínimo o transitorio sobre el medio ambiente antártico, teniendo en cuenta las rigurosas medidas de prevención y mitigación elaboradas y aprobadas por el proponente. Asimismo, la actividad propuesta se encuentra justificada sobre la base de la importancia científica global y las ventajas que se obtendrán a través de la exploración del lago Ellsworth.

  Al preparar la CEE final requerida, el proponente debería considerar, y abordar según corresponda, todos los comentarios planteados por los Miembros. En particular, se llama la atención de la RCTA respecto de la sugerencia de que la CEE final debería proporcionar mayores detalles acerca de: la evaluación de las actividades del contratista auxiliar, documentación e información adicional respecto del problema de una posible mezcla en el punto de penetración, análisis adicional sobre la forma de reducir a un mínimo la alteración de la columna de agua como resultado de la presencia de equipos científicos, evaluación del riesgo por la posible pérdida de equipos dentro del lago, consideración del tamaño del equipo que trabaje sobre el hielo a la luz de la seguridad del proyecto, y consideraciones relativas a la colaboración internacional.

- El proyecto de CEE es claro y está bien estructurado, está correctamente redactado y contiene gráficos e imágenes de alta calidad.

(52) El CPA recomienda que la RCTA avale estos criterios.

(53) La República de Corea presentó el documento de trabajo WP 42: *Proyecto de Evaluación Medioambiental Global para la construcción y operación de la Estación de Investigación Antártica Jang Bogo en la Bahía de Terra Nova en la Antártida* y el documento de información IP 19 que contiene el proyecto de CEE completo. Destacando los objetivos científicos principales del proyecto, los cuales incluyen el estudio de los problemas surgidos a raíz del cambio climático y estudios de largo plazo del océano y de diferentes ecosistemas, Corea observó que el proyecto de CEE se proponía mostrar con claridad la forma en que se reduciría a un mínimo el impacto al medio ambiente antártico, y se compartirían las ventajas de construir e investigar junto a la comunidad internacional más amplia al fomentarse la cooperación científica global.

(54) La República de Corea manifestó su agradecimiento por el valioso trabajo realizado por el GCI de examinar el proyecto de CEE. La República de Corea agradeció a Noruega la sugerencia de ese país de obtener una solución alternativa para la incineración de los desechos, lo cual se prevé ahorrará anualmente 50 toneladas de combustible.

(55) Australia presentó el documento de trabajo WP 7, *Informe del grupo de contacto abierto intersesional para considerar el proyecto de CEE para la "Construcción y Operación de la Base Jang Bogo, bahía Terra Nova, Antártida"*. Señaló que el GCI había expresado su sólido respaldo a los planes del proponente de reducir a un mínimo y mitigar los impactos medioambientales del proyecto, y que había admitido que las cuestiones medioambientales han sido claramente una consideración clave en la planificación del proyecto. Australia realizó una breve presentación de los resultados del GCI, destacando las oportunidades identificadas por los participantes para mejorar el CEE final en concordancia con los objetivos del proceso para CEE establecido en virtud del Anexo I del Protocolo.

(56) Varios Miembros respaldaron los planes de la República de Corea, destacando la importancia de las futuras colaboraciones internacionales que este proyecto

aportará a la investigación en la Antártida oriental. Algunos Miembros se refirieron en forma positiva al uso de fuentes de energía alternativas en la operación de la estación

(57) China respaldó y expresó sus felicitaciones por el plan de la República de Corea de construir una nueva estación de investigación en la Antártida, y opinó que contribuiría a los fines del Tratado Antártico. China estuvo de acuerdo con la conclusión del GCI respecto del proyecto de CEE para la Estación Jang Bogo, y esperaba que la CEE final daría buena consideración a los comentarios de las otras Partes.

(58) La estación propuesta quedará situada a sólo 10 kilómetros de la estación italiana Mario Zucchelli y en las cercanías de la Estación Gondwana de Alemania. Francia y Alemania informaron que la República de Corea había estado antes de visita en sus centros de investigación antártica luego de finalizar su proyecto de CEE con el fin de analizar muchos de los comentarios de carácter técnico. Italia propuso la posible colaboración con la República de Corea en el establecimiento de una zona marina protegida en la bahía Terra Nova. Estados Unidos elogió a la República de Corea por abordar las preguntas e incuietudes planteadas en el documento de trabajo WP 7, por medio de la presentación oportuna del documento de información IP 76 y por medio de la información adicional contenida en su presentación ante el CPA. Estados Unidos ofreció compartir con Corea sus experiencias en la construcción de embarcaderos en la estación McMurdo.

(59) Bélgica se refirió a la necesaria colaboración entre la nueva estación coreana y las estaciones ya existentes en las áreas circundantes de modo de reducir el impacto acumulativo en el medio ambiente. Demostró interés en colaborar con Corea en desarrollar programas de monitoreo de largo plazo de los ecosistemas terrestres y marinos de la región, incluyendo el mar Amundsen, en donde aún son escasos los estudios realizados; señaló el hecho de que la estación se construirá en el límite del mar de Ross, lo que pondrá a Corea en situación de especial responsabilidad en caso de conferirse al mar de Ross, o a parte de este, estatus de zona protegida.

(60) La ASOC señaló que, habida cuenta de que la estación tendrá un funcionamiento durante todo el año, serán sustantivos sus impactos medioambientales. Con todo, la ASOC valoró las decisiones adoptadas por Corea de reducir a un mínimo los impactos al medioambiente desde la distribución del primer proyecto, por ejemplo, mediante la eliminación de la

práctica de incineración y el uso de cimientos de hormigón prefabricado. La ASOC expresó su aspiración de que ahora que Corea tendrá un papel activo en esa región de la Antártida colaborará con Italia en el establecimiento de protección marina en el mar de Ross.

(61) La República de Corea expresó su agradecimiento por el respaldo del Comité hacia su proyecto de CEE.

Asesoramiento del CPA a la RCTA:

(62) El Comité analizó detenidamente la Evaluación medioambiental global (CEE) preparada por la República de Corea para la "Construcción y Operación de la Base Jang Bogo, bahía Terra Nova, Antártida" (documentos de trabajo WP 42 y de información IP 19). Analizó además el informe elaborado por Australia acerca del GCI establecido para considerar el proyecto de CEE de conformidad con los Procedimientos entre sesiones del CPA para considerar Proyectos de CEE (documento de trabajo WP 7), y la información adicional proporcionada por la República de Corea en respuesta a los problemas planteados en el GCI (documento de información IP 76). Estos análisis se resumen en los párrafos anteriores 56 y 57.

(63) Habiendo considerado el proyecto de CEE en su totalidad, el Comité recomienda a la XXXIV RCTA lo siguiente:

- El proyecto de CEE cumple en forma general con los requisitos contenidos en el Artículo 3 del Anexo I al Protocolo al Tratado Antártico sobre Protección del Medio Ambiente.

- La información contenida en el proyecto de CEE respalda la conclusión del proponente de que es probable que la construcción y operación de la base Jang Bogo tenga más que un impacto menor o transitorio sobre el medio ambiente. La información proporcionada también respalda la conclusión del proponente de que estos impactos serán compensados por el conocimiento e información que se obtendrían mediante las actividades de investigación a las que la base brindará apoyo.

- Al preparar la CEE final requerida, el proponente debería considerar y abordar, según corresponda, todos los comentarios planteados por los Miembros. En particular, se llama la atención de la RCTA hacia la sugerencia de que la CEE final debería proporcionar información pormenorizada acerca de: los posibles impactos acumulativos de las actividades de múltiples operadores en la región de la bahía Terra Nova; infraestructuras auxiliares de la base; sistema de tratamiento de aguas residuales; gestión de los residuos de alimentos y sedimentos de aguas residuales; prevención de los derrames de petróleo; medidas para evitar impactos sobre la colonia de skúas; medidas para evitar la introducción de especies no autóctonas. y planes para el desmantelamiento de la base.

- El proyecto de CEE es claro, bien estructurado y está bien presentado.

(64) El CPA recomienda que la RCTA avale estos criterios.

6b) Otros temas relacionados con la evaluación del impacto ambiental

(65) La Federación de Rusia presentó el documento de trabajo WP 54, *Tecnología para la investigación de los estratos de agua del lago subglacial Vostok.*

(66) China agradeció a la Federación de Rusia y alentó el continuo intercambio de información sobre el uso de tecnología en la Antártida. Estados Unidos agradeció a Rusia por mantener actualizado al CPA con respecto al progreso y cambios realizados en el proyecto.

(67) Bélgica preguntó acerca de las medidas preventivas disponibles en caso de producirse alguna falla de carácter tecnológico, como por ejemplo, si el taladro se atasca o el lago se contamina. La Federación de Rusia respondió que todas las interrogantes acerca de riesgos serán consideradas en la evaluación de impacto ambiental para el estudio.

(68) Nueva Zelandia brindó información actualizada al Comité respecto del progreso del estudio sobre turismo que estaba siendo efectuado por el CPA, mencionando el interés de la RCTA en la propuesta del CPA de examinar los aspectos e impactos medioambientales relativos al turismo y a las organizaciones no gubernamentales en la Antártida. El estudio ha logrado un progreso considerable, pero no pudo finalizarse en forma oportuna, antes de la reunión. Nueva Zelandia informó al Comité que el proyecto de informe se había cargado en el foro del CPA, y que se propone completar el trabajo durante el próximo año, con el respaldo del Grupo de gestión.

(69) El Comité agradeció a Nueva Zelandia por la actualización y animó a ese país a seguir realizando este trabajo, que ha sido identificado por el CPA como prioritario, y alentó además a los Miembros a participar en el Grupo de gestión.

(70) La ASOC presentó los documentos de información IP 84, *Antarctic Tourism – What Next? Key Issues to Address with Binding Rules;* e IP 87, *Land-Based Tourism in Antarctica.*

(71) Chile señaló una corrección hecha al documento de información IP 87, e informó al Comité que Chile no fomenta el turismo de tipo comercial en la península Antártica ni tampoco opera en la región instalaciones hoteleras. Sin embargo, Chile sí proporciona refugio a personas provenientes de otros programas nacionales que están en tránsito hacia otras zonas de la península Antártica. Chile añadió que de haberse solicitado, habría tenido el mayor interés en responder al cuestionario de la ASOC, y de ofrecer información sobre su infraestructura terrestre en la Antártida.

(72) Con referencia al campamento de ALE en Union Glacier, Estados Unidos objetó la suposición de la ASOC en relación a que el campamento en el terreno produciría un impacto mayor que mínimo o transitorio en el medioambiente circundante. Estados Unidos sugirió que la ASOC no debería sacar este tipo de conclusiones generalizadas, puesto que comprender el alcance pleno del impacto requeriría una revisión de la evaluación de impacto ambiental que incluyera la información relativa a la actividad propuesta así como también las medidas de mitigación que se implementarán.

(73) Uruguay informó al Comité que no había participado en ninguna actividad de turismo terrestre desde 2008, y que también querría responder el cuestionario de la ASOC.

(74) El Reino Unido informó al Comité que las dos empresas con sede en el Reino Unido mencionadas en el documento deben pasar por un proceso muy estricto de autorización a fin de garantizar que cumplen cabalmente con el Protocolo.

(75) La ASOC respondió a Chile señalando que la referencia al supuesto respaldo de ese país hacia el turismo comercial contenida en el documento de información IP 87 no provenía de la propia evaluación de la ASOC, sino de información proporcionada por otra Parte al momento de responder el cuestionario de la ASOC.

(76)   La ASOC respondió a Estados Unidos que las conclusiones que figuraban en el informe se basaban en información lo más precisa posible, si bien añadió que el contenido de la IEE en sí no está disponible en la base de datos de EIA de la STA.

(77)   India presentó el documento de información IP 64, *Final Comprehensive Environmental Evaluation (CEE) of New Indian Research Station at Larsemann Hills, Antarctica and Update on Construction Activity*.

(78)   La Federación de Rusia expresó su apoyo a este proyecto.

(79)   Bélgica ofreció colaborar en los esfuerzos por evaluar el impacto de la estación en los lagos de la zona, puesto que ha realizado estudios de la biodiversidad de dichos lagos en las cercanías de la nueva estación.

(80)   En relación con este tema del programa se presentaron también los siguientes documentos:

- SP 5 rev. 1, *Lista anual de Evaluaciones medioambientales iniciales (IEE, y Evaluaciones medioambientales globales (CEE) preparadas entre el 1 de abril de 2010 y el 31 de marzo de 2011*

- IP 72 *Methodology for Clean Access to the Subglacial Environment Associated with the Whillans Ice* (Estados Unidos)

- IP 123 *Estudio de Impacto Ambiental Ex-post de la Estación Científica Ecuatoriana "Pedro Vicente Maldonado". Isla Greenwich-Shetland del Sur-Antártida, 2010-2011* (Ecuador)

Tema 7. Protección de zonas y planes de gestión

7a) Planes de gestión

i) Proyectos de Planes de gestión que han sido examinados por el Grupo Subsidiario sobre Planes de Gestión

(81)   En su calidad de coordinador del Grupo Subsidiario sobre Planes de Gestión (GSPG), Australia presentó el documento WP 47, *Grupo subsidiario sobre planes de gestión – Informe sobre los Términos de referencia 1 y 3: Revisión de los Proyectos de Planes de Gestión*. El GSPG había revisado el plan para la ZAEP 126, y recomendado a los proponentes la realización de algunas

rectificaciones estructurales al Plan de gestión y la confección de mejoras en su cartografía, solicitando además algunas aclaraciones con respecto de una variedad de temas. El GSPG consideró que el plan revisado abordaba en forma adecuada los comentarios y recomendó que el CPA aprobara el plan de gestión revisado para la ZAEP 126 preparado por el Reino Unido, Chile y España.

(82)   El Comité refrendó la recomendación del GSPG y concordó en remitir el plan de gestión revisado de la ZAEP 126 a la RCTA para su aprobación.

ii) Proyectos de Planes de Gestión revisados que no habían sido examinados por el Grupo Subsidiario sobre Planes de Gestión

(83)   El Comité consideró los planes de gestión revisados de las diez zonas antárticas especialmente protegidas (ZAEP) y una zona antártica especialmente administrada (ZAEA) en esta categoría:

- Documento de trabajo WP 3, *Plan de gestión revisado para la ZAEP N° 120, Archipiélago Punta Géologie, Tierra de Adelia* (Francia)

- Documento de trabajo WP 4, *Plan de gestión de la ZAEP N° 166, Puerto Martin, Tierra de Adelia. Propuesta para ampliar el Plan de gestión actual* (Francia)

- Documento de trabajo WP 6, *Plan de gestión revisado para la Zona antártica especialmente protegida N° 149, Cabo Shirreff e Isla San Telmo, Isla Livingston, Islas Shetland del Sur* (EE.UU. y Chile)

- Documento de trabajo WP 9, *Plan de gestión revisado para la Zona Antártica Especialmente Protegida N° 122 Alturas de Arrival, Península Hut Point, Isla Ross* (EE.UU.)

- Documento de trabajo WP 23, *Revisión del Plan de Gestión para la Zona Antártica Especialmente Protegida (ZAEP) N° 140, Partes de la Isla Decepción, Islas Shetland del Sur* (Reino Unido)

- Documento de trabajo WP 29, *Plan de gestión revisado para la Zona Antártica Especialmente Protegida N° 167, isla Hawker, tierra de la Princesa Isabel* (Australia)

- Documento de trabajo WP 31, *Revisión del Plan de Gestión para la ZAEP N° 116: Valle New College, playa Caughley, cabo Bird, isla Ross* (NZ)

- Documento de trabajo WP 33, *Revisión del plan de gestión para la Zona Antártica Especialmente Protegida Nº 131: Glaciar Canadá, lago Fryxell, valle Taylor, Tierra de Victoria* (NZ)

- Documento de trabajo WP 39, *Plan de Gestión Revisado para la Zona Antártica Especialmente Administrada Nº 2, Valles Secos de McMurdo, Tierra de Victoria Meridional* (EE.UU. y NZ)

- Documento de trabajo WP 50, *Plan de gestión revisado de la Zona Antártica Especialmente Protegida Nº 165, punta Edmonson, mar de Ross* (Italia)

- Documento de trabajo WP 58, *Plan de gestión revisado para la Zona Antártica Especialmente Protegida Nº 127 "ISLA HASWELL" (Isla Haswell y criadero contiguo en hielo fijo de pingüinos emperador)* (Federación de Rusia)

(84) Con respecto a los documentos de trabajo WP 3 y WP 4, Francia informó al Comité que había realizado una revisión quinquenal de los planes de gestión de las ZAEP 120 y 166. A la luz de esas revisiones, Francia propuso que el plan de gestión revisado de la ZAEP 120 se aprobara con algunas rectificaciones de menor importancia y que el plan de gestión de la ZAEP 166 fuese aprobado sin rectificaciones para un periodo de cinco años. El Comité señaló la observación de Francia con respecto a que el plan de gestión para la ZAEP 166 ya había sido revisado y no requería ser revisado nuevamente.

(85) Con respecto al documento de trabajo WP 6, Estados Unidos informó al Comité que se habían aplicado sólo cambios menores al Plan de gestión de la ZAEP 149.

(86) En respuesta a una consulta de la ASOC, Estados Unidos y Chile aportaron más información sobre los valores educacionales e históricos de la ZAEP 149, incluyendo información relativa a los artefactos arqueológicos presentes en la Zona.

(87) Con respecto al documento de trabajo WP 9, Estados Unidos explicó que se habían aplicado algunos cambios importantes al Plan de gestión de la ZAEP 122, los cuales incluían varias revisiones relativas a los límites, nuevos valores, y algunas rectificaciones cartográficas y a los accesos a la Zona. Estados Unidos destacó que si bien los cambios aplicados al texto del Plan

de gestión eran importantes, los cambios a los valores que se protegían y los cambios en su aplicación eran de menor importancia.

(88) Con respecto al documento de trabajo WP 23, el Reino Unido propuso cambios sustanciales al Plan de gestión de la ZAEP 140 y solicitó al Comité que sometiese este Plan de gestión a una revisión durante el periodo entre sesiones por parte del GSGP. El Comité respaldó esta propuesta y estuvo de acuerdo en remitir el proyecto de plan de gestión revisado al GSPG para su revisión entre sesiones.

(89) Con respecto al WP 29, Australia informó al Comité que sólo se requerían cambios menores al Plan de gestión de la ZAEP 167. Este modificó las disposiciones relativas al acceso a la Zona con el fin de ofrecer la posibilidad de proporcionar la oportunidad de realizar en forma adecuada censos más frecuentes de la colonia de petreles gigantes australes, como por ejemplo, usando cámaras digitales automáticas. Esto mejoraría la posibilidad de desarrollar una comprensión más pormenorizada de la situación y tendencias de la población en concordancia con la Resolución 5 (2009).

(90) Con respecto a los documentos de trabajo WP 31 y WP 33, Nueva Zelandia informó al Comité que los planes de gestión revisados para las ZAEP 116 y 131 incluían sólo actualizaciones menores y cambios de carácter editorial, además de información más pormenorizada acerca de la biodiversidad.

(91) Con respecto al documento de trabajo WP 39, Estados Unidos informó al Comité de varias modificaciones sustanciales en el plan de gestión revisado para la ZAEA 2 luego de un proceso de revisión de tres años. Se realizaron cambios a los límites de la Zona, se identificaron nuevos valores que requieren protección, y se produjo cartografía y fotografías actualizadas, reorganizándose y actualizándose los apéndices. Además, se introdujeron también Zonas científicas y Zonas restringidas en reemplazo de la anterior categoría de "Características especiales", y la anterior categoría de "Zona turística" recibió una nueva clasificación como Zona de visitantes, por considerarse esta última más abarcadora.

(92) La IAATO acogió la intención de los proponentes de considerar zonas de visitantes adicionales. Sin socavar la importancia de la zona para la investigación científica, la IAATO considera que la actual zonificación es demasiado restrictiva, habida cuenta de que la superficie de la ZAEA se extiende a 17.500 km^2 y que la zona de visitantes se limita a una superficie de apenas 0,1 km^2, y observó el

valor para las ciencias y la conservación en la Antártida de la alta calidad de las experiencias de visitantes con responsabilidad medioambiental.

(93) Italia presentó el documento de trabajo WP 50, *Plan de gestión revisado de la Zona Antártica Especialmente Protegida (ZAEP) Nº 165, punta Edmonson, mar de Ross*. No se realizaron cambios sustanciales al plan de gestión actual.

(94) La Federación de Rusia presentó el documento de trabajo WP 58, *Plan de gestión revisado para la Zona Antártica Especialmente Protegida Nº 127 "Isla Haswell" (Isla Haswell y criadero contiguo en hielo fijo de pingüinos emperador)*. Se realizaron cambios menores al plan actual, incluyéndose nueva información producto de investigación realizada durante los últimos cinco años en la subsección 6(i), y una actualización en la bibliografía contenida en la sección 8.

(95) El Comité aprobó todos los Planes de gestión revisados con excepción de la ZAEP 140, que fue remitida al GSPG para su revisión durante el periodo entre sesiones.

Asesoramiento a la RCTA

(96) Al revisar el asesoramiento del GSPG y luego de la evaluación del Comité, el Comité concordó en remitir los siguientes planes de gestión para su aprobación por parte de la RCTA:

Nº	Nombre
ZAEA 2	Zona Antártica Especialmente Administrada Nº 2, Valles Secos de McMurdo, Tierra de Victoria Meridional Land
ZAEP 116	Valle New College, playa Caughley, cabo Bird, isla Ross (NZ)
ZAEP 120	IArchipiélago de Punta Géologie, Tierra de Adelia
ZAEP 126	Alturas de Arrival, península Hut Point, isla Ross
ZAEP 122	Plan de gestión revisado de "ISLA HASWELL" (Isla Haswell y criadero contiguo en hielo fijo de pingüinos emperador
ZAEP 127	Plan de gestión revisado de "ISLA HASWELL" (Isla Haswell y criadero contiguo en hielo fijo de pingüinos emperador
ZAEP 131	Glaciar Canadá, lago Fryxell, valle Taylor, Tierra de Victoria (NZ)
ZAEP 149	Cabo Shirreff e isla San Telmo, isla Livingston, islas Shetland del sur
ZAEP 165	Punta Edmonson, Mar de Ross
ZAEP 167	Isla Hawker, tierra de la Princesa Isabel

(97) Estados Unidos presentó el documento de trabajo WP 10, *Desarrollo de un plan de protección especial en el glaciar Taylor y en Cataratas de Sangre, valle de Taylor, valles secos de McMurdo, Tierra de Victoria*. Estados Unidos propuso establecer un Grupo Internacional de Trabajo informal para analizar la protección de la zona en el glaciar Taylor y en las Cataratas de Sangre, y para desarrollar un proyecto de Plan de Gestión de ZAEP para ser presentado ante el CPA en 2012. Estados Unidos ofreció coordinar este grupo y tanto Noruega como el SCAR señalaron su interés en contribuir en los debates. Noruega observó también las ventajas de contar con este tipo de proceso abierto en el desarrollo de nuevas ZAEP.

(98) Australia presentó el documento de trabajo WP 13: *Grupo subsidiario sobre planes de gestión – Informe sobre los Términos de referencia nº 4 y nº 5: Mejora de los Planes de gestión y procedimientos para su revisión entre sesiones* en representación del GSPG. El GSPG invitó al CPA a considerar los resultados de su trabajo entre sesiones, el cual se ha realizado de conformidad con el plan de trabajo aprobado en la XIII Reunión del CPA.

(99) Durante el periodo entre sesiones el GSPA ha examinado y revisado la *Guía para la Preparación de Planes de Gestión para Zonas Antárticas Especialmente Protegidas* (aprobada en virtud de la Resolución 2 (1988)), incluyendo la incorporación de una redacción normalizada y una plantilla para los planes de gestión de ZAEP. Las modificaciones introducidas, entre otras cosas, abordaban un abanico de temas remitidos al GSGI por la XIII Reunión del CPA para su consideración. El GSPG ha consultado también con los Miembros relevantes la revisión de la situación de los planes de gestión cuyo plazo de revisión quinquenal estuviera vencido.

(100) Estados Unidos recalcó que el GSPG debería considerarse un importante recurso para aquellos Miembros que necesiten ayuda en la redacción o revisión de los Planes de gestión. Australia instó a otros Miembros a participar en el GSPG a fin de potenciar su experticia y valor.

(101) Argentina y Chile observaron que la plantilla para los planes de gestión no debería ser restrictiva, y que debería permitir a los Miembros ser innovadores al momento de preparar planes de gestión de ZAEP.

(102) Australia reiteró que la redacción normalizada sugerida y la plantilla para los planes de gestión de ZAEP, así como también la Guía revisada, preparada por el GSPG se habían concebido como instrumentos que propiciaran la

coherencia entre los planes de gestión. No se proponían limitar ni desalentar a los proponentes con respecto a la elaboración y aplicación de enfoques específicos del sitio o de enfoques creativos e innovadores hacia la protección y gestión de zonas.

(103) El Comité agradeció al GSPG por su trabajo y concordó en:

- refrendar la *Guía para la preparación de Planes de gestión de Zonas Antárticas especialmente protegidas* revisada y la plantilla y redacción normalizada para planes de gestión de ZAEP incorporadas, las cuales figuran en el Anexo A al documento de trabajo WP 13; y

- alentar a las Partes proponentes que aún no hayan proporcionado información sobre la situación de los planes de gestión de ZAEP, cuyo plazo de revisión haya caducado, a que proporcionen dicha información.

(104) La reunión aprobó además un plan de trabajo para las actividades del GSPG durante el periodo entre sesiones 2011/2012, según de describe en el Documento adjunto C del documento de trabajo WP 13 (ver Anexo 1).

Asesoramiento del CPA a la RCTA

(105) El Comité recomendó que la RCTA adopte una Resolución que apruebe la nueva *Guía para la Preparación de Planes de Gestión para las Zonas Antárticas Especialmente Protegidas.*

---

(106) El Reino Unido presentó el documento de trabajo WP 18: *Propuesta de actividades de vigilancia en la Zona Antártica Especialmente Protegida (ZAEP) Nº 107 isla Emperador, islas Dion, bahía Margarita, Península Antártica.* El Reino Unido observó que se cuestiona si continúa existiendo la colonia de pingüinos emperador en esta ZAEP, y que se precisaba investigación adicional para tener acceso a su situación. La existencia de esta colonia representa el único valor que merece protección dentro de esta ZAEP, y es el factor que generó su designación como tal.

(107) Estados Unidos y Australia comentaron que un monitoreo adicional a la ZAEP de las islas Dion parecía ser una forma sensata de continuar. Australia señaló que, como norma general, las zonas bien documentadas tales como

las ZAEP, las cuales son altamente vulnerables al cambio climático, pueden ser de valor científico para observar y dar seguimiento a los impactos del cambio climático, y la posible existencia de valores, nuevos o que estén surgiendo, debería considerarse con detención a la hora de determinar las ventajas de mantener la designación de una Zona.

(108) El Comité respaldó el enfoque planificado por el Reino Unido y espera recibir más información sobre la situación de los valores en la ZAEP 107.

(109) La Secretaría presentó el documento SP 7, *Situación de los Planes de Gestión de las Zonas Antárticas Especialmente Protegidas y las Zonas Antárticas Especialmente Administradas.* Se le preguntó al CPA si seguía requiriéndose este registro, puesto que esta información está disponible actualmente en línea en la Base de datos de ZAEP y ZAEA en el sitio Web de la Secretaría.

(110) Chile y Alemania solicitaron que este registro se mantuviera y fuese mejorado. Alemania preguntó lo que ocurriría en caso de expirar la fecha de revisión sin que se haya realizado revisión alguna de los planes de gestión.

(111) El Presidente agradeció a Alemania y observó que este punto había sido planteado por el GCI. El Presidente enfatizó la necesidad de que la Secretaría se encargara de recordar a los Miembros sobre la situación de sus planes de gestión de ZAEP y ZAEA y sobre sus responsabilidades con respecto a iniciar las ulteriores revisiones.

(112) Noruega observó que el proceso de revisión no tenía que resultar necesariamente en la presentación de una revisión de los planes de gestión de ZAEP y ZAEA. Alemania preguntó si la columna asignada a "próxima revisión" debería usarse en forma más proactiva.

(113) Australia sugirió que la Secretaría podría enviar un recordatorio a aquellas Partes responsables de una ZAEP o ZAEA cuyo plazo para revisión estuviera por cumplirse durante el año siguiente, y que al hacerlo, podía referirse a la *Guía revisada para la preparación de Planes de gestión de Zonas antárticas especialmente protegidas* (WP 13) a fin de facilitar la revisión.

(114) El Reino Unido comentó que había iniciado o completado el trabajo en terreno para el proceso de revisión de seis ZAEP, lo que pondría al Reino Unido en buen pie para quedar completamente al día con respecto al próximo proceso de revisiones de los correspondientes planes de gestión.

(115) Chile observó que sus revisiones de tres planes de gestión de ZAEP pendientes estarían en condiciones de ser presentados el año próximo.

(116) Se presentó el IP 79 (Australia, China, India, Rumania, Federación de Rusia): *Informe del Grupo de Gestión de la Zona Antártica Especialmente Administrada (ZAEA) de las colinas de Larsemann.*

(117) Estados Unidos presentó el documento de información IP 73, *Amundsen-Scott South Pole Station South Pole Antarctica Specially Managed Area (ASMA No 5) 2011 Management Report,* y observó que el aumento anual de los visitantes presentaba un desafío para combinar las actividades turísticas con las actividades de investigación. El documento de información IP 73 no se presentó como Documento de trabajo debido a que Estados Unidos necesitaba determinar si funcionarían los cambios realizados hasta la fecha (por ejemplo, el traslado del sitio de campamentos turísticos hacia un lugar distante de la principal estación de investigación). Estados Unidos mencionó tener una excelente relación de colaboración con la IAATO.

(118) El Reino Unido sugirió que el proceso de elaboración de las directrices de una ZAEA podría haber comenzado antes y que la ausencia de un proceso formal o de cambios al plan de gestión podría generar problemas para notificar a los visitantes respecto de las nuevas normas o directrices. Estados Unidos observó que esperaba revisar las directrices durante el próximo año y que valoraría la asistencia de cualquier Miembro interesado. Se propone presentar durante el próximo año un conjunto más formal de directrices.

(119) India presentó el documento de información IP 79, *Informe del Grupo de Gestión de la Zona Antártica Especialmente Administrada (ZAEA) de las colinas de Larsemann,* en representación del Grupo de gestión de la ZAEA 6 (Australia, China, India, Rumania y la Federación de Rusia), destacando la necesidad de establecer una ZAEP en esta región. Bélgica y Rumania respaldaron la propuesta y ofrecieron su colaboración.

(120) En relación con el documento de información IP 131, *Deception Island Specially Managed Area (ASMA) Management Group Report* (Argentina, Chile, Noruega, España, Reino Unido, Estados Unidos), España informó a la Reunión que durante el próximo año presentaría una nueva revisión de su plan de gestión de la ZAEA N° 4.

(121) La República de Corea presentó el documento de información IP 115, *Survey of the ASPA 171 Narębski Point, ASPA 150 Ardley Island and ASPA 132 Potter Peninsula in 2010-11* y también el documento de información IP 109, *Actividades conjuntas de gestión en la ZAEP de la isla Rey Jorge (isla 25 de Mayo), Islas Sethland del Sur*, presentado conjuntamente con Argentina. Ambos documentos se relacionan con los esfuerzos de Corea por mejorar el Plan de gestión medioambiental de la ZAEP 171.

7b) Sitios y monumentos históricos

(122) Argentina observó que durante la XIII Reunión del CPA había ofrecido coordinar un debate informal sobre Sitios y monumentos históricos durante el periodo entre sesiones. Argentina agradeció a diversos Miembros por sus importantes contribuciones durante el mencionado debate, cuyos resultados se presentan resumidos en el documento de trabajo WP 27, *Informe de los debates informales sobre Sitios y monumentos históricos*.

(123) Durante estos debates, el trabajo se centró en dos líneas principales: a) las diferentes formas en que las Partes definen y aplican el concepto de "patrimonio histórico" y sobre las actuales definiciones acordadas con respecto al contexto antártico, y b) la idoneidad de los actuales mecanismos disponibles para la protección de sitios históricos en el sistema del Tratado Antártico. En relación con lo primero, el grupo de debate informal concluyó que existía un amplio abanico de definiciones sobre lo que podía considerarse como SMH. En relación con lo segundo, algunos participantes consideraron que los criterios actuales son lo suficientemente amplios como para adecuar los diferentes puntos de vista sobre lo que es patrimonio, si bien hubo quienes consideraron esta flexibilidad como una limitante para la definición del carácter histórico de un lugar.

(124) Dada la amplia variedad de conceptos y puntos de vista sobre estos temas, el grupo concluyó que sería conveniente continuar con su discusión en el foro del CPA.

(125) Aunque agradeció a Argentina por su trabajo, China observó que se necesitaba cierta cautela, puesto que habida cuenta de la diversidad de culturas existentes en la comunidad antártica, cualquier rigidez en las definiciones podría resultar poco favorable. China anunció su deseo de participar en posteriores debates.

(126) Varios Miembros expresaron su agradecimiento por el trabajo realizado por Argentina y se mostraron proclives a que se desarrollaran más debates sobre

este tema. Noruega señaló la existencia de una variedad de temas relevantes que deberían seguir siendo tratados con objeto de conseguir un entendimiento común con respecto a la clasificación de sitios y monumentos históricos. Estados Unidos expresó la necesidad de elaborar sistemas de clasificación más transparentes y asequibles a un público más amplio. El Reino Unido señaló que era poco probable que se produjera una definición rígida de la calificación de 'monumentos históricos' y presumiblemente fuera innecesaria dada la diversidad de la comunidad antártica.

(127) El Comité concordó en que los debates informales sobre los Sitios y monumentos históricos habían resultado útil y que deberían continuarse.

(128) Argentina concluyó que el objetivo principal de estos debates no era el de llegar a acuerdo sobre definiciones específicas, sino intercambiar los diferentes puntos de vista sobre un tema complejo, en especial a causa de que trata con las ciencias sociales, en donde las diferencias culturales pueden conducir a interpretaciones diferentes sobre lo que se califica como patrimonio histórico. Argentina expresó su gratitud por la confianza depositada por el Comité en el trabajo de este grupo.

(129) China presentó el documento de trabajo WP 5 *Propuesta para añadir el edificio N° 1, que conmemora la expedición antártica de China a la estación Gran muralla, a la lista de Sitios y Monumentos históricos* y sugirió que su inclusión en la lista sería una gran mejora.

(130) Japón se refirió al tamaño del Edificio N° 1 y expresó su inquietud acerca del posible impacto en el medioambiente circundante, si bien expresó su deseo de respaldar la designación de este importante edificio.

(131) El Reino Unido se refirió a los comentarios en su Informe de inspección del año 2005, que destacaba la necesidad de un trabajo de reparación para prevenir el posible deterioro de este edificio, y preguntó si este trabajo se había efectuado. Varios Miembros, si bien demostraron su respaldo hacia la propuesta, solicitaron más información acerca del mantenimiento y conservación del edificio.

(132) China agradeció a los Miembros por su respaldo y garantizó al Comité que el plan de mantenimiento y conservación estaba en progreso, agregando que entregaría en el futuro más información sobre este plan.

(133) El Comité aprobó las propuestas presentadas en el documento de trabajo WP 5, traspasándolas a la RCTA para su consideración.

(134) Chile presentó el documento de trabajo WP 59 *Proposición de modificación del Monumento Histórico N° 82. Instalación de Placas Conmemorativas en el Monumento al Tratado Antártico.* Chile informó al Comité que, de conformidad con la Medida 3 (2007), se instalaron cuatro placas conmemorativas del Año Polar Internacional en cada uno de los idiomas oficiales del Sistema del Tratado Antártico en el "Monumento al Tratado Antártico", en las cercanías de las estaciones Frei, Bellingshausen y Escudero en la Isla Rey Jorge (isla 25 de Mayo). La modificación propuesta se refiere a un cambio menor en la redacción del SMH 82.

(135) El Comité aprobó la solicitud de Chile y su presentación ante la RCTA.

Asesoramiento a la RCTA

(136) El Comité recomienda que la RCTA apruebe la incorporación del siguiente sitio a la lista de Sitios y monumentos históricos en la Medida 3 (2003):

- No.1 Edificio conmemorativo de la expedición antártica de China a la estación Gran Muralla

(137) Asimismo, el Comité recomienda que la RCTA apruebe la propuesta de modificación del SMH 82, Monumento al Tratado Antártico.

---

(138) La Secretaría también observó que la lista más reciente de Sitios y Monumentos Históricos se encontraba muy desactualizada, y sugirió que la RCTA encomendara a la Secretaría la actualización de la lista en forma anual. El Reino Unido y Francia expresaron su apoyo a la propuesta de la Secretaría, y el Comité acordó solicitar a la RCTA que decidiera si la Secretaría debía estar a cargo de la actualización de la lista de Sitios y monumentos históricos.

Asesoramiento a la RCTA

(139) El Comité recomienda que la RCTA solicite a la Secretaría que mantenga las listas oficiales de ZAEP, ZAEA y SMH actualizadas de conformidad con las Medidas adoptadas en la RCTA.

---

(140) Con respecto al documento de información IP 130, *Actualización de las actividades realizadas para la puesta en valor del SMH N° 38 "Cerro Nevado"*, Argentina observó que este documento proporciona continuidad a una serie de documentos sobre las actividades de gestión y conservación en el SMH 38 presentados por Argentina al CPA a lo largo de los años.

(141) En relación con este tema del programa, también se presentó el siguiente documento:

•   IP 117 *Inauguración de la instalación de Placas Conmemorativas en el Monumento al Tratado Antártico* (Chile).

7c) Directrices para sitios

(142) En su calidad de convocante, Australia presentó el documento de trabajo WP 45, *Informe del grupo de contacto intersesional abierto sobre la revisión de los elementos ambientales de la Recomendación XVIII-1.* Australia informó al Comité que el GCI había elaborado directrices actualizadas para los visitantes con base en la Recomendación XVIII-1 (1994), pero en un formato adecuado para usarse también como nota de remisión genérica de las directrices específicas para sitios.

(143) Australia informó que los debates del GCI habían dejado varias cuestiones sin resolver, tales como la inclusión de las distancias específicas mínimas que se deben mantener respecto a la vida silvestre.

(144) El GCI recomienda que el CPA:

1) refrende las directrices adjuntas, y las presente a la RCTA para su aprobación por medio de una Resolución;

2) concuerde en que se coordine un GCI que tenga por objeto considerar nuevas directrices para sitios que requieran de un análisis más profundo;

3) decida que, en general, las directrices para sitios se revisen periódicamente por lo menos cada cinco años;

4) solicite a la Secretaría la formulación de un programa de revisiones de directrices para sitios sobre una base quinquenal, para ser considerado en la XV Reunión del CPA; y

5) anime a los Miembros a proponer nuevas directrices para sitios, a considerar las directrices genéricas, y a concentrarse en los asuntos específicos de las circunstancias de cada sitio.

(145) Nueva Zelandia y Chile expresaron su apoyo a las directrices y recomendaciones del GCI. Ecuador expresó su interés en participar del futuro trabajo del GCI, dada su experiencia en la gestión de visitas a las Islas Galápagos.

(146) Diversos Miembros brindaron su apoyo general a las recomendaciones del GCI, si bien plantearon algunas inquietudes específicas. Estados Unidos expresó dudas respecto a la relación entre las directrices actualizadas y la Recomendación XVIII-1 (1994) y opinó que todo debate adicional respecto de esta cuestión debía ser remitido al Grupo de Trabajo sobre Asuntos Jurídicos e Institucionales. Alemania opinó que las directrices deben identificar distancias de aproximación mínimas respecto de la vida silvestre, con lo que adoptó un enfoque de precaución.

(147) En respuesta a Alemania, el Presidente se refirió a la recomendación del SCAR, presentada en 2008 en la XXXI RCTA a través del documento de trabajo WP 12, *Perturbación humana de la fauna en la región antártica en general: un repaso de las conclusiones*. Habida cuenta del rango de variables con probabilidad de influir en la sensibilidad hacia las alteraciones, el SCAR había informado que la identificación de distancias específicas de aproximación a la vida silvestre presentaba dificultades.

(148) El Reino Unido apoyó de manera general el trabajo de actualización de las directrices para sitios genéricas, si bien expresó la inquietud de que las directrices para sitios, en su actual estado de elaboración, no se encontraran listas para su consideración por parte de la RCTA. El Reino Unido destacó que las disposiciones de la Recomendación XVIII-1 (1994), que todavía no se encontraban en vigor, serían de carácter obligatorio, mientras que las directrices desarrolladas por el GCI seguirían siendo de cumplimiento voluntario. El Reino Unido recomendó enfáticamente la ratificación de la Recomendación XVIII-1 (1994) por todas las Partes, a fin de impulsar su entrada en vigor. El Reino Unido estuvo en desacuerdo con la propuesta de que los proponentes originales de las directrices específicas para sitios realizaran una revisión formal obligatoria y automática de éstas. En lugar de ello, las directrices para sitios debían ser revisadas y modificadas cuando fuera necesario, por cualquiera de las Partes.

(149) Luego de recordar al Comité que la Recomendación XVIII-I (1994) se dividía en dos partes, la IAATO sugirió que las directrices desarrolladas por el GCI fueran utilizadas para remplazar la segunda parte de la Recomendación XVIII-I (1994). La IAATO también recomendó ratificar la Recomendación XVIII-1(1994), aun pendiente, tan pronto como fuera posible.

(150) El CPA consideró el documento de trabajo WP 45 y concordó en que el proporcionar recomendaciones medioambientales generales a los visitantes, con base en la actual comprensión del CPA, complementaría las directrices específicas del sitio. Nuevamente el CPA observó que era deseable la entrada en vigor de la Recomendación XVIII-1 (1994).

(151) Luego de los comentarios planteados por algunos miembros, Australia convocó un grupo de contacto para trabajar en el tema, y el CPA posteriormente finalizó las *Directrices para visitantes a la Antártida*.

(152) Al considerar las demás recomendaciones del GCI, el CPA decidió que para ello sería suficiente con su práctica actual de considerar nuevas directrices y de revisar las directrices ya existentes en la medida que se plantearan.

Asesoramiento del CPA a la RCTA

(153) El CPA concluyó sus recomendaciones medioambientales para visitantes en la forma de una Guía para los visitantes a la Antártida, posible de ser utilizada como nota de remisión genérica de las directrices específicas para sitios. El CPA recomendó que la RCTA adopte estas recomendaciones por medio de una Recomendación, y que la Secretaría las ponga a disposición junto a las Directrices específicas para sitios.

(154) El CPA alentó además a los miembros a proponer nuevas directrices para sitios que consideren las directrices genéricas y que se centren en las circunstancias específicas de cada sitio.

(155) El Reino Unido presentó el documento de trabajo WP 17, *Revisión de las directrices para sitios para la caleta Balleneros, isla Decepción, islas Shetland del Sur* a nombre del Grupo de gestión de la ZAEA de Isla Decepción. El documento propone cambios menores a las actuales directrices para el sitio, incluida la corrección de errores tipográficos menores, la aclaración respecto a la ubicación del sitio de desembarco y la revisión de la cartografía.

(156) Nueva Zelandia presentó el documento de trabajo WP 30 *Directrices para el área de visitantes del Valle de Taylor, Tierra de Victoria Sur*, elaborado en forma conjunta con Estados Unidos.

(157) Como parte de la revisión de la ZAEA de los Valles Secos de McMurdo, el Grupo de gestión concordó en rehacer el formato de las actuales disposiciones sobre turismo en ese plan como formato de directrices para sitio. Las directrices reflejan las actuales disposiciones de gestión. Nueva Zelandia señaló que se había realizado un cambio menor a un límite de la zona en respuesta a inquietudes planteadas por científicos en relación con la vulnerabilidad del sitio.

(158) El Reino Unido agradeció a Nueva Zelandia y a los Estados Unidos por su trabajo y preguntó por el monitoreo del sitio y por el tamaño de la zona en relación a la tasa de visitantes.

(159) Nueva Zelandia señaló que el sitio estaba sujeto a monitoreo de largo plazo de los impactos producidos por visitantes por medio de su programa VISTA de monitoreo así como también lo estaban otras investigaciones científicas realizadas en la Zona, y que el acceso al sitio podía hacerse sólo desde el aire, en helicóptero, lo cual limitaba la cantidad de visitas al sitio al mismo tiempo.

(160) La IAATO expresó inquietudes sobre la revisión de los límites y acogió la oportunidad de analizar en el futuro otras posibles zonas para visitantes en la ZAEA de Valles Secos.

(161) La ASOC señaló la necesidad de evaluaciones de impacto ambiental para el establecimiento de cualquier zona de visitantes nueva.

(162) Chile presentó el documento de trabajo WP 49 *Directrices para la playa noreste de la península Ardley (isla Ardley), isla Rey Jorge (isla 25 de Mayo), islas Shetland del Sur*, elaborado en forma conjunta con Argentina.

(163) Varios Miembros respaldaron la propuesta, mientras que otros solicitaron una mayor aclaración respecto de las directrices. China sugirió que las directrices incluyeran una definición precisa del término "Visitante". En respuesta a la pregunta de China, Chile aclaró que "Visitante" se refiere a toda persona que desembarque en la playa con todo fin distinto al desarrollo de tareas científicas.

(164) Australia presentó el documento de trabajo *WP 52 rev. 1 Guía para el visitante de las Cabañas de Mawson y Cabo Denison, Antártida Oriental.* Australia señaló que el cabo Denison es uno de los seis sitios que quedan de la "era heroica" de la exploración antártica y está designado como Sitio y Monumento Histórico N° 77, y como ZAEA 3. Dentro de la ZAEA, las cuatro cabañas de madera de la expedición antártica australasiana y que sus inmediaciones están designadas como ZAEP 162. Los valores del sitio son importantes y el sitio es sensible a potenciales impactos asociados a la presencia de visitantes. Australia por lo tanto contempla una guía de visitantes como un útil agregado a la actual organización de la gestión. La guía para visitantes propuesta no reemplaza ni amplía las disposiciones de los planes de gestión de ZAEP y ZAEA.

(165) La IAATO acogió con satisfacción las nuevas directrices para sitios propuestas.

(166) La IAATO presentó el documento de información IP 104, *Proposed Amendment to Antarctic Treaty Site Guidelines for Hannah Point* e informó a la Reunión que, luego de un incidente en el que un elefante marino, posiblemente molestado por los visitantes, cayó de un acantilado, la IAATO había adoptado internamente, a modo de precaución, la extensión del área cerrada B incluida en las Directrices para el sitio punta Hannah, para el caso de que los elefantes marinos permanecieran en tierra en el momento de una visita. La IAATO informó que, inmediatamente luego del incidente, transmitió un mensaje a todos los buques de la IAATO que permanecían operando en la zona, a fin de advertirles acerca del incidente y solicitarles que permanecieran alejados del área del borde del acantilado si identificaban la presencia de elefantes marinos. En la Reunión de la IAATO de 2011 se analizó el incidente, y sus miembros acordaron adoptar una medida precautoria adicional a la aplicación de las directrices para punta Hannah. La IAATO sugirió que el Comité considerara y adoptara esta rectificación. Luego de un extenso debate, el Comité acordó modificar las directrices para punta Hannah, en atención a la sugerencia de la IAATO.

(167) El Comité aprobó las versiones revisadas de las directrices de sitio de la caleta Balleneros y punta Hannah y las nuevas directrices de sitios del valle Taylor, península Ardley y Cabañas de Mawson.

Asesoramiento a la RCTA

(168) El Comité aprobó las directrices revisadas para la caleta Balleneros y la punta Hannah, y las nuevas directrices para el sitio valle de Taylor, península Ardley y las Cabañas de Mawson, y acordó presentarlas a la RCTA para su adopción mediante una Resolución.

(169) Ucrania realizó una breve presentación del documento de información IP 110, *Ukraine policy regarding visits by tourists to Vernadsky Station*, e invitó a los Miembros interesados a presentar sus comentarios durante el trabajo.

(170) Estados Unidos presentó el documento de información IP 23: *Antarctic Peninsula Compendium, 3rd Edition* (Estados Unidos y el Reino Unido) y anunció la disponibilidad de una tercera edición del Compendio de la Península Antártica, que compila datos e información descriptiva del sitio de las 142 ubicaciones que el Inventario de Sitios Antárticos ha visitado y censado en 17 temporadas de trabajo en campo desde noviembre de 1994 hasta febrero de 2011. El Compendio se encuentra disponible en disco y en el sitio web de Oceanites *(http://:www.oceanites.org)*.

(171) Bulgaria introdujo brevemente el documento de información IP 12: *Guidelines of environmental behavior of the expedition participants and visitors to the Bulgarian Base in Antarctica* y esperó que estas directrices probarían ser útiles para otras estaciones en la Antártida.

(172) En relación con este tema del programa se presentaron también los siguientes documentos de información :

- IP 9 *Inventario de Sitios Antárticos: 1994-2011* (Estados Unidos)

- IP 105 *Report on IAATO Operator use of Antarctic Peninsula Landing Sites and ATCM Visitor Site Guidelines, 2009-10 & 2010-11 Seasons* (IAATO)

- IP 126 *Manejo turístico para la isla Barrientos* (Ecuador)

7d) *La huella humana y los valores silvestres*

(173) Nueva Zelandia presentó el documento de trabajo WP 35 *Comprender los conceptos de huella y vida silvestre en relación con la protección del entorno antártico*. Nueva Zelandia recomendó a la XIV Reunión del CPA que se

concentrara en lograr que los Miembros acordaran definiciones prácticas de los conceptos de huella humana y vida silvestre en el contexto de la Antártida. Sugirió que el CPA debía considerar objetivos a mediano plazo para mejorar la planificación y la evaluación del impacto ambiental, a fin de minimizar la huella y brindar mayor protección a zonas inalteradas y a los valores silvestres mediante las medidas del Anexo V.

(174) Australia destacó que toda definición de huella y vida silvestre debería poder aplicarse en forma práctica. Por ejemplo, recordó que la mayoría de las referencias a la huella citadas en debates anteriores del CPA hacían mención de la extensión espacial de la perturbación física, lo que sería beneficioso en términos ambientales, incluida la posibilidad de priorizar las medidas tendientes a minimizar el impacto sobre zonas libres de hielo sensibles desde un punto de vista ambiental y exóticas. Australia expresó su voluntad de continuar con las discusiones informales con Nueva Zelandia durante el período entre sesiones.

(175) El Reino Unido estuvo de acuerdo en forma general con la definición sugerida, pero observó que la vida silvestre no necesariamente excluía a la ciencia. Destacó que durante 40 años se había reclamado el concepto de planificación para las áreas que jamás han sido visitadas como referencia de zonas inalteradas y zonas silvestres, y se deben realizar progresos en esa área.

(176) Los Estados Unidos y Bélgica también apoyaron el trabajo, y concordaron en que resultaría valioso identificar separadamente las áreas inalteradas como referencia.

(177) Argentina mencionó que preferiría adoptar un enfoque general, en lugar de una definición específica de huella y vida silvestre, dado que con frecuencia su uso depende de cada caso en particular. Argentina también observó que la cooperación internacional alentaba la preservación de los valores silvestres en la Antártida al evitar la duplicación de esfuerzos, lo que reduce la huella de las actividades.

(178) El Presidente destacó el interés del Comité en la elaboración de terminología y el apoyo al concepto de áreas inalteradas.

(179) La ASOC presentó el documento de información IP 86, *Evolution of Footprint: Spatial and Temporal Dimensions of Human Activities*. La ASOC alentó al CPA a lograr consenso acerca de las definiciones de huella y vida silvestre, y a aprobar dichas definiciones.

(180) En relación con este tema del programa se presentaron también los siguientes documentos de información:

- IP 1 *Temporal and spatial patterns of anthropogenic disturbance at McMurdo Station, Antarctica* (Estados Unidos)

- IP 2 *The Historical Development of McMurdo Station, Antarctica, An Environment Perspective* (Estados Unidos)

- IP 43 *Hallazgo de restos de actividad humana previa a 1958, en la costa norte de la Isla Rey Jorge (Isla 25 de Mayo)* (Uruguay)

- IP 133 *Report on all-terrain vehicles impact on deglaciated area of James Ross Island, Antarctica* (República Checa)

7e) Protección y gestión del espacio marino

(181) La Secretaría presentó el documento SP 6, *Resumen del trabajo del CPA sobre Zonas Marinas Protegidas.*

(182) Diversos Miembros elogiaron el excelente informe, y observaron que habría sido de utilidad contar con él al momento del taller conjunto CPA/CCRVMA en 2009.

(183) Algunos Miembros hicieron referencia a una decisión del CPA adoptada en la Reunión del CPA/RCTA en Baltimore en 2009, mediante la cual el CPA se comprometió a promover un enfoque consensuado para la protección del ambiente marino antártico, al establecer ZMP dentro de 11 zonas de atención prioritaria, pero sin limitarse a ello, para 2012.

(184) El Comité solicitó a la Secretaría brinde actualizaciones periódicas del informe en línea en el sitio web de la STA, para que las Partes puedan mantenerse actualizadas respecto de este tema.

(185) La Secretaría confirmó la posibilidad de cumplir con esta solicitud.

(186) El Comité observó que diversos científicos de entre los Miembros participarán en el taller de la CCRVMA sobre ZMP que se realizará en Brest, Francia, del 29 de agosto al 2 de septiembre de 2011.

(187) Bélgica respaldó enteramente la creación de una red representativa de ZMP. Bélgica señaló que auspicia y coordina la base de datos SCAR-MARBIN utilizada por la comunidad antártica.

(188) El Comité recordó su acuerdo previo de participar en forma constructiva junto con la CCRVMA en estas cuestiones, y observó que espera con ansias recibir un informe sobre el próximo taller de la CCRVMA sobre ZMP que se realizará en agosto de 2011 en Brest, Francia. El Comité agradeció a la CCRVMA por sus invitaciones a asistir al taller. Polli Penhale, de Estados Unidos, será el Representante del CPA.

(189) La ASOC (en representación de la UICN) presentó el documento de información IP 56, *Marine Spatial Protection and Management under the Antarctic Treaty System: New Opportunities for Implementation and Coordination.*

(190) La ASOC presentó el documento de información IP 90: *The Southern Ocean MPA Agenda – Matching Words and Spirit with Action*; e IP 92: *The Ross Sea: A Valuable Reference Area to Assess the Effects of Climate Change.*

(191) La ASOC agradeció a la Secretaría por el documento sobre ZMP y observó que en el taller conjunto CPA/CCRVMA de 2009, ambos organismos acordaron cooperar para el establecimiento de una red representativa de ZMP en el Océano Austral. La CCRVMA acordó un plan de trabajo para la creación de la red de ZMP para la fecha estipulada de 2012. El cronograma se describe en el plan de trabajo quinquenal del CPA. El primer hito del plan de trabajo propuesto consiste en que los Miembros compaginen la información relevante correspondiente a las 11 zonas prioritarias y demás zonas según resulte relevante, y caractericen cada región en función de sus patrones de biodiversidad y procesos del ecosistema, características físicas del medio ambiente. Sin embargo, no parecen haberse realizado grandes progresos sobre este hito hasta el momento. El segundo hito consiste en el taller especial de ZMP, que se realizará en agosto en Brest, Francia. La ASOC instó a las PCTA y a los Miembros de la CCRVMA a hacer un uso efectivo de esta oportunidad de trabajar sobre el hito uno y presentar sólidas propuestas de ZMP.

(192) En cuanto al documento IP 92, la ASOC observó que cita diversos documentos que esbozan los fundamentos científicos a favor de brindar total protección a la plataforma y talud del mar de Ross, a los fines de establecer un importante componente de una red representativa de ZMP en el Océano Austral. Este documento en particular se centra en el potencial del mar de Ross como zona de referencia climática. Dado que los modelos del Panel Internacional sobre el Cambio Climático prevén que el mar de Ross será la última porción del Océano Austral que tendrá hielo marino todo el año, el mar de Ross se convertirá en un "refugio" para el estudio de los procesos normales del

hielo y la biota asociada, y puede servir como un área de referencia de gran importancia para ayudar a comprender la magnitud y el impacto ecológico y económico de los cambios en todo el resto del Océano Austral.

7f) Otros asuntos relacionados con el Anexo V

(193) Australia presentó el documento de trabajo WP 32, *Mejora de la base de datos sobre Zonas Antárticas Protegidas a fin de facilitar la evaluación y el desarrollo del sistema de zonas protegidas*. Australia propuso que el CPA acordara la ampliación de la base de datos sobre Zonas Antárticas Protegidas, para incluir información adicional relevante (que debe ser proporcionada por los proponentes al presentar los planes de gestión), que animara a los proponentes a poner a disposición los límites de las zonas en un formato digital adecuado para ser utilizado en un sistema de información geográfica (SIG), siempre que fuera posible, y que le solicitara a la Secretaría que adopte las medidas necesarias para implementar estos cambios.

(194) El Comité apoyó las recomendaciones presentadas en el documento de trabajo WP 32 y acordó:

- que la Base de datos de Zonas Antárticas Protegidas se expandiera para incluir áreas que representan: (1) la razón principal de la designación; y (2) el principal Dominio Ambiental representado;

- recomendar que la RCTA modifique la portada para los documentos de información que presentan ZAEP y ZAEA anexos a la Resolución I (2008), a fin de permitir a la Secretaría contar con la información relevante para su inclusión en la base de datos;

- alentar a los proponentes a poner los límites de las ZAEP y ZAEA a disposición en formato digital adecuado para su uso en SIG cuando resulte posible, y proporcionar la información a la Secretaría para su gestión en forma central y acceso a través de la Base de datos de Zonas Antárticas Protegidas; y

- solicitar a la Secretaría que modifique la Base de datos de Zonas Protegidas Antárticas según sea necesario para implementar estos cambios.

(195) Diversos Miembros observaron que, debido a limitaciones de índole técnica y en cuanto a los recursos, no todos los Miembros se encontraban en condiciones de implementar todas estas recomendaciones en este momento.

(196) En respuesta a estas inquietudes, Australia destacó el carácter no obligatorio de este aspecto de la propuesta. Animó a los Miembros en condiciones de implementar todas las recomendaciones a proceder a ello, y a ofrecer asistencia y apoyo a los Miembros que no contaban con dicha capacidad. Australia también aseguró al Comité que las cuestiones de compatibilidad de los datos podían resolverse, y que consultaría con la Secretaría a fin de encontrar soluciones prácticas a estos desafíos.

(197) Noruega también observó que podían existir cuestiones relacionadas con los estándares del formato para el intercambio, que requerían ser analizados en mayor profundidad en el futuro.

(198) Australia anunció que mediante consulta a una empresa privada había elaborado un completo conjunto de datos de información espacial que representaba los límites de todas las ZAEP y ZAEA existentes. Australia planeaba adquirir este conjunto de datos a fin de facilitarlo a la Secretaría, con la intención de lograr la amplia difusión de los datos. Australia trabajará en conjunto con la Secretaría durante el periodo entre sesiones para dicho fin.

(199) A fin de que la Secretaría pueda contar con la información relevante para su inclusión en la base de datos, el Comité implementó modificaciones en la portada para los documentos de trabajo que presentan ZAEP y ZAEA, adjuntas a la Resolución 1 (2008) en formato de Resolución.

Asesoramiento del CPA a la RCTA

(200) El Comité recomienda que la RCTA adopte la versión revisada de la Guía para la presentación de documentos de trabajo que contengan propuestas relativas a ZAEP/ZAEA/SMH mediante una Resolución.

(201) Alemania presentó el documento de trabajo WP 41, *Cuarto informe de progreso acerca de las deliberaciones del Grupo de Trabajo Internacional sobre las posibilidades para la gestión ambiental de la península Fildes y la isla Ardley.*

(202) Los coautores propusieron una reunión del GTI durante la XIV Reunión del CPA en Buenos Aires para debatir el documento en mayor profundidad, y animaron a los Miembros interesados a continuar revisando el documento y trabajando en él, y a proporcionar información y comentarios respecto del trabajo continuo del GTI.

(203) Uruguay alentó a las Partes que se encuentran activas en la península Fildes a participar en el debate en torno al GTI para continuar con la protección de esta región.

(204) China acordó continuar con su participación, e informó al Comité que había enviado sus comentarios al GTI. China aceptó la versión actualizada del Anexo 3 al documento WP 41.

(205) El Presidente observó que el CPA continuaría con el debate acerca del trabajo del GTI en la próxima reunión del CPA en Hobart.

(206) La Federación de Rusia presentó el documento de trabajo WP 57, *Sobre la necesidad de realizar un constante monitoreo de los valores de las Zonas Antárticas Especialmente Protegidas y de las Zonas Antárticas Especialmente Administradas.*

(207) Diversos Miembros apoyaron este documento de trabajo, pero otros observaron que era necesario proceder con cautela al afirmar que el monitoreo debe ser obligatorio, dado que la visita a un sitio para fines de monitoreo podría causar mayor daño a los valores que las ZAEP/ZAEA apuntan a proteger.

(208) La Federación de Rusia respondió que el monitoreo estaba planteado como obligatorio pero no requería necesariamente una visita al sitio, dado que incluso el monitoreo remoto es de gran importancia para la revisión de los planes de gestión de las ZAEP/ZAEA.

(209) Francia observó que en la mayoría de los planes de gestión presentados este año se habían revisado los valores para cada sitio.

(210) El Comité estuvo de acuerdo en retomar el debate de este tema en la próxima reunión del CPA.

(211) Australia presentó el documento de trabajo WP 61 rev. 1, *Informe del Taller del CPA sobre Zonas Antárticas Especialmente Administradas marinas y terrestres. Montevideo, Uruguay, 16 y 17 de junio de 2011*; Australia observó que la XIII Reunión del CPA había refrendado una propuesta presentada por el GSPG para convocar un taller sobre ZAEA a fin de intercambiar buenas prácticas y trabajar para elaborar directrices para la preparación de planes de gestión de ZAEA.

(212) Los convocantes del taller Juan Abdala (Uruguay) y Ewan McIvor (Australia) agradecieron a todos los participantes por su participación y expresaron su pena de que muchos otros colegas no hubieran podido asistir debido a las cancelaciones de los vuelos. El documento de trabajo WP 61 rev. 1 y el documento de información IP 136 presentaban las recomendaciones surgidas y puntos clave planteados en relación con los cuatro términos de referencia para el taller, que fueron:

> 1) Intercambiar buenas prácticas al analizar cuestiones comunes que hubieran surgido y lecciones aprendidas de distintos enfoques de gestión de sitios en la Antártida, y aprender de los enfoques relevantes para la gestión de áreas de usos múltiples en cualquier sitio.

> 2) Desarrollar directrices para la preparación de planes de gestión de ZAEA.

> 3) Identificar características de nuevas posibles ZAEA.

> 4) Preparar un informe para la XIV Reunión del CPA.

(213) El Comité felicitó a los organizadores del taller y a Uruguay por auspiciar el taller, e hizo gran hincapié en la importancia de continuar con este trabajo.

(214) Uruguay le informó al Comité que el principal objetivo del taller consistía en consolidar un sistema para la creación de planes de gestión para ZAEA marinas y terrestres. Uruguay advirtió acerca de la importancia de que el intercambio de información entre los operadores y los funcionarios se realizara de manera práctica, dado que, de lo contrario, se corría el riesgo de generar expectativas poco realistas con respecto a la aplicación de las medidas de protección necesarias en la región.

(215) El Comité respaldó las cuatro recomendaciones elaboradas como resultado de este taller, y acordó:

> 1) Solicitar a la Secretaría que publique enlaces en el sitio web de la STA hacia los sitios de las ZAEA, cuando éstos se encuentren disponibles.

> 2) Promover un mayor intercambio de información respecto de las prácticas recomendadas para la gestión de ZAEA. En particular, se podría alentar a los Grupos de Gestión de ZAEA a intercambiar

información sobre iniciativas que podrían resultar de interés para aplicarse en otras ZAEA.

3) Buscar identificar las oportunidades de aprovechar la mayor experiencia y responsabilidades del COMNAP para facilitar la cooperación y coordinación en la elaboración, aplicación y gestión de ZAEA. Asimismo, el CPA acordó recurrir al SCAR como referencia respecto de las actividades científicas, a la IAATO en relación con las actividades turísticas, y al CC–CCRVMA en cuanto a las buenas prácticas para la identificación, gestión y monitoreo de las zonas marinas.

4) Alentar a los Miembros interesados a revisar las disposiciones de los planes de gestión de las ZAEA existentes, con la perspectiva de preparar un plan de trabajo sugerido y material de apoyo para respaldar el trabajo realizado por el GSPG en el desarrollo de orientaciones para el establecimiento de ZAEA y para la preparación y revisión de planes de gestión de ZAEA.

(216) El COMNAP también felicitó a los organizadores y estuvo muy complacido de haber participado en el taller. También advirtió que le complacía ver la inclusión de la Recomendación 3 del documento de trabajo WP 61.

(217) La ASOC agradeció a Australia y Uruguay por organizar y coordinar el taller de ZAEA. La ASOC advirtió que, en su opinión, la diversidad de las ZAEA actuales destaca la flexibilidad de las ZAEA como un instrumento para la protección de zonas, así como también el potencial de ampliar su uso más allá de las aplicaciones actuales en el establecimiento de nuevas ZAEA marinas y terrestres.

(218) En relación con este tema del programa se presentaron también los siguientes documentos de información:

- IP 24 *Progress Report on the Research Project "Current Environmental Situation and Management Proposals for the Fildes Region (Antarctic)"* (Alemania)

- IP 69 *Summary of Key Features of Antarctic Specially Managed Areas* (Australia)

- IP 102 *Present Zoological Study at Mirny Station Area at ASPA No.127 "Haswell Island"* (Federación de Rusia)

(219) El Presidente observó que el documento de información IP 109 *Actividades conjuntas de gestión en la ZAEP de la isla Rey Jorge (isla 25 de Mayo), Islas Shetland del Sur* (República de Corea y Argentina), ya había sido presentado durante el transcurso de la semana en relación con el tema del programa 7(a).

Tema 8. Conservación de la flora y fauna antárticas

8a) Cuarentena y especies no autóctonas

(220) En su calidad de convocante, Nueva Zelandia presentó el documento de trabajo WP 34, *Informe 2010-2011 del Grupo de Contacto Intersesional sobre especies no autóctonas*. Nueva Zelandia presentó un resumen de los principales resultados del segundo año de trabajo del GCI, incluida la finalización del objetivo general y los principios rectores fundamentales del trabajo de los Miembros para abordar los riesgos planteados por las especies no autóctonas, y la culminación del Manual sobre especies no autóctonas.

(221) El Comité felicitó a Nueva Zelandia y a los participantes del GCI por su trabajo, y señaló la complejidad del debate acerca de cuestiones relacionadas con las especies no autóctonas. Muchos de los Miembros agradecieron al GCI por la elaboración de resultados tan completos y prácticos.

(222) Diversos Miembros estuvieron de acuerdo en que el Manual debe publicarse en el sitio web de la STA, y permanecer como un documento activo, susceptible de ser actualizado periódicamente según sea necesario.

(223) Chile y Uruguay recalcaron la necesidad de que el Manual y documentos relacionados estuvieran disponibles en los cuatro idiomas del Tratado, a fin de facilitar su uso.

(224) En consideración del debate en torno al documento WP 34, Alemania llamó la atención al Comité respecto del documento de información IP 26, *Progress Report on the Research Project "The role of human activities in the introduction of non-native species into Antarctica and in the distribution of organisms within the Antarctic"*. Alemania informó al Comité que llevaría los resultados del proyecto de investigación a la atención de la próxima reunión del CPA.

(225) En respuesta a la sugerencia planteada por India, el COMNAP acordó facilitar la difusión del Manual a los administradores de los Programas Nacionales Antárticos.

(226) La IAATO informó al Comité que incluiría un enlace al Manual en el Manual de Operaciones de Campo de la IAATO.

(227) Los Países Bajos sugirieron incluir ejemplos y casos de estudio en el sitio web de la STA, junto con el Manual.

(228) Luego del debate en torno al documento de trabajo WP 34, el Comité acordó apoyar las siguientes recomendaciones del GCI:

1) Avalar el objetivo general y los principios rectores fundamentales que guiarán las acciones de las Partes para abordar los riesgos planteados por las especies no autóctonas;

2) Alentar la difusión y el uso del Manual;

3) Continuar desarrollando el Manual sobre especies no autóctonas con los aportes del SCAR y del COMNAP sobre cuestiones científicas y prácticas, respectivamente; y

4) Encomendar a la Secretaría la publicación del Manual en el sitio web de la STA en todos los idiomas del Tratado.

(229) El Comité consideró y refrendó la Resolución preparada por los participantes del GCI, que alienta el uso y mayor desarrollo del Manual.

Asesoramiento del CPA a la RCTA

(230) El Comité recomienda a la RCTA adoptar el Manual sobre especies no autóctonas en la Antártida mediante una Resolución.

(231) El COMNAP presentó el documento de trabajo WP 12, *Generar conciencia acerca de la introducción de especies no autóctonas: resultados de los talleres y listas de verificación para los gestores de cadenas de suministro*, presentado en forma conjunta con el SCAR. En el documento de trabajo se realizaron dos recomendaciones al CPA, incluida la sugerencia de que el CPA considere la inclusión de la lista de verificación para reducir el riesgo de introducir especies no autóctonas en el "Manual de especies no autóctonas" propuesto.

(232) La mayoría de los Miembros destacaron el sentido práctico de la clasificación de las acciones y el estilo de la lista.

(233) China expresó sus inquietudes respecto de la aplicación de algunos de los puntos propuestos en la lista de verificación. En particular, China observó que algunos aspectos de la lista de verificación eran muy estrictos para ser implementados, y resultaría útil revisarlos para que fueran más prácticos.

(234) El COMNAP agradeció a China y observó que, si bien sería difícil alcanzar algunos de los estándares propuestos en la lista de verificación, la adopción de estos estándares tendría carácter voluntario.

(235) Argentina observó que las listas de verificación habían sido elaboradas luego de un extenso proceso de consulta entre los miembros del COMNAP.

(236) La IAATO y algunos miembros del COMNAP se proponen utilizar las listas de verificación durante la siguiente temporada estival.

(237) La Reunión felicitó al COMNAP y al SCAR por el desarrollo de un trabajo tan completo en el documento de trabajo WP 12. El Presidente recordó a la Reunión que el objetivo de la lista consistía en brindar asesoramiento y facilitar el trabajo de los operadores, pero su adopción no es de carácter obligatorio.

(238) El CPA aprobó las recomendaciones, incluida la adición de las listas de verificación en el "Manual de especies no autóctonas", y recomendó añadir los comentarios realizados por China.

(239) El SCAR presentó el documento de trabajo WP 53: *Medidas para reducir el riesgo de introducción de especies no autóctonas a la región antártica en relación con alimentos frescos.* El SCAR recomendó que el CPA analizara la adopción de estas medidas.

(240) China expreso su inquietud con respecto a la sección 3b), que recomendaba que los alimentos frescos transportados hacia la Antártida por vía marítima o aérea estuvieran acompañados de insecticida en aerosol a fin erradicar insectos. China destacó que está prohibido transportar sustancias como insecticidas en aeronaves, dada su naturaleza inflamable, y, por lo tanto, la recomendación podría comprometer la seguridad a bordo. Chile observó que existen alternativas a los insecticidas en aerosol inflamables, que minimizarían el riesgo de comprometer la seguridad a bordo.

(241) El Reino Unido apoyó la adopción de las tres recomendaciones principales y el Anexo A al informe, si bien observó que las medidas propuestas no se plantean como obligatorias.

(242) Argentina expresó su inquietud respecto al uso en el informe de la palabra "prohibición" del transporte de fruta o alimentos frescos en la región antártica. Argentina expresó que la sección 2c) requería aclaración, dado que, como las Partes reciben alimentos de ambos hemisferios, el término "alimentos de la temporada" puede generar confusión. Argentina también observó que la radiación ultravioleta en los alimentos reduciría su duración, y este país se opone categóricamente a la radiación gamma en los alimentos. Sugirió que podría consultarse al grupo de médicos del SCAR/COMNAP acerca de este asunto.

(243) Estados Unidos opinó que, para que todos los Miembros tuvieran la oportunidad de expresar sus inquietudes, la adopción de estas medidas requeriría demasiado debate y aclaración durante esta reunión. Estados Unidos observó que sería útil la revisión entre sesiones de estas medidas para asegurar la continuidad de trabajo del GCI sobre las especies no autóctonas, y sugirió la inclusión del COMNAP a fin del analizar cuestiones prácticas, tales como la seguridad de los alimentos, seguridad del transporte y nutrición de las personas.

(244) Sudáfrica expresó su inquietud respecto de cuestiones de bioseguridad, y opinó que las medidas prácticas y de ahorro de costos eran las que tenían más posibilidades de tener éxito.

(245) Nueva Zelandia agradeció al SCAR por su trabajo y advirtió que las directrices podían incluirse en el anexo al Manual, como un recurso, y que podían ser aplicadas según fuera necesario para asistir a las Partes a cumplir con los requisitos establecidos en el Anexo II.

(246) El COMNAP aceptó la invitación para participar en los debates, y solicitó más tiempo para considerar las consecuencias de orden práctico de dichas medidas.

(247) El SCAR agradeció a todas los Miembros por sus comentarios y añadió diversos puntos que requieren aclaración. Estas medidas se encuentran todavía en una etapa preliminar de elaboración, y requerirán la realización de consultas en cuanto a su contenido y redacción antes de su adopción formal. La prohibición de alimentos frescos no ha sido planteada como parte de estas medidas, dado que el único fin de estas directrices consiste en mitigar la introducción de especies no autóctonas.

(248) El Comité aceptó el ofrecimiento del SCAR de moderar un debate informal en torno al documento de trabajo WP 53 durante el periodo entre sesiones,

con el objeto de presentar una versión revisada del documento en la XV Reunión del CPA.

(249) Australia presentó el documento de información IP 68, *Alien Species Database* en forma conjunta con el SCAR, que recuerda el compromiso asumido previamente por el Comité de alentar el uso de la base de datos de especies no autóctonas que mantiene el Centro de Datos Antárticos de Australia (AADC, por su sigla en inglés) como repositorio central de registros sobre especies no autóctonas en la Antártida, y brinda información acerca del trabajo realizado por el AADC a fin de actualizar la base de datos y proporcionar un formulario en línea estándar para el ingreso de registros, y de brindar la opción de cargar imágenes en el sistema. Australia observó que el Manual de especies no autóctonas reiteraba los compromisos asumidos previamente por el Comité, y alentaba a los Miembros a suministrar información acerca de las especies no autóctonas para la base de datos.

(250) En respuesta a una consulta formulada por Chile, Australia le aseguró al Comité que la base de datos podía modificarse para llevar un registro permanente de todos los sucesos relacionados con especies no autóctonas.

(251) El Reino Unido sugirió que la información incluida en el documento de información IP 50, *Colonisation status of known non-native species in the Antarctic terrestrial environment (updated 2011)* podía incorporarse a la base de datos.

(252) En relación con este tema del programa se presentaron también los siguientes documentos de información :

- IP 32 *Report on IPY Oslo Science Conference Session on Non-Native Species* (Francia)

- IP 26 *Progress Report on the Research Project "The role of human activities in the introduction of non-native species into Antarctica and in the distribution of organisms within the Antarctic"* (Alemania)

8b) Especies especialmente protegidas

(253) No se presentaron documentos sobre este tema del programa.

8c) Otros asuntos relacionados con el Anexo II

(254) Alemania presentó el documento de trabajo WP 38, *Foro de debate de autoridades competentes sobre la Antártida (DFCA): impactos del sonido subacuático en las lagunas antárticas*. Alemania ofreció ser la sede para el segundo taller del DFCA en otoño de 2011, sobre el impacto del sonido subacuático antropogénico en el medio ambiente antártico. Este taller sería la continuación del primer taller realizado en 2006, del cual se informa en el documento IP 43 de la XXIX RCTA.

(255) El Comité agradeció a Alemania por su documento y expresó su interés en continuar profundizando sus conocimientos acerca de este tema.

(256) Algunos Miembros expresaron su interés en asistir al taller propuesto. Otros Miembros afirmaron que, dado el carácter eminentemente técnico de la acústica subacuática, el DCFA no era el foro más adecuado para que el CPA explorara este tema en este momento.

(257) El Reino Unido estableció una distinción clara entre la evidencia científica, que era la base del trabajo del Comité, y las actividades de las autoridades competentes, que no eran necesariamente relevantes. Sin embargo, el Reino Unido observó el valor de celebrar un taller de este tipo para cubrir un amplio espectro de temas, incluidos algunos temas que deben ser analizados por otros grupos de trabajo. La Federación de Rusia observó que este tema se había analizado en detalle en reuniones anteriores. Estados Unidos observó que las autoridades competentes no se encontraban dentro de la jurisdicción del CPA, y por lo tanto el CPA no debía considerar esta cuestión. En su lugar, Estados Unidos propuso solicitar asesoramiento al SCAR, y destacó la importancia de comprender el perfil de ruido subacuático que sería aconsejable monitorear. La ASOC recordó al Comité que había presentado cuatro documentos de información sobre este tema en reuniones anteriores, y que se complacería en brindar información actualizada al Comité.

(258) El Comité acogió con satisfacción los ofrecimientos del SCAR y la ASOC de presentar un resumen de la información más actualizadas sobre este tema en la XV Reunión del CPA, a fin de facilitar todo debate adicional.

(259) El SCAR presentó el documento de información IP 33, *SCAR's code of conduct for the exploration and research of subglacial aquatic environments*

y el documento de información IP 53, *SCAR's Code of Conduct for the Use of Animals for Scientific Purposes in Antarctica.*

(260) El Reino Unido observó que el documento de información IP 33 había sido de gran utilidad para elaborar su Evaluación Medioambiental Global de la exploración del lago subglacial Ellsworth.

(261) Con respecto al documento de información IP 53, el Reino Unido opinó que los investigadores no debían esperar hasta el final de un experimento para matar sin dolor a los animales utilizados para fines científicos que, de lo contrario, sufrirían dolor, trastornos, molestias o incapacidad permanente imposible de aliviar.

(262) En relación con este tema del programa se presentaron también los siguientes documentos de información:

- IP 27 *Progress Report on the Research Project 'Whale Monitoring Antarctica'* (Alemania)

- IP 29 *Potential of Technical Measures to Reduce the Acoustical Effects of Airguns* (Alemania)

- IP 94 *Use of dogs in the context of commemorative centennial expedition* (Noruega)

Tema 9. Informes sobre el estado del medio ambiente

(263) El Reino Unido presentó el documento de trabajo WP 15 rev. 1, *Técnicas de teledetección para una vigilancia más efectiva del cambio ambiental y climático en la Antártida.*

(264) El Reino Unido recomienda al CPA:

1) destacar y respaldar el potencial de la teledetección para contribuir en forma significativa a futuros programas de vigilancia ambiental, incluso en el contexto de la gestión de Zonas Protegidas y la vigilancia del impacto del cambio climático;

2) considerar de qué otra manera la utilización de los datos obtenidos por teledetección pueden brindar apoyo al trabajo del CPA y de la RCTA; y

3) continuar explorando oportunidades para utilizar e investigar nuevas aplicaciones de vigilancia.

(265) Muchos de los Miembros expresaron su reconocimiento al Reino Unido por la elaboración del documento de trabajo WP 15 rev. 1, y brindaron su apoyo a la lista de recomendaciones.

(266) Algunos Miembros señalaron también que el documento de trabajo WP 15, no cubre gran variedad de ejemplos alternativos de teledetección u otras técnicas que podrían ser utilizadas para la recopilación remota de datos o la vigilancia, además de los datos satelitales. Noruega opinó que era necesario examinar los conjuntos de datos y temas de vigilancia en iniciativas de teledetección internacionales actualmente en desarrollo, y proporcionar dicha información al CPA como referencia, y agregó que le complacería trabajar con otros Miembros sobre este tema.

(267) Algunos de los Miembros también realizaron comentarios acerca de las dificultades asociadas a la utilización de la teledetección como técnica de vigilancia. La Federación de Rusia anunció que ha presentado el documento de información IP 98 (tema 13 del programa de la RCTA) sobre el uso de diversas técnicas de vigilancia, que ofrecería una comparación de las ventajas y limitaciones de las distintas técnicas.

(268) Alemania destacó la gran utilidad que la vigilancia satelital podía tener para identificar tendencias en el cambio climático.

(269) Australia recomendó intercambiar información acerca de las actividades de teledetección desarrolladas actualmente y futuras de todos los Miembros en la región antártica, a fin de intercambiar experiencias, datos y resultados, y evitar la duplicación de los estudios llevados a cabo. Chile y Ecuador estuvieron de acuerdo con esta recomendación. Ecuador mencionó que apreciaría toda colaboración para el intercambio de bases de datos, especialmente con respecto a las series de datos de largo plazo, de las cuales no todos los Miembros disponen actualmente.

(270) Diversos Miembros informaron al Comité acerca de su utilización de técnicas de teledetección para fines de vigilancia ambiental durante cada temporada, algunas de las cuales no siempre se basan en instrumentos satelitales, dado su alto costo. Argentina informó al Comité acerca del reciente lanzamiento de un nuevo satélite que permitirá la vigilancia más efectiva de la región

antártica y subantártica. India informó también al Comité acerca de este lanzamiento de satélites polares.

(271) El Comité acordó respaldar las recomendaciones del documento de trabajo WP 15 rev. 1, más una recomendación adicional realizada por Australia, de alentar el intercambio de información para beneficio de todas las Partes en la región antártica, y evitar la duplicación de esfuerzos. El Presidente destacó que existen otras técnicas de recopilación remota de datos o vigilancia, además de la teledetección satelital, que también son importantes y deben ser tomadas en cuenta en la planificación de la vigilancia.

(272) Rumania presentó el documento de información IP 35, *Environmental Monitoring and Ecological Activities in Antarctica, 2010-2012.*

(273) El SCAR presentó el documento de información IP 51, *The Southern Ocean Observing System (SOOS): An Update* junto con Australia. Australia observó que, a pesar de la importancia del Océano Austral, se trataba de una de las zonas marinas menos estudiadas del mundo. Al destacar que diversas partes ya se encuentran trabajando activamente en este programa, Australia alentó a todos los Miembros a brindar apoyo y contribuir al programa del Sistema de Observación del Océano Austral (SOOS, por su sigla en inglés). Australia anunció que sería la sede de la Secretaría para este programa. Estados Unidos expresó su apoyo al programa del SOOS, y afirmó que brindaría su colaboración para esta iniciativa.

Tema 10. Informes de inspecciones

(274) Japón presentó el documento de trabajo WP 1, *Inspección realizada por Japón de acuerdo con el Artículo VII del Tratado Antártico y el Artículo XIV del Protocolo sobre Protección del Medio Ambiente,* y el documento IP 4, que contiene el informe de inspección completo. Durante su inspección en enero y febrero de 2010, Japón visitó seis estaciones: la Estación Maitri (India), la Estación Princesa Isabel (Bélgica), la Estación Neumayer III (Alemania), la Base SANAE IV (Sudáfrica), la Estación Troll (Noruega) y la Estación Novolazarevskaya (Federación de Rusia).

(275) Japón presentó el resultado de la inspección, incluido el tratamiento y eliminación de desechos, el tratamiento de aguas residuales y desechos líquidos domésticos. Luego de la presentación de los resultados, Japón

recomendó que en algunas de las estaciones, las instalaciones de tratamiento de desechos y para tanques de combustible, etc., requieren mejoras.

(276) Australia presentó el documento de trabajo WP 51, *Inspecciones de Australia dentro del marco de Tratado Antártico y el Protocolo sobre Protección del Medio Ambiente: enero de 2010 y enero de 2011*, y los documentos de información IP 39 e IP 40, que contienen los informes de las inspecciones completos. En enero de 2010, los observadores australianos también realizaron inspecciones de la Estación Syowa (Japón), las Estaciones Druzhnaya IV y Soyuz (Federación de Rusia) y la Zona Antártica Especialmente Protegida (ZAEP) 168, monte Harding, y una observación aérea de la Estación Molodezhnaya (Federación de Rusia). En enero de 2011, los observadores australianos llevaron a cabo inspecciones en el terreno de la Estación Gondwana (Alemania) y la Estación Vostok (Federación de Rusia), y una observación aérea de la Estación Leningradskaya (Federación de Rusia).

(277) Australia observó que los equipos de inspección estaban muy impresionados por el eminente compromiso hacia la ciencia, así como también hacia las actividades para eliminar los desechos acumulados en diversas estaciones inspeccionadas. Australia observó que sus inspecciones habían identificado alguna áreas de inquietud en términos ambientales, y remitió a la Reunión a sus recomendaciones, de que las Partes deben: asegurarse de que las instalaciones actuales operen en cumplimiento del Protocolo; mantener y evaluar regularmente las instalaciones temporariamente desocupadas a fin de asegurarse de que no se esté produciendo daño ambiental; brindar la consideración adecuada a la eliminación de instalaciones y equipos en desuso, y la remoción de materiales de desecho acumulados; implementar iniciativas para intercambiar con la Parte operativa información acerca de las instalaciones desocupadas; e intercambiar conocimientos y experiencia respecto de cómo enfrentar los desafíos que plantea el legado de actividades pasadas.

(278) Aquellas Partes cuyas estaciones fueron inspeccionadas agradecieron a Japón y a Australia por sus visitas y por los comentarios constructivos proporcionados.

(279) La Federación de Rusia acogió con satisfacción los resultados de los informes, como un elemento útil y constructivo, y observó que los resultados ayudarían a Rusia a adoptar medidas específicas. Rusia informó a la reunión que, en respuesta a la observación realizada por el equipo de inspección de Australia en 2010, había enviado un equipo a la Estación de Soyuz a fin de realizar reparaciones durante la temporada 2010/2011. Rusia ofreció presentar un

informe en una reunión futura acerca de las medidas adicionales adoptadas en relación con los temas identificados. La Federación de Rusia hizo referencia al documento de información WP 55 *Sobre la estrategia para el desarrollo de actividades de la Federación de Rusia en la Antártida durante el periodo comprendido hasta el año 2020 y perspectivas de mayor plazo*, el cual describía en mayor detalle sus planes para abordar algunas cuestiones identificadas en las estaciones que habían sido inspeccionadas.

(280) El Comité estuvo de acuerdo en que las inspecciones eran muy valiosas, al observar que contribuían a la implementación efectiva del Protocolo.

(281) La ASOC agradeció a Australia y Japón por sus inspecciones. Según se observó en el documento de información XXVI RCTA IP 118 rev. 1 elaborado por la ASOC y el PNUMA, algunos sitios e instalaciones no han sido inspeccionados, y las inspecciones realizadas por Japón y Australia ayudan a colmar esa laguna. De acuerdo con la ASOC, los informes de las inspecciones confirman en forma aún más concluyente algunas de las conclusiones del IP 89 rev. 1 de la ASOC, las que sugieren que las normas del Protocolo no se encuentran correctamente implementadas. La ASOC recomendó que los hallazgos de estas inspecciones fuera considerados por las Partes que habían sido objeto de una inspección, y así como también en el futuro trabajo del CPA.

(282) La Federación de Rusia acogió con satisfacción los resultados de los informes y sugirió que las futuras inspecciones deberían tomar en consideración los aspectos nacionales y culturales, al destacar que los intercambios de correos electrónicos en preparación de la inspección australiana de la Estación Vostok había coincidido con la celebración de la Navidad ortodoxa.

(283) En cuanto a las observaciones realizadas respecto de la necesidad de contar con medidas más sólidas para el tratamiento de aguas residuales, particularmente en las estaciones ubicadas en el interior del continente, el Comité solicitó al COMNAP que presentara información respecto de las mejores prácticas para el tratamiento de aguas residuales en la XV Reunión del CPA. Asimismo, se observó que el Comité había reconocido anteriormente los desafíos de orden práctico asociados al cumplimiento de los requisitos del Protocolo en este aspecto.

(284) A modo de respuesta a la observación de Japón respecto del uso de fuentes de energía alternativa en las estaciones, Noruega llamó la atención del Comité

respecto del documento de información IP 74, *Assessment of wind energy potential at the Norwegian research station Troll,* y destacó su potencial para el aprovechamiento de la energía eólica y solar en las estaciones antárticas.

(285) Dado que el Comité no había elaborado políticas específicas respecto del uso de acuicultura en las estaciones antárticas, Argentina le propuso la CPA iniciar un debate informal en torno a este tema.

(286) Algunos Miembros observaron que, si bien empleaban todos sus esfuerzos para cumplir con sus obligaciones en virtud del Protocolo, tanto el mantenimiento integral y la evaluación regular de las instalaciones provisoriamente desocupadas, así como también el tratamiento de los desechos y la gestión de las estructuras en estado de deterioro, presentaban dificultades e implicaban un alto costo.

(287) En este sentido, Estados Unidos destacó ciertas experiencias exitosas que había tenido en cuanto a la eliminación de material de los sitios utilizados para actividades pasadas y anunció que presentaría un documento de información en la XV Reunión del CPA.

(288) El Comité respaldó la recomendación de Australia respecto del tratamiento que las Partes podían dar al legado de actividades pasadas, y del mantenimiento de las instalaciones establecidas mucho tiempo atrás. También acordó incorporar esta recomendación al plan de trabajo quinquenal.

(289) Japón expresó su esperanza a todas las Partes que habían sido objeto de una inspección de que el informe fuera cabalmente utilizado a fin de mejorar las instalaciones para la protección ambiental en las estaciones antárticas e implementar el Protocolo de Madrid en el futuro cercano.

Tema 11. Cooperación con otras organizaciones

(290) Documentos de información presentados en relación con este tema del programa:

- IP 10, *Informe anual para 2010 del Consejo de Administradores de los Programas Nacionales Antárticos* (COMNAP)

- IP 31, *Informe del observador del CC-CCRVMA en la Decimocuarta Reunión del Comité de Protección Ambiental* (CCRVMA)

- IP 54, *Summary of SCAR's Strategic Plan 2011-2016* (SCAR)

- IP 57, *Informe del Observador del CPA al Grupo de Trabajo en Control y Gestión de Ecosistemas (GT-EMM) del CC-CCRVMA (CCRVMA)*

Tema 12. Asuntos generales

(291) En respuesta a la solicitud de asesoramiento respecto de las cuestiones ambientales relacionadas con la posibilidad práctica de reparar y remediar el daño ambiental, planteada por la XXXIII RCTA, Australia presentó el documento de trabajo WP 28, *Aspectos ambientales relacionados con la posibilidad práctica de reparar o remediar el daño ambiental.* El objetivo del documento consistía en alentar el debate y ayudar al CPA a proporcionar una respuesta útil y oportuna a la Decisión 4 (2010), e identificó ocho puntos en los que Australia consideraba que el CPA debía basarse para preparar dicha respuesta.

(292) El Comité agradeció a Australia por dar comienzo al trabajo sobre un tema tan importante y que plantea grandes desafíos, y expresó su interés en que el CPA analizara este asunto.

(293) Los Países Bajos sugirieron incorporar el tema de reparación y remediación del daño ambiental al plan de trabajo quinquenal del CPA. Asimismo, los Países Bajos y la ASOC plantearon sus inquietudes respecto a las considerables demoras en la respuesta ante la eventualidad de un problema que algunos de los enfoques podían implicar.

(294) Asimismo, la ASOC observó malas prácticas con respecto a las instalaciones abandonadas y el tratamiento de desechos informados en esta RCTA en los documentos WP 1, WP 51 e IP 24.

(295) Argentina expresó su apoyo a todos los puntos presentados en el documento de trabajo WP 28, y se refirió al documento IP 17 presentado a la XXXIV RCTA, donde se presentan brevemente estudios que describen el desarrollo de un proceso para la biorremediación de suelos contaminados con hidrocarburos, que habían obtenido buenos resultados. Argentina también mencionó que los procesos de biorremediación han sido incluidos en el plan de acción contra derrames de petróleo para la Estación de Jubany.

(296) En respuesta a una solicitud por parte del Comité, el SCAR acordó brindar asesoramiento al CPA sobre los aspectos técnicos asociados con la reparación y remediación del daño ambiental.

(297) El Comité alentó a los Miembros a presentar documentos y propuestas sobre este tema a la XV Reunión del CPA, con el objeto de establecer un GCI sobre reparación y remediación del daño ambiental en esa reunión.

(298) En relación con este tema del programa se presentaron también los siguientes documentos de información:

- IP 48, *Thala Valley Waste Removal* (Australia)

- IP 49, *Renewable Energy and Energy Efficiency Initiatives at Australia's Antarctic Stations* (Australia)

- IP 61, *The SCAR Antarctic Climate Evolution (ACE) Programme* (SCAR)

- IP 95, *Paying for Ecosystem Services of Antarctica?* (Países Bajos)

- IP 127, *The Construction of an Orthodox Chapel at Vernadsky Station* (Ucrania)

(299) El CPA observó que la RCTA había analizado el documento WP 24 *Informe de avance del Grupo de Contacto Intersesional sobre la revisión de las Recomendaciones de la RCTA* (Argentina), y había solicitado asesoramiento en cuanto a los elementos aún pendientes de las siguientes Recomendaciones que tratan cuestiones ambientales distintas a la protección y gestión de zonas:

- Recomendación III-8

- Recomendación III-10

- Recomendación IV-22

- Recomendación X-7

- Recomendación XII-3

- Recomendación XIII-4

- Recomendación XIV-3

(300) Se convocó un grupo de contacto abierto en Australia a fin de considerar si, en la opinión del Comité, podía considerarse que estas Recomendaciones se encontraban fuera de vigencia.

(301) El Comité respaldó el asesoramiento del grupo de contacto. Destacó que los elementos aún pendientes de las Recomendaciones III-10, IV-22, X-7, XII-3, XIII-4 se relacionaban con alentar al SCAR a proporcionar asesoramiento y brindar información para las deliberaciones de las Partes en relación con: la conservación de la fauna y flora antárticas; asuntos relacionados con la caza de focas pelágicas antárticas; la vigilancia de los hidrocarburos en el medio ambiente marino; el impacto medioambiental de las actividades científicas y de logística; y el tratamiento de desechos.

(302) El Comité estuvo de acuerdo en que estas Recomendaciones estaban desactualizadas y podían ser consideradas como fuera de vigencia, pero destacó el valioso y constante rol desempeñado por el SCAR en la provisión de asesoramiento científico a la RCTA y al CPA, en fiel cumplimiento de lo establecido en los artículos 10.2 y 12 del Protocolo sobre Protección del Medio Ambiente.

(303) En lo que respecta a la Recomendación XIII-4, el Comité observó que el COMNAP sería el organismo más indicado para brindar asesoramiento en cuanto a los procedimientos para el tratamiento de desechos.

(304) El Comité observó que no se habían remplazado las directrices para las perforaciones científicas presentadas en la Recomendación XIV-3. Estuvo de acuerdo en que, de conformidad con el artículo 8 del Anexo I al Protocolo, dichas actividades serían objeto de una evaluación de impacto ambiental previa, pero observó que podía resultar útil conservar la información para guiar la planificación, realización y evaluación medioambiental de las actividades de perforación. El Comité estuvo de acuerdo en brindar mayor atención a esta cuestión, y dar adecuada consideración a las experiencias derivadas de diversas actividades de perforación, tanto actuales como futuras.

(305) El Comité observó que, en la práctica, las disposiciones del Protocolo sobre Protección del Medio Ambiente y sus Anexos habían remplazado a las disposiciones establecidas en las Medidas convenidas para la conservación de la flora y fauna antárticas, anexas a la Recomendación III-8.

Asesoramiento del CPA a la RCTA

(306) El Comité recomienda que las siguientes Recomendaciones remitidas por la RCTA para su consideración sean consideradas fuera de vigencia:

- Recomendación III-8

- Recomendación III-10

- Recomendación IV-22

- Recomendación X-7

- Recomendación XII-3

- Recomendación XIII-4

(307) Asimismo, el Comité opina que los elementos de las Directrices para las perforaciones científicas en el área del Tratado Antártico presentadas en la Recomendación XIV-3 no han sido remplazadas, y que podía resultar útil conservar dichas directrices como guía. El Comité brindará mayor atención a esta cuestión, y dará adecuada consideración a las experiencias derivadas de diversas actividades de perforación, tanto actuales como futuras.

Tema 13. Elección de autoridades

(308) El Comité felicitó a Verónica Vallejos de Chile por su reelección como vicepresidenta por un nuevo periodo de dos años.

Tema 14. Preparativos para la próxima reunión

(309) Australia presentó el documento de trabajo WP 8, *Calendario propuesto para la 35ª Reunión Consultiva del Tratado Antártico, Hobart, 2012.*

(310) Si bien se contempla que la XXXV RCTA tenga una duración de ocho días, Australia observó que no se había reducido la duración de la reunión del CPA.

(311) El Comité aprobó el programa provisional de la XV Reunión del CPA (Apéndice 2).

Tema 15. Aprobación del informe

(312) El Comité aprobó este informe.

Tema 16. Clausura de la reunión

(313) El Presidente cerró la Reunión el viernes 24 de junio de 2011.

Anexo 1

Programa y resumen de documentos de la XIV Reunión del CPA

1. APERTURA DE LA REUNIÓN	
2. APROBACIÓN DEL PROGRAMA	
SP 1	*Programa y calendario de trabajo de la XXXIV RCTA y XIV reunión del CPA*
3. DELIBERACIONES ESTRATÉGICAS SOBRE EL TRABAJO FUTURO DEL CPA	
IP 89 ASOC	*The Antarctic Environmental Protocol, 1991-2011.* Este documento hace una reflexión respecto de la protección del medio ambiente antártico desde la firma del Protocolo sobre Protección del Medio Ambiente, destacando los logros, temas, hechos y desafíos significativos.
4. FUNCIONAMIENTO DEL CPA	
WP 25 Alemania y Estados Unidos	*Presentación Oportuna de Documentos antes de las RCTA.* Este documento considera que la RCTA y el CPA pueden mejorar la eficiencia y efectividad de su trabajo al incluir en sus Reglas de Procedimiento disposiciones claras en relación con la presentación de documentos antes de las RCTA. Propone proporcionar plazos estrictos para la presentación de los WP, e incentivos para cumplir con dichos plazos, así como también remplazar las directrices actuales contenidas en la Decisión 3 (2009) mediante la aprobación de un nuevo conjunto de procedimientos.
WP 36 Australia, Francia y Nueva Zelandia	*Propuesta de método nuevo para el manejo de documentos informativos.* El presente documento propone modificaciones a las categorías de documento oficial para la Reunión del Comité del Tratado Antártico (RCTA) y el Comité para la Protección del Medio Ambiente (CPA), con el objeto de asegurar un enfoque en los documentos de trabajo que plantee temas de debate y/o decisión fundamentales, y que al mismo, tiempo conserve un método formal para intercambiar información valiosa entre las Partes y otros participantes de las reuniones. Se presentan un proyecto de Decisión y una sugerencia de revisión de las *Directrices para la presentación, traducción y distribución de documentos para la RCTA y el CPA.*
IP 71 Italia	*Annual Report Pursuant to Article 17 of the Protocol on Environmental Protection to the Antarctic Treaty 2009-2010.*

| IP 93 Ucrania | *Annual Report Pursuant to Article 17 of the Protocol on Environmental Protection to the Antarctic Treaty* |
| IP 113 PNUMA y ASOC | *Review of the Implementation of the Madrid Protocol: Annual report by Parties (Article 17).* Este documento trata sobre el deber de presentar un informe anual establecido en el Artículo 17 del Protocolo, al analizar el nivel de cumplimiento de las Partes a partir de la entrada en vigencia del Protocolo de Madrid. |

5. IMPLICACIONES DEL CAMBIO CLIMÁTICO PARA EL MEDIO AMBIENTE: ENFOQUE ESTRATÉGICO	
WP 43 Reino Unido y Noruega	*Desarrollar una metodología simple para clasificar las Zonas Antárticas Especialmente Protegidas según su vulnerabilidad al cambio climático.* Teniendo en cuenta que el sistema de áreas protegidas es una herramienta importante para gestionar las implicaciones del cambio climático, el Reino Unido y Noruega proponen realizar el primer intento de clasificar las zonas protegidas existentes según su vulnerabilidad y riesgo al cambio climático.
WP 44 Reino Unido y Noruega	*Informe de avance de la RETA referido al cambio climático.* El Reino Unido y Noruega han elaborado este documento para facilitar el análisis en curso de la RCTA de las conclusiones y recomendaciones planteadas en la Reunión de Expertos del Tratado Antártico (RETA) de 2010 sobre el cambio climático. La tabla de resumen incluida en el Anexo A registra las acciones llevadas a cabo hasta la fecha por el CPA y la RCTA en relación con cada una de las 30 recomendaciones de la RETA. El Reino Unido y Noruega proponen que la RCTA le asigne a la Secretaría el mantenimiento y la actualización de la presente tabla para informar los futuros debates sobre las recomendaciones de la RETA, hasta tanto se haya completado la totalidad.
IP 52 SCAR	*Antarctic Climate Change and the Environment – 2011 Update.* Este documento contiene la segunda actualización presentada ante la RCTA desde la publicación del informe del SCAR sobre el Cambio Climático Antártico y el Medioambiente, y destaca algunos avances recientes en la investigación científica sobre el clima antártico y sus impactos sobre el ambiente.
IP 56 UICN	*Marine Spatial Protection and Management under the Antarctic Treaty System: new opportunities for implementation and coordination.* La UICN solicita que las Partes trabajen en estrecha colaboración con la CCRVMA a fin de identificar áreas relevantes de gran escala que sean de interés para ambos organismos.

IP 65 Estados Unidos	*Frontiers in Understanding Climate Change and Polar Ecosystems Workshop Report.* Este documento informa acerca de un taller al que asistieron científicos en temas polares y no polares, a fin de explorar si existen nuevas capacidades disponibles para estudiar los ecosistemas de distintas maneras que puedan arrojar luz respecto de cuestiones relacionadas con el movimiento de especies, cambios en la estacionalidad, retroalimentación en cuanto a la manera en que los cambios en estos patrones pueden relacionarse con el cambio climático.
IP 83 ASOC	*An Antarctic Climate Change Communication Plan.* En este documento, la ASOC proporciona un proyecto de plan de comunicación, a fin de contribuir a la implementación de la Recomendación 2 de la RETA sobre el Cambio Climático.
IP 88 ASOC	*Ocean Acidification and the Southern Ocean.* La ASOC informa acerca del impacto de la acidificación de la química y organismos del Océano Austral. Recomienda intensificar la investigación en cuanto a la absorción y distribución de dióxido de carbono en el Océano Austral, así como también el establecimiento de una red de ZMP y reservas marinas como herramienta para eliminar otros factores de tensión a fin de contribuir a desarrollar la capacidad de recuperación del ecosistema.
IP 103 IAATO	*IAATO's Climate Change Working Group: Report of Progress.* Este documento informa acerca de los objetivos y actividades del Grupo de Trabajo sobre el Cambio Climático de la IAATO, las cuestiones analizadas en la última reunión general de la IAATO, e iniciativas para el futuro.
6. EVALUACIÓN DEL IMPACTO AMBIENTAL	
6a) Proyectos de evaluación medioambiental global	
WP 7 Australia	*Informe del grupo de contacto abierto intersesional para considerar el proyecto de CEE para la "Construcción y Operación de la Base Jang Bogo, bahía Terra Nova, Antártida".* Este documento informa acerca del resultado de la revisión intersesional realizada por un GCI coordinado por Australia, de conformidad con los Procedimientos del CPA, del proyecto de CEE elaborado por la nueva estación de la República de Corea.
WP 14 Noruega	*Informe del grupo de contacto abierto intersesional para considerar el Proyecto de CEE para la "Propuesta de exploración del lago subglacial Ellsworth, Antártida".* Este documento informa acerca del resultado de la revisión intersesional realizada por un GCI coordinado por Noruega, de conformidad con los Procedimientos del CPA, del proyecto de CEE elaborado para la propuesta de exploración del lago subglacial Ellsworth.

WP 16 Reino Unido	*Proyecto de Evaluación Medioambiental Global (CEE) para la propuesta de exploración del lago subglacial Ellsworth, Antártida.* Este documento describe los antecedentes y objetivos de la exploración del lago subglacial Ellsworth, y el proceso de elaboración, difusión y conclusiones del proyecto de CEE.
WP 42 República de Corea	*Proyecto de Evaluación Medioambiental Global para la construcción y operación de la Estación de Investigación Antártica Jang Bogo en la Bahía de Terra Nova en la Antártida.* Este documento informa acerca del proceso de elaboración y difusión del proyecto de CEE, así como también de sus contenidos, e incluye el resumen no técnico como anexo.
IP 13 Reino Unido	*The Draft Comprehensive Environmental Evaluation (CEE) for the Proposed Exploration of Subglacial Lake Ellsworth, Antarctica.* Este documento presenta la versión completa del proyecto de CEE.
IP 19 República de Corea	*The Draft Comprehensive Environmental Evaluation for the construction and operation of the Jang Bogo Antarctic Research Station, Terra Nova Bay, Antarctica.* Este documento presenta la versión completa del proyecto de CEE.
IP 76 República de Corea	*The Initial Responses to the Comments on the Draft Comprehensive Environmental Evaluation for Construction and Operation of the Jang Bogo Antarctic Research Station, Terra Nova Bay, Antarctica.* Este documento proporciona respuestas preliminares a diversos comentarios planteados por las Partes respecto del proyecto de CEE.
6b) Otros temas relacionados con la evaluación del impacto ambiental	
WP 54 Federación de Rusia	*Tecnología para la investigación de los estratos de agua del lago subglacial Vostok.* Este documento informa que durante febrero de 2011, el pozo de hielo en la estación Vostok llegó muy cerca de la interfaz de hielo/agua, y que es probable que la apertura al agua del lago ocurra durante la temporada estival de 2011-12, utilizando la tecnología diseñada por la Federación de Rusia en 2001, y en cumplimiento de la CEE final aprobada en 2010.
SP 5 rev. 1 Secretaría	*Lista anual de Evaluaciones medioambientales iniciales (IEE) y Evaluaciones medioambientales globales (CEE) preparadas entre el 1 de abril de 2010 y el 31 de marzo de 2011.* La Secretaría informará acerca de la lista de IEE y CEE para el período de información más reciente.
IP 64 India	*Final Comprehensive Environmental Evaluation (CEE) of New Indian Research Station at Larsemann Hills, Antarctica and Update on Construction Activity.* India informa acerca de la incorporación de sugerencias recibidas con respecto a la versión final de la CEE, de su difusión a las Partes, y acerca del proceso de construcción de la Estación.

IP 72 Estados Unidos	*Methodology for clean access to the subglacial environment associated with the Whillans Ice Stream.* Este documento informa acerca de un proyecto enfocado en abordar el potencial de la Capa de Hielo de la Antártida Occidental para hacer una importante contribución en la elevación del nivel del mar que se prevé en el futuro cercano, y la presencia de microorganismos y hábitats microbianos en los oscuros y fríos entornos acuáticos subglaciales.
IP 84 ASOC	*Antarctic Tourism – What Next? Key Issues to Address with Binding Rules.* Este documento trata tres temas que, según la ASOC ha identificado, requieren especial atención de las entidades reguladoras: El turismo antártico como un tema dinámico, de múltiples escalas; las presiones ambientales del turismo; y la aplicación de los actuales instrumentos disponibles.
IP 87 ASOC	*Land-Based Tourism in Antarctica.* Este documento examina la interrelación entre el turismo comercial por tierra y el uso de infraestructuras de programas nacionales, así como también los recientes desarrollos en materia de turismo por tierra.
IP 123 Ecuador	*Estudio de Impacto Ambiental Ex-post de la Estación Científica Ecuatoriana "Pedro Vicente Maldonado". Isla Greenwich-Shetland del Sur-Antártida, 2010-2011.* Este documento informa acerca de la evaluación del impacto ambiental asociada a las XIV y XV expediciones antárticas ecuatorianas, y presenta un Plan de Gestión Ambiental para la realización de actividades ecuatorianas en la Antártida.

7. PROTECCIÓN DE ZONAS Y PLANES DE GESTIÓN

7a) Planes de Gestión

i. Proyectos de planes de gestión que habían sido examinados por el Grupo Subsidiario sobre Planes de Gestión

WP 47 Australia	*Grupo Subsidiario sobre Planes de Gestión – Informe sobre los Términos de Referencia 1 y 3: Revisión de los proyectos de planes de gestión.* El GSPG revisó un proyecto de plan de gestión de ZAEP remitido por el CPA para su revisión entre sesiones. El GSPG recomienda que el CPA apruebe el plan de gestión revisado preparado por el Reino Unido, Chile y España para la ZAEP 126, península Byers.

ii. Proyectos de planes de gestión revisados que no habían sido examinados por el Grupo Subsidiario sobre Planes de Gestión

WP 3 Francia	*Plan de gestión revisado para la ZAEP N° 120, Archipiélago Punta Géologie, Tierra de Adelia.* Francia informa acerca de la revisión quinquenal del plan de gestión para la ZAEP 120, al observar que sólo se han realizado cambios menores a fin de esclarecer el texto y eliminar ciertas ambigüedades en la versión actual. Se recomienda también que el CPA apruebe el Plan de Gestión revisado para esta Zona que se adjunta.

WP 4 Francia	*Plan de gestión de la ZAEP N° 166, Puerto Martin, Tierra de Adelia. Propuesta de prórroga del plan existente.* Francia ha llevado a cabo una revisión quinquenal del plan de gestión de la ZAEP 166 y, de acuerdo con esta revisión, sugiere renovar el plan de gestión sin ninguna modificación por un período de cinco años.
WP 6 Estados Unidos y Chile	*Plan de gestión revisado para la Zona antártica especialmente protegida N° 149, Cabo Shirreff e Isla San Telmo, Isla Livingston, Islas Shetland del Sur.* Este documento informa que sólo se realizaron cambios menores al Plan de Gestión revisado, incluida una breve introducción, actualizaciones a las disposiciones acordadas en virtud de la CCRVMA, un requerimiento para los Programas nacionales que operan en la Zona, y correcciones editoriales.
WP 9 Estados Unidos	*Plan de gestión revisado para la Zona Antártica Especialmente Protegida N° 122 Alturas de Arrival, península Hut Point, isla Ross.* Se introdujeron algunos cambios importantes en este Plan de Gestión, incluidas diversas revisiones de los límites, una breve introducción, nuevos valores, modificaciones a algunos mapas, descripciones de la Zona y el acceso a la Zona, y cambios editoriales.
WP 23 Reino Unido	*Revisión del Plan de Gestión para la Zona Antártica Especialmente Protegida (ZAEP) N° 140, Partes de la isla Decepción, islas Shetland del Sur.* Los cambios propuestos al Plan de Gestión revisado incluyen una introducción, revisión de límites, acceso al área, mapas, y la inclusión de fotografías. Dados los cambios sustanciales introducidos en la versión revisada, el Reino Unido le solicita al Comité que envíe este Plan de Gestión para su revisión entre sesiones por parte del GSPG.
WP 29 Australia	*Plan de gestión revisado para la Zona Antártica Especialmente Protegida N° 167, isla Hawker, tierra de la Princesa Isabel.* Australia informa que ha determinado que sólo se requieren modificaciones menores al Plan de Gestión, incluida una introducción, algunos requerimientos adicionales para visitantes, mapas mejorados, una referencia al ADA y actualizaciones a la bibliografía. Australia recomienda que el CPA apruebe el Plan de Gestión revisado.
WP 31 Nueva Zelandia	*Revisión del plan de gestión para la Zona Antártica Especialmente Protegida N° 116: Valle New College, playa Caughley, cabo Bird, isla Ross.* Nueva Zelandia informa que la versión revisada del Plan de Gestión incluye información actualizada respecto de la cubierta vegetal, los invertebrados y los límites glaciares, y propone que el CPA apruebe el Plan de Gestión revisado.

WP 33 Nueva Zelandia	*Revisión del plan de gestión para la Zona Antártica Especialmente Protegida N° 131: Glaciar Canadá, lago Fryxell, valle Taylor, Tierra de Victoria.* Nueva Zelandia informa que, para el Plan de Gestión revisado, evaluó la ubicación del límite del glaciar, el borde del glaciar y los arroyos de nieve derretida en relación con los posibles cambios a causa del cambio climático, y llevó a cabo un estudio para asegurar que la biodiversidad de algas de la Zona esté bien caracterizada. Nueva Zelandia propone que el CPA apruebe el Plan de Gestión revisado.
WP 39 Reino Unido y Nueva Zelandia	*Plan de Gestión Revisado para la Zona Antártica Especialmente Administrada N° 2, Valles Secos de McMurdo, Tierra de Victoria Meridional.* Este documento informa acerca de diversas importantes modificaciones introducidas al Plan de Gestión de la ZAEA 2 durante el proceso de revisión. Se realizaron cambios en los límites de la Zona, la descripción de los valores que requieren protección, restricciones a las actividades dentro de la Zona, mapas y fotografías.
WP 50 Italia	*Plan de gestión revisado para la Zona Antártica Especialmente Protegida (ZAEP) N° 165 punta Edmonson, Mar de Ross.* Italia informa que los límites, mapas y descripciones de la Zona permanecen inalterados, y que sólo se realizaron cambios menores al Plan de Gestión revisado, principalmente en relación con una revisión de las actividades realizadas en la Zona, la actualización de la cantidad de población de aves reproductoras y las condiciones de los permisos, y la introducción de cuestiones clave de gestión relacionadas con la protección de características potencialmente sensibles del sitio.
WP 58 Federación de Rusia	*Plan de gestión revisado para la Zona Antártica Especialmente Protegida N° 127 "ISLA HASWELL" (Isla Haswell y criadero contiguo en hielo fijo de pingüinos emperador).* Rusia informa que solo se introdujeron cambios menores a la versión revisada del Plan de Gestión para la ZAEP 127.

iii. Nuevos proyectos de planes de gestión de zonas protegidas y administradas

iv. Otros asuntos relacionados con los planes de gestión de zonas protegidas y administradas

WP 10 Estados Unidos	*Desarrollo de un plan de protección especial en el glaciar Taylor y en Cataratas de Sangre, valle de Taylor, valles secos de McMurdo, Tierra de Victoria.* Los Estados Unidos proponen establecer un Grupo de trabajo internacional para analizar la protección de la zona del Glaciar de Taylor y las Cataratas de Sangre, y para desarrollar un proyecto de Plan de Gestión de ZAEP, a fin de presentarlo en la XV Reunión del CPA en 2012.

WP 13 Australia	*Grupo subsidiario sobre planes de gestión – Informe sobre los términos de referencia n° 4 y n° 5: mejoramiento de los planes de gestión y procedimientos para su revisión entre sesiones.* Este documento informa respecto de las tareas realizadas por el GSPG durante el período intersesional. En particular, informa acerca de la revisión de la *Guía para la preparación de planes de gestión para Zonas Antárticas Especialmente Protegidas,* la finalización de una plantilla que sugiera una redacción estándar para los Planes de Gestión de ZAEP, y el desarrollo de un diseño preliminar para el Taller del CPA sobre ZAEA marinas y terrestres.
WP 18 Reino Unido	*Propuesta de actividades de vigilancia en la Zona Antártica Especialmente Protegida (ZAEP) n.° 107 isla Emperador, islas Dion, bahía Margarita, Península Antártica.* Teniendo en cuenta que la continuidad de la existencia de la colonia de pingüinos emperador dentro de la ZAEP se encuentra actualmente en duda, el Reino Unido propone postergar la revisión del actual Plan de Gestión de ZAEP por 5 años, para permitir confirmar el estado de la colonia, y posteriormente analizar la acción de gestión adecuada.
SP 7 Secretaría	*Situación de los Planes de Gestión de las Zonas Antárticas Especialmente Protegidas y las Zonas Antárticas Especialmente Administradas.* Información respecto del estado de los planes de gestión de ZAEP y ZAEA, de conformidad con los requisitos de revisión del Anexo V al Protocolo.
IP 73 Estados Unidos	*Amundsen-Scott South Pole Station, South Pole Antarctica Specially Managed Area (ASMA No. 5) 2011 Management Report.* Este documento resume los continuos desafíos que presenta la gestión de diversas actividades en la ZAEA, particularmente aquellos relacionados con el aumento esperado en las actividades no gubernamentales asociadas con las celebraciones del centenario del año en que Amundsen y Scott llegaron al Polo Sur.
IP 79 Australia ,China India, Rumania, Federación de Rusia	*Informe del Grupo de Gestión de la Zona Antártica Especialmente Administrada (ZAEA) de las colinas de Larsemann.* Las Partes activas en las colinas de Larsemann establecieron un Grupo de Gestión para supervisar la implementación del Plan de Gestión de la ZAEA. Este documento ofrece un breve informe de las actividades del Grupo de Gestión durante 2010-11.
IP 109 República de Corea y Argentina	*Actividades conjuntas de gestión en ZAEPs de la Isla 25 de Mayo (King George), Islas Shetland del Sur.* Este documento informa acerca de las actividades entre la República de Corea y Argentina, a fin de iniciar una revisión de la gestión ambiental de dos ZAEP en la isla Rey Jorge (isla 25 de Mayo) y en las islas Shetlands del Sur: ZAEP 132 y ZAEP 171.

IP 115 República de Corea	*Fauna Survey of the ASPA 171 Narębski Point, ASPA 150 Ardley Island and ASPA 132 Potter Peninsula in 2010-11.* Este documento informa acerca de un estudio destinado a formular un plan de gestión integral para la ZAEP 171.
IP 131 Argentina, Chile, Noruega, España, Reino Unido, Estados Unidos	*Deception Island Specially Managed Area (ASMA) Management Group Report*

7b) Sitios y monumentos históricos	
WP 5 China	*Propuesta para añadir el edificio N°1 que conmemora la expedición antártica de China a la estación Gran muralla, a la lista de Monumentos y sitios históricos.* Este documento propone incluir el primer edificio permanente construido por China en la Antártida como nuevo SMH.
WP 27 Argentina	*Informe de los debates informales sobre Sitios y Monumentos Históricos.* Este documento informa acerca de los resultados de los debates informales sobre Sitios y Monumentos Históricos, que se centran tanto en la evaluación de qué aspectos se consideran como "históricos", como en la inclusión del concepto más integral de "mejora" para abordar los SMH en la Antártida.
WP 59 Chile	*Propuesta de modificación del Monumento Histórico N° 82. Instalación de Placas Conmemorativas en el Monumento al Tratado Antártico.* Chile informa acerca de la instalación de una placa conmemorativa de los Años Polares Internacionales en el "Monumento al Tratado Antártico", erigido en las cercanías de las estaciones Frei, Bellingshausen y Escudero en la isla Rey Jorge (isla 25 de Mayo), de conformidad con lo dispuesto en la Medida 3 (2007).
IP 117 Chile	*Inauguración de la instalación de Placas Conmemorativas en el Monumento al Tratado Antártico.* Este documento contiene el discurso del Embajador Fernando Schmidt, Subsecretario de Relaciones Exteriores de Chile, en la inauguración de las placas conmemorativas de los años Polares Internacionales, instaladas el 1° de febrero de 2011 en el Monumento al Tratado Antártico situado en la isla Rey Jorge (isla 25 de Mayo).
IP 130 Argentina	*Actualización de las actividades de mejoramiento del SMH N° 38, Cerro Nevado*

7c) Directrices para sitios	
WP 17 Reino Unido, Argentina, Chile, Noruega, España y Estados Unidos	*Revisión de las directrices de sitio para la caleta Balleneros, isla Decepción, islas Shetland del Sur.* Este documento informa acerca de los cambios propuestos en las directrices revisadas, respecto de una mejor identificación de la zona de aterrizaje, revisiones de los mapas y de las Notas Preventivas, y la corrección de errores tipográficos menores.
WP 30 Nueva Zelandia y Estados Unidos	*Directrices para el área de visitantes del valle de Taylor, Tierra de Victoria Sur.* Este documento propone la adopción de directrices para sitios para esta zona en los valles secos de McMurdo, destinadas a minimizar el riesgo de presiones relacionadas con los visitantes en este sitio de destacada belleza y riqueza natural, y que serán utilizadas en conjunto con el Plan de Gestión de la ZAEA 2.
WP 45 Australia	*Informe del grupo de contacto intersesional abierto sobre la revisión de los elementos ambientales de la Recomendación XVIII-1.* Este documento informa acerca de las conclusiones del GCI convocado por Australia a fin de: revisar las actuales notas ambientales orientadoras para visitantes; formular orientaciones revisadas y actualizadas y considerar la forma en que el CPA podría asesorar mejor las nuevas directrices para sitios y revisar las actuales directrices con regularidad. El GCI desarrolló directrices actualizadas para visitantes basándose en la Recomendación XVIII-1, las cuales se presentan para su consideración por parte del CPA junto con un proyecto de Resolución para ser aprobado en la RCTA. El documento también proporciona recomendaciones respecto de la manera en que el CPA podría considerar nuevas directrices y revisar las directrices actuales de manera efectiva y eficiente.
WP 49 Chile y Argentina	*Directrices para la playa noreste de península Ardley (isla Ardley), isla Rey Jorge (isla 25 de Mayo), islas Shetland del Sur.* Luego de recibir y considerar los comentarios de las Partes durante el período entre sesiones, Chile y Argentina propusieron estas directrices revisadas a fin de optimizar la gestión del creciente número de visitantes en la zona.
WP 52 Australia	*Guía para el visitante de las Cabañas de Mawson y Cabo Denison, Antártida Oriental.* Este documento propone adoptar las directrices de sitio, destinadas a contribuir con la gestión de las visitas a este sitio de notable valor histórico, arqueológico, técnico, social y estético.
IP 9 Estados Unidos	*Antarctic Site Inventory: 1994-2011.* Este documento proporciona información actualizada respecto del Inventario de sitios antárticos, que ha recopilado datos biológicos e información descriptiva de sitios en la Península Antártica desde 1994.

IP 12 Bulgaria	*Guidelines of environmental behavior of the expedition participants and visitors to the Bulgarian Base in Antarctica.* Este documento informa acerca de un conjunto integral de directrices para el personal y los visitantes a la Estación St. Kliment Ohridski.
IP 23 Estados Unidos y Reino Unido	*Antarctic Peninsula Compendium, 3rd Edition.* Este compendio incluye información acerca de 142 sitios que los turistas u otras personas visitan con regularidad, sitios con información histórica de censos, estaciones de investigación nacionales, sitios dentro de ZAEA y algunas ZAEP.
IP 104 IAATO	*Proposed Amendment to Antarctic Treaty Site Guidelines for Hannah Point.* Este documento propone una enmienda a las Directrices para sitios, a raíz de un incidente en el que un elefante marino, posiblemente molestado por los visitantes, cayó de un acantilado.
IP 105 IAATO	*Report on IAATO Operator use of Antarctic Peninsula Landing Sites and ATCM Visitor Site Guidelines, 2009-10 & 2010-11* SEASONS. La IAATO informa que la mayoría de los sitios de aterrizaje se encuentran contemplados en las Directrices para sitios o bajo la gestión de los Programas Nacionales en función de su cercanía a las estaciones. La IAATO sugiere que dos sitios deben adoptar directrices para sitios para visitantes en el futuro cercano.
IP 110 Ucrania	*Ukraine policy regarding visits by tourists to Vernadsky station.* Este documento informa acerca de políticas orientadas a los visitantes de la estación, elaboradas en un formato de Directrices para sitios para visitantes, que facilitan su comprensión y uso por parte de la tripulación de embarcaciones en expediciones turísticas.
IP 126 Ecuador	*Manejo Turístico para la Isla Barrientos.* Este documento informa acerca de la observación de actividades turísticas en las cercanías de la Estación Pedro Vicente Maldonado, y de un programa de seguimiento destinado a mejorar las directrices para turistas en la zona.

7d) La huella humana y los valores silvestres	
WP 35 Nueva Zelandia	*Comprender los conceptos de huella y vida silvestre en relación con la protección del entorno antártico.* Este documento define los términos "Huella" y "Vida silvestre en la Antártida", y propone la posibilidad de definir mecanismos para que el CPA evalúe la posibilidad de llevar a cabo una gestión más activa de la vida silvestre, de conformidad con los Principios Ambientales establecidos en el Artículo 3 del Protocolo.
IP 1 Estados Unidos	*Temporal and spatial patterns of anthropogenic disturbance at McMurdo Station, Antarctica.* Este documento informa que la Fundación Nacional de Ciencia ha fundado un programa de seguimiento a largo plazo que analiza los impactos de la ciencia y las actividades logísticas en la Estación McMurdo, la mayor estación científica en la Antártida.

IP 2 Estados Unidos	*The historical development of McMurdo Station, Antarctica, an environmental perspective.* Informe basado en una publicación científica sobre un programa de seguimiento de largo plazo que analiza los impactos de la ciencia y las actividades logísticas en la Estación McMurdo.
IP 43 Uruguay	*Hallazgo de restos de actividad humana previa a 1958, en la costa norte de la Isla Rey Jorge / 25 de Mayo.* En una playa en la costa norte de la isla Rey Jorge / 25 de Mayo, se encontraron restos de actividad humana previa a 1958, actualmente bajo análisis a fin de establecer una línea de investigación que contempla múltiples disciplinas, incluida la arqueología, antropología, historia y zonas de protección ambiental.
IP 86 ASOC	*Evolution of Footprint: Spatial and Temporal Dimensions of Human Activities.* Al proporcionar diversos ejemplos de casos del estudio de la huella humana en la Antártida, la ASOC considera que las actividades humanas no sólo tienen una dimensión espacial, sino también una dimensión temporal y que, en conjunto, ambas dimensiones definen la *evolución* de la huella a través del tiempo, que puede expandirse o contraerse, y ser perdurable durante más o menos tiempo, según el caso.

7e) Protección y gestión del espacio marino	
SP 6 Secretaría	*Resumen del trabajo del CPA sobre Zonas Marinas Protegidas.* Este documento resume los debates en el CPA acerca de las Zonas Marinas Protegidas, y analiza la cooperación entre el CPA y la CCRVMA. mediante la revisión de informes y documentos del CPA y de talleres, presentados en dichas reuniones.
IP 56 IUCN	*Marine Spatial Protection and Management under the Antarctic Treaty System: new opportunities for implementation and coordination.* La UICN solicita que las Partes trabajen en estrecha colaboración con la CCRVMA a fin de identificar áreas relevantes de gran escala que sean de interés para ambos organismos.
IP 90 ASOC	*The Southern Ocean MPA Agenda – Matching Words and Spirit with Action.* La ASOC les solicita a las PCTA y a los miembros de la CCRVMA a hacer un uso efectivo del próximo taller sobre Zonas Marinas Protegidas que se realizará en agosto en Brest, Francia, a fin de realizar avances en el trabajo necesario para asegurar la designación de un sistema representativo de ZMP para 2012.
IP 92 ASOC	*The Ross Sea: A Valuable Reference Area to Assess the Effects of Climate Change.* Este documento propone la inclusión de la plataforma y talud del mar de Ross en la red de zonas marinas protegidas actualmente en implementación en el Océano Austral, y la protección de la red trófica y los procesos del ecosistema en el mar de Ross, contra las actividades de extracción que comprometerán su valor como zona de referencia.

7f) Otros asuntos relacionados con el Anexo V	
WP 32 Australia	*Mejora de la base de datos sobre zonas antárticas protegidas a fin de facilitar la evaluación y el desarrollo del sistema de zonas protegidas* Luego de su propuesta en la XIII Reunión del CPA, y previa consulta entre sesiones, Australia propone que el CPA: acordara la ampliación de la base de datos sobre Zonas Antárticas Protegidas, para incluir información adicional relevante que debe ser proporcionada por los proponentes al presentar los planes de gestión, que animara a los proponentes a poner a disposición los límites de las zonas en un formato digital adecuado para ser utilizado en un sistema de información geográfica (SIG), siempre que fuera posible, y que le solicitara a la Secretaría que adopte las medidas necesarias para implementar estos cambios.
WP 41 Chile y Alemania	*Cuarto informe de progreso acerca de las deliberaciones del Grupo de Trabajo Internacional sobre las posibilidades para la gestión ambiental de la península Fildes y la isla Ardley.* Este documento informa acerca de los avances realizados por el GTI en la gestión de la península Fildes, y de las tareas pendientes para su finalización. Los convocantes proponen celebrar una reunión del GTI durante la XIV reunión del CPA en Buenos Aires, a fin de continuar con los debates respecto de todos los aspectos relacionados con la naturaleza, alcance y características de un esquema de gestión para la región.
WP 57 Federación de Rusia	*Sobre la necesidad de realizar un constante monitoreo de los valores de las Zonas Antárticas Especialmente Protegidas y de las Zonas Antárticas Especialmente Administradas.* Este documento sugiere que, a fin de saber si las medidas adoptadas son suficientes para preservar los valores de naturaleza viviente protegidos en las ZAEP o ZAEA, las decisiones de gestión que deben ser consideradas durante la revisión de los planes de gestión deben basarse en la información relativa a la situación de los valores de naturaleza viviente, como resultado de programas de seguimiento adecuados.
IP 24 Alemania	*Progress Report on the Research Project "Current Environmental Situation and Management Proposals for the Fildes Region (Antarctic)".* Este documento informa acerca de los antecedentes de este proyecto de investigación, y acerca de los pasos a seguir.
IP 69 Australia	*Summary of Key Features of Antarctic Specially Managed Areas.* Este documento presenta un resumen de las principales características de las siete Zonas Antárticas Especialmente Administradas actuales, utilizando información obtenida de los planes de gestión.

IP 102 Federación de Rusia	*Present Zoological Study at Mirny Station Area and at ASPA No.127 "Haswell Island".* Este documento informa acerca de estudios de zoología y programas de seguimiento en la zona desde 1955, al destacar que los mamíferos marinos y las aves demuestran ser indicadores sensibles de los cambios ambientales y, principalmente, los cambios en el ecosistema oceánico.
IP 109 República de Corea	*Actividades conjuntas de gestión en las ZAEP de la isla 25 de Mayo (Rey Jorge) e Islas Shetland del Sur.* Este documento informa acerca de las actividades conjuntas entre la República de Corea y Argentina, a fin de iniciar una revisión de la gestión ambiental de dos ZAEP en la isla Rey Jorge (isla 25 de Mayo) y en las islas Shetlands del Sur: ZAEP 132 y ZAEP 171.

8. CONSERVACIÓN DE LA FLORA Y FAUNA ANTÁRTICAS

8a) Cuarentena y especies no autóctonas

WP 12 COMNAP y SCAR	*Generar conciencia acerca de la introducción de especies no autóctonas: resultados de los talleres y listas de verificación para los gestores de cadena de suministro.* Este documento informa acerca de los resultados de un taller realizado en 2010, que debate los resultados preliminares del proyecto "Aliens in Antartica" del API. El COMNAP y el SCAR alientan al CPA a evaluar la posibilidad de incluir en el "Manual de especies no autóctonas" propuesto, que actualmente se está analizando, las listas de verificación del COMNAP/SCAR.
WP 34 Nueva Zelandia	*Informe 2010- 2011 del Grupo de Contacto Intersesional sobre especies no autóctonas.* Nueva Zelandia informa acerca del segundo año de trabajo del GCI. Este documento informa acerca de la conclusión del grupo respecto del objetivo general y principios rectores fundamentales que guiarán las acciones de las Partes a fin de abordar los riesgos planteados por las especies no autóctonas. Se presenta un Manual sobre especies no autóctonas que contiene directrices y recursos de aplicación generales para colaborar con la prevención, la vigilancia y la respuesta a la introducción de especies no autóctonas.
WP 53 SCAR	*Medidas para reducir el riesgo de introducción de especies no autóctonas a la región antártica en relación con alimentos frescos.* El SCAR informa acerca del desarrollo de medidas prácticas y sencillas para reducir el riesgo de introducir especies no autóctonas dentro de la zona del Tratado Antártico, mediante alimentos frescos, y solicita comentarios respecto de estas directrices, como base para el desarrollo y posible aprobación de directrices formales del CPA a través del Grupo de Contacto Intersesional sobre especies no autóctonas.

IP 26 Alemania	*Progress Report on the Research Project "Current Environmental Situation and Management Proposals for the Fildes Region (Antarctic)"*. Este documento describe los resultados preliminares del proyecto de investigación.
IP 32 Francia	*Report on IPY Oslo Science Conference Session on Non-Native Species*. Este documento de información compila los resultados científicos de la Conferencia Científica del API en Oslo, sobre las especies no autóctonas en las regiones polares, a fin de contribuir al debate del Comité respecto de este tema.
IP 50 Reino Unido y Uruguay	*Colonisation status of known non-native species in the Antarctic terrestrial environment (updated, 2011)*. Este documento informa acerca del desarrollo de los conocimientos sobre especies no autóctonas terrestres, y brinda información respecto de nuevas ubicaciones informadas, y de las iniciativas necesarias a fin de erradicar dichas especies.
IP 68 Australia y SCAR	*Alien Species Database*. Australia informa que el Centro de Datos Antárticos ha incorporado un formulario en línea para el ingreso de registros, y una función para cargar imágenes de observaciones y recolecciones.

8b) Especies especialmente protegidas

8c) Otros asuntos relacionados con el Anexo II

WP 38 Alemania	*Foro de debate de autoridades competentes sobre la Antártida (DFCA): Impactos del sonido submarino en las aguas antárticas*. Con base en la importante amenaza del sonido submarino antropogénico sobre el ecosistema marino, Alemania propone dar nuevo ímpetu al DFCA, al organizar un taller para analizar la evaluación por parte de Autoridades Competentes respecto de este tema en particular, y presentar los resultados en la XV Reunión del CPA.
IP 27 Alemania	*Progress Report on the Research Project 'Whale Monitoring Antarctica*. Este proyecto apunta a mejorar la comprensión de la distribución y abundancia de las ballenas antárticas, y proporcionar información confiable a fin de evaluar el impacto del sonido sobre estas ballenas.
IP 29 Alemania	*Potential of Technical Measures to Reduce the Acoustical Effects of Airguns*. Este documento informa acerca de datos recientes sobre la reducción del ruido para los sistemas a base de pistolas de aire, así como también acerca de posibles equipos y métodos acústicos alternativos.

IP 33 SCAR	*SCAR's code of conduct for the exploration and research of subglacial aquatic environments.* El SCAR proporciona lineamientos a la comunidad científica interesada en explorar y llevar a cabo investigaciones en los entornos acuáticos subglaciales antárticos.
IP 53 SCAR	*SCAR's Code of Conduct for the Use of Animals for Scientific Purposes in Antarctica.* El código de conducta propuesto por el SCAR proporciona principios rectores a la comunidad científica para la investigación con animales.
IP 94 Noruega	*Use of dogs in the context of a commemorative centennial expedition.* Este documento informa que las autoridades noruegas recibieron y analizaron una notificación para una expedición en la Antártida, que incluye el empleo de perros. Esta acción se encuentra prohibida en virtud del Anexo II y de la legislación de Noruega, y no se concedió una exención de esta prohibición.
9. VIGILANCIA AMBIENTAL E INFORMES SOBRE EL ESTADO DEL MEDIO AMBIENTE	
WP 15 rev. 1 Reino Unido	*Técnicas de teledetección para una vigilancia más efectiva del cambio ambiental y climático en la Antártida.* El Reino Unido informa respecto de las ventajas de la teledetección en comparación con otras técnicas para la vigilancia del medio ambiente antártico y el estudio de los efectos del cambio climático regional. Recomienda que el CPA respalde el potencial de esta herramienta y que continúe explorando otras aplicaciones.
IP 8 COMNAP	*COMNAP Energy Management Workshop.* Este documento resume los resultados del taller realizado en Buenos Aires en 2010, durante la Asamblea Anual del COMNAP.
IP 35 Rumania	*Environmental Monitoring and Ecological Activities in Antarctica, 2010-2012.* Este documento informa acerca de investigaciones que se centrarán en las consecuencias del cambio climático en la biología y ecosistemas de las zonas polares.
IP 51 Australia y SCAR	*The Southern Ocean Observing System (SOOS): An update.* Este documento presenta una actualización de un documento de información presentado el año pasado, y resume los avances realizados en el diseño y la implementación de un Sistema de Observación del Océano Austral (SOOS) durante el año pasado.
10. INFORMES DE INSPECCIONES. PROGRESO DEL AÑO POLAR INTERNACIONAL	
WP 1 Japón	*Inspección realizada por Japón de acuerdo con el Artículo VII del Tratado Antártico y el Artículo XIV del Protocolo de Protección Ambiental.* Este documento informa acerca de los resultados de las inspecciones realizadas por Japón en seis estaciones antárticas entre el 29 de enero y el 10 de febrero de 2010.

WP 51 Australia	*Inspecciones de Australia dentro del marco del Tratado Antártico y el Protocolo Ambiental: enero de 2010 y enero de 2011.* Este documento informa acerca de los resultados de las inspecciones realizadas por Australia en tres estaciones antárticas y una Zona Protegida, y una observación aérea en 2010; y las inspecciones a tres estaciones antárticas en 2011.
IP 4 Japón	*Japanese Inspection Report 2010.* Informe completo sobre la inspección realizada por Japón en 2010. 2010. (ver también el WP 1)
IP 39 Australia	*Australian Antarctic Treaty and Environmental Protocol inspections January 2010.* Informe completo de la inspección. (ver también el WP 51)
IP 40 Australia	*Australian Antarctic Treaty and Environmental Protocol inspections January 2011.* Informe completo de la inspección. (ver también el WP 51)
11. COOPERACIÓN CON OTRAS ORGANIZACIONES	
IP 10 COMNAP	*Informe del Consejo de Administradores de los Programas Nacionales Antárticos (COMNAP) A LA RCTA XXXIII*
IP 31 CCRVMA	*Informe del observador de la CC-CCRCVMA en la Decimocuarta reunión del Comité de Protección Ambiental.* Este documento informa respecto de temas de interés común entre la CC-CCRCVMA y el CPA, debatidos en la última Reunión del CC-CCRCVMA.
IP 54 SCAR	*Summary of SCAR'S Strategic Plan 2011-2016.* El SCAR describe su misión como facilitador y defensor internacional no gubernamental principal de la investigación en la región antártica, a fin de proporcionar asesoría científica objetiva y de autoridad al Tratado Antártico y demás interesados, y traer las nuevas cuestiones que se presenten a la atención de los encargados de la formulación de políticas.
IP 57 CCRVMA	*Informe del Observador del CPA al Grupo de Trabajo en Control y Gestión de Ecosistemas (GT-EMM) del CC-CCRVMA.* Este documento informa respecto de temas de interés común entre la GT-EMM del CC-CCRCVMA y el CPA, debatidos en la última Reunión.
12. ASUNTOS GENERALES	
WP 28 Australia	*Aspectos ambientales relacionados con la posibilidad práctica de reparar o remediar el daño ambiental.* En la Decisión 4 (2010), la RCTA solicitó al CPA que analizara los aspectos ambientales relacionados con la posibilidad práctica de reparar o remediar el daño ambiental en las circunstancias de la Antártida. Este documento analiza brevemente debates previos pertinentes, e identifica diversos puntos sugeridos para su inclusión en la respuesta del Comité a la Decisión.

IP 48 Australia	*Thala Valley Waste Removal.* Este documento proporciona un informe de avance sobre la eliminación de desechos del viejo sitio de eliminación de residuos en el Valle Thala, en las cercanías de la Base Casey.
IP 49 Australia	*Renewable Energy and Energy Efficiency Initiatives at Australia's Antarctic Stations.* En respuesta a la Recomendación 4 de la RETA de 2010 sobre el cambio climático, este documento proporciona un panorama de algunos ejemplos seleccionados de experiencias de gestión de la energía en Australia.
IP 61 SCAR	*The SCAR Antarctic Climate Evolution (ACE) Programme.* El Programa ACE del SCAR representa los intereses de una extensa comunidad de investigación sobre geociencia terrestre y marina, enfocado en descifrar el registro del comienzo y la respuesta de las capas de hielo antárticas a cambios climáticos pasados, tomando en cuenta diversas escalas temporales. El ACE coordina la integración entre los registros geofísicos y geológicos del comportamiento pasado de la capa de hielo y los modelos de clima, océano y capa de hielo combinados.
IP 95 Países Bajos	*Paying for Ecosystem Services of Antarctica?* Este documento describe las opciones para la introducción de modalidades de pago por sistemas de ecosistema en la Antártida, dentro del contexto del concepto de servicios de ecosistema y el concepto de Pago por Servicios de Ecosistema (PES), e incluye algunos ejemplos generales.
IP 127 Ucrania	*The Construction of an Orthodox Chapel at Vernadsky Station.* Ucrania informa acerca del proceso de construcción de la capilla y los procesos ambientales seguidos con anterioridad.

13. ELECCIÓN DE AUTORIDADES

14. PREPARATIVOS PARA LA PRÓXIMA REUNIÓN

WP 8 Australia	*Calendario propuesto para la 35ª Reunión Consultiva del Tratado Antártico, Hobart, 2012.* Este documento solicita al Comité que considere el cronograma propuesto para la XV Reunión del CPA.

15. APROBACIÓN DEL INFORME

16. CLAUSURA DE LA REUNIÓN

Apéndice 1

Proyecto de plan de trabajo del GSPG para 2011/2012

Términos de referencia	Tareas sugeridas
TdR 1 a 3	Revisar los proyectos de planes de gestión derivados por el CPA para ser sometidos a revisión intersesional y proporcionar asesoría a los proponentes
TdR 4 y 5*	Trabajo con las Partes relevantes a fin de garantizar el progreso en la revisión de los planes de gestión cuya revisión quinquenal esté vencida*
	Según corresponda, considerar tomar medidas que surjan del taller de ZAEA*
	Examinar y actualizar el plan de trabajo del GSPG
Documentos de trabajo	Preparar el informe para la XV reunión de la CPA cotejándolo con los Términos de referencia 1 a 3 del GSPG
	Preparar informe para la XV reunión de la CPA cotejándolo con los Términos de referencia 4 y 5 del GSPG

Apéndice 2

Programa Preliminar de la XV Reunión del CPA

1. Apertura de la Reunión
2. Aprobación del programa
3. Deliberaciones estratégicas sobre el trabajo futuro del CPA
4. Funcionamiento del CPA
5. Implicaciones del cambio climático para el medio ambiente: Enfoque estratégico
6. Evaluación del impacto ambiental (EIA)
    a. Proyectos de evaluación medioambiental global
    b. Otros temas relacionados con la evaluación del impacto ambiental
7. Protección de zonas y planes de gestión
    a. Planes de gestión
    b. Sitios y monumentos históricos
    c. Directrices para sitios
    d. La huella humana y los valores silvestres
    e. Protección y gestión del espacio marino
    f. Otros asuntos relacionados con el Anexo V
8. Conservación de la flora y fauna antárticas
    a. Cuarentena y especies no autóctonas
    b. Especies especialmente protegidas
    c. Otros asuntos relacionados con el Anexo II
9. Vigilancia ambiental e informes sobre el estado del medio ambiente
10. Informes de inspecciones
11. Cooperación con otras organizaciones
12. Reparación y remediación del daño ambiental
13. Asuntos Generales
14. Elección de autoridades
15. Preparativos para la próxima reunión
16. Aprobación del informe
17. Clausura de la reunión

Apéndice 3

Plan de trabajo quinquenal del CPA

Tema/ Presión medioambiental Medidas	Prioridad del CPA	Período entre sesiones	XV Reunión del CPA - 2012	Período entre sesiones	XVI Reunión del CPA - 2013	Período entre sesiones	XVII Reunión del CPA 2014	Período entre sesiones	XVIII Reunión del CPA 2015	Período entre sesiones	XIX Reunión del CPA 2016
Introducción de especies no autóctonas **Acciones:** **1. Seguir elaborando directrices y recursos prácticos para todos los operadores en la Antártida.** **2. Realizar progresos en las recomendaciones de la RETA sobre cambio climático**	1	Manual NNS cargado en sitios web. El SCAR conduce un grupo informal sobre directrices para alimentos frescos. COMNAP proporcionará asesoramiento	Analizar las medidas preventivas adicionales para su inclusión en el manual NNS, incluidas las directrices del SCAR revisadas	Miembros interesados, expertos, trabajo del NAP en medidas de monitoreo	Analizar las medidas de monitoreo adicionales para su inclusión en el manual NSS	Trabajo de las Partes interesadas, expertos y NAP en respuesta a las Medidas	Analizar medidas de respuesta adicionales para ser incluidas en el manual NSS	Preparar la revisión del manual-considerar un grupo informal de debate	Revisar el manual sobre especies no autóctonas		
Actividades turísticas y de ONG **Acciones:** **1. Proporcionar asesoramiento a la RCTA según se solicite.** **2. Realizar avances en las recomendaciones de la ATME sobre turismo marítimo**	1	NZ busca retroalimentación y prepara el proyecto de Informe	Consideración del informe del CPA y otros resultados de la RETA								
Presión Global: Cambio climático **Acciones:** **1. Considerar las implicancias del cambio climático en la gestión del medioambiente antártico** **2. Realizar progresos en las recomendaciones sobre cambio climático**	1	El Reino Unido y Noruega conducen la elaboración de una metodología para clasificar la vulnerabilidad y riesgo de las ZAIP, participación del SCAR	1) Analizar los resultados del trabajo entre sesiones sobre la metodología con el propósito de presentar un proyecto de clasificación de ZAIP. 2) realizar progresos en las recomendaciones de la RETA		Tema permanente del programa. El SCAR proporciona actualizaciones anuales		Tema permanente del programa. El SCAR proporciona actualizaciones anuales		Tema permanente del programa. El SCAR proporciona actualizaciones anuales		Tema permanente del programa. El SCAR proporciona actualizaciones anuales

Tema/ Presión medioambiental Medidas	Prioridad del CPA	Período entre sesiones	XV Reunión del CPA - 2012	Período entre sesiones	XVI Reunión del CPA - 2013	Período entre sesiones	XVII Reunión del CPA 2014	Período entre sesiones	XVIII Reunión del CPA 2015	Período entre sesiones	XIX Reunión del CPA 2016
Procesamiento de planes de gestión para zonas protegidas y administradas nuevos y revisados	1	GSPG / realiza el trabajo según el plan de trabajo acordado. Revisión de los Miembros y Asesoramiento de Expertos sobre las disposiciones y prácticas de los Planes de gestión de ZAEA. La Secretaría establece enlaces a los sitios web	Elaborar orientación para el establecimiento de ZAEA. Consideración del informe del GSPG.	GSPG / realiza el trabajo según el plan de trabajo acordado.	Consideración del GSPG / informe	GSPG / realiza el trabajo según el plan de trabajo acordado.	Consideración del GSPG / informe	GSPG / realiza el trabajo según el plan de trabajo acordado.	Consideración del GSPG / informe	GSPG / realiza el trabajo según el plan de trabajo acordado.	Consideración del GSPG / informe
Acciones: 1. Optimizar el proceso de revisión de planes de gestión nuevos y revisados. 2. Actualización de directrices actuales. 3. Realizar progresos en las recomendaciones de la RETA sobre cambio climático											
Gestión y protección del espacio marino	1	1. Envío de documentos relevantes al taller de CC-CCRVMA MPA (agosto de 2011). 2. Observador del CPA asiste al Taller del MPA y al GT-EMM	Revisión de los informes del Observador del CPA sobre WG-EMM, taller del MPA y proporcionar asesoramiento al CC de la CCRVMA		Revisión del resultado de las decisiones del ZMP-CCRVMA y revisión del Plan de trabajo del CC-CCR-VMA para posterior coordinación						
Acciones: 1. Cooperación con la CCRVMA en la biorregionalización del Océano Austral y otros intereses comunes y principios acordados. 2. Identificación y aplicación de procesos de protección espacial marina. 3. Realizar progresos en las recomendaciones de la RETA sobre cambio climático											
Funcionamiento del CPA y planificación estratégica	1		Tema permanente Revisión y enmiendas de plan de trabajo, según corresponda		Tema permanente Revisión y enmiendas de plan de trabajo, según corresponda		Tema permanente Revisión y enmiendas de plan de trabajo, según corresponda		Tema permanente Revisión y enmiendas de plan de trabajo, según corresponda		25° Aniversario del Protocolo. Revisión y enmienda del plan de trabajo, según corresponda
Acciones: 1. Mantención actualizada del Plan quinquenal con base en las circunstancias susceptibles de cambios y los requisitos de la RCTA. 2. Identificación de oportunidades de mejoramiento del CPA. 3. Consideración de objetivos de largo plazo de la Antártida (para un plazo de entre 50 y 100 años)											

Tema/ Presión medioambiental / Medidas	Prioridad del CPA	Periodo entre sesiones	XV Reunión del CPA - 2012	Periodo entre sesiones	XVI Reunión del CPA - 2013	Periodo entre sesiones	XVII Reunión del CPA 2014	Periodo entre sesiones	XVIII Reunión del CPA 2015	Periodo entre sesiones	XIX Reunión del CPA 2016
Reparación o remediación del daño al medioambiente	1	Los miembros preparan documentos referentes al legado de actividades anteriores. El SCAR, elabora recomendaciones. El COMNAP informa sobre su experiencia	Se analiza el contenido del asesoramiento a la RCTA sobre riesgos, reparación y remediación medioambiental	Posibilidad de que el GCI elabore asesoramiento. Los Miembros preparan la futura documentación	Se revisa el primer año del posible GCI.	Posibilidad de que el GCI elabore asesoramiento	Se proporciona asesoramiento a la RCTA		Se solicita a la Secretaría la elaboración y mantención de un inventario		
Acciones: 1. Elaboración de asesoramiento en respuesta a la solicitud de la Decisión 4 de la RCTA (2010) 2. Establecimiento de un inventario de sitios de actividad anterior de toda la Antártida. 3. Consideración de directrices para reparación y remediación											
Gestión de huella humana y vida silvestre	2	Consideración por las Partes interesadas	Análisis de futuras actividades con base en documentos, incluyendo las medidas contenidas en los Anexos I y 5	Informe resumido de la Secretaría de la información intercambiada sobre el inventario de actividades pasadas. ¿con aportes del COMNAP?	Continuar el análisis de los conceptos y términos "footprint" y "wilderness"						
Acciones: 1. Elaborar un entendimiento consensuado de los términos "huella" y "vida silvestre". 2. Elaborar métodos para una mejor protección de la vida silvestre en virtud de los Anexos n I y V											
Mantener la lista de sitios y monumentos históricos	2	Secretaría actualiza la lista de SMH	Tema permanente El progreso en los debates informales sobre SMH	Secretaría actualiza la lista de SMH	Tema permanente	Secretaría actualiza la lista de SMH	Tema permanente	Secretaría actualiza la lista de SMH	Tema permanente		
Acciones: 1. Mantener la lista y considerar nuevas propuestas a medida que estas surjan. 2. Considerar temas estratégicos según resulte necesario											

Tema/ Presión medioambiental Medidas	Prioridad del CPA	Periodo entre sesiones	XV Reunión del CPA - 2012	Periodo entre sesiones	XVI Reunión del CPA - 2013	Periodo entre sesiones	XVII Reunión del CPA 2014	Periodo entre sesiones	XVIII Reunión del CPA 2015	Periodo entre sesiones	XIX Reunión del CPA 2016
Monitoreo y estado de elaboración de informes medioambientales **Acciones:** 1. Identificar los indicadores e instrumentos medioambientales claves 2. Establecer un proceso para informar ante la RCTA 3 Realizar progresos en las recomendaciones de la RETA sobre cambio climático	2	Revisión del SCAR	Informe del SCAR en relación con el respaldo del SC-ADM al trabajo del CPA								
Intercambio de información **Acciones:** 1. Asignar a la Secretaría. 2. Monitorear y proporcionar un uso fácil del SEII	2	Debate informal conducido por la Secretaría	Informe de la Secretaría		Informe de la Secretaría		Informe de la Secretaría		Informe de la Secretaría		Informe de la Secretaría
Conocimientos sobre biodiversidad **Acciones:** 1. Mantener la conciencia sobre las amenazas de la biodiversidad actual 2. Realizar progresos en las recomendaciones de la RETA sobre cambio climático	2	Desde 2004 el SCAR prepara la revisión científica de los efectos en la biota del ruido en la acústica subacuática	Análisis de la actualización del SCAR sobre ruido subacuático								
Directrices específicas para sitios para lugares visitados por turistas **Acciones:** 1. Revisar las directrices específicas para sitios según se requiera. 2. Proporcionar asesoramiento a la RCTA según se requiera.	3		Tema permanente del programa, las Partes informan sobre sus revisiones de las directrices de sitios		Tema permanente del programa; las Partes informan sobre sus revisiones de las directrices de sitios		Tema permanente del programa; las Partes informan sobre sus revisiones de las directrices de sitios		Tema permanente del programa; las Partes informan sobre sus revisiones de las directrices de sitios		Tema permanente del programa; las Partes informan sobre sus revisiones de las directrices de sitios

Tema/ Presión medioambiental Medidas	Prioridad del CPA	*Período entre sesiones*	XV Reunión del CPA - 2012	*Período entre sesiones*	XVI Reunión del CPA - 2013	*Período entre sesiones*	XVII Reunión del CPA 2014	*Período entre sesiones*	XVIII Reunión del CPA 2015	*Período entre sesiones*	XIX Reunión del CPA 2016
Aplicar y mejorar las disposiciones de EIA contenidas en el Anexo I	3										
Acciones: 1. Optimizar el proceso para considerar CEE y asesorar de conformidad a la RCTA. 2. Elaborar directrices para evaluar los impactos acumulativos. 3. Mantener las Directrices para EIA sometidas a revisión 4. Considerar la aplicación de evaluaciones medioambientales estratégicas en la Antártida. 5. Realizar progresos en las recomendaciones de la RETA sobre cambio climático		Establecer un GCI para revisar los proyectos de CEE según se requiera	Consideración de informes de GCI sobre los proyectos de CEE, según se requiera	Establecer un GCI para revisar los proyectos de CEE según se requiera	Consideración de informes de GCI sobre los proyectos de CEE, según se requiera	Establecer un GCI para revisar los proyectos de CEE según se requiera	Consideración de informes de GCI sobre los proyectos de CEE, según se requiera	Establecer un GCI para revisar los proyectos de CEE según se requiera	Consideración de informes de GCI sobre los proyectos de CEE, según se requiera	Establecer un GCI para revisar los proyectos de CEE según se requiera	Consideración de informes de GCI sobre los proyectos de CEE, según se requiera
Especies especialmente protegidas	3										
Acciones: Considerar la catalogación de propuestas y su eliminación del catálogo, según se requiera.											
Examen general del sistema de zonas protegidas / ADA	3	La Secretaría modifica la base de datos, tal como se menciona en la Resolución XX/WP 32. Los miembros comienzan a trabajar expandiendo la base de datos con datos sobre espacio; La Secretaría mantiene la base de datos de ZP.					Se analizan las posibles implicancias de un análisis de brecha basado en el ADA				
Acciones: 1. Aplicar el Análisis de dominios ambientales (ADA) con objeto de mejorar el sistema de zonas protegidas. 2. Realizar progresos en las recomendaciones de la RETA sobre cambio climático 3. Mantener y desarrollar la base de datos de Zonas Protegidas											

Tema/ Presión medioambiental Medidas	Prioridad del CPA	Período entre sesiones	XV Reunión del CPA - 2012	Período entre sesiones	XVI Reunión del CPA - 2013	Período entre sesiones	XVII Reunión del CPA 2014	Período entre sesiones	XVIII Reunión del CPA 2015	Período entre sesiones	XIX Reunión del CPA 2016
Medidas de respuesta ante emergencias y planificación de contingencia **Acciones:** 1. Realizar progresos en las recomendaciones de la ATME sobre turismo marítimo 2. Se da asesoramiento en respuesta a la solicitud de la Decisión 4 de la RCTA (2010)	3	Los Miembros consideran la experiencia y posibles documentos para asesoramiento sobre progreso a la RCTA	Se discute el trabajo y la relevancia con el tema de Reparación y remediación, también en relación con la solicitud de la RCTA	Trabajo de análisis	GCI	Análisis	GCI	Análisis	GCI	Recomendaciones finales a la RCTA	
Actualización de protocolo y revisión de los Anexos **Acciones:** 1. Preparar un cronograma basado en prioridades para la revisión de los anexos restantes.	3				Requiere análisis por parte del CPA sobre la necesidad y objetivos de revisar los anexos al Protocolo						
Inspecciones (Artículo 14 del Protocolo) **Acciones:** 1. Revisar los informes de inspecciones según se requiera.	3		Tema permanente		Tema permanente		Tema permanente		Tema permanente		
Desechos **Acciones:** 1. Elaborar directrices para la mejor práctica en la eliminación de desechos, incluyendo los desechos humanos.	3		El COMNAP proporciona información para una mejor gestión de desechos				El COMNAP revisa la información del taller de gestión de desechos realizado en 2006				

Tema/ Presión medioambiental Medidas	Priori-dad del CPA	*Periodo entre sesiones*	XV Reunión del CPA - 2012	*Periodo en-tre sesiones*	XVI Reunión del CPA - 2013	*Periodo entre sesiones*	XVII Reunión del CPA 2014	*Periodo entre sesiones*	XVIII Reunión del CPA 2015	*Periodo entre sesiones*	XIX Reunión del CPA 2016
Gestión energética	4										
Acciones: Elaborar directrices para la mejor práctica en la gestión energética en las estaciones y bases.											
Difusión y educación	4										
Acciones: 1. Revisar los actuales ejemplos e identificar oportunidades para una mayor educación y difusión.			[Por resolver debate en RCTA 34]				Tiempo destinado al debate				

187

3. Apéndices

Declaración sobre la cooperación antártica en ocasión del 50° aniversario de la entrada en vigor del Tratado Antártico

Con ocasión del 50° Aniversario de la entrada en vigor del Tratado Antártico el 23 de junio de 1961, las Partes Consultivas del Tratado Antártico,

Señalando que el año 2011 es además el año del 50° aniversario de la primera Reunión Consultiva del Tratado Antártico y el 20° Aniversario de la apertura a la firma del Protocolo al Tratado Antártico sobre Protección del Medio Ambiente,

Reafirmando la Declaración Ministerial de Washington del 6 de abril de 2009 sobre el 50° Aniversario de la firma del Tratado Antártico (XXXII RCTA),

Destacando que las Partes Consultivas y No Consultivas han estado aplicando en forma consistente las disposiciones del Tratado Antártico, incluyendo el Artículo IV, tanto individual como colectivamente, consolidándose de este modo la cultura de cooperación antártica internacional en paz y armonía consagrada en el Tratado,

Confirmando que el Protocolo al Tratado Antártico sobre Protección del Medio Ambiente y sus Anexos juegan un importante papel en la protección del medio ambiente antártico y sus ecosistemas dependientes y asociados,

Valorando el desarrollo dinámico y pragmático del sistema del Tratado Antártico, centrado en el logro de resultados concretos, en especial en los ámbitos de la investigación científica y la protección medioambiental,

Señalando que la antedicha colaboración internacional ha contribuido a impulsar los principios y propósitos de la Carta de las Naciones Unidas,

Reconociendo que esta cooperación ha contribuido a la preservación de la paz y a la prevención de conflictos en la región,

Reconociendo que durante los últimos 50 años el Tratado Antártico ha tenido éxito en cumplir su objetivo de que la Antártida "continúe utilizándose exclusivamente para fines pacíficos y que no llegue a ser escenario u objeto de discordia internacional",

Por medio de la presente:

Reafirman su compromiso permanente de sostener el Tratado Antártico y todos los demás elementos del sistema del Tratado Antártico que se han desarrollado a partir de la entrada en vigor del Tratado,

Reafirman también su intención de mantener su sólida y eficaz cooperación en virtud del Tratado Antártico y de todos los demás elementos del sistema del Tratado Antártico mediante:

- La mejora continua de la investigación e intercambio científicos y el poner libremente a disposición las observaciones y resultados sobre la Antártida, de conformidad con el Artículo III del Tratado Antártico;

- El incremento de la cooperación logística y científica entre los programas antárticos nacionales, minimizando, a la vez, el impacto ambiental;

- La aprobación, en forma oportuna, de todas las Medidas adoptadas en la Reunión Consultiva del Tratado Antártico, de conformidad con el Tratado Antártico;

- El abordaje en forma proactiva de los futuros desafíos medioambientales, científicos, de gestión y operacionales, incluyendo, si fuese necesario, el posterior fortalecimiento del marco regulatorio del sistema del Tratado;

- La consecución de un enfoque coherente dentro del sistema de Tratado Antártico;

- La continuada identificación y abordaje de los desafíos medioambientales que surjan, y el fortalecimiento de la protección del medioambiente antártico y de sus ecosistemas dependientes y asociados, particularmente en relación con el cambio climático global y las actividades humanas en la región, incluyendo el turismo;

- El sostenido perfeccionamiento del intercambio de información entre las Partes;

- La interacción con organizaciones gubernamentales y no gubernamentales internacionales que tengan interés en la zona del Tratado Antártico;

- El fortalecimiento de la comprensión, por parte de la comunidad más amplia, incluyendo el sector académico, los encargados de tomar decisiones y el público en general, de la importancia de la cooperación internacional en virtud del sistema del Tratado Antártico, su funcionamiento y la importancia global de la investigación científica en la Antártida; y

- Solicitan a los Estados que son Parte del Tratado Antártico, pero que no son aún Parte del Protocolo al Tratado Antártico sobre Protección del Medioambiente, que se hagan Parte del Protocolo.

Buenos Aires, 23 de junio de 2011

Programa provisional de la XXXV RCTA

1. Apertura de la reunión

2. Elección de autoridades y creación de grupos de trabajo

3. Aprobación del programa y asignación de temas

4. Funcionamiento del Sistema del Tratado Antártico: informes de Partes, observadores y expertos

5. Funcionamiento del Sistema del Tratado Antártico: asuntos generales

6. Funcionamiento del Sistema del Tratado Antártico: examen de la situación de la Secretaría

7. Formulación de un plan de trabajo estratégico plurianual

8. Informe del Comité para la Protección del Medio Ambiente

9. Responsabilidad: aplicación de la Decisión 4 (2010)

10. Seguridad de las operaciones en la Antártida

11. El turismo y las actividades no gubernamentales en el Área del Tratado Antártico

12. Inspecciones en virtud del Tratado Antártico y el Protocolo sobre Protección del Medio Ambiente

13. Temas científicos, cooperación científica y facilitación, incluido el legado del Año Polar Internacional 2007-2008

14. Implicaciones del cambio climático para la gestión del Área del Tratado Antártico

15. Asuntos operacionales

16. Temas educacionales

17. Intercambio de información

18. La prospección biológica en la Antártida

19. Preparativos para la XXXVI RCTA

20. Otros asuntos

21. Aprobación del Informe Final

SEGUNDA PARTE

Medidas, Decisiones y Resoluciones

1. Medidas

Zona Antártica Especialmente Protegida N° 116
(Valle New College, Playa Caughley, Cabo Bird, Isla Ross): Plan de Gestión revisado

Los Representantes,

Recordando los Artículos 3, 5 y 6 del Anexo V al Protocolo al Tratado Antártico sobre Protección del Medio Ambiente que dispone la designación de Zonas Antárticas Especialmente Protegidas ("ZAEP") y la aprobación de Planes de Gestión para esas Zonas;

Recordando

- La Recomendación XIII-8 (1985), que designaba a la Playa Caughley como Sitio de Especial Interés Científico ("SEIC") N° 10 y adjuntaba un Plan de Gestión para el sitio;

- La Recomendación XIII-12 (1985), que designaba al Valle New College como Zona Especialmente Protegida ("ZEP") N° 20;

- La Recomendación XVI-7 (1991), que ampliaba la fecha de caducidad del SEIC 10 al 31 de diciembre de 2001;

- La Recomendación XVII-2 (1992), que adjuntaba un Plan de Gestión para la ZEP 20;

- La Medida 1 (2000), que ampliaba la ZEP 20 para incorporar la Playa Caughley, adjuntaba un Plan de Gestión revisado para la Zona, y disponía que el SEIC 10 dejara de existir inmediatamente;

- La Decisión 1 (2002), que determinaba el cambio de nombre y de numeración de la ZEP 20 como ZAEP 116;

- La Medida 1 (2006), que adoptaba un Plan de Gestión revisado para la ZAEP 116;

Recordando que la Recomendación XVI-7 (1991) y la Medida 1 (2000) no han entrado en vigor, y que la Recomendación XVII-2 (1992) fue retirada por la Medida 1 (2010);

Recordando que la Recomendación XIII-12 (1985) y la Recomendación XVI-7 (1991) han sido designadas como obsoletas por la Decisión 1 (2011);

Observando que el Comité para la Protección del Medio Ambiente ha respaldado un Plan de Gestión revisado para la ZAEP 116;

Deseando reemplazar el Plan de Gestión existente para la ZAEP 116 por el Plan de Gestión revisado;

Recomiendan a sus Gobiernos la siguiente Medida para su aprobación de acuerdo con el párrafo 1 del Artículo 6 del Anexo V al Protocolo al Tratado Antártico sobre Protección del Medio Ambiente:

Que:

1. se apruebe el Plan de Gestión revisado para la Zona Antártica Especialmente Protegida N° 116 (Valle de New College, Playa Caughley, Cabo Bird, Isla Ross), que se adjunta a esta Medida; y

2. dejen de estar en vigor los Planes de Gestión anteriores de la ZAEP 116, concretamente aquellos adjuntos a la Recomendación XIII-8 (1985), Medida 1 (2000) y Medida 1 (2006).

Zona Antártica Especialmente Protegida N° 120
Archipiélago de Punta Géologie, Tierra de Adelia:
Plan de Gestión revisado

Los Representantes,

Recordando los Artículos 3, 5 y 6 del Anexo V al Protocolo al Tratado Antártico sobre Protección del Medio Ambiente, que dispone la designación de Zonas Antárticas Especialmente Protegidas ("ZAEP") y la aprobación de Planes de Gestión para esas Zonas;

Recordando

- La Medida 3 (1995), que designaba al Archipiélago de Punta Géologie como Zona Especialmente Protegida ("ZEP") N° 24 y adjuntaba un Plan de Gestión para la Zona;

- La Decisión 1 (2002), que determinaba el cambio de nombre y de numeración de la ZEP 24 como ZAEP 120;

- La Medida 2 (2005), que adoptaba un Plan de Gestión revisado para la ZAEP 120;

Recordando que la Medida 3 (1995) no ha entrado en vigor;

Observando que el Comité para la Protección del Medio Ambiente ha respaldado un Plan de Gestión revisado para la ZAEP 120;

Deseando reemplazar el Plan de Gestión existente para la ZAEP 120 por el Plan de Gestión revisado;

Recomiendan a sus Gobiernos la siguiente Medida para aprobación de acuerdo con el párrafo 1 del Artículo 6 del Anexo V al Protocolo al Tratado Antártico sobre Protección del Medio Ambiente:

Que:

1. se apruebe el Plan de Gestión revisado para la Zona Antártica Especialmente Protegida N° 120 (Archipiélago Punta Géologie, Tierra de Adelia), que se adjunta a esta Medida;

2. deje de estar en vigor el Plan de Gestión para la ZAEP 120 adjunto a la Medida 2 (2005); y

3. se retire la Medida 3 (1995), que no ha entrado en vigor.

Zona Antártica Especialmente Protegida Nº 122
(Alturas de Arrival, Península Hut Point, Isla Ross): Plan de Gestión revisado

Los Representantes,

Recordando los Artículos 3, 5 y 6 del Anexo V al Protocolo al Tratado Antártico sobre Protección del Medio Ambiente que dispone la designación de Zonas Antárticas Especialmente Protegidas ("ZAEP") y la aprobación de Planes de Gestión para esas Zonas;

Recordando

- La Recomendación VIII-4, (1975) que designaba a las Alturas de Arrival, Península Hut Point, Isla Ross como Sitio de Especial Interés Científico ("SEIC") Nº 2 y adjuntaba un Plan de Gestión para el sitio;

- La Recomendación X-6 (1979), que ampliaba la fecha de caducidad del SEIC 2 del 30 de junio de 1981 al 30 de junio de 1985;

- La Recomendación XII-5 (1983), que ampliaba la fecha de caducidad del SEIC 2 del 30 junio de 1985 al 31 de diciembre de 1985;

- La Recomendación XIII-7 (1985), que ampliaba la fecha de caducidad del SEIC 2 del 31 de diciembre de 1985 al 31 de diciembre de 1987;

- La Recomendación XIV-4 (1987), que ampliaba la fecha de caducidad del SEIC 2 del 31 de diciembre de 1987 al 31 de diciembre de 1997;

- La Resolución 3 (1996), que ampliaba la fecha de caducidad del SEIC 2 del 31 de diciembre de 1997 al 31 de diciembre de 2000;

- La Medida 2 (2000), que ampliaba la fecha de caducidad del SEIC 2 del 31 de diciembre de 2000 al 31 de diciembre de 2005;

- La Decisión 1 (2002), que determinaba el cambio de nombre y de numeración del SEIC 2 como ZAEP 122;

- La Medida 2 (2004), que aprobaba un Plan de Gestión revisado para la ZAEP 122;

Recordando que la Medida 2 (2000) fue reemplazada por la Medida 5 (2009);

Recordando que la Recomendación VIII-4 (1975), la Recomendación X-6 (1979), la Recomendación XII-5 (1983), la Recomendación XIII-7 (1985), la Recomendación XIV-4 (1987) y la Resolución 3 (1996) se encuentran designadas como obsoletas por la Decisión 1 (2011);

Observando que el Comité para la Protección del Medio Ambiente ha respaldado un Plan de Gestión revisado para la ZAEP 122;

Deseando reemplazar el Plan de Gestión actual para la ZAEP 122 por el Plan de Gestión revisado;

Recomiendan a sus Gobiernos la siguiente Medida para aprobación de acuerdo con el párrafo 1 del Artículo 6 del Anexo V al Protocolo al Tratado Antártico sobre Protección del Medio Ambiente:

Que:

1. se apruebe el Plan de Gestión revisado para la Zona Antártica Especialmente Protegida N° 122 (Alturas de Arrival, Península Hut Point, Isla Ross), que se adjunta a esta Medida; y

2. deje de estar en vigor el Plan de Gestión para la ZAEP 122 adjunto a la Medida 2 (2004).

Zona Antártica Especialmente Protegida N° 126
(Península Byers, Isla Livingston, Islas Shetland del Sur): Plan de Gestión revisado

Los Representantes,

Recordando los Artículos 3, 5 y 6 del Anexo V al Protocolo al Tratado Antártico sobre Protección del Medio Ambiente que dispone la designación de Zonas Antárticas Especialmente Protegidas ("ZAEP") y la aprobación de Planes de Gestión para esas Zonas;

Recordando

- La Recomendación IV-10 (1966), que designaba a la Península Byers, Isla Livingston, Islas Shetland el Sur como Zona Especialmente Protegida ("ZEP") N° 10;

- La Recomendación VIII-2 (1975), que terminaba la ZEP 10, y la Recomendación VIII-4 (1975), que redesignaba la zona como Sitio de Especial Interés Científico ("SEIC") N° 6 y adjuntaba el primer Plan de Gestión para el sitio;

- La Recomendación X-6 (1979), que ampliaba la fecha de caducidad del SEIC 6 del 30 de junio de 1981 al 30 de junio de 1985;

- La Recomendación XII-5 (1983), que ampliaba la fecha de caducidad del SEIC 6 del 30 junio de 1985 al 31 de diciembre de 1985;

- La Recomendación XIII-7 (1985), que ampliaba la fecha de caducidad del SEIC 6 del 31 de diciembre de 1985 al 31 de diciembre de 1995;

- La Recomendación XVI-5 (1991) que adoptaba un Plan de Gestión revisado para el SEIC 6;

- La Medida 3 (2001), que ampliaba la fecha de caducidad del SEIC 6 del 31 de diciembre de 1995 al 31 de diciembre de 2005;

- La Decisión 1 (2002), que determinaba el cambio de nombre y de numeración del SEIC 6 como ZAEP 126;

- La Medida 1 (2002), que adoptaba un Plan de Gestión revisado para el SEIC 6;

Recordando que la Recomendación XVI-5 (1991) y la Medida 3 (2001) no han entrado en vigor;

Recordando que la Recomendación VIII-2 (1975), la Recomendación X-6 (1979), la Recomendación XII-5 (1983), la Recomendación XIII-7 (1985) y la Recomendación XVI-5 (1991) están designadas como obsoletas por la Decisión 1 (2011);

Observando que el Comité para la Protección del Medio Ambiente ha respaldado un Plan de Gestión revisado para la ZAEP 122;

Deseando reemplazar el Plan de Gestión existente para la ZAEP 126 con el Plan de Gestión revisado;

Recomiendan a sus Gobiernos la siguiente Medida para su aprobación de acuerdo con el párrafo 1 del Artículo 6 del Anexo V al Protocolo al Tratado Antártico sobre Protección del Medio Ambiente:

Que:

1. se apruebe el Plan de Gestión revisado para la Zona Antártica Especialmente Protegida Nº 126 (Península Byers, Isla Livingston, Islas Shetland del Sur), que se adjunta a esta Medida;

2. dejen de estar en vigor los Planes de Gestión anteriores para la ZAEP 126, incluido el que se adjunta a la Medida 1 (2002); y

3. se retiren la Recomendación XVI-5 (1991) y la Medida 3 (2001), que no han entrado en vigor.

Zona Antártica Especialmente Protegida Nº 127
(Isla Haswell): Plan de Gestión revisado

Los Representantes,

Recordando los Artículos 3, 5 y 6 del Anexo V al Protocolo al Tratado Antártico sobre Protección del Medio Ambiente que dispone la designación de Zonas Antárticas Especialmente Protegidas ("ZAEP") y la aprobación de Planes de Gestión para esas Zonas;

Recordando

- La Recomendación VIII-4 (1975), que designaba a la Isla Haswell como Sitio de Especial Interés Científico ("SEIC") Nº 7 y adjuntaba un Plan de Gestión para el Sitio;

- La Recomendación X-6 (1979), que ampliaba la fecha de caducidad del SEIC 7 del 30 junio de 1981 al 30 de junio de 1983;

- La Recomendación XII-5 (1983), que ampliaba la fecha de caducidad del SEIC 7 del 30 junio de 1983 al 31 de diciembre de 1985;

- La Recomendación XIII-7 (1985), que ampliaba la fecha de caducidad del SEIC 7 del 31 de diciembre de 1985 al 31 de diciembre de 1991;

- La Recomendación XIV-7 (1987), que ampliaba la fecha de caducidad del SEIC 7 del 31 de diciembre de 1991 al 31 de diciembre de 2001;

- La Medida 3 (2001), que ampliaba la fecha de caducidad del SEIC 7 del 31 de diciembre de 1995 al 31 de diciembre de 2005;

- La Decisión 1 (2002), que determinaba el cambio de nombre y de numeración del SEIC 7 como ZAEP 127;

- La Medida 4 (2005), que ampliaba la fecha de caducidad del Plan de Gestión de la ZAEP 127 del 31 de diciembre de 2005 al 31 de diciembre de 2010;

- La Medida 1 (2006), que adoptaba un Plan de Gestión revisado para la ZAEP 127;

Recordando que la Recomendación VIII-4 (1975), la Recomendación X-6 (1979), la Recomendación XII-5 (1983), la Recomendación XIII-7 (1985) y la Recomendación XVI-7 (1987) han sido designadas como obsoletas por la Decisión 1 (2011);

Observando que el Comité para la Protección del Medio Ambiente ha respaldado un Plan de Gestión revisado para la ZAEP 127;

Deseando reemplazar el Plan de Gestión existente para la ZAEP 127 con el Plan de Gestión revisado;

Recomiendan a sus Gobiernos la siguiente Medida para su aprobación de acuerdo con el párrafo 1 del Artículo 6 del Anexo V al Protocolo al Tratado Antártico sobre Protección del Medio Ambiente:

Que:

1. se apruebe el Plan de Gestión revisado para la Zona Antártica Especialmente Protegida Nº 127 (Isla Haswell), que se adjunta a esta Medida; y

2. dejen de estar en vigor los Planes de Gestión anteriores para la ZAEP 127, concretamente aquellos adjuntos a la Recomendación VIII-4 (1975) y a la Medida 1 (2006).

Zona Antártica Especialmente Protegida Nº 131
(Glaciar Canadá, Lago Fryxell, Valle de Taylor, Tierra de Victoria): Plan de Gestión revisado

Los Representantes,

Recordando los Artículos 3, 5 y 6 del Anexo V al Protocolo al Tratado Antártico sobre Protección del Medio Ambiente que dispone la designación de Zonas Antárticas Especialmente Protegidas ("ZAEP") y la aprobación de Planes de Gestión para esas Zonas;

Recordando

- La Recomendación XIII-8 (1985), que designaba al Glaciar Canadá, Lago Fryxell, Valle de Taylor, Tierra de Victoria como el Sitio de Especial Interés Científico ("SEIC") Nº 12 y adjuntaba un Plan de Gestión para el sitio;

- La Recomendación XVI-7 (1987), que ampliaba la fecha de caducidad del SEIC 12 al 31 de diciembre de 2001;

- La Medida 3 (1997), que adoptaba un Plan de Gestión revisado para el SEIC 12;

- La Decisión 1 (2002), que determinaba el cambio de nombre y de numeración del SEIC 12 como ZAEP 131;

- La Medida 1 (2006), que adoptaba un Plan de Gestión revisado para la ZAEP 131;

Recordando que la Medida 3 (1997) no ha entrado en vigor;

Recordando que la Recomendación XVI-7 (1987) no ha entrado en vigor, y está designada como obsoleta por la Decisión 1 (2011);

Observando que el Comité para la Protección del Medio Ambiente ha respaldado un Plan de Gestión revisado para la ZAEP 131;

Deseando reemplazar el Plan de Gestión actual para la ZAEP 131 con el Plan de Gestión revisado;

Recomiendan a sus Gobiernos la siguiente Medida para aprobación de acuerdo con el párrafo 1 del Artículo 6 del Anexo V al Protocolo al Tratado Antártico sobre Protección del Medio Ambiente:

Que:

1. se apruebe el Plan de Gestión revisado para la Zona Antártica Especialmente Protegida N° 131 (Glaciar Canadá, Lago Fryxell, Valle de Taylor, Tierra de Victoria), que se adjunta a esta Medida;

2. deje de estar en vigor el Plan de Gestión para la ZAEP 131, incluido el que se adjunta a la Medida 1 (2006); y

3. se retire la Medida 3 (1997), que no ha entrado en vigor.

Zona Antártica Especialmente Protegida N° 149
(Cabo Shirreff e Isla San Telmo, Isla Livingston, Islas Shetland del Sur): Plan de Gestión revisado

Los Representantes,

Recordando los Artículos 3, 5 y 6 del Anexo V al Protocolo al Tratado Antártico sobre Protección del Medio Ambiente que dispone la designación de Zonas Antárticas Especialmente Protegidas ("ZAEP") y la aprobación de Planes de Gestión para esas Zonas;

Recordando

- La Recomendación IV-11 (1966), que designaba al Cabo Shirreff e Isla San Telmo, Isla Livingston, Islas Shetland del Sur como Zona Especialmente Protegida ("ZEP") N° 11;

- La Recomendación XV-7 (1989), que terminaba la ZEP 11 y redesignaba la zona como Sitio de Especial Interés Científico ("SEIC") N° 32 y adjuntaba un Plan de Gestión para el sitio;

- La Resolución 3 (1996), que ampliaba la fecha de caducidad del SEIC 32 del 31 de diciembre de 1997 al 31 de diciembre de 2000;

- La Medida 2 (2000), que ampliaba la fecha de caducidad del SEIC 32 del 31 de diciembre de 2000 al 31 de diciembre de 2005;

- La Decisión 1 (2002), que determinaba el cambio de nombre y de numeración de la ZEP 11 como ZAEP 149;

- La Medida 2 (2005), que adoptaba un Plan de Gestión revisado para la ZAEP 149;

Recordando que la Recomendación XV-7 (1989) y la Medida 2 (2000) no han entrado en vigor todavía, y que la Medida 2 (2000) fue retirada por la Medida 5 (2009);

Recordando que la Recomendación XV-7 (1989) y la Resolución 3 (1996) están designadas como obsoletas por la Decisión 1 (2011);

Observando que el Comité para la Protección del Medio Ambiente ha respaldado un Plan de Gestión revisado para la ZAEP 149;

Deseando reemplazar el Plan de Gestión existente para la ZAEP 149 con el Plan de Gestión revisado;

Recomiendan a sus Gobiernos la siguiente Medida para su aprobación de acuerdo con el párrafo 1 del Artículo 6 del Anexo V al Protocolo al Tratado Antártico sobre Protección del Medio Ambiente:

Que:

1. se apruebe el Plan de Gestión revisado para la Zona Antártica Especialmente Protegida N° 149 (Cabo Sheriff e Isla San Telmo, Isla Livingston, Islas Shetland del Sur), que se adjunta a esta Medida; y

2. deje de estar en vigor el Plan de Gestión para la ZAEP 149 adjunto a la Medida 2 (2005).

Zona Antártica Especialmente Protegida N° 165
(Punta Edmonson, Bahía Wood, Mar de Ross): Plan de Gestión revisado

Los Representantes,

Recordando los Artículos 3, 5 y 6 del Anexo V al Protocolo al Tratado Antártico sobre Protección del Medio Ambiente que dispone la designación de Zonas Antárticas Especialmente Protegidas ("ZAEP") y la aprobación de Planes de Gestión para esas Zonas;

Recordando la Medida 1 (2006), que designaba a la Punta Edmonson, Bahía Wood, Mar de Ross como ZAEP 165 y adjuntaba un Plan de Gestión para la Zona;

Observando que el Comité para la Protección del Medio Ambiente ha respaldado un Plan de Gestión revisado para la ZAEP 165;

Deseando reemplazar el Plan de Gestión existente para la ZAEP 165 con el Plan de Gestión revisado;

Recomiendan a sus Gobiernos la siguiente Medida para su aprobación de acuerdo con el párrafo 1 del Artículo 6 del Anexo V al Protocolo al Tratado Antártico sobre Protección del Medio Ambiente:

Que:

1. se apruebe el Plan de Gestión revisado para la Zona Antártica Especialmente Protegida N° 165 (Punta Edmonson, Bahía Wood, Mar de Ross), que se adjunta a esta Medida; y

2. deje de estar en vigor el Plan de Gestión para la ZAEP 165 adjunto a la Medida 1 (2006).

Zona Antártica Especialmente Protegida Nº 167
(Isla Hawker, Cerros Vestfold, Costa Ingrid Christensen, Tierra de la Princesa Isabel, Antártida Oriental): Plan de Gestión revisado

Los Representantes,

Recordando los Artículos 3, 5 y 6 del Anexo V al Protocolo al Tratado Antártico sobre Protección del Medio Ambiente que dispone la designación de Zonas Antárticas Especialmente Protegidas ("ZAEP") y la aprobación de Planes de Gestión para esas Zonas;

Recordando la Medida 1 (2006), que designaba a Isla Hawker, Cerros Vestfold, Costa Ingrid Christensen, Tierra de la Princesa Isabel, Antártida Oriental como ZAEP 167 y adjuntaba un Plan de Gestión para la Zona;

Observando que el Comité para la Protección del Medio Ambiente ha respaldado un Plan de Gestión revisado para la ZAEP 167;

Deseando reemplazar el Plan de Gestión existente para la ZAEP 167 con el Plan de Gestión revisado;

Recomiendan a sus Gobiernos la siguiente Medida para su aprobación de acuerdo con el párrafo 1 del Artículo 5 del Anexo V al Protocolo al Tratado Antártico sobre Protección del Medio Ambiente:

Que:

1. se apruebe el Plan de Gestión revisado para la Zona Antártica Especialmente Protegida Nº 167 (Isla Hawker, Cerros Vestfold, Costa Ingrid Christensen, Tierra de la Princesa Isabel, Antártida Oriental), que se adjunta a esta Medida; y

2. deje de estar en vigor el Plan de Gestión para la ZAEP 167 adjunto a la Medida 1 (2006).

Zona Antártica Especialmente Administrada N° 2
(Valles Secos de McMurdo, Tierra de Victoria Meridional): Plan de Gestión revisado

Los Representantes,

Recordando los Artículos 4, 5 y 6 del Anexo V al Protocolo al Tratado Antártico sobre Protección del Medio Ambiente, que dispone la designación de Zonas Antárticas Especialmente Administradas ("ZAEA") y la aprobación de Planes de Gestión para esas Zonas;

Recordando la Medida 1 (2004), que designaba a los Valles Secos de McMurdo, Tierra de Victoria Meridional como ZAEA 2 y adjuntaba un Plan de Gestión para la Zona;

Observando que el Comité para la Protección del Medio Ambiente ha respaldado un Plan de Gestión revisado para la ZAEA 2;

Deseando reemplazar el Plan de Gestión existente para la ZAEA 2 por el Plan de Gestión revisado;

Recomiendan a sus Gobiernos la siguiente Medida para aprobación de acuerdo con el párrafo 1 del Artículo 6 del Anexo V al Protocolo al Tratado Antártico sobre Protección del Medio Ambiente:

Que:

1. se apruebe el Plan de Gestión revisado para la Zona Antártica Especialmente Administrada N° 2 (Valles Secos de McMurdo, Tierra de Victoria Meridional), que se adjunta a esta Medida; y

2. deje de estar en vigor el Plan de Gestión para la ZAEA 2 adjunto a la Medida 1 (2004).

Sitios y Monumentos Históricos Antárticos
Monumento al Tratado Antártico y Placa

Los Representantes,

Recordando los recuerimientos del Artículo 8 del Anexo V al Protocolo al Tratado Antártico sobre Protección del Medio Ambiente de mantener una lista de Sitios y Monumentos Históricos vigentes, y de que dichos sitios no sean dañados, retirados o destruidos;

Recordando

- La Medida 3 (2003), que revisaba y actualizaba la "Lista de Sitios y Monumentos Históricos";
- La Medida 3 (2007), que agregaba el Monumento al Tratado Antártico y Placa a la Lista de Monumentos y Sitios Históricos adjunta a la Medida 3 (2003);

Deseando modificar la descripción de un Sitio y Monumento Histórico;

Recomiendan a sus Gobiernos la siguiente Medida para aprobación de acuerdo con el Párrafo 2 del Artículo 8 del Anexo V al Protocolo al Tratado Antártico sobre Protección del Medio Ambiente:

Que se modifique la descripción del Monumento y Sitio Histórico N° 82 (Medida 3 (2007)) para que indique lo siguiente:

"No 82: Monumento al Tratado Antártico y Placa"

Este Monumento se encuentra cerca de las bases Frei, Bellingshausen y Escudero, Península Fildes, Isla Rey Jorge (Isla 25 de Mayo). La placa al pie del monumento conmemora a los signatarios del Tratado Antártico. Este Monumento tiene cuatro placas en los idiomas oficiales del Tratado Antártico. Las placas fueron instaladas en febrero de 2011 y llevan la siguiente leyenda: "Este monumento histórico, dedicado a la memoria de los signatarios del Tratado Antártico, Washington D.C., 1959, también sirve de recordatorio del legado del Primer y Segundo Años Polares Internacionales (1882-1883 y 1932-1933) y del Año Geofísico Internacional (1957-1958) que precedieron al Tratado Antártico, y recuerda el patrimonio de Cooperación Internacional que llevó al Año Polar Internacional 2007-2008." Este monumento fue diseñado y construido por el estadounidense Joseph W. Pearson, quien lo ofreció a Chile. Fue inaugurado en 1999, con ocasión del 40° aniversario de la firma del Tratado Antártico.

Sitios y Monumentos Históricos Antárticos
Edificio N° 1 de la Estación Gran Muralla

Los Representantes,

Recordando los requisitos del Artículo 8 del Anexo V al Protocolo al Tratado Antártico sobre Protección del Medio Ambiente de mantener una lista de Sitios y Monumentos Históricos vigentes, y de que dichos sitios no sean dañados, retirados o destruidos;

Recordando la Medida 3 (2003), que revisaba y actualizaba la "Lista de Sitios y Monumentos Históricos";

Deseando agregar otro Monumento Histórico a la "Lista de Sitios y Monumentos Históricos";

Recomiendan a sus Gobiernos la siguiente Medida para aprobación de acuerdo con el Párrafo 2 del Artículo 8 del Anexo V al Protocolo al Tratado Antártico sobre Protección del Medio Ambiente:

Que se agregue el siguiente Monumento Histórico a la "Lista de Sitios y Monumentos Históricos" adjunto a la Medida 3 (2003):

"N° 86: Edificio N° 1 de la Estación Gran Muralla"

El Edificio N° 1, construido en 1985 con una superficie útil de 175 metros cuadrados, se ubica al centro la Estación Antártica China Gran Muralla, ubicada en la Península Fildes, Isla Rey Jorge (isla 25 de Mayo), Islas Shetland del Sur, Antártida Occidental. El edificio marcó el comienzo de la dedicación de China a la investigación antártica en los años 80, por lo cual es de gran importancia para la conmemoración de la expedición china a la Antártida.

Ubicación: 62°13′4″ S, 58°57′44″ O

Parte proponente original: CHINA

Parte a cargo de la gestión: CHINA

2. Decisiones

Medidas designadas como obsoletas

Los Representantes,

Recordando la Decisión 3 (2002) y la Decisión 1 (2007), que establecían listas de medidas* que se designaban como sin vigor u obsoletas;

Habiendo revisado varias medidas sobre el tema de las Zonas Protegidas y Problemas Ambientales Generales;

Reconociendo que las medidas que se enumeran en el Anexo a esta Decisión están obsoletas; y

Observando que el Comité para la Protección del Medio Ambiente ofreció asesoría cuando se le solicitó;

Deciden:

1. que las medidas que se enumeran en el Anexo a esta Decisión no requieren ninguna otra acción de las Partes; y

2. solicitar a la Secretaría del Tratado Antártico que publique en su sitio web el texto de las medidas que aparecen en el Anexo a esta Decisión de una manera que deje en claro que dichas medidas están obsoletas y que las Partes no necesitan realizar ninguna otra acción con respecto a ellas.

*Nota: las medidas previamente adoptadas en virtud del Artículo IX del Tratado Antártico fueron descritas como Recomendaciones hasta la XIX RCTA (1995) y fueron divididas en Medidas, Decisiones y Resoluciones por la Decisión 1 (1995).

1. Planes de gestión

- Recomendación IV-1
- Recomendación IV-2
- Recomendación IV-3
- Recomendación IV-8
- Recomendación IV-9
- Recomendación IV-13
- Recomendación VIII-2
- Recomendación VIII-4
- Recomendación X-5
- Recomendación XIII-9
- Recomendación XIII-10
- Recomendación XIII-12
- Recomendación XIII-14
- Recomendación XV-6
- Recomendación XV-7
- Recomendación XVI-4
- Recomendación XVI-5
- Recomendación XVI-8
- Medida 2 (1995)

2. Prórroga de las fechas de vencimiento de los planes de gestión

- Recomendación X-6
- Recomendación XII-5
- Recomendación XIII-7
- Recomendación XIV-4
- Recomendación XVI-7
- Resolución 7 (1995)
- Resolución 5 (1996)

3. Zonas protegidas en general

- Recomendación VI-8
- Recomendación VII-9
- Resolución 5 (1996)

4. Evaluación del impacto ambiental

- Recomendación XII-3
- Recomendación XIV-2
- Resolución 6 (1995)
- Resolución 1 (1999)

5. Conservación de la flora y fauna antárticas

- Recomendación I-VIII
- Recomendación II-II
- Recomendación III-8
- Recomendación III-10
- Recomendación VI-9
- Recomendación IV-16
- Recomendación IV-17
- Recomendación IV-19
- Recomendación VII- 5

6. Eliminación y manejo de desechos

- Recomendación XII-4
- Recomendación XIII-4
- Recomendación XV-3

7. Prevención de la polución marina

- Recomendación IX-6
- Recomendación X-7
- Recomendación XV-4

8. Precursoras del Protocolo sobre Protección del Medio Ambiente

- Recomendación VIII-11
- Recomendación VIII-13
- Recomendación IX-5
- Recomendación XV-1

9. Asesoría de SCAR sobre problemas ambientales

- Recomendación VI-4
- Recomendación VII-1
- Recomendación X-4

10. Problemas de responsabilidades

- Decisión 3 (1993)
- Decisión 3 (2001)

11. Otras cuestiones ambientales

- Resolución 4 (1995)
- Resolución 4 (1999)

Reglas de Procedimiento revisadas para la Reunión Consultiva del Tratado Antártico (2011); Reglas de Procedimiento revisadas del Comité de Protección Ambiental (2011); Directrices revisadas para la presentación, traducción y distribución de documentos para la RCTA y el CPA

Los Representantes,

Reconociendo la importancia que tiene la información intercambiada en los documentos oficiales distribuidos entre los participantes de la Reunión Consultiva del Tratado Antártico ("RCTA") y el Comité para la Protección del Medio Ambiente ("CPA");

Recordando

- La Decisión 1 (2008) que contiene las Reglas de Procedimiento revisadas para la RCTA;

- La Decisión 3 (2009) que contiene las Directrices para la presentación y manejo de Documentos para la RCTA y el CPA;

- La Decisión 3 (2010) que contiene las Reglas de Procedimiento revisadas para el CPA;

Considerando que la eficacia de las reuniones puede ser mejorada mediante el establecimiento de una nueva categoría de documentos oficiales que permita el intercambio formal de información que no requiera de la introducción o análisis durante las reuniones;

Considerando que la presentación oportuna de documentos de la reunión puede mejorar la eficacia de la RCTA y del CPA al garantizar que las Partes tengan tiempo suficiente como para elaborar sus puntos de vista para la reunión;

Considerando además que las Partes Consultivas deben ser capaces de entregar información precisa, oportuna, sustancial y vigente a las organizaciones internacionales que tienen un interés científico o técnico en la Antártida acerca de su cooperación, así como de los logros y funcionamiento del Sistema del Tratado Antártico;

Observando la necesidad de actualizar las Reglas de Procedimiento y Directrices de la RCTA y CPA a fin de que reflejen los cambios a los procedimientos para presentar y manejar documentos oficiales;

Deciden:

1. que las Reglas de Procedimiento revisadas de la Reunión Consultiva del Tratado Antártico (2011) anexas como apéndice a esta Decisión (Apéndice 1) reemplazan las Reglas de Procedimiento revisadas (2008) anexas a la Decisión 1 (2008);

2. que las Reglas de Procedimiento revisadas para el Comité de Protección Ambiental (2011) anexas como apéndice a esta Decisión (Apéndice 2) reemplazan las Reglas de Procedimiento para el Comité de Protección Ambiental (2010) anexas a la Decisión 3 (2010);

3. que las Directrices para la Presentación, Traducción y Distribución de Documentos para la RCTA y CPA anexas como apéndice a la Decisión 3 (2009) ya no tienen vigencia; y

4. que la Decisión 1 (2008) y la Decisión 3 (2010) ya no tienen vigencia.

Reglas de Procedimiento revisadas (2011)

(1) Las reuniones celebradas de conformidad con el Artículo IX del Tratado Antártico serán denominadas Reuniones Consultivas del Tratado Antártico. Las Partes Contratantes con derecho a participar en tales Reuniones se denominarán «Partes Consultivas»; otras Partes Contratantes que hayan sido invitadas a asistir a tales Reuniones se denominarán «Partes no Consultivas». El Secretario Ejecutivo de la Secretaría del Tratado Antártico se denominará «Secretario Ejecutivo».

(2) Los Representantes de la Comisión para la Conservación de los Recursos Vivos Marinos Antárticos, el Comité Científico de Investigaciones Antárticas y el Consejo de Administradores de los Programas Nacionales Antárticos, invitados a asistir a estas Reuniones de conformidad con la Regla 31, se denominarán «Observadores».

Representación

(3) Cada Parte Consultiva estará representada por una delegación compuesta por un Representante y los Representantes Adjuntos, Consejeros y otras personas que cada Estado considere necesarias. Cada Parte no Consultiva que haya sido invitada a participar a una Reunión Consultiva estará representada por una delegación compuesta por un Representante y otras personas que considere necesarias, dentro de un límite numérico que podrá ser definido ocasionalmente por el gobierno anfitrión en consulta con las Partes Consultivas. La Comisión para la Conservación de los Recursos Vivos Marinos Antárticos, el Comité Científico de Investigaciones Antárticas y el Consejo de Administradores de los Programas Nacionales Antárticos estarán representados por su Presidente o Director respectivo o por otra persona nombrada a tal efecto. Los nombres de los miembros de las delegaciones y de los observadores serán comunicados al gobierno anfitrión antes de la apertura de la Reunión

(4) El orden de precedencia de las delegaciones seguirá el orden alfabético del idioma del país anfitrión. Todas las delegaciones de las Partes no Consultivas irán después de las delegaciones de las Partes Consultivas y las delegaciones de los observadores irán después de las Partes no Consultivas.

Autoridades

(5) Un Representante del gobierno anfitrión será Presidente Interino de la Reunión y la presidirá hasta que la Reunión elija un Presidente.

(6) En la sesión inaugural, se elegirá como Presidente a un Representante de una de las Partes Consultivas. Los demás Representantes de Partes Consultivas actuarán en calidad de Vicepresidentes de la Reunión por orden de precedencia. El Presidente normalmente presidirá todas las sesiones plenarias. Si está ausente en cualquier sesión o parte de ella, los Vicepresidentes, en orden rotativo según el orden de precedencia definido en la Regla 4, presidirán cada sesión.

Secretaría

(7) El Secretario Ejecutivo actuará en calidad de Secretario de la Reunión. Con ayuda del gobierno anfitrión, se encargará de proporcionar servicios de secretaría para la reunión, de conformidad con el artículo 2 de la Medida 1 (2003), que se aplica provisionalmente en virtud de la Decisión 2 (2003) hasta que la Medida 1 entre en vigor.

Sesiones

(8) La apertura de la sesión plenaria se celebrará en público, en tanto que las demás sesiones se harán a puerta cerrada, a menos que la Reunión decida lo contrario.

Comités y grupos de trabajo

(9) La Reunión, para facilitar su labor, podrá establecer los comités que considere necesarios para el desempeño de sus funciones, definiendo su cometido.

(10) Los comités funcionarán de conformidad con las Reglas de Procedimiento de la Reunión, excepto en los casos en que no sean aplicables.

(11) La Reunión o sus comités podrán crear grupos de trabajo para tratar diversos temas del programa. El (los) presidente(s) del (de los) grupo(s) de trabajo serán designados al inicio de la Reunión o de las reuniones de comité. El (los) presidente(s) desempeñará(n) el cargo durante cuatro Reuniones o reuniones de comité consecutivas, como máximo, salvo decisión en otro sentido. Al término de cada Reunión, la RCTA podrá decidir a título preliminar el grupo o los grupos de trabajo que se proponen para la siguiente Reunión.

Dirección de los debates

(12) Habrá quórum cuando estén presentes dos tercios de los Representantes de las Partes Consultivas que participen en la Reunión.

(13) El Presidente ejercerá las facultades de su cargo de conformidad con la costumbre. Velará por el cumplimiento de las Reglas de Procedimiento y el mantenimiento del orden. El Presidente, en el desempeño de sus funciones, queda bajo la autoridad de la Reunión.

(14) De conformidad con la Regla 28, ningún Representante podrá dirigirse a la Reunión sin haber recibido antes permiso del Presidente, quien dará la palabra a los oradores en el orden en que pidan la palabra. El Presidente podrá llamar al orden a un orador cuyas observaciones no sean pertinentes al asunto que se esté tratando.

(15) Durante el debate de cualquier asunto, un Representante de una Parte Consultiva podrá plantear una moción de orden, la cual será dirimida de inmediato por el Presidente de conformidad con las Reglas de Procedimiento. Un Representante de una Parte Consultiva podrá apelar la decisión del Presidente. La apelación será sometida inmediatamente a votación y la decisión del Presidente seguirá siendo válida a menos

que sea revocada por la mayoría de los Representantes de las Partes Consultivas presentes y votantes. El Representante de una Parte Consultiva que plantee una moción de orden no podrá pronunciarse sobre el fondo del asunto en discusión.

(16) La Reunión podrá limitar el tiempo asignado a cada orador y el número de veces que pueda hablar sobre un asunto. Cuando un debate esté sujeto a tales limitaciones y un Representante haya hablado el tiempo que se le haya asignado, el Presidente lo llamará al orden sin demora.

(17) Durante el debate de cualquier asunto, un Representante de una Parte Consultiva podrá proponer el aplazamiento del debate sobre el asunto en discusión. Además del proponente de la moción, los Representantes de dos Partes Consultivas podrán pronunciarse a favor y dos en contra de la propuesta, después de lo cual será sometida a votación de inmediato. El Presidente podrá limitar el tiempo asignado a los oradores de conformidad con esta Regla.

(18) Un Representante de una Parte Consultiva podrá, en cualquier momento, proponer la clausura del debate del asunto en discusión, haya o no pedido la palabra cualquier otro Representante. Se podrá conceder permiso para hablar sobre la clausura del debate sólo a los Representantes de dos Partes Consultivas que se opongan a la clausura, después de lo cual la moción será sometida a votación de inmediato. Si la Reunión está a favor de la clausura, el Presidente declarará la clausura del debate. El Presidente podrá limitar el tiempo asignado a los oradores de conformidad con esta Regla. (Esta Regla no se aplicará al debate en los comités).

(19) Durante el debate de cualquier asunto, un Representante de una Parte Consultiva podrá solicitar la suspensión o el aplazamiento de la Reunión. Esta moción no será debatida, sino que se someterá a votación inmediatamente. El Presidente podrá limitar el tiempo asignado al orador que solicite la suspensión o el aplazamiento de la Reunión.

(20) De conformidad con la Regla 15, las siguientes mociones tendrán precedencia, en el siguiente orden, sobre las demás propuestas o mociones sometidas a la consideración de la Reunión:

  (a) suspensión de la Reunión;

  (b) aplazamiento de la Reunión;

  (c) aplazamiento del debate sobre el asunto en discusión;

  (d) clausura del debate sobre el asunto en discusión.

(21) Las decisiones de la Reunión sobre todos los asuntos de procedimiento serán tomadas por la mayoría de los Representantes de las Partes Consultivas que participen en la Reunión, cada uno de las cuales tendrá un voto.

Idiomas

(22) Los idiomas oficiales de la Reunión serán el español, el francés, el inglés y el ruso.

235

(23) Cualquier Representante podrá hablar en un idioma que no sea uno de los idiomas oficiales. Sin embargo, en tal caso deberá proporcionar interpretación a uno de los idiomas oficiales.

Medidas, Decisiones, Resoluciones e Informe Final

(24) Sin perjuicio de las disposiciones de la Regla 21, las Medidas, Decisiones y Resoluciones, tal como se mencionan en la Decisión 1 (1995), serán adoptadas por los Representantes de todas las Partes Consultivas presentes y posteriormente se regirán por las disposiciones de la Decisión 1 (1995).

(25) El informe final incluirá también una breve relación de los debates de la Reunión. Será aprobado por la mayoría de los Representantes de las Partes Consultivas presentes y transmitido por el Secretario Ejecutivo a los gobiernos de todas las Partes Consultivas y no Consultivas que hayan sido invitadas a participar en la Reunión, para su consideración.

(26) Sin perjuicio de lo dispuesto en la Regla 25, el Secretario Ejecutivo, inmediatamente después de la clausura de la Reunión Consultiva, comunicará a todas las Partes Consultivas todas las Medidas, Decisiones y Resoluciones adoptadas y les enviará copias autenticadas de los textos definitivos en uno de los idiomas oficiales del Tratado Antártico. Con respecto a una Medida adoptada de conformidad con los procedimientos del Artículo 6 u 8 del Anexo V al Protocolo, la notificación correspondiente deberá incluir también el plazo para la aprobación de dicha Medida.

Partes no Consultivas

(27) Los Representantes de Partes no Consultivas, si han sido invitados a participar en la Reunión Consultiva, podrán estar presentes en:

    (a)   todas las sesiones plenarias de la Reunión; y

    (b)   todos los comités o grupos de trabajo formales, que comprenden todas las Partes Consultivas, a menos que un Representante de una Parte Consultiva se oponga en un caso en particular.

(28) El Presidente correspondiente podrá invitar a un Representante de una Parte no Consultiva a dirigirse a la Reunión, el Comité o el Grupo de Trabajo al cual asista, a menos que un Representante de una Parte Consultiva se oponga. El Presidente dará en todo momento prioridad a los Representantes de las Partes Consultivas que pidan la palabra y podrá, al invitar a los Representantes de las Partes no Consultivas a dirigirse a la Reunión, limitar el tiempo asignado a cada orador y el número de veces que pueda hablar sobre cualquier asunto.

(29) Las Partes no Consultivas no tienen derecho a participar en la adopción de decisiones.

(30)

    (a)   Las Partes no Consultivas podrán presentar documentos a la Secretaría para su distribución en la Reunión como documentos de información. Tales documentos deberán ser pertinentes a los asuntos tratados en un Comité de la Reunión.

    (b)   A menos que un Representante de una Parte Consultiva solicite lo contrario, tales documentos estarán disponibles sólo en el idioma o los idiomas en los cuales hayan sido presentados.

Observadores del Sistema del Tratado Antártico

(31) Los observadores mencionados en la Regla 2 asistirán a las Reuniones con la finalidad específica de informar:

    (a)   en el caso de la Comisión para la Conservación de los Recursos Vivos Marinos Antárticos, sobre los progresos en su área de competencia.

    (b)   en el caso del Comité Científico de Investigaciones Antárticas, sobre:

        (i)   las actividades generales del SCAR;

        (ii)   los asuntos de competencia del SCAR de acuerdo con la Convención para la Conservación de las Focas Antárticas;

        (iii)   las publicaciones y los informes que sean publicados o preparados de conformidad con las Recomendaciones IX-19 y VI-9, respectivamente.

    (c)   en el caso del Consejo de Administradores de los Programas Nacionales Antárticos, sobre las actividades en su área de competencia.

(32) Podrán asistir observadores a:

    (a)   las sesiones plenarias de la Reunión en las cuales se considere el informe;

    (b)   los comités o grupos de trabajo formales, que comprenden todas las Partes Contratantes, en los cuales se considere el informe respectivo, a menos que un Representante de una Parte Consultiva se oponga en un caso en particular.

(33) Después de la presentación del informe pertinente, el Presidente correspondiente podrá invitar al observador a dirigirse una vez más a la Reunión en la cual se considere dicho informe, a menos que un Representante de una Parte Consultiva se oponga. El Presidente podrá asignar un límite de tiempo para tales intervenciones.

(34) Los observadores no tienen derecho a participar en la adopción de decisiones.

(35) Los observadores podrán presentar su informe y documentos relacionados con asuntos abordados en dicho informe a la Secretaría, para que los distribuya en la Reunión como documentos de trabajo.

Programa para las Reuniones Consultivas

(36) Al final de cada Reunión Consultiva, el gobierno anfitrión de dicha Reunión preparará un programa preliminar para la próxima Reunión Consultiva. Si es aprobado por la Reunión, el programa preliminar para la próxima Reunión se adjuntará al informe final de la Reunión.

(37) Cualquier Parte Contratante podrá proponer temas suplementarios para el programa preliminar informando al gobierno anfitrión de la próxima Reunión Consultiva a más tardar 180 días antes del comienzo de la Reunión. Cada propuesta deberá estar acompañada por un memorando explicativo. El gobierno anfitrión recordará esta Regla a todas las Partes Contratantes a más tardar 210 días antes de la Reunión.

(38) El gobierno anfitrión preparará un programa provisional para la Reunión Consultiva. El programa provisional contendrá:

   (a)   todos los temas del programa provisional establecido de conformidad con la Regla 36; y

   (b)   todos los temas cuya inclusión haya sido solicitada por una Parte Contratante de conformidad con la Regla 37.

A más tardar 120 días antes de la Reunión, el gobierno anfitrión transmitirá a todas las Partes Contratantes el programa provisional, junto con los memorandos explicativos y otros documentos relacionados.

Expertos de organizaciones internacionales

(39) Al final de cada Reunión Consultiva, la Reunión decidirá qué organizaciones internacionales que tienen un interés científico o técnico en la Antártida serán invitadas a designar un experto para que participe en la próxima Reunión a fin de ayudarle en su trabajo de fondo.

(40) Cualquier Parte Contratante podrá proponer posteriormente que la invitación sea extendida a otras organizaciones internacionales que tengan un interés científico o técnico en la Antártida para que participen en su trabajo de fondo. Cada propuesta de ese tipo deberá ser presentada al gobierno anfitrión de la Reunión a más tardar 180 días antes del comienzo de la Reunión y deberá estar acompañada por un memorando que defina la base de la propuesta.

(41) El gobierno anfitrión transmitirá estas propuestas a todas las Partes Contratantes de conformidad con el procedimiento de la Regla 38. Toda Parte Consultiva que desee oponerse a una propuesta podrá hacerlo a más tardar 90 días antes de la Reunión.

(42) A menos que se reciba una objeción de ese tipo, el gobierno anfitrión extenderá las invitaciones a las organizaciones internacionales señaladas de conformidad con las Reglas 39 y 40 y pedirá a cada organización internacional que comunique el nombre del experto designado al gobierno anfitrión antes de la apertura de la Reunión. Tales expertos podrán asistir a la Reunión durante el examen de todos los temas, con

excepción de aquellos relacionados con el funcionamiento del Sistema del Tratado Antártico que se hayan indicado en las Reuniones anteriores o durante la adopción del Programa.

(43) El Presidente correspondiente, con el acuerdo de todas las Partes Consultivas, podrá invitar a un experto a dirigirse a la Reunión a la cual asista. El Presidente dará en todo momento prioridad a los Representantes de las Partes Consultivas o no Consultivas o a los Observadores mencionados en la Regla 31 que pidan la palabra y podrá, al invitar a un experto a hablar, limitar el tiempo que se le asigne y el número de veces que pueda hablar sobre cualquier tema.

(44) Los expertos no tienen derecho a participar en la adopción de decisiones.

(45)

    (a)   Los expertos podrán, con respecto al tema pertinente del programa, presentar documentos a la Secretaría para su distribución en la Reunión como documentos de información.

    (b)   A menos que un Representante de una Parte Consultiva se oponga, estos documentos estarán disponibles sólo en el idioma o los idiomas en los cuales hayan sido presentados.

Consultas entre sesiones

(46) Durante el período entre sesiones, el Secretario Ejecutivo, dentro de su ámbito de competencia tal como se establece en la Medida 1 (2003) y en instrumentos conexos que rigen el funcionamiento de la Secretaría, consultará a las Partes Consultivas cuando esté legalmente obligado a hacerlo de conformidad con los instrumentos pertinentes de la RCTA y cuando las circunstancias exijan que actúe antes de la inauguración de la RCTA siguiente, utilizando el siguiente procedimiento:

    (a)   el Secretario Ejecutivo transmitirá la información pertinente y toda acción propuesta a todas las Partes Consultivas por medio de los contactos por ella designados, indicando un plazo apropiado dentro del cual se soliciten las respuestas;

    (b)   el Secretario Ejecutivo se cerciorará de que todas las Partes Consultivas acusen recibo de la transmisión de tal información y se cerciorará también de que la lista de contactos esté actualizada;

    (c)   cada Parte Consultiva considerará el asunto y comunicará su respuesta, si la tuviere, al Secretario Ejecutivo por medio de su respectivo contacto dentro del plazo especificado;

    (d)   el Secretario Ejecutivo, después de informar a las Partes Consultivas sobre el resultado de las consultas, podrá proceder con la acción propuesta si ninguna Parte Consultiva ha objetado; y

    (e)   el Secretario Ejecutivo deberá llevar un registro de las consultas realizadas durante el período entre sesiones, así como de los resultados y la acción que realice, y dichos resultados y acciones deberán reflejarse en su informe a la RCTA para su consideración.

(47) Al recibirse entre sesiones una solicitud de información acerca de las actividades de la RCTA de una organización internacional que tenga interés científico o técnico en la Antártida, el Secretario Ejecutivo coordinará la respuesta mediante el siguiente procedimiento:

(a) El Secretario Ejecutivo transmitirá la solicitud y un primer borrador de respuesta a todas las Partes Consultivas a través de las personas designadas por estas como contactos, proponiéndoles responder a la consulta e incluyendo una fecha adecuada en la cual las Partes Consultivas deben, *o bien* (1) indicar que no sería adecuado responder, *o bien* (2) proporcionar comentarios sobre la respuesta contenida en el primer borrador. La fecha proporcionará un plazo razonable como para poder elaborar los comentarios, tomando en cuenta toda fecha límite que haya sido establecida en la solicitud inicial de la información.

Si una de las Partes Consultivas indica que no es apropiada una respuesta, el Secretario Ejecutivo enviará solamente una respuesta formal, reconociendo la solicitud sin entrar lo sustancial del tema.

(b) Si no hay objeción para proceder, y los comentarios se han entregado antes de concluir el plazo especificado en la transmisión mencionada en el párrafo (a) anterior, el Secretario Ejecutivo revisará la respuesta a la luz de los comentarios y transmitirá la respuesta revisada a todas las Partes Consultivas, incluyendo una fecha apropiada en la cual se esperan sus reacciones.

(c) Si se entregan nuevos comentarios antes de la fecha indicada en la transmisión a que hace referencia el párrafo (b) anterior, el Secretario Ejecutivo repetirá el procedimiento a que hace referencia el párrafo (b) anterior hasta que ya no se entreguen nuevos comentarios.

(d) Si no se entregan nuevos comentarios antes de la fecha indicada en una transmisión a la cual el párrafo (a), (b) o (c) anteriores hacen referencia, el Secretario Ejecutivo distribuirá una versión final y solicitará de cada Parte Consultiva tanto una confirmación activa digital que indique que se ha "leído" como una confirmación digital activa que indique que se ha "aceptado", y sugerirá una fecha en la cual debe recibirse la confirmación que indique que se ha aceptado. El Secretario Ejecutivo debe mantener a las Partes Consultivas al tanto del progreso de las confirmaciones recibidas.

Luego del recibo de las confirmaciones que indiquen la "aceptación" de todas las Partes Consultivas, el Secretario Ejecutivo debe firmar y enviar la respuesta a la organización internacional interesada en representación de todas las Partes Consultivas, y deberá proporcionar a todas las Partes Consultivas una copia de la respuesta firmada.

(e)   Cualquier Parte Consultiva puede, en cualquier etapa del proceso, solicitar más tiempo para su consideración.

(f)   Cualquier Parte Consultiva puede, en cualquier etapa del proceso, indicar que no sería apropiado responder a la solicitud. En este caso, el Secretario Ejecutivo debe enviar solamente una respuesta formal, reconociendo la solicitud sin entrar lo sustancial del tema.

Documentos para la reunión

(48) Los Documentos de Trabajo deben hacer referencia a aquellos documentos presentados durante una Reunión por las Partes Consultivas que necesiten de análisis y medidas y aquellos documentos presentados por los Observadores a los cuales se hace referencia en la Regla 2.

(49) Los Documentos de Secretaría deben hacer referencia a documentos preparados por la Secretaría de acuerdo a un mandato establecido en una Reunión o que, en opinión del Secretario Ejecutivo, contribuirían a informar a la Reunión o ayudarían a su operación.

(50) Los Documentos de Información deben referirse a:

- Documentos presentados por las Partes Consultivas o por los Observadores, que proporcionan información que respalda un Documento de Trabajo o que son relevantes a los debates sostenidos durante una Reunión;

- Los Documentos presentados por Partes No Consultivas que son relevantes a los debates sostenidos en una Reunión; y

- Los Documentos presentados por Expertos que son relevantes a los debates sostenidos en una reunión.

(51) Los Documentos de Antecedentes deben referirse a aquellos documentos presentados por cualquier participante, que no será presentado en una Reunión, si bien se presenta con la finalidad de proporcionar información de manera formal.

(52) Los Procedimientos para la presentación, traducción y distribución de documentos se adjunta a estas reglas de Procedimientos.

Enmiendas

(53) Estas Reglas de Procedimiento podrán ser enmendadas por una mayoría de dos tercios de los Representantes de las Partes Consultivas que asistan a la Reunión. Esta Regla no se aplicará a las Reglas 24, 27, 29, 34, 39-42, 44 y 46, para cuya enmienda se requerirá la aprobación de los Representantes de todas las Partes Consultivas presentes en la Reunión.

Anexo

Procedimientos para la presentación, traducción y distribución de documentos para la RCTA y el CPA

1. Los presentes procedimientos son aplicables a la distribución y traducción de los documentos oficiales para la Reunión Consultiva del Tratado Antártico (RCTA) y para el Comité para la Protección del Medio Ambiente (CPA), según se define en sus respectivas Reglas de Procedimientos. Estos documentos incluyen documentos de trabajo, documentos de la Secretaría, documentos de información y documentos de antecedentes.

2. Los documentos que requieren traducción son los documentos de trabajo, documentos de la Secretaría, informes presentados a la RCTA por los Observadores y Expertos invitados de la RCTA, de conformidad con las disposiciones de la Recomendación XIII-2 del Tratado Antártico, y documentos de información de los cuales una Parte Consultiva requiera traducción. Los documentos de antecedentes no se traducirán.

3. Los documentos que deban traducirse, a excepción de los informes de los Grupos de Contacto Intersesional (GCI) convocados por la RCTA o el CPA, los Informes de los Presidentes de las Reuniones de Expertos del Tratado Antártico, y el informe y Programa de la Secretaría, no deben exceder las 1500 palabras. Al calcular la extensión de un documento, no deben incluirse las Medidas, Decisiones y Resoluciones ni sus documentos adjuntos.

4. La Secretaría deberá recibir los documentos que requieren traducción, con al menos 45 días de antelación a la Reunión Consultiva. Si alguno de dichos documentos no se presenta con al menos 45 días de antelación a la Reunión Consultiva, sólo podrá ser considerado si ninguna de las Partes se opone a ello.

5. La Secretaría deber recibir los documentos de información para los cuales no se ha requerido traducción y los documentos de antecedentes que los participantes deseen mencionar en el Informe Final, con no menos de 30 días de antelación a la Reunión.

6. La Secretaría indicará la fecha de presentación de cada documento presentado por una Parte Contratante, un Observador o un Experto.

7. Si una versión revisada de un documento elaborada luego de su presentación inicial es enviada nuevamente a la Secretaría para su traducción, el texto revisado debe indicar claramente las modificaciones incorporadas.

8. Los documentos deberán ser enviados a la Secretaría en forma electrónica, y serán cargados en la página de inicio de la RCTA establecida por la Secretaría. Los documentos de trabajo recibidos antes de la fecha límite de 45 días deben ser

cargados tan pronto como sea posible, y, en ningún caso más allá de los 30 días antes de la Reunión. Inicialmente, los documentos se cargarán a la sección del sitio Web protegida por una contraseña, y luego serán trasladados a una sección no protegida por una contraseña una vez concluida la Reunión.

9. Durante la Reunión, las Partes podrán acordar presentar todo documento para el cual no se haya solicitado una traducción a la Secretaría, para su traducción.

10. Ningún documento presentado a la RCTA deberá ser utilizado como base para el debate en la RCTA o en una reunión del CPA, a menos que haya sido traducido a los cuatro idiomas oficiales.

11. Dentro de los seis meses de finalizada la Reunión Consultiva, la Secretaría deberá distribuir, mediante vías diplomáticas, y también publicar en la página de inicio de la RCTA el Informe Final de dicha Reunión, en los cuatro idiomas oficiales.

Reglas de Procedimiento revisadas del Comité para la Protección del Medio Ambiente (2011)

Regla 1

A menos que se especifique otra cosa, se aplicarán las Reglas de Procedimiento de las Reuniones Consultivas del Tratado Antártico.

Regla 2

A efectos de las presentes Reglas de Procedimiento:

(a)   el término "Protocolo" significa el Protocolo al Tratado Antártico sobre Protección del Medio Ambiente, firmado en Madrid el 4 de octubre de 1991;

(b)   la frase "las Partes" significa las Partes del Protocolo;

(c)   el término "Comité" significa el Comité para la Protección del Medio Ambiente tal como se define en el artículo 11 del Protocolo; y

(d)   el término "Secretaría" significa la Secretaría del Tratado Antártico.

Parte I. Representantes y expertos

Regla 3

Cada Parte del Protocolo tendrá derecho a participar como miembro del Comité y a nombrar un representante que podrá estar acompañado por expertos y asesores con adecuada competencia científica, ambiental o técnica.

Todos los miembros del Comité deberán enviar al Gobierno Anfitrión, lo más pronto posible antes de cada reunión del Comité, el nombre y la designación de sus representantes y, antes o al comienzo de cada reunión, el nombre y la designación de sus expertos o asesores.

Parte II. Observadores y consultas

Regla 4

Podrán tener calidad de observador en el Comité:

(a)   toda Parte Contratante del Tratado Antártico que no sea Parte del Protocolo;

(b)   el Presidente del Comité Científico de Investigación Antártica, el Presidente del Comité Científico para la Conservación de los Recursos Vivos Marinos Antárticos y el Presidente del Consejo de Administradores de Programas Nacionales Antárticos o un representante designado por ellos;

(c) con la aprobación específica de la Reunión Consultiva del Tratado Antártico, otras organizaciones científicas, ambientales y técnicas pertinentes que puedan contribuir a la labor del Comité.

Regla 5

Los observadores deberán enviar al Gobierno Anfitrión, lo más pronto posible antes de cada reunión del Comité, el nombre y la designación del representante que asistirá a la reunión.

Regla 6

Los observadores pueden participar en los debates pero no en la adopción de decisiones.

Regla 7

En el cumplimiento de sus funciones, el Comité consultará, cuando corresponda, al Comité Científico de Investigación Antártica, el Comité Científico para la Conservación de los Recursos Vivos Marinos Antárticos, el Consejo de Administradores de Programas Nacionales Antárticos y otras organizaciones científicas, ambientales y técnicas pertinentes.

Regla 8

De ser necesario, el Comité puede solicitar el asesoramiento de expertos en forma *ad hoc*.

Parte III. Reuniones

Regla 9

El Comité se reunirá una vez al año, en general y preferentemente junto con la Reunión Consultiva del Tratado Antártico y en el mismo lugar. Con la aprobación de la Reunión Consultiva y a fin de desempeñar sus funciones, el Comité también podrá reunirse en el período entre reuniones anuales.

El Comité podrá asimismo establecer grupos de contacto informales de composición abierta para examinar temas específicos e informar al respecto al Comité.

Los grupos de contacto de composición abierta que se establezcan para realizar tareas en los períodos entre reuniones funcionarán de la siguiente forma:

(a) en los casos en que corresponda, el Comité designará al coordinador del grupo de trabajo durante la reunión y lo indicará en su informe final;

(b) en los casos en que corresponda, el Comité establecerá los términos de referencia para el grupo de contacto y los incluirá en su informe final;

(c) en los casos en que corresponda, el Comité establecerá las modalidades de comunicación, como correo electrónico, el foro de discusión en línea que mantiene la Secretaría y reuniones informales, y las indicará en su informe final;

(d)   los representantes que deseen participar en un grupo de contacto deberán expresar su interés al coordinador por medio del foro de discusión, por correo electrónico o por otro medio apropiado;

(e)   el coordinador utilizará los medios apropiados para informar a todos los integrantes del grupo sobre la composición del grupo de contacto;

(f)   se facilitará toda la correspondencia oportunamente a todos los integrantes del grupo de contacto; y

(g)   al formular comentarios, los integrantes del grupo de contacto indicarán en nombre de quién están hablando.

El Comité también podrá establecer otros subgrupos informales o considerar otras formas de trabajar, entre ellas talleres y videoconferencias.

Regla 10

El Comité podrá crear, con la aprobación de la Reunión Consultiva del Tratado Antártico, los órganos subsidiarios que considere apropiados.

Estos órganos subsidiarios se regirán por las Reglas de Procedimiento del Comité, según proceda.

Regla 11

En las reuniones del Comité se aplicarán las Reglas de Procedimiento que rigen para la elaboración del Programa de la Reunión Consultiva del Tratado Antártico, con los cambios que sean necesarios.

Antes de cada reunión de un órgano subsidiario, la Secretaría, en consulta con los presidentes del Comité y el órgano subsidiario, elaborará y distribuirá el programa preliminar anotado.

Parte IV. Presentación de documentos

Regla 12

1. Los documentos de trabajo son documentos presentados por los Miembros del Comité que requieren análisis y adopción de medidas en una Reunión, y documentos presentados por observadores mencionados en la Regla 4 (b).

2. Los documentos de la Secretaría se refieren a documentos elaborados por la Secretaría de conformidad con un mandato establecido en una Reunión, o que podría, según el Secretario Ejecutivo, ayudar a proporcionar información para la Reunión o contribuir a su funcionamiento.

3. Los documentos de información se referirán a:

- Documentos presentados por los Miembros de Comité u Observadores mencionados en la Regla 4 (b), que proporcionan información que respalda un documento de información o que es relevante a los debates en una reunión;
- Documentos presentados por Observadores mencionados en la Regla 4 (a), que son relevantes a debates en una Reunión; y
- Documentos presentados por Observadores mencionados en la Regla 4 (c) que son relevantes para los debates en una Reunión.

4. Los documentos de antecedentes se refieren a documentos presentados por todo participante que no se presentarán en una Reunión, pero que se presentan a los fines de proporcionar información de manera formal.

5. Los procedimientos para la presentación, traducción y distribución de documentos se adjuntan a las Reglas de Procedimiento de la RCTA.

Parte V. Asesoramiento y recomendaciones

Regla 13

El Comité tratará de lograr el consenso sobre las recomendaciones y el asesoramiento que proporcione de conformidad con el Protocolo.

En los casos en que no se logre el consenso, el Comité deberá reflejar en su informe todas las opiniones expresadas en relación con el tema en consideración.

Parte VI. Decisiones

Regla 14

Cuando se deban tomar decisiones, los asuntos de fondo se decidirán por consenso de los miembros del Comité que participen en la reunión. Los asuntos de procedimiento se decidirán por mayoría simple de los miembros del Comité presentes y con voto. Cada miembro del Comité tendrá un voto. Toda duda respecto a si un asunto es de procedimiento se decidirá por consenso.

Parte VII. Presidentes y Vicepresidentes

Regla 15

El Comité elegirá un Presidente y dos Vicepresidentes entre las Partes Consultivas. El Presidente y los Vicepresidentes tendrán un mandato de dos años. Si es posible, estos mandatos estarán escalonados.

El Presidente y los Vicepresidentes no podrán ser reelegidos por más de un mandato adicional de dos años. El Presidente y los Vicepresidentes no podrán ser representantes de la misma Parte.

El Vicepresidente que haya ocupado la vicepresidencia durante más tiempo (en total, contando cualquier otro mandato anterior) será el primer Vicepresidente.

Si ambos Vicepresidentes son nombrados por primera vez en la misma reunión, el Comité determinará cuál de ellos es el primer Vicepresidente.

Regla 16

Las facultades y responsabilidades del Presidente incluyen, entre otras, las siguientes:

    (a)   convocar, inaugurar, presidir y clausurar cada reunión del Comité;

    (b)   fallar con respecto a las mociones de orden presentadas en cada reunión del Comité, con la condición de que cada representante conserve el derecho de solicitar que dicho fallo sea sometido a la aprobación del Comité;

    (c)   aprobar el programa preliminar para la reunión, previa consulta con los representantes;

    (d)   firmar, en nombre del Comité, el informe de cada reunión;

    (e)   presentar a la Reunión Consultiva del Tratado Antártico el informe de cada reunión del Comité al cual se hace referencia en la regla 22;

    (f)   iniciar el trabajo que se requiera en el período entre sesiones; y

    (g)   representar al Comité en otros foros tal como lo decida el Comité.

Regla 17

Cuando el Presidente no pueda desempeñar sus funciones, el Primer Vicepresidente asumirá las facultades y responsabilidades del Presidente.

En los casos en que ni el Presidente ni el Primer Vicepresidente puedan desempeñar sus funciones, el Segundo Vicepresidente asumirá las facultades y responsabilidades del Presidente.

Regla 18

En caso de que el cargo de Presidente quede vacante en el período entre reuniones, el Primer Vicepresidente ejercerá las facultades y responsabilidades del mismo hasta que se elija a un nuevo Presidente.

Si tanto el cargo de Presidente como el de Vicepresidente quedan vacantes en el período entre reuniones, el Segundo Vicepresidente ejercerá las facultades y responsabilidades del Presidente hasta que se elija a un nuevo Presidente.

Regla 19

El Presidente y los Vicepresidentes comenzarán a desempeñar sus funciones cuando concluya la reunión del Comité en la cual fueron elegidos.

Parte VIII. Instalaciones administrativas

Regla 20

Como norma general, el Comité y sus órganos subsidiarios utilizarán las instalaciones administrativas proporcionadas por el Gobierno anfitrión de sus reuniones.

Parte IX. Idiomas

Regla 21

Los idiomas oficiales del Comité y, cuando corresponda, de los órganos subsidiarios mencionados en la Regla 10 serán el inglés, el francés, el ruso y el español.

Parte X. Actas e informes

Regla 22

El Comité presentará un informe de cada una de sus reuniones a las Reuniones Consultivas del Tratado Antártico. El informe abarcará todos los asuntos considerados en la reunión, así como en las reuniones intersesionales y de los órganos subsidiarios, según proceda, y reflejará las opiniones expresadas. El informe, que incluirá también una lista completa de los documentos de trabajo, de información y de antecedentes distribuidos oficialmente, deberá presentarse a la Reunión Consultiva del Tratado Antártico en los idiomas oficiales. El informe será enviado a las Partes y los observadores presentes en la reunión, y quedará posteriormente a disposición del público.

Parte XI. Enmiendas

Regla 23

El Comité podrá adoptar enmiendas de estas reglas de procedimiento, las cuales estarán sujetas a la aprobación de la Reunión Consultiva del Tratado Antártico.

Informes, programa y presupuestos de la Secretaría

Los Representantes,

Recordando la Medida 1 (2003) sobre el establecimiento de la Secretaría del Tratado Antártico ("la Secretaría");

Teniendo presentes las Regulaciones Financieras para la Secretaría adjuntas a la Decisión 4 (2003);

Deciden:

1. aprobar el Informe Financiero auditado para 2009/2010 adjunto a esta Decisión (Anexo 1);

2. tomar nota del Informe de la Secretaría 2010/2011 (SP 2 rev. 2) que incluye la Estimación de Ingresos y Gastos 2010/2011 adjunto a esta Decisión (Anexo 2); y

3. tomar nota del perfil presupuestario prospectivo quinquenal para el período 2011 a 2016 y aprobar todos los demás elementos del Programa de la Secretaría (SP 3) incluyendo el presupuesto para el período 2011/2012 y el presupuesto proyectado para el período 2012/2013 adjunto a esta Decisión (Anexo 3).

SIGEN

DICTAMEN DEL AUDITOR

XXXIV Reunión Consultiva del Tratado Antártico 2011, Buenos Aires Argentina.

1. Informe de los Estados Financieros

Hemos auditado los Estados Financieros de la Secretaría del Tratado Antártico que se acompañan, los cuales incluyen: Estado de Ingresos y Egresos, Estado de la Posición Financiera, Estado de Evolución del Patrimonio Neto, Estado de Origen y Aplicación de Fondos y Notas aclaratorias por el periodo comenzado el 1° de abril de 2009 y finalizado el 31 de marzo de 2010.

2. Responsabilidad de la Dirección en los Estados Financieros

La Secretaría del Tratado Antártico es responsable de la preparación y razonable presentación de estos Estados Financieros de acuerdo con las Normas Internacionales de Contabilidad y normas específicas de las Reuniones Consultivas del Tratado Antártico. Esta responsabilidad incluye: diseño, implementación y mantenimiento de control interno con respecto a la preparación y presentación de los estados financieros de modo que los mismos, estén libres de tergiversación, sea por fraude o error; selección e implementación de políticas contables apropiadas, y elaboración de estimaciones contables que sean razonables a las circunstancias.

3. Responsabilidad del Auditor

Nuestra responsabilidad es expresar una opinión sobre estos Estados Financieros basados en la auditoría efectuada. La auditoría se realizó conforme Normas Internacionales de Auditoría y el Anexo a la Decisión 3 (2008) de la XXXI Reunión Consultiva del Tratado Antártico el cual describe las tareas a ser llevadas a cabo por la auditoría externa.

Dichas normas requieren el cumplimiento de requisitos éticos y un planeamiento y ejecución de auditoría para obtener seguridad razonable que los Estados Financieros no contienen declaraciones inexactas.

Una auditoría incluye la ejecución de procedimientos para obtener evidencias sobre los montos y exposición en los Estados Financieros. Los procedimientos seleccionados dependen del juicio del auditor, incluyendo la evaluación de los riesgos de afirmación materia inexacta en los estados financieros, sea por fraude o por error. Al efectuar dicha evaluación de riesgos, el auditor considera el control interno relevante a la preparación y razonable presentación por la organización de los Estados financieros a fin de diseñar los procedimientos adecuados que resulten apropiados a las circunstancias.

SIGEN

Una auditoría incluye también la evaluación de lo apropiado, de los principios contables utilizados y que las estimaciones contables efectuadas por la gerencia sean razonables, así como la evaluación de la presentación general de los Estados Financieros.

Creemos que la evidencia auditada que hemos obtenido es suficiente y apropiada para proveer una base para nuestra opinión como auditores.

4. Opinión

En nuestra opinión, los Estados Financieros auditados presentan razonablemente, en todos los aspectos materiales, el estado financiero de la Secretaría del Tratado Antártico al 31 de marzo de 2010 y su desempeño financiero por el período entonces concluido de acuerdo con las Normas Internacionales de Contabilidad y normas específicas de las Reuniones Consultivas del Tratado Antártico.

Dr. Edgardo de Rose
Contador Público
T 182 F 195 CPCECABA

Buenos Aires, 25 de abril de 2011

Sindicatura General de la Nación
Av. Corrientes 381, Buenos Aires
República Argentina

Anexo A – Informe financiero 2009/2010

1. Cálculo de ingresos y gastos para todos los fondos correspondientes al periodo comprendido entre el 1 de abril de 2009 y el 31 de marzo de 2010

INGRESOS	Presupuesto	Informe Provisional	En curso
Contribuciones correspondientes al ejercicio anterior (Nota 1.10 y 8)	32.613 $	32.613 $	32.613 $
Contribuciones correspondientes al ejercicio actual (Nota 1.10 y 8)	808.124 $	808.124 $	808.127 $
Otros ingresos (Nota 2)	1.400 $	1.292 $	(3.753) $
TOTAL DE INGRESOS	**842.137 $**	**842.029 $**	**836.987 $**

GASTOS			
Sueldos			
Personal ejecutivo	232.425 $	232.425 $	232.425 $
Personal de servicios generales	161.905 $	167.876 $	167.876 $
Total Sueldos	**394.330 $**	**400.301 $**	**400.301 $**

Bienes y servicios			
Auditoría	7.185 $	7.813 $	9.248 $
Carga de datos	2.000 $	0 $	0 $
Servicios de documentación	2.000 $	3.062 $	3.062 $
Asesoramiento jurídico	5.900 $	3.600 $	3.600 $
Varios	8.000 $	9.344 $	9.950 $
Gastos de oficina	15.200 $	10.604 $	10.950 $
Franqueo	7.700 $	1.738 $	1.483 $
Impresión	23.100 $	13.981 $	13.581 $
Representación	3.300 $	2.527 $	2.802 $
Telecomunicaciones	10.700 $	11.479 $	11.720 $
Capacitación	1.400 $	4.100 $	5.504 $
Traducción	248.500 $	233.376 $	232.876 $
Viajes	43.000 $	58.538 $	56.843 $
Total de Bienes y servicios	**377.985 $**	**360.622 $**	**361.619 $**

Equipamiento			
Documentación	1.100 $	1.633 $	1.762 $
Mobiliario	4.400 $	8.805 $	6.643 $
Equipo de TI	21.400 $	20.878 $	23.729 $
Desarrollo	15.000 $	12.390 $	11.794 $
Total de Equipamiento	**41.900 $**	**43.706 $**	**43.928 $**

Asignaciones presupuestarias			
Fondo para reuniones futuras (Nota 1.9)	13.001 $	13.001 $	13.001 $
Fondo para cesantías (Nota 1.6)	7.900 $	7.900 $	15.662 $
Fondo de operaciones (Nota 1.8)	2.475 $	2.475 $	2.475 $
Total de asignaciones presupuestarias	**23.376 $**	**23.376 $**	**31.138 $**

TOTAL DE GASTOS	**837.591 $**	**828.005 $**	**836.987 $**

(Déficit) / Superávit	**4.546 $**	**14.024 $**	**0 $**

Este estado financiero debería leerse conjuntamente con las NOTAS 1 a 9 adjuntas

255

2. Estado financiero al 31 de marzo de 2010

ACTIVOS	Año anterior	En curso
Activos circulantes		
Caja y equivalentes en efectivo (Nota 3)	959.231 $	876.024 $
Contribuciones adeudadas (Nota 8)	0 $	70.159 $
Otros deudores (Nota 4)	48.421 $	34.818 $
Otros activos circulantes (Nota 5)	0 $	12.779 $
Total	1.007.652 $	993.781 $
Activos no circulantes		
Muebles y equipos (Notas 1.5 y 6)	62.196 $	66.297 $
Total de activos no circulantes	62.196 $	66.297 $
Total de activos	1.069.848 $	1.060.078 $
Pasivos		
Pasivos en circulante		
Pagaderos (Nota 7)	91.630 $	31.357 $
Ingreso no devengado (Notas 1.2 y 8)	379.605 $	407.572 $
Sueldos pagaderos	4.103 $	22.080 $
Total	475.339 $	461.008 $
Pasivos no circulantes		
Fondo para cesantías de personal (Nota 1.6)	23.119 $	38.781 $
Fondo para reemplazo de personal (Nota 1,7)	50.000 $	23.421 $
Total de pasivos no circulantes	$73.119 $	62.203 $
Total de pasivos	548.458 $	523.211 $
ACTIVOS NETOS	521.390 $	536.867 $

Este estado financiero debería leerse conjuntamente con las NOTAS 1 a 9 adjuntas

3. Cambios en los activos netos al 31 de marzo de 2010

Representado por Fondos	Activos netos 01-04-2009	Financiamiento	Asignación	Activos netos 31-03-2010
Fondo general	35.051 $	836.987 $	(836.987 $)	35.051 $
Fondo de operaciones (Nota 1.8)	126.917 $		(2.475 $)	129.392 $
Fondo para reuniones futuras (Nota 1.9)	359.423 $		(13.001 $)	372.424 $
Activos netos	521.391 $	(836.987 $)	852.463 $	536.867 $

Este estado financiero debería leerse conjuntamente con las NOTAS 1 a 9 adjuntas

4. Flujo de caja para todos los fondos durante el periodo comprendido entre el 1 de abril de 2009 al 31 de marzo de 2010

Variaciones en caja y equivalentes en efectivo

- Caja y equivalentes en efectivo al comienzo del periodo   959.231 $
- Caja y equivalentes en efectivo al final del periodo   876.024 $
    - Devaluación neta de la Caja y equivalentes en efectivo   (83.207 $)

Causas en la variación de la Caja y equivalentes en efectivo

Actividades de operación

- Recolección de contribuciones   612.973 $
- Pago de sueldos   (400.301 $)
- Pago de servicios de traducción   (586.809 $)
- Viajes, pagado   (32.171 $)
- Impresión, edición y fotocopias, pagado   (13.581 $)
- Gastos de traslado, pagados   (21.412 $)
- Otros pagos   (132.325 $)

Caja y equivalentes en efectivo de las actividades operativas   (573.626 $)

Actividades de inversión

- Compra de activos fijos   (12.969 $)
- Otros   120 $

Caja y equivalentes en efectivo neto de las actividades operativas   (12.849 $)

Actividades de financiamiento

- Contribuciones recibidas por adelantado   407.572 $
- Adelantos por servicios de traducción   131.933 $
- Pago Art. 5 6 de los Estatutos del personal   (12.779 $)
- Gastos prepagados de la XXXIII RCTA   (18.360 $)

Caja y equivalentes en efectivo de las actividades de financiamiento   508.366 $

Actividades en divisa extranjera

- Cambio de divisa neto   (5.098 $)

Caja y equivalentes en efectivo neto de las actividades en divisa extranjera   (5.098 $)

Devaluación neta de la Caja y equivalentes en efectivo   (83.207 $)

Este estado financiero debería leerse conjuntamente con las NOTAS 1 a 9 adjuntas

NOTAS SOBRE, E INHERENTES A, LOS ESTADOS FINANCIEROS
31 de MARZO de 2010

NOTA 1: RESUMEN DE LOS PRINCIPIOS Y POLÍTICAS CONTABLES IMPORTANTES

1.1 Costo histórico
La contabilidad se realiza de acuerdo con la convención sobre los costos históricos, a menos que se indique lo contrario, y por lo tanto no refleja los cambios en el poder adquisitivo del dinero ni la tasación en corriente de los activos no monetarios.

1.2 Basado en provisiones
La declaración de la Secretaría sobre los ingresos y gastos, el estado financiero y el estado de cambios en los activos netos se prepara con base en lo provisionado según las Normas contables internacionales. Véase el punto 1.9.

1.3 Divisas
Todas las transacciones en el estado financiero se presentan en dólares estadounidenses.

1.4 Instalaciones
El uso de las oficinas de la Secretaría es proporcionado sin cargo por renta por el Ministerio de asuntos exteriores, Comercio internacional y Culto de la República Argentina, al igual que lo son los gastos correspondientes a servicios y uso de áreas comunes en el edificio.

1.5 Muebles y equipos
Todos los artículos se presentan a su precio de costo menos la depreciación acumulada y contabilizando cualquier pérdida por daños reconocida.
La depreciación de estos activos se calcula en una base directa con tasas adecuadas a su vida útil estimada.
Se efectuó un inventario completo con cálculo de su vida útil conforme a las instrucciones de SIGEN. La composición definitiva se presenta en la Nota 6.

1.6 Fondo para cesantías de personal
La Secretaría cambió desde una interpretación restrictiva a una interpretación abarcadora del Artículo 10.4 del Estatuto del personal "… los miembros del personal ejecutivo serán indemnizados a razón de un mes de sueldo base por cada año de servicio, a partir del segundo año…". Al 31 de marzo de 2010 este Fondo está desfinanciado en $ 11.531; esta cifra no incluye dineros adeudados al Secretario ejecutivo anterior, quien dejó su cargo el 31 de agosto de 2009.

1.7 Fondo de reemplazo de personal
Este fondo se usa cuando ocurren gastos asociados a la reubicación del Secretario ejecutivo.

1.8 Fondo de operaciones
En conformidad con el estatuto 6.2 (a) del Reglamento financiero, este fondo se mantuvo a un sexto (1/6) del presupuesto del año fiscal.

1.9 Fondo para reuniones futuras
En conformidad con la Decisión 4 (2009), el fondo se incrementó.

1.10 Reconocimiento de ingresos
A partir de 2009/2010 el ingreso de las contribuciones anuales de los Miembros se registrará al comienzo de cada año al vencer las contribuciones al presupuesto.
Las contribuciones especiales y los ingresos por intereses serán reconocidos contra recibo.

NOTAS SOBRE, E INHERENTES A, LOS ESTADOS FINANCIEROS
31 de marzo de 2010

	Año anterior	En curso
Nota 2 Otros ingresos		
Ingreso por intereses	2.082 $	1.135 $
Ajuste de divisas	11.254 $	(5.098 $)
Otros	181 $	210 $
	13.517 $	(3.753 $)
Nota 3 Caja y equivalentes en efectivo		
Caja en dólares US	589 $	2.731 $
Caja en pesos argentinos	552 $	680 $
BNA, cuenta en dólares US	922.491 $	868.933 $
BNA, cuenta en pesos argentinos	35.599 $	3.679 $
Total	959.231 $	876.024 $
Nota 4 Otros deudores		
Prepagos a proveedores	35.972 $	28.480 $
IVA por ser reembolsado	11.930 $	6.338 $
Adelanto de sueldos	500 $	0 $
Impuesto a la renta por ser reembolsado	19 $	0 $
Total	48.421 $	34.819 $
Nota 5 Otros activos en curso		
Refinanciamiento del Art. 5.6 del Estatuto del personal	0 $	12.779 $
	0 $	12.779 $
Nota 6 Muebles y equipos		
Libros y suscripciones	3.240 $	2.877 $
Utensilios de oficina	12.133 $	28.307 $
Mobiliario	22.129 $	24.374 $
Equipo de TI y software	32.071 $	39.747 $
Costo original total	69.573 $	95.305 $
Depreciación acumulada	(7.377 $)	(29.008 $)
Total neto de costo	62.196	66.297 $
Pagaderos (Nota 7)		
Art. 5.6 del Estatuto del personal	67.800 $	0 $
Cuentas por pagar	9.120 $	4.160 $
Gastos acumulados	14.710 $	27.197 $
	91.630 $	31.357 $

259

NOTAS SOBRE, E INHERENTES A, LOS ESTADOS FINANCIEROS
31 de MARZO de 2010

Nota 8 Contribuciones
El desglose de las contribuciones debidas y recibidas es como sigue:

Año fiscal	2008/09	2009/10		2009/10	
Recibido	Adeudado	Comprom etido	Recibido	Pendiente	No devengado
Alemania		36.404 $	36.404 $	0 $	
Australia		36.404 $	36.404 $	0 $	
Bélgica		24.197 $	24.180 $	18 $	
Brasil		24.197 $	14.640 $	9.557 $	
Bulgaria		20.534 $	20.534 $	0 $	22.868 $
Chile	14.320 $	27.859 $	24.320 $	17.859 $	
China		27.859 $	27.859 $	0 $	
Ecuador		20.534 $	20.534 $	0 $	
Finlandia		24.197 $	24.197 $	0 $	
Francia		36.404 $	36.404 $	0 $	40.540 $
Alemania		31.521 $	31.491 $	30 $	35.070 $
India		27.859 $	27.797 $	62 $	
Italia		31.521 $	31.521 $	0 $	
Japón		36.404 $	36.405 $	(1) $	
Corea		24.197 $	24.197 $	0 $	26.946 $
Países Bajos		27.859 $	27.859 $	0 $	
Nueva Zelanda		36.404 $	36.404 $	0 $	40.540 $
Noruega		36.404 $	36.374 $	30 $	40.510 $
Perú		20.534 $	20.534 $	0 $	
Polonia		24.197 $	24.197 $	0 $	26.946 $
Rusia		27.859 $	27.859 $	0 $	31.024 $
Sudáfrica		27.859 $	27.859 $	0 $	31.024 $
España		27.859 $	27.744 $	115 $	
Suecia		27.859 $	27.859 $	0 $	31.024 $
Ucrania	18.293 $	24.197 $	0 $	42.490 $	
Reino Unido		36.404 $	36.404 $	0 $	40.540 $
Estados Unidos		36.404 $	36.404 $	0 $	40.540 $
Uruguay		24.197 $	24.197 $	0 $	
TOTAL	**32.613 $**	**808.127 $**	**770.581 $**	**70.159 $**	**407.572 $**

NOTAS SOBRE, E INHERENTES A, LOS ESTADOS FINANCIEROS
31 de MARZO de 2010

Nota 9 Nuevo cálculo de ingresos y gastos para todos los fondos correspondientes al periodo comprendido entre el 1 de abril de 2010 y el 31 de marzo de 2011

Este será el formato con el cual la Secretaría presentará en el futuro los ingresos y gastos.

INGRESOS	Año anterior	Presupuesto	En curso
Contribuciones de años anteriores	138.317 $	32.613 $	32 613 $
Contribuciones del año en curso	404.118 $	808.124 $	808.127 $
Otros ingresos	2.263 $	1.400 $	1.364 $
Ingreso total	**544.698 $**	**842.137 $**	**842.104 $**
GASTOS			
Sueldos	371.637 $	399.530 $	403.363 $
Servicios de traducción	232.554 $	248.500 $	232.876 $
Viajes	59.653 $	43.000 $	56.843 $
Tecnología informática	41.296 $	36.400 $	35.523 $
Impresión, edición y fotocopias	37.249 $	23.100 $	13.581 $
Servicios generales	34.449 $	30.685 $	33.147 $
Comunicaciones	14.288 $	16.000 $	10.708 $
Gastos de oficina	12.644 $	10.000 $	12.220 $
Administración general	3.808 $	3.700 $	4.786 $
Representación	3.172 $	3.300 $	2.802 $
Financiamiento	(11.473 $)	0 $	5.117 $
Total de gastos	**799.277 $**	**814.215 $**	**810.966 $**
ASIGNACIÓN DE FONDOS			
Fondo para reuniones futuras	0 $	13.001 $	13.001 $
Fondo para cesantías de personal	9.415 $	7.900 $	15.662 $
Fondo de operaciones	(6.866 $)	2.475 $	2.475 $
Total de asignación de fondos	**2.549 $**	**23.376 $**	**31.138 $**
Total de gastos y asignaciones	**801.826 $**	**837.591 $**	**842.104 $**
(Déficit) / Superávit del periodo	**(257.128 $)**	**(4.546 $)**	**0 $**

Dr. Manfred Reinke
Secretario ejecutivo

Roberto A. Fennell
Contador certificado

261

Estimación de ingresos y gastos para todos los fondos durante el periodo comprendido entre el 1 de abril de 2010 y el 31 de marzo de 2011

	Declaración 2009/2010	Presupuesto 2010/2011	Declaración provisional 2010/11
INGRESOS			
Contribuciones del AF anterior	32.613 $	0 $	
Contribuciones del AF en curso	808.127 $	899.942 $	899.942 $
Otros	-3.753 $	1.000 $	-1.510 $
TOTAL	**836.987 $**	**900.942 $**	**898.432 $**
GASTOS			
SUELDOS			
Personal ejecutivo	232.425 $	247.974 $	250.104 $
Personal de servicios generales	167.876 $	193.543 $	194.102 $
Horas extraordinarias	0 $	8.038 $	7.365 $
Personal auxiliar	0 $	16.864 $	18.378 $
Total de Sueldos	**400.301 $**	**466.419 $**	**469.948 $**
BIENES Y SERVICIOS			
Auditoria	9.248 $	9.360 $	9.299 $
Carga de datos	0 $	0 $	0 $
Servicios de documentación	3.062 $	0 $	0 $
Asesoramiento jurídico	3.600 $	4.200 $	4.360 $
Varios	9.950 $	8.500 $	9.976 $
Gastos de oficina	10.950 $	11.700 $	12.141 $
Franqueo	1.483 $	2.500 $	1.870 $
Impresión	13.581 $	11.500 $	15.964 $
Representación	2.802 $	2.000 $	3.143 $
Telecomunicaciones	11.720 $	13.000 $	12.393 $
Capacitación	5.504 $	4.100 $	8.131 $
Traducción e interpretación	232.876 $	585.093 $	531.693 $
Viajes	56.843 $	68.800 $	60.583 $
Reubicaciones	0 $	0 $	0 $
Total de Bienes y servicios	**361.619 $**	**720.753 $**	**669.554 $**
EQUIPAMIENTO			
Documentación	1.762 $	1.900 $	1.137 $
Mobiliario	6.643 $	5.000 $	4.179 $
Equipo de TI	23.729 $	23.600 $	21.497 $
Desarrollo	11.795 $	15.100 $	15.820 $
Total de equipamiento	**43.929 $**	**45.600 $**	**42.632 $**
Total asignaciones	**805.849 $**	**1.232.772 $**	**1.182.135 $**
Fondo de contingencia para traslados (Fondo para reuniones futuras	13.001 $	0 $	0 $
Fondo de reemplazo de personal	0 $	8.333 $	8.333 $
Fondo para cesantías de personal	5.662 $	25.974 $	25.974 $
Fondo de operaciones	2.475 $	62.260 $	62.260 $
Total de fondos	**31.138 $**	**96.567 $**	**96.567 $**
GASTOS	**836.987 $**	**1.329.339 $**	**1.278.702 $**
		$ 0	
Superávit / (Déficit)	0 $	-428.397 $	-80.269 $

	Declaración 2009/2010	Presupuesto 2010/2011	Declaración provisional 2010/11
FINANCIAMIENTO		*0 $*	
Fondo general	0 $	49.076 $	7.845 $
Fondo de contingencia para traducciones (Fondo para reuniones futuras)	0 $	372.424 $	372.424 $
Fondo de operaciones	0 $	6.898 $	0 $
	0 $	**428.398 $**	**380.269 $**
Resumen de fondos	**31/03/2010**	**31/03/2011**	**31/03/2011**
Fondo general	35.051 $	0 $	27.206 $
Fondo de contingencia para traducciones (Fondo para reuniones futuras)	372.424 $	0 $	0 $
Fondo de reemplazo de personal	23.421 $	31.754 $	31.754 $
Fondo para cesantías de personal	38.781 $	64.755 $	64.755 $
Fondo de operaciones	129.392 $	184.754 $	191.652 $

Programa de la Secretaría para 2011/2012

Introducción

Este programa de trabajo establece las actividades propuestas para la Secretaría en el Ejercicio Económico 2011/2012 (1 de abril de 2011 al 31 de marzo de 2012). Las principales áreas de actividad de la Secretaría se tratan en los primeros tres capítulos. Luego, se incluye una sesión sobre gestión y un pronóstico del programa para el ejercicio económico 2011/2012.

En los apéndices, se presenta el presupuesto preliminar para 2011/2012, el presupuesto proyectado para 2012/2013, y las escalas de contribuciones y salarios correspondientes.

La Secretaría ha desarrollado un perfil presupuestario quinquenal, conforme se exigió en la XXXIII RCTA (Informe Final, párrafo (113)).

El programa y las cifras presupuestarias que lo acompañan, correspondientes al ejercicio económico 2011/2012, se basan en el Presupuesto Proyectado para 2011/2012 (Decisión 4 (2010), Apéndice 1).

El programa se enfoca en las actividades regulares, tales como la preparación de la XXXIV RCTA y la XXXV RCTA, la publicación de Informes Finales, y las diversas tareas específicas asignadas a la Secretaría en virtud de la Medida 1 (2003).

Contenido:

1. Apoyo a la RCTA/al CPA
2. Intercambio de información
3. Documentación
4. Información pública
5. Gestión
6. Programa proyectado 2011/2012
   - Apéndice 1: Informe Prov. 2010/2011, Presupuesto 2011/2012, Presupuesto proyectado 2012/2013
   - Apéndice 2: Perfil presupuestario quinquenal prospectivo - 2011 a 2016
   - Apéndice 3: Escala de contribuciones 2012/2013
   - Apéndice 4: Escala de salarios 2011/12

Apoyo a la RCTA/al CPA

XXXIV RCTA

La Secretaría brindará apoyo a la XXXIV RCTA recopilando y compaginando los documentos para la Reunión y publicándolos en una sección con acceso restringido del sitio web de la Secretaría. La sección Delegados también permitirá a los delegados registrarse en línea y brindará una lista descargable y actualizada de delegados.

La Secretaría apoyará el funcionamiento de la RCTA a través de la producción de los Documentos de la Secretaría, de un Manual para Delegados y de los programas, con sus anotaciones, para la RCTA, el CPA y los Grupos de Trabajo de la RCTA.

La Secretaría mantiene contacto con el gobierno de Australia en relación con la preparación de la XXXV RCTA en 2012, y mantendrá contacto con el gobierno de Bélgica respecto de la preparación de la XXXVI RCTA.

Examen de las Recomendaciones de la RCTA

La Secretaría continuará brindando apoyo al Grupo de Contacto Intersesional "Examen de las Recomendaciones de la RCTA".

Coordinación y contacto

Además de mantener un contacto constante por correo electrónico, teléfono y otros medios con las Partes y con instituciones internacionales del Sistema del Tratado Antártico, la asistencia a las reuniones es una herramienta importante para mantener la coordinación y el contacto.

La XXIV reunión del COMNAP se llevará a cabo en Estocolmo del 1 al 5 de agosto de 2011. La asistencia a la reunión brindará una oportunidad para fortalecer aún más las conexiones y la interacción con el COMNAP e informar a los PAN acerca de las cuestiones que deberán enfrentar en la fase operativa del SEII. Otro tema respecto del cual puede resultar necesario establecer un contacto con el COMNAP es el examen del estado de las recomendaciones sobre asuntos operativos.

El personal de la Secretaría ya está trabajando en estrecha colaboración con las autoridades australianas como secretaría del gobierno anfitrión de la XXXV RCTA. Durante la Reunión, el personal se reforzará con miembros especialmente contratados.

El circuito que se realizará es el siguiente:

- *COMNAP, 1 al 5 de agosto de 2011.*
- *CCRVMA, Hobart, Australia, 24 de octubre al 4 de noviembre de 2011.* La reunión de la CCRVMA, que se lleva a cabo aproximadamente en el punto medio entre dos RCTA, ofrece una buena oportunidad para que la Secretaría informe a los Representantes de la RCTA, muchos de los cuales asisten a la reunión de la CCRVMA, acerca de los avances en el trabajo de la Secretaría. Para la Secretaría

del Tratado Antártico también es importante establecer vínculos con la Secretaría de la CCRVMA, dado que muchas de sus reglamentaciones han sido definidas tomando como modelo las de la Secretaría de la CCRVMA.

Desarrollo del sitio web de la Secretaría

El nuevo sitio web incluirá algunas pequeñas actualizaciones para hacerlo más conciso y fácil de usar, y para aumentar la visibilidad de las secciones y la información de mayor relevancia. Se seguirán desarrollando las funciones de generación de informes de las bases de datos del sitio web, especialmente la base de datos del Tratado Antártico. La Secretaría continuará incorporando documentos de reuniones, elaborados en Reuniones Consultivas del Tratado Antártico, Reuniones Consultivas Especiales del Tratado Antártico y Reuniones de Expertos anteriores. Dado que muchos de estos documentos no están disponibles en formato digital, esto implica escanear, corregir y realizar los procedimientos de ingreso de datos para los documentos impresos. La Base de Datos de Zonas Protegidas se mejorará a través de la inclusión de nuevos campos e información geográfica.

Apoyo a actividades intersesionales

En los últimos años, tanto el CPA como la RCTA han realizado un importante trabajo intersesional, principalmente a través de los Grupos de Contacto Intersesionales (GCI). La Secretaría brindará apoyo técnico para que los GCI acordados en la XXXIV RCTA y en la XIV reunión del CPA cuenten con acceso a través de internet, y elaborará los documentos específicos si así fuera requerido por la RCTA o el CPA.

La Secretaría actualizará el sitio web con las medidas adoptadas por la RCTA y con la información elaborada por el CPA y por la RCTA.

Impresión

La Secretaría publicará y distribuirá el Informe Final y sus Anexos de la XXXIV RCTA, en los cuatro idiomas del Tratado, en el término de seis meses a partir de la finalización de la reunión. Se imprimirá el texto del Informe Final, y los anexos se publicarán como un CD adjunto al informe impreso. El texto completo del Informe Final estará disponible en formato de libro a través de la empresa Amazon.com (http://www.amazon.com).

2. Intercambio de información

General

La Secretaría continuará brindando asistencia a las Partes para que publiquen sus materiales de intercambio de información, y asimismo integrará la información sobre las EIA en la base de datos de EIA.

Sistema electrónico de intercambio de información

Durante el siguiente período de operaciones y de acuerdo con las decisiones tomadas en la XXXIV RCTA, la Secretaría realizará los ajustes que resulten necesarios para facilitar el uso del sistema electrónico para las Partes, y asimismo desarrollar herramientas para compilar y presentar informes resumidos.

3.Registros y documentos

Documentos de la RCTA

La Secretaría continuará trabajando para completar su archivo de los Informes Finales y otros registros de la RCTA, así como de otras reuniones del Sistema del Tratado Antártico, en los cuatro idiomas del Tratado. Para lograr compilar un archivo completo, será esencial contar con la asistencia de las Partes, a las que se les pedirá que busquen sus archivos.

Base de datos del Tratado Antártico

En la actualidad, la base de datos de las Recomendaciones, Medidas, Decisiones y Resoluciones de la RCTA está completa en idioma inglés y casi completa en español y francés, aunque a la Secretaría todavía le faltan varias copias de Informes Finales en dichos idiomas. Para el idioma ruso, faltan más Informes Finales, y los materiales que se han recibido se están convirtiendo a formatos electrónicos y se están corrigiendo.

4. Información pública

La Secretaría y su sitio web continuarán funcionando como repositorio para la información sobre las actividades de las Partes y los acontecimientos importantes en la Antártida.

5. Gestión

Mudanza de la Secretaría

La oficina de Secretaría cambiará de ubicación, y se mudará de Av. Leandro N. Alem 844, piso 4, a Maipú 757, piso 4, en mayo de 2011. El 19 de marzo de 2011, el gobierno argentino firmó un contrato para contar con nuevas oficinas que satisfagan, a largo plazo, los requisitos de archivo y las necesidades de los empleados de la Secretaría, y asimismo ofrezcan mejores condiciones de trabajo.

La Secretaría agradece al gobierno argentino por este ofrecimiento, que preservará la calidad de los servicios prestados a las Partes en el futuro.

Personal

Al 1 de abril de 2011, la Secretaría contaba con el siguiente personal:

Personal ejecutivo

Nombre	Cargo	Desde	Rango
Manfred Reinke	Secretario Ejecutivo	1-09-2009	E1
José María Acero	Subsecretario Ejecutivo	1-01-2005	E3

Personal general

Nombre	Cargo	Desde	Rango
José Luis Agraz	Oficial de Información	1-11-2004	G1
Diego Wydler	Oficial de Tecnología Informática	1-02-2006	G1
Roberto Alan Fennell	Contador (media jornada)	1-12-2008	G2
Pablo Wainschenker	Editor	1-02-2006	G3
Violeta Antinarelli	Bibliotecaria (media jornada)	1-04-2007	G3
Gloria Fontán	Gerente de Oficina	1-12-2004	G5
Karina Gil (enferma desde el 15-03-2010)	Asistente para Ingreso de Datos (media jornada)	1-04-2007	G6
Anna Balok, reemplazo de Karina Gil (contrato por período determinado, con vencimiento el 31-07-2011)	Asistente para Ingreso de Datos (media jornada)	1-10-2010	G6

Aspectos financieros

Traducción e interpretación

En colaboración con Argentina y Australia, países anfitriones de las próximas dos reuniones, la Secretaría llevó a cabo una convocatoria internacional para la presentación de ofertas de servicios de traducción e interpretación, para la trigésima cuarta y trigésima quinta edición de la Reunión Consultiva del Tratado Antártico. El 22 de septiembre de 2010, la Secretaría envió esta convocatoria a tres empresas internacionales, todas ellas con probada experiencia en la prestación de servicios de traducción e interpretación para las RCTA o en cuestiones vinculadas con RCTA.

En la convocatoria, se les pidió a los oferentes que presentaran una propuesta técnica y un cuadro tarifario para poder evaluar, de manera independiente, su calidad y sus precios. En la propuesta técnica, se solicitaron pruebas de traducción, una propuesta de plan de trabajo y una descripción de los recursos de personal con que contaban los oferentes. La Secretaría decidió realizar una convocatoria para la presentación de ofertas para un plazo de dos años, a fin de garantizar la uniformidad en la calidad de las traducciones e interpretaciones en estas reuniones. Las Condiciones Generales de este contrato incluyen una cláusula que establece que, si las Partes consideran que los servicios prestados son deficientes, el contrato podría rescindirse después de la primera reunión. La Secretaría es consciente de que, para que las RCTA sean exitosas, es fundamental contar con servicios de interpretación y traducción de alta calidad.

La SIGEN, órgano auditor de la Secretaría, aceptó estar presente en la apertura de las propuestas el 1 de noviembre de 2010. La Secretaría recibió tres propuestas de empresas de Japón, Argentina y Australia. Las ofertas mostraron considerables variaciones en los precios. Las cotizaciones presentadas para la traducción de 1000 palabras estuvieron en el rango de entre US$ 110 y US$ 220. Las cotizaciones presentadas para los servicios de interpretación en las reuniones estuvieron entre US$ 222.920 y US$ 420.575 para la RCTA de Buenos Aires 2011, y entre US$ 292.771 y US$ 489.066 para la RCTA de Hobart en 2012.

En función de las propuestas presentadas, y en coordinación con Australia y Argentina, la Secretaría ha decidido contratar a ONCALL Conference Interpreters & Translators en primer lugar. ONCALL organiza los servicios de idiomas extranjeros para la CCRVMA en Hobart desde el año 2002. Es el único oferente cuyo proceso ha sido certificado por las normas de gestión de calidad ISO 9001. La evaluación de la competencia y confiabilidad de estas empresas demuestra que ONCALL es el único oferente que ha presentado una descripción clara y precisa de sus capacidades financieras y de organización. En el caso de los otros dos oferentes, sus servicios dependen totalmente de los dueños. Esto genera un posible riesgo para las reuniones si estas personas no estuvieran disponibles para prestar los servicios requeridos, cualquiera fuera el motivo.

Los costos de traducción e interpretación presupuestados para la XXXIV RCTA son de US$ 365.825, y para la XXXV RCTA, de US$ 358.002. El costo de la XXXII RCTA en Baltimore fue de US$ 668.800, y el de la XXXIII RCTA de Punta del Este, de US$ 533.949.

Salarios

El costo de vida aumentó notablemente en Argentina en 2010. Los salarios para el personal de la Secretaría se recalcularon tomando en cuenta el aumento del CVS (Coeficiente de Variación Salarial proporcionado por el Instituto Nacional de Estadística y Censos de la Argentina), ajustado según la devaluación del peso argentino respecto del dólar estadounidense durante el mismo período, para compensar los efectos de la inflación. Este método fue explicado por el Secretario Ejecutivo y acordado en la XXXII RCTA (Informe Final, página 238).

En el año 2010, el CVS aumentó, excepcionalmente, en un 26,3% en comparación con el incremento del 16,7% que había registrado en el año anterior. El tipo de cambio peso argentino/dólar estadounidense pasó de $ 0,264 a $ 0,252. Esto causó un aumento del costo de vida, en términos de dólares estadounidenses, del orden del 19,9% para el ejercicio 2011/2012.

La regulación 5.10 de las Disposiciones sobre Personal exige compensar a los miembros del personal general en la categoría general cuando trabajan más de 40 horas en una semana. En las sesiones de la RCTA, se deben pagar horas extras.

Fondos

Fondo de Capital de Trabajo

De conformidad con la Regulación Financiera 6.2 (a), el Fondo de Capital de Trabajo debe mantenerse en el orden de 1/6 del presupuesto de la Secretaría, que asciende a US$ 223.600, en los próximos años. Las contribuciones de las Partes constituyen la base sobre la cual se calcula el nivel del Fondo de Capital de Trabajo.

Fondo para Desvinculación de Empleados

Volvieron a asignarse fondos al Fondo para Desvinculación de Empleados como consecuencia de los resultados de las conversaciones mantenidas en la RCTA, que se reflejaron en el Informe Final (párrafo 100).

Partidas de asignación de recursos

En la XXXIII RCTA, se acordó que el presupuesto debe presentarse con una nueva serie de partidas presupuestarias desarrolladas en colaboración con el auditor externo, SIGEN, a fin de mostrar más claramente cómo la Secretaría gastó las contribuciones.

En la actualidad, las partidas de asignación de recursos reflejan los rubros en los cuales la Secretaría ha gastado dinero, pero sin informar exactamente de qué manera gasta las contribuciones. La idea es clasificar el gasto de la Secretaría en categorías de valor en dólares, programa de trabajo y gasto específico. El total gastado será el mismo importe en dólares que antes de la implementación de este cambio, pero se mostrará de otra manera.

Las nuevas partidas de asignación de recursos son:

- *Salarios:* aquí se incluirían no solo los salarios aprobados en el presupuesto para el personal directo de la STA, sino también los salarios de las personas que nos asistan en las reuniones y las horas extras del personal general durante la RCTA.
- *Traducción:* todas las sumas de dinero destinadas a servicios de traducción antes, durante y después de la reunión anual de la RCTA (incluye pasajes de avión, alojamiento y gastos varios).
- *Tecnología informática:* todas las inversiones en equipo, desarrollo de software, y mantenimiento y seguridad de la TI.
- *Impresión, edición y copiado:* para el Informe Final impreso y el soporte electrónico.
- *Servicios generales:* todos los servicios de apoyo local, como servicios legales, de auditoría, de banca y de capacitación.
- *Comunicaciones:* incluye comunicaciones telefónicas, por internet, alojamiento de páginas web y gastos de franqueo postal.
- *Oficina:* insumos de librería, libros, seguros, mantenimiento.
- *Administrativos:* transporte local, insumos.
- *Financiamiento:* ganancia o pérdida neta por diferencias cambiarias.

La Secretaría consulta si se deben implementar estas nuevas partidas de asignación de recursos para los próximos ejercicios económicos.

El Informe del ejercicio económico 2010/2011, el presupuesto del ejercicio económico 2011/2012 y el presupuesto proyectado del ejercicio económico 2012/2013 se presentan en ambos esquemas (Apéndice 1 y 2).

Otros detalles sobre el presupuesto preliminar para 2011/2012

La aplicación a las partidas de asignación de recursos se ha ajustado de conformidad con los gastos previstos del ejercicio económico 2011/2012.

- *Categoría de bienes y servicios*: El presupuesto total para esta categoría es igual al presupuesto total del presupuesto proyectado para 2010/2011, pero fue necesario realizar algunos ajustes en las partidas de asignación de recursos. Los costos de "*Viajes*" para la XXXIV RCTA de Buenos Aires incluyen los costos que genera el personal de apoyo (3 personas) y los costos de hotel de algunos de los integrantes del personal de la Secretaría durante la Reunión. Los viajes previstos son los traslados a la XVI reunión del COMNAP en Estocolmo (31 de julio al 4 de agosto de 2011) y a la CCRVMA (octubre de 2011), y un viaje al país de origen para el Secretario Ejecutivo y su cónyuge en virtud de la Disposición sobre Personal 7.6 (diciembre de 2011). Los costos de traducción e interpretación son considerablemente menores gracias a los resultados del proceso de licitación. La mudanza de la Secretaría a una nueva oficina en Buenos Aires tendrá un costo de aproximadamente US$ 50.000. El gobierno de Argentina está evaluando la posibilidad de ayudar a financiar el costo de esta mudanza a través de una contribución de fondos adicional.
- *Categoría de salarios:* Los salarios se calculan en niveles más altos, para compensar los efectos imprevistos del aumento del costo de vida en Argentina.

En el Apéndice 2, se muestra el presupuesto preliminar en las partidas de asignación de recursos nuevas y actuales. La escala de salarios se presenta en el Apéndice 4.

Perfil presupuestario quinquenal

La Reunión ha solicitado "que la Secretaría elabore, para la XXXIV RCTA, un perfil presupuestario prospectivo plurianual, orientado a allanar las dificultades previsibles dentro del presupuesto a lo largo de un período de cinco años" (Informe Final, párrafo 113).

Debido al ahorro en servicios de traducción e interpretación, el presupuesto total no mostrará un aumento real en el ejercicio económico 2012/2013. El presupuesto aún está afectado por diversos riesgos importantes. El mayor riesgo es el efecto de la inflación. Otros riesgos son las variaciones de los costos de gastos de viaje para la RCTA y los nuevos contratos de servicios de traducción e interpretación. En 2012, la Secretaría negociará nuevos contratos para los ejercicios económicos 2013/2014 a 2016/2017.

La Secretaría previó un ajuste por inflación del 10% en el ejercicio económico 2012/2013, y del 5% en los años siguientes. Los costos de viajes serán elevados para la XXXV RCTA que se realizará en Australia y para la XXXVI RCTA que tendrá lugar en Bélgica. Para la XXXVII RCTA y la XXXVIII RCTA, que se realizarán en Brasil y en Bulgaria, dichos costos pueden ser menores.

El fondo de Capital de Trabajo desempeña un papel fundamental. De conformidad con la Disposición Financiera 6.2 (a), debe mantenerse en el orden de 1/6 del presupuesto de la Secretaría. La Secretaría sugiere asignar fondos por encima de este nivel al Fondo de Capital de Trabajo, y utilizar ese monto para balancear las variaciones de los costos de viajes y para amortiguar los costos de la alta tasa inflacionaria local.

En los ejercicios 2013/2014, 2014/2015 y 2015/2016, la Secretaría calculó un ajuste del 3% de las contribuciones para compensar parte de la inflación prevista.

Contribución para el ejercicio económico 2012/2013

Las contribuciones para el ejercicio económico 2012/2013 serán iguales a las realizadas para el ejercicio económico 2011/2012. En el Apéndice 3, se indican las contribuciones de las Partes.

6. Programa proyectado 2012/2013 y 2013/2014

Se espera que la mayoría de las actividades en curso de la Secretaría continúen en 2012/2013 y, por tanto, salvo que se realicen cambios importantes en el programa, no se prevé ninguna modificación en los cargos del personal para los próximos años.

Las contribuciones no aumentarán en el ejercicio económico 2012/2013. En el ejercicio económico 2013/2014, la Secretaría espera que las contribuciones aumenten en un 3% a US$ 1.379.788 (Apéndice 2).

Apéndice 1

Informe provisional de 2010-2011, presupuesto para 2011-2012 y previsión presupuestaria para 2012-2013

	Estados provisionales 2011/2012	Pronóstico 2011/2012	Presupuesto 2011/12	Pronóstico 2012/2013
INGRESOS				
Contribuciones del Año Fiscal en curso	$ 899.942	$ 1.339.600	$ 1.339.600	$ 1.339.600
Otro	-$ 1.510	$ 1.000	$ 1.000	$ 1.000
TOTAL	**$ 898.432**	**$ 1.340.600**	**$ 1.340.600**	**$ 1.340.600**
GASTOS				
SALARIOS				
Personal ejecutivo	$ 250.104	$ 270.291	$ 305.654	$ 342.332
Personal general	$ 194.102	$ 210.962	$ 241.159	$ 277.333
Horas extras	$ 7.365	$ 8.761	$ 14.926	$ 11.565
Personal auxiliar	$ 18.378	$ 16.864	$ 16.361	$ 16.939
Total salarios	**$ 469.948**	**$ 506.878**	**$ 578.100**	**$ 648.169**
BIENES Y SERVICIOS				
Auditoría	$ 9.299	$ 9.360	$ 9.360	$ 10.764
Ingreso de datos	$ 0	$ 0	$ 0	$ 0
Servicios documentales	$ 0	$ 0	$ 0	$ 0
Asesoramiento legal	$ 4.360	$ 4.490	$ 9.000	$ 9.900
Varios	$ 9.976	$ 8.500	$ 9.500	$ 10.450
Gastos de oficina	$ 12.141	$ 12.520	$ 14.000	$ 15.400
Gastos de franqueo postal	$ 1.870	$ 2.680	$ 2.680	$ 2.814
Impresión	$ 15.964	$ 12.310	$ 14.000	$ 15.400
Representación	$ 3.143	$ 2.000	$ 4.500	$ 3.500
Telecomunicaciones	$ 12.393	$ 13.910	$ 15.000	$ 16.500
Capacitación	$ 8.131	$ 4.100	$ 8.000	$ 8.400
Traducción e interpretación	$ 531.693	$ 585.093	$ 365.825	$ 358.002
Viajes	$ 60.583	$ 42.508	$ 52.815	$ 110.380
Traslado	$ 0	$ 0	$ 50.000	$ 0
Total bienes y servicios	**$ 669.554**	**$ 697.471**	**$ 554.680**	**$ 561.510**

EQUIPOS

Documentación	$ 1.137	$ 1.500	$ 1.500	$ 1.650
Mobiliario	$ 4.179	$ 5.000	$ 5.000	$ 5.500
Equipo de TI	$ 21.497	$ 25.000	$ 27.500	$ 28.875
Desarrollo	$ 15.820	$ 16.000	$ 16.000	$ 17.600
Total equipo	**$ 42.632**	**$ 47.500**	**$ 50.000**	**$ 53.625**
Total Asignaciones	**$ 1.182.135**	**$ 1.251.849**	**$ 1.182.780**	**$ 1.263.304**
Fondo de Contingencias de Traducción (Fondo para la futura Reunión)	$ 0	$ 0	$ 30.000	$ 0
Forndo para Reemplazo de Empleados	$ 8.333	$ 16.667	$ 18.246	$ 0
Fondo para Desvinculación de Empleados	$ 25.974	$ 27.084	$ 42.502	$ 32.778
Fondo de Capital de Trabajo	$ 62.260	$ 45.000	$ 67.072	$ 44.518
Total fondos	**$ 96.567**	**$ 88.751**	**$ 157.820**	**$ 77.296**
GASTOS	**$ 1.278.702**	**$ 1.340.600**	**$ 1.340.600**	**$ 1.340.600**
Superávit / déficit	-$ 380.269	$ 0	$ 0	$ 0

FINANCIAMIENTO

FONDO GENERAL	$ 7.845	$ 0	$ 0	$ 0
Fondo de Contingencias de Traducción (Fondo para la futura Reunión)	$ 372.424	$ 0	$ 0	$ 0
Fondo de Capital de Trabajo	$ 0	$ 0	$ 0	$ 0
	$ 380.269	$ 0	$ 0	$ 0

Resumen de fondos	**31/03/2011**	**31/03/2012**	**31/03/2012**	**31/03/2013**
Fondo General	$ 27.206	$ 0	$ 0	$ 0
Fondo de Contingencias de Traducción (Fondo para la futura Reunión)	$ 0	$ 0	$ 30.000	$ 30.000
Fondo para el reemplazo de personal	$ 31.754	$ 48.421	$ 50.000	$ 50.000
Fondo para la desvinculación de personal	$ 64.755	$ 62.343	$ 107.257	$ 140.035
Fondo de capital de trabajo	$ 191.652	$ 263.858	$ 285.930	$ 330.448

Apéndice 2

Perfil presupuestario quinquenal prospectivo 2011 a 2016

Nombre de la cuenta	Estado provisional 2010/11	Presu-puesto 2011/12	Pronóstico 2012/13	Estimación 2013/14	Estimación 2014/15	Estimación 2015/16
CONTRIBUCIONES (* 1)	-$ 899.942	-$ 1.339.600	-$ 1.339.600	-$ 1.379.788	-$ 1.421.182	-$ 1.463.817
OTROS INGRESOS						
del Fondo para la Futura Reunión	-$ 380.269					
del Fondo de Capital de Trabajo	$ 0	$ 0	$ 0	-$ 23.369	-$ 30.797	-$ 77.207
Ingresos por Intereses Bancarios	-$ 27	$ 0	$ 0	$ 0	$ 0	$ 0
Ingresos por intereses de Inversiones	-$ 163	$ 0	$ 0	$ 0	$ 0	$ 0
Ingresos por Intereses IVA	-$ 65	-$ 70	-$ 70	-$ 70	-$ 70	-$ 70
Ganancias sobre la venta de activos fijos	$ 0	$ 0	$ 0	$ 0	$ 0	$ 0
Descuentos obtenidos	-$ 69	$ 0	$ 0	$ 0	$ 0	$ 0
RECURSOS	-$ 380.592	-$ 70	-$ 70	-$ 23.439	-$ 30.867	-$ 77.277
SALARIOS (* 2)						
Ejecutivos	$ 250.104	$ 305.654	$ 342.332	$ 366.296	$ 391.936	$ 419.372
Personal General	$ 194.102	$ 241.159	$ 277.333	$ 305.066	$ 335.573	$ 369.130
Personal de apoyo de la RCTA	$ 13.577	$ 11.561	$ 12.139	$ 12.503	$ 12.878	$ 13.265
Pasantes	$ 4.800	$ 4.800	$ 4.800	$ 4.800	$ 4.800	$ 4.800
Horas extra	$ 7.365	$ 14.926	$ 11.565	$ 12.722	$ 13.358	$ 14.025
	$ 469.948	$ 578.100	$ 648.169	$ 701.387	$ 758.545	$ 820.592
TRADUCCIÓN E INTER-PRETACIÓN						
Traducción e interpretación	$ 531.693	$ 365.825	$ 358.002	$ 391.433	$ 403.176	$ 415.271
VIAJES						
Viajes	$ 60.533	$ 52.815	$ 110.380	$ 121.418	$ 90.000	$ 90.000
TECNOLOGÍA DE LA INFORMACIÓN (* 2)						
Hardware	$ 11.856	$ 12.000	$ 13.000	$ 12.000	$ 12.000	$ 12.000
Software	$ 2.322	$ 3.500	$ 3.500	$ 3.500	$ 3.850	$ 4.235
Desarrollo	$ 15.830	$ 16.000	$ 18.400	$ 20.240	$ 20.240	$ 22.264
Apoyo	$ 7.318	$ 11.000	$ 10.000	$ 11.000	$ 12.100	$ 13.310
	$ 37.516	$ 42.500	$ 44.900	$ 46.740	$ 48.190	$ 51.809
IMPRESIÓN, EDICIÓN Y COPIADO (* 2)						
Informe final	$ 15.964	$ 14.000	$ 15.400	$ 16.170	$ 16.979	$ 17.827
Directrices de sitio	$ 0	$ 0	$ 0	$ 0	$ 0	$ 0
Folleto	$ 0	$ 0	$ 0	$ 0	$ 0	$ 0
	$ 15.964	$ 14.000	$ 15.400	$ 16.170	$ 16.979	$ 17.827
SERVICIOS GENERALES (* 2)						

Nombre de la cuenta	Estado provisional 2010/11	Presu-puesto 2011/12	Pronóstico 2012/13	Estimación 2013/14	Estimación 2014/15	Estimación 2015/16
Asesoramiento legal	$ 4.360	$ 9.000	$ 9.900	$ 10.395	$ 10.915	$ 11.460
Auditoría externa	$ 9.299	$ 9.360	$ 10.764	$ 11.840	$ 13.024	$ 14.327
Limpieza, mantenimiento y seguridad	$ 9.240	$ 9.900	$ 11.385	$ 11.954	$ 12.552	$ 13.180
Capacitación	$ 8.131	$ 8.000	$ 8.000	$ 8.000	$ 8.000	$ 8.000
Banca	$ 5.394	$ 5.400	$ 5.940	$ 6.534	$ 7.187	$ 7.906
Alquiler de equipos	$ 2.353	$ 2.400	$ 2.550	$ 2.600	$ 2.600	$ 2.600
	$ 38.778	$ 44.060	$ 48.539	$ 51.324	$ 54.279	$ 57.473

TRASLADO (* 3)

Traslado Av. Leandro Alem 884 - Maipú 757		$ 50.000				
		$ 50.000				

COMUNICACIÓN (* 2)

Comunicaciones telefónicas	$ 2.656	$ 3.055	$ 3.360	$ 2.800	$ 2.900	$ 3.190
Internet	$ 1.204	$ 1.565	$ 1.879	$ 2.066	$ 2.273	$ 2.500
Alojamiento de páginas web	$ 5.779	$ 6.068	$ 6.675	$ 7.342	$ 8.077	$ 8.884
Gastos de franqueo postal	$ 1.870	$ 2.680	$ 2.814	$ 1.950	$ 1.950	$ 2.145
	$ 11.509	$ 13.368	$ 14.728	$ 14.159	$ 15.200	$ 16.720

OFICINA (* 2)

Papelería y suministros	$ 1.576	$ 2.000	$ 2.200	$ 2.420	$ 2.662	$ 2.928
Libros y suscripciones	$ 1.492	$ 1.500	$ 1.650	$ 1.700	$ 1.700	$ 1.700
Seguros	$ 1.325	$ 1.900	$ 2.280	$ 2.622	$ 3.015	$ 3.468
Mobiliario	$ 107	$ 800	$ 800	$ 1.000	$ 1.000	$ 1.000
Equipo de oficina	$ 2.586	$ 4.000	$ 4.610	$ 5.071	$ 5.071	$ 5.071
Mantenimiento	$ 1.486	$ 1.783	$ 1.961	$ 2.158	$ 2.373	$ 2.611
	$ 8.572	$ 11.983	$ 13.501	$ 14.971	$ 15.822	$ 16.777

ADMINISTRATIVOS (* 2)

Suministros	$ 1.505	$ 1.600	$ 1.920	$ 1.600	$ 1.600	$ 1.680
Transporte local	$ 779	$ 800	$ 800	$ 800	$ 800	$ 880
Varios	$ 2.134	$ 2.298	$ 2.534	$ 2.200	$ 2.420	$ 2.662
	$ 4.418	$ 4.698	$ 5.254	$ 4.600	$ 4.820	$ 5.222

REPRESENTACIÓN

Representación	$ 3.143	$ 4.500	$ 3.500	$ 3.500	$ 3.500	$ 3.500

FINANCIAMIENTO

Ganancia por el tipo de cambio	-$ 19	$ 0	$ 0	$ 0	$ 0	$ 0
Pérdida por el tipo de cambio	$ 2.057	$ 0	$ 0	$ 0	$ 0	$ 0
Redondeo	$ 6	$ 0	$ 0	$ 0	$ 0	$ 0
	$ 2.043	$ 0	$ 0	$ 0	$ 0	$ 0

Programa y presupuestos de la Secretaría para 2011/12 y 2012/13

Nombre de la cuenta	Estado provisional 2010/11	Presupuesto 2011/12	Pronóstico 2012/13	Estimación 2013/14	Estimación 2014/15	Estimación 2015/16
Asignaciones de fondos						
Fondo de Capital de Trabajo (* 4)	$ 62.260	$ 67.072	$ 44.518	$ 0	$ 0	$ 0
Fondo para Desvinculación de Empleados	$ 25.974	$ 42.502	$ 32.778	$ 37.526	$ 41.539	$ 45.903
Fondo de Reemplazo para Empleados	$ 8.333	$ 18.246	$ 0	$ 0	$ 0	$ 0
Fondo de Contingencias de Traducción (Fondo para la Futura Reunión)	$ 0	$ 30.000	$ 0	$ 0	$ 0	$ 0
Total	$ 96.567	$ 157.820	$ 77.296	$ 37.526	$ 41.539	$ 45.903
Rentabilidad / (déficit)	$ 0	$ 0	$ 0	$ 0	$ 0	($ 0)
Resumen de Fondos						
Fondo General	$ 27.206	$ 0	$ 0	$ 0	$ 0	$ 0
Fondo de Contingencias de Traducción (Fondo para la Futura Reunión)	$ 0	$ 30.000	$ 30.000	$ 30.000	$ 30.000	$ 30.000
Fondo de Reemplazo para Empleados	$ 31.754	$ 50.000	$ 50.000	$ 50.000	$ 50.000	$ 50.000
Fondo para Desvinculación de Empleados	$ 64.755	$ 107.257	$ 140.035	$ 177.561	$ 219.101	$ 265.004
Fondo de Capital de Trabajo (* 4)	$ 191.652	$ 285.930	$ 330.448	$ 307.079	$ 276.282	$ 199.075

Comentarios:

1. Contribuciones:

Aumento de las Contribuciones en %

2013/14: 3%

2014/15: 3%

2015/16: 3%

2. Estimación del incremento de los costos de asignación de recursos con alto contenido laboral

2011/12: 19.9%

2012/13: 10%

2013/14: 5%

2014/15: 5%

2015/16: 5%

3. Traslado:

El Gobierno de Argentina está considerando una contribución extra para cubrir partes de los costos de traslado

4. Fondo de Capital de Trabajo: Monto debido a la Disposición Financiera 6.2

2011/12	$ 223.267
2012/13	$ 223.267
2013/14	$ 229.965
2014/15	$ 236.864
2015/16	$ 243.970

Apéndice 3

Escala de contribuciones 2012/13

2012/13	Cat.	Mult.	Variable	Fijo	Total
Argentina	A	3,6	$ 36.424,17	$ 23.921,43	$60.346
Australia	A	3,6	$ 36.424,17	$ 23.921,43	$60.346
Bélgica	D	1,6	$ 16.188,52	$ 23.921,43	$40.110
Brasil	D	1,6	$ 16.188,52	$ 23.921,43	$40.110
Bulgaria	E	1	$ 10.117,82	$ 23.921,43	$34.039
Chile	C	2,2	$ 22.259,21	$ 23.921,43	$46.181
China	C	2,2	$ 22.259,21	$ 23.921,43	$46.181
Ecuador	E	1	$ 10.117,82	$ 23.921,43	$34.039
Finlandia	D	1,6	$ 16.188,52	$ 23.921,43	$40.110
Francia	A	3,6	$ 36.424,17	$ 23.921,43	$60.346
Alemania	B	2,8	$ 28.329,91	$ 23.921,43	$52.251
India	C	2,2	$ 22.259,21	$ 23.921,43	$46.181
Italia	B	2,8	$ 28.329,91	$ 23.921,43	$52.251
Japón	A	3,6	$ 36.424,17	$ 23.921,43	$60.346
Corea	D	1,6	$ 16.188,52	$ 23.921,43	$40.110
Países Bajos	C	2,2	$ 22.259,21	$ 23.921,43	$46.181
Nueva Zelandia	A	3,6	$ 36.424,17	$ 23.921,43	$60.346
Noruega	A	3,6	$ 36.424,17	$ 23.921,43	$60.346
Perú	E	1	$ 10.117,82	$ 23.921,43	$34.039
Polonia	D	1,6	$ 16.188,52	$ 23 921,43	$40.110
Rusia	C	2,2	$ 22.259,21	$ 23.921,43	$46.181
Sudáfrica	C	2,2	$ 22.259,21	$ 23.921,43	$46.181
España	C	2,2	$ 22.259,21	$ 23.921,43	$46.181
Suecia	C	2,2	$ 22.259,21	$ 23.921,43	$46.181
Ucrania	D	1,6	$ 16.188,52	$ 23.921,43	$40.110
Reino Unido	A	3,6	$ 36.424,17	$ 23.921,43	$60.346
Estados Unidos	A	3,6	$ 36.424,17	$ 23.921,43	$60.346
Uruguay	D	1,6	$ 16.188,52	$ 23.921,43	$40.110
		66,2	$ 669.800,00	$ 669.800,00	**$1.339.600**

Appendix 4

Escala de salarios 2011/12

2011/12 Nivel	Pasos	II	III	IV	V	VI	VII	VIII	IX	X	XI	XII	XIII	XIV	XV
I	A	$133.830	$138.810	$141.301	$143.791	$146.281	$148.771	$151.262							
I	B	$167.287	$173.512	$176.626	$179.739	$182.851	$185.964	$189.078							
2	A	$112.692	$116.931	$119.050	$121.168	$123.286	$125.404	$127.524	$129.643	$131.761	$133.880	$134.120	$136.210		
2	B	$140.005	$146.164	$148.812	$151.460	$154.107	$156.755	$159.405	$162.054	$164.702	$167.349	$167.650	$170.263		
3	A	$93.973	$98.061	$100.106	$102.151	$104.195	$106.240	$108.285	$110.12?	$117.172	$114.417	$114.857	$116.869	$118.886	$120.901
3	B	$117.466	$120.020	$125.133	$127.689	$130.243	$132.800	$135.356	$137.910	$140.465	$143.021	$143.565	$146.086	$148.607	$151.120
4	A	$77.922	$79.815	$83.599	$85.494	$87.386	$89.275	$91.171	$93.065	$94.955	$96.849	$97.377	$99.244	$101.110	$102.977
4	B	$97.403	$102.138	$104.498	$106.868	$109.232	$111.594	$113.964	$116.332	$118.694	$121.062	$121.722	$124.055	$126.388	$128.721
5	A	$64.604	$67.992	$69.685	$71.377	$73.070	$74.763	$76.452	$78.147	$79.841	$81.530	$82.078			
5	B	$80.755	$84.989	$87.106	$89.222	$91.337	$93.454	$95.565	$97.684	$99.801	$101.913	$102.597			
6	A	$51.143	$54.396	$56.025	$57.650	$59.276	$60.905	$62.531	$64.156	$65.146	$65.784				
6	B	$63.929	$67.994	$70.031	$72.062	$74.095	$76.131	$78.164	$80.195	$81.432	$82.230				

Nivle	PASOS	II	III	IV	V	VI	VII	VIII	IX	X	XI	XII	XIII	XIV	XV
1		$55.488	$57.962	$60.435	$63.013	$65.700									
2		$46.240	$48.302	$50.362	$52.510	$54.750									
3		$38.532	$40.250	$41.968	$43.759	$45.627									
4		$32.111	$33.543	$34.974	$36.466	$38.022									
5		$26.528	$27.710	$28.893	$30.128	$31.415									
6		$21.743	$22.712	$23.682	$24.693	$25.747									

3. Resoluciones

Resolución 1 (2011)

Fortalecimiento del respaldo al Protocolo al Tratado Antártico sobre Protección del Medio Ambiente

Los Representantes,

Recordando el Protocolo sobre Protección Ambiental del Tratado Antártico adoptado el 4 de octubre de 1991 (el Protocolo);

Convencidos de la permanente necesidad de brindar protección integral al medio ambiente antártico y a sus ecosistemas dependientes asociados;

Reafirmando su voluntad de proteger el medio ambiente antártico, en interés de toda la humanidad en general, y con el fin de preservar el valor de la Antártida como una región donde realizar investigación científica;

Reafirmando los objetivos y principios presentes en el Tratado Antártico y su Protocolo, la Convención para la Conservación de los Recursos Vivos Marinos Antárticos y la Convención para la Conservación de las Focas Antárticas;

Convencidos de que el Protocolo ha contribuido, desde su entrada en vigencia, a garantizar un alto nivel de protección en el medio ambiente antártico;

Agradeciendo el trabajo realizado por el Comité para la Protección del Medio Ambiente (el Comité), y señalando que todas las Partes al Protocolo están facultados para participar en el Comité;

Convencidos de que los objetivos y principios del Protocolo alcanzarán un mayor grado de cumplimiento en la medida en que sea respaldado por un mayor número de Estados;

Recomiendan que sus Gobiernos:

1. Soliciten a los Estados que son Partes al Tratado Antártico, pero aún no son Parte al Protocolo al Tratado Antártico sobre Protección del Medio Ambiente, que procedan a ser Parte al Protocolo;

2. Acepten la oferta de Francia, Australia y España de coordinar con otras Partes Consultivas las representaciones ante esos Estados; e

3. Inviten a Francia, Australia y España a informar sobre el resultado de estas representaciones en la XXXV Reunión Consultiva del Tratado Antártico.

Guía para la Preparación de Planes de Gestión para las Zonas Antárticas Especialmente Protegidas

Los Representantes,

Recuerdan los requisitos en virtud del Artículo 5 del Anexo V al Protocolo al Tratado Antártico sobre Protección al Medio Ambiente (el Protocolo) en relación con preparar y revisar los Planes de gestión de Zonas Antárticas Especialmente Protegidas;

Señalan que en virtud de la Resolución 2 (1998) la Reunión Consultiva del Tratado Antártico (RCTA) adoptó una Guía para la preparación de planes de gestión de Zonas Antárticas Especialmente Protegidas;

Desean actualizar la Guía para que esta refleje las mejores prácticas sobre para la preparación de planes de gestión de Zonas Antárticas Especialmente Protegidas actuales;

Consideran la revisión de la Guía por el Comité para la Protección del Medio Ambiente y por su Grupo subsidiario sobre planes de gestión;

Recomiendan que:

1. la Guía para la preparación de planes de gestión de Zonas Antárticas Especialmente Protegidas anexada a esta Resolución reemplace la Guía adoptada en virtud de la Resolución 2 (1998) y sea usada por quienes estén involucrados en la preparación o revisión de Planes de gestión; y

2. la Secretaría del Tratado Antártico publica el texto de la Resolución 2 (1998) en su sitio web de manera de dejar en claro que ya no tiene vigencia.

Guía para la Preparación de Planes de Gestión para las Zonas Antárticas Especialmente Protegidas

Antecedentes

Propósito de esta Guía

En 1991 las Partes Consultivas del Tratado Antártico (PCTA) adoptaron el Protocolo al Tratado Antártico sobre Protección del Medio Ambiente (Protocolo) con el fin de asegurar la protección global de la Antártida. El Protocolo designa a toda la Antártida como "una reserva natural" consagrada a la paz y a la ciencia.

El Anexo V del Protocolo, adoptado ulteriormente durante la XVI reunión de la RCTA en virtud de la Recomendación XVI-10, proporciona un marco legal para el establecimiento de zonas especialmente protegidas y administradas dentro de la totalidad de la "reserva natural". El texto del Anexo V se encuentra disponible en el sitio web de la Secretaría del Tratado Antártico en *http://www.ats.aq/documents/recatt/Att004_s.pdf.*

El Anexo V especifica que cualquier zona abarcada por el Tratado Antártico, incluyendo las zonas marinas, puede ser designada como una Zona Antártica Especialmente Protegida (ZAEP) a fin de proteger los valores sobresalientes de tipo ambiental, científico, histórico, estético o natural, cualquier combinación de esos valores, o la investigación científica en curso o prevista (Artículo 3, Anexo V).

El Anexo especifica además que cualquier Parte del Tratado Antártico, así como el Comité de Protección Ambiental (CPA), el Comité Científico de Investigación Antártica (SCAR) o la Comisión para la Conservación de los Recursos Vivos Marinos Antárticos (CCRVMA) *pueden proponer que se designe una zona como Zona Antártica Especialmente Protegida o como Zona Antártica Especialmente Administrada, presentando un proyecto de Plan de Gestión a la Reunión Consultiva del Tratado Antártico* (Artículo 5, Anexo V).

Esta guía es una revisión de la versión original adoptada por las Partes como apéndice a la Resolución 2 (1998). Se desarrolló con el fin de asistir a cualquier proponente en los procedimientos para sugerir una Zona Antártica Especialmente Protegida, con los siguientes objetivos concretos:

- asistir a las Partes en la preparación de los Planes de Gestión para proponer Zonas Antárticas Especialmente Protegidas (ZAEP) según lo estipulado en el Protocolo (Artículo 5, Anexo V);
- ofrecer un marco que, de seguirse, permita que los Planes de Gestión cumplan con los requisitos del Protocolo; y
- ayudar a lograr un contenido lúcido y claridad, coherencia (con otros Planes de Gestión) y eficacia para acelerar su revisión, adopción y aplicación.

Es importante tener en cuenta que esta guía es simplemente una ayuda memoria para elaborar Planes de Gestión para las ZAEP. No posee condición jurídica alguna. Cualquier persona que pretenda preparar un Plan de Gestión debería examinar cuidadosamente las disposiciones del Anexo V del Protocolo y, en una etapa inicial, solicitar asesoría de su autoridad nacional.

Red de zonas protegidas

El Anexo V exige a las Partes que, aplicando *criterios ambientales y geográficos sistemáticos*, identifiquen e incluyan entre las Zonas Antárticas Especialmente Protegidas a:

- las zonas que han permanecido libres de toda interferencia humana y que por ello puedan servir de comparación con otras localidades afectadas por las actividades humanas;
- los ejemplos representativos de los principales ecosistemas terrestres, incluidos glaciales y acuáticos, y marinos;
- las zonas con conjuntos importantes o inhabituales de especies, entre ellos las principales colonias de reproducción de aves y mamíferos indígenas;
- la localidad tipo o el único hábitat conocido de cualquier especie;
- las zonas de especial interés para las investigaciones científicas en curso o previstas;
- los ejemplos de características geológicas, glaciológicas o geomorfológicas sobresalientes;
- las zonas de excepcional valor estético o natural;
- los sitios o monumentos de reconocido valor histórico; y
- cualquier otra zona en la que convenga proteger los valores ambientales, científicos, históricos, estéticos o naturales sobresalientes, cualquier combinación de esos valores, o la investigación científica en curso o prevista.

Esta disposición del Protocolo proporciona el marco esencial para una *Red de zonas antárticas protegidas*. Sin embargo la factibilidad de lo que este marco comporta ha sido debatida desde la adopción del Anexo V.

Desde la adopción del Anexo V se realizó un análisis numérico y evaluaciones de representatividad de las nueve categorías enumeradas en el Artículo 3 (2) del Anexo V. Primero mediante un taller realizado conjuntamente por el SCAR y la UICN en 1992 sobre Zonas Protegidas, luego en dos talleres sobre Zonas Protegidas realizados en conjunto con los CPA I y II en 1998 y 1999. En el análisis presentado a la VIII reunión del CPA en 2005 (RCTA XXVIII WP 11) se señaló lo siguiente:

- existe una distribución despareja de las ZAEP entre las categorías dispuestas en el Artículo 3(2) del Anexo V, simple producto histórico del hecho de que con el paso del tiempo se ha procedido a realizar designaciones con fines específicos en lugar de realizarse una selección sistemática de los sitios dentro de una estrategia o marco global.
- a falta de tal marco no hay medios para evaluar si la distribución actual es o no la apropiada.

- la ausencia de un enfoque integral hacia un sistema de gestión de zonas protegidas (en la línea de un criterio ambiental y geográfico sistemático según lo establecido en el Artículo 3(2) del Anexo V), no permite un registro más que somero de la distribución de los sitios.

El concepto de criterio ambiental y geográfico sistemático ha ido evolucionando con el tiempo. Sin embargo, el Análisis de Dominios Ambientales preparado y presentado al CPA en su versión final por Nueva Zelandia en 2005 constituye la base de nuestra comprensión más reciente del concepto. El Análisis de Dominios Ambientales proporciona una clasificación de las zonas que entrega una delineación de las variables ambientales de la Antártida derivada de información y explícita en lo espacial, para usarse para identificar, entre otros, lugares cuya protección es prioritaria. El Análisis de Dominios más que una herramienta para la evaluación de los lugares por sus méritos individuales, y aislada con respecto a los demás factores, es un instrumento para una designación integral y estratégica de las ZAEP.

La RCTA concuerda con que el Análisis de Dominios Ambientales para el Continente Antártico sea utilizado en forma sistemática y conjuntamente a otras herramientas acordadas dentro del Sistema del Tratado Antártico, como modelo dinámico para la identificación de zonas que pueden ser designadas como Zonas Antárticas Especialmente Protegidas dentro de los criterios ambientales y geográficos sistemáticos a los que se hace referencia en el Artículo 33 del Anexo V del Protocolo (Resolución 3 (2008)).

El Análisis de Dominios Ambientales entrega una útil e importante medida de los cambios ambientales a través de la Antártida, la cual, en cuanto a dominios libres de hielo se refiere, puede considerarse esencial como evaluación de primer orden de las probables variaciones sistemáticas en la biodiversidad. Sin embargo, para obtener un análisis significativo a escalas espaciales más finas, utilizadas por lo general en la designación de áreas protegidas, el ADA debe complementarse con información sobre la biodiversidad, que no refleje solamente las condiciones actuales sino que refleje en forma considerable los procesos históricos que en muchos casos no pueden ser captados por la información ambiental reciente.

Identificación de áreas de protección

La designación de una zona como zona protegida le otorga un nivel más alto de protección, que va más allá de lo que se haya logrado por medio de otras formas de planificación y medidas de gestión al amparo del Protocolo, con el fin de lograr metas y objetivos específicos de protección.

Cuando se pretenda evaluar si de hecho una zona necesita tal protección, es necesario que haya claridad en cuanto a cuáles son los valores de la zona que se pretende proteger y en cuanto a la necesidad real de proteger tales valores más allá de la protección general ofrecida por el Protocolo. El CPA adoptó las directrices para la aplicación de Criterios sobre Zonas Protegidas estipulado en el Artículo 3, Anexo V del Protocolo, que ayudarán en el proceso de dicha evaluación. En este proceso sería también necesario considerar la forma en que la designación de una ZAEP complementaría la red de zonas protegidas existente dentro de los criterios ambientales y geográficos sistemáticos proporcionados por el Análisis de

Dominios Ambientales y demás información pertinente que esté disponible. Asegurar un análisis riguroso y exhaustivo en esta línea le indicará al proponente si de hecho se requiere la designación de la zona como zona protegida.

Sólo cuando una zona aspirante haya atravesado tal evaluación general convendrá iniciar el proceso de desarrollo de un Plan de Gestión para ella, en línea con la orientación entregada en este documento.

Material de orientación relevante

- Anexo V del Protocolo al Tratado Antártico *(http://www.ats.aq/documents/recatt/Att004_s.pdf)*
- Directrices de aplicación de los Criterios sobre Zonas Protegidas estipulados en el Artículo 3, Anexo V del Protocolo del Tratado Antártico *(http://www.ats.aq/documents/recatt/Att081_s.pdf)*
- Análisis de Dominios Ambientales *(http://www.ats.aq/documents/recatt/Att408_s.pdf)*

Formato de los Planes de Gestión para las ZAEP

El artículo 5 del Anexo V especifica los temas que debería abordar el Plan de Gestión de cada ZAEP. Las siguientes secciones de esta Guía proporcionan orientación sobre esos requerimientos (resumidos en el Cuadro 1).

El CPA destaca los beneficios de fomentar la coherencia entre los Planes de Gestión de la zona protegida. La Plantilla para los Planes de Gestión de la Zona Antártica Especialmente Protegida que se presentan en el Apéndice 3 pretende ser un marco regular dentro del cual los proponentes pueden insertar contenidos específicos de la zona en cuestión al revisar un Plan de Gestión de ZAEP o al preparar un nuevo plan.

La plantilla incluye referencias cruzadas con las secciones relevantes de esta Guía. Las referencias a la Guía se presentan en fuente *itálica*, y debieran ser borradas del Plan de Gestión.

La plantilla tiene un formato acorde con el *Manual para la Presentación de Documentos para la Reunión Consultiva y el Comité para la Protección del Medio Ambiente* preparado por la Secretaría del Tratado Antártico. Los proponentes deberían consultar este Manual para encontrar orientación sobre temas específicos de formato tales como cuadros y figuras incorporados en el Plan de Gestión.

Cuadro 1. Encabezamientos usados en esta Guía en referencia cruzada con el Artículo 5 del Anexo V

Sección del plan de gestión/ sección de la Guía	Referencia al Artículo 5
Introducción	
1. Descripción de los valores que se desea proteger	3a
2. Finalidades y objetivos	3b
3. Actividades de gestión	3c

Sección del plan de gestión/ sección de la Guía	Referencia al Artículo 5
4. Período de designación	3d
5. Mapas	3g
6. Descripción de la zona	3 e (i - iv)
6(v) Zonas especiales al interior del área	3f
7. Términos y condiciones para los permisos de entrada	3 i (i - x)
8. Documentación de apoyo	3h

Orientación sobre el contenido de los Planes de Gestión

Puesto que el desarrollo de Planes de Gestión para las ZAEP es un proceso en evolución, las personas responsables de preparar dichos planes debieran estar actualizadas con respecto a las mejores prácticas, y se les recomienda especialmente consultar los ejemplos adoptados en anteriores RCTA. El Plan de Gestión en uso para cada ZAEP puede encontrarse en la base de datos de Zonas Protegidas, en el sitio web de la Secretaría del Tratado Antártico en *http://www.ats.aq/devPH/apa/ep_protected.aspx.*

La plantilla en el Apéndice 3 incluye sugerencias para la redacción estándar de algunas secciones. Las sugerencias de redacción no pretenden desanimar a los proponentes con respecto al desarrollo y aplicación de enfoques específicos del sitio o de enfoques creativos e innovadores hacia la protección y gestión de la zona. Las sugerencias de redacción relacionadas directamente con los requisitos que surgen del Protocolo están identificadas con un asterisco (*). Según corresponda, la redacción sugerida debería ser utilizada, modificada o reemplazada con texto alternativo que refleje en forma adecuada las consideraciones específicas del sitio para la Zona en cuestión.

Un Plan de Gestión debería proporcionar los detalles suficientes acerca de las características especiales de la Zona y describir los requisitos para su acceso y gestión a fin de asegurar que las personas que se proponen visitarla y todas las Autoridades Nacionales responsables de la otorgación de permisos estén en condiciones de hacerlo en forma consistente con el propósito de la designación. Debería identificar claramente la razón de que la Zona haya sido designada, y cuáles medidas adicionales (además de las disposiciones generales del Protocolo y sus Anexos) son aplicables a la Zona. Las siguientes secciones proporcionan orientación para los proponentes sobre el contenido abordado bajo cada encabezamiento estándar del Plan de Gestión.

Introducción

La introducción del Plan de Gestión no es un requisito estipulado en el Artículo 5 del Anexo V, pero podría proporcionar una útil reseña. La información presentada podría incluir un resumen de las características importantes de la Zona, su historia (por ejemplo la designación inicial, modificaciones, Planes de Gestión previos), y la investigación científica y actividades de otra índole que se hayan llevado a cabo en el lugar.

Los motivos que justifican por qué se considera necesaria o deseable una protección especial también debieran señalarse en el Plan de Gestión, preferentemente en su introducción. A este respecto las *Directrices de aplicación de los Criterios sobre Zonas Protegidas estipuladas en el Artículo 3, Anexo V del Protocolo del Tratado Antártico (http://www.ats.aq/documents/recatt/Att081_s.pdf)* adjuntas a la Resolución 1 (2000) son una útil referencia.

El CPA concuerda con que los Planes de Gestión deben incluir una declaración clara acerca de la razón principal para la designación de la Zona[1]. Es útil incluir tal afirmación en la Introducción del Plan de Gestión, que sirve como resumen de éste, así como también en la siguiente sección que describe los valores que se desea proteger.

El CPA anima además a los proponentes a describir la forma en que el Área complementa como un todo el sistema de zonas antárticas protegidas[2]. Con este fin debería referirse, entre otros, al Análisis de Dominios Ambientales de la Antártida *(http://www.ats.aq/documents/recatt/Att408_s.pdf)*, anexado a la Resolución 3 (2008) y al conjunto ya existente de ZAEP. Si procede, también sería útil que la Introducción describiera la forma en que el Área se complementa con otras áreas de la vecindad o de la región.

1. Descripción de los valores que se desea proteger

El Artículo 3 del Anexo V del Protocolo estipula que cualquier zona, incluyendo las zonas marinas, puede ser designada como una ZAEP a fin de proteger sus valores ambientales, científicos, históricos, estéticos o naturales sobresalientes, y presenta una serie de valores que las Partes Consultivas deben de tratar de incorporar dentro de las ZAEP.

Al considerar toda nueva propuesta para una ZAEP debe pensarse en la forma en que la condición de zona protegida podría abordar los valores identificados en el Artículo 3 del Anexo V y si estos valores ya están adecuadamente representados por las zonas protegidas en la Antártida.

Esta sección debería considerar una declaración acerca de la razón principal de la designación, describiendo además la gama completa de motivos para la designación de la Zona. La descripción del valor o de los valores de la Zona debería explicar claramente y en detalle la razón por la cual el sitio merece una protección especial y cómo su designación como ZAEP puede fortalecer las medidas de protección. Esto puede incluir una descripción de los riesgos reales o posibles enfrentados por los valores. Por ejemplo, si la designación de una Zona tiene por objetivo evitar la interferencia con las investigaciones científicas en curso o previstas, esta sección debería describir la naturaleza y el valor de dicha investigación.

El medioambiente antártico está sujeto no sólo a las variables naturales de factores tales como el clima, el nivel de hielo y la densidad y alcance espacial de las poblaciones biológicas, sino además a los efectos del rápido calentamiento regional (particularmente en la región de la Península Antártica). Por consiguiente esta sección puede también, cuando corresponda, entregar una descripción de los posibles cambios ambientales que enfrenta la Zona como producto de ese rápido calentamiento (por ejemplo, el posible adelgazamiento de los glaciares, el rápido retiro de las plataformas de hielo y la exposición de nuevos terrenos

---

[1] Informe final del CPA VIII, párrafo 187.
[2] Informe final del CPA VIII, párrafo 187.

libres de hielo; el impacto del calentamiento oceánico y de la disminución del nivel de hielo oceánico en las especies de pingüinos dependientes del hielo; la probabilidad/riesgo de establecimiento de especies no autóctonas o de colonizadores naturales provenientes de latitudes más norteñas (y por lo tanto menos severas en lo climático), etc.)

En los casos en que la intención es proteger los valores de los sitios como zonas de referencia o zonas de control para los programas de vigilancia medioambiental a largo plazo, debieran describirse las características particulares de la zona pertinente abarcada por esa vigilancia a largo plazo. En los casos en que se está confiriendo la designación ZAEP del sitio para proteger valores históricos, geológicos, estéticos, naturales u otros, dichos valores deberían ser descritos en esta sección.

En todos los casos la descripción de los valores debe proporcionar los suficientes detalles como para que los lectores comprendan en forma exacta qué es lo que se propone proteger con la designación como ZAEP. No debe proporcionar la descripción completa de la Zona, la cual se presenta en la Sección 6.

2. Finalidades y objetivos

Esta sección debiera señalar lo que desea lograrse con el Plan de Gestión y la forma en que éste ha de abordar la protección de los valores descritos anteriormente. Por ejemplo, los objetivos del Plan podrían poner de relieve la intención de:

- evitar ciertos cambios especificados en la Zona;
- evitar toda interferencia humana con características o actividades especificadas en la zona;
- permitir solamente ciertos tipos de investigación, gestión u otras actividades que no interfieran con el motivo de designación del sitio; o
- reducir al nivel máximo posible la introducción de especies no autóctonas que pudieran comprometer el valor ambiental y científico de una zona.

Es importante tener en cuenta que la descripción de valores y los objetivos serán utilizados por las autoridades nacionales responsables de la otorgación de permisos para ayudar a decidir cuáles actividades podrán o no podrán contar con autorización para ser desarrolladas en la Zona. Por consiguiente los valores que se desea proteger y los objetivos del plan deben describirse en lo específico y no en lo general.

3. Actividades de gestión

Las actividades de gestión señaladas en esta sección debieran relacionarse con los propósitos del Plan de Gestión y con los objetivos para los cuales la Zona fue designada.

Debiera indicarse claramente lo que está prohibido, lo que debe evitarse o prevenirse así como también lo que está permitido. El Plan debería señalar claramente cuándo se permiten ciertas actividades. Por ejemplo algunas actividades pueden permitirse sólo durante ciertos periodos que no coincidan con la temporada de apareamiento de especies sensibles.

Esta sección debiera describir todas las acciones que serán necesarias para proteger los valores especiales de la Zona (por ejemplo, instalación y mantenimiento de instrumentos científicos, establecimiento de rutas señaladas o de lugares de aterrizaje, levantamiento de señalética que indique que el sitio es una ZAEP y que se prohíbe su ingreso al mismo, salvo que exista un permiso emitido por una autoridad nacional competente, para el retiro de equipos o materiales abandonados). Si las actividades de gestión requieren una acción de cooperación de dos o más Partes que están realizando o apoyan investigaciones en la zona, los acuerdos adoptados para realizar dichas actividades necesarias deberían elaborarse e incluirse de manera conjunta en el Plan de Gestión.

Es importante recordar y señalar en el Plan de Gestión que una gestión activa podría requerir la elaboración de un estudio de impacto ambiental, el cual deberá emprenderse de conformidad con lo estipulado en el Anexo I del Protocolo.

Si no se requieren actividades de gestión especiales, esta sección del Plan debiera señalar "No se requiere ninguna".

4. Período de designación

La designación de una ZAEP tendrá vigencia indefinida, a menos que el Plan de Gestión estipule otra cosa. En virtud del Artículo 6(3) del Anexo V, el Plan de Gestión debe ser revisado cada cinco años y actualizado cuando se considere conveniente.

Si la intención es proporcionar protección por un período definido, mientras se esté llevando a cabo un estudio específico o alguna otra actividad, debiera incluirse en esta sección la fecha de expiración de dicha protección.

5. Mapas

Los mapas son un componente crucial del Plan de Gestión y debieran ser claros y suficientemente detallados. Si la zona es particularmente extensa puede resultar apropiada la confección de mapas que varíen su escala, pero es probable que la cantidad mínima de mapas sea dos: uno para mostrar la región en general dentro de la cual está situada la Zona, así como también la posición de todas las zonas cercanas protegidas; y un segundo mapa que ilustre los detalles propios de la Zona.

Es esencial que los mapas indiquen claramente los límites de la Zona Protegida, según se describe en la sección 6.1, más abajo.

Las Directrices sobre mapas se entregan en el Apéndice 1 junto con una lista de control de las características a tenerse en cuenta para su inclusión.

6. Descripción de la zona

Esta sección requiere una descripción exacta de la Zona y, según corresponda, de sus áreas circundantes a fin de garantizar que todas las personas que se proponen visitar la Antártida y todas las autoridades nacionales responsables de la otorgación de permisos estén suficientemente enteradas de las características especiales de la zona.

Es importante que esta sección describa en forma adecuada aquellas características de la Zona que están siendo protegidas, de manera de alertar a los usuarios del Plan de Gestión sobre las características que son particularmente vulnerables. Esta sección debería, preferentemente, no repetir la descripción de los valores de la Zona.

Esta sección se divide en cinco subsecciones:

6(i) Coordenadas geográficas, indicaciones de límites y rasgos naturales

Los límites de la Zona debieran delinearse de la forma más clara posible describiéndose sus características más importantes, ya que la demarcación de los límites formará la base de la aplicación legal. Los límites de la Zona debieran seleccionarse y describirse cuidadosamente. Es preferible describir un límite que se pueda identificar en cualquier época del año. Esto a menudo es difícil debido a la cobertura de nieve durante el invierno, pero por lo menos en el verano tendría que ser posible para los visitantes determinar los límites de la Zona. Esto es particularmente importante para aquellas Zonas cercanas a los sitios frecuentados por turistas. Es mejor elegir marcadores estáticos de límites tales como afloramientos rocosos. Probablemente sean poco apropiadas las características de las que podría esperarse una variación en su ubicación durante el año o durante el período de revisión de cinco años del Plan de Gestión, tales como los bordes de los campos de nieve o las colonias de fauna silvestre. En ciertos casos cuando las características naturales no son suficientes sería aconsejable instalar marcadores de límites.

Debe considerarse el probable impacto futuro del cambio climático al determinar o al revisar los límites de las Zonas Protegidas. Debe ponerse particular atención a la designación de límites que sean distintos de los del suelo sin hielo. Por ejemplo, el futuro cambio climático induce el retiro de los glaciares, el colapso de las plataformas de hielo y cambios en el nivel de los lagos, todo lo cual tendrá un impacto sobre las ZAEP cuya definición de límites se haya realizado en función de estas características.

Las coordenadas geográficas incluidas en la descripción de los límites debieran ser lo más precisas posible, presentándose como latitud y longitud en grados, minutos y segundos. De ser posible debiera hacerse referencia a los mapas o las cartas ya publicados a fin de permitir delinear en el mapa los límites de la Zona. Debieran señalarse también los métodos fotográficos y cartográficos empleados, de ser posible junto con el nombre del organismo que preparó dichos mapas o levantamientos topográficos.

No debe exagerarse la importancia del GPS para la determinación de posiciones. En los últimos años se ha visto claramente que la determinación original de la ubicación de algunas áreas es sumamente dudosa. La revisión del plan para cada sitio constituye una oportunidad de aplicar el GPS y proporcionar así información precisa sobre la ubicación de los límites. Se recomienda especialmente no presentar planes que no contengan dicha información.

Al describir las características físicas de la Zona se deberían utilizar sólo nombres de lugares que estén formalmente aprobados por una Parte Consultiva y que hayan sido incluidos en el Composite Gazetteer of Antarctica del Comité Científico para las Investigaciones Antárticas (SCAR) *(http://data.aad.gov.au/aadc/gaz/scar/)*. Todos los nombres mencionados en el texto del Plan debieran mostrarse en los mapas. De ser necesaria una nueva toponimia, se requerirá la aprobación de un comité nacional apropiado y esa toponimia deberá presentarse para su inclusión en el Composite Gazetteer of Antarctica del SCAR antes de usarla en algún mapa y antes de presentar el plan.

La descripción de las características naturales de la Zona debería incluir una descripción de la topografía local tal como las nieves y campos de hielo permanentes, la presencia de formaciones acuíferas (lagos, arroyos, lagunas) y una breve síntesis de la geología y geomorfología local. También es útil agregar una descripción breve y fidedigna de las características biológicas de la Zona incluyendo anotaciones sobre las principales comunidades vegetales, colonias de aves y de focas, y cantidad de aves que nidifican, individuales o en pares.

Si la zona incluye un componente marino, el plan de gestión debe ser presentado ante la Comisión para la Conservación de los Recursos Vivos Marinos Antárticos, CCRVMA, véase más abajo la sección sobre 'Procedimientos de aprobación de los Planes de Gestión de las ZAEP'.

6(ii) Acceso a la zona

Esta subsección debiera incluir descripciones de las rutas de acceso preferidas a la Zona por tierra, aire o mar. Éstas deben definirse claramente para evitar confusión, proporcionando alternativas adecuadas en caso en que la ruta preferida no esté abierta.

Todas las rutas de acceso así como las zonas de anclaje marinas y de aterrizaje de helicópteros deben ser descritas y claramente delineadas en los mapas de la Zona adjuntos. Las zonas de aterrizaje de helicópteros debieran generalmente estar ubicadas lejos de los límites de la ZAEP para garantizar un mínimo de interferencia con su integridad.

Esta subsección debiera describir asimismo las rutas preferidas de desplazamiento peatonal, y de permitirse, de vehículos, dentro de la zona.

6(iii) Ubicación de estructuras dentro de la Zona o en áreas adyacentes

Es necesario describir y localizar fielmente todas las estructuras que existen dentro de la Zona o en las áreas adyacentes. Estas incluyen, por ejemplo, los marcadores de límites, los carteles señalizadores, los montículos, las cabañas, los depósitos y las instalaciones de investigación. De ser posible, debiera registrarse la fecha en que se erigieron dichas estructuras y el país al que pertenecen así como los detalles relacionados con los sitios y monumentos históricos que se encuentran allí. Si es el caso debiera registrarse también la fecha de desmantelamiento previsto de todas las estructuras (por ejemplo, en el caso de instalaciones científicas provisorias u otro tipo de instalaciones).

6(iv) Ubicación de las zonas protegidas en las cercanías

No existe ninguna orientación respecto al radio de distancia que debe emplearse cuando se describen otros sitios "en las cercanías", pero en los planes hasta el momento se ha adoptado la distancia de 50 km. Todas las zonas protegidas en las cercanías (por ejemplo

ZAEP, ZAEA, SMH, Reservas de Focas de la CCFA, Sitios del Programa de Seguimiento del Ecosistema [CEMP] de la CCRVMA, etc.), debieran señalarse por su nombre y cuando proceda, con su número. También deben proporcionarse las coordenadas y distancia y dirección aproximadas respecto de la Zona en cuestión.

6(v) Áreas especiales al interior de la Zona

El Artículo 5.3(f) del Anexo V permite la identificación de zonas al interior de las ZAEP y las ZAEA *"en las cuales las actividades están prohibidas, limitadas o administradas con objeto de alcanzar los objetivos y finalidades..."* mencionadas en el plan de gestión.

Las personas responsables de preparar planes de gestión deberían considerar si los objetivos del plan pueden lograrse más eficazmente mediante la designación de una o más zonas. Las zonas claramente delimitadas ayudan a proporcionar a los visitantes del lugar información clara sobre dónde, cuándo y por qué se aplican ciertas condiciones especiales de administración. Éstas pueden resultar útiles para comunicar las finalidades y requisitos de la administración de manera clara y sencilla. Por ejemplo, las zonas especiales pueden incluir colonias de aves cuyo acceso sea limitado durante las temporadas de apareamiento, o sitios en los cuales los experimentos científicos no debieran interferirse.

Con objeto de ayudar a lograr una mayor consistencia en la aplicación de la herramienta de zonificación en la Antártida, se ha identificado y definido un conjunto estándar de zonas regularmente usadas que deberían cumplir con las necesidades de administración en la mayoría de las situaciones (Cuadro 2).

Como es normal en todas las directrices, pueden surgir casos en donde las excepciones sean tan necesarias como deseables. Si es el caso, las personas responsables de preparar un plan de gestión pueden considerar la aplicación de zonas alternativas. Sin embargo es importante tener en cuenta que los planes de gestión deberían aspirar a desarrollarse en zonas lo más sencillas y coherentes posible a través de todos los lugares de la Antártida. Esto ayudará a garantizar que las condiciones del plan sean comprensibles y fáciles de seguir, y que ayuden de ese modo a la protección y administración práctica de esas zonas especiales.

En caso de que no exista un área designada dentro de la Zona, el Plan de Gestión debería señalarlo en forma específica.

Cuadro 2. Directrices para la zonificación de las ZAEP

Zona	Objetivos Específicos de la Zona
Zona de Instalaciones	Asegurar que las instalaciones de apoyo científico dentro de la Zona y las actividades humanas asociadas a ellas estén contenidas y sean administradas al interior de las áreas designadas
Zona de Acceso	Proporcionar orientación respecto del acercamiento y/o aterrizaje de aeronaves, embarcaciones, vehículos o visitantes que lleguen a la Zona y con esto, proteger, entre otros, aquellas áreas con grupos de especies vulnerables o equipos científicos y/o brindar seguridad

Zona Histórica	Garantizar que aquellos que ingresen a la Zona estén enterados de las áreas o características entre las cuales figuran sitios, edificios y/o artefactos de importancia histórica y además para administrarlos en forma adecuada.
Zona Científica	Asegurar que aquellos que ingresen a la Zona estén informados de cuáles áreas dentro de la zona son lugares de investigación científica en curso o de largo plazo o tienen instalados equipos científicos vulnerables
Zona Restringida	Restringir el acceso hacia un sector en particular de la Zona y/o a las actividades que se realicen en su interior a causa de una variedad de motivos administrativos o científicos, por ejemplo, debido a valores científicos o ecológicos especiales, a causa de la vulnerabilidad, de la presencia de riesgos, o para limitar las emisiones o construcciones en un sitio en particular. El acceso a las Zonas Restringidas debiera ser normalmente por razones convincentes que no pueden aplicarse a otros lugares dentro de la Zona
Zona Prohibida	Prohibir el acceso a un sector particular de la ZAEP hasta que la RCTA (y no las Partes individuales) acuerden que el plan de gestión deba modificarse para permitir el acceso.

7. Términos y Condiciones para los permisos de entrada

7(i) Condiciones generales de los permisos

El Artículo 3(4) del Anexo V del Protocolo especifica que queda terminantemente prohibido ingresar en una Zona Antártica Especialmente Protegida a menos que exista un permiso expedido por la autoridad nacional competente.

El Plan de Gestión debiera estipular las condiciones para el otorgamiento de los permisos. Al elaborar los Planes de Gestión sus autores debieran tener conocimiento de que las autoridades nombradas para otorgar los permisos de entrada a las ZAEP utilizarán el contenido de esta sección para determinar si se otorgan dichos permisos y, en caso afirmativo, bajo qué condiciones.

El Artículo 7(3) del Anexo V del Protocolo establece que cada Parte debe exigirle al titular de un permiso llevar consigo una copia de éste mientras se encuentre en la Zona Antártica Especialmente Protegida. Esta sección del Plan de Gestión debería señalar que todos los permisos deberían contener una condición que exija que el titular del permiso lleve consigo una copia de éste mientras permanezca en la ZAEP.

El Artículo 5 del Anexo V presenta 10 temas separados que deben abordarse al considerar los términos y las condiciones que han de adjuntarse a los permisos. Estos se detallan seguidamente:

7(ii) Acceso a la zona y desplazamientos en su interior o sobre ella

Esta sección del Plan de Gestión debiera establecer las restricciones respecto a los medios de transporte, los puntos de acceso, las rutas y los desplazamientos dentro de la Zona. Debiera reglamentar asimismo la dirección de acercamiento de las aeronaves así como la altura mínima para sobrevolar la Zona. Esta información debe señalar el tipo de aeronaves (por ejemplo, aeronaves de alas fijas o alas rotatorias), en el cual se basan las restricciones, que debiera incluirse como condición de los permisos otorgados.

De corresponder, el Plan de Gestión debería referirse a las directrices correspondientes adoptadas por el CPA tales como las *Directrices para la Operación de Aeronaves cerca de Concentraciones de Aves en la Antártida* (disponibles en *http://www.ats.aq/documents/ recatt/Att224_s.pdf*) anexadas a la Resolución 2 (2004).

7(iii) Actividades que pueden llevarse a cabo dentro de la zona

Esta sección debiera detallar las actividades que pueden llevarse a cabo dentro de las zonas protegidas así como las condiciones bajo las cuales se permiten dichas actividades. Por ejemplo, para evitar la interferencia con la fauna y la flora podrían permitirse únicamente ciertos tipos de actividades.

Si el Plan de Gestión propone la necesidad en el futuro de contar con una gestión activa de la Zona, esto también debería incluirse en la presente sección.

7(iv) Instalación, modificación o retiro de estructuras

Identificar qué estructuras se permiten dentro de la Zona, en caso de que éstas se permitan, resulta útil. Por ejemplo, podría permitirse la instalación dentro de la Zona de ciertos equipos de investigación científica, marcadores u otras estructuras.

Para ayudar en el seguimiento del propósito de tales estructuras, el Plan de Gestión debería explicar la forma en que esas estructuras han de identificarse. También puede resultar útil la orientación general y/o específica con respecto a las consideraciones relevantes para reducir a un mínimo los efectos adversos de las instalaciones sobre los valores de la Zona.

Si existen ya estructuras (por ejemplo, refugios) el Plan de Gestión debería también indicar las medidas que podrían adoptarse para modificar o desmantelar dichas estructuras. Alternativamente el Plan de Gestión debiera señalar claramente cuando no se permita la construcción de estructuras dentro de la Zona.

7(v) Ubicación de los campamentos

Es probable que los permisos para instalar campamentos dentro de los límites de la Zona no sean habituales. Sin embargo éstos podrían permitirse bajo ciertas circunstancias tales como motivos importantes de seguridad. De ser así debiera declararse las condiciones bajo las cuales éstos se permitirían. Es posible que los campamentos solamente sean aceptados en ciertas partes de la Zona. Estos lugares deberían identificarse y registrarse en los mapas de apoyo.

7(vi) Restricciones relativas a los materiales y organismos que puedan introducirse en la Zona

Esta sección debiera establecer las prohibiciones pertinentes y ofrecer asesoría respecto a la gestión de cualquier material que sería utilizado o almacenado en la Zona.

En virtud del Artículo 4 del Anexo II del Protocolo se prohíbe absolutamente la introducción deliberada de toda especie no autóctona y de enfermedades a la Zona abarcada por el Tratado Antártico, salvo que exista un permiso separado expedido por la Autoridad previsto en el Anexo II. El Artículo 4 afirma además que (i) será necesario tomar precauciones dentro de la Zona comprendida en el Tratado para evitar la introducción accidental de microorganismos, (ii) será necesario realizar los esfuerzos adecuados a fin de garantizar que las aves y productos avícolas estén libres de contaminación por enfermedad, (iii) está prohibida la introducción deliberada de suelos sin esterilizar y (iv) la introducción no intencional de suelo ha de reducirse al mínimo posible. Por lo tanto, las medidas recomendadas para reducir el riesgo de introducción de especies no autóctonas que rigen en toda la Antártida deberían ser aplicables también a la Zona Protegida. La administración debería, según convenga, incluir disposiciones relativas a la limpieza de equipos de campamento, equipos científicos, vehículos y botas y ropa personales para eliminar los propágulos antes de ingresar a la ZAEP. El 'Código de conducta ambiental sobre el Trabajo de Investigación sobre el Terreno en la Antártida' del SCAR puede entregar algunas recomendaciones útiles sobre bioseguridad.

Se debería considerar cuidadosamente el riesgo de introducir especies no autóctonas a la Zona Protegida por medio de productos alimenticios o en sus contenedores o envases. Podrían introducirse suelos sin esterilizar, propágulos de plantas, huevos e insectos vivos asociados a frutas y vegetales frescos, al igual que los patógenos aviares o de mamíferos marinos pueden introducirse en la zona por medio de productos avícolas. El Plan de Gestión puede establecer que no deberían permitirse tales productos en la zona o puede especificar las medidas para reducir al mínimo el riesgo de liberación de agentes patógenos en la zona.

En algunas circunstancias será necesario tomar precauciones especiales a fin de evitar la introducción de especies no autóctonas. Si por ejemplo la Zona ha sido designada debido a sus comunidades microbianas especiales, puede que sea necesario exigir precauciones de bioseguridad más estrictas para reducir al mínimo la contaminación de la zona con microorganismos comensales humanos y que otros microorganismos ambientales ajenos a la Zona se redistribuyan. Puede resultar apropiado el uso de prendas protectoras esterilizadas y de calzado limpiado cuidadosamente.

Podría ser necesario, por ejemplo, ingresar algunas sustancias químicas a la Zona para fines de investigación o de gestión. De ser así, es menester proporcionar orientación respecto a la forma de almacenarlas, manipularlas y retirarlas. También podría ser necesario ingresar alimentos y combustible a la Zona, en cuyo caso debiera presentarse orientación respecto al uso, almacenamiento y retiro de dichos materiales. Los radioisótopos y/o los isótopos estables sólo deberían liberarse en el ambiente al interior de las ZAEP después de considerar cuidadosamente los impactos de largo plazo de dichas actividades sobre los futuros valores ambientales y científicos de la Zona.

7(vii) Recolección de flora y fauna autóctonas o daños que puedan sufrir éstas

Esto está prohibido por el Artículo 3 del Anexo II del Protocolo, salvo que exista un permiso expedido en virtud de las disposiciones del Anexo II; esto debería afirmarse en todos los permisos que autoricen esta actividad en la Zona. Debe cumplirse con los requisitos en virtud del Artículo 3 del Anexo II, y pueden presentarse como norma mínima las directrices de aplicación regular tales como el Código de Conducta SCAR para uso de Animales con Fines Científicos en la Antártida.

7(viii) La recolección o retiro de materiales que no hayan sido traídos a la Zona por el titular del permiso

Podría permitirse el retiro de la Zona de materiales tales como basura de la playa, fauna o flora muerta o patológica, o reliquias abandonadas y artefactos pertenecientes a actividades previas. Los artículos y muestras que pueden, o no, ser retiradas por el titular del permiso deben señalarse claramente.

7(ix) Eliminación de desechos

El Anexo III del Protocolo trata de la eliminación de los desechos en la Antártida. Esta sección del plan debería especificar los requisitos para la eliminación de desechos que debería incluirse como condición para otorgar permisos. Los requisitos estipulados en el Anexo III deben ser utilizados como normas mínimas para la eliminación de residuos en una ZAEP.

Por regla general, todos los desechos, incluyendo los desechos humanos generados por los visitantes a una ZAEP deberían ser eliminados de la Zona. Las excepciones, que deben cumplir con las disposiciones del Protocolo, deberían identificarse, según proceda, en esta sección del Plan de Gestión. En particular deberían considerarse los probables impactos de la eliminación de residuos de alcantarillado sobre las aves y los mamíferos marinos al interior de la Zona.

7(x) Medidas que puedan requerirse para garantizar el continuo cumplimiento de los objetivos y las finalidades del Plan de Gestión

Cuando proceda, esta sección debería establecer las condiciones que justificarían el otorgamiento de un permiso a fin de continuar garantizando la protección de la Zona. Por ejemplo, podría ser necesario otorgar un permiso para permitir la vigilancia de la Zona; para prever las reparaciones o el reemplazo de los marcadores de límites y carteles señalizadores; o para permitir cualquier otra actividad de gestión activa según lo señalado en la sección 3 *supra*.

Si un plan de gestión dispone que, por motivos excepcionales, se introduzcan especies no autóctonas en virtud de un permiso aparte, esta sección debería analizar la necesidad de medidas que contemplen las especies no autóctonas y los procedimientos de contingencia que debieran seguirse en caso de que éstas fueran liberadas en el ambiente en forma no intencionada. Por ejemplo, puede especificar que deben introducirse materiales de bioseguridad adecuados en la localidad donde se realiza trabajo en terreno a fin de cumplir con los requisitos del plan de bioseguridad, y el personal que realice el trabajo debería ser capacitado con respecto a su uso.

En las Zonas Protegidas donde no haya conocimiento del asentamiento de especies no autóctonas, el Plan de Gestión podría reseñar las medidas para reducir a un nivel mínimo la posterior distribución de especies o de sus propágulos hacia otros lugares.

7(xi) Requisitos relativos a los informes

Esta sección debiera describir los requisitos para la presentación de informes que debieran incluirse como condición para el otorgamiento de permisos por parte de las autoridades nacionales pertinentes. De ser apropiado, esta sección debiera especificar la información que debería incluirse en dichos informes. En el Apéndice 2 de esta guía se presenta un formulario de informe de visita a una ZAEP, y está además disponible para descarga desde el sitio web de ATS en *www.ats.aq*.

Podría ser útil estipular un plazo límite dentro del cual deben someterse los informes de visita a la Zona (por ejemplo, dentro de los seis meses). Para tratar aquellos casos donde la Zona puede recibir la visita de grupos autorizados por las Partes distintos a los que la Parte haya propuesto en el Plan de Gestión, puede ser útil consignar que los informes sobre visitas deberían intercambiarse para ayudar en la administración de la Zona y en la revisión del Plan de Gestión.

Por lo general serán aplicables muchos de los requisitos para la presentación de informes, pero en algunos casos puede ser adecuado especificar la información particular que servirá de ayuda en la administración de la Zona. Por ejemplo, en Zonas designadas para la protección de colonias de aves puede ser adecuado exigir que los grupos de visitantes que realicen estudios entreguen información en detalle sobre el empadronamiento y la ubicación de algunas nuevas colonias o anidamientos que no hayan sido registrados con anterioridad.

8. Documentación de apoyo

Esta sección debiera referirse a cualquier otra documentación adicional que pudiera ser pertinente para la gestión de la Zona. Esta podría incluir cualquier informe científico o documentos que describan los valores de la Zona en mayor detalle, aunque, como regla general, los distintos componentes de la Zona y las actividades de gestión previstas debieran explicarse en las distintas secciones del propio Plan de Gestión. La mencionada documentación de apoyo o demás documentos deberían mencionarse en su totalidad.

Procedimiento de aprobación de los Planes de Gestión para las ZAEP

El Artículo 5 del Anexo V establece que cualquier Parte, el CPA, el SCAR o la CCRVMA pueden presentar un anteproyecto de Plan de Gestión para ser considerado en la Reunión Consultiva. En la práctica, los anteproyectos de los Planes de Gestión son por lo general sometidos a la consideración del CPA por una o más Partes.

El procedimiento mediante el cual se tramitan los Planes de Gestión desde su elaboración hasta su aceptación final se resume en el organigrama de la Figura 1. Esto se basa en los requisitos estipulados en el Artículo 6 del Anexo V, en las *Directrices para la consideración por el CPA de proyectos de planes de gestión nuevos y revisados de ZAEP y ZAEA* (Anexo 1del Apéndice 3 al Informe Final de la XI reunión del CPA), y otras directrices asociadas.

El procedimiento de aprobación para un Plan de Gestión de una ZAEP contempla varias etapas cruciales que pueden tardar un largo plazo antes de su finalización. No obstante, estas etapas son necesarias ya que un Plan de Gestión de una ZAEP requiere la aprobación de todas las Partes Consultivas durante una Reunión Consultiva.

Preparación del Plan de Gestión

En las etapas iniciales de la preparación del Plan de Gestión, se recomienda la celebración de consultas amplias, tanto al nivel nacional como internacional, respecto a los elementos científicos, ambientales y logísticos del Plan, según corresponda. Esto ayudará a que el Plan pueda ser aprobado dentro del proceso más formal de la RCTA.

Se alienta especialmente a los proponentes de nuevas Zonas a que consideren las directrices y referencias pertinentes que ayudarán en la evaluación, selección, definición y propuesta de zonas que puedan requerir de una mayor protección por medio de su designación como ZAEP, incluyendo:

- *Directrices para la aplicación del marco para las Zonas Protegidas fijado en el Artículo 3, Anexo V del Protocolo del Tratado Antártico* – Resolución 1 (2000)
- *El Análisis de Dominios Ambientales para el Continente Antártico* – Resolución 3 (2008).

Se sugiere a los proponentes a informar en una etapa inicial al CPA cuando vayan a considerar la designación de una nueva ZAEP, (por ejemplo, antes de detallar un plan de gestión para la zona) de modo que las propuestas puedan analizarse como un todo en el contexto del sistema de áreas protegidas.

Al revisar un Plan de Gestión ya existente, el uso de la *Lista de Verificación para facilitar las inspecciones de Zonas Antárticas Especialmente Protegidas y de Zonas Antárticas Especialmente Administradas* (Resolución 4 (2008)) puede resultar instructivo como herramienta para identificar las mejoras y cambios necesarios.

Presentación del Anteproyecto del Plan de Gestión

El anteproyecto del Plan de Gestión debería someterse a la consideración del CPA como documento anexo a un Documento de Trabajo elaborado en conformidad con la *Guía para la Presentación de Documentos de Trabajo que contengan propuestas relativas a Zonas Antárticas Especialmente Protegidas, a Zonas Antárticas Especialmente Administradas y a Sitios y Monumentos Históricos* – Resolución 1 (2008).

Si la Zona contiene un componente marino que cumple con los criterios delineados en la Decisión 9 (2005) *Zonas marinas protegidas y otras áreas de interés para la CCRVMA*, el anteproyecto del Plan de Gestión deberá someterse además a la consideración de la

CCRVMA. Los proponentes deberán hacer los arreglos para asegurar que estén disponibles los aportes y sugerencias de la CCRVMA (que sostiene reuniones anuales en los meses de octubre y noviembre) antes de que la propuesta sea considerada por el CPA.

Consideración por parte del CPA y de la RCTA

Al considerar el Plan de Gestión el CPA analizará si se tomaron en cuenta en forma adecuada los comentarios provenientes de la CCRVMA. El CPA puede derivar el Plan de Gestión a la RCTA para su consideración y adopción, o bien al Grupo Subsidiario sobre Planes de Gestión (GSPG) para un examen en el período entre sesiones.

De acuerdo con sus Términos de Referencia, (véase el Apéndice 1 del Informe Final de la XIII Reunión del CPA) el GSPG considerará cada anteproyecto de Plan de Gestión que se le remita, asesorará al proponente o a los proponentes sobre los cambios recomendados, considerará toda versión revisada de los Planes de Gestión que se prepare en el período entre sesiones e informará al CPA sobre su revisión. El Plan de Gestión revisado y el informe del CPA serán entonces considerados durante la reunión del CPA y de existir acuerdo, serán remitidos a las Partes Consultivas para su consideración y adopción.

Si las Partes Consultivas aprueban el Plan, la reunión adopta una Medida de conformidad con lo estipulado en el Artículo IX (1) del Tratado Antártico. Si la medida no especifica lo contrario, se estima que el Plan ha quedado aprobado 90 días después de la clausura de la Reunión Consultiva del Tratado Antártico en que se adoptó, a menos que una o más de las Partes Consultivas notifiquen al Depositario, dentro de ese plazo, que desea una prórroga del mismo o que no puede aprobar la medida.

Examen y Revisión de los Planes de Gestión

El Plan de Gestión se revisará cada cinco años de conformidad con el Artículo 6(3) del Anexo V del Protocolo y se actualizará cuando se considere conveniente. Los Planes de Gestión actualizados siguen luego el mismo trámite de aprobación señalado anteriormente.

Al realizar la revisión del Plan de Gestión debe contemplarse la necesidad de una protección ulterior o sostenida de las especies del lugar cuya abundancia o rango hayan aumentado en forma considerable. En cambio, podría considerarse innecesaria la protección de una zona en la que una especie protegida ya no se encuentre presente y los valores ambientales o científicos por los cuales fue designada la zona ya no aplican.

**Figura 1. Organigrama del Proceso de aprobación
de los Planes de Gestión para una ZAEP.**

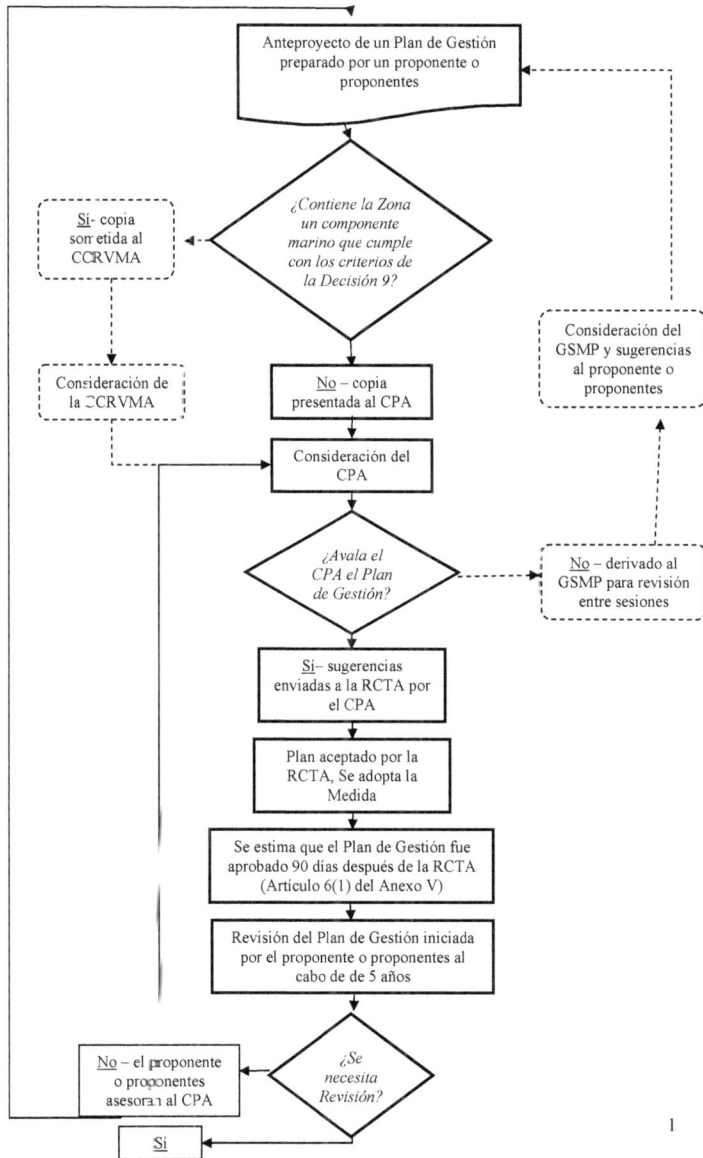

Anteproyecto de un Plan de Gestión preparado por un proponente o proponentes

¿Contiene la Zona un componente marino que cumple con los criterios de la Decisión 9?

Sí- copia sometida al CCRVMA

Consideración de la CCRVMA

No – copia presentada al CPA

Consideración del CPA

¿Avala el CPA el Plan de Gestión?

Consideración del GSMP y sugerencias al proponente o proponentes

No – derivado al GSMP para revisión entre sesiones

Sí– sugerencias enviadas a la RCTA por el CPA

Plan aceptado por la RCTA, Se adopta la Medida

Se estima que el Plan de Gestión fue aprobado 90 días después de la RCTA (Artículo 6(1) del Anexo V)

Revisión del Plan de Gestión iniciada por el proponente o proponentes al cabo de de 5 años

No – el proponente o proponentes asesoran al CPA

¿Se necesita Revisión?

Sí

1

Apéndice 1

Notas orientativas para la producción de mapas que deben ser incluidos en los Planes de Gestión

Los Planes de Gestion deben incluir un mapa general de localización para mostrar la posición de la Zona y la ubicación de cualquier otra zona protegida en las cercanías, y por lo menos un mapa detallado del sitio mostrando las características esenciales que cumplen con los objetivos del Plan de Gestión.

1. Todos los mapas deben indicar latitud y longitud y contar con una escala gráfica. Deben evitarse las escalas de relación (por ejemplo 1:50000) ya que resultan inútiles debido a las ampliaciones/reducciones. Deberá indicarse la proyección del mapa, así como los dátum de referencias horizontales y verticales usados.

2. Es importante utilizar información actualizada sobre la línea de la costa, que incluya características tales como plataformas de hielo, bordes de hielo y otras características glaciales. El retroceso y el avance del hielo continúan afectando muchas zonas, con la consiguiente modificación de los límites de la Zona. Cuando el frente de un glaciar determina un límite, debería indicarse la fecha del reconocimiento topográfico (por ejemplo, un estudio o fotografía satelital).

3. Un mapa debería mostrar las características siguientes: todas las rutas específicas; todas las zonas restringidas; los puntos de acceso y las zonas de aterrizaje y de desembarco; campamentos; las instalaciones y cabañas; los lugares más importantes de concentración y reproducción de animales y cualquier zona amplia de vegetación, y delinear claramente los suelos cubiertos de hielo/nieve y los suelos sin hielo. En muchos casos resulta útil incluir un mapa geológico de la Zona. En la mayoría de los casos es útil realizar en todos los mapas de la zona un delineamiento del contorno a intervalos apropiados. Pero los contornos no deben estar muy cerca entre sí como para impedir la distinción de otras características o símbolos en el mapa.

4. Los contornos deberían incluirse en los mapas a intervalos adecuados a la escala del mapa.

5. Al preparar el mapa es menester tener en cuenta que éste será reducido a aproximadamente 150 x 200 mm a fin de poder incluirlo en el informe oficial de la RCTA. Esto es importante cuando se selecciona el tamaño de los símbolos, la proximidad de los contornos y el uso del sombreado. La reproducción siempre es monocromática, por lo que no deben emplearse colores para distinguir las características en el original. Es muy probable que existan otras versiones disponibles de los mapas de la Zona pero a los efectos legales del Plan de Gestión, la versión definitiva y la que se incorpora a la legislación nacional es la versión publicada en el Informe Final de la Reunión Consultiva del Tratado Antártico.

6. Si la zona necesita una evaluación por parte de la CCRVMA, debiera indicarse la ubicación de los sitios más cercanos del programa de vigilancia del CEMP. La CCRVMA ha solicitado que la ubicación de las colonias de aves y de focas y las rutas de acceso desde el mar también sean indicadas en el mapa siempre que sea posible.

7. Otro tipo de imágenes también pueden ser de ayuda cuando se utilice el Plan de Gestión en terreno:

   • Es importante recordar que en las fotografías una impresión con buenos contrastes es esencial para una adecuada reproducción. Los filtros y la digitalización de fotografías mejora la reproducción cuando se realizan fotocopias del plano. Si se usa en el mapa una imagen tal como una fotografía aérea o una imagen satelital, debe mencionarse su fuente y fecha de adquisición.

   • Algunos planos ya han usado modelos topográficos tridimensionales los cuales pueden proporcionar información importante del lugar para acercarse a la Zona, especialmente por helicóptero. Estos trazados deben ser diseñados cuidadosamente para que al reducirlos no resulten confusos.

Lista de verificación de las características que deben incluirse en los mapas

1.   Características esenciales

1.1   Título

1.2   Latitud y longitud

1.3   Escala gráfica con escala numérica

1.4   Leyenda amplia

l.5   Adecuada y aprobada toponimia

1.6.   Proyección del mapa y modificación esferoide

1.7.   Flecha señalando al norte

1.8.   Intervalos del contorno

1.9.   De incluirse datos de imágenes, fecha de la toma de la imagen

2.   Características topográficas esenciales

2.1   Línea de la costa, rocas y hielo

2.2   Crestas y líneas de las cordilleras

2.3   Bordes del hielo y otras características glaciales

2.4   Contornos (etiquetados cuando proceda) puntos de levantamiento topográfico y alturas de ciertos sitios

3.   Características naturales

3.1   Lagos, lagunas y arroyos

3.2   Morrenas, desmoronamientos, acantilados, playas

3.3   Zonas de playa

3.4   Vegetación

3.5   Colonias de aves y focas

4.   Características antropogénicas

4.1   Estaciones

4.2   Cabañas en el terreno, refugios

4.3   Campamentos

4.4   Caminos y huellas de vehículos, senderos, superposición de senderos

4.5   Zonas de aterrizaje para aeroplanos de ala fija y helicópteros

4.6   Puertos, ensenadas

4.7   Abastecimiento de energía eléctrica, cables

4.8   Antenas aéreas

4.9   Zonas de almacenamiento de combustible

4.10 Reservorios de agua y tuberías

4.11 Escondites de emergencia

4.12 Marcadores, señales

4.13 Sitios o artefactos históricos, sitios arqueológicos

4.14 Instalaciones científicas o zonas de toma de muestras

4.15 Contaminación o modificación del sitio

5.   Límites

5.1   Límites de la zona

5.2   Límites de zonas subsidiarias áreas. Límites de zonas protegidas contenidas en la anterior

5.3   Señalizadores y marcadores de límites (incluyendo montículos)

5.4   Rutas de acceso de botes/aeronaves

5.5   Marcadores o balizas de navegación

5.6   Puntos topográficos y marcadores

Obviamente se exige el mismo enfoque para todo mapa incluido dentro de otro.

Al terminar el mapa debiera realizarse una verificación de la calidad cartográfica para garantizar:`

- El equilibrio entre los elementos.
- Un sombreado adecuado para realzar las características pero que no se preste a confusión en el momento en que el mapa sea fotocopiado y en el cual el grado debiera reflejar importancia.
- Texto correcto y apropiado que no contenga superposición de características.
- Siempre que sea posible, utilizar los símbolos cartográficos aprobados por el SCAR
- Texto en blanco con sombreado apropiado para todos los datos sobre imágenes.

Apéndice 2

Formulario de Informes de Visita a una Zona Antártica Especialmente Protegida (ZAEP)

1) Número de la ZAEP:
2) Nombre de la ZAEP:
3) Número de permiso:
4) Período de otorgamiento del permiso Desde: Hasta:
5) Autoridad nacional que expidió el Permiso:
6) Fecha en que se realizó el Informe:
7) Información de contacto del Titular Principal del Permiso: Nombre: Cargo o Posición Laboral: Número de teléfono: Correo electrónico:
8) Cantidad de visitantes Con permiso para ingresar a la Zona: Que ingresaron efectivamente a la Zona:
9) Lista de todas las personas que ingresaron a la Zona en virtud del Permiso:
10) Objetivos de la visita a la Zona en virtud del Permiso:
11) Fecha(s) y duración de la visita o visitas en virtud del Permiso:
12) Modalidad de transporte hacia y desde la Zona y dentro de ella:
13) Resumen de las actividades realizadas en la Zona:
14) Descripción y ubicación de las muestras recolectadas (tipo, cantidad, y detalles de los permisos obtenidos para la recolección de muestras):
15) Descripción y ubicación de los marcadores, instrumentos o equipos instalados o retirados, o de cualquier otro material liberado al medioambiente (señalando la forma en que se pretende que la nueva instalación permanezca en la Zona):

16) Medidas adoptadas durante la visita para garantizar el cumplimiento con el Plan de Gestión:
17) En fotocopia adjunta del mapa de la Zona, indicar (según convenga): ubicación o ubicaciones de lugares de campamento, desplazamientos o rutas terrestres, marítimas o aéreas, lugares de toma de muestras, instalaciones, liberación deliberada de materiales, impactos de cualquier tipo, y características de significado especial que no hayan registrado anteriormente. De ser posible, deberían proporcionarse las coordenadas GPS de tales lugares:
18) Todos los comentarios o información de otro tipo, tal como:
• Observaciones sobre los impactos humanos en la Zona, distinguiendo entre aquellos que son producto de la visita y aquellos que se deben a visitas anteriores:
• Evaluación respecto a si los valores que justifican la designación de la Zona se están protegiendo en forma adecuada:
• Características de significado especial para la Zona que no se hayan registrado anteriormente:
• Recomendaciones sobre otras medidas administrativas necesarias para proteger los valores de la Zona, incluyendo la ubicación y evaluación de la condición de las estructuras, marcadores, entre otros:
• Todo incumplimiento de las disposiciones del Plan de Gestión que haya ocurrido durante la visita, señalando su fecha, grado y ubicación:

Apéndice 3

Plantilla de los Planes de Gestión de una Zona Antártica especialmente Protegida

Plan de Gestión para Zona Antártica Especialmente Protegida N° [XXX]

[INSERTAR EL NOMBRE DE LA ZONA PROTEGIDA]

Introducción

La Guía para la Preparación de Planes de Gestión para las Zonas Antárticas Especialmente Protegidas (la Guía) proporciona orientaciones sobre esta sección de los Planes de Gestión. No contiene sugerencias de redacción estándar debido a que el contenido de esta sección es específico para la Zona en cuestión.

[El contenido específico relativo al lugar debiera insertarse aquí]

1. Descripción de los valores que se desea proteger

La Sección 1 de la Guía ofrece orientaciones para esta sección de los Planes de Gestión. No contiene sugerencias de redacción estándar debido a que el contenido de esta sección es específico para la Zona en cuestión.

[El contenido específico relativo al lugar debiera insertarse aquí]

2. Finalidades y objetivos

Muchos Planes de Gestión ya existentes comparten finalidades y objetivos similares. Se ha desarrollado un conjunto de sugerencias para una redacción estándar, que pueden utilizarse, corregirse o suprimirse según sea pertinente para la Zona en cuestión (véase más abajo). Se alienta a los proponentes a identificar las finalidades y objetivos específicos del lugar, y a considerar las orientaciones entregadas para esta sección de los Planes de Gestión en la Sección 2 de esta Guía.

La Administración de [insertar el nombre de la Zona] tiene por objetivo:

- evitar la degradación de, o el riesgo importante para, los valores de la Zona evitando en ella toda interferencia humana innecesaria;
- evitar la degradación de, o el riesgo importante para, los valores de la Zona, evitando toda interferencia humana innecesaria dentro de la Zona y en sus características y artefactos por medio del acceso gestionado a [insertar aquí la cabaña específica];
- permitir la investigación científica en la Zona siempre y cuando esto sea por razones convincentes, que no puedan llevarse a cabo en otro lugar y que no arriesgarán el sistema ecológico natural de la Zona;
- evitar o reducir al mínimo la introducción a la zona de plantas, animales y microbios no autóctonos;
- reducir al mínimo la posibilidad de introducir patógenos que pudieran causar enfermedades en la fauna de la Zona;
- preservar [una parte del] ecosistema natural de la Zona como área de referencia para futuros estudios comparativos;
- mantener los valores históricos de la Zona por medio de la conservación planificada y programas de trabajo arqueológico;
- [Más contenido específico relativo al lugar debiera insertarse aquí]

En el caso de Zonas en las que se permiten visitas educativas y de acercamiento, se debe considerar el siguiente texto:

- permitir en la Zona las visitas con propósitos educativos y de acercamiento, siempre y cuando éstas sean por razones convincentes, que no puedan llevarse a cabo en otro lugar y que no arriesgarán el sistema ecológico natural de la Zona;
- [Más contenido específico relativo al lugar debiera insertarse aquí]

3. Actividades de gestión

Muchos Planes de Gestión ya existentes comparten en esta sección una redacción similar. Se ha desarrollado un conjunto de sugerencias para una redacción estándar, que pueden utilizarse, corregirse o suprimirse según sea pertinente para la Zona en cuestión (véase más abajo). Se alienta a los proponentes a identificar las actividades administrativas específicas del lugar, y a considerar las orientaciones entregadas en la Sección 3 de esta Guía para esta sección de los Planes de Gestión.

No se requiere ninguna.

[Insertar el tipo de información] sobre la ubicación de la Zona [señalando las limitaciones especiales que apliquen] debe presentarse en forma destacada, y una copia de este Plan de Gestión debe estar disponible en [insertar ubicación de la información].

Las copias de este Plan de Gestión [y del material de información] deben ponerse a disposición de los barcos [y aeronaves] [insertar: en viaje/ planificando una visita/en visita/ funcionando en] las cercanías de la Zona.

Se deben instalar en lugares adecuados en los límites de la Zona [y de las Zonas Restringidas] carteles señalizadores que ilustren el lugar y sus límites para ayudar a evitar los ingresos inadvertidos.

Los marcadores, carteles señalizadores u otras estructuras (por ejemplo rejas y montículos) que se hayan erigido dentro de la Zona para fines científicos o administrativos deben estar asegurados y mantenidos en buenas condiciones y ser desmantelados cuando ya no sean necesarios.

De acuerdo con los requisitos del Anexo III del Protocolo de Protección Ambiental al Tratado Antártico, los equipos o materiales abandonados deberán eliminarse en el mayor grado posible siempre y cuando su eliminación no produzca un impacto adverso en el medioambiente o en los valores de la Zona.*

La Zona deberá visitarse según convenga [y no menos de una vez cada cinco años,] para evaluar si continúa sirviendo a los propósitos para los cuales fue designada y para asegurar que las actividades administrativas [y de mantenimiento] son las adecuadas.

Los visitantes serán permitidos según convenga con el fin de facilitar el estudio y control de los cambios antropogénicos que pudieran afectar los valores protegidos en la Zona, en particular, [insertar actividad específica]. En la medida de lo posible, los estudios de impacto y los controles deberían conducirse utilizando métodos no invasivos.

Deben consultarse en su conjunto los Programas Nacionales Antárticos que operan en el área con el propósito de asegurar que se estén aplicando las actividades administrativas mencionadas.

El Plan de Gestión se revisará con una frecuencia no inferior a cinco años y se actualizará cuando se considere conveniente.*

El Personal [personal de programas nacionales, expediciones en terreno, turistas y pilotos] en las cercanías de la Zona o que ingresen a ella o la sobrevuelen deben recibir instrucciones específicas de sus programas nacionales correspondientes [o de sus autoridades nacionales correspondientes] en cuanto a las disposiciones y contenidos del Plan de Gestión.

Todos los pilotos que operen en la región deberán estar informados respecto de la ubicación, límites y restricciones que apliquen al ingreso y sobrevuelo de la Zona.

[Más contenido específico relativo al lugar debiera insertarse aquí]

4. Período de designación

Muchos Planes de Gestión ya existentes comparten en esta sección una redacción similar. Se desarrollaron sugerencias de redacción que pueden utilizarse según sea pertinente (véase más abajo). La Sección 4 de la Guía entrega orientaciones para esta sección de los Planes de Gestión.

Designación con período de vigencia indefinida. / Designación con vigencia por [x] años.

5. Mapas

La Sección 5 de la Guía ofrece orientaciones para esta sección de los Planes de Gestión. La orientación para el diseño de los mapas mismos se entrega en el Apéndice 1 de la Guía. En esta parte no se entregan sugerencias de redacción estándar debido a que el contenido de esta sección es específico de la Zona en cuestión. Sin embargo los proponentes pueden utilizar el siguiente formato sugerido:

*   [Mapa X, Nombre del Mapa X
*   Mapa Y, Nombre del Mapa Y
*   Mapa Z, Nombre del Mapa Z]

6. Descripción de la zona

La Sección 6 de la Guía ofrece orientaciones para esta sección de los Planes de Gestión. El contenido debería insertarse bajo los siguientes encabezamientos de subsección.

6(i)   Coordenadas geográficas, indicaciones de límites y rasgos naturales

La Sección 6(i) de la Guía ofrece orientaciones para esta sección de los Planes de Gestión. En esta parte no se entregan sugerencias de redacción estándar debido a que el contenido de esta sección es específico de la Zona en cuestión.

[El contenido específico relativo al lugar debiera insertarse aquí]

6(ii) Acceso a la zona

La Sección 6(ii) de la Guía ofrece orientaciones para esta sección de los Planes de Gestión. En esta parte no se entregan sugerencias de redacción estándar debido a que el contenido de esta sección es específico de la Zona en cuestión.

[El contenido específico relativo al lugar debiera insertarse aquí]

6(iii) Ubicación de estructuras dentro de la Zona o en áreas adyacentes

La Sección 6(iii) de la Guía ofrece orientaciones para esta sección de los Planes de Gestión. En esta parte no se entregan sugerencias de redacción estándar debido a que el contenido de esta sección es específico de la Zona en cuestión.

[El contenido específico relativo al lugar debiera insertarse aquí]

6(iv) Ubicación de las zonas protegidas en las cercanías

La Sección 6(iii) de la Guía ofrece orientaciones para esta sección de los Planes de Gestión. En esta parte no se entregan sugerencias de redacción estándar debido a que el contenido de esta sección es específico de la Zona en cuestión. Sin embargo los proponentes pueden utilizar el siguiente formato sugerido (por ejemplo ZAEP 167, Isla Hawker, 68°35'S, 77°50'E, 22 km hacia el noreste).

[Otras zonas protegidas en las cercanías incluyen (véase el Mapa XX):

- ZAEP XXX, Nombre de la Zona Protegida, latitud, longitud, XX km hacia el [dirección]
- ZAEP YYY, Nombre de la Zona Protegida, latitud, longitud, XX km hacia el [dirección]
- etc.]

6(v) Áreas especiales al interior de la Zona

La Sección 6(v) de la Guía ofrece orientaciones para esta sección de los Planes de Gestión, si es que hubiera tales zonas. Si no hubiera zonas especiales, puede usarse la siguiente redacción estándar. No contiene otras sugerencias de redacción estándar debido a que el contenido de esta sección es específico para la Zona en cuestión.

No hay áreas especiales al interior de la Zona. /[El contenido específico relativo al lugar debiera insertarse aquí]

7. Términos y Condiciones para los permisos de entrada

7(i) Condiciones generales de los permisos

Muchos Planes de Gestión ya existentes comparten en esta sección una redacción similar. Se ha desarrollado un conjunto de sugerencias para una redacción estándar, que pueden utilizarse, corregirse o suprimirse según sea pertinente para la Zona en cuestión (véase más abajo). Se alienta a los proponentes a identificar las condiciones específicas del lugar para el otorgamiento de permisos, y deberían considerar las orientaciones entregadas en la Sección 7(i) de esta Guía para esta sección de los Planes de Gestión.

El acceso al área está prohibido salvo que exista un permiso expedido por una autoridad nacional competente. Las condiciones para expedir un permiso de ingreso a la Zona son:*

- que se haya expedido por razones científicas convincentes, que no puedan llevarse a cabo en otro lugar, o por razones que sean esenciales para la administración de la Zona;
- las actividades permitidas están en conformidad con este Plan de Gestión;*

- las actividades permitidas guardarán la debida consideración con respecto del proceso de evaluación del impacto ambiental a fin de continuar garantizando la protección de los valores [ambientales, científicos, históricos, estéticos o naturales] de la Zona;
- el Permiso debe expedirse por un período determinado;
- el titular del permiso deberá portarlo cuando esté dentro de la Zona;*
- [Más contenido específico relativo al lugar debiera insertarse aquí]

En el caso de Zonas en las que se permiten visitas educativas y de acercamiento, se debe considerar el siguiente texto:

- se expide por razones convincentes de índole científica, educativa o de acercamiento, que no puedan llevarse a cabo en otro lugar, o por razones que sean esenciales para la administración de la Zona;
- [Más contenido específico relativo al lugar debiera insertarse aquí]

7(ii) Acceso a la zona y desplazamientos en su interior o sobre ella

Muchos Planes de Gestión ya existentes comparten en esta sección una redacción similar. Se ha desarrollado un conjunto de sugerencias para una redacción estándar, que pueden utilizarse, corregirse o suprimirse según sea pertinente para la Zona en cuestión (véase más abajo). Se alienta a los proponentes a identificar los contenidos específicos del lugar, y a considerar las orientaciones entregadas en la Sección 7(ii) de esta Guía para esta sección de los Planes de Gestión.

Se prohíbe transitar en vehículo dentro del área, y todo desplazamiento deberá hacerse a pie.

El uso de vehículos en la Zona debería mantenerse en el mínimo posible.

La operación de aeronaves sobre la Zona debería efectuarse, como requisito mínimo, en conformidad con las 'Directrices para la Operación de Aeronaves cerca de Concentraciones de Aves en la Antártida' contenidas en la Resolución 2 (2004).

El tráfico peatonal debería mantenerse en el mínimo necesario para realizar actividades permitidas, y debería hacerse todo esfuerzo razonable para reducir a un mínimo los efectos de las pisadas.

Los desplazamientos a pie al interior de la Zona deberían realizarse sólo por los senderos designados.

Cuando no existan caminos identificados el tráfico peatonal para realizar actividades permitidas debería mantenerse en un mínimo necesario y debería hacerse todo esfuerzo razonable para reducir a un mínimo los efectos de las pisadas.

Los visitantes deberían evitar las áreas donde haya vegetación visible y deberían tener cuidado al caminar en áreas de suelo húmedo, en particular en el lecho de arroyos, en donde el tráfico peatonal puede dañar fácilmente los suelos vulnerables, la comunidades de algas y plantas, y degradar la calidad del agua.

[Más contenido específico relativo al lugar debiera insertarse aquí]

7(iii) Actividades que pueden llevarse a cabo dentro de la Zona

Muchos Planes de Gestión ya existentes comparten en esta sección una redacción similar. Se ha desarrollado un conjunto de sugerencias para una redacción estándar, que pueden utilizarse, corregirse o suprimirse según sea pertinente para la Zona en cuestión (véase más abajo). Se alienta a los proponentes a identificar los contenidos específicos del lugar, y a considerar las orientaciones entregadas en la Sección 7(iii) de esta Guía para esta sección de los Planes de Gestión.

Actividades que pueden llevarse a cabo dentro de la Zona:

- investigación científica convincente que no puede realizarse en otro lugar;
- toma de muestras, que debería ser la mínima requerida para ciertos programas de investigación aprobados;
- conservación y mantenimiento;
- actividades administrativas esenciales, incluidas las de control;
- actividades de funcionamiento en apoyo de la investigación científica o de las actividades administrativas al interior de la Zona o fuera de ella, incluyendo visitas con objeto de evaluar la eficacia del Plan de Gestión y las actividades administrativas;
- [más contenido específico del lugar, incluyendo todo requisito para la administración activa al interior de éste que pueda ser necesario en el futuro, debería insertarse aquí]

En el caso de Zonas donde se permiten las visitas de turistas (por ejemplo, Sitios Históricos y Monumentos designados como ZAEP) o zonas donde las visitas educativas o de acercamiento están permitidas, se debe considerar el siguiente texto:

- visitas de turistas;
- actividades con propósitos educativos o de acercamiento;
- [Más contenido específico relativo al lugar debiera insertarse aquí]

7(iv) Instalación, modificación o desmantelamiento de estructuras

Muchos Planes de Gestión ya existentes comparten en esta sección una redacción similar. Se ha desarrollado un conjunto de sugerencias para una redacción estándar, que pueden utilizarse, corregirse o suprimirse según sea pertinente para la Zona en cuestión (véase más abajo). Se alienta a los proponentes a identificar los contenidos específicos del lugar, y a considerar las orientaciones entregadas en la Sección 7(iv) de esta Guía para esta sección de los Planes de Gestión.

No se ha de erigir ninguna estructura ni se instalarán equipos científicos [nuevos] al interior de la Zona, salvo por motivos supremos de investigación científica o motivos administrativos y por un período predeterminado, especificado en el permiso.

Están prohibidas las estructuras o instalaciones permanentes [con excepción de los marcadores de levantamiento topográfico o los indicadores de límite permanentes].

No se ha de erigir ninguna estructura ni se instalarán equipos científicos [nuevos] al interior de la Zona.

Todos los marcadores, estructuras o equipos científicos instalados en la Zona deben estar claramente identificados indicando el país al que pertenecen, el nombre del principal organismo investigador, el año de instalación y la fecha de su desmantelamiento.

Todos deberían estar libres de organismos, propágulos (por ejemplo semillas y huevos) y de suelo no estéril, y deberían estar confeccionados con materiales que soporten las condiciones ambientales y que representen el mínimo riesgo posible de contaminación de la Zona.

La instalación (incluyendo la selección del lugar), el mantenimiento, modificación o desmantelamiento de estructuras y equipos debe realizarse de manera de garantizar un mínimo de interferencia con los valores de la Zona.

Las estructuras ya existentes no deben desmantelarse, salvo que exista un permiso.

Deben desmantelarse las estructuras e instalaciones cuando ya no sean necesarias o en la fecha de expiración del permiso, según lo que ocurra primero.

El desmantelamiento de estructuras o equipos específicos para los cuales el permiso haya expirado debe ser [responsabilidad de la autoridad que haya expedido el permiso original y debe ser] una condición para el otorgamiento del Permiso.

[Más contenido específico relativo al lugar debiera insertarse aquí]

7(v) Ubicación de los campamentos

En la mayoría de los casos el contenido de esta sección será específico para la Zona en cuestión. Se alienta a los proponentes a identificar los contenidos específicos del lugar, y a considerar las orientaciones entregadas en la Sección 7(v) de esta Guía para esta sección de los Planes de Gestión. En caso de aquellas Zonas en las cuales se prohíban los campamentos, o en las cuales haya campamentos ya existentes, puede considerarse el siguiente texto:

Se prohíben los campamentos dentro de la Zona.

Donde sea posible, se deberían usar los campamentos ya existentes.

[Más contenido específico relativo al lugar debiera insertarse aquí]

7(vi) Restricciones relativas a los materiales y organismos que puedan introducirse en la Zona

Muchos Planes de Gestión ya existentes comparten en esta sección una redacción similar. Se ha desarrollado un conjunto de sugerencias para una redacción estándar, que pueden utilizarse, corregirse o suprimirse según sea pertinente para la Zona en cuestión (véase más abajo). Se alienta a los proponentes a identificar los contenidos específicos del lugar, y a considerar las orientaciones entregadas en la Sección 7(vi) de esta Guía para esta sección de los Planes de Gestión.

Además de los requisitos del Protocolo al Tratado Antártico sobre Protección del Medio Ambiente, las restricciones relativas a los materiales y organismos que puedan introducirse en la Zona son las siguientes:

* no debe permitirse la introducción deliberada de animales, material vegetal, microorganismos y suelos no estériles a la Zona. Debe tomarse precauciones a fin de evitar la introducción accidental de animales, material vegetal, microorganismos y suelos no estériles provenientes de otras regiones con características biológicas distintas (de dentro de la Antártida o de fuera del área comprendida en el Tratado Antártico).* Las medidas de bioseguridad específicas del lugar se enumeran a continuación:
  - [Las medidas específicas relativas al lugar debieran insertarse aquí];
* no debe almacenarse combustibles ni otros productos químicos en la Zona salvo que esto se haya expresado específicamente en las condiciones del Permiso. Éstos deben almacenarse y manipularse de manera de reducir al mínimo el riesgo de que se introduzcan por accidente en el medioambiente;
* los materiales que se introduzcan en la Zona deberán permanecer en ella sólo por un período determinado y deben desmantelarse al concluir el período establecido;
* [Más contenido específico relativo a las condiciones del lugar debiera insertarse aquí]

7(vii) Recolección de flora y fauna autóctonas o daños que puedan sufrir éstas

Muchos Planes de Gestión ya existentes comparten en esta sección una redacción similar. Se ha desarrollado un conjunto de sugerencias para una redacción estándar, que pueden utilizarse, corregirse o suprimirse según sea pertinente para la Zona en cuestión (véase más abajo). Se alienta a los proponentes a identificar los contenidos específicos del lugar, y a considerar las orientaciones entregadas en la Sección 7(vii) de esta Guía para esta sección de los Planes de Gestión.

Están prohibidas la recolección de flora y fauna autóctonas o la interferencia perjudicial que pudieran sufrir éstas, salvo en conformidad con un permiso expedido de acuerdo al Anexo II del Protocolo al Tratado Antártico sobre Protección del Medio Ambiente.*

La recolección de animales o la interferencia perjudicial con ellos debería, como norma mínima, estar en concordancia con el Código de Conducta del SCAR para el uso de animales con fines científicos en la Antártida.

[Más contenido específico relativo al lugar debiera insertarse aquí]

7(viii)   La recolección o retiro de materiales que no hayan sido traídos a la Zona por el titular del permiso

Muchos Planes de Gestión ya existentes comparten en esta sección una redacción similar. Se ha desarrollado un conjunto de sugerencias para una redacción estándar, que pueden utilizarse, corregirse o suprimirse según sea pertinente para la Zona en cuestión (véase más abajo). Se alienta a los proponentes a identificar los contenidos específicos del lugar, y a considerar las orientaciones entregadas en la Sección 7(viii) de esta Guía para esta sección de los Planes de Gestión.

A menos que se haya autorizado específicamente por medio de un permiso, está prohibido que los visitantes de la Zona interfieran con, o manipulen, recolecten o dañen, sitios designados como históricos, monumentos, o material antropogénico alguno de acuerdo con los criterios estipulados en la Resolución 5 (2001). En forma similar, se permite sólo mediante autorización la reubicación o el retiro de artefactos con fines de preservación, protección o con objeto de restablecer la exactitud histórica. Todo material antropogénico nuevo o de reciente identificación encontrado debería notificarse a la autoridad nacional correspondiente.

Otros materiales de origen humano susceptibles de comprometer los valores de la Zona y que no hayan sido ingresados a ésta por el Titular del Permiso o que haya sido autorizado puede ser retirado de la Zona a menos que el impacto ambiental provocado por su retiro sea mayor que los efectos que pueda ocasionar dicho material en el lugar: si es el caso se debe notificar a la autoridad nacional correspondiente y se debe obtener aprobación.

[Más contenido específico relativo al lugar debiera insertarse aquí]

7(ix) Eliminación de desechos

Muchos Planes de Gestión ya existentes comparten en esta sección una redacción similar. Se ha desarrollado un conjunto de sugerencias para una redacción estándar, que pueden utilizarse, corregirse o suprimirse según sea pertinente para la Zona en cuestión (véase más abajo). Se alienta a los proponentes a identificar los contenidos específicos del lugar, y a considerar las orientaciones entregadas en la Sección 7(ix) de esta Guía para esta sección de los Planes de Gestión.

Todos los desechos, incluidos los desechos humanos, deben ser retirados de la Zona.

Todos los desechos, incluidos los desechos humanos, deben ser retirados de la Zona. [Aunque es preferible el retiro de la Zona de los desechos humanos, éstos pueden ser eliminados en el mar]

Los desechos producidos por las actividades desarrolladas en la Zona deberían almacenarse en forma transitoria (insertar aquí los detalles específicos de ubicación) a fin de evitar su dispersión en el medioambiente y deben ser retirados una vez que las actividades hayan concluido.

[Más contenido específico relativo al lugar debiera insertarse aquí]

7(x) Medidas que puedan requerirse para garantizar el continuo cumplimiento de los objetivos y las finalidades del Plan de Gestión

Muchos Planes de Gestión ya existentes comparten en esta sección una redacción similar. Se ha desarrollado un conjunto de sugerencias para una redacción estándar, que pueden utilizarse, corregirse o suprimirse según sea pertinente para la Zona en cuestión (véase más abajo). Se alienta a los proponentes a identificar los contenidos específicos del lugar, y a considerar las orientaciones entregadas en la Sección 7(x) de esta Guía para esta sección de los Planes de Gestión.

Se pueden expedir permisos de ingreso a la Zona con el fin de:

- llevar a cabo actividades de inspección y control de la Zona, las cuales pueden implicar la recolección de una cantidad pequeña de muestras o de información para su análisis o examen;
- levantar o mantener postes indicadores, estructuras o equipos científicos;
- implementar medidas de protección;
- [Más contenido específico relativo al lugar debiera insertarse aquí]

Todo control de largo plazo de lugares específicos debe marcarse en forma adecuada tanto en el lugar mismo como en los mapas de la Zona. Debería solicitarse a las autoridades nacionales la posición GPS de los lugares de hospedaje que constan en el Sistema de Directorios de Datos Antárticos.

A fin de mantener los valores ecológicos y científicos de la Zona los visitantes deben tener precauciones especiales relativas a la introducción de material de cualquier tipo. Es especialmente importante la introducción de fauna microbiana, animal o vegetal proveniente de suelos de otros lugares de la Antártida, incluyendo las estaciones, o regiones fuera de la Antártica. Los visitantes deben, en el mayor grado posible, garantizar que su calzado, ropas y equipo – particularmente sus equipos de campamento y de toma de muestras – se haya limpiado a conciencia antes de ingresar a la Zona.

Para evitar la interferencia con las actividades de investigación y control de largo plazo o de repetir éstas, las personas que estén planificando nuevos proyectos dentro de la Zona deberán consultar con los programas establecidos y/o con las autoridades nacionales correspondientes.

[Más contenido específico relativo al lugar debiera insertarse aquí]

7(xi) Requisitos relativos a los informes

Muchos Planes de Gestión ya existentes comparten en esta sección una redacción similar. Se ha desarrollado un conjunto de sugerencias para una redacción estándar, que pueden utilizarse, corregirse o suprimirse según sea pertinente para la Zona en cuestión (véase más abajo). Se alienta a los proponentes a identificar los contenidos específicos del lugar, y a considerar las orientaciones entregadas en la Sección 7(xi) de esta Guía para esta sección de los Planes de Gestión.

El titular principal de un permiso para cada visita a la Zona debe presentar un informe ante la autoridad nacional correspondiente tan pronto como sea posible, y no más allá de los seis meses luego de concluida la visita.*

Dichos informes deberán incluir la información señalada en el formulario para informes de visitas contenido en la Guía para la Preparación de Planes de Gestión para las Zonas Antárticas Especialmente Protegidas.

Si procede, la autoridad nacional también debería enviar una copia del informe de visitas a la Parte que haya propuesto el Plan de Gestión, a fin de ayudar en la administración de la Zona y en la revisión del Plan de Gestión.

Las Partes deberían, de ser posible, depositar los originales o copias de los mencionados informes originales de visita en un archivo de acceso público a fin de mantener un registro del uso, para fines de revisión del Plan de Gestión y también para fines de la organización del uso científico de la Zona.

[Más contenido específico relativo al lugar debiera insertarse aquí]

8. Documentación de apoyo

La Sección 8 de la Guía ofrece orientaciones para esta sección de los Planes de Gestión. En esta parte no se entregan sugerencias de redacción estándar debido a que el contenido de esta sección es específico de la Zona en cuestión.

[El contenido específico relativo al lugar debiera insertarse aquí]

Directrices generales para visitantes a la Antártida

Los Representantes,

Recordando la Resolución 5 (2005), la Resolución 2 (2006), la Resolución 1 (2007), Resolución 2 (2008), Resolución 4 (2009) y la Resolución 1 (2010), las cuales adoptaron listas de sitios sujetos a Directrices para sitios;

Reconociendo los beneficios de concentrarse en información específica del sitio en las Directrices para sitios;

Recordando la Recomendación XVIII-1(1994) *"Orientaciones para aquellos que organizan y llevan a cabo actividades turísticas y no gubernamentales en la Antártida*;

Señalando que la Recomendación XVIII-1(1994) proporciona orientaciones tanto sobre temas ambientales como de organización;

Afirmando el valor de proporcionar asesoría medioambiental general a los visitantes con el fin de complementar la información específica del sitio;

Reconociendo el trabajo del Comité de protección medioambiental desde 1998 en mejorar el entendimiento de los impactos ambientales asociados a las visitas a la Antártida;

Señalando la conveniencia de proporcionar asesoría de actualidad a los visitantes a la Antártida a fin de guiarlos en reducir a un mínimo su impacto en todos los lugares;

Creyendo que las *Directrices generales para Visitantes a la Antártida* deben ser revisadas y corregidas a medida que haya disponibilidad de más información;

Confirmando que el término "visitantes" no incluye a los científicos que realizan investigación en de esos sitios, ni tampoco a personas que participan en actividades gubernamentales oficiales;

Recomiendan que:

1. sus Gobiernos aprueben las *Directrices generales para visitantes a la Antártida* adjuntas;

2. las Directrices deben publicarse en el sitio Web de la Secretaría del Tratado Antártico;

3. sus gobiernos insten a todos quienes tengan intenciones de visitar sitios en la Antártida a garantizar que están plenamente familiarizados con las recomendaciones de estas *Directrices para visitantes a la Antártida*, y que se regirán por ellas; y

4. las Partes trabajen en pos de que la Recomendación XVIII-1 (1994) entre en vigor tan pronto como sea posible.

Directrices generales para visitantes a la Antártida

Todas las visitas a la Antártida deben realizarse de conformidad con
el Tratado Antártico, su Protocolo de Protección del Medio Ambiente,
y las Medidas y Resoluciones relevantes aprobadas en la Reunión
Consultiva del Tratado Antártico (RCTA). Las visitas sólo pueden
realizarse luego de obtener la aprobación previa de la autoridad nacional correspondiente, o de que se hayan cumplido todos los requisitos
establecidos por su autoridad nacional de los visitantes.

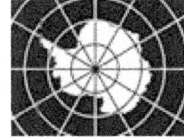

Estas Directrices proporcionan asesoría general para las visitas a todos los lugares, con el
objeto de garantizar que las visitan no produzcan impactos adversos en el medioambiente
antártico ni en sus valores científicos y estéticos. Las Directrices para sitios de la RCTA
proporcionan sugerencias adicionales específicas para el sitio en algunos lugares.

Lea estas Directrices antes de visitar la Antártida y planifique la forma de reducir a un
mínimo su impacto.

Si forma parte de un grupo de una visita guiada, cumpla con estas directrices, preste atención a sus guías y siga sus instrucciones.

Si usted es quien ha organizado su propia visita, usted es el responsable de cumplir con estas
directrices. Usted además es responsable de identificar las características de los lugares que
visite que puedan ser vulnerables ante el impacto de los visitantes, y de cumplir con todos
los requisitos específicos del sitio, incluyendo las Directrices para sitios, las directrices
contenidas en los planes de gestión de Zonas Antárticas Especialmente Protegidas (ZAEP)
y de Zonas Antárticas Especialmente Administradas (ZAEA) o las directrices para visitas a
estaciones. Las Directrices para actividades particulares o de riesgo (tales como el uso de
aeronaves, o para evitar introducir especies no autóctonas) también puedes ser aplicables.
En *www.ats.aq/e/ep_protected.htm* pueden encontrarse los Planes de gestión, una lista de
sitios y monumentos históricos, y otra información relevante. Las Directrices para sitios
pueden encontrarse en *http://www.ats.aq/s/ats_other_siteguidelines.htm.*

PROTEGER LA VIDA SILVESTRE EN LA ANTÁRTIDA

**La recolección o alteración perjudicial de la flora y fauna silvestre antártica, están
prohibidas salvo de conformidad con un permiso expedido por una autoridad nacional.**

VIDA SILVESTRE

- Al encontrarse en las cercanías de lugares donde haya vida silvestre, camine con lentitud y cuidado y mantenga en el mínimo el nivel de ruido.

- Mantenga una distancia adecuada de la vida silvestre. Si bien en
  muchos casos resultará adecuado guardar una distancia mayor, por lo
  general se aconseja no acercarse a más de 5 m. de distancia. Respete la
  orientación proporcionada en las directrices para sitios específicas.

- Observe el comportamiento de la vida silvestre. Si se produce algún
  cambio en el comportamiento de la vida silvestre, deje de moverse o
  aléjese con lentitud.

- Los animales son particularmente sensibles a las alteraciones cuando están en época de reproducción (incluyendo la nidificación) o en fase de muda. Manténgase fuera de los márgenes de una colonia y observe desde la distancia.

- Cada situación es distinta. Considere la topografía y las circunstancias particulares de cada sitio, dado que éstas pueden tener un impacto sobre la vulnerabilidad de la vida silvestre a las perturbaciones.

- Siempre dé a los animales el derecho de paso y no obstruya su acceso a las rutas hacia el mar.

- No alimente a la fauna silvestre ni deje alimentos o desechos en el entorno.

- No utilice armas ni explosivos.

VEGETACIÓN

- La vegetación, incluyendo musgos y líquenes es frágil y de crecimiento muy lento. No dañe las plantas al caminar, conducir o desembarcar en lechos de musgos o rocas cubiertas de líquenes.

- Al desplazarse a pie, manténgase en la medida de lo posible dentro de los senderos establecidos a fin de reducir a un mínimo las alteraciones o el daño a los suelos y superficies vegetales. Donde no exista un sendero, tome la ruta más directa y evite la vegetación, el terreno frágil, las pendientes con pedregales y la vida silvestre.

INTRODUCCIÓN DE ESPECIES NO AUTÓCTONAS

- No introduzca plantas ni animales en la Antártida.

- Lave sus botas y limpie cuidadosamente todo el equipo, incluyendo vestimentas, bolsos, trípodes, tiendas y bastones antes de introducirlos en la Antártida, a fin de evitar introducir especies no nativas y enfermedades. Preste especial atención al relieve de las suelas de las botas, a los cierres de velcro y a los bolsillos que puedan contener suelo o semillas. También deberían limpiarse los vehículos y aeronaves.

- El traslado de especies y enfermedades entre los diferentes lugares de la Antártida también es un tema de preocupación. Cerciórese de que toda la vestimenta y equipos estén limpios antes de trasladarse de un sitio al otro.

RESPETE LAS ZONAS PROTEGIDAS

Las actividades en las Zonas Antárticas Especialmente Protegidas (ZAEP) o en las Zonas Antárticas Especialmente Administradas (ZAEA) deben cumplir con las disposiciones de los planes de gestión relevantes.

Muchos Sitios y Monumentos Históricos (SMH) han sido designados y protegidos formalmente.

ZONAS ESPECIALMENTE PROTEGIDAS Y ESPECIALMENTE ADMINISTRADAS

- Para ingresar en una ZAEP se requiere un permiso emitido por una Autoridad nacional pertinente. Mientras esté de visita en una ZAEP debe llevar el permiso consigo y acatar en todo momento todas las condiciones que establezca.

- Compruebe por adelantado las ubicaciones y los límites de las ZAEP o ZAEA. Refiérase a las disposiciones establecidas en los Planes de gestión y cumpla con todas las restricciones relacionadas con la conducta durante las actividades en las Zonas o en sus cercanías

SITIOS Y MONUMENTOS HISTÓRICOS Y OTRAS ESTRUCTURAS

- En ciertos casos las cabañas y estructuras históricas pueden ser usadas con fines de visita turística o con fines educacionales o recreativos. Los visitantes no deberán usarlas con otros fines, salvo que sea en casos de emergencia.

- No interfiera, mutile o cometa actos vandálicos en ningún sitio, monumento o artefacto histórico, ni en las construcciones ni en refugios de emergencia, ya sea que estén o no desocupados.

- Si encuentra algún artefacto que pueda tener valor histórico y del cual las autoridades puedan no haberse percatado, no lo altere. Notifique del hallazgo al líder de su expedición o a las autoridades nacionales.

- Antes de ingresar a alguna estructura histórica, retire la nieve y arena de sus botas y quite la nieve y el agua de su vestimenta, ya que pueden provocar daños a las estructuras o artefactos.

- Tenga cuidado de no dejar huellas en ningún artefacto que pueda estar oculto bajo la nieve al transitar en torno a sitios históricos.

RESPETE LA INVESTIGACIÓN CIENTÍFICA

No interfiera con la investigación científica ni obstruya sus instalaciones o equipos.

- Obtenga un permiso antes de visitar las estaciones antárticas.

- Reconfirme las visitas programadas en un plazo no inferior a 24 a 72 horas antes de su llegada.

- Cumpla con todas las normas específicas del sitio durante sus visitas a estaciones antárticas.

- No interfiera con equipo científico ni con los marcadores, ni los retire, y no altere los sitios de estudios experimentales, campamentos o provisiones que estén almacenadas.

MANTENGA LA ANTÁRTIDA EN SU ESTADO PRÍSTINO

La Antártida sigue siendo una zona relativamente prístina. Es la Zona silvestre más extensa del planeta. Por favor, no deje huellas de su visita.

DESECHOS

- No deposite desechos o basura en tierra ni los arroje al mar.

- En las estaciones o campamentos fume sólo en las áreas designadas para evitar basuras o riesgo de incendios en las estructuras. Recoja las cenizas y la basura para desecharlos fuera de la Antártida.

- Cerciórese de que los desechos sean manipulados conforme a los Anexos III y IV del Protocolo al Tratado antártico sobre Protección del Medio Ambiente.

- Cerciórese en todo momento de que todo el equipo y desechos estén asegurados de manera de evitar su dispersión en el medio ambiente a causa de vientos fuertes o de la búsqueda de alimentos de la fauna silvestre.

VALORES DE LA FLORA Y FAUNA SILVESTRE

- No altere ni contamine lagos, arroyos, ríos u otros cursos de agua (por ejemplo, al caminar, durante la higiene personal o del equipo, arrojando piedras, entre otros).

- No pinte, no grabe nombres, ni haga otro tipo de graffiti en ninguna superficie, ya sea que esté hecha por el hombre o sea natural.

- No recolecte ni retire a modo de recuerdo especímenes biológicos o geológicos ni elementos hechos por el Hombre, incluyendo plumas, huesos, huevos, vegetación, suelo, rocas, meteoritos o fósiles.

- De ser posible, ubique las tiendas y equipos sobre la nieve o en sitios que se hayan usado antes como campamento.

TOME LOS RECAUDOS DE SEGURIDAD

Esté preparado para un clima intenso y cambiante. Cerciórese que su equipo y vestimenta cumplan con las normas antárticas. Recuerde que el medio ambiente antártico es inhóspito, impredecible y potencialmente peligroso.

MEDIDAS DE SEGURIDAD / PREPARATIVOS

- Conozca sus capacidades, los peligros planteados por el medio ambiente de la Antártida, y actúe en consecuencia. Planifique las actividades teniendo siempre en mente la seguridad.

- Mantenga una distancia prudente de toda vida silvestre que pueda ser peligrosa, como los lobos de mar, tanto en tierra como en el mar. De ser posible, manténgase a por lo menos 15 metros de distancia.

- Si está viajando en grupo, siga los consejos e instrucciones de los líderes. No se aparte de su grupo.

- No camine sobre los glaciares o campos nevados extensos sin los pertrechos adecuados y sin experiencia. Existe un peligro real de caer en una grieta.

- No cuente con un servicio de rescate. La autosuficiencia aumenta y los riesgos disminuyen cuando la planificación es sólida, el equipo es de calidad y el personal está capacitado.

- No ingrese a los refugios de emergencia (excepto en casos de emergencia). Si usted utiliza equipos o alimentos de un refugio, notifíquelo a la estación de investigación o autoridad nacional más próxima una vez que haya pasado la emergencia.

- Respete las restricciones de no fumar. Debe evitarse el uso de linternas de combustión o hacer fuego dentro de las estructuras históricas o en las áreas circundantes. Preocúpese de tomar medidas en contra del peligro de incendio. Este es un peligro real en el clima seco de la Antártida.

REQUISITOS PARA EL DESEMBARCO Y TRANSPORTE

Actúe en la Antártida de manera tal que su potencial impacto en el medio ambiente, en la fauna y flora silvestre y en los ecosistemas asociados se reduzca a un mínimo.

TRANSPORTE

- No utilice aeronaves, embarcaciones, lanchas pequeñas, hidrodeslizadores u otros medios de transporte que puedan alterar la vida silvestre, ya sea en tierra o en el mar.

- Evite sobrevolar zonas donde haya concentraciones de aves y mamíferos. Siga las sugerencias de la Resolución 2 (2004) *Directrices para la operación de aeronaves en las cercanías de concentraciones de aves en la Antártida*, disponibles en *www.ats.aq/devAS/info_measures_list.aspx?lang=e*.

- El reabastecimiento de petróleo para lanchas pequeñas debería efectuarse de manera tal que asegure que este pueda contenerse en caso de derrames, por ejemplo, a bordo de una embarcación.

- Las lanchas pequeñas deben estar limpias de todo suelo, vegetales, o animales y debe comprobarse la presencia de suelos, vegetales, o animales antes de comenzar cualquier operación de desembarco.

- Las lanchas pequeñas deben en todo momento controlar su curso y velocidad a fin de reducir a un mínimo la alteración de la vida silvestre y de evitar cualquier colisión con la vida silvestre.

BARCOS*

- Sólo se permite la visita de una única embarcación por vez a un sitio.

- Las embarcaciones con más de 500 pasajeros no deben desembarcar en la Antártida.

DESEMBARCO DE PASAJEROS DESDE EMBARCACIONES

- Puede bajar a tierra un máximo de 100 pasajeros desde una embarcación por vez, a menos que las recomendaciones específicas de un sitio indiquen que se requiere una cantidad menor de pasajeros.

- Durante los desembarcos, se debe mantener en todos los sitios una proporción de un guía por cada 20 pasajeros, a menos que las recomendaciones específicas para un sitio indiquen que son necesarios más guías.

*Se define a un barco como una embarcación que transporta más de 12 pasajeros.

Directrices para sitios para visitantes

Los Representantes,

Recordando la Resolución 5 (2005), la Resolución 2 (2006), la Resolución 1 (2007), Resolución 2 (2008), Resolución 4 (2009) y la Resolución 1 (2010), las cuales adoptaron listas de sitios sujetos a Directrices para sitios;

Recordando la Resolución 1 (2010), que establece que toda propuesta de modificación de Directrices para sitios actuales debe ser analizada por el Comité para la Protección del Medio Ambiente ("CPA"), el que debe asesorar a la Reunión Consultiva del Tratado Antártico ("RCTA") al respecto, y que, si la RCTA acoge tal recomendación, la Secretaría del Tratado Antártico (la Secretaría) deberá realizar las modificaciones pertinentes a los textos de las Directrices para sitios en su sitio Web;

Considerando que las Directrices para sitios complementan las disposiciones establecidas en la Recomendación XVIII-1 (1994) *Guía para aquellos que organicen y conduzcan actividades turísticas y no gubernamentales en la Antártida*;

Confirmando que el término "visitantes" no incluye a los científicos que realizan investigaciones en dichos sitios, ni tampoco a personas involucradas en actividades gubernamentales oficiales;

Destacando que las Directrices para sitios han sido desarrolladas sobre la base de los niveles y tipos de visitas actuales en cada sitio específico, y en atención a que las Directrices para sitios deberían ser revisadas si variaran de manera significativa los niveles o tipos de visitas a un sitio;

Considerando que las Directrices para sitios para cada sitio deben ser revisadas y modificadas con prontitud en respuesta a los cambios en los niveles y tipos de visitas, y a toda variación del impacto ambiental demostrable o probable;

Deseando aumentar la cantidad de Directrices de sitios desarrolladas para los sitios visitados, y mantener actualizadas las Directrices existentes;

Recomiendan que*:*

1. Se amplíe la lista de sitios sujetos a Directrices para sitios adoptadas por la Reunión Consultiva del Tratado Antártico para incluir tres nuevos sitios (Zonas de visitantes del Valle Taylor, Tierra de Victoria Meridional; Playa al Nordeste de la isla Ardley; Cabañas de Mawson y cabo Denison, Antártida Oriental), y que se remplace la lista completa de sitios sujetos a Directrices para sitios por la lista anexa a esta Resolución;

2. Se remplacen las Directrices para los sitios caleta Balleneros, isla Decepción, islas Shetlands del Sur y punta Hannah por las Directrices modificadas;

3. La Secretaría del Tratado Antártico (la Secretaría) publique la lista completa y las Directrices modificadas, adoptadas por la RCTA, en su sitio Web;

4. Sus Gobiernos insten a todos aquellos que tengan intenciones de visitar dichos sitios a garantizar que están plenamente familiarizados con las recomendaciones contenidas en las Directrices para sitios correspondientes publicadas por la Secretaría, y que se regirán por ellas.

5. Toda propuesta de modificación de Directrices para sitios actuales sea analizada por el Comité para la Protección del Medio Ambiente, el que debe asesorar a la RCTA al respecto, y que, si la RCTA acoge tal recomendación, la Secretaría deberá realizar las modificaciones pertinentes a los textos de las Directrices para sitios en el sitio Web; y

6. La Secretaría publique el texto de la Resolución 1 (2010) en su sitio Web de manera de dejar en claro que ya no tiene vigencia.

Lista de sitios sujetos a las Directrices de sitio:

1. Isla Penguin (Lat. 62° 05' S, Long. 57° 54' O);

2. Isla Barrientos, Islas Aitcho (Lat. 62° 24' S, Long. 59° 47' O);

3. Isla Cuverville (Lat. 64° 41' S, Long. 62° 38' O);

4. Punta Jougla (Lat 64° 49' S, Long 63° 30' O);

5. Isla Goudier, Puerto Lockroy (Lat 64° 49' S, Long 63° 29' O);

6. Punta Hannah (Lat. 62° 39' S, Long. 60° 37' O);

7. Puerto Neko (Lat. 64° 50' S, Long. 62° 33' O);

8. Isla Paulet (Lat. 63° 35' S, Long. 55° 47' O);

9. Isla Petermann (Lat. 65° 10' S, Long. 64° 10' O);

10. Isla Pleneau (Lat. 65° 06' S, Long. 64° 04' O);

11. Punta Turret (Lat. 62° 05' S, Long. 57° 55' O);

12. Puerto Yankee (Lat. 62° 32' S, Long. 59° 47' O);

13. Farallón Brown, Península Tabarin (Lat. 63° 32' S, Long. 56° 55' O);

14. Cerro Nevado (Lat. 64° 22' S, Long. 56° 59' O);

15. Caleta Shingle, Isla Coronation (Lat. 60° 39' S, Long. 45° 34' O);

16. Isla Devil, Isla Vega (Lat. 63° 48' S, Long. 57° 16.7' O);

17. Caleta Balleneros, isla Decepción, islas Shetland del Sur (Lat. 62° 59' S, Long. 60° 34' O);

18. Isla Media Luna, islas Shetland del Sur (Lat. 60° 36' S, Long. 59° 55' O);

19. Cabo Baily, Isla Decepción, islas Shetland del Sur (Lat. 62° 58' S, Long. 60° 30' O);

20. Bahía Telefon , Isla Decepción, islas Shetland del Sur (Lat 62° 55' S, Long. 60° 40' O);

21. Cabo Royds, Isla Ross (Lat. 77° 33' 10.7" S, Long. 166° 10' 6.5" E);

22. Casa Wordie, Isla Winter, Islas Argentina (Lat. 65° 15' S, Long. 64° 16' O);

23. Isla Stonington, Bahía Margarita, Península Antártica (Lat. 68° 11' S, Long. 67° 00' O);

24. Isla Horseshoe, Península Antártica (Lat. 67° 49' S, Long. 67° 18' O);

25. Isla Detaille, Península Antártica (Lat. 66° 52' S, Long. 66° 48' O);

26. Isla Torgersen, puerto Arthur, sudoeste de la isla Anvers (Lat. 64° 46' S, Long. 64° 04' O);

27. Isla Danco, canal Errera, Península Antártica (Lat. 64° 43' S, Long. 62° 36' O);

28. Seabee Hook, Cabo Hallett, Tierra de Victoria del Norte, Mar de Ross, Sitio para visitantes A y Sitio para visitantes B (Lat. 72° 19' S, Long. 170° 13' E);

29. Punta Damoy, Isla Wiencke, Península Antártica (Lat. 64° 49' S, Long. 63° 31' O);

30. Zona de visitantes del Valle de Taylor, Tierra de Victoria del Sur (Lat. 77° 37.59' S, Long. 163° 03.42' E);

31. Playa noreste de la Isla Ardley (Lat. 62° 13' S; Long. 58° 54' O);

32. Cabañas de Mawson y Cabo Denison, Antártida Oriental(Lat. 67° 01' S; Long. 142 ° 40' E).

Guía revisada para la presentación de Documentos de Trabajo que contienen propuestas para Zonas Antárticas Especialmente Protegidas, Zonas Antárticas Especialmente Administradas o Sitios y Monumentos Históricos

Los Representantes,

Observando que el Anexo V al Protocolo al Tratado Antártico sobre Protección del Medio Ambiente (el Protocolo) dispone que la Reunión Consultiva del Tratado Antártico ("RCTA") adopte propuestas para designar una Zona Antártica Especialmente Protegida ("ZAEP") o una Zona Antártica Especialmente Administrada ("ZAEA"), adopte o enmiende un Plan de Gestión para dicha área, o designe un Sitio o Monumento Histórico ("SMH"), mediante una Medida de acuerdo con el Artículo IX(1) del Tratado Antártico;

Conscientes de la necesidad de garantizar claridad acerca del estado actual de cada ZAEP y ZAEA y su plan de gestión, así como de cada SMH;

Recordando la Resolución 3 (2008), que recomendaba usar el "Análisis Ambiental de Dominios para el Continente Antártico", adjunto a ella, de forma coherente y en conjunto con otras herramientas acordadas dentro del sistema del Tratado Antártico como un modelo dinámico para identificar zonas que se pudieran designar como Zonas Antárticas Especialmente Protegidas dentro del marco ambiental-geográfico sistemático a que se hace referencia en el Artículo 3(2) del Anexo V del Protocolo;

Recordando también la Resolución 1 (2008), que recomendaba el uso de la Guía para la presentación de Documentos de Trabajo que contengan una propuesta de Zonas Antárticas Especialmente Protegidas, Zonas Antárticas Especialmente Administradas o Sitios y Monumentos Históricos, adjunta a ella, por parte de quienes se dedican a preparar dichos Documentos de Trabajo;

Deseando actualizar la Guía adjunta a la Resolución 1 (2008), a fin de facilitar la recopilación de información para ayudar en la evaluación y futuro desarrollo del sistema de zonas protegidas en la Antártida, incluyendo específicamente la principal razón para designar cada ZAEP y, de conocerse, el principal Dominio Ambiental representado por cada ZAEP y ZAEA;

Recomiendan que:

1. la versión de la Plantilla A a la Guía para la presentación de Documentos de Trabajo que contienen propuestas para Zonas Antárticas Especialmente Protegidas, Zonas Antárticas Especialmente Administradas o Sitios y Monumentos Históricos adjunta a esta Resolución reemplace la versión adjunta a la Resolución 1 (2008) y que la versión actualizada de la Guía sea usada por parte de quienes se dedican a preparar dichos Documentos de Trabajo; y

2. la Secretaría del Tratado Antártico publique el texto de la Resolución 1 (2008) en su sitio Web de tal manera que deje en claro que ya no tiene vigencia.

Guía para la presentación de documentos de trabajo que contengan propuestas relativas a Zonas Antárticas Especialmente Protegidas, a Zonas Antárticas Especialmente Administradas y a Sitios y Monumentos Históricos

A. Documentos de trabajo sobre ZAEP y ZAEA

Se recomienda que el documento de trabajo se divida en dos partes:

(i) Una NOTA DE REMISIÓN, en la que se expliquen los efectos previstos de la propuesta, así como los antecedentes de la ZAEP o ZAEA, usando como guía la plantilla A. La nota de remisión NO formará parte de la Medida que apruebe la RCTA, por lo que no se publicará en el Informe Final ni en el sitio web de la RCTA. Su único propósito es facilitar la consideración de la propuesta y la redacción de las medidas por la RCTA;

y

(ii) Un PLAN DE GESTIÓN, que se redactará en la versión final en que se prevé publicarlo. Dicho plan se adjuntará a la Medida y se publicará en el Informe Final y en el sitio web de la RCTA.

Sería útil que el plan se redactara en forma de documento *final*, listo para su publicación. Queda claro que, cuando se presenta al CPA por primera vez, es un y puede ser modificado por el CPA o la RCTA. Sin embargo, la versión que apruebe la RCTA debería ser final a efectos de su publicación, sin que se necesiten correcciones ulteriores por la Secretaría, con excepción de la incorporación de referencias a otros instrumentos que se hayan aprobado en esa reunión.

A efectos ilustrativos, la versión final del plan no debe contener las siguientes expresiones o elementos:

- "la presente zona *propuesta*";
- "el presente *proyecto* de plan";
- *"de adoptarse* el presente plan sería…";
- versiones de deliberaciones del CPA o de la RCTA o detalles del trabajo en el período entre sesiones (salvo que se refieran a información importante; por ejemplo, sobre el proceso de consulta o las actividades realizadas en la Zona desde el último examen);
- opiniones de delegaciones en particular respecto del proyecto ni versiones previas del mismo; y
- referencias a otras zonas protegidas utilizando las designaciones que tenían con anterioridad al Anexo A.

Úsese la "Guía para la preparación de los planes de gestión para las zonas antárticas especialmente protegidas" si la propuesta se refiere a una ZAEP (la versión actual de esta guía, adjunta a la Resolución 2 [1998], figura en el Manual del CPA).

Hay varios planes de gestión de buena calidad, entre ellos el de la ZAEP 109, isla Moe, que podrían usarse como modelo para la elaboración de los planes nuevos y revisados.

B. Documentos de trabajo relativos a sitios y monumentos históricos (SMH)

No hay planes de gestión para los SMH, salvo en los casos en que lleven también la designación de ZAEP y ZAEA. Toda la información básica del SMH se incluye en la Medida. No deberá adjuntarse a la Medida el resto del documento de trabajo; si se desea dejar constancia de antecedentes adicionales, éstos pueden adjuntarse al informe del CPA a fines de su inclusión en el Informe Final de la RCTA. A efectos de asegurarse de que se proporcione toda la información que debe incluirse en la Medida, se recomienda que en la etapa de redacción del documento de trabajo se use la plantilla B que figura a continuación.

C. Presentación a la RCTA de proyectos de Medida sobre ZAEP, ZAEA y SMH

En los casos en que, a efectos de su presentación a la RCTA, se envíe a la Secretaría un proyecto de Medida para la aplicación del asesoramiento del CPA respecto de una ZAEP, una ZAEA o un SMH, la Secretaría deberá proporcionar a la RCTA ejemplares de la correspondiente nota de remisión del documento de trabajo original en el que se presenta la propuesta, con las revisiones realizadas por el CPA.

La secuencia a seguir será la indicada a continuación:

- El proponente elabora y presenta un documento de trabajo que constará de un proyecto de plan de gestión y una nota de remisión explicativa.
- La Secretaría prepara un proyecto de Medida antes de la RCTA.
- El CPA examina el proyecto de plan de gestión y las revisiones (realizadas por el proponente en contacto con la Secretaría).
- Si el CPA recomienda la aprobación, su Presidente remite el plan de gestión (tal como se haya acordado) y la nota de remisión (tal como se haya acordado) al Presidente del Grupo de Trabajo sobre Asuntos Jurídicos e Institucionales.
- El Grupo de Trabajo sobre Asuntos Jurídicos e Institucionales examina el proyecto de Medida.
- La Secretaría presenta formalmente el proyecto de medida y la nota de remisión acordada.
- La RCTA las considera y toma una decisión.

PLANTILLA A: CUBIERTA PARA UN DOCUMENTO DE TRABAJO SOBRE UNA ZAEP O ZAEA

Compruebe que en la cubierta se proporciona la siguiente información:

(1) ¿Se propone designar una nueva ZAEP? Sí/No

(2) ¿Se propone designar una nueva ZAEA? Sí/No

(3) ¿La propuesta está vinculada con una ZAEP o una ZAEA que existe en la actualidad?

En ese caso indique todas las Recomendaciones, Medidas, Resoluciones y Decisiones relativas a esta ZAEP/ZAEA, incluida cualquier designación anterior de esta zona como ZEP, SEIC u otro tipo de zona protegida:

En particular, incluya la fecha y la Medida/Recomendación pertinente para los siguientes:

• Designación original:

• Primera adopción del plan de gestión:

• Revisiones del plan de gestión:

• Plan de gestión actual:

• Prórrogas otorgadas después de la fecha de caducidad del plan de gestión:

• Nombre y número nuevos………... según Decisión 1 (2002).

(Nota: esta información puede encontrarse en el sitio web de ATS en la base de datos de Documentos al buscar por el nombre de la zona. Si bien ATS se ha esforzado por asegurar la integridad y precisión de la información que se encuentra en la base de datos, pueden ocurrir errores u omisiones ocasionales. Los proponentes de cualquier revisión a una zona protegida están en mejor posicion para conocer el historial de dicha zona, por lo cual se les solicita ponerse en contacto con la Secretaría si observan cualquier discrepancia evidente entre el historial regulatorio como ellos lo entienden y el que aparece en la base de datos de ATS).

(1) Si la propuesta contiene una modificación de un plan de gestión existente, indique las características de las modificaciones sugeridas:

(i) ¿Son sustanciales o menores?

(ii) ¿Se introducen cambios en los límites o en las coordenadas?

(iii) ¿Se introducen cambios en los mapas? En caso afirmativo, ¿los cambios afectan solo a las leyendas o también a los gráficos?

(iv) ¿Algún cambio en la descripción de la zona que resulte pertinente para identificar su ubicación o sus límites?

(v) ¿Algún cambio que afecte a otra ZAEP, ZAEA o a un SMH que se encuentre dentro de esta área o junto a ella? En particular, explique si se propone la fusión, incorporación o abolición de algún área o sitio existente.

(vi) Otros: breve resumen de otros tipos de cambios, con indicación de los párrafos del plan de gestión donde se establecen (esto es especialmente útil si el plan es largo).

(2)   Si se propone una nueva ZAEP o ZAEA, ¿contiene esta algún área marina? Sí/No

(3)   En caso afirmativo, ¿requiere la propuesta la aprobación previa de la CCRVMA de conformidad con la Decisión 9 (2005)? Sí/No

(4)   En caso afirmativo, ¿se ha obtenido la aprobación previa de la CCRVMA? Sí/No (En caso afirmativo, indique el párrafo pertinente del Informe Final en virtud de la CCRVMA pertinente).

(5)   Si la propuesta está vinculada con una ZAEP, ¿cuál es la razón primordial de la designación (es decir, qué parte según el Artículo 3.2 del Anexo V)?

(6)   ¿Ha identificado el principal Dominio Ambiental representado por la ZAEP/ZAEA (consulte el "Análisis Ambiental de Dominios para el Continente Antártico" adjunto a la Resolución 3 (2008))? Sí/No (En caso afirmativo, se debe indicar aquí el principal Dominio Ambiental).

El formato anterior puede usarse como plantilla o como lista de control para la cubierta, a fin de garantizar que se proporcione toda la información solicitada.

PLANTILLA B: NOTA DE REMISIÓN DE UN DOCUMENTO DE TRABAJO SOBRE UN SITIO O MONUMENTO HISTÓRICO

Cerciórese de que la nota de remisión contenga la siguiente información:

(1)   ¿Ha sido este sitio o monumento designado por una RCTA anterior como sitio o monumento histórico? Sí/No (En caso afirmativo, indíquense las Recomendaciones y Medidas pertinentes.)

(2)   Si la propuesta se refiere a un sitio o monumento histórico nuevo, debe proporcionarse la siguiente información redactada de forma tal que pueda incluirse en la Medida:

    (i)   el nombre del SMH que se propone agregar a la lista anexa a la Medida 2 (2003);

    (ii)   la descripción del SMH que se incluirá en la Medida, con suficientes rasgos distintivos como para que los visitantes de la zona puedan reconocerlo;

    (iii)   las coordenadas, expresadas en grados, minutos y segundos;

    (iv)   la Parte que presenta la propuesta original; y

    (v)   la Parte que se encargará de la gestión.

(3)   Si la propuesta se refiere a la revisión de la designación actual de un SMH, deben indicarse las Recomendaciones y Medidas anteriores correspondientes.

El formato precedente podría usarse como plantilla o como lista de verificación para la nota de remisión, a fin de proporcionar toda la información solicitada.

Especies no autóctonas

Los Representantes,

Reconociendo que la introducción de especies no autóctonas a la región antártica, incluido el traslado de especies entre los lugares de la región, presenta un grave riesgo para la biodiversidad y los valores intrínsecos de la Antártida;

Recordando las valiosas discusiones sostenidas en el taller 2006 en Nueva Zelanda sobre Especies no autóctonas, y el acuerdo posterior del Comité para la Protección del Medio Ambiente ("CPA") IX de que:

- el problema de las especies no autóctonas en la Antártida debe recibir la más alta prioridad, en concordancia con las altas normas ambientales establecidas en el Protocolo al Tratado Antártico sobre Protección del Medio ambiente (el Protocolo);

- se debería desarrollar un conjunto de orientaciones y/o procedimientos completo y estandarizado, destinado a todos los operadores en la Antártida;

Recordando también la Reunión de Expertos del Tratado Antártico 2010 sobre Implicaciones del cambio climático para la gestión y la gobernanza de la Antártida, que:

- reconoció que se debe empeñar el mayor esfuerzo en evitar la introducción de especies no autóctonas, así como en reducir al mínimo el riesgo de introducciones mediante la ayuda de los seres humanos;

- recomendó que se alentara a las Partes a implementar en forma integral y continua algunas medidas de gestión para responder a las implicaciones ambientales del cambio climático, particularmente aquellas medidas que sirvan para evitar la introducción y traslado de especies no autóctonas, así como a informar sobre su efectividad;

Acogiendo con agrado la elaboración por parte del CPA de un Manual de especies no autóctonas que las Partes pueden aplicar y usar, según corresponda, como ayuda para el cumplimiento de sus obligaciones en virtud del Anexo II del Protocolo;

Acogiendo con agrado también la noticia de que el CPA continuará elaborando y refinando el Manual a fin de que refleje las mejoras en la comprensión de los riesgos planteados para las especies no autóctonas y en las medidas de mejores prácticas para su prevención, vigilancia y respuesta;

Recomiendan que las Partes:

1. difundan y alienten, según corresponda, el uso del Manual de especies no autóctonas adjunto a esta Resolución; y

2. alienten al Comité para la Protección del Medio Ambiente a continuar elaborando el Manual de especies no autóctonas con el aporte del Comité Científico sobre Investigación Antártica y el Consejo de Administradores de Programas Nacionales Antárticos sobre asuntos científicos y prácticos, respectivamente.

Manual de especies no autóctonas
Julio de 2011

1. Introducción

a. Objetivo

El objetivo general de las acciones de las Partes para abordar los riesgos que plantean las especies no autóctonas es:

conservar la biodiversidad y los valores intrínsecos de la Antártida previniendo la introducción no intencional, en la región antártica, de especies que no son autóctonas de esa región, y el movimiento de especies, dentro de la Antártida, de una región biogeográfica a cualquier otra.

Prevenir la introducción no intencional es una meta ambiciosa, coherente con los principios del Protocolo. En la práctica, se deben tomar medidas para minimizar el riesgo de los impactos de las especies no autóctonas en la Antártida, realizando todas las acciones de prevención posibles.

b. Objeto y antecedentes

El objeto de este manual es brindar orientación a las Partes del Tratado Antártico a fin de cumplir con el objetivo (planteado anteriormente), y minimizar el riesgo de introducción accidental o no intencional de especies no autóctonas. El presente manual incluye principios rectores fundamentales y enlaces a las directrices y recursos prácticos recomendados que los operadores pueden aplicar y utilizar, según corresponda, para ayudar a cumplir con sus responsabilidades en virtud del Anexo II al Protocolo. Las directrices tienen carácter de recomendación; no todas las directrices se aplican a todas las operaciones de las Partes, y se trata de un documento "vivo" que se actualizará y ampliará a medida que se desarrollen nuevos trabajos, nuevas investigaciones y mejores prácticas para ofrecer mayor orientación. Estas medidas se recomiendan por considerarse apropiadas para colaborar con los esfuerzos de las Partes para prevenir dichas introducciones accidentales o no intencionales, y no deben considerarse obligatorias.

Este trabajo se enfoca en la introducción accidental o no intencional de especies no autóctonas. La introducción de especies no autóctonas en virtud de un permiso (de conformidad con el Artículo 4 del Anexo II al Protocolo Ambiental) no está incluida en el presente documento. No obstante, las directrices para responder a la introducción no intencional pueden aplicarse al responder a cualquier dispersión de especies introducidas intencionalmente en virtud de permisos. En el presente trabajo tampoco se analizan las vías naturales de introducción, "ecosistemas" humanos (por ejemplo, flora estomacal) y la transmisión de agentes patógenos entre personas (por ejemplo, enfermedades).

Los riesgos vinculados con la introducción de especies no autóctonas y el impacto que causan sobre los ecosistemas no se conocen en toda su dimensión. Otro objetivo del presente trabajo es apoyar y alentar nuevos esfuerzos que permitan ampliar nuestros conocimientos.

c. Contexto[3]

Las invasiones biológicas constituyen una de las amenazas más importantes a la biodiversidad en todo el mundo, amenazan la supervivencia de las especies y son responsables de grandes cambios en la estructura y el funcionamiento de los ecosistemas. A pesar del aislamiento y de las rigurosas condiciones climáticas de la Antártida, en la actualidad se reconoce que estas invasiones son un grave riesgo para la región: las áreas sin hielo de la Antártida y las islas subantárticas que las circundan albergan una gran proporción de las especies de aves marinas del mundo; y sus biotas terrestres, pese a no contar con una gran cantidad de especies, incluyen una gran proporción de taxones endémicos y bien adaptados. La riqueza de especies en el Océano Austral es mayor que en el medio terrestre antártico, y existe un alto nivel de endemismo. El cambio climático se está manifestando a gran velocidad en algunas partes de la Antártida, por eso es probable que aumente la cantidad de especies introducidas y que se favorezca la colonización por parte de especies no autóctonas. Esto tiene como resultado un mayor impacto sobre los ecosistemas, como ya puede apreciarse en las islas subantárticas. Además de la introducción de especies que no pertenecen a la Antártida, la contaminación cruzada entre áreas sin hielo, como los nunataks aislados, o entre diferentes áreas marinas también amenaza la diversidad genética de las zonas biogeográficas, y este riesgo debe ser abordado. El mayor desarrollo de la actividad humana en estas regiones (que incluye actividades científicas, logísticas, turísticas, de pesca y de recreación) aumentará el riesgo de introducción no intencional de organismos cuyos rasgos de historia vital los benefician durante las fases de transporte, establecimiento y expansión de la invasión, y que probablemente se vean favorecidos por las condiciones de calentamiento.

La gran mayoría de especies no autóctonas globales no se vuelven invasoras, pero las que sí lo hacen constituyen una de las mayores amenazas a la diversidad global. Es más fácil combatir la invasividad si el descubrimiento de las especies no autóctonas se realiza en forma temprana. Además, la presencia de especies no autóctonas, que son solamente "transitorias" o "persistentes", pero aún no "invasoras" también es sumamente conveniente en términos de protección de los valores ambientales y científicos de la Antártida, especialmente porque tales especies pueden volverse invasoras. Por lo tanto, la prevención es fundamental. Y si no fuera posible la prevención, será muy importante la detección temprana y la respuesta rápida.

Es muy probable que los cambios ambientales que se están produciendo en la Antártida —al igual que en otras partes del mundo— en la actualidad, sean responsables de una alteración

---

[3] La presente sección fue redactada con la contribución de varios científicos que participan del proyecto "Aliens in Antarctica" del API (D. Bergstrom, S. Chown, P. Convey, Y. Frenot, N. Gremmen, A. Huiskes, K. Hughes, S. Imura, M. Lebouvier, J. Lee, F. Steenhuisen, M.Tsujimoto, B. van de Vijver y J. Whinam), y ha sido adaptada en virtud de los comentarios de los Miembros del GCI.

natural de la biodiversidad local en las próximas décadas o siglos. Es responsabilidad de las Partes y de otros actores que desarrollan actividades en la región minimizar la posibilidad de que los seres humanos sean un vector directo para el cambio a través de la introducción de especies no autóctonas y/o la propagación de enfermedades en los ecosistemas terrestre y marino del área del Tratado Antártico.

En la Reunión de Expertos del Tratado Antártico sobre las Implicaciones del Cambio Climático para la Gestión del Área del Tratado Antártico de 2010, se hizo hincapié en la importancia de evitar la introducción de especies no autóctonas, se identificaron las especies y los entornos que se encuentran en riesgo y se crearon medidas de gestión. En la reunión:

- se reconoció que los mayores esfuerzos deben dedicarse a evitar la introducción de especies no autóctonas, y a minimizar el riesgo de introducción a través de los seres humanos, al llevar a cabo programas nacionales y actividades turísticas. se destacó la importancia de asegurar la implementación integral de nuevas medidas para abordar este riesgo (párrafo 111, informe del Copresidente).
- se recomendó que el CPA "considere la posibilidad de usar métodos consagrados para identificar a) los ambientes antárticos que corren gran riesgo de establecimiento de especies no autóctonas y b) las especies no autóctonas que presentan un gran riesgo de establecerse en la Antártida" (Recomendación 22).
- se recomendó que se inste a las Partes a que, de forma integral y sistemática, tomen medidas de gestión para responder a las implicaciones ambientales del cambio climático, en particular, medidas para evitar la introducción y translocación de especies no autóctonas, y a que informen sobre su efectividad (Recomendación 23).

d. Glosario

La terminología relativa a las especies no autóctonas e invasoras no ha sido estandarizada a nivel internacional, y algunos de los términos que figuran a continuación se definen en el contexto específico de la Antártida.

- ***Especie no autóctona/exótica***: un organismo que se manifiesta fuera de su rango y potencial de dispersión naturales, pasados o presentes, cuya presencia y dispersión en cualquier zona biogeográfica del área del Tratado Antártico se debe a una acción humana no intencional.
- ***Introducción/introducido:*** traslado directo o indirecto, por parte de un agente humano, de un organismo fuera de su rango natural. Este término puede aplicarse al movimiento intercontinental o intracontinental de especies.
- ***Transitorias***: especies no nativas que sobrevivieron en pequeñas poblaciones durante un período breve en la Antártida, pero que desaparecieron naturalmente o fueron retiradas a través de la intervención humana.
- ***Persistentes/establecidas***: especies no nativas que sobrevivieron, se establecieron y se reprodujeron durante muchos años en un lugar restringido en la Antártida, pero que no han ampliado su área de distribución fuera de un lugar específico.

- ***Invasoras/invasión***: especies no autóctonas que están ampliando su rango en la región antártica colonizada, lo cual causa el desplazamiento de las especies autóctonas y ocasiona un daño significativo a la diversidad biológica o al funcionamiento de los ecosistemas.
- ***Endémicas***: especies nativas restringidas a una región o ubicación específica de la Antártida.

2. Principios rectores fundamentales

Para enfocarse con mayor precisión en el riesgo ambiental vinculado con la introducción no intencional de especies no autóctonas en la Antártida, y a fin de orientar las acciones de las Partes de conformidad con el objetivo general, se proponen 11 principios rectores fundamentales. Estos principios se clasifican en función de tres componentes principales de un marco de gestión de especies no autóctonas: prevención, vigilancia y respuesta.

Prevención

La prevención es el medio más efectivo para minimizar los riesgos asociados con la introducción de especies no autóctonas y sus impactos.

Conciencia

(1) Generar conciencia, en distintos niveles, para diferentes audiencias, es un componente fundamental de la gestión. Todas las personas que viajen a la Antártida deben tomar medidas adecuadas para prevenir la introducción de especies no autóctonas.

Procedimientos operativos

(2) El riesgo de introducción de especies no autóctonas debe identificarse y abordarse en la planificación de todas las actividades, incluso a través del proceso de evaluación de impacto ambiental (EIA), en virtud del Artículo 8 y el Anexo I al Protocolo.

(3) En ausencia de datos científicos iniciales sólidos, se debe aplicar un enfoque de precaución para minimizar el riesgo de introducción de especies no autóctonas a través de agentes humanos, así como el riesgo de transferencia local e intrarregional de propágulos a regiones vírgenes.

(4) Las medidas de prevención tienen mayores probabilidades de ser implementadas y de resultar eficaces si:
- se enfocan en abordar las actividades y áreas con mayor nivel de riesgo;
- se desarrollan para que puedan adaptarse a las circunstancias particulares de la actividad o área en cuestión, y en la escala correspondiente;
- son simples desde el punto de vista técnico y logístico;
- son de fácil aplicación;

- son efectivas en función de los costos y no demandan mucho tiempo de manera innecesaria.

(5) La prevención debería enfocarse en las medidas previas a la partida dentro de las cadenas de logística y suministro,

- en el punto de origen fuera de la Antártida (por ejemplo, cargas, indumentaria personal, paquetes),
- en puntos de acceso a la Antártida (puertos, aeropuertos),
- en medios de transporte (buques, aeronaves),
- en estaciones y campamentos antárticos que son puntos de partida para actividades dentro del continente.

(6) Se debe prestar especial atención a asegurar la limpieza de los elementos que anteriormente se utilizaron en climas fríos (por ejemplo, zonas árticas, subantárticas o montañosas) que puedan convertirse en medios de transporte para especies "previamente adaptadas" al entorno antártico.

Vigilancia

La vigilancia puede ser la observación pasiva (por ejemplo, esperar que aparezcan especies no autóctonas) o focalizada (o sea, un programa activo de identificación de posibles especies exóticas). Contar con buenos datos iniciales acerca de la fauna y flora autóctonas es importante para contribuir a la vigilancia de las especies no autóctonas.

(7) Se debe alentar la vigilancia regular/periódica de los sitios de alto riesgo (por ejemplo, la vigilancia del área que rodea las estaciones de investigación, sin limitarse a esta zona).

(8) Periódicamente, se deberán examinar y revisar las medidas preventivas.

(9) Las Partes y otros actores interesados deben intercambiar la información y las mejores prácticas vinculadas con las especies no autóctonas.

Respuesta

Será esencial responder rápidamente y evaluar la factibilidad y conveniencia de erradicar las especies no autóctonas. Si la erradicación no resulta viable o conveniente, debe analizarse la posibilidad de tomar medidas de control y/o confinamiento.

(10) Para ser efectivas, las respuestas a la introducción deben considerarse prioritarias, a fin de evitar un aumento del rango de distribución de las especies y hacer que la erradicación sea más simple, más efectiva en función de los costos y tenga mayores posibilidades de éxito.

(11) La eficacia de los programas de control o erradicación debe evaluarse regularmente, incluso los estudios de seguimiento.

3. Directrices y recursos para ayudar a prevenir la introducción de especies no autóctonas, incluida la transferencia de especies entre distintos sitios en la Antártida

En consonancia con el objetivo establecido para las acciones de las Partes, de abordar los riesgos que plantean las especies no autóctonas, y con los principios rectores fundamentales (secciones 1 y 2), se han desarrollado las siguientes directrices y recursos voluntarios que los operadores pueden aplicar y utilizar, según corresponda, para ayudar a cumplir con sus responsabilidades en virtud del Anexo II al Protocolo.

Prevención

1. Desarrollar y poner a disposición programas de toma de conciencia, para todas las personas que viajen a la Antártida y trabajen allí, acerca de los riesgos de movimientos intercontinentales e intracontinentales de las especies no autóctonas y acerca de las medidas que deben implementarse para evitar su introducción, con una serie estándar de mensajes claves para los programas de toma de conciencia. Los programas de educación y capacitación deben estar diseñados a la medida de las actividades y los riesgos vinculados con la audiencia a la que se pretende llegar, lo cual incluye:

- gestores de programas nacionales
- responsable de logística/tripulación/contratistas
- operadores turísticos
- científicos
- turistas
- personal de buques pesqueros
- personal de los proveedores/vendedores/depósitos
- otros visitantes

Directrices:

Listas de verificación para los gestores de cadenas de suministro (CONMAP, SCAR 2010).
Enlace: *https://www.comnap.aq/nnsenvironment/*

Código de conducta ambiental del SCAR para las investigaciones científicas sobre el terreno en la Antártida (SCAR, 2009).
Enlace: *http://www.ats.aq/documents/ATCM32/ip/ATCM32_ip004_e.doc*

Recursos:

Resultados preliminares del programa del Año Polar Internacional: "Aliens in Antarctica" (SCAR, 2010).
Enlace: *http://www.ats.aq/documents/ATCM33/wp/ATCM33_wp004_e.doc*

Video instructivo acerca de la limpieza (proyecto "Aliens in Antarctica", 2010).
Enlace: *\\aad.gov.au\files\ftproot\Public\Aliens_in_antarctica* o *http://academic.sun.ac.za/cib/video/Aliens_cleaning_video%202010.wmv*

Folleto "Don't pack a pest" ("No empaquetes una plaga") (Estados Unidos).
Enlace: *http://www.usap.gov/usapgov/travelAndDeployment/documents/PackaPest_
brochure_Final.pdf*

Folleto "Don't pack a pest" (IAATO).
Enlace: *http://www.iaato.org/do_not_pack_a_pest.html*

Declaración de Bioseguridad Previa al Arribo en la Antártida (Antarctic Pre-Arrival
Biosecurity Declaration) (IAATO) – disponible a través de la IAATO.

Directrices para lavado de botas (IAATO).

Enlace: *http://www.iaato.org/docs/Boot_Washing07.pdf*

Folleto "Infórmese antes de viajar" ("Know before you go") (ASOC).

Enlace: *http://www.asoc.org/storage/documents/tourism/ASOC_Know_Before_You_
Go_tourist_pamphlet_2009_editionv2.pdf*

**2. Incluir la consideración de especies no autóctonas en futuros Planes de Gestión
de ZAEP y ZAEA.**

Directrices:

Guía para la preparación de Planes de Gestión *(sujeta a que la revisión de la Guía sea
avalada en la XIV reunión del CPA).*
Enlace: *http://www.ats.aq/documents/ATCM34/att/ATCM34_att004_e.doc*

**3. Gestionar el agua de lastre de conformidad con las Directrices prácticas para el
cambio de agua de lastre en el Área del Tratado Antártico, Resolución 3 (2006).**

Directrices:

Directrices prácticas para el cambio de agua de lastre en el Área del Tratado Antártico,
Resolución 3 (2006).
Enlace: *http://www.ats.aq/documents/recatt/Att345_e.pdf*

**4. Limpiar los vehículos a fin de evitar la transferencia de especies no autóctonas
a la Antártida y a sus alrededores.**

Directrices:

Procedimientos para la limpieza de vehículos a fin de prevenir el traslado de especies no
autóctonas a la Antártida y entre distintos lugares de la Antártida (Reino Unido, 2010).
Enlace: *http://www.ats.aq/documents/ATCM33/wp/ATCM33_wp008_e.doc*

Vigilancia

5. Registrar la introducción de especies no autóctonas y presentar los registros a la base de datos de especies exóticas gestionada por el Centro de Datos Antárticos de Australia (Australian Antarctic Data Centre), conforme lo acordó el CPA.

Base de datos para ingresar registros:
Enlace: *http://data.aad.gov.au/aadc/biodiversity*

Recurso:

Colonisation status of known non-native species in the Antarctic terrestrial environ-ment (Reino Unido, 2010).
Enlace: *http://www.ats.aq/documents/ATCM33/ip/ATCM33_ip042_e.doc*

Respuesta

6. Desarrollar o emplear métricas de evaluación para ayudar a determinar si es probable que una especie recientemente descubierta haya llegado a través de vías de colonización natural o por medios humanos.

Directrices:

Orientación para los visitantes y responsables ambientales que descubran una especie presuntamente no autóctona en el medio ambiente terrestre y de agua dulce de la Antártida (Reino Unido, 2010).
Enlaces *http://www.ats.aq/documents/ATCM33/att/ATCM33_att010_e.doc http://www.ats.aq/documents/ATCM33/att/ATCM33_att011_e.doc*

Suggested framework and considerations for scientists attempting to determine the colonisation status of newly discovered terrestrial or freshwater species within the Antarctic Treaty Area (Reino Unido, 2010).
Enlace: *http://www.ats.aq/documents/ATCM33/ip/ATCM33_ip044_e.doc*

Anexo

Directrices y recursos que requieren mayor atención o desarrollo

Además de las medidas, directrices y recursos que se han desarrollado (sección 3), se determinó que las siguientes directrices son apropiadas para colaborar con el trabajo de las Partes sobre especies no autóctonas. Se alienta el uso de estas directrices y el desarrollo de otras más detalladas en estos puntos, para su inclusión en el Manual.

Prevención
1. Examinar las directrices de la EIA para incluir una sección especial sobre especies no autóctonas.
2. Mejorar la comprensión de los riesgos y desarrollar directrices más específicas para evitar la introducción de especies en el medio marino antártico.
3. Reducir los riesgos de especies no autóctonas para la Antártida, lo cual incluye identificar regiones/actividades/vectores/vías de mayor riesgo para la introducción de especies no autóctonas, brindar directrices sobre cuáles serán los puntos de acceso entre las zonas biogeográficas antárticas (de acuerdo con los tipos de organismos) y desarrollar medidas prácticas para abordar riesgos asociados con el transporte de personal y equipos entre distintos puntos de la Antártida. En un sentido más general, alentar a las Partes a que desarrollen estudios de línea de base.   *Recursos:* Conocimientos actuales sobre la reducción de los riesgos planteados por especies terrestres no autóctonas: hacia un enfoque basado en datos probatorios (SCAR, Australia, 2010). Enlace: *http://www.ats.aq/documents/ATCM33/wp/ATCM33_wp006_e.doc*   A framework for analysing and managing non-native species risks in Antarctica (Nueva Zelanda, 2009). Enlace: *http://www.ats.aq/documents/ATCM32/ip/ATCM32_ip036_e.doc*
4. Proporcionar una lista, con descripciones adecuadas, de las posibles especies no autóctonas, basada en la experiencia de las islas subantárticas (u otros medios pertinentes) y las características biológicas y la adaptabilidad de los colonizadores "efectivos".   *Recursos:* Documento informativo: Colonisation status of known non-native species in the Antarctic terrestrial environment (Reino Unido, 2010). Enlace: *http://www.ats.aq/documents/ATCM33/ip/ATCM33_ip042_e.doc*
5. Los alimentos frescos y los residuos de alimentos se gestionan de manera estricta a fin de evitar que ingresen en el medioambiente (se toman medidas para que no afecten la vida silvestre y se retiran de la Antártida o se incineran).

6. Salvo que se trate de ropa nueva, las prendas proporcionadas para su uso en la Antártida se limpian mediante procedimientos de tintorería normales antes de ser enviadas a la Antártida. El calzado previamente usado se limpia cuidadosamente antes de llegar a la Antártida o al desplazarse entre un sitio antártico y otro. Puede exigirse el cumplimiento de requisitos de limpieza específicos si existe algún motivo para pensar que las personas, la indumentaria, los equipos o los vehículos han estado en contacto con animales enfermos o agentes patógenos, o han estado en un área de riesgo de enfermedad conocido.

7. Las estaciones de investigación deben equiparse con los medios necesarios para la limpieza y el mantenimiento de la indumentaria y el equipo que se utilizará en el campo, particularmente cuando se trabaja en múltiples lugares o en lugares distintos.

8. Se deben verificar las cargas para garantizar que no tengan contaminación visible antes de colocarlas en las aeronaves o buques.

9. Antes de partir hacia la Antártida, se debe confirmar que no haya roedores en los buques.

10. Las cargas se deben embalar, almacenar y cargar en un área con una superficie limpia, sellada (por ejemplo, brea, concreto libre de malezas, tierra, roedores y áreas de basurales). Estas áreas deben limpiarse e inspeccionarse regularmente.

11. Los contenedores, incluso los contenedores conformes a las normas ISO y las cajas/cajones, no deben trasladarse de un sitio antártico a otro, salvo que se limpien antes de llegar a la nueva ubicación.

12. Las aeronaves intercontinentales deben verificarse y tratarse según resulte necesario, cuando corresponda, para garantizar que se encuentren libres de insectos antes de partir hacia la Antártida.

13. Las medidas preventivas para disminuir los riesgos de introducir enfermedades en la vida silvestre antártica podrían incluir, por ejemplo, directrices específicas para manejar los residuos originados en el campo y en las estaciones, a efectos de minimizar la introducción de especies no autóctonas.

Vigilancia

14. Desarrollar directrices de vigilancia de aplicación general, basadas en varios talleres sobre vigilancia que tuvieron lugar en la década de 1990 y en 2005, que reconozcan que puede ser necesaria una vigilancia más detallada o específica para cada sitio para determinadas ubicaciones; identificar quién llevará a cabo la vigilancia. Periódicamente, deberá presentarse al CPA un informe de estado acerca de las tareas de vigilancia establecidas.

Recursos:
Documento informativo: Summary of Environmental Monitoring and Reporting Discussions (Australia, 2008).
Enlace: *http://www.ats.aq/documents/ATCM31/ip/ATCM31_ip007_e.doc*

15. Deberían realizarse estudios iniciales de biodiversidad y compilaciones de los datos sobre biodiversidad con que se cuenta actualmente (terrestres, que incluyan datos sobre medios acuáticos y marinos) a fin de ayudar a identificar la escala y el alcance de las introducciones actuales y futuras. Dado que no resulta viable llevar a cabo estudios en todos los lugares, debe darse prioridad a los sitios con alto nivel de actividad humana (estaciones, sitios de campo científicos más frecuentemente visitados y sitios turísticos), alto valor y/o alta sensibilidad.

Recursos:
Experiencia de Alemania en la realización de estudios terrestres acerca de los organismos de la fauna del suelo en sitios con gran afluencia de visitantes (Alemania, 2011).
Enlace: *http://www.ats.aq/documents/ATCM34/ip/ATCM34_ip026_e.doc*

Métodos existentes de otros entornos, por ejemplo, estudios portuarios.

Respuesta

16. Se debe solicitar el asesoramiento de expertos tan pronto como sea posible cuando se detecte una especie no autóctona (esto incluye las enfermedades de especies silvestres). Debe crearse una red de expertos (taxonomistas y especialistas en erradicación o control de especies no autóctonas, que incluya una lista de nombres, datos detallados y direcciones de correo electrónico, y que esté disponible en el sitio web de la STA) a fin de reaccionar con la mayor celeridad posible cuando se descubra una especie no autóctona o un evento de enfermedad. El objetivo de esta red sería, principalmente, 1) brindar asesoramiento y 2) facilitar la acción de las Partes.

17. Evaluar la posibilidad de incorporar "directrices de respuesta rápida", que podrían incluir una guía de herramientas/medios de erradicación prácticos.

Recursos:
Eradication of a vascular plant species recently introduced to Whaler's Bay, Deception Island (Reino Unido, España 2010).
Enlace: *http://www.ats.aq/documents/ATCM33/ip/ATCM33_ip043_e.doc*

Mass animal mortality event response plan (Estudio Británico sobre la Antártida) – disponible a través del BAS.

Unusual mortality response plan (Australia).
Enlace: mencionado en: *http://www.ats.aq/documents/ATCM27/ip/ATCM27_ip071_e.doc*

Procedures for reporting a high mortality event (IAATO) – disponible a través de la IAATO.

18. Desarrollar directrices para responder a eventos de enfermedad (o adoptar formalmente las que existen en la actualidad)

Recursos:
Informe del Grupo del Contacto Intersesional Permanente sobre las Enfermedades de la Fauna Antártica. Informe 2: medidas prácticas para disminuir el riesgo (proyecto) (Australia, 2001).
Enlace: *http://www.ats.aq/documents/ATCM24/wp/ATCM24_wp011_e.pdf*

2009 - Health of Antarctic Wildlife: A Challenge for Science and Policy (Kerry y Riddle, 2009).

Referencias

(1) RCTA XXII - IP 4 (Australia) 1998 - Introduction of Diseases to Antarctic Wildlife: Proposed Workshop.

(2) RCTA XXIII - WP 32 (Australia) 1999 - Informe a la XXIII RCTA sobre los resultados del Taller sobre enfermedades de la fauna antártica.

(3) RCTA XII - WP 6 (Australia) 2000 - Enfermedades de la fauna antártica.

(4) RCTA XXIV - WP 10 (Australia) 2001 - Informe del Grupo del Contacto Intersesional Permanente sobre las Enfermedades de la Fauna Antártica: Informe 1 - Revisión y Valoración de Riesgo.

(5) RCTA XXIV - WP 11 (Australia) 2001 - Informe del Grupo del Contacto Intersesional Permanente sobre las Enfermedades de la Fauna Antártica: Informe 2 - Medidas Prácticas para Disminuir el Riesgo (Proyecto).

(6) RCTA XXV - IP 62 (Australia) 2002 - Draft Response Plan in the Event that Unusual Animal Deaths are Discovered.

(7) RCTA XXVII - IP 71 (Australia) 2004 - Australia's Antarctic quarantine practices.

(8) RCTA XXVIII - WP 28 (Australia) 2005 - Measures to address the unintentional introduction and spread of non-native biota and disease to the Antarctic Treaty Area.

(9) RCTA XXVIII - IP 97 (IAATO) 2005 - Update on Boot and Clothing Decontamination Guidelines and the Introduction and Detection of Diseases in Antarctic Wildlife: IAATO's Perspective.

(10) RCTA XXIX - WP 5 Rev. 1 (Reino Unido) 2006 - Directrices prácticas para el cambio de agua de lastre en el Área del Tratado Antártico.

(11) RCTA XXIX - IP 44 (Australia) 2006 - Principles underpinning Australia's approach to Antarctic quarantine management.

(12) RCTA XXX - IP 49 (Australia, SCAR) 2007 - Aliens in Antarctica.

(13) RCTA XXXI - WP 16 (Australia) - Base de datos sobre especies no autóctonas en la Antártida.

(14) RCTA XXXI - IP 7 (Australia) 2008 - Summary of Environmental Monitoring and Reporting Discussions.

(15) RCTA XXXI - IP 17 (Australia, China, India, Rumania, Federación Rusa) 2008 - Measures to protect the Larsemann Hills, East Antarctica, from the introduction of non-native species.

(16) RCTA XXXI - IP 98 (COMNAP) - A survey on existent procedures concerning introduction of non native species in Antarctica.

(17) RCTA XXXII - IP 4 (SCAR) 2009 - Código de conducta ambiental del SCAR para las investigaciones científicas sobre el terreno en la Antártida.

(18) RCTA XXXII - IP 12 (Reino Unido) 2009 - Examen de las disposiciones de los planes de gestión de ZAEP y ZAEA relativas a la introducción de especies no autóctonas.

(19) RCTA XXXII - SP 11 (ATS) 2009 - Resumen temático de las deliberaciones del CPA sobre las especies no autóctonas en la Antártida.

(20) RCTA XXXII - WP 5 (Australia, Francia, Nueva Zelanda) 2009 - Programa de trabajo para la acción del CPA con respecto a las especies no autóctonas.

(21) RCTA XXXII - WP 32 (Reino Unido) 2009 - Procedimientos para la limpieza de vehículos a fin de prevenir el traslado de especies no autóctonas a la Antártida y entre distintos lugares de la Antártida.

(22) RCTA XXXII - WP 33 (Reino Unido) 2009 - Examen de las disposiciones de los planes de gestión de ZAEP y ZAEA relativas a la introducción de especies no autóctonas.

(23) RCTA XXXII - WP 23 (Sudáfrica) 2009 - El transporte de propágulos vinculado a las operaciones logísticas: evaluación sudafricana de un problema regional.

(24) RCTA XXXIII - WP 4 (SCAR) 2010 - Resultados preliminares del programa del Año Polar Internacional: "Aliens in Antarctica".

(25) RCTA XXXIII - WP 6 (SCAR, Australia) 2010 - Conocimientos actuales sobre la reducción de los riesgos planteados por especies terrestres no autóctonas: hacia un enfoque basado en datos probatorios

(26) RCTA XXXIII - WP 8 (Reino Unido) 2010 - Procedimientos propuestos para la limpieza de vehículos a fin de prevenir el traslado de especies no autóctonas a la Antártida y entre distintos lugares de la Antártida

(27) RCTA XXXIII - WP 9 (Francia) 2010 - Informe 2009-2010 del Grupo de Contacto Intersesional de composición abierta sobre especies no autóctonas.

(28) RCTA XXXIII - WP 14 (Reino Unido) 2010 - Traslado intrarregional de especies en áreas terrestres de la Antártida.

(29) RCTA XXXIII - WP 15 (Reino Unido) 2010 - Orientación para los visitantes y responsables ambientales que descubran una especie presuntamente no autóctona en el medio ambiente terrestre y de agua dulce de la Antártida.

(30) RCTA XXXIII - IP 14 (Alemania) 2010 - Research Project "The role of human activities in the introduction of non-native species into Antarctica and in the distribution of organisms within the Antarctic".

(31) RCTA XXXIII - IP 42 (Reino Unido) 2010 - Colonisation status of known non-native species in the Antarctic terrestrial environment.

(32) RCTA XXXIII - IP 43 (Reino Unido, España) 2010 - Eradication of a vascular plant species recently introduced to Whaler's Bay, Deception Island.

(33) RCTA XXXIII - IP 44 (Reino Unido) 2010 - Suggested framework and considerations for scientists attempting to determine the colonisation status of newly discovered terrestrial or freshwater species within the Antarctic Treaty Area.

(34) Chown S.L., Convey P. 2007 - Spatial and temporal variability across life's hierarchies in the terrestrial Antarctic. *Phil. Trans. R. Soc. B*, **362**, 2307–2331.

(35) Convey, P., Frenot, Y., Gremmen, N. y Bergstrom, D.M. 2006 - Biological Invasions. En Convey P., Huiskes A. y Bergstrom D.M. (ed.) *Trends in Antarctic Terrestrial and Limnetic Ecosystems*. Springer, Dordrecht, págs. 193-220.

(36) De Poorter M., Gilbert N., Storey B., Rogan-Finnemore M. 2006 Informe Final del taller "Especies no nativas en la Antártida", Christchurch, Nueva Zelanda, 10 al 12 de abril de 2006.

(37) Falk-Petersen J., Bohn T. y Sandlund O.T. 2006. On the numerous concepts in invasion biology. *Biological Invasions*, 8, 1409-1424.

(38) Frenot, Y., Chown S.L., Whinam, J., Selkirk P.M., Convey, P, Skotnicki, M., Bergstrom D.M. 2005 - Biological invasions in the Antarctic: extent, impacts and implications. *Biological Reviews*, **80**, 45-72.

(39) Hughes, K.A. y Worland, M.R. 2009 - Spatial distribution, habitat preference and colonisation status of two alien terrestrial invertebrate species in Antarctica. *Antarctic Science*, en imprenta.

(40) Hughes, K.A., y Convey, P. 2009 - The protection of Antarctic terrestrial ecosystems from inter- and intra-continental transfer of non-indigenous species by human activities: a review of current systems and practices. *Global Environmental Change*. DOI:10.1016/j.gloenvcha.2009.09.005.

(41) Hughes, K.A., Convey, P., Maslen, N.R., Smith, R.I.L. 2009 - Accidental transfer of non-native soil organisms into Antarctica on construction vehicles. *Biological Invasions*. DOI:10.1007/s10530-009-9508-2.

(42) Kerry, K.R. y Riddle, M. (Ed.) 2009 - *Health of Antarctic Wildlife: A Challenge for Science and Policy*, Springer Verlag, ISBN-13: 9783540939221.

(43) Potter S. 2006 - The Quarantine Management of Australia's Antarctic Program. Australasian. *Journal of Environmental Management*, **13**, 185-195.

(44) Potter S. 2009 - Protecting Antarctica from Non-Native Species: The Imperatives and the Impediments. En G. Alfredsson y T. Koivurova (ed.), D. Leary, ed. esp. *The Yearbook of Polar Law*, vol. 1, págs. 383-400.

(45) Tin T., Fleming Z.L., Hughes K.A., Ainley D.G., Convey P., Moreno C.A., Pfeiffer S., Scott J., Snape I. 2009 - Impacts of local human activities on the Antarctic environment. *Antarctic Sciences*, **21**, 3-33.

(46) Walther G.-R., Roques A., Hulme P.E., Sykes M.T., Pysek P., Kühn I. y Zobel M. 2009. Alien species in a warmer world: risks and opportunities. *Trends in Ecology and Evolution* 26 de agosto de 2009. DOI:10.1016/j.tree.2009.06.008.

(47) Whinam J. 2009 - Aliens in the Sub-Antarctic - Biosecurity and climate change. *Trabajos y Actas de la Real Sociedad de Tasmania.*

RCTA XXXIV ATCM
BUENOS AIRES JUNE 20TH. – JULY 1ST. 2011

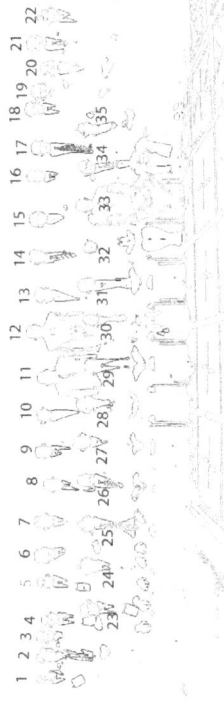

1   Christo Pimpirev (Bulgaria)
2   Jane Rumble (Reino Unido)
3   Steve Wellmeier (IAATO)
4   Fábio Vaz Pitaluga (Brasil)
5   Fausto López Crozet (Argentina)
6   Zhou Jian (China)
7   Karsten Klepsvic (Noruega)
8   Serge Segura (Francia)
9   Ora Meres–Wuori (Finlandia)
10 Key Cheol Lee (República de Corea)
11 Evan Bloom (Estados Unidos)
12 Martin Ney (Alemania)
13 Oleksandr Taranenko (Ucrania)
14 Manfred Reinke (STA)
15 Jakub Wolski (Polonia)
16 Alexandre de Lichtervelde (Bélgica)
17 James Barnes (ASOC)
18 Kirill Gevorgian (Federación de Rusia)

19 Jesús Ortega Hernández (Venezuela)
20 Luis Sandiga Cabrera (Perú)
21 Manuel Burgos (Uruguay)
22 Jorge Roballo (SPA)
23 Juan Antonio Martínez-Cattaneo (España)
24 Richard Rowe (Australia)
25 Suginaka Atsushi (Japón)
26 Henry Valentine (Sudáfrica)
27 Vincent Van Zeijst (Holanda)
28 Helena Odmark (Suecia)
29 Ariel Mansi (Presidente RCTA)
30 Mercy Borbor (Ecuador)
31 Andrzej Misztal (Polonia)
32 Patrizia Vigni (Italia)
33 Camilo Sanhueza (Chile)
34 Rasik Ravindra (India)
35 Carolyn Schwalger (Nueva Zelandia)

VOLUMEN 2

(en CD y copias disponibles
para adquirir en línea)

SEGUNDA PARTE

Medidas, Decisiones y Resoluciones (cont.)

4. Planes de gestión

Plan de gestión para la
Zona Antártica Especialmente Protegida N.° 116
VALLE NEW COLLEGE, PLAYA CAUGHLEY, CABO BIRD, ISLA ROSS

1. Descripción de los valores que requieren protección

En 1985, dos zonas en Cabo Bird, isla Ross, fueron diseñados originalmente como SEIC N.° 10, Playa Caughley (Recomendación XIII-8 [1985]) y ZEP N.° 20, Valle New College (Recomendación XIII-12 [1985]), tras las propuestas presentadas por Nueva Zelandia sobre la base de que dichas zonas deben ser protegidas porque contienen algunos de los rodales de musgo con la microflora y la fauna conexas de la isla Ross de la Antártida. Esta es la única zona de la isla Ross donde se confiere protección específica a una combinación de plantas y a los ecosistemas asociados.

En aquel momento, la ZEP N.° 20 fue incluida en el SEIC N.° 10 a fin de restringir más el acceso a esa parte de la Zona. En el año 2000, el SEIC N.° 10 fue incluido en la ZEP N.° 20 mediante la Medida 1 (2000), con lo que la Zona antes cubierta por la ZEP N.° 20 se convirtió en una Zona restringida dentro de la ZEP N.° 20 revisada. Se revisaron los límites de la Zona considerando los límites de las recomendaciones originales, teniendo en cuenta las mejoras cartográficas y a fin de seguir más de cerca las crestas que rodean la cuenca del valle New College. La playa Caughley estaba junto a la Zona original, pero nunca formó parte de ella, y por esta razón se ha cambiado el nombre de toda la Zona como Valle New College, el cual formaba parte de los dos sitios originales.

La Zona fue redesignada mediante la Decisión 1 (2002) como Zona Antártica Especialmente Protegida (ZAEP) N.° 116, y se adoptó un plan de gestión revisado mediante la Medida 1 (2006).

Los límites de la Zona siguen desde cerca las crestas que rodean la cuenca del valle New College y cubren aproximadamente 0,33 km². El musgo en la Zona está restringido a áreas localizadas con suelo lavado por agua, con almohadillas y tapetes de hasta 20 m² en la Zona. Hay una gama diversa de especies de algas en los arroyos de la zona, y abundan los colémbolos, los ácaros y nematodos en la superficie del agua y debajo de las piedras. Debido a la ausencia de líquenes la combinación de especies en esta Zona es única en su género en la Isla Ross.

La sensibilidad de los musgos a las perturbaciones causadas por el pisoteo, el muestreo, la contaminación o la introducción de elementos no autóctonos es tal que la Zona requiere protección especial de largo plazo. La designación de esta Zona está destinada a garantizar que los ejemplos de este tipo de hábitat estén adecuadamente protegidos de los visitantes y del uso extremo para investigaciones científicas. El ecosistema de este lugar tiene un valor científico excepcional para las investigaciones ecológicas, y el área restringida es útil como sitio de referencia para futuros estudios comparativos

2. Finalidades y objetivos

La gestión de valle New College, playa Caughley y Cabo Cape tiene las siguientes finalidades:

- evitar la degradación de los valores de la Zona o los riesgos importantes para estos, al evitar en ella la perturbación humana innecesaria;
- preservar una parte del ecosistema natural de la Zona como área de referencia para futuros estudios comparativos;
- permitir investigaciones científicas del ecosistema, en particular sobre mohos, algas e invertebrados de la Zona, y al mismo tiempo evitar un muestreo excesivo;
- permitir la realización de otras investigaciones científicas en la Zona siempre que sean urgentes y no puedan realizarse en otro lugar;
- evitar o reducir a un mínimo la introducción de plantas, animales y microbios exóticos en la zona;
- permitir visitas con fines de gestión concordantes con los objetivos del plan de gestión.

3. Actividades de gestión

Se llevarán a cabo las siguientes actividades de gestión para proteger los valores de la Zona:

- Deberán mantenerse disponibles copias del plan de gestión, incluyendo los mapas de la Zona, en todas las estaciones en terreno/de investigación que estén operando.
- Se colocarán en lugares apropiados, en los límites de la Zona, carteles o montículos de rocas que muestren la ubicación y los límites, con indicaciones claras respecto a las restricciones del ingreso, a fin de evitar el ingreso accidental a la Zona.
- Los marcadores, carteles señalizadores o estructuras que se hayan erigido dentro de la Zona para fines científicos o administrativos deben estar asegurados y mantenidos en buenas condiciones y deben ser retirados cuando ya no sean necesarios.
- Se efectuarán las visitas necesarias (de preferencia al menos una vez cada cinco años) para determinar si la Zona continúa sirviendo a los fines para los cuales ha sido designada y cerciorarse de que las medidas de gestión y mantenimiento sean adecuadas.
- Deben consultarse en su conjunto los Programas Nacionales Antárticos que operan en el área con el propósito de asegurar que se estén aplicando las actividades administrativas mencionadas.

4. Período de designación

La designación abarca un período indeterminado.

5. Mapas

Mapa A: Mapa de la topografía regional de valle New College, playa Caughley, Cabo Cape e isla Ross. Especificaciones cartográficas: Proyección - conforme cónica de Lambert. Paralelos normales – 1ero. 76° 40' 00" S; 2do. 79° 20' 00"S. Meridiano central - 166° 30' 00" E. Latitud de origen - 78° 01' 16' 211" S. Esferoide - WGS84.

Mapa B: Mapa de la cobertura de vegetación de valle New College, playa Caughley, Cabo Cape e isla Ross. Especificaciones cartográficas: Proyección - conforme cónica de Lambert. Paralelos normales – 1ero. -76,6° S; 2do. -79,3° S. Esferoide - WGS84. El mapa incluye arroyos y cobertura de vegetación.

6. Descripción de la zona

6(i) Coordenadas geográficas, indicadores de límites y características naturales
El cabo Bird está en el extremo noroeste del monte Bird (1.800 m), cono volcánico inactivo que probablemente sea el más antiguo de la Isla Ross. El valle New College está al sur del cabo Bird, en laderas sin hielo que dan a la playa Caughley, situada entre dos criaderos de pingüinos Adelia conocidos como los criaderos del norte y del centro del cabo Bird (Mapa A). La Zona, que comprende morrenas glaciares revestidas en la parte frontal del casquete glacial del cabo Bird, consiste en basaltos de olivino y augita inclinados hacia el mar, recubiertos en la cima por escoria expulsada en erupciones del cono principal del monte Bird.

La esquina noroeste del límite septentrional de la Zona está unos 100 m al sur de la cabaña del cabo (Nueva Zelandia) y está marcada por un poste señalizador de ZAEP (77° 13,128'S, 166° 26,147'E) (mapa B). El límite norte de la Zona se extiende cuesta arriba hacia el este en dirección a una cresta terminal prominente de morrenas a 20 m del casquete glacial del cabo Bird (77° 13,158'S, 166° 26,702'E) y está marcado con un montículo de piedras.

El límite oriental sigue la cresta hacia el sudeste hasta la terminal de morrenas desde el montículo de piedras (77° 13,158'S, 166° 26,702'E) al Sudeste hasta que desaparece en el punto de convergencia con el glaciar de cabo Bird. El límite continúa hacia el Sudeste siguiendo el borde del glaciar al límite sur.

El límite meridional, una línea recta que cruza el ancho flanco sur del valle New College, está marcado en ambos extremos con montículos de roca, uno en la esquina S.O. de la Zona (77° 13,471'S, 166° 25,332'E) y el otro en la cima S.E. de la colina, a 100 m del borde del casquete glacial del cabo Bird (77° 13,571'S, 166° 27,122'E).

El límite occidental de la Zona sigue la cima de los acantilados costeros de la playa Caughley, desde el montículo de roca del extremo S.O. (77° 13,471'S, 166° 25,832'E) a lo largo de 650 m hasta el extremo N.O. de la Zona (77° 13,128'S, 166° 26,147'E) donde está ubicado el poste indicador de ZAEP.

Según el "Análisis Ambiental de Dominios para la Antártida (Resolución 3 [2008]) el valle New College, playa Caughley está ubicado dentro de la geología del ambiente de *McMurdo* en *Tierra de Victoria Sur.*

Por el valle New College, orientado al noroeste, corre agua de deshielo del casquete glacial del cabo Bird durante el verano. Los arroyos de la Zona, alimentados por agua de deshielo de ventisqueros de verano persistentes, han creado por erosión sus propios surcos y cauces de poca profundidad. El suelo está cubierto en gran medida de piedras y rocas de origen volcánico modificadas por la acción glaciar.

La Zona contiene las distribuciones efímeras más extensas del musgo *Hennediella heimii* a lo largo de los arroyos de la isla Ross. Se ha comprobado que este musgo, junto con otras dos especies mucho menos frecuentes (*Bryum subrotundifolium* y *Bryum pseudotriquetrum*), está confinado casi por completo al curso de los arroyos que cruzan las empinadas pendientes cubiertas de morrenas de fondo y escoria (mapa B). Los musgos generalmente están asociados a rodales de algas: ricas alfombras de oscilatoriáceas de color marrón rojizo y rodales ocasionales de *Nostoc commune* de color negro rojizo. La Zona comprende el curso completo de tres sistemas de arroyos que contienen importantes rodales de algas junto con los musgos.

La Zona alberga una comunidad terrestre invertebrada que incluye poblaciones de colémbolos *Gomphiocephalus hodgsonii* (Collembola: Hypogastruridae), ácaros *Nanorchestes antarcticus* y *Stereotydeus mollis* (Acari: Prostigmata) y nematodos (*Panagrolaimus davidi, Plectus antarcticus, Plectus frigophilus, Scottnema lindsayae* y *Eudorylaimus antarcticus)* también hay rotíferos, tardígrados y protozoos ciliados y flagelares. La distribución de invertebrados terrestres en este lugar está relacionada al ambiente abiótico, la mayoría de las especies antrópodas están asociadas con la vegetación macroscópica o el nivel de biomasa de las algas del suelo, pero esta relación no describe la distribución de todos los grupos taxonómicos.

Las skúas (*Catharacta maccormicki*) descansan con frecuencia en la playa Caughley y sobrevuelan la Zona, donde también se posan y anidan. Los pingüinos Adelia (*Pygoscelis adeliae*) de los criaderos de las proximidades no anidan en la Zona, pero ocasionalmente se los ha visto cruzar el valle New College.

6(ii) Áreas especiales al interior de la Zona
Un sector del valle New College ha sido designado como área restringida a fin de conservar una parte de la Zona como sitio de referencia para futuros estudios comparativos, mientras que el resto de la Zona (que es similar en cuanto a biología, características e índole) en general está más disponible para programas de investigación y muestreo. El área restringida abarca pendientes sin hielo del valle New College que dan a la playa Caughley, algunas de las cuales están orientadas al norte y tienen ventisqueros que constituyen una buena fuente de agua de deshielo que promueve el crecimiento de musgos y algas.

La esquina noroeste (77° 13,164'S, 166° 26,073'E) del área restringida está 60 m al sur, frente a un pequeño barranco proveniente de la esquina noroeste de la Zona. El límite norte del área restringida se extiende 500 m cuesta arriba desde la esquina noroeste (77° 13,261'S, 166° 26,619'E), siguiendo hacia el sudeste una cresta tenue que va volviéndose más prominente hasta un punto en la cuenca superior del valle New College marcado por un montículo a unos 60 m del final del casquete glacial del cabo Bird (77° 13,368'S, 166° 26,976'E). El límite del área restringida se extiende 110 m hacia el sudoeste, cruzando el valle, hasta un montículo que marca la esquina sudoeste del área restringida (77° 13,435'S, 166° 26,865'E). El límite sur del área restringida se extiende 440 m en línea recta desde este montículo hacia el noroeste (77° 13,435'S, 166° 26,865'E), bajando por una pendiente ancha y relativamente lisa hasta el límite occidental de la Zona (77° 13,328'S, 166° 26,006'E). Hay un montículo en el límite sudoeste del área restringida que marca el extremo inferior del límite meridional (77° 13,226'S, 166° 25,983'E).

Se puede ingresar al área restringida solamente con fines científicos y de gestión imperiosos (como inspección y examen) que no puedan resolverse con visitas a otros lugares de la Zona.

6(iii) Ubicación de estructuras dentro de la Zona y en áreas adyacentes
Las estructuras conocidas en la Zona son un señalizador Astrofix de la Marina de Estados Unidos, montículos que marcan los límites de la Zona y del área restringida, un cartel en la esquina noroeste de la Zona y una estructura de madera de un metro cuadrado, aproximadamente, que marca el lugar de un derrame experimental de combustible realizado en 1982.

La cabaña (Nueva Zelandia) que se usa como depósito y baño está 40 metros al norte de la esquina noroeste de la Zona (mapa B).

6(iv) Ubicación de las zonas protegidas en las cercanías
Las Zonas protegidas más cercanas son:
- Bahía Lewis, monte Erebus, isla Ross (ZAEP N.º 156), aproximadamente a 25 km SE;
- Cresta Tramway , monte Erebus, isla Ross (ZAEP N.º 130), 30 km SSE;
- Cabo Crozier, isla Ross (ZAEP N.º 124) 75 km SE;
- Cabo Royds, isla Ross (ZAEP N.º 121 y N.º 157) y cabo Evans, isla Ross (ZAEP N.º 155) 35 km y 45 km al sur de isla Ross respectivamente; y
- Isla Beaufort, estrecho McMurdo, mar de Ross (ZAEP N.º 105) 40 km al norte.

7. Términos y condiciones para los permisos de entrada

Se prohíbe el ingreso a la Zona excepto con un permiso expedido por una autoridad nacional pertinente. Las condiciones para la expedición de permisos para ingresar a la Zona son las siguientes:

- Fuera del área restringida, se otorgan permisos solamente para estudios científicos del ecosistema, por razones científicas imperiosas que no puedan resolverse en otro lugar o con fines esenciales de gestión compatibles con los objetivos del plan, como inspecciones o exámenes;
- Se puede ingresar al área restringida solamente con fines científicos o de gestión imperiosos (como inspección y examen) que no puedan resolverse en otros lugares de la Zona;
- Las acciones permitidas no deberán poner en peligro los valores ecológicos o científicos de la Zona u otras actividades permitidas;
- Toda actividad administrativa deberá respaldar los objetivos del plan de gestión;
- Las actividades permitidas deben ceñirse al plan de gestión;
- Se deberá llevar el permiso o una copia dentro de la Zona;
- Se deberá presentar un informe de la visita a las autoridades indicadas en el permiso;
- El permiso será expedido por un período determinado.

7(i) Acceso a la Zona y circulación dentro de ella
Se prohíbe el aterrizaje de helicópteros en la Zona. Fuera del área hay dos sitios de aterrizaje. De octubre a febrero, la zona de aterrizaje preferida es debajo de los acantilados de la playa Caughley, 100 m al oeste del límite occidental de la zona (mapa A y B). Entre marzo y

septiembre, un sitio de aterrizaje alternativo se ubica junto a la cabaña de cabo Bird (Nueva Zelandia), sobre la playa Caughley (mapa B).

De octubre a febrero, la trayectoria de vuelo preferida consiste en la aproximación desde el sur, sobre el criadero del centro (mapa A). Con ciertos vientos tal vez sea necesario volar hacia el norte del helipuerto, pero en esos casos se deben seguir las rutas recomendadas para la aproximación y la salida de aeronaves, además deben ser consistentes con las "Directrices para la operación de aeronaves cerca de las concentraciones de aves en la Antártica" (Resolución 2, 2004) en la mayor medida de lo posible. Consulte el mapa A para conocer las rutas recomendadas para la aproximación de aeronaves al cabo Bird y para su salida.

Se prohíbe sobrevolar la Zona a una altitud de menos de 50 m (~150 pies) sobre el nivel del suelo. El vuelo estacionario sobre la Zona no está permitido a menos de 100 m (~300 pies) sobre el nivel del suelo. En la Zona se prohíbe el uso de granadas fumígenas de helicópteros.

Se prohíbe transitar en vehículo dentro del área, y todo desplazamiento deberá hacerse a pie. Para ingresar en la Zona se debe seguir preferiblemente el sendero desde la cabaña del cabo Bird (Nueva Zelandia). Los visitantes deberían evitar las áreas donde haya vegetación visible y deberían tener cuidado al caminar en áreas de suelo húmedo, en particular en el lecho de arroyos, en donde el tráfico peatonal puede dañar fácilmente los suelos vulnerables, las comunidades de algas y plantas, y degradar la calidad del agua. Los visitantes deben evitar caminar en dichas zonas al caminar por el hielo o el suelo rocoso. La circulación de peatones deberá limitarse al mínimo necesario para alcanzar los objetivos de las actividades permitidas y se deberá hacer todo lo posible para reducir a un mínimo los efectos de las pisadas.

A las regiones al sur de la Zona, desde la cabaña del cabo Bird, se puede llegar por una ruta situada debajo de los acantilados, a lo largo de la playa Caughley.

7(ii) Actividades que pueden llevarse a cabo dentro de la Zona
- Investigaciones científicas imperiosas que no puedan emprenderse en otro lugar y que no pongan en peligro el ecosistema o los valores de la Zona y que no interfieran con los estudios científicos ya en curso.
- Actividades de gestión indispensables, como el monitoreo y la inspección.

7(iii) Instalación, modificación o desmantelamiento de estructuras
No se podrán erigir estructuras ni instalar equipo científico en la Zona salvo para las actividades científicas o de gestión indispensables que se especifiquen en el permiso. Todos los marcadores, estructuras o equipos científicos instalados en la Zona deben estar autorizados en un permiso y claramente identificados indicando el país al que pertenecen, el nombre del principal organismo investigador, el año de instalación y la fecha de su desmantelamiento. Todos dichos elementos deben estar libres de organismos, propágulos (por ejemplo semillas y huevos) y suelo no estéril, y deben estar confeccionados con materiales que representen el mínimo riesgo posible de contaminación de la Zona. El desmantelamiento de estructuras o equipos específicos para los cuales el permiso haya expirado debe ser una condición para el otorgamiento del Permiso.

7(iv) Ubicación de los campamentos
Se prohíbe acampar en la Zona. La cabaña (Nueva Zelandia) que se usa como depósito y baño está 40 metros al norte de la esquina noroeste de la Zona (mapa B).

7(v) Restricciones relativas a los materiales y organismos que puedan introducirse en la Zona

Se prohíbe la introducción deliberada de animales, plantas o microorganismos vivos en la Zona, y se deben tomar las precauciones indicadas en el párrafo 7(ix) para evitar la introducción accidental. No se introducirán derivados de aves. No se introducirán herbicidas ni plaguicidas en la Zona. Cualquier otro producto químico, incluidos los radionúclidos e isótopos estables, que se introduzca con fines científicos o de gestión especificados en el permiso deberá ser retirado de la Zona cuando concluya la actividad para la cual se haya expedido el permiso o con anterioridad. No se podrá almacenar combustible u otros productos químicos en la Zona, salvo que sea indispensable para la actividad para la cual se haya expedido el permiso, y deben estar almacenados dentro de un alijo de emergencia autorizado por una autoridad apropiada. Todo material que se introduzca podrá permanecer solamente por un período expreso, deberá ser retirado a más tardar cuando concluya dicho período y se almacenará y manejará de modo que se reduzca a un mínimo el riesgo de introducción en el medio ambiente.

7(vi) Recolección de ejemplares de la flora y fauna autóctonas o intromisión perjudicial

Están prohibidas la recolección de flora y fauna autóctonas o la interferencia perjudicial que pudieran sufrir éstas, salvo en conformidad con un permiso expedido por separado de acuerdo al Anexo II del Protocolo al Tratado Antártico sobre Protección del Medio Ambiente. La recolección de animales o la interferencia perjudicial con ellos debería, como norma mínima, estar en concordancia con el Código de Conducta del SCAR para el uso de animales con fines científicos en la Antártida.

7(vii) Toma o traslado de cualquier cosa que no haya sido traída a la Zona por el titular del permiso

Se podrá recolectar o retirar material de la Zona únicamente de conformidad con un permiso, y dicho material deberá limitarse al mínimo necesario para fines de índole científica o de gestión. De la misma forma, la recolección de material debe llevarse a cabo con técnicas que minimicen la perturbación del área, al igual que la duplicación. Todo material de origen humano que probablemente comprometa los valores de la Zona y que no haya sido llevado allá por el titular del permiso o que no esté comprendido en otro tipo de autorización, y que no sea un artefacto histórico o reliquia abandonada, podrá ser retirado de cualquier parte de la Zona, incluso de la zona restringida, salvo que el impacto de su extracción pueda ser mayor que el efecto de dejar el material *in situ*. Donde el impacto de la extracción pueda ser mayor que el efecto de dejar el material *in situ*, se debe notificar a la autoridad pertinente y se debe obtener aprobación

7(viii) Eliminación de desechos

Todos los desechos, incluidos los de origen humano, deberán ser retirados de la zona.

7(ix) Medidas que puedan requerirse para garantizar el continuo cumplimiento de los objetivos y las finalidades del Plan de Gestión

Se puede otorgar permisos de ingreso a la Zona con el fin de:

- llevar a cabo monitoreo biológico y actividades de inspección de la Zona, las cuales pueden implicar la recolección de una cantidad pequeña de muestras o de información para su análisis o examen;
- levantar o mantener postes indicadores, estructuras o equipo científico;
- realizar actividades de gestión.

Todo monitoreo a largo plazo de sitios específicos debe marcarse en forma adecuada tanto en el lugar mismo como en los mapas de la zona. Se deberá obtener la ubicación con GPS de los sitios de monitoreo a largo plazo y de tomas de muestras para transmitirlos al sistema de Directorio Maestro Antártico por medio de la autoridad nacional apropiada. Si corresponde, también se debe proporcionar metadatos para el sistema de Directorio Maestro Antártico por medio de la autoridad nacional apropiada.

A fin de mantener los valores ecológicos y científicos de aislamiento y nivel relativamente bajo de impacto humano en la Zona, los visitantes deberán tomar precauciones especiales para evitar introducciones. De especial preocupación son las introducciones microbianas o vegetales provenientes de suelos de otros lugares de la Antártida, incluidas las estaciones, o de regiones fuera de la Antártida. Para reducir a un mínimo el riesgo de introducciones, antes de entrar en la Zona los visitantes deberán limpiar meticulosamente el calzado y todo el equipo que vayan a utilizar en la Zona, en particular el equipo de muestro y los señalizadores.

7(x) Requisitos relativos a los informes
El titular principal de un permiso para cada visita la Zona debe presentar un informe ante la autoridad nacional correspondiente tan pronto como sea posible, y no más allá de los seis meses luego de concluida la visita. Dichos informes deberán incluir la información señalada en el formulario para informes de visitas contenido en la Guía para la Preparación de Planes de Gestión para las Zonas Antárticas Especialmente Protegidas.

Si procede, la autoridad nacional también debe enviar una copia del informe de visita a la Parte que haya propuesto el Plan de Gestión, a fin de ayudar en la administración de la zona y en la revisión del Plan de Gestión. Las Partes deberán llevar un registro de dichas actividades e informarlo en el intercambio anual de información. Las Partes deberían, de ser posible, depositar los originales o copias de los mencionados informes originales de visita en un archivo de acceso público a fin de mantener un registro del uso, para fines de revisión del Plan de Gestión y también para fines de la organización del uso científico de la Zona.

8. Bibliografía

Ainley, D.G., Ballard, G., Barton, K.J., Karl, B.J., Rau, G.H., Ribic, C.A. and Wilson, P.R. 2003. Spatial and temporal variation of diet within a presumed metapopulation of Adelie penguins. *Condor* 105: 95-106.

Ainley, D.G., Ribic, C.A., Ballard, G., Heath, S., Gaffney, I., Karl, B.J., Barton, K.J., Wilson, P.R. and Webb, S. 2004. Geographic structure of Adelie penguin populations: overlap in colony-specific foraging areas. *Ecological monographs* 74(1): 159- 178.

Block, W. 1985. Ecological and physiological studies of terrestrial arthropods in the Ross Dependency 1984-85. British Antarctic Survey Bulletin 68: 115-122.

Broady, P.A. 1981. Non-marine algae of Cape Bird, Ross Island and Taylor Valley, Victoria Land, Antarctica. Report of the Melbourne University Programme in Antarctic Studies No. 37.

Broady, P.A. 1983. Botanical studies at Ross Island, Antarctica, in 1982-83; preliminary report. Report of the Melbourne University Programme in Antarctic Studies.

Broady, P.A. 1985. The vegetation of Cape Bird, Ross Island, Antarctica. Melbourne University Programme in Antarctic Studies, No. 62.

Broady, P.A. 1985. A preliminary report of phycological studies in northern Victoria Land and on Ross Island during 1984-85. Report of the Melbourne University Programme in Antarctic Studies, Report No. 66.

Broady, P.A. 1989. Broadscale patterns in the distribution of aquatic and terrestrial vegetation at three ice-free regions on Ross Island, Antarctica. *Hydrobiologia* 172: 77-95.

Butler, E.R.T. 2001. Beaches in McMurdo Sound, Antarctica. Unpublished PhD, Victoria University of Wellington, New Zealand. (pg 219)

Cole, J.W. and Ewart, A. 1968. Contributions to the volcanic geology of the Black Island, Brown Peninsula, and Cape Bird areas, McMurdo Sound, Antarctica. New Zealand Journal of Geology and Geophysics 11(4) 793-823.

Dochat, T.M., Marchant, D.R. and Denton, G.H. 2000. Glacial geology of Cape Bird, Ross Island, Antarctica. Geografiska Annaler 82A (2-3): 237-247.

Duncan, K.W. 1979. A note on the distribution and abundance of the endemic collembolan *Gomphiocephalus hodgsonii* Carpenter 1908 at Cape Bird, Antarctica. Mauri Ora 7: 19-24.

Hall, B.L., Denton, G.H. and Hendy, C.H. 2000. Evidence from Taylor Valley for a Grounded Ice Sheet in the Ross Sea, Antarctica. *Geografiska annaler* 82A(2-3): 275-304.

Konlechner, J.C. 1985. An investigation of the fate and effects of a paraffin-based crude oil in an Antarctic terrestrial ecosystem. New Zealand Antarctic Record 6(3): 40-46.

Lambert, D.M., Ritchie, P.A., Millar, C.D., Holland, B., Drummond, A.J. and Baroni, C. 2002. Rates of evolution in ancient DNA from Adélie penguins. *Science 295:* 2270-2273.

McGaughran, A., Hogg, I.D. and Stevens, M.I. 2008. Patterns of population genetic structure for springtails and mites in southern Victoria Land, Antarctica. Molecular phylogenetics and evolution 46: 606-618.

McGaughran, A., Redding, G.P., Stevens, M.I. and Convey, P. 2009. Temporal metabolic rate variation in a continental Antarctica springtail. Journal of Insect Physiology 55: 130-135.

Nakagawa, S., Möstl, E. and Waas, J.R. 2003. Validation of an enzyme immunoassay to measure faecal glucocorticoid metabolites from Adelie penguins (*Pygoscelis adeliae*): a non-invasive tool for estimating stress? *Polar biology* 26: 491-493.

Peterson, A.J. 1971. Population studies on the Antarctic Collembolan *Gomphiocephalus hodgsonii* Carpenter. Pacific Insects Monograph 25: 75-98.

Ritchie, P.A., Millar, C.D., Gibb, G.C., Baroni, C., Lambert, D.M. 2004. Ancient DNA enables timing of the Pleistocene origin and Holocene expansion of two Adelie penguin lineages in Antarctica. Molecular biology and evolution 21(2): 240-248.

Roeder, A.D., Marshall, R.K., Mitchelson, A.J., Visagathilagar, T., Ritchie, P.A., Love, D.R., Pakai, T.J., McPartlan, H.C., Murray, N.D., Robinson, N.A., Kerry, K.R. and Lambert, D.M. 2001. Gene flow on the ice: genetic differentiation among Adélie penguin colonies around Antarctica. *Molecular Ecology* 10: 1645-1656.

Seppelt, R.D. and Green, T.G.A. 1998. A bryophyte flora for Southern Victoria Land, Antarctica. New Zealand Journal of Botany 36: 617-635.

Sinclair, B.J. 2000. The ecology and physiology of New Zealand Alpine and Antarctic arthropods. Unpublished PhD, University of Otago, New Zealand. (pg 231)

Sinclair, B. J. 2001. On the distribution of terrestrial invertebrates at Cape Bird, Ross Island, Antarctica. *Polar Biology* 24(6): 394-400.

Sinclair, B. J. and Sjursen, H. 2001. Cold tolerance of the Antarctic springtail *Gomphiocephalus hodgsonii* (Collembola, Hypogastruridae). *Antarctic Science* 13(3): 271-279.

Sinclair, B.J. and Sjursen, H. 2001. Terrestrial invertebrate abundance across a habitat transect in Keble Valley, Ross Island, Antarctica. Pedobiologia 45: 134-145.

Smith, D.J. 1970. The ecology of *Gomphiocephalus hodgsonii* Carpenter (Collembola, Hypogastuidae) at Cape Bird, Antarctica. Unpublished MSc Thesis, University of Canterbury, Christchurch, New Zealand.

Stevens, M.I. and Hogg, I.D. 2003. Long-term isolation and recent expansion from glacial refugia revealed for the endemic springtail *Gomphiocephalus hodgsonii* from Victoria Land, Antarctica. *Molecular ecology 12: 2357-2369.*

Wilson, P.R., Ainley, D.G., Nur, N., Jacobs, S.S., Barton, K.J., Ballard, G. and Comisco, J.C. 2001. Adélie penguin population change in the Pacific sector of Antarctica: relation to sea-ice extent and the Antarctic Circumpolar Current. *Marine ecology progress series* 213: 301-309.

Wharton, D.A. and Brown, I.M. 1989. A survey of terrestrial nematodes from the McMurdo Sound region, Antarctica. New Zealand Journal of Zoology 16: 467-470.

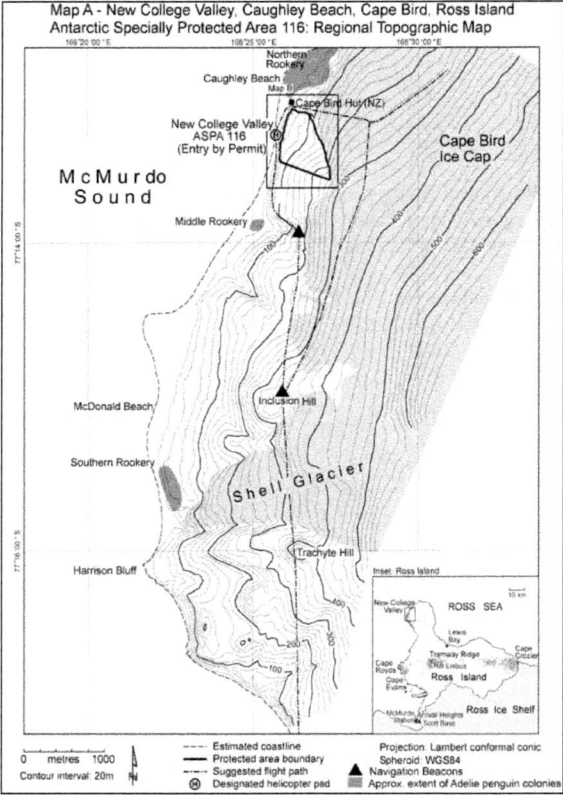

Map A - New College Valley, Caughley Beach, Cape Bird, Ross Island
Antarctic Specially Protected Area 116: Regional Topographic Map

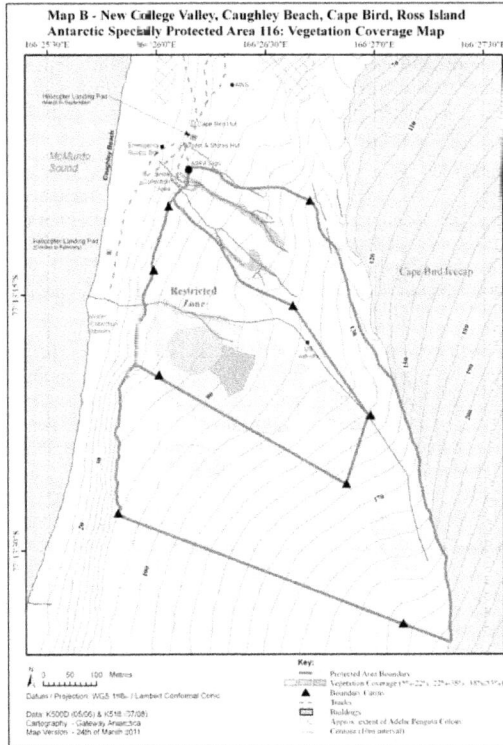

Map B - New College Valley, Caughley Beach, Cape Bird, Ross Island
Antarctic Specially Protected Area 116: Vegetation Coverage Map

Plan de gestión de
la Zona Antártica Especialmente Protegida Nº 120

ARCHIPIÉLAGO PUNTA GÉOLOGIE, TIERRA DE ADELIA

Islas Jean Rostand, Le Mauguen (ex Alexis Carrel), Lamarck y Claude Bernard, nunatak "Bon Docteur" y lugar de reproducción de pingüinos emperador

1. Descripción de los valores que requieren protección

En 1995 (Medida 3, XIX RCTA, Seúl), cuatro islas, un nunatak y el sitio de reproducción de pingüinos emperador fueron designados zona antártica especialmente protegida debido a que constituyen un ejemplo representativo en los ámbitos biológico, geológico y estético de los ecosistemas antárticos terrestres. Allí se reproducen una especie de mamíferos marinos -la foca de Weddell *(Leptonychotes weddelli)*- y diversas especies de aves: pingüino emperador *(Aptenodytes forsteri)*, skúa antártica *(Catharacta maccormicki)*, pingüino Adelia *(Pygoscelis adeliae)*, petrel de Wilson *(Oceanites oceanicus)*, petrel gigante *(Macronectes giganteus)*, petrel de las nieves *(Pagodroma nivea)* y petrel damero *(Daption capensis)*.

Los acantilados bien marcados ofrecen perfiles transversales asimétricos, en suave declive en el norte y con una pendiente más pronunciada en el sur. Las numerosas fallas y fracturas forman un terreno muy quebrado. Las rocas del zócalo, compuestas principalmente de gneis ricos en silimanita, cordierita y granates, están recortadas por una densa red de filones de anatexita rosada. Los sectores de las islas que presentan mayores depresiones están cubiertos de morrenas de granulometría heterogénea (con algunos bloques que varían en diámetro desde unos centímetros hasta más de un metro).

Desde hace muchos años (a partir de 1952 o 1964 según las especies), se vienen desarrollando programas de investigación y seguimiento continuo de aves y mamíferos marinos que apoyan actualmente el Instituto Polar francés *Paul-Emile Victor* (IPEV) y el CNRS (Centro Nacional de Investigación Científica). Así es como se ha podido constituir una base de datos demográficos de un valor excepcional dada la duración de las observaciones. Es mantenida y explotada por el Centro de Estudios Biológicos de Chizé (CEBC-CNRS). En este contexto, la presencia humana científica en la zona protegida consiste actualmente en unas cuatro personas por algunas horas tres veces al mes entre el 1 de noviembre y el 15 de febrero y, en la colonia de pingüinos emperador únicamente, en dos personas por algunas horas cada dos días entre el 1 de abril y el 1 de noviembre.

Entre los aproximadamente treinta sitios de reproducción de pingüinos emperador que han sido registrados, el de Punta Géologie es el único contiguo a una estación permanente. Se trata, pues, de un sitio privilegiado para el estudio de esta especie y su medio ambiente.

2. Finalidades y objetivos

Los objetivos de la gestión de la zona especialmente protegida de Punta Géologie son los siguientes:

- Evitar la perturbación de la zona debida a la proximidad de la estación Dumont D'Urville.
- Evitar cualquier alteración sustancial de la fauna y de la flora, tanto en su estructura como en su composición, así como de la relación que existe entre las distintas especies de vertebrados que viven en esta zona, la cual constituye una de las regiones más representativas de las costas de la Tierra de Adelia debido a la importancia de su fauna y el interés científico que representa.
- Permitir investigaciones científicas que no puedan realizarse en otra parte, en particular en el campo de la biología: etología, ecología, fisiología y bioquímica, estudios demográficos de las

aves y mamíferos marinos, evaluación del impacto de las actividades humanas en el medio ambiente.

- Permitir programas de investigación científica o tecnológica en otros ámbitos que los anteriormente nombrados (p. ej. geología) o programas de gestión, prestando particular atención a la programación de las visitas a fin de reducir el impacto en la fauna y flora.

- Dirigir las operaciones logísticas relativas a la actividad de la estación vecina de Dumont d'Urville que podría necesitar un acceso temporal a la ZAEP

3. Actividades de Gestión

Se llevarán a cabo las siguientes actividades de gestión a fin de proteger los valores de la zona:

El presente plan de gestión se revisa regularmente a fin de garantizar el seguimiento de las medidas de protección de los valores de la ZAEP. Toda actividad en la zona debe ser objeto de una evaluación de impacto ambiental previa.

Todo el personal que permanezca en o transite por la estación Dumont d'Urville deberá ser informado de la existencia de la ZAEP, de sus límites geográficos, de las condiciones de acceso reglamentadas y, de manera general, del presente plan de gestión. Con este objeto, un letrero con un mapa de la zona que expone las restricciones y medidas de gestión particulares que se aplican en ella figura a la vista en la estación Dumont d'Urville.

Además, están disponibles copias del presente plan de gestión en los cuatro idiomas del Tratado en la estación Dumont d'Urville.

La información relativa a cada incursión en la ZAEP, especificando como mínimo: actividad emprendida o razón de la presencia, cantidad de personas implicadas, duración de la estancia, es registrada por el jefe de estación de Dumont d'Urville.

4. Período de designación

La zona es designada como Zona Antártica Especialmente Protegida (ZAEP) por un período indeterminado.

5. Mapas

El mapa 1 muestra la situación geográfica de la Tierra de Adelia en la Antártida y la ubicación del archipiélago de Punta Géologie en la costa de la Tierra de Adelia.

En el mapa 2 del Archipiélago de Punta Géologie, las líneas de puntos discontinuos indican los límites de la Zona Antártica Especialmente Protegida 120 en este archipiélago.

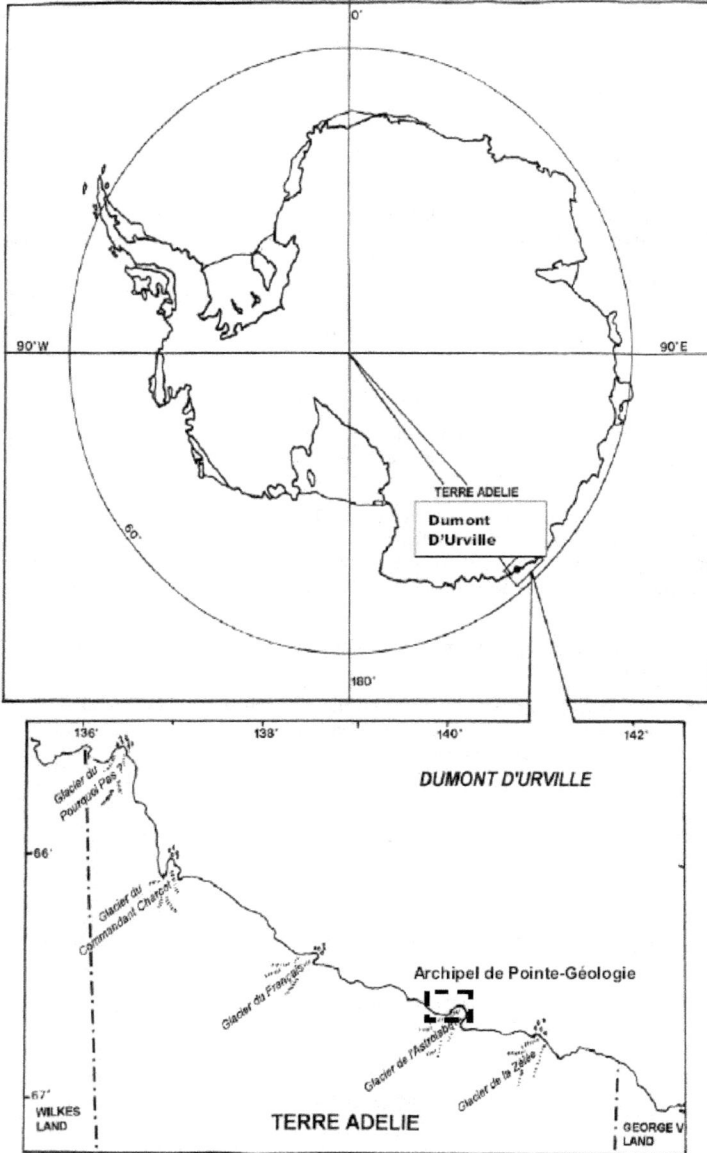

Mapa 1 – Ubicación del archipiélago de Punta Géologie, en la Tierra de Adelia (Antártida)

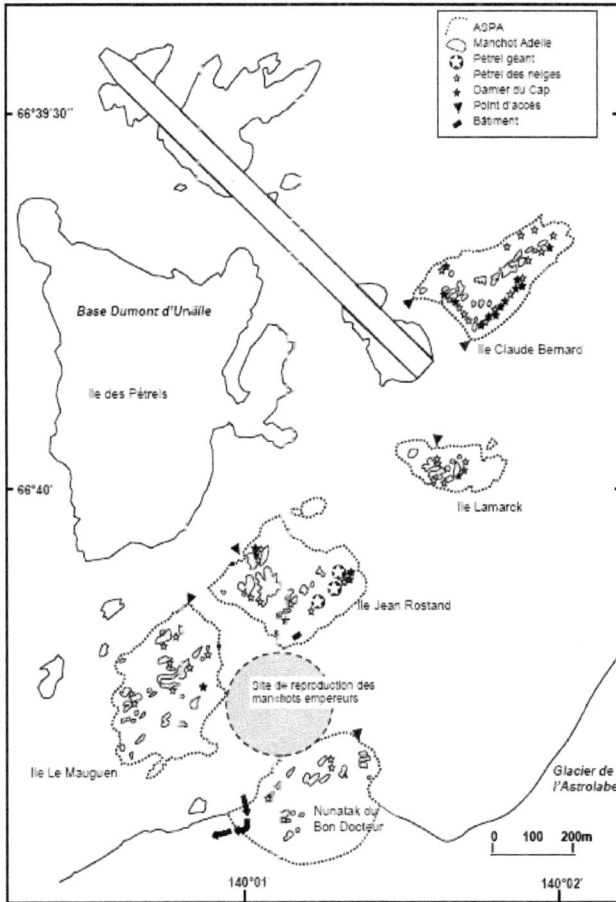

Mapa 2 – Ubicación de las colon as de aves (salvo los territorios de skúas y los nidos de petrel de Wilson) en la ZAEP del Pointe-Géologie Archipelago. Las líneas de puntos discontinuos marcan los límites de la ZAEP. Se indica el eventual ingreso de vehículos terrestres al continente por el nunatak "Bon Docteur" con flechas.

6. Descripción de la zona e identificación de los sectores

6 (i) Coordenadas geográficas, indicadores de límites y características naturales

La ZAEP 120 se ubica al borde de la costa de la Tierra de Adelia, en pleno POINTE-GÉOLOGIE ARCHIPELAGO (140° a 140°02'E; 66°39'30'' a 66°40'30'' S). Se compone de los siguientes territorios:

- la isla Jean Rostand
- la isla Le Mauguen (ex Alexis Carrel),
- la isla Lamarck,

- la isla Claude Bernard,
- el Nunatak "Bon Docteur",
- el lugar de reproducción de los pingüinos emperador, en el banco de hielo que encierra estas islas en invierno.

En total, la superficie de los afloramientos rocosos no sobrepasa los 2 km². Los puntos más elevados se encuentran en una cordillera que va de nordeste a sudoeste (isla Claude Bernard: 47,6 m; isla Jean Rostand: 36,39 m; isla Le Mauguen (ex Alexis Carrel): 28,24 m; nunatak: 28,50 m).

En verano, el banco de hielo entre las islas desaparece y sólo las pendientes meridionales de las islas siguen cubiertas de nieve. La zona está entonces bien delimitada por sus características naturales (contorno de las islas y afloramientos rocosos).

No existen rutas ni caminos en el interior de la zona.

6 (ii) Identificación de las zonas de acceso restringido o prohibido

Está prohibido el acceso a cualquier parte de la zona salvo de conformidad con un permiso.

Las condiciones de acceso a los diferentes sitios de la ZAEP se determinan en función de la repartición de las especies de aves (cuadro 1), de los períodos de presencia en los lugares de reproducción (cuadro 2) y en función de su sensibilidad específica (cuadro 3). La ubicación de las colonias anidadoras se indica en el mapa. Las aves están presentes sobre todo durante el verano austral, salvo los pingüinos emperador que se reproducen en invierno.

Entre las especies de aves presentes en el POINTE-GÉOLOGIE ARCHIPELAGO, el pingüino emperador y el petrel gigante se reproducen únicamente dentro de la ZAEP. Tras su creación en 1995, las poblaciones de estas dos especies se han mantenido estables o en leve aumento (cuadro 3). Las proyecciones a largo plazo hacen indispensable mantener un nivel alto de protección mediante el presente plan de gestión.

Caso de la isla Rostand

La implantación de la estación Dumont d'Urville generó una disminución considerable de la población de petreles gigantes en el POINTE-GÉOLOGIE ARCHIPELAGO. La colonia de reproducción ubicada en la Isla de los Petreles desapareció totalmente en el transcurso de los primeros años de instalación de la estación en las cercanías inmediatas de esta colonia (extensión de edificios, intensificación de los vuelos de helicópteros, instalación y sustitución de tanques de combustible). Actualmente el 100% de la población se reproduce en la ZAEP, en el sudeste de la isla Rostand. Las aves se encuentran en un área limitada por la cresta NE SO que pasa por las marcas de 33,10 m y 36,39 m al noroeste de la colonia, señalada en el suelo por estacas. El acceso a esta área de reproducción está estrictamente prohibido, salvo para los ornitólogos titulares de un permiso para una sola visita en temporada de anillamiento de los polluelos de petreles gigantes. El acceso al resto de la isla Rostand está permitido durante todo el año a los titulares de un permiso.

Caso de la colonia de pingüinos emperador

La fuerte disminución de los pingüinos emperador a fines de los años 1970 parece deberse a una anomalía climática prolongada entre 1976 y 1982 que provocó una disminución considerable de la superficie del banco de hielo. Desde hace unos quince años la población reproductora de pingüinos emperador está en leve aumento coincidiendo con un aumento de la superficie del banco de hielo en el sector de Tierra de Adelia. Aparte de los titulares de un permiso, nadie puede acercarse o molestar a los pingüinos emperador de ninguna manera durante la época de en que están presentes en el lugar de reproducción, de marzo a mediados de diciembre, cuando los polluelos entran al mar. Se recomienda una distancia mínima de 20 m entre los observadores autorizados y la colonia.

La colonia de pingüinos emperador no se ubica siempre en el mismo lugar y durante el invierno es itinerante sobre el banco de hielo. La zona de protección de estos animales es determinada por lo tanto por los sitios de presencia de aves (colonia o grupos de individuos) aumentados por una zona tampón de 40 m.

6 (iii) Instalaciones en el interior de la zona

Las únicas estructuras en toda la zona son la cabaña histórica de Prévost y un refugio, ambos situados en la isla Rostand.

No hay ninguna zona protegida a menos de 50 km de la ZAEP 120 de Punta Géologie.

Cuadro 1. Cantidad de parejas de aves que se reproducen en la ZAEP 120 (recuento durante el ciclo de reproducción 2010/2011). La proporción de la población que se reproduce al interior de esta ZAEP con relación a la del archipiélago Punta Géologie en su totalidad (PG) se menciona igualmente (Fuente: datos no publicados CEBC-CNRS sobre el ciclo reproductor 2010/2011 salvo para los petreles de Wilson, datos Micol & Jouventin 2001[1])

Lugar	Pingüino emperador	Pingüino Adelia	Skúa antártica	Petrel de las nieves	Petrel damero	Petrel de Wilson*	Petrel gigante
I.C. Bernard	--	3360	7	214	238	178	--
I. Lamarck	--	1160	1	38	36	45	--
I. J. Rostand	--	3994	7	61	46	35	15-18
I. Le Mauguen (ex Alexis Carrel)	--	3478	15	21	2	72	
Nunatak	---	1831	1	5	--	41	--
Banco de hielo invernal entre las islas	2838	--	--	--	--	--	--
TOTAL ZAEP	2838	13823	31	369	322	371	15-18
TOTAL PG	2838	32746	67	1066	516	1200	15-18
% ZAEP/PG	100	42	46	32	62	31	100

---

[1] Micol T et Jouventin P 2001, Long-term population trends in seven Antarctic seabirds at Pointe Géologie (Terre Adélie) *Polar Biology* **24** :175-185.

Cuadro 2 . Presencia de las aves en los lugares de reproducción

	Pingüino emperador	Pingüino Adelia	Skúa antártica	Petrel de las nieves	Petrel damero	Petrel de Wilson*	Petrel gigante
Primera llegada	Marzo	Octubre	Octubre	Septiembre	Octubre	Noviembre	Julio
Primera puesta	Mayo	Noviembre	Noviembre	Noviembre	Noviembre	Diciembre	Octubre
Última partida	Mediados de diciembre	Marzo	Marzo	Marzo	Marzo	Marzo	Abril

Cuadro 3 . Sensibilidad a las perturbaciones humanas y evolución de las poblaciones de aves del archipiélago de Punta Géologie (Fuentes: datos no publicados CEBC-CNRS, Thomas 1986[2], et Micol & Jouventin 2001 para los datos sobre los petreles de Wilson)

	Pingüino emperador	Pingüino Adelia	Skúa antártica	Petrel de las nieves	Petrel damero	Petrel de Wilson*	Petrel gigante
Sensibilidad [2]	alta	media	media	media	alta	alta	alta
Tendencia 1952-1984	en disminución	estable	estable	?	?	?	en disminución
Tendencia 1984-2000	estable	en aumento	en aumento	estable	estable	?	estable
Tendencia 2000-2011	leve aumento	en aumento	en aumento	en aumento	estable	?	estable
Tendencia 1952-2011	en disminución	en aumento	en aumento	estable	estable	?	en disminución

7. Condiciones para la expedición de permisos

- El acceso a la Zona está supeditado a la obtención de un permiso expedido por una autoridad nacional competente.

- Se podrán otorgar permisos para diversas actividades de investigación científica, vigilancia, inspección de los sitios u operaciones logísticas puntuales. En los permisos se especifica, para cada visita el alcance de las tareas, su duración y la cantidad máxima de personas autorizadas para ingresar a la Zona (titulares del permiso y eventuales acompañantes necesarios por razones profesionales o de seguridad).

7 (i) Acceso a la zona y circulación dentro de ésta

- Está estrictamente prohibido el acceso a la Zona o la circulación dentro de ésta de helicópteros o vehículos terrestres. Está prohibido sobrevolar la zona, sea en helicóptero o en cualquier otra aeronave. Por ende, el acceso a la zona solamente está permitido a pie o en embarcación liviana (en verano).

- La circulación de vehículos terrestres entre la estación Dumont d'Urville, en la Isla de los Petreles, y la estación de Cabo Prudhomme, en el continente, se realizan normalmente en invierno en línea recta, sobre el banco de hielo. Cuando en ocasiones excepcionales el estado del hielo marino no permita realizar estos trayectos de forma segura, un recorrido por el borde oeste del Nunatak "Bon Docteur" podrá ser autorizado excepcionalmente, como se indica en el mapa 2, Los vehículos seguirán en estos casos las indicaciones de distancia con los pingüinos emperador tal como se menciona en la sección 6(ii).

---

[2] Thomas T., 1986 L'effectif des oiseaux nicheurs de l'archipel de Pointe Géologie (Terre Adélie) et son évolution au cours des trente dernières années. *L'oiseau RFO* **56** :349-368.

- La circulación de las personas autorizadas en el interior de la Zona deberá efectuarse con especial precaución para evitar la perturbación de las aves y el deterioro de las zonas de anidamiento y sus rutas de acceso.

7 (ii) Actividades que pueden realizarse dentro de la zona, incluidas las restricciones en cuanto a tiempo y lugar

- Actividades orientadas a facilitar objetivos científicos esenciales que no pueden realizarse en otro lugar.
- Actividades de gestion y de logística indispensables.
- Actividades con fines pedagógicos o de vulgarización científica (tomas cinematográficas o fotográficas, tomas de sonido…)

7 (iii) Instalación, modificación o retiro de estructuras

- No se colocarán estructuras ni equipos científicos en la zona, salvo con fines científicos esenciales o para actividades de gestión autorizadas por una autoridad nacional competente.
- Las modificaciones o retiros eventuales de las únicas instalaciones que se encuentran actualmente presentes en la isla Rostand requerirán, para poder llevarse a cabo, una autorización.

7 (iv) Ubicación de los campamentos

Pueden instalarse campamentos únicamente en los casos en que así lo exija la seguridad y con la condición de que se adopten todas las precauciones necesarias para no ocasionar daño alguno a la fauna ni perturbarla.

7 (v) Restricciones aplicables a los materiales y organismos que se pueden introducir en la zona

- De conformidad con el Anexo II del Protocolo de Madrid, está prohibido introducir en la zona animales vivos o material vegetal, productos de aves de corral o sus derivados, incluidos los huevos deshidratados.
- Está prohibido introducir productos químicos en la zona, salvo para actividades científicas autorizadas con las condiciones estipuladas en los permisos otorgados. Todo producto químico deberá ser retirado de la zona a más tardar cuando concluya la actividad para la que se haya expedido el permiso.
- Está prohibido almacenar combustibles, productos alimentarios u otro material en la zona, amenos que se necesiten para propósitos esenciales relacionados con la actividad para laque se haya otorgado el permiso. Todos los materiales introducidos deberán ser retirados de la zona cuando dejen de utilizarse. Está prohibido el almacenamiento permanente en la zona.

7 (vi) Toma de animales y plantas o intromisión perjudicial con la flora y fauna autóctonas

- Está prohibida la toma de animales y plantas y la intromisión perjudicial en la fauna y flora, salvo de conformidad con un permiso que lo especifique. En caso de que la toma de animales o la intervención estén autorizados, las disposiciones del artículo 3 del anexo II del Protocolo deberán ser utilizadas como norma mínima.

7 (vii) Recolección o retiro de cualquier material que el titular de la autorización no haya llevado a la zona

- Está prohibido recolectar o retirar objetos y materiales que no hayan sido llevados a la zona por el titular de un permiso, a menos que se especifique lo contrario en el permiso.

- Los desechos de origen humano pueden retirarse de la zona. No se pueden retirar especímenes de fauna y flora muertos o enfermos a menos que esté expresamente estipulado en el permiso.

7 (viii) Eliminación de desechos
- Todos los desechos producidos deben ser retirados de la zona al final de cada visita.

7 (ix) Medidas necesarias para alcanzar las finalidades y los objetivos del plan de gestión
- Las visitas a la zona están estrictamente limitadas a las actividades científicas, logísticas o de gestión autorizadas.

7 (x) Presentación de informes

Las Partes deberán cerciorarse de que el titular principal de cada permiso presente a las autoridades competentes un informe de las actividades realizadas. Dichos informes deberán incluir la información señalada en el formulario para informes de visitas contenido en la Guía para la Preparación de Planes de Gestión para las Zonas Antárticas Especialmente Protegidas.

Las Partes deberán llevar un registro de dichas actividades y, en el intercambio anual de información, presentar descripciones resumidas de las actividades realizadas por las personas bajo su jurisdicción, suficientemente pormenorizados como para que se pueda determinar la eficacia del plan de gestión. Siempre que sea posible, las Partes deberán depositar el informe original o copias en un archivo al cual el público tenga acceso, a fin de llevar un registro del uso que pueda utilizarse en las revisiones del plan de gestión y en la organización del uso científico de la zona.

Plan de gestión para la
Zona Antártica Especialmente Protegida N.º 122

ALTURAS DE ARRIVAL, PENÍNSULA HUT POINT, ISLA ROSS

Introducción

La Zona Antártica Especialmente Protegida (ZAEP) de las Alturas de Arrival está situada cerca del extremo sudoeste de la península Hut Point, en la Isla Ross, en las coordenadas 77° 49' 41,2" S, 166° 40' 2,8" E, y tiene una superficie de aproximadamente 0,73 km². La designación de la zona se basó, fundamentalmente, en las ventajas que ofrece por ser un sitio electromagnético "silencioso" para el estudio de la atmósfera superior y por su proximidad a las unidades de apoyo logístico. En la zona se llevan a cabo otros estudios científicos, como el monitoreo de gases traza, estudios geomagnéticos y de la aurora y estudios de la calidad del aire. Como ejemplo, se puede mencionar la extensión temporal y la calidad de los numerosos conjuntos de datos atmosféricos, que confirman el alto valor científico de la zona. Desde su designación en 1975, en la zona o en sus inmediaciones se establecieron numerosos proyectos. Esta situación trae aparejado el riesgo de degradación de las condiciones de "silencio" electromagnético en las Alturas de Arrival. La interferencia generada por estas actividades parece tener un bajo impacto, que resulta aceptable para los experimentos científicos. No obstante, en la actualidad se está llevando a cabo una revisión detallada del nivel de interferencia. Las características geográficas de la zona, su proximidad a las unidades de apoyo logístico y los altos costos que implicaría el traslado a un nuevo lugar contribuyen a que los estudios continúen llevándose a cabo en este sitio. La zona fue propuesta por los Estados Unidos de América y adoptada a través de la Recomendación VIII-4 [1975, Sitio de Especial Interés Científico (SEIC) N.º 2]; y su fecha de caducidad se prorrogó mediante las Recomendaciones X-6 (1979), XII-5 (1983), XIII-7 (1985) y XIV-4 (1987), y a través de la Resolución 3 (1996). A través de la Decisión 1 (2002), se determinó el cambio de nombre y de numeración de la zona; y mediante la Medida 2 (2004), se estableció un plan de gestión modificado. La degradación de las condiciones de "silencio" electromagnético en la zona se reconoció en la Recomendación XXIII-6 (1994) del Comité Científico de Investigaciones Antárticas (SCAR, por su sigla en inglés). Se realizaron pequeñas correcciones en los límites de la zona para garantizar que el texto fuera coherente con los mapas actualizados, con mayor nivel de exactitud, que se proporcionan en el plan de gestión actual.

1. Descripción de los valores que requieren protección

Una zona de las Alturas de Arrival fue designada originalmente en la Recomendación VIII-4 (1975, SEIC N.º 2), tras la presentación de una propuesta de Estados Unidos de América, debido a que era un "sitio electromagnético y natural 'silencioso' que ofrece condiciones ideales para la instalación de instrumentos de precisión a fin de registrar señales tenues asociadas a programas de la atmósfera superior". Por ejemplo, en las Alturas de Arrival se tomaron registros de actividad electromagnética, en el marco de estudios científicos de largo plazo, que arrojaron datos de excelente calidad. Estos datos fueron el resultado de la combinación entre las características especiales de ese punto geográfico con respecto al campo geomagnético, y los niveles relativamente bajos de interferencia electromagnética. Las condiciones de "silencio" electromagnético y el extenso período a lo largo del cual se recopilaron datos en las Alturas de Arrival hacen que la información obtenida tenga un valor científico particularmente importante.

No obstante, en los últimos años, la intensificación de las operaciones científicas y auxiliares asociadas con la Base Scott y la Estación McMurdo ha llevado a un aumento del nivel de ruido electromagnético de origen local en las Alturas de Arrival, y se reconoce que los valores de la zona como sitio electromagnéticamente "silencioso" se han degradado, en cierta medida, a causa de estas actividades, tal como lo indica el SCAR en su Recomendación XXIII-6 (1994).

Las investigaciones científicas que se llevan a cabo en la zona parecen desarrollarse con un nivel aceptablemente bajo de interferencia electromagnética proveniente de otras actividades que se realizan en áreas cercanas, y por tanto, las finalidades y objetivos establecidos en el plan de gestión para las Alturas de Arrival siguen resultando adecuados. No obstante, las recientes visitas al sitio y la instalación de nuevos instrumentos han demostrado que existe ruido elevado, de muy baja frecuencia, en el rango de entre 50 Hz y 12 kHz, proveniente de fuentes ubicadas fuera de la zona (probablemente, turbinas eólicas instaladas a aproximadamente un kilómetro de la zona). También se observa un aumento del ruido de muy baja frecuencia en el rango de frecuencia de entre 12 y 50 KHz, que probablemente se origina dentro de la zona; por ejemplo la configuración y la descarga a tierra de la red eléctrica, y la proliferación de unidades tales como sistemas de alimentación ininterrumpida (SAI). En la actualidad, las comunidades científicas de E.U.A. y Nueva Zelanda que desarrollan proyectos en las Alturas de Arrival están llevando a cabo un análisis detallado de las posibles causas de interferencia electromagnética con el objeto de brindar recomendaciones prácticas para mitigar los posibles efectos.

Pese a estas observaciones, debido a las características geográficas originales del sitio, como su elevación y su amplio horizonte de visión, la morfología de cráter volcánico y la gran proximidad al pleno apoyo logístico que ofrecen la cercana Estación McMurdo (E.U.A.), que está a un kilómetro y medio al sur, y la Base Scott (Nueva Zelandia), que está a 2,7 kilómetros al sudeste, la zona sigue siendo útil para estudios de la atmósfera superior y muestreos del aire de la capa límite.

Más aún, existen restricciones científicas, económicas y prácticas asociadas a cualquier propuesta de traslado de la zona y las instalaciones conexas. Por consiguiente, la opción preferida actualmente para la gestión consiste en reducir las fuentes de interferencia electromagnética en la mayor medida de lo posible y vigilar regularmente su nivel a fin de que se pueda detectar cualquier amenaza para los valores del sitio y corregirla según corresponda.

Después de su designación original, el sitio fue usado para muchos otros programas científicos que se benefician de las restricciones vigentes al acceso a la zona. En particular, el amplio horizonte de visión y el aislamiento relativo respecto de las actividades (por ejemplo, circulación de vehículos, gases de escape de motores) han sido útiles para la medición de gases traza, particularmente, el ozono; investigaciones espectroscópicas y de las partículas presentes en el aire, estudios de la contaminación, estudios de la aurora y estudios geomagnéticos. Además, dado que las Alturas de Arrival son un sitio protegido, se ha limitado el grado y la magnitud de las alteraciones físicas de la zona. En consecuencia, los suelos y las características del paisaje han sufrido una alteración mucho menor que las áreas cercanas de Hut Point, donde las estaciones realizaron sus tareas. En particular, en las inmediaciones de Hut Point, los polígonos de cuña de arena son mucho más extensos que en cualquier otro lugar, y cubren una superficie de aproximadamente 0,5 km^2. En las Alturas de Arrival, el medioambiente no ha sufrido perturbaciones importantes; por eso, la zona resulta sumamente adecuada para realizar estudios comparativos de los impactos vinculados con la tarea que desarrollan las estaciones, y constituye un valioso parámetro respecto de la cual evaluar posibles cambios. Estos valores adicionales también son importantes razones para conferir protección especial a las Alturas de Arrival.

La zona sigue teniendo una gran utilidad científica por los diversos conjuntos de datos atmosféricos de buena calidad y a largo plazo que se han recopilado en este sitio. A pesar de que se reconoce el potencial de interferencia de fuentes locales y circundantes, las series de datos a largo plazo, la accesibilidad del sitio para efectuar observaciones todo el año, sus características geográficas y el costo elevado de su traslado justifican la continuación y el refuerzo de la protección del sitio. Debido a la vulnerabilidad de estas investigaciones a las perturbaciones ocasionadas por la contaminación química y sonora, en particular la interferencia electromagnética, es necesario continuar la protección especial de la zona.

2. Finalidades y objetivos

Las finalidades de la gestión de las Alturas de Arrival son:

- evitar las perturbaciones humanas innecesarias a fin de no degradar los valores de la zona ni crear riesgos considerables para estos;
- permitir la realización de investigaciones científicas en la zona —en particular, investigaciones sobre la atmósfera—, protegiéndola, al mismo tiempo, de usos incompatibles y equipos que no estén sujetos a controles y que puedan poner en peligro dichas investigaciones;
- reducir a un mínimo la posibilidad de una interferencia excesiva del ruido electromagnético producido en la zona mediante la reglamentación de los tipos, la cantidad y el uso del equipo que pueda instalarse y utilizarse en la zona;
- fomentar la consideración de los valores de la zona en la gestión de las actividades de los alrededores y el uso del terreno, en particular, para vigilar su intensidad, y recomendar que se reduzcan a un mínimo las fuentes de radiación electromagnética que puedan comprometer los valores de la zona;
- permitir el acceso para tareas de mantenimiento, actualización y gestión de los equipos científicos y de comunicaciones ubicados en la zona;
- permitir visitas con fines de gestión si concuerdan con los objetivos del plan de gestión; y
- permitir visitas para actividades educativas o de toma de conciencia pública relacionados con los estudios científicos que se están realizando en la zona, que no puedan llevarse a cabo en otro lugar.

3. Actividades de gestión

Se llevarán a cabo las siguientes actividades de gestión para proteger los valores de la zona:

- Se colocarán en lugares apropiados, en los límites de la zona, carteles que muestren la ubicación y los límites, con indicaciones claras respecto a las restricciones del ingreso, a fin de evitar el ingreso accidental a la zona.
- En las principales cabañas de investigación de la zona, en la Estación McMurdo y en la Base Scott, se colocarán, en lugares destacados, carteles en los cuales se indique la ubicación de la zona (así como las restricciones especiales que se le apliquen) y se dispondrá de una copia del presente plan de gestión.
- Habrá que sujetar bien los señalizadores, carteles u otras estructuras que se erijan en la zona con fines científicos o de gestión, mantenerlos en buen estado y retirarlos cuando ya no se necesiten.

- Se efectuarán las visitas necesarias (por lo menos una vez cada cinco años) para determinar si la zona continúa sirviendo a los fines para los cuales ha sido designada y cerciorarse de que las medidas de gestión y mantenimiento sean adecuadas.

- Dos veces al año, se realizarán estudios del ruido electromagnético en la zona a fin de detectar fallas de los equipos y vigilar el nivel de interferencia que pueda comprometer los valores de la zona de forma inaceptable, a fin de detectar y mitigar sus fuentes.

- Las actividades que puedan resultar disruptivas, cuya ejecución esté planificada fuera de la zona, pero en un área cercana a esta —como voladuras o perforaciones, o el uso de transmisores u otros equipos que puedan causar interferencia electromagnética significativa dentro de la zona—, deben notificarse con antelación al/a los representante(s) correspondiente(s) de las autoridades nacionales que operan en la región, a fin de coordinar las actividades y/o tomar medidas de mitigación para no afectar los programas científicos o minimizar la incidencia.

- Los programas nacionales antárticos que operen en la región deberán nombrar un coordinador de actividades que se encargue de las consultas entre programas sobre todas las actividades que se lleven a cabo en la zona.

- Los programas nacionales antárticos que operen en la región deberán consultarse a fin de garantizar que se pongan en práctica las condiciones establecidas en este plan de gestión, y deberán tomar las medidas pertinentes para detectar casos de incumplimiento y hacer que se implementen las condiciones estipuladas.

4. Período de designación

La designación abarca un período indeterminado.

5. Mapas y fotografías

Mapa 1: Alturas de Arrival, ZAEP N.º 122 en relación con la Península Hut Point, muestra la ubicación de las estaciones cercanas (Estación McMurdo, EUA., y Base Scott, Nueva Zelandia), instalaciones (SuperDARN, receptores satelitales y turbinas eólicas) y rutas (carreteras y senderos de recreación). Proyección conforme cónica de Lambert: Paralelos normales: 1.º 77° 40' S; 2.º 78° 00' S; Meridiano central: 166° 45' E; Latitud de origen: 77° 50' S; Esferoide WGS84; Nivel de referencia: McMurdo Sound Geodetic Control Network. Fuentes de datos: Topografía: curvas de nivel (intervalo 10 metros) derivados de ortofoto digital y modelos de elevación digital obtenidos a partir de imágenes aéreas (noviembre de 1993); extensión de hielo permanente digitalizado a partir de imagen satelital Quickbird ortorrectificada (15 de octubre de 2005) (Imágenes © 2005 Digital Globe, proporcionadas a través del Programa de Imágenes Comerciales de la Agencia Nacional de Inteligencia Geoespacial [NGA, por su sigla en inglés]); Infraestructura: datos computarizados sobre distribución de las estaciones: estudio de campo Programa Antártico de los Estados Unidos [USAP, por su sigla en inglés] (febrero 2009/marzo 2011), ERA (noviembre 2009) y USAP (enero 2011); senderos de recreación: relevamiento de campo del Centro Geoespacial Polar [PGC, por su sigla en inglés] (enero 2009/enero 2011).

Recuadro 1: Ubicación de la Isla Ross en el Mar de Ross. **Recuadro 2:** La ubicación del Mapa 1 en la Isla Ross y las principales características topográficas.

Mapa 2: Alturas de Arrival: mapa topográfico de la ZAEP N.º 122, que muestra los límites de las áreas protegidas, las instalaciones del sitio, las instalaciones cercanas (SuperDARN, receptores satelitales) y rutas (carreteras de acceso y senderos de recreación). Los detalles de la proyección y las fuentes de datos son los mismos que para el Mapa 1.

6. Descripción de la zona

6(i) Coordenadas geográficas, indicadores de límites y características naturales

Límites y coordenadas

Las Alturas de Arrival (77° 49' 41,2" S, 166° 40' 2,8" E; Superficie: 0,73 km^2) son una pequeña cadena de colinas bajas cerca del extremo sudoeste de la Península Hut Point, en la Isla Ross. La Península Hut Point está formada por una línea de cráteres volcánicos que se extiende desde el Monte Erebus. Dos de estos cráteres, el Primer Cráter y el Segundo Cráter, respectivamente, forman parte de los límites sur y norte de la zona. La mayor parte de la zona está libre de hielo, y las elevaciones van desde 150 metros hasta un máximo de 280 metros en el Segundo Cráter. Las Alturas de Arrival se encuentran ubicadas aproximadamente a un kilómetro y medio al norte de la Estación McMurdo y a 2,7 kilómetros al noroeste de la Base Scott. La zona tiene un amplio horizonte de visión y se encuentra relativamente aislada de las actividades que se desarrollan en la Estación McMurdo y en la Base Scott. La mayor parte de la Estación McMurdo no se ve.

La esquina sudeste, que constituye el límite de la zona, está definida por Trig T510 N.º 2, cuyo centro está ubicado en 77° 50' 08,4" S, 166° 40' 16,4" E, en una elevación de 157,3 metros. Trig T510 N.º 2 reemplazó el anterior marcador del estudio limítrofe (T510), que ya no existe, y se encuentra a 0,7 metros de este. El marcador de reemplazo T510 N.º 2 es una varilla de hierro (pintada de color naranja) y colocada en el suelo a aproximadamente 7,3 metros al oeste de la carretera de acceso a las Alturas de Arrival, y está rodeada por un pequeño círculo de rocas. El límite de la zona se extiende desde Trig T510 N.° 2, en línea recta, 656,0 metros al noroeste, pasando por el Primer Cráter, hasta un punto ubicado en 77° 49' 53,8" S, 166° 39' 03,9" E, con una elevación de 150 metros. Desde allí, el límite sigue la curva de nivel de 150 metros en dirección al norte, a lo largo de 1186 metros, hasta un punto (77° 49' 18,6" S, 166° 39' 56,1" E) directamente hacia el oeste del borde norte del Segundo Cráter. Desde ese punto, el límite se extiende 398 metros directamente hacia al este hasta el Segundo Cráter, y alrededor del borde del cráter hasta un marcador del Estudio Hidrográfico Estadounidense (US Hydrographic Survey) (un disco de bronce estampado) que se instala cerca del nivel del suelo, en 77° 49' 23,4" S, 166° 40' 59,0" E y a 282 metros de elevación, y constituye el límite noreste de la zona. Desde allí, el límite se extiende a partir del marcador del Estudio Hidrográfico Estadounidense hacia el sur, a lo largo de 1423 metros, en línea recta, directamente hasta Trig T510 N.° 2.

Geología, geomorfología y suelos

La Península Hut Point tiene 20 kilómetros de largo y está formada por una línea de cráteres que se extiende hacia el sur desde los flancos del Monte Erebus (Kyle, 1981). Las rocas basálticas de la Península Hut Point forman parte del sector volcánico de Erebus, y los tipos de rocas dominantes son lavas alcalinas basaníticas y materiales piroclásticos, con pequeñas cantidades de fonolita y afloramientos ocasionales de lavas intermedias (Kyle, 1981). Los datos aeromagnéticos y los modelos magnéticos indican que es probable que las rocas volcánicas magnéticas subyacentes a la Península Hut Point tengan más de 2 kilómetros de espesor (Behrendt *et al.*, 1996), y los estudios de datación sugieren que la edad de la mayoría de las rocas basálticas es de menos de aproximadamente 750 ka (Tauxe *et al.*, 2004).

Los suelos de las Alturas de Arrival están formados, principalmente, por depósitos de escoria volcánica provenientes de las erupciones del Monte Erebus. El tamaño de las partículas va desde limo hasta rocas grandes. El espesor de los depósitos superficiales va desde unos pocos centímetros hasta decenas de metros. El permacongelamiento se encuentra debajo de la capa activa (Stefano, 1992). El material superficial de las Alturas de Arrival también incluye flujos de magma provenientes del Monte Erebus, que han sido erosionados y modificados con el transcurso del tiempo. En las Alturas de Arrival, los polígonos de cuña de arena cubren una superficie de aproximadamente 0,5 km². Dado que la condición protegida de la zona ha limitado las perturbaciones físicas, en las zonas cercanas a la Península Hut Point son mucho más extensos que en otros lugares (Klein *et al.*, 2004).

Clima

Las Alturas de Arrival están expuestas con frecuencia a fuertes vientos y generalmente son más frías y ventosas que las cercanas Estación McMurdo y Base Scott (Mazzera *et al.*, 2001). Durante el período de febrero de 1999 hasta abril de 2009, la temperatura máxima registrada en la zona fue de 7,1 °C (30 de diciembre de 2001), y la mínima fue de -49,8 °C (21 de julio de 2004). Durante este período, diciembre fue el mes más cálido, con temperaturas atmosféricas mensuales medias de -5,1 °C, y agosto fue el mes más frío, con un promedio de –28,8 °C (datos proporcionados por el Instituto Nacional de Investigación sobre Agua y Atmósfera [National Institute of Water and Atmospheric Research], Nueva Zelandia, http://www.niwa.cri.nz, 21 de mayo de 2009).

La velocidad media anual del viento registrada en las Alturas de Arrival entre 1999 y 2009 fue de 6,96 ms⁻¹. Los meses más ventosos fueron junio y septiembre (datos obtenidos del Instituto Nacional de Investigación sobre Agua y Atmósfera, Nueva Zelandia, http://www.niwa.cri.nz, 21 de mayo de 2009). La mayor ráfaga registrada en las Alturas de Arrival entre 1999 y 2011 fue de 51 m/s (aproximadamente 184 km/h), el 16 de mayo de 2004. En las Alturas de Arrival, la dirección más frecuente de los vientos es de norte a este, dado que las masas de aire del sur son desviadas por la topografía circundante (Sinclair, 1988). La Península Hut Point se encuentra ubicada en la confluencia de tres masas de aire distintas, lo cual predispone a que en la zona se registren condiciones climáticas severas que se inician repentinamente (Monaghan *et al.*, 2005).

Investigación científica

En las Alturas de Arrival, se llevan a cabo numerosas investigaciones científicas de largo plazo. La mayor parte de las investigaciones se centran en la atmósfera y en la magnetósfera de la Tierra. Las áreas de investigación incluyen radiofrecuencias extremadamente bajas y muy bajas, sucesos aurorales, tormentas geomagnéticas, fenómenos meteorológicos y variaciones en los niveles de gases traza, especialmente ozono. La zona tiene un buen acceso y recibe apoyo logístico de la Estación McMurdo y la Base Scott, que se encuentran cerca. Así se facilitan las investigaciones en la zona.

Los datos sobre frecuencia extremadamente baja y frecuencia muy baja se recopilaron sin interrupciones en las Alturas de Arrival desde el verano austral de 1984-1985 (Fraser-Smith *et al.*, 1991). Los datos sobre ruido de frecuencia extremadamente baja y frecuencia muy baja son únicos, tanto en términos de extensión como de continuidad, para la Antártida. Fueron registrados con los datos sobre frecuencia extremadamente baja y frecuencia muy baja en Stanford University, lo cual permitió comparar las series temporales polar y de latitud media. La ausencia de interferencia electromagnética y la ubicación alejada de las Alturas de Arrival permiten a los investigadores medir los espectros de ruido de fondo de frecuencia extremadamente baja y de frecuencia muy baja, y señales débiles de frecuencia extremadamente baja, tales como las resonancias Schumann, que son cambios asociados en la magnetósfera y en la ionósfera (Füllekrug y Fraser-Smith, 1996). Los datos de frecuencia extremadamente baja y de frecuencia muy baja, así como los datos de las resonancias Schumann recopilados dentro de la zona se han estudiado en relación con las fluctuaciones en las manchas solares, los sucesos de precipitación de partículas solares y los fenómenos meteorológicos a escala planetaria (Anyamba et al., 2000; Schlegel y Füllekrug, 1999; Fraser-Smith y Turtle, 1993). Más aún, los datos sobre frecuencia extremadamente baja se han utilizado como una medida aproximada de la actividad global de rayos de nube a tierra y de la actividad de truenos (Füllekrug et al., 1999) y los datos sobre frecuencia muy baja brindan información a las redes globales que monitorean la actividad de rayos y las condiciones en la ionósfera (Clilverd et al., 2009; Rodger et al., 2009). La alta calidad de los datos electromagnéticos de las Alturas de Arrival ha permitido determinar un límite superior para la masa en reposo del fotón de aproximadamente 10^{-52} kilogramos (Füllerkrug, 2004), sobre la base de la detección de mediciones de altura de refracción ionosférica global tenues (Füllerkrug et al., 2002), y también ha establecido una relación fundamental entre los rayos en las latitudes medias y tropicales y las variaciones térmicas superficiales en climas moderados y tropicales (Füllerkrug y Fraser-Smith, 1997). Investigaciones recientes han permitido desarrollar nuevas tecnologías de medición con una sensibilidad de µV/m por encima del rango de frecuencia amplia, de aproximadamente 4 Hz a aproximadamente 400 kHz (Füllerkrug, 2010), que tienen un enorme potencial científico que requiere condiciones de quiescencia electromagnética como las que se registran en las Alturas de Arrival.

Las Alturas de Arrival se encuentran ubicadas al sur; por eso, durante el invierno austral, hay varias semanas de oscuridad total que permiten observar sucesos aurorales de baja intensidad y emisiones del lado diurno (Wright et al., 1998). Los datos registrados en las Alturas de Arrival se han utilizado para hacer un seguimiento del movimiento de los arcos del casquete polar, una forma de aurora polar, y los resultados se vincularon con las condiciones de viento solar y de campos magnéticos interplanetarios. Las observaciones aurorales realizadas por investigadores, para la University of Washington, en las Alturas de Arrival, también se han utilizado para calcular la velocidad y la temperatura de los vientos a gran altitud, analizando el efecto Doppler de las emisiones de luz aurorales. Además de la investigación de la aurora, los datos ópticos recabados en la zona se utilizaron para monitorear la respuesta de la termósfera a las tormentas geomagnéticas (Hernández y Roble, 2003) y el radar de frecuencia media se ha utilizado para medir las velocidades del viento (70-100 kilómetros) de la atmósfera media (McDonald et al., 2007).

En las Alturas de Arrival se miden algunas especies de gases traza, que incluyen ozono, bromo, metano, óxidos de nitrógeno, cloruro de hidrógeno y monóxido de carbono. Existen registros a partir de 1982 (Connor et al., 2005). Las Alturas de Arrival representan un sitio clave en la Red para la Detección del Cambio en la Composición Atmosférica (Network of the Detection of Atmospheric Composition, NDACC). Los datos se utilizan para monitorear los cambios en la estratósfera, incluso la evolución a largo plazo de la capa de ozono y la composición atmosférica general. Los niveles de ozono se registran en las Alturas de Arrival desde 1988, y se utilizan para observar las variaciones del ozono, tanto a largo plazo como en forma estacional (Oltmans et al., 2008; Rodger et al., 1991), y en las estimaciones de pérdida de ozono en la Antártida (Kuttippurath et al., 2010). Además de las tendencias a más largo plazo, durante la primavera, en las Alturas de Arrival se han registrado sucesos repentinos y sustanciales de agotamiento de ozono, que se producen en el lapso de horas y se cree que surgen como consecuencia de la liberación de compuestos de bromo provenientes de la sal marina (Riedel et al., 2006; Rodger et al., 2007). Los niveles de bromo troposférico se han registrado en forma constante en la zona desde 1995. Se estudiaron en relación con el agotamiento del ozono, el calentamiento de la estratósfera y los cambios en el vórtice polar. También se han usado en la validación de mediciones satelitales (Schofield et al., 2006). Los datos sobre óxido de nitrógeno (NO_2) recopilados en las Alturas de Arrival también se han utilizado para investigar las variaciones en los niveles de ozono, y los resultados muestran variaciones sustanciales en el NO_2 en escalas temporales diarias a interanuales, lo cual puede surgir como resultado de cambios en la circulación atmosférica, la temperatura y el forzamiento químico (Struthers et al., 2004, Wood et al., 2004). Además, en las Alturas de Arrival se utilizó la espectroscopia transformada de Fourier desde tierra para observar los niveles de sulfuro de carbonilo atmosférico y para registrar los flujos de cloruro de hidrógeno provenientes del Monte Erebus (Deutscher et al., 2006; Rodger et al., 1998).

Vegetación

En 1957, C.W. Dodge y G.E. Baker llevaron a cabo un relevamiento de los líquenes de las Alturas de Arrival. Las especies registradas fueron: *Buellia alboradians, B. frigida, B. grisea, B. pernigra, Caloplaca citrine, Candariella flava, Lecanora expectans, L. fuscobrunnea, Lecidella siplei, Parmelia griseola, P. leucoblephara* y *Physcia caesia*. Algunas de las especies de musgo que se registraron en las Alturas de Arrival fueron *Sarconeurum glaciale* y *Syntrichia sarconeurum* (Base de datos de plantas del Instituto Británico para el Estudio de la Antártida [British Antartic Survey, BAS], 2009). Se documentó la presencia de *S. glaciale* en el interior de los canales de drenaje y en vías de circulación vehicular abandonadas (Skotnicki et al., 1999).

Actividades humanas e impacto

Las unidades instaladas en las Alturas de Arrival son utilizadas a lo largo de todo el año por el personal de la Estación McMurdo (E.U.A.) y la Base Scott (Nueva Zelandia). Además de dos edificios de laboratorios, en la zona se han instalado numerosos grupos de antenas, antenas, equipo de comunicaciones e instrumentos científicos, con el cableado necesario.

Los instrumentos científicos que se utilizan para investigaciones atmosféricas en la zona son sensibles a la interferencia y el ruido electromagnéticos. Algunas de las posibles fuentes de ruido local son las transmisiones de radio de muy baja frecuencia, los cables eléctricos, los sistemas de control de emisiones vehiculares y también los equipos de laboratorio. Algunas fuentes de ruido generado fuera de la zona que también pueden afectar las condiciones electromagnéticas en las Alturas de Arrival son las comunicaciones radiales, los sistemas de transmisión para entretenimiento, las transmisiones radiales de buques, aeronaves o satélites, o los radares de vigilancia de aeronaves. Un informe de una visita al sitio confeccionado en 2006 sugirió que los niveles de interferencia en aquel momento eran aceptablemente bajos, pese a las actividades que se desarrollaban fuera de la Estación McMurdo y la Base Scott. A fin de proporcionar cierto nivel de protección contra las transmisiones radiales locales y el ruido de la estación, algunas de las antenas de muy baja frecuencia de las Alturas de Arrival se encuentran ubicadas en el Segundo Cráter.

Existen indicios de que el acceso no autorizado a la zona, tanto a bordo de vehículos como a pie, ha tenido como resultado daños en el cableado y en los instrumentos científicos, aunque no se ha determinado el grado de daño ni su impacto sobre los resultados científicos. A principios de 2010, en el edificio del USAP, se instaló una cámara para vigilar el tráfico que ingresaba a la zona a través de la carretera que conduce a los laboratorios.

Algunos de los dispositivos recientemente instalados dentro de la zona y cerca de esta son un sistema LiDAR de factor de Boltzmann para hierro en el Laboratorio de Investigación de las Alturas de Arrival de Nueva Zelandia en 2010, el grupo de antenas de la red de radares Super Dual Auroral RADAR Network (SuperDARN) (2009-2010) y dos receptores satelitales de estación terrena (Mapa 2). El grupo de antenas SuperDARN transmite a bajas frecuencias (8-20 MHz). La principal dirección de transmisión es hacia el sudoeste de la zona, y su ubicación se seleccionó, en parte, para minimizar la interferencia con los experimentos de las Alturas de Arrival. En las inmediaciones, hay dos receptores satelitales de estación terrena (Joint Polar Satellite System [JPSS]) y MG2. Uno de los receptores tiene funciones de transmisión (en el rango de frecuencias de entre 2025 y 2120 Hz), y se han tomado medidas para garantizar que las irradiaciones hacia la zona sean mínimas.

Se construyeron tres turbinas eólicas a aproximadamente un kilómetro y medio de la zona, cerca de Crater Hill, durante el verano austral 2009-2010 (Mapa 1). Las emisiones de interferencia electromagnética de las turbinas deberían cumplir con los estándares aceptados para maquinarias eléctricas y servicios. No obstante, se ha detectado interferencia electromagnética proveniente de las nuevas turbinas eólicas en conjuntos de datos de muy baja frecuencia en las Alturas de Arrival. Entre las posibles fuentes de interferencia electromagnética se pueden mencionar los transformadores de turbinas, los generadores y los cables eléctricos .

En la actualidad, se está llevando a cabo un análisis detallado de la interferencia electromagnética, que se enfoca especialmente en determinar los posibles impactos causados por la operación de las turbinas eólicas cercanas y los sistemas LiDAR y eléctricos instalados en los laboratorios de la zona. Se prevé que los resultados estén listos a fines de 2011.

Desde 1992, en las Alturas de Arrival se han llevado a cabo observaciones periódicas de la calidad del aire. Los estudios recientes sugieren que la calidad del aire ha disminuido, probablemente debido a las emisiones que se originan en la Estación McMurdo o en la Base Scott (Mazzera *et al.*, 2001); por ejemplo, por las tareas de construcción y la circulación de vehículos. Las investigaciones determinaron que las muestras de calidad del aire contenían mayores concentraciones de especies derivadas de la contaminación (EC, SO2, Pb, Zn) y aerosoles con material particulado respirable PM10 (partículas con diámetros aerodinámicos de menos de 10 μm) que otros sitios costeros y antárticos.

6(ii) Acceso a la zona

Se puede acceder a la zona por tierra, a bordo de un vehículo o a pie. La carretera de acceso a la zona ingresa por el sudeste y llega hasta los laboratorios de investigación. Dentro de la zona, hay varios senderos para vehículos que van desde la estación satelital terrena en el Primer Cráter hasta la base del Segundo Cráter. Los peatones puedan ingresar desde la carretera de acceso.

Está prohibido el acceso aéreo y el sobrevuelo de la zona, salvo que se haya emitido un permiso de autorización específico. En este caso, antes del ingreso, se debe notificar a la autoridad correspondiente que actúa como auxiliar de los programas de investigación.

6(iii) Áreas restringidas y gestionadas dentro de la zona

Ninguna.

6(iv) Estructuras situadas dentro de la zona y en sus proximidades

Los programas de Nueva Zelandia y Estados Unidos cuentan con instalaciones para investigación y viviendas en la zona. Nueva Zelandia abrió un nuevo laboratorio de investigación en las Alturas de Arrival el 20 de enero de 2007. De esta manera, reemplazó un viejo edificio que se ha eliminado de la zona. Estados Unidos tiene un laboratorio dentro de la zona. En la zona hay una serie de grupos de antenas y antenas diseñados para satisfacer necesidades específicas

(Mapa 2), y en las Alturas de Arrival se instaló una nueva antena de muy baja frecuencia en diciembre de 2008. Hay una estación satelital terrena ubicada varios metros hacia el interior del límite de la zona en el Primer Cráter (Mapa 2).

El grupo de antenas SuperDARN se encuentra ubicado a aproximadamente 270 metros al sudoeste de la zona. Hay dos receptores de estación satelital terrena instalados a aproximadamente 150 metros al sudoeste de la zona (Mapa 2).

6(v) Ubicación de otras zonas protegidas en las cercanías de la zona

Las áreas protegidas más cercanas a las Alturas de Arrival se encuentran en la Isla Ross: Cabo Evans (ZAEP N.° 155) es la más cercana, y se encuentra a 22 kilómetros hacia el norte; Bahía Backdoor (ZAEP N.° 157) se encuentra a 32 kilómetros hacia el norte, Cabo Royds (ZAEP N.° 121) se encuentra a 35 kilómetros al nornoroeste; Tramway Ridge (ZAEP N.° 130) cerca de la cumbre del Monte Erebus se encuentra a 40 kilómetros al norte; Bahía Lewis (ZAEP N.° 156), el sitio donde se produjo el accidente del avión de pasajeros en 1979, se encuentra a 50 kilómetros al noreste; el Valle de New College (ZAEP N.° 116) se encuentra a 65 kilómetros al norte en Cabo Bird; y Cabo Crozier (ZAEP N.° 1) se encuentra a 70 kilómetros hacia el noreste. Isla White NO (ZAEP N.° 137) se encuentra a 35 kilómetros al sur, cruzando la plataforma de hielo de Ross. La Zona Antártica Especialmente Administrada N.° 2 Valles Secos de McMurdo se encuentra ubicada a aproximadamente 50 kilómetros al oeste de la zona.

7. Condiciones para la expedición de permisos

Se prohíbe el ingreso a la zona excepto con un permiso expedido por una autoridad nacional pertinente. Las condiciones para la expedición de permisos para ingresar a la zona son las siguientes:

- se expedirán permisos para estudios científicos de la atmósfera y magnetósfera, o para otros fines científicos que no puedan llevarse a cabo en otro lugar; o
- se expedirán permisos para la operación, la gestión y el mantenimiento de unidades científicas auxiliares (incluidas las operaciones seguras), con la condición de que el movimiento dentro de la zona esté limitado al que resulte necesario para acceder a esas instalaciones; o
- se expedirán permisos para actividades educativas o de toma de conciencia pública que no puedan realizarse en otro lugar y que estén vinculadas con los estudios científicos llevados a cabo en la zona, con la condición de que los visitantes estén acompañados por personal autorizado, responsable de las instalaciones visitadas; o
- se expedirán permisos para fines de gestión indispensables concordantes con los objetivos del plan tales como inspección o examen;
- las actividades permitidas no pondrán en peligro los valores científicos ni educativos de la zona;
- todas las actividades de gestión deberán propender al cumplimiento de los objetivos del Plan de gestión;
- las actividades permitidas deberán ser compatibles con el Plan de gestión;
- se deberá llevar el permiso, o una copia de este, dentro de la zona;
- se deberá presentar un informe de la visita a la autoridad o las autoridades indicadas en el permiso;
- los permisos tendrán un plazo de validez expreso.

7(i) Acceso a la zona y circulación dentro de ella

Se permite ingresar a la zona a bordo de un vehículo y a pie. Se prohíben el aterrizaje y los sobrevuelos de aeronaves en la zona, salvo que se cuente con un permiso que lo autorice específicamente. Se deberá cursar notificación previa por escrito a la autoridad o las autoridades pertinentes que colaboren con las investigaciones científicas que se estén llevando a cabo en la zona al momento de la actividad que se proponen realizar las aeronaves. El momento y el lugar en que vaya a realizarse la actividad de aeronaves deberá coordinarse según corresponda, de manera tal que se reduzca a un mínimo o se evite toda perturbación posible de los programas científicos.

El tráfico de vehículos y peatones debe limitarse al mínimo necesario para alcanzar los objetivos de toda actividad permitida y se deberá hacer todo lo posible para reducir a un mínimo los efectos sobre las investigaciones científicas: por ejemplo, el personal que ingrese en la zona deberá coordinar los viajes a fin de reducir a un mínimo el uso de vehículos.

Los vehículos deberán circular por los senderos establecidos que se indican en el Mapa 2, salvo que en el permiso se autorice otra ruta específicamente. Los peatones también deberán circular, en la medida de lo posible, por los senderos existentes. Se debe tener la precaución de evitar los cables y otros instrumentos al desplazarse en la zona, dado que pueden sufrir daños a causa del tránsito de peatones y vehículos. Durante las horas de oscuridad, los faros de los vehículos deben apagarse al aproximarse a las unidades, a fin de evitar daños a los instrumentos sensibles a la luz que se encuentran dentro de la zona.

7(ii) Actividades que se llevan a cabo o que se pueden llevar a cabo dentro de la zona y restricciones con respecto al horario y el lugar

En la zona se podrán llevar a cabo las siguientes actividades:

- investigaciones científicas que no pongan en peligro los valores científicos de la zona;
- actividades de gestión fundamentales, entre ellas la construcción de unidades nuevas para colaborar con las investigaciones científicas;
- actividades con fines educativos (como informes documentales (fotográficos, auditivos o escritos), o la producción de recursos o servicios educativos) que no puedan llevarse a cabo en otro lugar;
- los visitantes que ingresen a la zona podrán usar radios portátiles o instaladas en vehículos, pero su uso deberá reducirse a un mínimo y limitarse a comunicaciones con fines científicos, de gestión o de seguridad.
- estudios de ruido electromagnético para ayudar a asegurar que la investigación científica no se vea significativamente afectada.

7(iii) Instalación, modificación o desmantelamiento de estructuras

- No se erigirán estructuras en la zona excepto de conformidad con lo especificado en un permiso.
- Todas las estructuras, equipo científico o marcadores que se instalen en la zona, fuera de las cabañas de investigación deberá estar aprobado en el permiso y llevar claramente el nombre del país, el nombre del investigador principal y el año de instalación. El desmantelamiento de tales estructuras, equipo o marcadores al caducar el permiso será responsabilidad de la autoridad que haya otorgado el permiso original, y será una condición para la expedición de dicho permiso.
-
- La instalación (incluida la selección de sitios), el mantenimiento, la modificación o el desmantelamiento de estructuras se realizará de manera tal que la alteración del medioambiente sea la mínima posible. Las instalaciones no deben poner en riesgo los valores de la zona, particularmente las condiciones de "silencio" electromagnético. Las estructuras que se instalen deben estar construidas con materiales que impliquen un riesgo mínimo de contaminación ambiental en la zona. El plazo para la remoción de los equipos se establecerá en el permiso.
- Dentro de la zona, no podrá instalarse ningún transmisor de radiofrecuencia nuevo, salvo los transceptores de bajo consumo que se utilizan para las comunicaciones locales esenciales. La radiación electromagnética producida por los equipos introducidos en la zona no deberá tener efectos adversos significativos sobre ninguna investigación que se esté llevando a cabo, salvo que se cuente con autorización específica. Se deben tomar las precauciones necesarias para asegurar que los equipos eléctricos utilizados en la zona estén adecuadamente protegidos para mantener el ruido electromagnético en los niveles mínimos.
- La instalación o modificación de estructuras o equipo en la zona estará supeditada a una determinación del posible impacto de las instalaciones o modificaciones propuestas en los valores de la zona, según se requiera de conformidad con los procedimientos nacionales. Los investigadores deberán presentar propuestas pormenorizadas y la evaluación acompañante del impacto, además de cualquier otro procedimiento requerido por las autoridades pertinentes, al coordinador de actividades de su programa nacional, quien intercambiará los documentos recibidos con otros coordinadores de actividades de la zona. Los coordinadores de actividades examinarán las propuestas en consulta con los directores de programas nacionales y los investigadores pertinentes a fin de determinar el posible impacto en los valores científicos o ambientales naturales de la zona. Los coordinadores de actividades consultarán entre ellos y formularán recomendaciones (proceder de la forma propuesta, proceder con cambios, realizar un ensayo para efectuar una evaluación ulterior o no proceder) a su programa nacional dentro de los 60 días siguientes a la recepción de una propuesta. Los programas nacionales se encargarán de avisar a los investigadores si pueden proceder o no con las propuestas y en qué condiciones.
- La planificación, instalación o modificación de estructuras cercanas o equipos fuera de la zona que emitan radiaciones electromagnéticas debe tener en cuenta sus posibilidades de afectar los valores de la zona.

7(iv) Ubicación de los campamentos

Se prohíbe acampar en la zona. Se permite pernoctar en edificios equipados para tal fin.

7(v) Restricciones relativas a los materiales y organismos que pueden introducirse en la zona

No hay restricciones específicas con respecto a los materiales y organismos que pueden introducirse en la zona.

7(vi) Recolección de ejemplares de la flora y fauna autóctonas o intromisión perjudicial

Se prohíbe la toma de ejemplares de la flora o fauna autóctonas y la intromisión perjudicial en ellas, excepto con un permiso por separado, otorgado por la autoridad nacional pertinente, específicamente para tal fin, de conformidad con el Artículo 3 del Anexo II al Protocolo.

7(vii) Recolección o retiro de elementos que no hayan sido llevados a la zona por el titular del permiso

- Se podrá recolectar o retirar material de la zona únicamente de conformidad con un permiso, y dicho material deberá limitarse al mínimo necesario para fines de índole científica o de gestión.
- Todo material de origen humano que probablemente comprometa los valores de la zona y que no haya sido llevado a la zona por el titular del permiso o que no esté comprendido en otro tipo de autorización podrá ser retirado de cualquier parte de la zona, salvo que el impacto de su extracción probablemente sea mayor que el efecto de dejar el material in situ. En ese caso, se deberá notificar a las autoridades pertinentes.
- Se debe notificar a las autoridades nacionales pertinentes respecto de todos los elementos retirados de la zona que no hayan sido introducidos por el titular del permiso.

7(viii) Eliminación de desechos

Todos los desechos, incluso los desechos humanos, deberán ser retirados de la zona.

7(ix) Medidas necesarias para garantizar el continuo cumplimiento de los objetivos y las finalidades del plan de gestión

1) Se podrán conceder permisos para ingresar en la zona a fin de realizar actividades de vigilancia científica e inspecciones de sitios que abarquen la obtención de datos para análisis o examen, o para medidas de protección.
2) Todo sitio que se utilice para actividades de vigilancia a largo plazo deberá estar debidamente marcado.
3) Las partes que operen en la zona deberán señalar las bandas electromagnéticas de interés específico para la ciencia que merezcan protección especial contra la interferencia. La generación de ruido electromagnético deberá limitarse, en la medida de lo posible, a frecuencias que no estén incluidas en esas bandas.
4) Se prohíbe la generación intencional de ruido electromagnético dentro de la zona, salvo dentro de las bandas de frecuencias y los niveles de potencia convenidos o de conformidad con un permiso.

7(x) Requisitos relativos a los informes

- Las Partes deberán cerciorarse de que el titular principal de cada permiso expedido presente a la autoridad pertinente un informe en el cual se describan las actividades realizadas. Dichos informes deben incluir, según corresponda, la información señalada en el formulario para informe de visita que se incluye en el Apéndice 4 de la Resolución 2 (1998) (CPA I).
- Las Partes deberán llevar un registro de dichas actividades y, en el intercambio anual de información, presentar descripciones resumidas de las actividades realizadas por las personas bajo su jurisdicción, suficientemente pormenorizados como para que se pueda determinar la eficacia del plan de gestión. Siempre que sea posible, las Partes deberán depositar el informe original o copias en un archivo al cual el público tenga acceso, a fin de llevar un registro del uso que pueda utilizarse en las revisiones del plan de gestión y en la organización del uso científico de la zona.
- Se deberá notificar a la autoridad correspondiente acerca de todas las actividades que se realicen/las medidas que se tomen y/o respecto de todos los materiales liberados y no eliminados que no hayan estado incluidos en el permiso autorizado. En caso de derrame, deberá informarse siempre a la autoridad pertinente.

Referencias

Anyamba, E., Williams, E., Susskind, J. Fraser-Smith, A. y Fullerkrug, M. 2000. The Manifestation of the Madden-Julian Oscillation in Global Deep Convection and in the Schumann Resonance Intensity. *American Meteorology Society* **57**(8): 1029–44.

Behrendt, J. C., Saltus, R., Damaske, D., McCafferty, A., Finn, C., Blankenship, D. D. y Bell, R. E. 1996. Patterns of Late Cenozoic volcanic tectonic activity in the West Antarctic rift system revealed by aeromagnetic surveys. *Tectonics* **15**: 660–76.

Clilverd, M. A., C. J. Rodger, N. R. Thomson, J. B. Brundell, Th. Ulich, J. Lichtenberger, N. Cobbett, A. B. Collier, F. W. Menk, A. Seppl, P. T. Verronen, y E. Turunen. 2009. Remote sensing space weather events: the AARDDVARK network. *Space Weather* **7** (S04001). DOI: 10.1029/2008SW000412.

Connor, B. J., Bodeker, G., Johnston, P. V., Kreher, K., Liley, J. B., Matthews, W. A., McKenzie, R. L., Struthers, H. y Wood, S. W. 2005. Overview of long-term stratospheric measurements at Lauder, New Zealand, and Arrival Heights, Antarctica. *American Geophysical Union, Reunión de Primavera de 2005.*

Deutscher, N. M., Jones, N. B., Griffith, D. W. T., Wood, S. W. y Murcray, F. J. 2006. Atmospheric carbonyl sulfide (OCS) variation from 1992-2004 by ground-based solar FTIR spectrometry. *Atmospheric Chemistry and Physics Discussions* **6**: 1619–36.

Informe final de la XXXIV RCTA

Fraser-Smith, A. C., McGill, P. R., Bernardi, A., Helliwell, R. A. y Ladd, M. E. 1991. Global Measurements of Low-Frequency Radio Noise *en* Environmental and Space Electromagnetics (Ed. H. Kikuchi). Springer-Verlad, Tokio.

Fraser-Smith, A. C. y Turtle, J. P.1993. ELF/VLF Radio Noise Measurements at High Latitudes during Solar Particle Events. Trabajo presentado en la reunión 51ª Edición de la Reunión de Especialistas de AGARD-EPP, sobre Aspectos de la propagación y los sistemas de radio de frecuencia extremadamente baja, muy baja y baja. Bruselas, Bélgica; 28 de septiembre - 2 de octubre de 1992.

M. Füllekrug, M. 2004. Probing the speed of light with radio waves at extremely low frequencies. *Physical Review Letters* **93**(4), 043901: 1-3.

Füllekrug, M. 2010. Wideband digital low-frequency radio receiver. *Measurement Science and Technology*, **21**, 015901: 1-9. doi:10.1088/0957-0233/21/1/015901.

Füllekrug , M. y Fraser-Smith, A. C.1996. Further evidence for a global correlation of the Earth-ionosphere cavity resonances. Asamblea General de la Unión Internacional de Geodesia y Geofísica (International Union of Geodesy and Geophysics) N.º 21, Boulder, Colorado, E.U.A.

Füllekrug, M. y Fraser-Smith, A.C. 1997. Global lightning and climate variability inferred from ELF magnetic field variations. *Geophysical Research Letters* **24**(19), 2411

Füllekrug, M., Fraser-Smith, A. C., Bering, E. A. y Few, A. A. 1999. On the hourly contribution of global cloud-to-ground lightning activity to the atmospheric electric field in the Antarctic during December 1992. *Journal of Atmospheric and Solar-Terrestrial Physics* **61**: 745-50.

Füllekrug, M., Fraser-Smith, A.C. y Schlegel, K. 2002. Global ionospheric D-layer height monitoring. *Europhysics Letters* **59**(4): 626.

Hay, T., Kreher, K., Riedel, K., Johnston, P., Thomas, A. y McDonald, A. 2007. Investigation of Bromine Explosion Events in McMurdo Sound, Antarctica. *Geophysical Research Abstracts.* Vol. 7.

Hernández, G. y Roble, R. G. 2003. Simultaneous thermospheric observations during the geomagnetic storm of April 2002 from South Pole and Arrival Heights, Antarctica. *Geophysical Research Letters* **30**(10), 2411 1511.

Keys, J. G., Wood, S. W., Jones, N. B. y Murcray. 1998. Spectral Measurements of HCl in the Plume of the Antarctic Volcano Mount Erebus. *Geophysical Research Letters* **25**(13), 2411 2421–24.

Klein, A. G., Kennicutt, M. C., Wolff, G. A., Sweet, S. T., Gielstra, D. A. y Bloxom, T. 2004. Disruption of Sand-Wedge Polygons at McMurdo Station Antarctica: An Indication of Physical Disturbance. *61.ª Conferencia de la Nieve de la Región Este (61st Eastern Snow Conference)*, Portland, Maine, E.U.A.

Kyle, P. 1981. Mineralogy and Geochemistry of a Basanite to Phonolite Sequence at Hut Point Peninsula, Antarctica, based on Core from Dry Valley Drilling Project Drillholes 1,2 and 3. *Journal of Petrology.* **22** (4): 451 – 500.

Kuttippurath, J., Goutail, F., Pommereau, J.-P., Lefèvre, F., Roscoe, H. K., Pazmi˜no A., Feng, W., Chipperfield, M. P., y Godin-Beekmann, S. 2010. Estimation of Antarctic ozone loss from ground-based total column measurements. *Atmospheric Chemistry and Physics Discussions* **10**: 6569–81.

Mazzera, D. M., Lowenthal, D. H., Chow, J, C. y Watson, J. G. 2001. Sources of PM_{10} and sulfate aerosol at McMurdo station, Antarctica. *Chemosphere* **45**: 347–56.

McDonald, A. J., Baumgaertner, A. J. G., Fraser, G. J., George, S. E. y Marsh, S. 2007. Empirical Mode Decomposition of the atmospheric wave field. *Annals of Geophysics* **25**: 375–84.

Monaghan, A. J. & Bromwich, D. H. 2005. The Climate of the McMurdo, Antarctica, Region as Represented by One Year Forecasts from the Antarctic Mesoscale Prediction System. *Journal of Climate.* 18, págs. 1174–89.

Nichol, S. E., Coulmann, S. y Clarkson, T. S. 1991. Relationship of springtime ozone depletion at Arrival Heights, Antarctica, to the 70 HPA temperatures. *Geophysical Research Letters* **18**(10), 2411 1865–68.

Oltmans, S. J., Johnson, B. J. y Helmig, D. 2008. Episodes of high surface-ozone amounts at South Pole during summer and their impact on the long-term surface-ozone variation. *Atmospheric Environment* **42**: 2804–16.

Riedel, K., Kreher, K., Nichol, S. y Oltmans, S. J. 2006. Air mass origin during tropospheric ozone depletion events at Arrival Heights, Antarctica. *Geophysical Research Abstracts* **8**.

Rodger, C. J., J. B. Brundell, R. H. Holzworth y E. H. Lay. 2009. Growing detection efficiency of the World Wide Lightning Location Network. Actas de la Conferencia del Instituto Americano de Física (American Institute of Physics) **1118**: 15-20. DOI:10.1063/1.3137706.

Schlegel, K. y Fullekrug, M. 1999. Schumann resonance parameter changes during high-energy particle precipitation. *Journal of Geophysical Research* **104** (A5): 10111-18.

Schofield, R., Johnston, P. V., Thomas, A., Kreher, K., Connor, B. J., Wood, S., Shooter, D., Chipperfield, M. P., Richter, A., von Glasow, R. y Rodgers, C. D. 2006. Tropospheric and stratospheric BrO columns over Arrival Heights, Antarctica, 2002. *Journal of Geophysical Research* **111**: 1–14.

Sinclair, M. R. 1988. Local topographic influence on low-level wind at Scott Base, Antarctica. *New Zealand Journal of Geology and Geophysics.* **31**: 237–45

Skotnicki, M. L., Ninham, J. A. y Selkirk P. M. 1999. Genetic diversity and dispersal of the moss Sarconeurum glaciale on Ross Island, East Antarctica. *Molecular Ecology* **8**: 753-62.

Stefano, J. E. 1992. Application of Ground-Penetrating Radar at McMurdo Station, Antarctica. Presentado en la conferencia federal sobre restauración ambiental del Instituto de Investigación sobre Control de Materiales Peligrosos (Hazardous Materials Control Research Institute), Vienna, E.U.A., 15-17 de abril de 1992.

Struthers, H., Kreher, K., Austin, J., Schofield, R., Bodeker, G., Johnston, P., Shiona, H. y Thomas, A. 2004. Past and future simulations of NO_2 from a coupled chemistry-climate model in comparison with observations. *Atmospheric Chemistry and Physics Discussions* **4**: 4545–79.

Tauxe, L., Gans, P. B. y Mankinen, E. A. 2004. Paleomagnetic and 40Ar/39Ar ages from Matuyama/Brunhes aged volcanics near McMurdo Sound, Antarctica. *Geochemical Geophysical Geosystems* **5** (10): 1029.

Wood, S. W., Batchelor, R. L., Goldman, A., Rinsland, C. P., Connor, B. J., Murcray, F. J., Stephan, T. M. y Heuff, D. N. 2004. Ground-based nitric acid measurements at Arrival Heights, Antarctica, using solar and lunar Fourier transform infrared observations. *Journal of Geophysical Research* **109** (A5): D18307.

Wright, I. M., Fraser, B. J., y Menk F.W. 1998. Observations of polar cap arc drift motion from Scott Base S-RAMP Actas del Congreso del Instituto Australiano de Física (Australian Institute of Physics). Perth, septiembre de 1998.

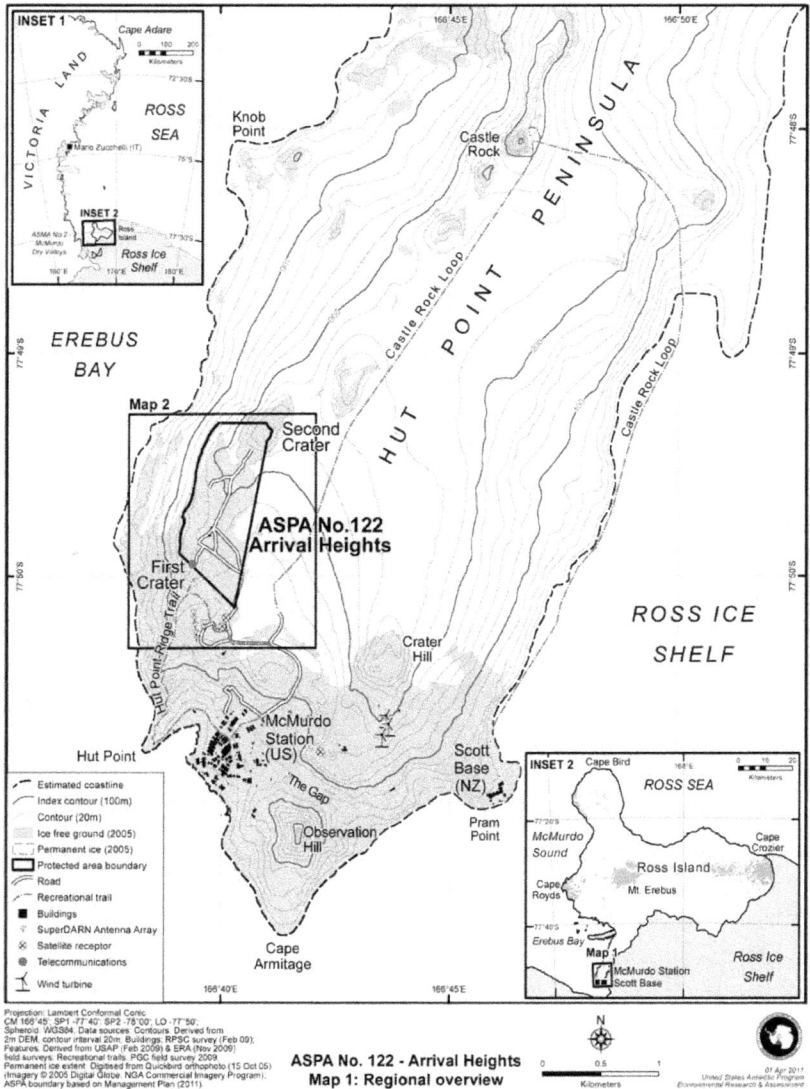

ASPA No. 122 - Arrival Heights
Map 1: Regional overview

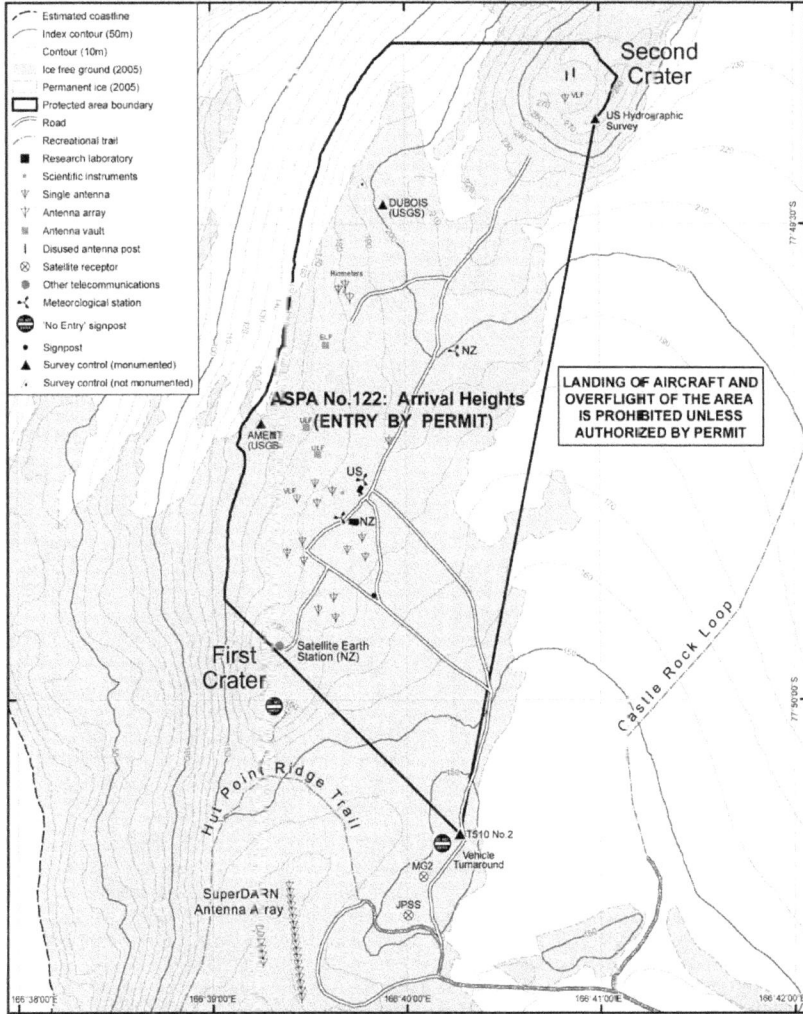

ASPA No. 122 - Arrival Heights
Map 2: ASPA Boundary & topography

Note: Overground cables are present throughout Arrival Heights and are not shown on this map. Care should be taken to avoid disturbing these cables.

Plan de gestión para la

Zona Antártica Especialmente Protegida 126

PENÍNSULA BYERS, ISLA LIVINGSTON,

ISLAS SHETLAND DEL SUR

Introducción

La principal razón para designar la península Byers (62°34'35" S, 61°13'07" O), isla Livingston, islas Shetland del Sur, como Zona Antártica Especialmente Protegida (ZAEP) es proteger los hábitats terrestres y lacustres dentro de la Zona.

La península Byers fue designada originalmente como Zona Especialmente Protegida (ZEP) 10 en virtud de la Recomendación IV-10 de 1966. Esta Zona abarcaba el terreno sin hielo al oeste del margen occidental de la capa de hielo permanente de la isla Livingston, debajo del domo Rotch, así como la isla Window, situada a unos 500 metros de la costa noroeste, y cinco zonas pequeñas sin hielo en la costa sur, justo al este de la península Byers. Los valores protegidos por la designación original comprendían la diversidad de la fauna y la flora, varios invertebrados, una población considerable de elefantes marinos del sur (*Mirounga leonina*), pequeñas colonias de focas peleteras antárticas (*Arctocephalus gazella*) y el gran interés científico relacionado con una variedad tan grande de plantas y animales en una zona relativamente pequeña.

La designación como ZEP fue cancelada mediante la Recomendación VIII - 2, y la zona fue redesignada como sitio de especial interés científico (SEIC) en virtud de la Recomendación VIII - 4 (1975, SEIC 6). Con la nueva designación como SEIC se procuraba específicamente proteger cuatro sitios más pequeños de la península, desprovistos de hielo, con estratos sedimentarios y fosilíferos de los períodos jurásico y cretáceo, considerados de sumo interés científico para el estudio de la antigua conexión entre la Antártida y otros continentes australes. Sobre la base de una propuesta presentada por Chile y el Reino Unido, el SEIC fue ampliado posteriormente de conformidad con la Recomendación XVI - 5 (1991), a fin de incluir límites similares a los de la ZEP original, como la totalidad del terreno sin hielo de la península Byers situado al oeste del borde de la capa de hielo permanente de la isla Livingston, incluido el litoral pero excluidos la isla Window, los cinco sitios costeros meridionales incluidos originalmente y todos los islotes y las rocas situados frente a la costa. En la Recomendación XVI - 5 se señala que, además de su valor geológico especial, la Zona reviste también una gran importancia biológica y arqueológica.

Aunque la situación particular de la designación y los límites cambiaron en algunas ocasiones, la península Byers ha gozado en la práctica de protección especial durante la mayor parte de la era moderna de actividad científica en la región. Las actividades recientes en la Zona han consistido casi exclusivamente en investigaciones científicas. La mayoría de las visitas y los muestreos realizados en la Zona tras su designación original en 1966 han estado supeditados a las condiciones enunciadas en los permisos y algunas áreas (como el promontorio Ray) han sido visitadas en raras ocasiones. Durante el Año Polar Internacional, la península Byers fue establecida como un "Sitio antártico de referencia internacional para ecosistemas terrestres, de agua dulce y costeros" (Quesada et al., 2009). Durante este período se establecieron datos de línea de base relacionados con los ecosistemas terrestres, limnéticos y costeros, como las características del permafrost, geomorfología, extensión de la vegetación, diversidad y funcionamiento limnéticos, diversidad de los mamíferos y aves marinos, microbiología y diversidad de los invertebrados marinos costeros. Se señala que los valores arqueológicos de la península Byers son únicos en su género, ya que en la Zona se encuentra la mayor concentración de sitios históricos de la Antártida, como restos de refugios, artefactos contemporáneos y pecios de expediciones de caza de focas de principios del siglo XIX (véase el Mapa 2).

La península Byers hace una importante contribución al sistema de Zonas Antárticas Protegidas dado que (a) contiene una diversidad de especies particularmente amplia, (b) es distinto de otras áreas debido a sus numerosos lagos, arroyos y lagunas de agua dulce, (c) tiene gran importancia ecológica y representa el sitio limnológico más importante de la región, (d) es vulnerable a la interferencia humana, en particular debido a la naturaleza oligotrófica de los lagos, que son altamente sensibles a la polución y (e) tiene gran interés científico en diversas disciplinas. Si bien algunos de estos criterios de calidad están representados en otros ZAEP de la región, la península Byers es única porque posee una alta cantidad de criterios diferentes dentro de una misma zona. Si bien la península Byers está protegida principalmente debido a su notable interés medioambiental (específicamente su diversidad biológica y sus ecosistemas terrestres y lacustres), la Zona contiene una combinación de otros valores, por ejemplo su interés científico (es decir en cuanto a biología terrestre, limnología, ornitología, palaeolimnología, geomorfología y geología), histórico (artefactos y restos de refugios de antiguos cazadores de focas), naturales (por ejemplo el promontorio Ray) y científicos continuos que pueden beneficiarse de la protección a la Zona.

El terreno sin hielo de la península Byers está rodeado por el océano en tres de sus lados, mientras que al este tiene el glaciar del domo Rotch. La Zona ha sido designada para proteger los valores encontrados dentro del terreno sin hielo en la península Byers. Para cumplir este objetivo, se ha incluido dentro de la ZAEP una parte del domo Rotch, a fin de garantizar que el terreno sin hielo recién expuesto (resultante de un retroceso del domo Rotch) siga estando dentro de los límites de la ZAEP. Además, la parte noroeste del domo Rotch incluido el terreno adyacente deglaciado y el promontorio Ray han sido designados como zonas restringidas para permitir estudios microbiológicos que requerían estándares de cuarentena más altos que los considerados necesarios dentro del resto de la Zona. La Zona (84,7 km^2) se considera de tamaño suficiente para dar una adecuada protección a los valores que se describen a continuación.

1. Descripción de los valores que requieren protección

El Plan de Gestión adjunto a la Medida 1 (2002) observaba algunos valores considerados importantes como razones para una protección especial de la Zona. Los valores registrados en los Planes de Gestión originales están reafirmados. Estos valores se exponen de la siguiente manera:

- la flora y fauna terrestres descritas son de una diversidad excepcional, con una de las representaciones más amplias de las especies conocidas en la Antártida marítima. Por ejemplo, flora rala pero diversa de plantas calcícolas y calcífugas y cianobacterias asociadas a las lavas y los basaltos, respectivamente, así como varias criptógamas raras y dos plantas vasculares autóctonas (*Deschampsia antarctica* y *Colobanthus quitensis*) en varios lugares.

- Con más de 60 lagos, numerosas charcas de agua dulce y una gran variedad de arroyos a menudo extensos, es el sitio limnológico más importante de las islas Shetland del Sur y tal vez de la Península Antártica, así como un sitio que no ha sufrido grandes perturbaciones humanas.

- *Parochlus steinenii* (el único insecto alado autóctono de la Antártida, con una distribución limitada en las islas Shetland del Sur. El único otro díptero nativo, la mosca enana sin alas *Belgica antarctica*, tiene una distribución muy restringida en la Península Antártica. Ambas especies abundan en varios lagos y charcas de la península Byers.

- Los tapetes desacostumbradamente extensos de cianobacterias dominados por la especie *Phormidium* y otras, en particular en los niveles superiores de la meseta central de la península Byers, son los mejores ejemplos descritos hasta ahora en la Antártida marítima.

- La avifauna reproductora de la Zona es diversa y abarca dos especies de pingüinos (pingüino de barbijo [*Pygoscelis antarctica*] y pingüino papúa [*P. papua*]), golondrinas antárticas (*Sterna vittata*), petreles de Wilson (*Oceanites ocecnicus*), petreles dameros (*Daption capense*), gaviotas cocineras (*Larus dominicanus*), petreles gigantes del sur (*Macronectes giganteus*), petreles de vientre negro (*Fregetta tropica*), cormoranes de ojos azules (*Phalacrocorax atriceps*), skúas pardas (*Catharacta loennbergi*) y palomas antárticas (*Chionis alba*).

- Los lagos y sus sedimentos constituyen uno de los archivos más importantes para el estudio del paleoambiente del holoceno en la Península Antártica, así como para la elaboración de una tefracronología regional del holoceno.

- En terrazas costeras hay huesos de ballena subfosilizados bien conservados, que son importantes para la datación de los depósitos de las terrazas por radiocarbono.

- Los sitios de la península desprovistos de hielo, con estratos sedimentarios y fosilíferos de los períodos jurásico y cretáceo, se consideran de sumo interés científico para el estudio de la antigua conexión entre la Antártida y otros continentes australes.

2.   Finalidades y objetivos

Las finalidades de la gestión de la península Byers son las siguientes:

- evitar las perturbaciones humanas innecesarias a fin de no degradar los valores de la Zona o crear riesgos considerables para los mismos;
- permitir la investigación científica en los ecosistemas terrestres y lacustres, mamíferos marinos, avifauna, geología y ecosistemas costeros;
- permitir la realización de otras investigaciones científicas en la Zona siempre que sean urgentes y no puedan realizarse en otro lugar;
- permitir la realización de investigaciones arqueológicas y mediciones a fin de proteger artefactos, protegiendo al mismo tiempo los artefactos históricos presentes en la Zona contra toda destrucción, perturbación o extracción innecesarias;
- evitar o reducir a un mínimo la introducción de plantas, animales y microbios exóticos en la Zona;
- reducir a un mínimo la posibilidad de introducción de patógenos que puedan provocar enfermedades en la fauna dentro de la Zona; y
- permitir visitas con fines de gestión concordantes con los objetivos del plan de gestión.

3.   Actividades de gestión

Se llevarán a cabo las siguientes actividades de gestión para proteger los valores de la Zona:

- En la Base Juan Carlos I (España) y la Estación St. Kliment Ochridski (Bulgaria), situadas en la península Hurd, se colocará en un lugar destacado un mapa en el cual se indique la ubicación de la Zona (así como las restricciones especiales que se le apliquen) y se dispondrá de copias del presente plan de gestión.
- Habrá que sujetar bien los marcadores, signos u otras estructuras que se erijan en la Zona con fines científicos o de gestión y mantenerlos en buen estado.
- Se efectuarán las visitas necesarias para determinar si la Zona continúa sirviendo a los fines para los cuales ha sido designada y cerciorarse de que las medidas de gestión y mantenimiento sean adecuadas.

La península Byers ha sido descrita como extremadamente sensible al impacto humano (Tejedo et al., 2009). La Zona fue designada como ZAEP para proteger una diversa gama de valores presentes dentro de la Zona. Como resultado, atrae a científicos (representantes de una diversa gama de disciplinas) y arqueólogos de varias naciones del Tratado. El alto número de personas presentes en la Zona en épocas punta (pleno verano) significa que es posible que los valores ambientales de la Zona sean negativamente afectados por las actividades humanas, por ejemplo al aumentar potencialmente (i) el tamaño y número de los sitios para acampar, (ii) el pisoteo de la vegetación, (iii) la perturbación de la fauna nativa (ii) la generación de desechos y (v) la necesidad de almacenar combustible. Por consiguiente, al hacer planes para el trabajo en terreno dentro de la Zona, se **recomienda enfáticamente** a las Partes vincularse con otras naciones que probablemente operen en la Zona en esa estación y coordinar sus actividades para mantener los impactos ambientales, incluidos los impactos acumulativos, en un absoluto mínimo (por ejemplo menos de unas 12 personas en el Campamento Internacional, en cualquier momento determinado).

Se recomienda enfáticamente a todas las Partes que usen el Campamento Internacional establecido (que se encuentra en las playas South, 62°39'49,7 " S, 61°05'59,8' O), para reducir la creación de nuevos sitios para acampar que aumentarían los niveles de impacto humano dentro de la Zona. Dentro del campamento hay dos cabinas satélites (una preparada para la investigación científica y la otra para las actividades domésticas; ambas cabinas son gestionadas por España). Las cabinas satélites están disponibles para todas las Partes del

Tratado, si desean usarlas. Las Partes deben vincularse con España a fin de coordinar el acceso a las cabinas satélites.

4. Período de designación

La designación abarca un período indeterminado.

5. Mapas y fotografías

Mapa 1: ZAEP 126, península Byers, en relación con las islas Shetland del Sur, con la ubicación de la Base Juan Carlos I (España), la Estación St. Kliment Ochridski (Bulgaria) y las áreas protegidas en un radio de 75 km de la Zona. Recuadro: ubicación de la isla Livingston en la Península Antártica.

Mapa 2: Mapa topográfico de la ZAEP 126, península Byers. Especificaciones cartográficas: proyección UTM Zona 20; esferoide: WGS 1984; nivel de referencia: nivel medio del mar. Exactitud horizontal de control: ±0,05 m. Intervalo de contornos verticales: 50 m.

6. Descripción de la Zona

6(i) Coordenadas geográficas, indicadores de límites y características naturales

LÍMITES

La Zona abarca:

- La península Byers y todo el terreno sin hielo y capa de hielo al oeste de la longitud 60°53'45'' O, incluido el nunatak Clark y la punta Rowe;
- el ambiente marino cercano a la costa que se extiende 10 m costa afuera a partir de la línea de la marea baja; y
- La isla Demon y la isla Sprite, adyacentes a la costa sur de la punta Devils, pero excluyendo todos los demás islotes situados frente a la costa como la isla Rugged y las rocas (Mapa 2).

El límite oriental lineal sigue la longitud 60°53'45'' O para garantizar que el terreno sin hielo recién expuesto resultante del retroceso del domo Rotch, que puede contener oportunidades científicamente útiles y nuevos hábitats para los estudios de colonización, siga estando dentro de los límites de la ZAEP.

No existen indicadores de límites.

DESCRIPCIÓN GENERAL

La península Byers (entre las latitudes 62° 34' 35" S y 62° 40' 35" S y las longitudes 60° 53' 45" O y 61° 13' 07" O, de 84,7 km²) está en el extremo occidental de la isla Livingston, la segunda en extensión de las islas Shetland del Sur (Mapa 1). La Zona sin hielo en la península, con una longitud central de oeste a este de alrededor de 9 km y una longitud noroeste-sudeste de 18,2 km, es el mayor sector sin hielo de las islas Shetland del Sur. La península tiene un relieve mayormente bajo, suavemente ondulado, aunque hay varias colinas prominentes con una altitud que va de 80 a 265 m (Mapa 2). En el interior predomina una serie de plataformas extensas con una altitud de hasta 105 m, interrumpidas por enclaves volcánicos aislados tales como el cono Chester (188 m) y el Cerro Negro (143 m) (Thomson y López Martínez, 1996). Abundan las formas fisiográficas planas y redondeadas resultantes de la erosión marina, glacial y periglacial. El terreno más accidentado se observa en el promontorio Ray, cresta que forma el eje hacia el noroeste de la península en forma de "Y". En el extremo septentrional del promontorio Ray, la costa presenta acantilados cortados a pico. La colina Start (265 m), en el extremo noroeste, es el punto más alto de la península.

La costa de la península Byers tiene una longitud de 71 km en total (Mapa 2). Aunque el relieve en general es bajo, la costa es irregular y en muchos lugares accidentada, con numerosos promontorios, acantilados e islotes, rocas y bancos de arena situados frente a la costa. La península Byers también se destaca por sus anchas playas en las tres costas (playas Robbery en el norte, playas President en el oeste y playas South). Las playas South son las más extensas: tienen 12 km de largo en el borde costero y hasta 0,9 km de ancho. Son las más grandes de las islas Shetland del Sur (Thomson y López Martínez, 1996). El anexo 1 contiene una descripción pormenorizada de las características geológicas y biológicas de la Zona.

La Resolución 3 (2008) recomendaba usar el "Análisis Ambiental de Dominios para el Continente Antártico" como modelo dinámico para identificar las Zonas Antárticas Especialmente Protegidas dentro del marco ambiental-geográfico sistemático a que se refiere el Artículo 3(2) del anexo V del Protocolo. Usando este modelo, la península Byers es predominantemente un Dominio Ambiental G (geológico de islas costa afuera de la Península Antártica), descrito como un "*ambiente terrestre muy pequeño centrado alrededor de la Península Antártica e islas costaneras asociada como la isla Decepción. Con 966 km2, es lejos el ambiente más pequeño dentro de la clasificación. El ambiente consiste enteramente en una cubierta terrestre sin hielo y contiene una combinación de tres unidades geológicas: sedimentaria (2%), intrusiva (24%) y volcánica (28%). Climáticamente, el ambiente es el más cálido en la clasificación, con una temperatura promedio del aire de solamente -3,29°C, tiene la menor variación estacional (-8,82°C) y recibe el nivel más alto de radiación solar, 10,64 MJ/m2/día. La velocidad promedio del viento dentro del ambiente es moderada: 13,86 m/seg. El ambiente tiene una moderada pendiente, con un promedio de 13,41°. Entre los lugares bien conocidos que incluye el ambiente hay algunas áreas sin hielo en las islas Shetland del Sur como la península Fildes en la isla Rey Jorge, así como pequeños puntos en la Península Antártica a lo largo de la costa Davis*". La escasez del Ambiente G en relación con las demás áreas de dominios ambientales significa que se han invertido grandes esfuerzos en conservar los valores encontrados en otras partes dentro de este tipo de ambiente: otras áreas protegidas que contienen el Dominio G son las ZAEP 109, 111, 112, 114, 125, 128, 140, 145, 149, 150 y 152 y las ZAEA 1 y 4.

El hielo permanente del domo Rotch queda bajo el Dominio Ambiental E, descrito como "*un ambiente de capa de hielo de dimensiones moderadas centrado alrededor de la Península Antártica hasta la latitud 73° S. El tamaño del ambiente (173.130 km^2) es moderado si se lo compara con otros ambientes. El ambiente consiste enteramente de una capa de hielo y no contiene geologías mapeadas. Climáticamente, el ambiente es cálido si se lo compara con el continente y es el más cálido de los ambientes que solamente contienen capa de hielo. El ambiente E está clasificado como el noveno más cálido en temperatura promedio del aire (-14,06°C), el cuarto en menor variación estacional (-15,04°C) y el séptimo en cantidad de radiación solar (9,85 MJ/m^2/día). La velocidad promedio del viento dentro del ambiente tiene una clasificación jerárquica baja, siendo el 17° entre 21 ambientes (10,28 m/s). El ambiente tiene una moderada pendiente, con un promedio de 15,01°. Entre los lugares bien conocidos que incluye el ambiente están las partes donde se han formado glaciares de Orkney del Sur, Shetland del Sur (incluida Decepción), Cerro Nevado, las islas Brabante, Anvers, Adelaida y Alejandro, así como la Península Antártica al norte de los 73°S*". Otras áreas protegidas que contienen el Dominio E son las ZAEP 113, 114, 117, 126, 128, 129, 133, 134, 139, 147, 149, 152 y las ZAEA 1 y 4.

6(ii) Acceso a la Zona

- El acceso será mediante helicóptero o lancha pequeña.
- No existen restricciones especiales para los desembarcos en lancha o aplicables a las rutas marítimas utilizadas para ingresar a la Zona o salir de ella. Debido a la gran extensión de playa accesible alrededor de la Zona, es posible aterrizar en muchos lugares. No obstante, de ser posible, el desembarco de carga y equipos científicos debe hacerse cerca del Campamento Internacional que se encuentra en las playas South (62°39'49,7" S, 61°05'59,8' O; para mayores detalles, ver 6 (*iii*)).
- En 62°39'36,4" S, 61°05'48,5' O, al este del Campamento Internacional, hay un sitio designado para aterrizaje de helicópteros.
- En circunstancias excepcionales podrán aterrizar helicópteros en otros lugares de la Zona, si se necesita para fines concordantes con los objetivos del plan pero, en la medida de lo posible, los aterrizajes deberán efectuarse en crestas y terrazas costeras.
- Dentro de las zonas restringidas no deberán aterrizar helicópteros [ver sección 6(*v*)].

- Los helicópteros deben evitar aquellos sitios donde hay concentraciones de aves (por ejemplo punta Devils, punta Lair y playas Robbery) o vegetación bien desarrollada (por ejemplo los grandes nodales de musgos cerca de las playas President y South).

- Para evitar la perturbación de la fauna, la aeronave debe evitar el descenso dentro de una zona de restricción de sobrevuelo que se extiende ¼ de milla náutica (cerca de 460 m) al interior desde la costa durante el período del 1 de octubre al 30 de abril inclusive (véase el Mapa 2). La única excepción a lo anterior es el sitio designado para aterrizaje de helicópteros en 62°39'36,4" S, 61°05'48,5' O.

- Dentro de la zona de restricción de sobrevuelo la operación de la aeronave debe llevarse a cabo, como requisito mínimo, conforme a las "Directrices para la operación de aeronaves cerca de las concentraciones de aves" contenidas en la Resolución 2 (2004). En particular, la aeronave debe mantener una altura vertical de 2000 pies (~ 610 m) SNS y cruzar la costa en ángulos rectos, de ser posible. En los casos en que las condiciones exijan que la aeronave vuele a una altura menor que la recomendada en las directrices, la aeronave deberá mantenerse a la máxima altura posible y reducir a un mínimo la duración del tránsito por la zona costera.

- Se prohíbe el uso de granadas de humo de helicópteros en la Zona salvo que sea imprescindible por motivos de seguridad. Si se usan granadas de humo, todas ellas deberán ser recuperadas.

6(iii) Ubicación de estructuras dentro de la Zona y en áreas adyacentes

En las playas South, a 62°39'49,7 " S, 61°05'59,8' O hay un Campamento Internacional. Se compone de dos "cabinas satélites" de fibra de vidrio. El Programa Polar español se ocupa de su mantenimiento y puede ser usado por todas las Partes. Smith y Simpson (1987) indican la ubicación de los indicios de cazadores de focas del siglo XIX, como los refugios y cuevas usados para resguardarse (véase el Mapa 2). Dentro de la Zona también hay varios montículos de piedras que marcan los sitios donde se han hecho reconocimientos topográficos, predominantemente en puntos altos.

Las estaciones de investigación científica más cercanas están a 30 km al este en la península Hurd, isla Livingston (Base Juan Carlos I, [España] y Estación St. Kliment Ochridski [Bulgaria]).

6(iv) Ubicación de otras Zonas protegidas en las cercanías de la Zona

Las áreas protegidas más cercanas a la península Byers son: el cabo Shirreff (ZAEP 149), a unos 20 km al nordeste, la isla Decepción (ZAEP 4), el puerto Foster y otras partes de la isla Decepción (ZAEP 140 y 145), aproximadamente a 40 km al sudsudeste; y la "bahía Chile" (bahía Discovery) (ZAEP 144), a unos 70 km al este en la isla Greenwich (Mapa 1).

6(v) Áreas restringidas y administradas en la Zona

Se cree que algunas zonas de la península Byers han sido muy poco o jamás visitadas. Se predice que algunas nuevas técnicas metagenómicas permitirán una futura identificación de la biodiversidad microbiana (bacterias, hongos y virus) a un nivel sin precedentes, haciendo posible contestar muchas preguntas fundamentales con respecto a la dispersión y distribución microbianas. Se han designado zonas restringidas con importancia científica para la microbiología antártica. En ellas, la mayor restricción atañe a su acceso, con el objetivo de evitar la contaminación microbiana de otros tipos debido a las actividades humanas:

- Para lograr este objetivo, dentro de las zonas restringidas se debe usar una sobrerropa protectora estéril . La ropa protectora se vestirá inmediatamente antes de entrar en las zonas restringidas. Justo antes de entrar en las zonas restringidas se debe desenvolver y calzarse botas de repuesto, previamente limpiadas con un biocida y luego selladas en bolsas plásticas. Si se accede en lancha a las zonas restringidas, la ropa protectora debe vestirse inmediatamente al desembarcar.

- En la mayor medida posible, todos los equipos de muestreo, aparatos científicos y marcadores traídos a las zonas restringidas se habrán esterilizado y mantenido en condición estéril antes de usarlos dentro de la zona. La esterilización debe realizarse con un método aceptado, como radiación UV, autoclave o esterilización de las superficies con etanol al 70% o con un biocida disponible en el comercio (por ejemplo Virkon®).

- El equipo general consiste en arneses, crampones, equipo de montañismo, piquetas, bastones, equipo de esquí, señalizadores temporarios de ruta, pulks, trineos, equipo de fotografía y video, mochilas, cajas y demás equipo personal. En la mayor medida factible, todo el equipo que se use en las zonas restringidas o se traiga a ellas se habrá limpiado y esterilizado completamente en la estación antártica o nave de procedencia. El equipo debe mantenerse en ese estado antes de entrar en las zonas restringidas, preferiblemente en bolsas de plástico herméticas u otros recipientes limpios.
- Los científicos de disciplinas diferentes de la microbiología pueden entrar a las áreas restringidas, pero deben observar las medidas de cuarentena que se indican anteriormente.
- No se permite acampar dentro de las zonas restringidas.
- No se permite el aterrizaje de helicópteros dentro de las zonas restringidas.
- Si es necesario acceder a las zonas restringidas para fines de investigación o por razones de emergencia, se debe enviar a la autoridad nacional apropiada e incluir en el Informe de intercambio anual de información, preferentemente a través del Sistema Electrónico de Intercambio de Información (SEII), un registro detallado de dónde ocurrió la visita (de preferencia con tecnología GPS) y las actividades específicas.

Las zonas restringidas son:

1. Domo Rotch noroccidental y terreno deglaciado adyacente. La zona restringida incluye todo el terreno y capa de hielo dentro de una zona limitada al este por la longitud 60°53'45"O, al oeste por la longitud 60°58'48" O y al sur por la latitud 62°38'30"S, mientras que el límite norte sigue la costa (véase el Mapa 2).

2. Promontorio Ray. La zona restringida incluye todo el terreno y el hielo permanente al noroeste de una línea recta que cruza el promontorio desde 62°37'S, 61°08' O (marcado por un pequeño lago costero) hasta 62°36'S, 61°06' O. Dentro de la zona restringida del promontorio Ray se permite el acceso a los restos arqueológicos que se encuentran en la costa sin necesidad de las precauciones de cuarentena exigidas en otras partes dentro de la zona restringida. No se permite el acceso a las áreas interiores más allá de los restos arqueológicos costeros a menos que se tomen las medidas de cuarentena detalladas en esta sección. De preferencia, el acceso a los restos arqueológicos deberá ser por mar en lanchas pequeñas. También se permite el acceso a pie a los restos arqueológicos sin necesidad de otras medidas de cuarentena, siguiendo la costa desde la zona sin restricción de la ZAEP de la península Byers hacia el sudeste. El acceso a los restos arqueológicos será solamente para investigaciones arqueológicas autorizadas por la autoridad nacional correspondiente.

7. Términos y condiciones para los permisos de entrada

Se prohíbe el ingreso a la Zona excepto con un permiso expedido por una autoridad nacional pertinente.

7(i) Condiciones generales para la expedición de permisos

Las condiciones para la expedición de permisos para ingresar a la Zona son las siguientes:

- el permiso se expedirá únicamente para estudios científicos del ecosistema, así como para estudios geológicos, paleontológicos o arqueológicos de la Zona, o para fines científicos urgentes que no puedan alcanzarse en otro lugar;
- el permiso se expedirá con fines de gestión indispensables concordantes con los objetivos del plan de gestión tales como inspección, mantenimiento o examen;
- las actividades permitidas no deberán poner en peligro los valores ecológicos, geológicos, históricos o científicos de la Zona;
- el muestreo propuesto no podrá consistir en la toma, la extracción o el daño de una cantidad tal de tierra, roca o ejemplares de la flora o fauna autóctonas que afecte considerablemente a su distribución o abundancia en la península Byers;

- toda actividad de gestión deberá respaldar los objetivos del plan de gestión;
- las actividades permitidas deberán concordar con el plan de gestión;
- se deberá llevar el permiso o una copia autorizada dentro de la Zona;
- se deberá presentar un informe de la visita a las autoridades indicadas en el permiso;
- los permisos tendrán un plazo de validez expreso; y
- se deberá avisar a las autoridades pertinentes sobre cualquier actividad o medida que no esté comprendida en el permiso.

7(ii) Acceso a la Zona y circulación dentro de ella

- Se prohíbe la circulación de vehículos terrestres en la Zona.
- El traslado dentro de la Zona debe ser a pie, excepto en circunstancias excepcionales en que podrá usarse el helicóptero.
- Todo desplazamiento deberá realizarse con cuidado para reducir a un mínimo la perturbación de los animales, el suelo, las características geomorfológicas y las superficies con vegetación. Si es posible, se deberá caminar en terreno rocoso o en crestas, a fin de no dañar plantas delicadas, suelos modelados y los suelos que generalmente están anegados.
- La circulación de peatones deberá limitarse al mínimo necesario para alcanzar los objetivos de las actividades permitidas y se deberá hacer todo lo posible para reducir a un mínimo los efectos de las pisadas. De ser posible, deben usarse los senderos ya existentes para transitar por la Zona (Mapa 2). Si no los hay, se debe tener cuidado de evitar la creación de nuevos senderos. Las investigaciones han demostrado que la vegetación de la península Byers puede recuperarse si se hacen menos de 200 tránsitos sobre ella en una misma estación (Tejedo et al., 2009). Por consiguiente, deben preferirse las rutas pedestres al terreno con vegetación, dependiendo del número previsto de tránsitos (es decir número de personas × tránsitos por día × número de días). Cuando se espera que el número de tránsitos por el mismo sendero sea menor de 200 en la misma estación, el sendero debe identificarse claramente y los tránsitos deben hacerse siempre por el sendero. Cuando se espera que el número sea mayor de 200 en una misma estación, no se debe fijar la ruta a lo largo de un sendero único, sino que los tránsitos se deben realizar en un cinturón amplio (es decir múltiples senderos, cada uno con menos de 200 tránsitos), a fin de difundir el impacto y permitir una recuperación más rápida de la vegetación pisoteada.
- En la sección 6(*ii*) se describen las condiciones para el uso de helicópteros dentro de la Zona.
- Los pilotos, los tripulantes y otras personas que lleguen en aeronaves o lanchas no podrán avanzar a pie más allá de las inmediaciones del sitio de desembarco, a menos que tengan un permiso que les autorice específicamente a hacerlo.
- En la sección 6(v) se describen las restricciones sobre el acceso y el movimiento dentro de las zonas restringidas.

7(iii) Actividades que pueden llevarse a cabo dentro de la Zona

- Investigaciones científicas indispensables que no puedan emprenderse en otro lugar y que no pongan en peligro el ecosistema o los valores de la Zona y que no interfieran con los estudios científicos ya en curso.
- Investigaciones arqueológicas.
- Actividades de gestión indispensables, como la de vigilancia.

7(iv) Instalación, modificación o desmantelamiento de estructuras

No se podrán erigir estructuras ni instalar equipo científico en la Zona salvo para las actividades científicas o de gestión indispensables y para el plazo de validez preestablecido que se especifiquen en el permiso. La instalación (incluida la selección del sitio), mantenimiento, modificación o desmantelamiento de las estructuras y equipo se deberán emprender de una manera que limite al mínimo la perturbación a los valores de la Zona. Todas las estructuras o equipo científico instalados en la Zona deben estar claramente identificados indicando el país al que pertenecen, el nombre del principal investigador y el año de su instalación. Todos dichos elementos deben estar libres de organismos, propágulos (por ejemplo semillas y huevos) y suelo no estéril, y deben estar confeccionados con materiales que soporten las condiciones ambientales y que representen el mínimo riesgo posible de contaminación de la Zona. El desmantelamiento de estructuras o equipos específicos para los cuales el permiso haya expirado debe ser una condición para el otorgamiento del Permiso. Se prohíbe erigir estructuras permanentes.

7(v) Ubicación de los campamentos

Para reducir al mínimo el área del terreno dentro de la ZAEP que resultará afectada por las actividades de campamento, los campamentos deben situarse dentro de la inmediata vecindad del Campamento Internacional (62°39'49,7" S, 61°05'59,8" O). Si es necesario para los propósitos indicados en el Permiso, se permite el campamento temporal dentro de la Zona más allá del Campamento Internacional. Los campamentos deberán emplazarse en lugares sin vegetación, como las partes más secas de las terrazas costeras, o sobre una capa gruesa de nieve (de más de 0,5 m de espesor) si es posible, y deberán evitarse los lugares donde se congreguen aves o mamíferos reproductores. Se prohíbe acampar dentro de 50 m de un refugio o resguardo de cazadores de focas. Los campamentos previamente usados deben reutilizarse si resulta práctico, a menos que las directrices anteriores sugieran que estaban mal ubicados. No se permite acampar dentro de las zonas restringidas.

7(vi) Restricciones relativas a los materiales y organismos que puedan introducirse en la Zona

No se permitirá la introducción deliberada de animales, material vegetal, microorganismos y suelos no estériles a la Zona. Deben tomarse precauciones a fin de evitar la introducción accidental de animales, material vegetal, microorganismos y suelos no estériles provenientes de otras regiones con características biológicas distintas (dentro de la Antártida o fuera del área comprendida en el Tratado Antártico). En vista de la presencia de colonias de aves reproductoras en la península Byers, no podrán verterse en la Zona ni en sus alrededores derivados de aves, incluidos los productos que contengan huevos desecados crudos ni los desechos de tales productos.

No se introducirán herbicidas ni plaguicidas en la Zona. Cualquier otro producto químico, incluidos los radionúclidos e isótopos estables, que se introduzca con fines científicos o de gestión especificados en el permiso deberá ser retirado de la Zona cuando concluya la actividad para la cual se haya expedido el permiso o con anterioridad. Debe evitarse la descarga directa al ambiente de radionúclidos o isótopos estables de una manera que los vuelva irrecuperables. No deben almacenarse combustibles ni otros productos químicos en la Zona, salvo que esto se haya autorizado específicamente en las condiciones del permiso. Estos deben almacenarse y manipularse de manera de reducir al mínimo el riesgo de que se introduzcan por accidente en el ambiente. Los materiales que se introduzcan en la Zona deberán permanecer en ella solo por un período determinado y deben retirarse al concluir dicho período. -{}-Si se producen escapes que puedan comprometer los valores de la Zona, se recomienda retirar el material únicamente si no es probable que el impacto de dicho traslado sea mayor que el de dejar el material *in situ*. Se deberá avisar a las autoridades pertinentes sobre los escapes de materiales que no se hayan retirado y que no estén incluidos en el permiso autorizado.

7(vii) Recolección de flora y fauna autóctonas o daños que estas puedan sufrir

Se prohíbe la toma de ejemplares de la flora o fauna autóctonas y la intromisión perjudicial en ellas, excepto con un permiso otorgado de conformidad con el Anexo II al Protocolo al Tratado Antártico sobre Protección del Medio Ambiente. En caso de toma de animales o intromisión perjudicial en los mismos, se deberá usar como norma mínima el *Código de conducta del SCAR para el uso de animales con fines científicos en la Antártida*.

7(viii) Recolección o traslado de materiales que no hayan sido traídos a la Zona por el titular del permiso

Se podrá recolectar o retirar material que el titular del permiso no haya traído a la Zona únicamente de conformidad con un permiso, y dicho material deberá limitarse al mínimo necesario para fines de índole científica, arqueológica o de gestión.

A menos que se haya autorizado específicamente por medio de un permiso, está prohibido que los visitantes de la Zona manipulen, recolecten, dañen o interfieran con el material antropogénico que cumpla los criterios estipulados en la Resolución 5 (2001). De manera similar, solo mediante autorización se permite la reubicación o el traslado de artefactos con fines de preservación, protección o con objeto de restablecer su exactitud histórica. Deberá notificarse a la autoridad nacional correspondiente de la ubicación y naturaleza de todo material antropogénico recién identificado.

Otros materiales de origen humano susceptibles de comprometer los valores de la Zona y que no hayan sido ingresados a esta por el titular del permiso o autorizados de otro modo, pueden ser retirados de la Zona a menos que el impacto ambiental provocado por su traslado sea mayor que los efectos que pueda ocasionar dicho material en el lugar; si es el caso, se debe notificar a la autoridad nacional correspondiente y se debe obtener aprobación.

7(ix) Eliminación de desechos

Como estándar mínimo, todos los desechos se eliminarán de conformidad con el Anexo III al Protocolo al Tratado Antártico sobre Protección del Medio Ambiente. Todos los desechos, incluidos los desechos humanos sólidos, deberán ser retirados de la Zona. Los desechos humanos líquidos podrán verterse en el mar. Los desechos humanos sólidos no deben verterse en el mar dado que los arrecifes costeros evitarán su dispersión, por lo que deben retirarse de la Zona. Ningún desecho humano debe eliminarse en el interior, ya que las características oligotróficas de lagos y otras masas de agua en la meseta pueden resultar afectadas hasta por una pequeña cantidad de desechos humanos, incluso orina.

7(x) Medidas necesarias para garantizar el continuo cumplimiento de los objetivos y las finalidades del plan de gestión

Se puede otorgar permisos de ingreso a la Zona con el fin de:

- llevar a cabo actividades de vigilancia e inspección de sitios, las cuales pueden implicar la recolección de una cantidad pequeña de muestras o de información para su análisis o examen;
- levantar o mantener postes indicadores, estructuras o equipo científico;
- implementar medidas de protección

Toda vigilancia a largo plazo de sitios específicos debe marcarse en forma adecuada tanto en el lugar mismo como en los mapas de la Zona. Debe solicitarse a las autoridades nacionales correspondientes la posición GPS para su implantación en el Sistema de Directorio de Datos Antárticos.

A fin de mantener los valores ecológicos y científicos de la Zona, los visitantes deben tomar precauciones especiales contra la introducción de material de cualquier tipo. De especial preocupación son las introducciones microbianas, animales o vegetales provenientes de suelos de otros lugares de la Antártida, incluidas las estaciones, o de regiones fuera de la Antártida. Los visitantes deben, en el mayor grado posible, asegurarse de que su calzado, ropas y equipos (particularmente sus equipos de campamento y de toma de muestras) se hayan limpiado completamente antes de ingresar a la Zona. No se podrán descargar en la Zona derivados de aves y otros productos aviares introducidos que puedan ser vectores de enfermedades aviares.

7(xi) Requisitos relativos a los informes

El titular principal de un permiso para cada visita a la Zona debe presentar un informe ante la autoridad nacional correspondiente tan pronto como sea posible, y no más allá de los seis meses luego de concluida la visita. Dichos informes deberán incluir la información señalada en el formulario para informes de visitas contenido en la Guía para la Preparación de Planes de Gestión para las Zonas Antárticas Especialmente Protegidas. Si procede, la autoridad nacional también debe enviar una copia del informe de visita a la Parte que haya propuesto el Plan de Gestión, a fin de ayudar en la administración de la Zona y en la revisión del Plan de Gestión. Las Partes deben, de ser posible, depositar los originales o copias de los informes de visita originales en un archivo de acceso público, a fin de mantener un registro del uso, para fines de revisión del Plan de Gestión y también para fines de organizar el uso científico de la Zona.

8. Documentación de apoyo

Bañón, M., Justel M. A., Quesada, A. 2006. Análisis del microclima de la península Byers, isla Livingston, Antártida, en el marco del proyecto LIMNOPOLAR. In: *Aplicaciones meteorológicas*. Asociación Meteorológica Española.

Birnie, R.V., Gordon, J.E. 1980. Drainage systems associated with snow melt, South Shetland Islands, Antarctica. *Geografiska Annaler* **62A**: 57-62.

Björck, S., Hakansson, H, Zale, R., Karlén, W., Jönsson, B.L. 1991. A late Holocene lake sediment sequence from Livingston Island, South Shetland Islands, with palaeoclimatic implications. *Antarctic Science* **3**: 61-72.

Björck, S., Sandgren, P., Zale, R. 1991. Late Holocene tephrochronology of the Northern Antarctic Peninsula. *Quaternary Research* **36**: 322-28.

Björck, S., Hjort, C, Ingólfsson, O., Skog, G. 1991. Radiocarbon dates from the Antarctic Peninsula - problems and potential. In: Lowe, J.J. (ed.), *Radiocarbon dating: recent applications and future potential. Quaternary Proceedings* 1, Quaternary Research Association, Cambridge. pp 55-65.

Björck, S., Håkansson, H., Olsson, S., Barnekow, L., Janssens, J. 1993. Palaeoclimatic studies in South Shetland Islands, Antarctica, based on numerous stratigraphic variables in lake sediments. *Journal of Paleolimnology* **8**: 233-72.

Björck, S., Zale, R. 1996. Late Holocene tephrochronology and palaeoclimate, based on lake sediment studies. In: López Martínez, J., Thomson, M. R. A., Thomson, J.W. (eds.) *Geomorphological map of Byers Peninsula, Livingston Island*. Serie BAS GEOMAP Hoja 5-A, 43-48. British Antarctic Survey, Cambridge.

Björck, S., Hjort, C., Ingólfsson, O., Zale, R., Ising, J. 1996. Holocene deglaciation chronology from lake sediments. In: López Martínez, J., Thomson, M. R. A., Thomson, J.W. (eds.) *Geomorphological map of Byers Peninsula, Livingston Island*. Serie BAS GEOMAP Hoja 5-A, 49-51. British Antarctic Survey, Cambridge.

Block, W., Starý, J. 1996. Oribatid mites (Acari: Oribatida) of the maritime Antarctic and Antarctic Peninsula. *Journal of Natural History* **30**: 1059-67.

Bonner, W.N., Smith, R.I.L. (Eds) 1985. *Conservation areas in the Antarctic*. SCAR, Cambridge: 147-56.

Booth, R.G., Edwards, M., Usher, M.B. 1985. Mites of the genus Eupodes (Acari, Prostigmata) from maritime Antarctica: a biometrical and taxonomic study. *Journal of the Zoological Society of London (A)* **207**: 381-406.

Carlini, A.R., Coria, N.R., Santos, M.M., Negrete, J., Juáres, M.A., Daneri, G.A. 2009. Responses of *Pygoscelis adeliae* and *P. papua* populations to environmental changes at Isla 25 de Mayo (King George Island). *Polar Biology* **32**: 1427-1433.

Convey, P., Greenslade, P. Richard, K.J., Block, W. 1996. The terrestrial arthropod fauna of the Byers Peninsula, Livingston Island, South Shetland Islands - Collembola. *Polar Biology* **16**: 257-59.

Covacevich, V.C. 1976. Fauna valanginiana de Peninsula Byers, Isla Livingston, Antartica. *Revista Geológica de Chile* **3**: 25-56.

Crame, J.A. 1984. Preliminary bivalve zonation of the Jurassic-Cretaceous boundary in Antarctica. In: Perrilliat, M. de C. (Ed.) *Memoria, III Congreso Latinamerico de Paleontología, México, 1984. Ciudad de México*, Universidad Nacional Autónoma de Mexico, Instituto de Geología. pp 242-54.

Crame, J.A. 1985. New Late Jurassic Oxytomid bivalves from the Antarctic Peninsula region. *British Antarctic Survey Bulletin* **69**: 35-55.

Crame, J.A. 1995. Occurrence of the bivalve genus Manticula in the Early Cretaceous of Antarctica. *Palaeontology* **38** Pt. 2: 299-312.

Crame, J.A. 1995. A new Oxytomid bivalve from the Upper Jurassic–Lower Cretaceous of Antarctica. *Palaeontology* **39** Pt. 3: 615-28.

Crame, J.A. 1996. Early Cretaceous bivalves from the South Shetland Islands, Antarctica. *Mitt. Geol-Palaont. Inst. Univ. Hamburg* **77**: 125-127.

Crame, J.A., Kelly, S.R.A. 1995. Composition and distribution of the Inoceramid bivalve genus *Anopaea*. *Palaeontology* **38** Pt. 1: 87-103.

Crame, J.A., Pirrie, D., Crampton, J.S., Duane, A.M. 1993. Stratigraphy and regional significance of the Upper Jurassic - Lower Cretaceous Byers Group, Livingston Island, Antarctica. *Journal of the Geological Society* **150** Pt. 6: 1075-87.

Croxall, J.P., Kirkwood, E.D. 1979. *The distribution of penguins on the Antarctic Peninsula and the islands of the Scotia Sea*. British Antarctic Survey, Cambridge.

Davey, M.C. 1993. Carbon and nitrogen dynamics in a maritime Antarctic stream. *Freshwater Biology* **30**: 319-30.

Davey, M.C. 1993. Carbon and nitrogen dynamics in a small pond in the maritime Antarctic. *Hydrobiologia* **257**: 165-75.

Duane, A.M. 1994. Preliminary palynological investigation of the Byers Group (Late Jurassic-Early Cretaceous), Livingston Island, Antarctic Peninsula. *Review of Palaeobotary and Palynology* **84**: 113-120.

Duane, A.M. 1996. Palynology of the Byers Group (Late Jurassic-Early Cretaceous) Livingston and Snow Islands, Antarctic Peninsula: its biostratigraphical and palaeoenvironmental significance. *Review of Palaeobotany and Palynology* **91**: 241-81.

Duane, A.M. 1997. Taxonomic investigations of Palynomorphs from the Byers Group (Upper Jurassic-Lower Cretaceous), Livingston and Snow Islands, Antarctic Peninsula. *Palynology* **21**: 123-144.

Ellis-Evans, J.C. 1996. Biological and chemical features of lakes and streams. In: López Martínez, J., Thomson, M. R. A., Thomson, J.W. (eds.) *Geomorphological map of Byers Peninsula, Livingston Island*. Serie BAS GEOMAP Hoja 5-A, 20-22. British Antarctic Survey, Cambridge.

Fernández-Valiente, E., Camacho, A., Rochera, C., Rico, E., Vincent, W. F., Quesada, A. 2007

Community structure and physiological characterization of microbial mats in Byers Peninsula, Livingston Island (South Shetland islands, Antarctica). *FEMS Microbiology Ecology* **59**: 377- 385

Gil-Delgado, J.A., Villaescusa, J.A., Diazmacip, M.E., Velázquez, D., Rico, E., Toro, M., Quesada, A., Camacho, A. Is the southern elephant seal *mirounga leonina* population on the Byers Peninsula (Livingston Island, South Shetland Islands) increasing? *Polar Biology* (presentado)

Gil-Delgado, J.A., González Solís, J., Barbosa, A. 2010. Breeding birds populations in Byers Peninsula (Livingston Is., South Shetlands Islands). 18th International Conference of the European Bird Census Council. 22 al 26 de marzo. Cáceres. España.

González Ferrán, O., Katsui, Y., Tavera, J. 1970. Contribución al conocimiento geológico de la Península Byers, Isla Livingston, Islas Shetland del Sur, Antártica. *Publ. INACH Serie. Cientifica* **1**: 41-54.

Gray, N.F., Smith, R.I. L. 1984. The distribution of nematophagous fungi in the maritime Antarctic. *Mycopathologia* **85**: 81-92.

Harris, C.M. 2001. *Revision of management plans for Antarctic protected areas originally proposed by the United States of America and the United Kingdom: Field visit report*. Internal report for the National Science Foundation, US, and the Foreign and Commonwealth Office, UK. Environmental Research and Assessment, Cambridge.

Hansom, J.D. 1979. Radiocarbon dating of a raised beach at 10 m in the South Shetland Islands. *British Antarctic Survey Bulletin* **49**: 287-288.

Hathway, B. 1997. Non-marine sedimentation in an Early Cretaceous extensional continental-margin arc, Byers Peninsula, Livingston Island, South Shetland Islands. *Journal of Sedimentary Research* **67**: 686-697.

Hathway, B., Lomas, S.A. 1998. The Upper Jurassic-Lower cretaceous Byers Group, South Shetland Islands, Antarctica: revised stratigraphy and regional correlations. *Cretaceous Research* **19**: 43-67.

Hernández, P.J., Azcárate, V. 1971. Estudio paleobotánico preliminar sobre restos de una tafoflora de la Península Byers (Cerro Negro), Isla Livingston, Islas Shetland del Sur, Antártica. *Publ. INACH Serie. Científica* **2**: 15-50.

Hjort, C., Ingólfsson, O., Björck, S. 1992. The last major deglaciation in the Antarctic Peninsula region - a review of recent Swedish Quaternary research. En: Y. Yoshida et al. (eds.) *Recent Progress in Antarctic Science.* Terra Scientific Publishing Company (TERRAPUB), Tokio: 741-743.

Hjort, C., Björck, S., Ingólfsson, Ó., Möller, P. 1998. Holocene deglaciation and climate history of the northern Antarctic Peninsula region: a discussion of correlations between the Southern and Northern Hemispheres. *Annals of Glaciology* **27**: 110-112.

Hodgson, D.A., Dyson, C.L., Jones, V.J., Smellie, J.L. 1998. Tephra analysis of sediments from Midge Lake (South Shetland Islands) and Sombre Lake (South Orkney Islands), Antarctica. *Antarctic Science* **10**: 13-20.

John, B.S., Sugden, D.E. 1971. Raised marine features and phases of glaciation in the South Shetland Islands. *British Antarctic Survey Bulletin* **24**: 45-111.

Jones, V.J., Juggins, S., Ellis-Evans, J.C. 1993. The relationship between water chemistry and surface sediment diatom assemblages in maritime Antarctic lakes. *Antarctic Science* **5**: 339-48.

Kelly, S.R.A. 1995. New Trigonioid bivalves from the Early Jurassic to Earliest Cretaceous of the Antarctic Peninsula region: systematics and austral paleobiogeography. *Journal of Paleontology* **69**: 66-84.

Lindsay, D.C. 1971. Vegetation of the South Shetland Islands. *British Antarctic Survey Bulletin* **25**: 59-83.

López Bueno, A., Tamames, J. Velazquez, D., Moya, A., Quesada, A., Alcami, A. 2009. Viral Metagenome of an Antarctic lake: high diversity and seasonal variations. *Science* **326**: 858-861.

Lopez Martínez, J., Serrano, E., Martínez de Pisón, E. 1996. Geomorphological features of the drainage system. In: López Martínez, J., Thomson, M. R. A., Thomson, J.W. (eds.) *Geomorphological map of Byers Peninsula, Livingston Island.* Serie BAS GEOMAP Hoja 5-A, 15-19. British Antarctic Survey, Cambridge.

Lopez Martínez, J., Martínez de Pisón, E., Serrano, E., Arche, A. 1996 *Geomorphological map of Byers Peninsula, Livingston Island.* Serie BAS GEOMAP, Hoja 5-A, Escala 1:25 000. Cambridge, British Antarctic Survey,.

Martínez de Pisón, E., Serrano, E., Arche, A., López Martínez, J. 1996. Glacial geomorphology. In: López Martínez, J., Thomson, M. R. A., Thomson, J.W. (eds.) *Geomorphological map of Byers Peninsula, Livingston Island.* Serie BAS GEOMAP Hoja 5-A, 23-27. British Antarctic Survey, Cambridge.

Pankhurst, R.J., Weaver, S.D., Brook, M., Saunders, A.D. 1979. K-Ar chronology of Byers Peninsula, Livingston Island, South Shetland Islands. *British Antarctic Survey Bulletin* **49**: 277-282.

Petz, W., Valbonesi, A., Schiftner, U., Quesada, A., Ellis-Evans, C.J. 2007. Ciliate biogeography in Antarctic and Arctic freshwater ecosystems: endemism or global distribution of species? *FEMS Microbiology Ecology* **59**: 396-408.

Quesada, A., Fernández Valiente, E., Hawes, I., Howard.Williams, C. 2008. Benthic primary production in polar lakes and rivers. In: Vincent, W., Leybourn-Parry J. (eds). *Polar Lakes and Rivers – Arctic and Antarctic Aquatic Ecosystems.* Springer. pp 179-196.

Quesada, A., Camacho, A. Rochera, C., Velázquez, D. 2009. Byers Peninsula: a reference site for coastal, terrestrial and limnetic ecosystems studies in maritime Antarctica. *Polar Science* **3**: 181-187.

Richard, K.J., Convey, P., Block, W. 1994. The terrestrial arthropod fauna of the Byers Peninsula, Livingston Island, South Shetland Islands. *Polar Biology* **14**: 371-79.

Rodríguez, P., Rico, E. 2008. A new freshwater oligochaete species (Clitellata: Enchytraeidae) from Livingston Island, Antarctica. *Polar Biology* **31**: 1267-1279.

SGE, WAM and BAS. 1993. *Byers Peninsula, Livingston Island.* Topographic map, Scale 1:25 000. Cartografía Antártica. Madrid, Servicio Geografía del Ejército.

Serrano, E., Martínez de Pisón, E., López Martínez, J. 1996. Periglacial and nival landforms and deposits. In: López Martínez, J., Thomson, M. R. A., Thomson, J.W. (eds.) *Geomorphological map of Byers Peninsula, Livingston Island.* Serie BAS GEOMAP Hoja 5-A, 28-34. British Antarctic Survey, Cambridge.

Smellie J.L., Davies, R.E.S., Thomson, M.R.A. 1980. Geology of a Mesozoic intra-arc sequence on Byers Peninsula, Livingston Island, South Shetland Islands. *British Antarctic Survey Bulletin* **50**: 55-76.

Smith, R.I.L., Simpson, H.W. 1987. Early Nineteeth Century sealers' refuges on Livingston Island, South Shetland Islands. *British Antarctic Survey Bulletin* **74**: 49-72.

Starý, J., Block, W. 1998. Distribution and biogeography of oribatid mites (Acari: Oribatida) in Antarctica, the sub-Antarctic and nearby land areas. *Journal of Natural History* **32**: 861-94.

Sugden, D.E., John, B.S. 1973. The ages of glacier fluctuations in the South Shetland Islands, Antarctica. In: van Zinderen Bakker, E.M. (ed.) *Paleoecology of Africa and of the surrounding islands and Antarctica* . Balkema, Cape Town, pp. 141-159.

Tejedo, P., Justel, A., Benayas, J., Rico E., Convey, P., Quesada, A. 2009. Soil trampling in an Antarctic Specially Protected Area: tools to assess levels of human impact. *Antarctic Science* **21**: 229-236.

Thom, G. 1978. Disruption of bedrock by the growth and collapse of ice lenses. *Journal of Glaciology* **20**: 571-75.

Thomson, M.R.A., López Martínez, J. 1996. Introduction. In: López Martínez, J., Thomson, M. R. A., Thomson, J.W. (eds.) *Geomorphological map of Byers Peninsula, Livingston Island.* Serie BAS GEOMAP Hoja 5-A, 1-4. British Antarctic Survey, Cambridge.

Toro, M., Camacho, A., Rochera, C., Rico, E., Bañón, M., Fernández, E., Marco, E., Avendaño, C., Ariosa, Y., Quesada, A. 2007. Limnology of freshwater ecosystems of Byers Peninsula (Livingston Island, South Shetland Islands, Antarctica. *Polar Biology* **30**: 635-649.

Torres, D., Cattan, P., Yáñez, J. 1981. Post-breeding preferences of the Southern Elephant seal *Mirounga leonina* in Livingston Island (South Shetlands). *Publ. INACH Serie. Científica* **27**: 13-18.

Torres, D., Jorquera, D. 1994. Marine debris analysis collected at cape Shirreff, Livingston Island, South Shetland, Antarctica. *Ser. Cient. INACH* **44**: 81-86.

Usher, M.B., Edwards, M. 1986. The selection of conservation areas in Antarctica: an example using the arthropod fauna of Antarctic islands. *Environmental Conservation* **13**: 115-22.

Van der Vijver, J., Agius, T., Gibson, J., Quesada, A. 2009. An unusual spine-bearing Pinnularia species from the Antarctic Livingston Island. *Diatom Research* **24**: 431-441.

White, M.G. Preliminary report on field studies in the South Shetland Islands 1965/66. Unpublished field report in BAS Archives AD6/2H1966/N6.

Woehler, E.J. (Ed.) 1993. The distribution and abundance of Antarctic and sub-Antarctic penguins. SCAR, Cambridge.

Zidarova, E., Van de Vijver, B., Quesada, A., de Haan, M. 2010. Revision of the genus Hantzschia (Bacillariophyceae) on Livingston Island (South Shetland Islands, Southern Atlantic Ocean). Plant Ecology and Evolution. En prensa.

Anexo 1

Información de respaldo

CLIMA

No se dispone de registros meteorológicos de la península Byers antes de 2001, pero cabe suponer que el clima sea similar al de la Base Juan Carlos I, en la península Hurd (registrado desde 1988). Las condiciones prevalentes consisten en una temperatura media anual superior a 0 °C, con temperaturas superiores a 0° C al menos durante varios meses del verano, y una tasa de precipitaciones relativamente alta, que se calcula en unos 800 mm al año, mayormente en forma de lluvia en verano (Ellis-Evans 1996). La península permanece cubierta de nieve gran parte del año, pero generalmente no queda nada de nieve para fines del verano. La península está expuesta a los fenómenos meteorológicos del pasaje de Drake en el norte y el noroeste, así como a los vientos de estas direcciones, y del estrecho Bransfield al sur. El clima es marítimo polar, con una humedad relativa permanentemente alta (de aproximadamente un 90%), cielos cubiertos la mayor parte del tiempo, nieblas frecuentes y eventos de precipitación regulares. La temperatura media en verano es de 1,1 °C, pero ocasionalmente puede superar los 5 °C. En ocasiones excepcionales, la temperatura estival ha llegado a 9 °C. La temperatura promedio mínima se acerca a los 0 °C. En invierno las temperaturas pueden ser inferiores a -26 °C, aunque el valor promedio es -6 °C. La temperatura invernal máxima puede acercarse a los 0 °C. La radiación media en verano es de 14.000 KJ m^{-2}, alcanzando los 30.000 KJ m^{-2} en los días soleados próximos al solsticio. Los vientos son altos, con una velocidad promedio de 24 km h^{-1}. Hay frecuentes tormentas con vientos a más de 140 Km h^{-1}. Los vientos predominantes vienen del SO y NE.

GEOLOGÍA

La roca madre de la península Byers está formada por rocas sedimentarias, volcánicas y volcaniclásticas marinas del jurásico superior al cretáceo inferior que presentan intrusión de cuerpos ígneos (véanse Smellie et al., 1980; Crame et al., 1993, Hathway y Lomas, 1998). Las rocas representan una parte de un complejo de arco magmático mesozoico-cenozoico que aflora en toda la Península Antártica, aunque de forma más extensa en la península Byers (Hathway y Lomas, 1998). En la región interior elevada de la mitad oriental de la península, que está rodeada al norte y al sur por depósitos de terrazas del holoceno, predominan las tobas no marinas del cretáceo inferior, brechas volcánicas, conglomerados, areniscas y esquistos de barro menores, con intrusiones en varios lugares de enclaves volcánicos y capas intrusivas. En la mitad occidental de la península y el sector que se extiende hacia el noroeste hasta la mitad del promontorio Ray predominan esquistos de barro marinos del jurásico superior y el cretáceo inferior, con areniscas, conglomerados y frecuentes intrusiones de capas intrusivas, enclaves volcánicos y otros cuerpos ígneos. La mitad noroeste del promontorio Ray consiste principalmente en brechas volcánicas de la misma edad. Las manifestaciones litológicas más comunes en la península son los esquistos de barro, las areniscas, los conglomerados y las rocas piroclásticas. En las zonas costeras hay grandes extensiones de gravas de playa y depósitos aluviales del holoceno, especialmente en las playas South y en la mitad oriental de las playas Robbery, y depósitos menos extensos en las playas President.

La Zona reviste gran importancia geológica porque "las rocas sedimentarias e ígneas que afloran en la península Byers constituyen el registro más completo del período jurásico y cretáceo inferior en el norte del flanco pacífico del complejo de arco magmático, y han resultado ser una sucesión decisiva para el estudio de la fauna de moluscos marinos (por ej., Crame, 1984, 1995; Crame y Kelly, 1995) y la flora no marina (por ej., Hernández y Azcárte, 1971; Philippe et al., 1995)" (Hathway y Lomas, 1998).

GEOMORFOLOGÍA Y SUELOS

Gran parte del terreno consiste en litosoles, básicamente una capa de roca desmenuzada, con permafrost muy extendido debajo de una capa activa de 30 a 70 cm de espesor (Thom 1978, Ellis-Evans 1996, Serrano et al., 1996). En la morfología de la superficie de las plataformas superiores, donde no hay roca madre, predominan los campos de piedras (que consisten en finos limosos con rocas dispersas y clastos superficiales), lóbulos de gelifluxión, suelo poligonal (en zonas inundadas y secas), franjas y círculos de piedras, y otras formas fisiográficas periglaciales (Serrano et al., 1996). En varios lugares hay corrientes de fango y escombros. Debajo de algunas comunidades de musgo y pasto hay una capa de materia orgánica de 10 a 20 cm de espesor, pero como la vegetación es rala en la mayor parte de la península Byers no hay depósitos profundos de turba (Bonner y Smith, 1985). Hay suelos ornitogénicos, especialmente en las proximidades de la punta Devils y en varias lomas a lo largo de las playas President (Ellis-Evans, 1996).

En partes del interior de la península se nota la influencia de procesos costeros, con una serie de terrazas costeras de 3 a 54 m de altura, algunas de las cuales tienen más de un kilómetro de ancho. La datación por radiocarbono de los depósitos de las terrazas más altas indica que la península Byers estaba en gran medida desprovista de hielo permanente 9.700 años antes del paleoceno (A.P.), mientras que los depósitos de las terrazas más bajas se remontan a 300 años A.P. (John y Sugden, 1971; Sugden y John, 1973). Sin embargo, el análisis del sedimento de los lagos revela una desglaciación general más reciente de la parte central de la península Byers, ocurrida entre 4.000 y 5.000 años A.P., y las dataciones por radiocarbono en la localidad deben interpretarse con cautela (Björck et al., 1991a, b). En varios lugares de las terrazas costeras hay huesos de ballena subfosilizados, en algunos casos esqueletos casi completos. La datación por radiocarbono de esqueletos encontrados aproximadamente a 10 m sobre el nivel del mar en las playas South revela una edad de 2.000 a 2.400 años A.P. (Hansom, 1979). Las superficies preholocénicas de la península Byers presentan claros indicios de un paisaje glacial, a pesar de las formas fisiográficas suaves. En la actualidad quedan solamente tres glaciares residuales pequeños (que abarcan menos de 0,5 km^2) en el promontorio Ray. En las formas fisiográficas preexistentes, modificadas por los glaciares, se observa la sobreimpresión posterior de procesos fluviales y periglaciales, y hay pocas morrenas y depósitos glaciales (Martínez de Pisón et al., 1996).

CURSOS DE AGUA Y LAGOS

La península Byers es quizás el sitio limnológico más importante de las islas Shetland del Sur o de la Península Antártica, con más de 60 lagos, numerosas charcas de agua dulce (que se diferencian de los lagos en que se congelan hasta el fondo en invierno) y una red densa y variada de arroyos. El terreno suave favorece la retención de agua, y en verano son comunes los suelos anegados. Sin embargo, los suelos delgados tienen una capacidad limitada de retención de agua, y muchos de los canales suelen estar secos, con un flujo a menudo intermitente excepto durante períodos de derretimiento de grandes cantidades de nieve o en los lugares donde desaguan glaciares (López Martínez et al., 1996). La mayoría de los arroyos desaguan campos nevados estacionales y no suelen tener más de 5 a 10 cm de profundidad (Ellis-Evans, 1996), si bien la acumulación de nieve en algunas gargantas estrechas puede superar los 2 m de altura, con lo cual los diques de hielo bloquean la salida del lago. Los arroyos más grandes tienen hasta 4,5 km de longitud, 20 m de ancho y de 30 a 50 cm de profundidad en la cuenca baja durante los períodos de flujo. Los arroyos que desaguan hacia el oeste suelen tener gargantas de gran tamaño (López Martínez et al., 1996), y se han formado cauces de hasta 30 m de profundidad en las plataformas marinas elevadas superiores y más extensas (Ellis-Evans, 1996). Encima de las terrazas costeras del holoceno, los valles son suaves y llegan a tener varios cientos de metros de ancho.

Los lagos abundan especialmente en las plataformas superiores (por ejemplo, en la cabecera de las cuencas) y en las terrazas costeras del holoceno cercanas a la costa. El lago Midge es el mayor, con 587 m de largo y 112 m de ancho, así como el más profundo, con una profundidad máxima de 9,0 m. Los lagos interiores, muy transparentes, tienen pocos nutrientes y gran cantidad de sedimentos en las capas de agua más profundas, sobre las cuales se forman densos tapetes de cianobacterias [*Drepanocladus longifolius (=D. aduncus)*]. En algunos lagos, como el Chester , situado a unos 500 m al sur del lago Midge, o el lago Limnopolar, se encuentran nodales de musgo acuático que crecen a una profundidad de uno a varios metros y cubren la mayor parte del fondo lacustre, que es el hábitat de las larvas de *Parochlus* (Bonner y Smith, 1985). A veces las corrientes traen grandes masas de este musgo hasta algunas partes de la costa. Los lagos generalmente permanecen congelados hasta una profundidad de 1,0 a 1,5 m durante 9 a 11 meses del año y cubiertos de nieve, aunque la superficie de algunos de los lagos situados a mayor altitud permanece congelada todo el año (Ellis-Evans, 1996; López Martínez, et al., 1996). Entre los lagos situados en los niveles superiores de la meseta central fluyen lentamente numerosos arroyos pequeños y poco profundos, que desaguan en extensas llanuras de litosol saturado cubierto con gruesos tapetes de cianobacterias de la especie *Phormidium*. Estos tapetes, más extensos que en ningún otro lugar de la Antártida marítima descrito hasta ahora, reflejan las características geomorfológicas singulares y las precipitaciones anuales relativamente altas de la Zona. Con el deshielo de primavera circula una cantidad considerable de agua en la mayoría de los lagos, pero el desagüe de muchos lagos posiblemente cese hacia fines de la estación cuando disminuye el derretimiento estacional de la nieve. La mayoría de los lagos contienen algunos crustáceos como los copépodos *Boeckella poppei* y el camarón duende *Branchinecta gainii*. Algunos de los arroyos contienen también colonias considerables de cianobacterias y algas verdes filamentosas, así como diatomeas y copépodos. Cerca de la costa hay varios lagos relativamente salinos originados en lagunas litorales, especialmente en las playas President. Aquellos lagos que los elefantes marinos australes (*Mirounga leonina*) usan como revolcaderos están muy enriquecidos con materia orgánica. Estos lagos y charcas costeros poco profundos situados detrás de la primera terraza costera suelen tener abundantes tapetes de algas y crustáceos, entre ellos los copépodos *B. poppei* y *Parabroteas sorsi*, y ocasionalmente el camarón duende *Br. gainii*. Algunas de estas masas de agua tienen una alta biodiversidad, con especies recientemente descritas de diatomeas (Van der Vijver, 2010), oligoquetos (Rodríguez y Rico, 2009) y protozoos ciliados (Petz et al., 2008).

VEGETACIÓN

Aunque en gran parte de la península Byers la vegetación no abunda, especialmente en el interior (véase Lindsay, 1971), las escasas comunidades contienen una flora diversa, habiéndose identificado en la Zona como mínimo 56 especies de líquenes, 29 musgos, 5 hepáticas y 2 fanerógamas. También se han recolectado numerosos líquenes y musgos no identificados. Esto sugiere que la Zona contiene la representación más diversa de la flora terrestre conocida en la Antártida marítima. Varias de las especies son raras en esta parte de la Antártida marítima. Por ejemplo, las briofitas *Anthelia juratzkana, Brachythecium austroglareosum, Chorisodontium aciphyllum, Ditrichum hyalinum, Herzogobryum teres, Hypnum revolutum, Notoligotrichum trichodon, Pachyglossa dissitifolia, Platydictya jungermannioides, Sanionia* cf. *plicata, Schistidium occultum, Syntrichia filaris* y *Syntrichia saxicola* se consideran raras. La ubicación más austral registrada para *A. juratzkana, D. hyalinum, N. trichodon* y *S. plicata* corresponde a la península Byers. De la flora de líquenes, *Himantormia lugubris, Ochrolechia parella, Peltigera didactyla* y *Pleopsidium chlorophanum* se consideran raros.

La vegetación es mucho mayor en la costa sur que en la costa norte. En las terrazas costeras más altas y secas del sur hay una comunidad abierta en la cual abundan *Polytrichastrum alpinum* (=*Polytrichum alpinum*), *Polytrichum piliferum* (=*Polytrichum antarcticum*), *P. juniperinum, Ceratodon purpureus* y el musgo *Pohlia nutans*, y se encuentran con frecuencia varios líquenes crustosos. Cerca de las playas President y South hay algunos nodales extensos de musgos, en lugares donde suelen formarse extensos ventisqueros en la base de las laderas que se elevan detrás de las terrazas costeras, proporcionando una vasta fuente de nieve derretida en verano. Estos ventisqueros constituyen una fuente importante de agua de deshielo en verano. En los nodales de musgos predomina *Sanionia uncinata* (=*Drepanocladus uncinatus*), que forma localmente tapetes continuos de varias hectáreas. La vegetación es más diversa que en las zonas más altas y secas. En el interior, en el suelo húmedo de los valles hay nodales de *Brachythecium austro-salebrosum, Campylium polygamum, Sanionia uncinata, Warnstorfia laculosa* (=*Calliergidium austro-stramineum*) y *W. sarmentosa* (=*Calliergon sarmentosum*). En cambio, prácticamente no hay tapetes de musgo a menos de 250 m de la costa septentrional, donde son reemplazados por colonias ralas de *Sanionia* en hondonadas situadas entre terrazas costeras de hasta 12 m de altitud. Los líquenes, principalmente de los géneros *Acarospora, Buellia, Caloplaca, Verrucaria* y *Xanthoria*, se hallan en las crestas de las terrazas costeras más bajas (2-5 m), mientras que *Sphaerophorus, Stereocaulon* y *Usnea* son los líquenes que predominan a mayor altitud (Lindsay, 1971).

En las laderas piroplásticas con mejor desagüe se encuentran comúnmente almohadillas y parcelas aisladas de las especies *Bryum, Dicranoweisia, Ditrichum, Pohlia, Schistidium* y *Tortula* junto con diversas agrimonias, líquenes (en particular el liquen rosado *Placopsis contortuplicata* y el liquen folioso negro *Leptogium puberulum*) y la cianobacteria *Nostoc commune*. *P. contortuplicata* se encuentra en hábitats interiores y de montaña carentes de nitrógeno, es típico de los substratos con cierto grado de perturbación tal como solifluxión y suele ser la única planta que coloniza los pequeños fragmentos de roca de las franjas de piedras y los polígonos resultantes de levantamientos por congelación (Lindsay, 1971). Generalmente crece solo, aunque en raras ocasiones está acompañado por especies de *Andreaea* y *Usnea*. *N. commune* cubre extensas zonas saturadas de limo de derrubios gravoso, planas o con pendiente suave, a una altitud de 60 a 150 m, formando rosetas discretas de alrededor de 5 cm de diámetro con 10 a 20 cm de separación (Lindsay, 1971). En los suelos más secos se encuentran almohadillas dispersas, casi esféricas, de *Andreaea*, *Dicranoweisia y Ditrichum*. En las zonas húmedas que reciben la influencia de aves y focas a veces abunda el alga verde foliosa *Prasiola crispa*.

Las superficies rocosas de la península Byers son en su mayoría friables, pero están colonizadas localmente por líquenes, especialmente cerca de la costa. Los enclaves volcánicos, de roca más dura y estable, están densamente cubiertos de líquenes y, ocasionalmente, de musgo. El enclave Usnea se destaca por la exuberancia de *Himantormic lugubris* y *Usnea aurantiaco-atra (=U. fasciata)*. En general, *H. lugubris y U. aurantiaco-atra* son las especies de líquenes que predominan en las superficies expuestas del interior. Crecen junto con el musgo *Andreaea gainii* en gran parte de la roca expuesta, llegando a cubrir el 80% del substrato (Lindsay, 1971). En focos protegidos que albergan pequeñas acumulaciones de suelo mineral suelen encontrarse las agrimonias *Barbilophozia hatcheri* y *Cephaloziella varians (=exiliflora)*, entremezcladas con frecuencia con almohadillas de *Bryum*, *Ceratodon*, *Dicranoweisia*, *Pohlia*, *Sanionia*, *Schistidium y Tortula*. *Sanionia y Warnstorfia* forman nodales pequeños, posiblemente correlacionados con la ausencia de grandes parcelas de nieve y los arroyos conexos de agua de deshielo. *Polytrichastrum alpinum* forma pequeñas almohadillas poco visibles en hondonacas, pero puede combinarse con almohadillas de *Andreaea gainii* en condiciones propicias (Lindsay, 1971).

Los líquenes crustosos están representados principalmente por especies de *Buellia*, *Lecanora*, *Lecedella*, *Lecidea*, *Placopsis y Rhizocarpon* que crecen en rocas y especies de *Cladonia y Stereocaulon* que crecen en musgos, especialmente *Andreaea* (Lindsay, 1971). En la costa meridional, los tapetes de musgo generalmente están colonizados por líquenes epifíticos tales como las especies *Leptogium puberulum*, *Peltigera rufescens*, *Psoroma*, junto con *Coclocaulon aculeata* y *C. epiphorella*. En los acantilados marinos predominan las especies *Caloplaca y Verrucaria* en las superficies inferiores expuestas a la espuma de mar, hasta una altura de unos 5 m, en tanto que suelen predominar especies nitrófilas tales como *Caloplaca regalis*, *Haematomma erythromma* y *Xanthoria elegans* a mayores altitudes donde suelen anidar aves marinas. En las superficies secas de los acantilados es común encontrar comunidades de líquenes crustosos *Ramalina terebrata*. Diversos líquenes ornitocoprófilos tales como *Catillaria corymbosa*, *Lecania brialmontii* y especies de *Buellia*, *Haematomma*, *Lecanora y Physcia* viven en rocas cerca de concentraciones de aves reproductoras, junto con los líquenes foliosos *Mastodia tessellata*, *Xanthoria elegans* y *X. candelaria*, que generalmente predominan en grandes rocas secas.

El pasto antártico (*Deschampsia antarctica*) es común en varios lugares, principalmente la costa meridional, y ocasionalmente forma un césped tupido (como en la colina Sealer), a veces con clavelito antártico (*Colobanthus quitensis*) asociado. Ambas plantas abundan bastante en los barrancos meridionales con una pendiente pronunciada orientada al norte, formando nodales grandes, ocasionalmente puros, con gruesos tapetes de *Brachythecium y Sanionic*, aunque rara vez se encuentran a más de 50 m de altitud (Lindsay, 1971). Una comunidad abierta en la que predominan *Deschampsia y Polytrichum piliferum* se extiende varios kilómetros en las terrazas costeras arenosas, secas y planas de las playas South. En la playa cerca de la colina Sealer se observa una modalidad singular de crecimiento del pasto, que forma montículos aislados de 25 cm de alto y hasta 2 m de extensión. Se ha notificado la presencia de *Deschampsia* en un solo lugar de la costa septentrional (punta Lair), donde forma pequeñas parcelas atrofiadas (Lindsay, 1971).

INVERTEBRADOS

La fauna de microinvertebrados de la península Byers descrita hasta ahora comprende 23 grupos taxonómicos (Usher y Edwards, 1986; Richard et al., 1994; Block y Stary, 1996; Convey et al., 1996, Rodríguez y Rico, 2008): seis colémbolos (*Cryptopygus antarcticus*, *Cryptopygus badasa*, *Friesea grisea*, *Friesea woyciechowskii*, *Isotoma [Folsomotoma] octooculata [=Parisotoma octooculata]* y *Tullbergia mixta*), un acárido mesostigmátido (*Gamasellus racovitzai*), cinco acáridos criptoestigmátidos (*Alaskozetes antarcticus*, *Edwardzetes dentifer*, *Globoppia loxolineata [=Oppia loxolineata]*, *Halozetes belgicae* y *Magellozetes antarcticus*), nueve acáridos proestigmátidos (*Bakerdania antarctica*, *Ereynetes macquariensis*, *Eupodes minutus*, *Eupodes parvus grahamensis*, *Nanorchestes berryi*, *Nanorchestes nivalis*, *Pretriophtydeus tilbrooki*, *Rhagidia gerlachei*, *Rhagidia leechi* y *Stereotydeus villosus*), dos dípteros (*Belgica antarctica* y *Parochlus steinenii*) y dos oligoquetos (*Lumbricillus healyae* y la especie *Lumbricillus*).

Hay una cantidad pequeña de larvas de la mosca enana sin alas *Belgica antarctica* en el musgo húmedo, especialmente los tapetes de *Sanionia*, aunque su distribución es muy limitada en la península Byers (se encuentra especialmente cerca del Cerro Negro) y podría estar cerca de su límite geográfico septentrional. La mosca enana alada *Parochlus steinenii* y sus larvas viven en los bordes de lagos y charcas interiores, especialmente el lago Midge y otros cercanos al enclave Usnea, y se encuentran también entre las piedras del lecho de numerosos arroyos (Bonner y Smith, 1985; Richard et al., 1994; Ellis-Evans, nota personal, 1999). Cuando el tiempo está cálido y templado, pueden verse nubes de moscas adultas sobre los márgenes de los lagos.

La diversidad de las comunidades de artrópodos descritas en la península Byers es mayor que la de cualquier otro sitio antártico documentado (Convey et al., 1996). En diversos estudios (Usher y Edwards, 1986; Richard et al., 1994; Convey et al., 1996) se ha comprobado que la composición de la población de artrópodos en la península Byers varía considerablemente según el hábitat en una superficie pequeña. Se ha observado una cantidad relativamente grande de *Tullbergia mixta*, cuya distribución en la Antártida parece limitarse a las islas Shetland del Sur (Usher y Edwards, 1986). Localmente, la mayor diversidad probablemente se observe en comunidades en las cuales predominan almohadillas de musgos de especies tales como las *Andreaea*. (Usher y Edwards, 1986). Se necesitan más muestras a fin de determinar las poblaciones y la diversidad con un mayor grado de confiabilidad. Aunque la obtención de muestras adicionales en otros sitios podría revelar que las comunidades descritas en la península Byers son características de hábitats similares de la región, los datos disponibles sobre la microfauna confirman la importancia biológica de la Zona.

MICROORGANISMOS

Cuando se analizaron muestras del suelo obtenidas en la península Byers se encontraron varios hongos nematófagos: en el suelo colonizado por *Deschampsia* se encontraron *Acrostalagmus goniodes*, *A. obovatus*, *Cephalosporium balanoides* y *Dactylaria gracilis*, mientras que en el suelo dominado por *Colobanthus* se encontraron *Cephalosporium balanoides* y *Dactylella gephyropaga* (Gray y Smith, 1984). El basidiomiceto *Omphalina antarctica* suele abundar en nodales húmedos del musgo *Sanionia uncinata* (Bonner y Smith, 1985).

Algunas de las masas de agua tienen una alta biodiversidad microbiana, incluida la diversidad genética viral más grande encontrada en los lagos antárticos (López Bueno et al., 2009)

AVES REPRODUCTORAS

La avifauna de la península Byers es diversa, aunque las colonias reproductoras generalmente no son grandes. En la Zona se reproducen dos especies de pingüinos, el pingüino de barbijo (*Pygoscelis antarctica*) y el pingüino papúa (*P. papua*).

No se ha observado la reproducción de pingüinos Adelia (*P. adeliae*) en la península Byers o en los islotes situados frente a la costa. En las islas Shetland del Sur los pingüinos Adelia se reproducen solamente en la isla Rey Jorge, donde las poblaciones están declinando (Carlini et al., 2009).

La colonia principal de pingüinos de barbijo se encuentra en punta Devils, donde en 1987 se calculó que había alrededor de 3.000 casales. Un recuento más exacto realizado en 1965 indicó la presencia de alrededor de 5.300 casales en cuatro colonias discretas, 95% de los cuales anidaban en la isla Demon, 100 m al sur de la punta Devils (Croxall y Kirkwood, 1979; Woehler, 1993). En las playas President, cerca de la punta Devils, pueden encontrarse dos colonias de aproximadamente 25 casales de pingüinos de barbijo, rodeadas por una colonia de pingüinos papúa. Se han encontrado colonias pequeñas de pingüinos de barbijo en la costa meridional, por ejemplo en las playas Robbery (50 casales en 1958; Woehler, 1993), pero en un estudio realizado en 1987 no se encontraron casales reproductores. En otros lugares, la punta Lair contenía 156 pares en 1966, lo que declinó a 25 pares en 1987 (Woehler, 1993). En una reciente visita a la Zona (enero de 2009) se contaron 20 casales (Barbosa, nota personal).

Los pingüinos papúa se reproducen en varias colonias en la punta Devils, habiéndose registrado en 1965 aproximadamente 750 casales (Croxall y Kirkwood, 1979, Woehler, 1993). Actualmente se pueden encontrar tres colonias de aproximadamente 3.000 casales en total (Barbosa, nota personal). En las playas Robbery de la costa norte se encuentran tres colonias costeras con 900 casales en total (Woehler, 1993). En una visita hecha en enero de 2009 a la punta Lair se contaron aproximadamente 1200 casales. Woehler (1993) no ofrece datos sobre los pingüinos papúa en este lugar.

Un estudio realizado entre diciembre de 2008 y enero de 2009 arrojó estimaciones recientes sobre el tamaño de las poblaciones de algunas especies de aves voladoras (Gil Delgado et al., 2010). La población de golondrinas antárticas (*Sterna vittata*) fue estimada en 1.873 casales reproductores. En el lugar anidan doscientos treinta y ocho casales de petreles gigantes *(Macronectes giganticus)* y 15 casales de skúas pardas (*Catharacta lonnbergi*). En 1965 se realizó un estudio detallado de otras aves reproductoras (White, 1965). La especie reproductora más populosa registrada en esa oportunidad, con alrededor de 1.760 casales, fue la golondrina antártica (*Sterna vittata*), seguida de 1.315 casales de petreles de Wilson (*Oceanites oceanicus*), aproximadamente 570 casales de petreles dameros (*Daption capense*), 449 casales de gaviotas cocineras (*Larus dominicanus*), 216 casales de petreles gigantes, 95 casales de petreles de vientre negro (*Fregetta tropica*), 47 casales de cormoranes de ojos azules (*Phalacrocorax atriceps*) (incluidos los que se encuentran en islotes cercanos a la costa), 39 casales de skúas pardas y 3 casales de palomas antárticas (*Chionis alba*). Además, se han avistado petreles paloma (especie *Pachytilla*) y petreles de las nieves (*Pagodroma nivea*) en la península, pero no se ha confirmado si también se reproducen allí. Se cree que el censo de aves que hacen madrigueras y aves que anidan en pedregales es una subestimación (White, nota personal, 1999). La mayoría de las aves anidan muy cerca de la costa, principalmente en el oeste y el sur.

Hace poco algunas zancudas vagabundas, probablemente playeros de rabadilla blanca (*Calidris fuscicollis*) han sido vistas frecuentemente buscando alimento en algunos arroyos de las playas del sur (Quesada, nota personal, 2009).

MAMÍFEROS REPRODUCTORES

En la costa de la península Byers se reproducen grandes grupos de elefantes marinos australes (*Mirounga leonina*), habiéndose informado un total superior a los 2500 individuos en las playas South (Torres et al., 1981), lo que constituye una de las poblaciones más grandes de esta especie registradas en las islas Shetland del Sur. Una estimación hecha en 2008-2009 indicó una población de entre 4700 a 6300 individuos (Gil Delgado et al., 2010). Durante el verano, muchos permanecen en tierra en revolcaderos y en las playas. En las inmediaciones de la costa se encuentran focas de Weddell (*Leptonychotes weddellii*), focas cangrejeras (*Lobodon carcinophagoes*) y leopardos marinos (*Hydrurga leptonyx*). Antiguamente abundaban las focas peleteras antárticas (*Arctocephalus gazella*) en la península Byers (véase a continuación), pero no han recolonizado mayormente la Zona en grandes números, a pesar de su rápido crecimiento demográfico en otros lugares de la Antártida marítima.

CARACTERÍSTICAS HISTÓRICAS

Tras el descubrimiento de las islas Shetland del Sur en 1819, la caza intensiva de focas en la península Byers entre 1820 y 1824 llevó al exterminio de casi todas las focas peleteras antárticas y los elefantes marinos australes del lugar (Smith y Simpson, 1987). Durante ese período, en el verano vivían hasta 200 cazadores de focas estadounidenses y británicos en refugios de mampostería y cuevas de la península Byers (Smith y Simpson, 1987). Quedan indicios de su ocupación en numerosos refugios, algunos de los cuales todavía contienen artefactos (ropa, implementos, materiales estructurales, etc.). Varios buques de cazadores de focas naufragaron cerca de la península Byers, y a lo largo de la costa todavía hay maderas de esos buques. En la península Byers se encuentra la mayor concentración de refugios de cazadores de focas de principios del siglo XIX y reliquias conexas de la Antártida, que son vulnerables a la perturbación y extracción.

Los elefantes marinos, y hasta cierto punto las focas peleteras, se recuperaron después de 1860, pero fueron diezmados una vez más durante otro ciclo de caza que se prolongó hasta la primera década del siglo XX.

ACTIVIDADES E IMPACTO DE LOS SERES HUMANOS

La era moderna de actividad humana en la península Byers ha estado restringida principalmente a la ciencia. No se ha descrito el impacto de estas actividades, pero se cree que es menor y se limita a campamentos, pisadas, marcadores de diversos tipos, basura depositada por la marea en las playas (por ejemplo, de barcos pesqueros), desechos humanos y obtención de muestras con fines científicos. En una breve visita realizada en febrero de 2001 se observaron varias estacas de madera utilizadas como marcadores y un flotador de plástico para pesca en el sudoeste de la Zona (Harris, 2001). En el verano de 2009 a 2010 se emprendió un estudio de la basura de la playa (Rodríguez Pertierra, nota personal). La mayor proporción de basura en las playas (promediada sobre la longitud de la playa) se encontró en la playa Robbery (64%), seguida por la playa President (28%) y por las playas al sudoeste de la Zona (8%). Es probable que esto se relacione con su exposición al pasaje de Drake (Torres y Jorquera, 1994). La mayor parte de la basura encontrada en las tres playas consistía en madera (78% por número de ítems) y plástico (19%), mientras que el metal, vidrio y tela se encontraron en menor proporción (menos del 1%). Se encontraron varios trozos de madera, algunos de ellos bastante grandes (de varios metros de longitud). Los ítems plásticos eran altamente diversos, siendo las botellas, sogas y cinta los más numerosos. En las playas también se encontraron flotadores y botellas de vidrio.

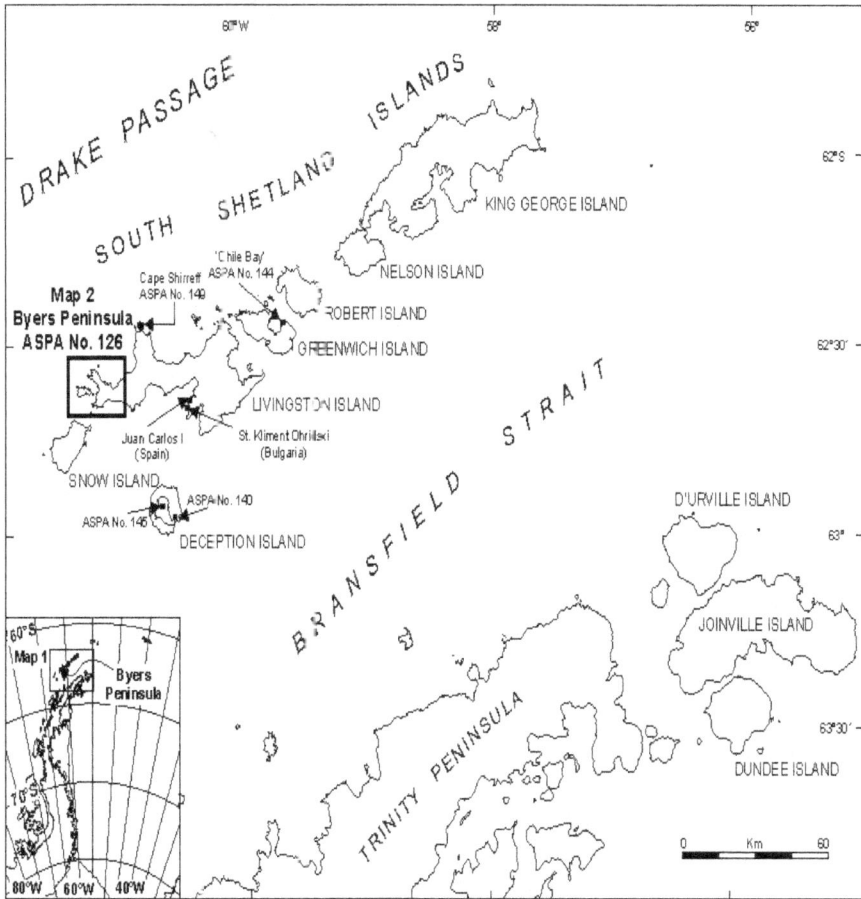

Map 1. Byers Peninsula, ASPA No. 126, Livingston Island, South Shetland Islands, location map.
Inset: location of Byers Peninsula on the Antarctic Peninsula

Mapa 1. Mapa de ubicación de la península Byers, ZAEP 26, isla Livingston e islas Shetland del Sur.
Inserto: ubicación de la península Byers en la Península Antártica.

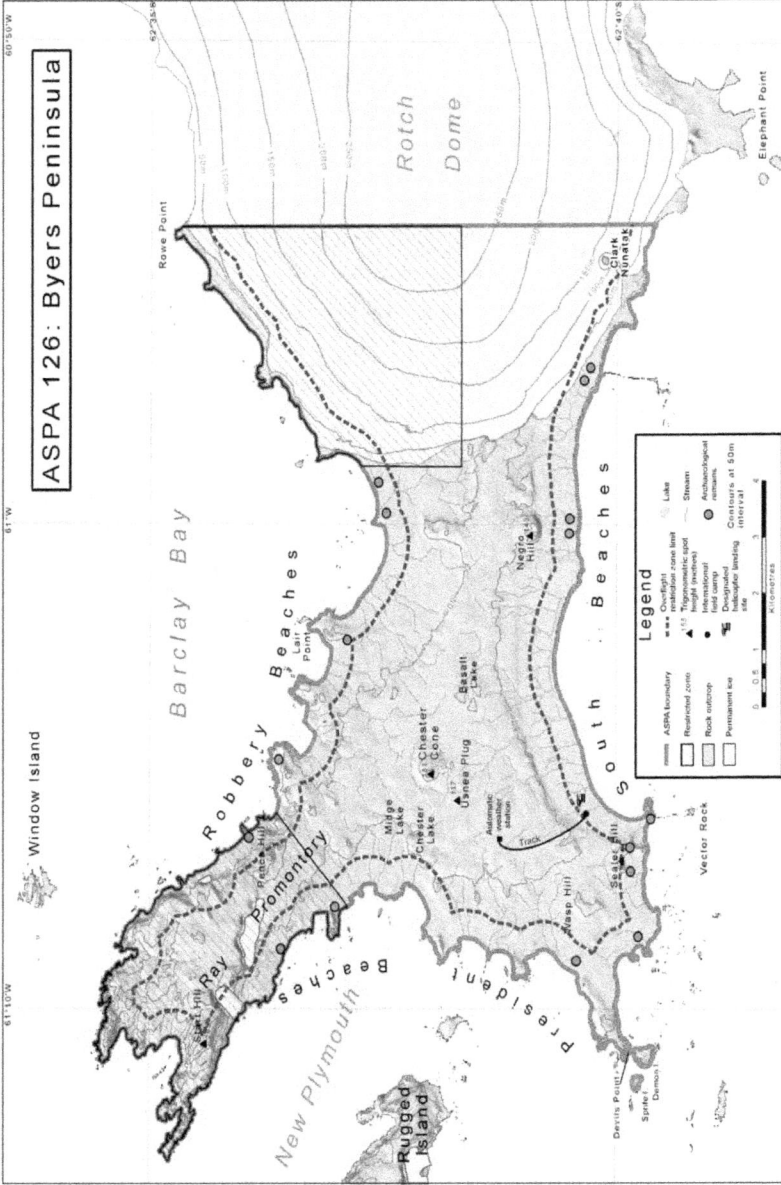

Mapa 2. ASPA 126: Mapa topográfico de la península Byers.

Plan de gestión para la

Zona Antártica Especialmente Protegida Nº 127 ISLA HASWELL (Isla Haswell y criadero contiguo en hielo fijo de pingüinos emperador)

Plan de gestión revisado

1. Descripción de los valores que se desea proteger

La isla Haswell es un lugar de reproducción singular para casi todas las especies de aves reproductoras en la Antártida oriental, incluyendo: el petrel antártico (*Talassoica antarctica*), el petrel gris (*Fulmarus glacioloides*), el petrel damero (*Daption capense*), el petrel blanco (*Pagodroma nivea*), el petrel de Wilson (*Oceanites oceanicus*), la skúa antártica (*Catharacta maccormicki*) y el pingüino Adelia (*Pygoscelis adeliae*). En la Zona hay cinco especies de pinnípedos, entre ellos la foca de Ross (*Ommatophoca rossii*), que es una especie protegida.

Al sudeste de la isla hay una gran colonia de pingüinos emperador (*Aptenodytes forsteri*) en hielo fijo.

La Zona abarca la isla Haswell (66°31'S, 93°00'E), de aproximadamente un kilómetro cuadrado de superficie y la mayor de un grupo de islas cercanas a la estación Mirny, así como su litoral y el área de hielo fijo cuando está presente. En la VIII RCTA (Oslo, 1975) se aprobó su designación como SEIC Nº 7 por los motivos antedichos de acuerdo con una propuesta de la Unión Soviética. El mapa 1 muestra la ubicación de las islas Haswell (excepto la isla Vkhodnoy), de la estación Mirny y de los sitios de actividades logísticas. Cambió de nombre y de número, convirtiéndose en la ZAEP Nº 127, en virtud de la Medida 1 (2002).

Actualmente se propone detallar los límites se la Zona Antártica Especialmente Protegida de la isla Haswell (66°31'S, 93°00'E), de aproximadamente 1 km2 de superficie y la sección contigua de hielo fijo del mar de Davis, de aproximadamente 5 km2 (cuando está presente), y que alberga una colonia de pingüinos emperador, (mapa 2). Se trata de una de las pocas colonias de pingüinos emperador en las proximidades de una estación antártica permanente, por lo cual presenta ventajas para el estudio de la especie y de su hábitat.

La Zona, descrita por biólogos durante las primeras expediciones soviéticas, fue estudiada en los años setenta y en años recientes, proporcionando material útil para análisis comparativos y para el monitoreo del impacto ambiental a largo plazo de una gran estación antártica.

2. Finalidades y objetivos

Se realizan investigaciones en la ZAEP con objeto de comprender mejor la forma en que los cambios ambientales naturales y antropógenos afectan a la situación y la dinámica de las poblaciones locales de flora y fauna y la influencia de esos cambios en la interacción entre especies clave del ecosistema antártico.

Las finalidades de la gestión de la isla Haswell son:

- Evitar el impacto directo de las actividades logísticas de la Zona;

- Reglamentar el acceso a la Zona;

- Evitar los cambios producidos por el hombre en la estructura y en la abundancia de poblaciones locales de flora y fauna;

- Permitir las investigaciones científicas, siempre que sean por razones científicas convincentes y que no puedan realizarse en ningún otro lugar;

- Facilitar las investigaciones científicas sobre el medio ambiente en el contexto de la vigilancia y la evaluación del impacto de los seres humanos sobre las poblaciones; y

- Alentar la educación y la conciencia ambientales.

3. Actividades de gestión.

Se deberán realizar las siguientes actividades de gestión con el fin de proteger los valores de la Zona:

- Cuando la embarcación esté aproximándose a la estación Mirny y en el momento de su llegada, se deberá informar a todas las personas que lleguen sobre la existencia de la ZAEP, su ubicación y las disposiciones pertinentes del Plan de gestión.
- En todas las unidades que lleven a cabo actividades logísticas y científicas en las islas Haswell deberá haber disponibles copias del plan de gestión y mapas de la Zona que muestren su ubicación.
- Se deberá colocar un letrero que muestre los límites de la Zona y señale claramente la restricción del acceso ("Prohibido pasar. Zona Antártica Especialmente Protegida"), en el cruce entre la isla Gorev/isla Fulmar y el cabo Mabus en el extremo oriental de la isla Haswell a fin de evitar el ingreso accidental en la Zona más allá de la formación de hielo fijo, en el cual pueden circular sin peligro peatones y vehículos. Además se deberá instalar letreros informativos en la cima de la cuesta del cabo Mabus y en las proximidades de la Zona en los lugares donde se realicen las actividades de la estación.
- Los señalizadores y letreros que se instalen en la Zona deberán estar bien sujetos, mantenerse en buen estado y no afectar al medio ambiente.
- Se permitirán sobrevuelos sólo de conformidad con lo dispuesto en la *sección 7, sobre las condiciones para la expedición de permisos*

El plan de gestión deberá ser revisado periódicamente a fin de que se protejan debidamente los valores de la ZAEP. Antes de iniciar cualquier actividad en la Zona se deberá realizar una evaluación del impacto ambiental.

4. Período de designación

Designación con periodo de vigencia indefinida.

5. Mapas

Mapa 1: Ubicación de la isla Haswell, la estación Mirny y los sitios de actividades logísticas.
Mapa 2: Límites de la Zona Antártica Especialmente Protegida N° 127, isla Haswell.
Mapa 3: Ubicación de las colonias de aves marinas reproductoras.
Mapa 4: Mapa topográfico de la isla Haswell.

6. Descripción de la Zona

6(i) Coordenadas geográficas, indicaciones de límites y características naturales

La Zona abarca el territorio situado dentro del polígono ABFEDC (66° 31'10" S, 92° 59'20" E; 66° 31'10" S, 93° 03' E; 66° 32'30" S, 93° 03' E; 66° 32'30" S, 93° 01'E; 66° 31'45" S, 93° 01'E; 66° 31'45" S, ZAEP N° 127: ISLA HASWELL 73 92° 59'20'' E) (mapa 2). El sector marcado de hielo fijo en el mar de Davis comprende las rutas que suelen tomar los pingüinos emperador durante la temporada de cría.

Topografía:

Los límites de la zona en hielo fijo más cercanos a la estación pueden ser identificados en líneas generales (visualmente) in situ como las líneas EF (isla Vkhodnoy – isla Fulmar) y ED (cabo Mabus – extremo oriental de la isla Haswell). Se deberá colocar un letrero que muestre los límites de la Zona y señale claramente la restricción del acceso ("Prohibido pasar. Zona Antártica Especialmente Protegida"), en el punto E. Se deberá instalar letreros que muestren la distancia hacia el límite de la Zona en las inmediaciones de la Zona donde se lleven a cabo actividades de la estación (en la cima de la cuesta del cabo Mabus y en las islas Buromsky, Zykov, Fulmar y Tokarev).

Es muy improbable que los límites marinos distantes de la Zona se crucen accidentalmente, ya que en la actualidad no se realizan actividades tan lejos de la estación. Estos límites no presentan características visibles y hay que usar el mapa para identificarlas.

No hay senderos ni caminos en la Zona.

Estado del hielo

La Zona abarca la isla Haswell (la mayor del archipiélago), su litoral y la sección de hielo fijo contigua en el mar de Davis. El observatorio Mirny, de Rusia, situado en nunataks costeros de la península Mirny al sur de la ZAEP, funciona desde 1956.

Durante la mayor parte del año, el mar de la Zona está cubierto de hielo fijo de un ancho que llega a los 30 ó 40 kilómetros a fines del invierno. El hielo fijo se rompe entre el 17 de diciembre y el 9 de marzo (el 3 de febrero en promedio) y se congela entre el 18 de marzo y el 5 de mayo (el 6 de abril en promedio). La probabilidad de que el período sin hielo frente a Mirny dure más de un mes es de 85%; más de dos meses, 45%; y más de tres meses, 25%. En la Zona siempre hay muchos icebergs atrapados en el hielo. En el verano, cuando el hielo fijo desaparece, los icebergs se mueven a la deriva en dirección oeste a lo largo de la costa. La temperatura del mar está siempre por debajo de cero. El régimen diario de las mareas es irregular.

Análisis de dominios ambientales

De acuerdo con el Análisis de dominios ambientales para la Antártida (Resolución 3(2008)) la isla Haswell se ubica dentro del medioambiente L, *Plataforma de hielo continental costera*.

Características biológicas

En las aguas costeras hay una rica fauna bentónica. En la fauna ictícola de la Zona predominan varias especies de draco rayado, en tanto que la austromerluza antártica (*Dissostichus mawsoni*) y el diablillo antártico (*Pleuragramma antarcticum*) son menos abundantes. Una amplia base de alimentos y la disponibilidad de lugares apropiados para anidar crean un entorno favorable para numerosas aves marinas. Según los registros, hay 12 especies de aves en las proximidades de Mirny (cuadro 1).

La fauna costera está representada principalmente por pinnípedos, entre los cuales las focas de Weddell (Leptonychotes weddelli) son las más abundantes. De vez en cuando se ven ejemplares de otras especies de focas antárticas en cantidad reducida. Con frecuencia se avistan ballenas minke (Balaenoptera acutorostrata) y orcas (Orcinus orca) cerca de Mirny.

Cuadro 1: La avifauna de islas Haswell (ZAEP 127).

1	Pingüino emperador (*Aptenodytes forsteri*)	B, M
2	Pingüino Adélie (*Pygoscelis adeliae*)	B, M
3	Pingüino de barbijo (*Pygoscelis antarctica*)	V
4	Pingüino de frente dorada (*Eudyptes chrysolophus*)	V
5	Petrel gris (*Fulmarus glacioloides*)	B
6	Petrel antártico (*Thalassoica antarctica*)	B
7	Petrel damero (*Daption capense*)	B
8	Petrel blanco (*Pagodroma nivea*)	B
9	Petrel gigante austral (Macronectes giganteus)	V
10	Petrel de Wilson (Oceanites oceanicus)	B
11	Skúa pomarino (Stercorarius pomarinus)	V
12	Skúa antártica (Catharacta maccormicki)	B
13	Skúa Lonnberg (Antarctica lonnbergi)	V
14	Gaviotas cocineras (*Larus dominicanus*)	V

Notas B – especies reproductoras; M – lugares de muda en las proximidades de la estación; V – especies errantes.

Actualmente anidan aves marinas en seis de las 17 islas del archipiélago. Siete especies se reproducen directamente en las islas y una de ellas, el pingüino emperador (Aptenodytes forsteri), lo hace en hielo fijo. Se han observado también algunas especies errantes en la Zona. En general, la composición central de las especies de avifauna se ha mantenido estable durante los últimos 60 años, y es característica de las áreas costeras de la Antártida oriental. Las últimas actualizaciones a la lista de especies (cuadro 1, adición del petrel austral gigante, *Macronectes giganteus* y de la skúa de Lonnberg, *Catharacta Antarctica lonnbergi*) se explican por la mayor difusión de la observación ornitológica en la estación Mirny durante la última década. Todas las nuevas especies se han documentado sólo como errantes. Al mismo tiempo el petrel austral gigante observado en 2006 por primera vez en Mirny, parece haberse convertido en un visitante poco común, si bien regular, de la Zona.

Pingüino emperador (*Aptenodytes forsteri*)

La colonia de pingüinos emperador de las islas Haswell está situada en hielo fijo en el mar de Davis entre dos y tres kilómetros al nordeste del observatorio Mirny y generalmente a menos de un kilómetro de la isla Haswell. La colonia fue descubierta y descrita por el Grupo occidental de la Expedición antártica australo-asiática el 25 de noviembre de 1912. Sin embargo, la colonia comenzó a estudiarse en detalle sólo después del establecimiento del observatorio Mirny. Desde su fundación en 1956, el observatorio ha realizado monitoreos periódicos del tamaño de la población reproductora. La primera observación de año corrido de la colonia fue iniciada por E. S. Korotkevich en 1956 (Korotkevich, 1958), continuó hasta 1962 (Makushok, 1959; Korotkevich, 1960; Prior, 1968) y fue reanudada por V. M. Kamenev a fines de los años sesenta y principios de los setenta (Kamenev, 1977). Tras una prolongada interrupción, las observaciones de la avifauna en Mirny se reanudaron en 1999-2011 ((Gavrilo, Mizin, 2007, Gavrilo, Mizin, 2011, Neelov et al., 2007).

El cuadro 2 muestra un cronograma de diversos eventos fenológicos de la colonia de pingüinos emperador de las islas Haswell.

Cuadro 2: Fechas de eventos fenológicos de la colonia de pingüinos emperador, islas Haswell.

Los pingüinos llegan a la colonia	Diez últimos días de marzo
Apogeo del período de apareamiento	Fines de abril – diez primeros días de mayo
Comienzo de la puesta de huevos	Cinco primeros días de mayo
Los polluelos comienzan a salir del cascarón	Julio 5 a 15
Los polluelos comienzan a salir de la bolsa de empolladura	Diez últimos días de agosto
Los polluelos comienzan a juntarse en guarderías	Diez primeros días de septiembre
Los polluelos comienzan a mudar el plumaje	Fines de octubre – principios de noviembre
Las aves adultas comienzan a mudar el plumaje	Diez últimos días de noviembre – cinco primeros días de diciembre
La colonia comienza a desbandarse	Diez últimos días de noviembre – mediados de diciembre
Las aves abandonan la colonia	Cinco últimos días de diciembre – diez primeros días de enero

Los datos más recientes sobre la situación de la colonia fueron obtenidos durante 2010-2011, cuando la colonia estaba formada por dos subcolonias situadas a una distancia de 400 m una de otra. Entre las subcolonias migraban aves adultas, tanto solas como con huevos y polluelos. Más adelante, la tercera subcolonia se apartó. Todas las subcolonias se ubicaban y transitaban dentro de la misma zona que en años anteriores, es decir, al este y sudeste frente a la costa de la isla Haswell.

Durante la última década la colonia de pingüinos emperadores de Haswell puede considerarse más bien estable e incluso se ha observado un leve aumento. Las poblaciones más numerosas observadas en el periodo de puesta de huevos en la temporada 2010/2011 llegaron a una cantidad cercana a los 13.000 ejemplares adultos, la máxima cuenta registrada durante los últimos 12 años (RAE, información inédita). Según estimaciones y censos realizados entre 1956 y 1966, las poblaciones totales variaron de 14.000 a 20.000 aves (Korotkevich, 1958, Makushok, 1959, Prior, 1964, Kamenev, 1977). Luego la población disminuyó cerca de 30% entre los años 1970 y 1980, si bien más adelante, en los años 2000 se observó un proceso de recuperación.

El análisis comparativo de la dinámica poblacional de los pingüinos emperador en las dos colonias ubicadas en la misma ecorregión (80°E - 140°E), por ejemplo, Haswell y punta Géologie, revelaron tendencias similares durante los últimos 60 años (Barbraud et al., 2011). Antes de 1970 la población de pingüinos en el archipiélago de punta Geologie, Tierra de Adelia (ZAEP 120) era estable, y en Haswell era también estable o disminuía en forma leve. La tasa de crecimiento poblacional se aminoró y las cifras de población disminuyeron en ambas colonias durante el cambio en la reorganización climática ocurrida entre 1970 y 1980. La magnitud de la disminución fue también similar, y la correlación se mantuvo en la cantidad de parejas reproductoras. Con esto, se podría pensar que los cambios medioambientales y climáticos a gran escala y la reorganización del ecosistema asociada, que se observan a todo lo ancho del Océano austral podrían afectar las poblaciones de pingüinos. Es probable que el mismo factor negativo en cadena impacte a ambas poblaciones. Se supone que la capa de hielo, cuyo efecto sobre la ecología del pingüino emperador es conocido, es ese factor. En particular, la disminución de la capa de hielo y el comienzo adelantado de las fechas de rompimiento del hielo fijo han impactado negativamente la supervivencia de los pingüinos y las consiguientes cantidades de parejas reproductoras en la población debido a los cambios en la disponibilidad de alimentos como se demostró previamente (Barbraud, Weimerskirch, 2001, Jenouvrier et al., 2009). Durante los últimos 20 años ambas colonias demostraron dinámicas poblacionales positivas en condiciones de aumento de la extensión de la capa de hielo y una reorganización del comienzo de la ruptura del hielo fijo hacia fechas más tardías.

Cuadro 3: Factores que afectan a la población de pingüinos emperador en las islas Haswell y medidas de mitigación pertinentes.

		Medidas para mitigar el impacto de los efectos antropógenos
Factores antropogénicos	Alteración producida por los visitantes	Las visitas a la colonia deberían estar estrictamente reglamentadas
	Recolección de huevos	La recolección de huevos está prohibida actualmente, excepto de conformidad con un permiso de investigación expedido por una autoridad nacional.
	Alteración producida por aeronaves	La ruta y la altura de los vuelos deberían seleccionarse de conformidad con el presente Plan de gestión
Factores naturales	Cambios climáticos y variabilidad asociada de las fuentes de alimento. El estado del hielo afecta la disponibilidad de alimentos y la supervivencia de adultos y polluelos. (La disminución del hielo marino entre abril y junio lleva a una disminución en la tasa de crecimiento de la población, por lo que disminuye a su vez la cantidad de la población. La ruptura prematura del hielo fijo aumenta la mortalidad de los polluelos).	

Los datos sobre cambios en el tamaño de otras poblaciones están menos completos (cuadro 4). Los cambios a largo plazo posiblemente muestren una tendencia negativa. Sin embargo no es posible sacar conclusiones bien fundamentadas con base únicamente en los tres reconocimientos, sin abarcar las poblaciones por completo, y por lo demás con un intervalo de varias décadas.

Cuadro 4: Cambios a largo plazo en el tamaño de las poblaciones de aves de las islas Haswell
Tendencia: 0 = incierta, -1 = negativa, ? = supuesta.

Especie	1950 a 1970, ejemplares adultos	1999/2001	2009/10, ejemplares adultos	Tendencia
Pingüino Adélie	41.000-44.500	31.000 adultos aprox.	27.000 aprox.	-1
Petrel gris	9.500-10.000	2.300 nidos con huevos	5.000 aprox.	-1
Petrel antártico	900-1050	150 nidos con huevos	500 aprox.	-1
Petrel damero	750	150 nidos con huevos	300 aprox.	-1
Petrel blanco	600-700	60-75 nidos con huevos	No hay información	-1 ?
Petrel de Wilson	400-500	Menos de 30 nidos ocupados	Más de 80	-1 ?
Skúa antártica	48 (24 parejas)	Menos de 38 (19	134 (62	1

		parejas)	parejas)	

Los datos de la zona de la isla Haswell muestran las posibles tendencias negativas a largo plazo correspondientes a distintas especies de aves marinas, incluidos los pingüinos y las aves voladoras. Es posible que los cambios climáticos a gran escala sean los responsables de la dinámica poblacional negativa en la zona de la isla Haswell, no sólo en cuanto a las poblaciones del pingüino emperador sino además en otras poblaciones de aves marinas, con excepción del skúa antártico.

Se necesitan más investigaciones y observaciones para dilucidar las tendencias demográficas de las aves de la isla Haswell y comprender sus causas.

6 (ii) Definición de estaciones; Zonas de acceso restringido y de acceso prohibido

Está permitido el ingreso a cualquier parte de a Zona únicamente a los titulares de un permiso expedido por una autoridad nacional pertinente.

Las actividades en la Zona estarán sujetas a restricciones especiales durante la temporada de cría de aves;

- Desde mediados de abril a diciembre en las proximidades de la colonia de pingüinos emperador; y

- Desde octubre a marzo en las proximidades de los lugares de nidificación de la isla Haswell.

La ubicación de las colonias reproductoras se muestra en el mapa 3. Los pingüinos emperador, que son particularmente sensibles a la alteración, también deben protegerse fuera de las zonas de reproducción designadas ya que sus hábitos reproductivos pueden variar de ubicación.

6 (iii) Estructuras situadas dentro de la Zona

En la isla Haswell hay un faro montado en un poste de metal cuya bese está sujeta con piedras. No hay ninguna otra estructura en la isla.

En una de las islas de los alrededores (no en la isla Haswell misma) posiblemente haya un cobertizo con calefacción y provisiones para emergencia.

6(iv) Ubicación de otras zonas protegidas en las proximidades

SMH N° 9 Cementerio en isla Buromskiy, ubicado a 200 m del límite de la Zona.

7. Condiciones para la expedición de permisos

7(i) Condiciones para los permisos

El acceso al área está prohibido salvo que exista un permiso expedido por una autoridad nacional competente. El otorgamiento de permisos para ingresar a la Zona debe cumplir con las siguientes condiciones:

- Un permiso se otorga sólo para fines especificados en el párrafo 2 del presente Plan de gestión;

- Los permisos tendrán un plazo de validez expreso;

- Las actividades permitidas no pondrán en peligro los ecosistemas de la Zona ni interferirán con la investigación científica en curso;

- Se permitirá en la Zona la visita de grupos organizados, con un permiso, y acompañados por una persona autorizada. La información correspondiente relacionada con la visita se deberá documentar en el libro de registro de visitas, especificando la fecha y el propósito de la visita y la cantidad de visitantes. El jefe de la estación Mirny se encarga de mantener el registro. La persona autorizada es designada de conformidad con el procedimiento nacional; y

- Se deberá presentar un informe de la visita a la autoridad nacional indicada en el permiso a más tardar al concluir el periodo establecido o anualmente.

Se expedirán permisos para investigación científica, estudios de observación, o inspecciones que no requieran de recolección de material biológico o de muestras de fauna, o bien, las que requieran recolección lo harán en cantidades pequeñas. Un permiso de visita o de estancia en la Zona deberá especificar el ámbito de las tareas que se realizarán, el periodo abarcado por estas y la cantidad máxima permitida de personal de visita en la Zona.

7 (ii) Acceso a la Zona y desplazamientos en su interior

En la Zona se prohíben los vehículos que no sean motonieves

Al acercarse a la Zona o desplazarse dentro de ella se debe tener cuidado de no perturbar las aves y las focas, especialmente durante la temporada de cría. Está prohibido en todo momento deteriorar las condiciones de los lugares de nidificación de las aves, las vías de aproximación a los mismos y los lugares donde se arrastran las focas.

Isla Haswell. Las laderas oeste y sudeste son las más apropiadas para la aproximación (mapa 4). El desplazamiento se efectuará a pie únicamente.

Sección de hielo fijo. Se podrá entrar en la sección de hielo fijo después de su formación, cuando pueden circular en ella sin riesgos tanto peatones como vehículos. El ingreso se hará por cualquier lugar apropiado desde la estación Mirny. Se prohíbe el uso de vehículos de cualquier tipo en la Zona durante la temporada de empolle (de mayo a julio). Cuando se usen motonieves, los visitantes no deberán acercarse a menos de 500 metros de la colonia de pingüinos emperador (independientemente de su ubicación).

Se prohíben los sobrevuelos de la Zona durante el periodo más delicado del ciclo de reproducción de los pingüinos emperador, desde el 15 de abril al 31 de agosto.

Durante el resto del año se podrá sobrevolar la Zona observando las restricciones indicadas a continuación (cuadro 5). En la medida de lo posible deberían evitarse los sobrevuelos directos de las colonias de aves marinas reproductoras.

Cuadro 5: Altura mínima para los sobrevuelos de la Zona por tipo de aeronave.

Tipo de aeronave	Cantidad de motores	Altura mínima sobre el suelo	
		Pies	Metros
Helicóptero	1	2.460	750
Helicóptero	2	3.300	1.000
Ala fija	1 ó 2	2.460	750
Ala fija	4	3.300	1.000

7(iii) Actividades que se llevan a cabo o que se pueden llevar a cabo dentro de la Zona, incluyendo las restricciones con respecto al horario y el lugar

- Investigaciones sobre la avifauna y otros estudios ambientales que no puedan realizarse en ningún otro lugar;
- Actividades administrativas, incluyendo monitoreo.
- Visitas educativas a la colonia de pingüinos emperador con excepción del comienzo prematuro del período de nidificación (mayo a julio)

7(iv) Instalación, modificación o retiro de estructuras

Se podrán instalar estructuras o equipo científico en la Zona sólo para fines científicos o de gestión convincentes, aprobados por una autoridad pertinente de conformidad con las normas vigentes.

7(v) Ubicación de los campamentos

Se permitirá acampar sólo por motivos de seguridad y se deberán tomar todas las precauciones posibles para no dañar el ecosistema local ni alterar a la fauna local.

7(vi) Restricciones relativas a los materiales y organismos que puedan introducirse en la Zona

No se podrán introducir organismos vivos en la Zona ni tampoco se podrán introducir productos químicos que no sean los indispensables para los fines científicos especificados en el permiso (los productos químicos introducidos con fines científicos deberán retirarse de la Zona antes del vencimiento del permiso).

No se podrá almacenar combustible en la Zona salvo que sea indispensable para la actividad permitida. Cualquier cosa que se introduzca en la Zona podrá permanecer durante un período determinado únicamente, deberá manipularse de manera tal que se reduzca a un mínimo el riesgo para el ecosistema y deberá ser retirada cuando concluya el período especificado. No podrán emplazarse instalaciones permanentes de almacenamiento en la Zona.

7(vii) Recolección o intervención perjudicial de ejemplares de la flora y la fauna autóctonas

Se prohíbe la toma y la intervención perjudicial de ejemplares de la flora o la fauna autóctonas, excepto con un permiso. Si se determina que la actividad tendrá un impacto menor que mínimo o transitorio, se debería usar como norma mínima el *Código de conducta del SCAR para el uso de animales con fines científicos en la Antártida*.

7(viii) Toma o traslado de cualquier cosa que el titular del permiso no haya llevado a la Zona

La toma o el traslado de cualquier cosa que el titular del permiso no haya llevado a la Zona podrá efectuarse únicamente con los fines científicos o de gestión especificados en el permiso.

No obstante, los desechos humanos podrán retirarse de la Zona y se podrán retirar también ejemplares muertos o enfermos de la fauna y la flora para análisis de laboratorio.

7(ix) Eliminación de desechos

Todos los desechos deberán ser retirados de la Zona.

7(x) Medidas necesarias para garantizar el continuo cumplimiento de los objetivos y las finalidades del Plan de gestión

Se podrán expedir permisos para entrar en la Zona a fin de realizar observaciones, monitoreo e inspección de actividades en el lugar, que podrían incluir la recolección limitada de muestras de la fauna, huevos y otros materiales biológicos con fines científicos. A fin de mantener los valores ambientales y científicos de la Zona, los visitantes deberán tomar todas las precauciones posibles para no introducir materiales y organismos no autóctonos.

Todos los sitios donde se realicen observaciones a largo plazo deberán estar debidamente marcados en un mapa y en el sitio. En la estación Mirny se deberá colocar a la vista un mapa que muestre los límites de la ZAEP. Se deberá colocar además una copia del Plan de gestión. En la estación Mirny se facilitará además una copia gratuita del Plan de gestión.

La Zona se visitará únicamente con fines científicos, de gestión y educativos.

7(xi) Requisitos relativos a los informes

Las Partes deberán cerciorarse de que el titular principal de cada permiso expedido presente a la autoridad pertinente un informe en el cual se describan las actividades realizadas. Dichos informes deberán incluir la información señalada en el formulario para informes de visitas contenido en la Guía para la Preparación de Planes de Gestión para las Zonas Antárticas Especialmente Protegidas. Las Partes deberán llevar un registro de dichas actividades y, en el intercambio anual de información, presentar descripciones resumidas de las actividades realizadas por las personas bajo su jurisdicción, suficientemente pormenorizados como para que se pueda determinar la eficacia del Plan de gestión. Siempre que sea posible, las Partes deberían depositar los originales o copias de los mencionados informes originales en un archivo de acceso público a fin de mantener un registro del uso, para fines de revisión del Plan de Gestión y también para fines de la organización del uso científico de la Zona.

8. Referencias

Androsova, E.I.. Antarctic and Subantarctic bryozoans // Soviet Antarctic Expedition Newsletter.-1973.-No. 87.-P.65-69. (en ruso)

Averintsev, V.G. Ecology of sublittoral polychaetes in the Davis Sea // Animal Morphology, Systematics and Evolution.-L.,1978.-P.41-42. (en ruso)

Averintsev, V.G. Seasonal variations of sublittoral polychaetes in the Davis Sea // Marine Fauna Studies.- L.,1982.-Vol.. 28(36).-P.4-70. (en ruso)

Barbroud C. & Weimerskirch H. 2001 Emperor Penguins and climate change. Nature, 411: 183 – 185.

Barbroud C., Gavrilo M., Mizin Yu., Weimerskirch H. Comparison of emperor penguin declines between Pointe Géologie and Haswell Island over the past 50 years. Antarctic Science. 2011. (Aceptado)

Budylenko, G.A., and Pervushin, A.S. The migration of finwhales, sei whales and Minke whales in the Southern Hemisphere // Marine Mammals: Proceedings of VI All-Union Meeting.-Kiev, 1975.-Part.1.-P.57-59. (en ruso)

Bushueva, I.V. A new Acanthonotozommella species in the Davis Sea (East Antarctica) // Zool. Zhurn.-1978.-Vol.57, issue 3.-P.450-453. (en ruso)

Bushueva, I.V. A new Pseudharpinia (Amphipoda) species in the Davis Sea (Antarctica) // Zool. Zhurn.-1982.-Vol.61, edición .8.-P 1262-1265.

Bushueva, I.V. Some peculiarities of off-shore amphipod (Gammaridea) distribution in the Davis Sea (East Antarctica) // Hydrobiology and Biogeography of Cold and Moderate World Ocean Waters in the Off-shore Zone: Report Abstracts.-L. 1974.-P.48-49. (en ruso)

Bushueva, I.V. Some peculiarities of Paramola walkeri ecology in the Davis Sea (East Antarctica) // Off-shore Biology: Abstracts of Reports Presented at the All-Union Conference. - Vladivostok,1975.-P.21-22. (en ruso)

Chernov, A., Mizin, Yu. 2001 Avifauna observations at Mirny Station during RAE 44 (1999-2000) — The State of the Antarctic Environment as Shown by Real-time Data from Russia's Antarctic Stations. — SPb: AARI. (en ruso)

Doroshenko, N.V. The distribution of Minke whales (Balaenoptera acutorostrata Lac) in the Southern Hemisphere // V All-Union Meeting on Marine Mammal Research: Report Abstracts. - Makhachkala, 1972.-Part1.-P.181-185. (en ruso)

Egorova, E.N. Biogeographic composition and possible development of gastropods and bivalves in the Davis Sea, // Soviet Antarctic Expedition Newsletter.-1972.-No. 83.-P.70-76. (en ruso)

Egorova, E.N. Mollusks of the Davis Sea (East Antarctica).- L.:Nauka, 1982.-144 pp. - (Marine Fauna Research; No. 26(34). (en ruso)

Egorova, E.N. Zoogeographic composition of the mollusk fauna in the Davis Sea (East Antarctica) // Mollusks. Major Results of the Study: VI All-Union Mollusk Research Meeting.- L.,1979.-Vol.6.-P..78-79. (en ruso)

Gavrilo, M.V., Chupin, I.I., Mizin, Yu.A., and Chernov A.S. 2002. Study of the Biological Diversity of Antarctic Seabirds and Mammals. – Report on Antarctic Studies and Research under the World Ocean Federal Targeted Program. SPb: AARI (inédito) (en ruso)

Gavrilo M., Mizin Yu. 2007. Penguin population dynamics in Haswell Archipelago area, ASPA № 127, East Antarctica. – p. 92 in Wohler E.j. (ed.) 2007. Abstracts of oral and poster presentations, 6th International Penguin Conference. Hobart, Australia, 3-7 septiembre 2007

Gavrilo M., Mizin I. Current zoological researches in the area of Mirny station. Russian Polar Researches. Iss. 3. AARI, 2011.

Gruzov, E.N. Echinoderms in coastal biocenoses of the Davis Sea (Antarctica) // Systematics, Evolution, Biology, and Distribution of Modern and Extinct Echinoderms.-L.,1977.-P.21-23. (en ruso)

Kamenev, V.M. Adaptive peculiarities of the reproduction cycle of some Antarctic birds. - Body Adaptation to Far North Conditions: Abstracts of Reports Presented at the All-Union Meeting. Tallinn, 1984. P. 72-76. (en ruso)

Kamenev, V.M. Antarctic petrels of Haswell Island // Soviet Antarctic Expedition Newsletter.-1979.-No. 99.-P.78-84. (en ruso)

Kamenev, V.M. Ecology of Adelie penguins of the Haswell Islands // Soviet Antarctic Expedition Newsletter. 1971. No. 82. P. 67-71. (en ruso)

Kamenev, V.M. Ecology of Cape and snow petrels. - Soviet Antarctic Expedition Newsletter. 1988. No. 110. P. 117-129. (en ruso)

Kamenev, V.M. Ecology of Emperor penguins of the Haswell Islands. – The Adaptation of Penguins. M., 1977. P. 141-156. (en ruso)

Kamenev, V.M. Ecology of Wilson's storm petrels (Oceanites oceanicus Kuhl) on the Haswell Islands // Soviet Antarctic Expedition Newsletter. 1977. No. 94. P. 49-57. (en ruso)

Kamenev, V.M. Protected Antarctica. – Lecturer's Aid. L.: Znanie RSFSR, 1986. P. 1-17. (en ruso)

Kamenev, V.M. The Antarctic fulmar (Fulmarus glacialoides) of the Haswell Islands // Soviet Antarctic Expedition Newsletter. - 1978. No. 98. P. 76-82. (en ruso)

Korotkevish, E.P. 1959 The bids of East Antarctica. – Arctic and Antarctic Issues. – No. 1. (en ruso)

Korotkevish, E.P. 1960 By radio from Antarctica. — Soviet Antarctic Expedition Newsletter. - № 20-24. (en ruso)

Krylov, V.I., Medvedev, L.P. The distribution of the Ceteans in the Atlantic and South Oceans // Soviet Antarctic Expedition Newsletter.-1971.-No. 82.-P.64-66. (en ruso)

Makushok, V.M. 1959 Biological takings and observations at the Mirny Observatory in 1958. — Soviet Antarctic Expedition Newsletter. – No. 6. (en ruso)

Minichev, Yu.R. Opisthobranchia (Gastropoda, Opisthobranchia) of the Davis Sea // Marine Fauna Research.-L.,1972.-Vol.11(19).-P.358-382. (en ruso)

Mizin, Yu.V. 2004 Report on the Ecological and Environmental Research Program Conducted by RAE 48 at the Mirny Observatory – SPb: AARI, inédito. (en ruso)

Neelov A.V., Smirnov I.S., Gavrilo M.V. 2007 50 years of the Russian studies of antarctic ecosystems. – Problemy Arktiki I Antarktiki. – № 76. – Pp. 113 – 130

Popov, L.A., Studenetskaya, I.R. Ice-based Antarctic seals // The Use of the World Ocean Resources for Fishery Needs. An overview by the Central Research Institute of Fishery Information and Technical Studies. Series. 1.- M., 1971. Issue 5.-P.3-42. (en ruso)

Prior, M.E. 1964 Observations of Emperor penguins (Aptenodytes forsteri Gray) in the Mirny area in 1962. Soviet Antarctic Expedition Newsletter. – No. 47. (en ruso)

Pushkin, A.F. Some ecological and zoogeographic peculiarities of the Pantopoda fauna in the Davis Sea // Hydrobiology and Biogeography of Cold and Moderate World Ocean Waters in the Off-shore Zone: Report Abstracts.- L.,1974.-P.43-45. (en ruso)

Splettstoesser J.F., Maria Gavrilo, Carmen Field, Conrad Field, Peter Harrison, M. Messicl, P. Oxford, F. Todd 2000 Notes on Antarctic wildlife: Ross seals Ommatophoca rossii and Emperor penguins Aptenodytes forsteri. New Zealand Journal of Zoology, 27: 137-142.

Stepaniants, R.D. Coastal hydrozoans of the Davis Sea (materials of the 11th Soviet Antarctic Expedition, 1965/66) // Marine Fauna Research.- L.,1972.-Vol.11(19).-P.56-79. (en ruso)

The Final Report of the Twenty Second Antarctic Treaty Consultative Meeting (Tromse, Norway, May 25 – June 5, 1998). [Oslo, Royal Ministry of Foreign Affairs], P. – 93 – 130. (en ruso).

Mapa 1: Ubicación de la isla Haswell, la estación Mirny y los sitios de actividades logísticas.

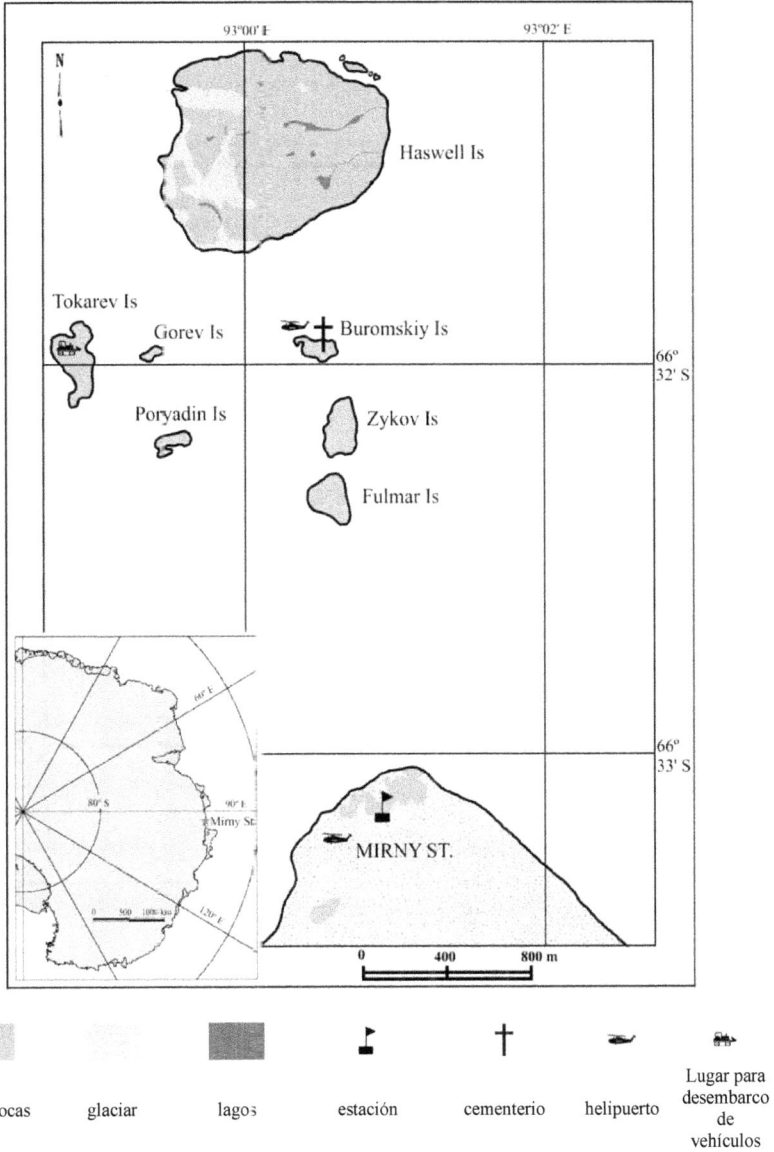

suelo, rocas   glaciar   lagos   estación   cementerio   helipuerto   Lugar para desembarco de vehículos

Mapa 2: Límites de la Zona Antártica Especialmente Protegida No 127, isla Haswell.

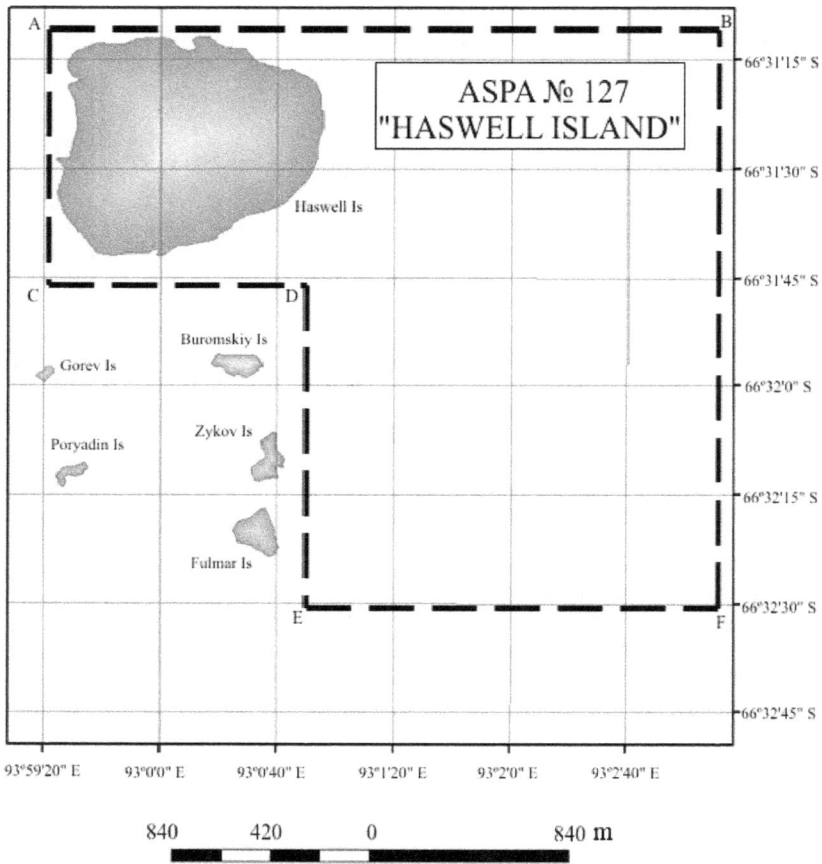

ASPA № 127
"HASWELL ISLAND"

66°31'15" S
66°31'30" S
66°31'45" S
66°32'0" S
66°32'15" S
66°32'30" S
66°32'45" S

Haswell Is
Buromskiy Is
Gorev Is
Zykov Is
Poryadin Is
Fulmar Is

93°59'20" E   93°0'0" E   93°0'40" E   93°1'20" E   93°2'0" E   93°2'40" E

840   420   0   840 m

Mapa 3: Ubicación de las colonias de aves marinas reproductoras.

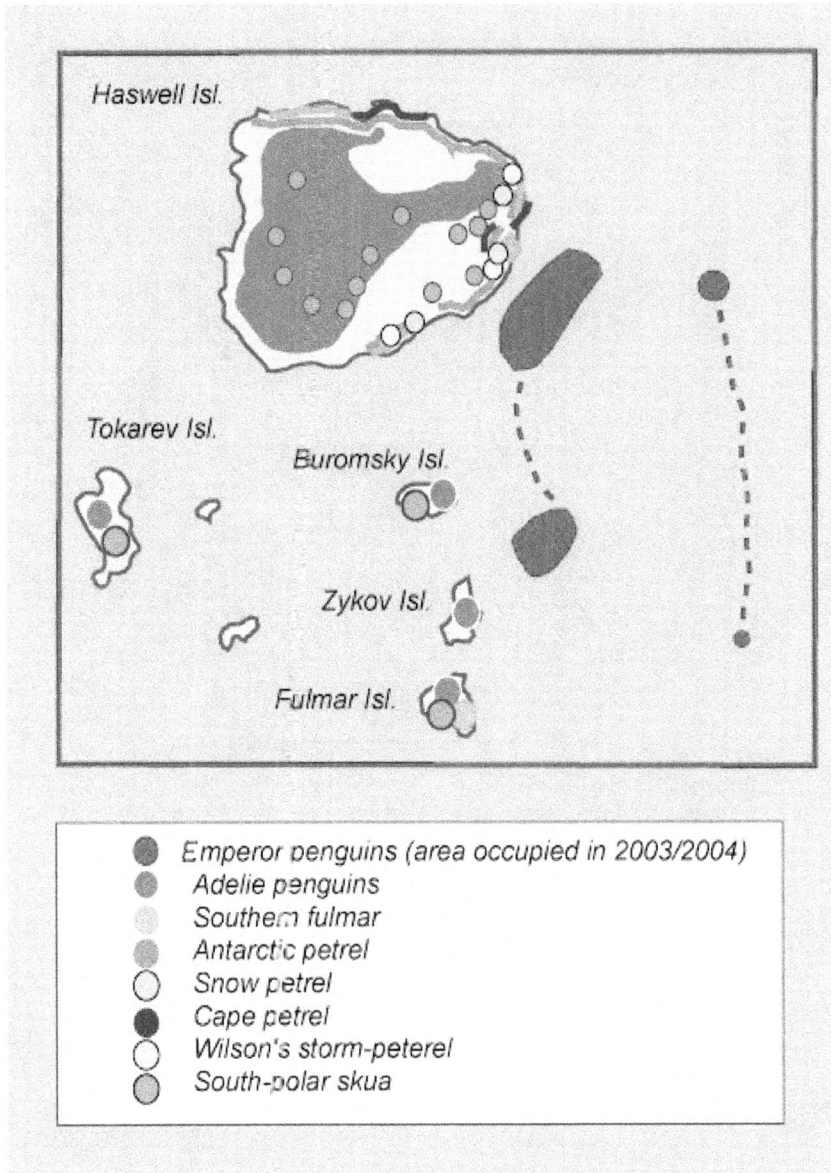

Emperor penguins (area occupied in 2003/2004)
Adelie penguins
Southern fulmar
Antarctic petrel
Snow petrel
Cape petrel
Wilson's storm-peterel
South-polar skua

Mapa 4: Mapa topográfico de la isla Haswell.

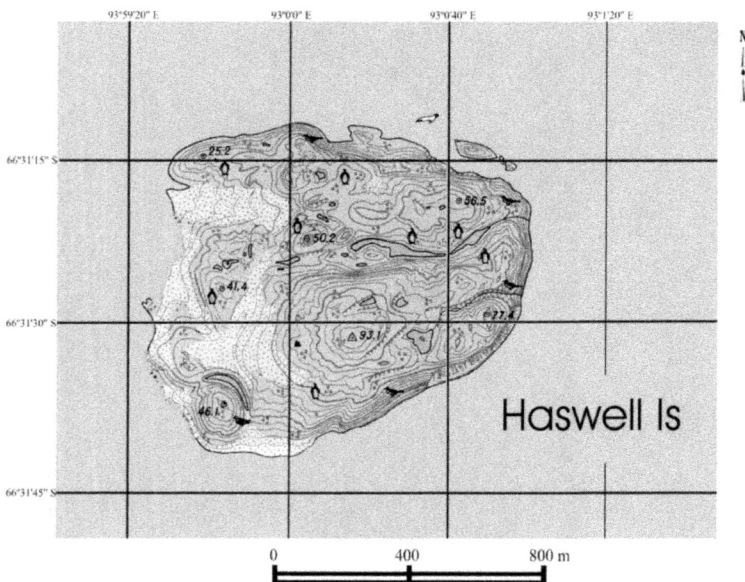

Plan de gestión para
la Zona Antártica Especialmente Protegida No. 131
GLACIAR CANADÁ, LAGO FRYXELL VALLE TAYLOR,
TIERRA DE VICTORIA

1. Descripción de los valores que requieren protección

En 1985, un área de aproximadamente 1 km^2 entre el este del glaciar Canadá y el lago Fryxell fue designada en la Recomendación XIII–8 (1985) SEIC No. 12 sobre la base de una propuesta de Nueva Zelandia, debido a que era una de las zonas más ricas en vegetación (briofitas y algas) en el sur de los Valles Secos de McMurdo. La Zona ha sido designada principalmente con el fin de proteger los valores científicos y ecológicos del lugar.

Se extendieron los límites de la Zona a través de la Medida 3 (1997) para incluir áreas biológicamente ricas que al principio estaban excluidas. La Zona fue redesignada mediante la Decisión 1 (2002) como Zona Antártica Especialmente Protegida (ZAEP) No. 131 y se adoptó un plan de gestión revisado a través de la Medida 1 (2006).

La Zona comprende un terreno en pendiente sin hielo, lagunas de verano y pequeños arroyos de deshielo que fluyen desde el glaciar Canadá hacia el lago Fryxell. La mayor parte de la vegetación crece en un área húmeda (denominada "el marjal") cercano al glaciar, en el centro de la Zona. La composición y la distribución las comunidades de musgo, liquen, cianobacterias y algas en la Zona están estrechamente correlacionadas con el régimen hídrico. Es por esta razón que la hidrología y la calidad del agua son importantes para los valores del sitio.

La Zona ha sido bien estudiada y documentada, lo que acrecienta su valor científico. Las comunidades de vegetación, en particular los briófitos, son vulnerables a la perturbación por las pisadas y el muestreo. Las áreas dañadas pueden tardar mucho tiempo en recuperarse. Se han identificado los sitios de los cuales se conoce la época en que fueron dañados, lo cual resulta útil ya que constituyen unas de las pocas áreas de los Valles Secos de McMurdo donde se pueden medir los efectos a largo plazo de las perturbaciones, así como la velocidad de recuperación.

La Zona tiene significancia regional y su valor científico para las investigaciones ecológicas continúa siendo excepcional. La presión creciente que ejercen las actividades científicas, logísticas y turísticas en la región junto con la vulnerabilidad de la Zona a la perturbación por pisadas, toma de muestras, contaminación o introducción de especies no autóctonas implican que los valores de la Zona aún requieren protección constante.

2. Finalidades y objetivos

Las finalidades de la gestión del glaciar Canadá son las siguientes:

- evitar el deterioro, o el riesgo considerable de degradación, de los valores de la Zona, previniendo alteraciones humanas innecesarias;

- permitir investigaciones científicas del ecosistema y sus elementos, y al mismo tiempo evitar un muestreo excesivo;
- permitir otras investigaciones científicas en la Zona siempre que se hagan por razones urgentes que no puedan resolverse en otro lugar;
- prevenir o reducir a un mínimo la posibilidad de que se introduzcan en la Zona plantas, animales y microbios no autóctonos; y
- permitir visitas con fines de gestión que promuevan la consecución de las finalidades y los objetivos del plan de gestión.

3. Actividades de gestión

Se llevarán a cabo las siguientes actividades de gestión con el fin de proteger los valores de la Zona:

- Deberá mantenerse disponible una copia del presente plan de gestión, incluidos mapas de la Zona, en las estaciones de investigación activas cercanas y a todas las cabañas de investigación ubicadas en el valle Taylor dentro de un radio de 20 km de la Zona.
- En lugares apropiados sobre los límites de la Zona deberán colocarse carteles que señalen la ubicación y los límites de la Zona, y que indiquen claramente las restricciones al ingreso, a fin de evitar el ingreso accidental.
- Los indicadores, los carteles y las estructuras erigidos dentro de la Zona con fines científicos o de gestión estarán bien sujetos y se mantendrán en buen estado y se los eliminará cuando dejen de ser necesarios.
- Deberán realizarse las visitas necesarias a la Zona, por lo menos una vez cada cinco años, para determinar si continúa sirviendo a los fines para los que fue designada y garantizar que las medidas de gestión sean apropiadas.
- Los programas antárticos nacionales que se estén llevando a cabo en la Zona celebrarán consultas con el fin de cerciorarse de que se implementen las medidas de gestión antes mencionadas.

4. Período de designación

Designado por un período indefinido.

5. Mapas y fotografías

- Mapa A: Glaciar Canadá, lago Fryxell, valle Taylor, mapa regional topográfico. Especificaciones del mapa: Proyección: cónica conforme de Lambert Paralelos normales: primero: 1st 79° 18' 00" S; segundo: 76° 42'00"S Meridiano central: 162° 30'00"E; latitud de origen: 78° 01'16,2106"S Esferoide:WGS84

- Mapa B: Glaciar Canadá, lago Fryxell, valle Taylor, Mapa de la densidad de la vegetación. Las especificaciones son las mismas que las del mapa A. Las curvas derivan de combinar imágenes de ortofotografía y de Lansat. Las áreas exactas de terreno húmedo asociado al marjal varían según la estación y de un año a otro.

6. Descripción de la Zona

6(i) Coordenadas geográficas, indicadores de límites y características naturales
El glaciar Canadá está situado en el valle Taylor, en los Valles Secos de McMurdo. La Zona designada abarca la mayor parte de la región frontal del glaciar en el lado este de la parte baja de la cuenca del glaciar Canadá y en la orilla norte del lago Fryxell (77° 37'S, 163° 03'E, mapa A). Comprende un terreno de pendiente suave a moderada, sin hielo, a una elevación de 20 m a 220 m, con lagunas y arroyos estacionales de deshielo que desaguan el glaciar Canadá en el lago Fryxell.

El límite sur de la Zona consiste en la orilla del lago Fryxell, hasta el borde del agua. Este límite se extiende alrededor de 1 km al nordeste desde el punto de encuentro del glaciar Canadá con el lago Fryxell (77° 37,20"S; 163° 3,64'E) hasta la esquina sudeste del límite marcado con un mojón (77° 36,83' S; 163° 4,88' E) junto a una pequeña isla en el lago Fryxell. La isla fue en algún momento parte de una pequeña península que se adentra en el lago Fryxell, pero al crecer el nivel del lago recientemente, esta parte se convirtió en una isla (mapa B). La península estaba señalada por una gran roca partida rodeada por un círculo de rocas, que se usó como punto de referencia para el levantamiento del SEIC original realizado por Nueva Zelandia en 1985, pero ya no es visible. Aún puede verse en la isla un poste de madera que marca el sitio 7 del proyecto de perforaciones de los Valles Secos (1973).

Una cresta de morrena que se extiende hacia arriba desde la esquina sudeste en dirección norte define el límite oriental de la Zona. En una loma de esta cresta hay un mojón (77° 36,68' S; 163° 4,40' E) a 450 m de la esquina sudeste del límite. La cresta desciende abruptamente antes de encontrarse con la pendiente, sin rasgos distintivos, de la ladera principal del valle Taylor. La esquina de límite ubicada al nordeste de la Zona se encuentra en esta pendiente y está indicada con un mojón (77° 36,43' S; 163° 3,73' E).

Desde el mojón de límite ubicado al nordeste, el límite septentrional sube en pendiente suave hacia el oeste 1,7 km hasta el glaciar Canadá, hasta el punto donde el arroyo fluye desde el glaciar y el campo de nieve, por un espacio visiblemente angosto en la morrena (77° 36,42' S; 162° 59,69' E).

El límite occidental sigue el borde del glaciar durante 1 km, aproximadamente, bajando por una pendiente de morrena lateral con un gradiente bastante parejo hacia la esquina sudoeste del límite, donde el glaciar se encuentra con la orilla del lago (77° 37,20' S; 163° 3,64' E).

Se cree que el área del marjal en el glaciar Canadá es el área de vegetación de más alta densidad en los Valles Secos de McMurdo (mapa B). El flujo de agua en el verano, junto con la microtopografía, son los factores más importantes para determinar el lugar de crecimiento de musgos, líquenes, cianobacterias y algas. La cara del glaciar también brinda protección de los vientos destructivos que podrían volar los musgos en su estado liofilizado y de la abrasión del polvo que transporta el viento.

El marjal está cerca del borde del glaciar. Existen dos áreas principales de vegetación, separadas al norte y al sur por una pequeña laguna de poca profundidad (mapa B). El área del marjal, de pendiente suave, es muy húmeda en el verano, con áreas de terreno húmedo, pequeñas lagunas y arroyos. Las pendientes más altas de esta área son más secas, pero la vegetación coloniza numerosos cauces de arroyos pequeños que corren paralelos al glaciar, descendiendo desde el límite superior de la Zona hasta el marjal. Las morrenas onduladas contribuyen a la acumulación de parches persistentes de nieve en esta pendiente, que también podrían proporcionar humedad para el crecimiento de la vegetación. Los cauces de arroyos y la vegetación asociada son menos visibles a medida que se alejan del glaciar (mapa B). Estas pendientes y el marjal central desaguan hacia el sudeste por medio del arroyo Canadá. Los datos hidrológicos recolectados de este arroyo midieron el caudal de desagüe promedio del arroyo Canadá cuando el flujo era de 26,41 l/s [mínimo = 0,0 l/s y máximo = 190,4 l/s] desde noviembre de 2009 a febrero de 2010. La temperatura media del agua durante este período fue de 3,96 °C [mínima = -0,1 °C y máxima = 11,73 °C] (http://www.mcmlter.org/).

En el marjal se identificaron cuatro especies de musgos: predominan *Bryum argenteum* (antes denominado *Bryum subrotundifolium*) y *Hennediella heimii* (antes denominado *Pottia heimii*) y rara vez se observa *Bryum pseudotriquetrum* y *Syntrichia sarconeurum* (antes conocido como *Sarconeurum glaciale*). *B. argenteum* crece principalmente en áreas con flujo de agua y filtraciones. Cuando fluye el agua, una alta proporción de este musgo tiene comunidades epifíticas Nostoc asociadas. Hacia los bordes de las zonas en las que fluye el agua, predomina la especie *Hennediella heimii*. En este lugar se observan esporofitos de *Hennediella heimii* y es posible que se trate del área más austral en la que se registre el crecimiento de musgo.

Los líquenes son inconspicuos en la Zona, pero en un área pequeña próxima al desagüe de la laguna cercana al glaciar Canadá se encuentran los líquenes epilíticos, *Carbonea vorticosa*, *Sarcogyne privigna*, *Lecanora expectans*, *Rhizoplaca melanophthalma* y *Caloplaca citrina*. En toda el área del marjal, sobre muchas rocas grandes también se encuentran líquenes casmoendolíticos.

Se han descrito más de 37 especies de algas y cianobacterias de agua dulce en ese sitio. La parte superior del arroyo Canadá a primera vista parece pobre, aunque se observa el crecimiento de comunidades incrustantes, predominantemente cianobacterias, en las caras laterales e inferiores de piedras y rocas. Se han observado, solamente en la parte superior de la cuenca del arroyo, el alga verde *Prasiola calophylla* y la cianobacteria *Chamaesiphon subglobusus*. Por lo general, *Prasiola calophylla* se ve en densas cintas verdes debajo de las piedras del arroyo sólo cuando se dan vuelta las piedras. En los tramos inferior y medio del arroyo hay extensas alfombras de cianobacterias, que comprenden una combinación de diversas especies (que incluyen *Oscillatoria*, *Pseudanabaena*, *Leptolyngbya*, *Phormidium*, *Gloeocapsa*, *Calothrix* y *Nostoc*) y son más variadas que las que se observan en el tramo superior del arroyo. En el agua estancada del marjal central predominan colonias mucilaginosas de *Nostoc commune*, y crecen epifíticamente en los musgos que se observan en los márgenes húmedos de los cursos de agua, en tanto que las alfombras de cianobacterias cubren gran parte de finos y gravilla minerales de los tramos en los que fluye el agua. Puede observarse el alga verde filamentosa *Binuclearia* correr en el flujo en la parte media de la cuenca del arroyo. La parte baja de la cuenca del arroyo es similar a la parte alta en cuanto a la composición de la flora, aunque se ha informado que las algas *Tribonema elegans* y *Binuclearia* aparecen en abundancia, pero no hay presencia de la *Prasiola calophylla* y es poco común encontrar *Tribonema elegans* en esta región de la Antártida.

Se han descrito seis tipos de invertebrados en la Zona. Los tres grupos principales son rotíferos, nematodos y tardígrados, y también hay protozoos, platelmintos y artrópodos.

Se ha descrito la vegetación del marjal Canadá como abundante, pero de escasa diversidad, comparada con otros sitios de la Antártida ricos desde el punto de vista botánico. Probablemente esto se debe, al menos en parte, a las características oligotróficas del sitio. El agua que fluye por el arroyo es similar al agua de deshielo de glacial, con una conductividad en diciembre de 2010 cercana a 30 μS cm^{-1} desde el punto desde el que dejó el glaciar hasta el delta donde penetra al lago. La prevalencia de cianobacterias fijadoras de nitrógeno (de las especies *Nostoc* y *Calothrix*) respalda aún más la teoría de un bajo contenido de nutrientes.

Sobre la base del Análisis de Dominios Ambientales para la Antártida (Resolución 3 (2008)), el glaciar Canadá está ubicado dentro del Dominio S geológico de McMurdo en Tierra de Victoria del Sur.

Son notables los indicios de actividad humana en el pasado dentro de la Zona. Dentro del área del marjal, puede observarse el daño sufrido por los sitios de vegetación que incluye senderos, huellas y sitios de extracción experimental de testigos y trozos más grandes de colchones de musgos. Además, en el marjal hay varios señalizadores antiguos.

De 1979 a 1983 se instaló un invernadero de plástico en la Zona para investigaciones y el cultivo experimental de hortalizas. La estructura se retiraba al final de cada temporada. En 1983 fue destruida por una tormenta de invierno. Los restos del invernadero que se encontraban en la Zona fueron desde entonces retirados.

Cerca del área del marjal, el primer sitio de la cabaña neozelandesa en el glaciar Canadá comprendía senderos marcados por líneas de piedras, áreas que habían sido despejadas para acampar, un antiguo helipuerto y varias estructuras bajas de roca. Cerca de este lugar, también se hicieron por lo menos cuatro pozos no muy profundos (de aproximadamente 1 m de profundidad). Este sitio se trasladó a un segundo sitio en 1989, y se recuperó el sitio de la primera cabaña. El sitio de la segunda cabaña comprendía dos edificios pequeños, varios campamentos nuevos y un helipuerto. Los edificios fueron retirados por completo en la temporada 1995-96. Sin embargo, el helipuerto aún permanece, ya que es el único sitio designado para el aterrizaje de helicópteros de la Zona. Esta área para acampar aún es el lugar preferido para acampar en la Zona (mapa 3).

En el arroyo Canadá hay una presa (véase la Sección 6(iii)). Desde la Zona de instalaciones del lago Fryxell se extiende un sendero entre la orilla del lago y la presa del arroyo Canadá (mapa B). Hay otro sendero entre el sitio designado para acampar y el borde del glaciar Canadá, que cruza un área húmeda con vegetación, aunque no está indicado en el mapa. También hay una ruta de acceso ubicada entre la Zona de instalaciones del lago Hoare y la Zona de instalaciones del lago Fryxell, que apenas traspasa el límite norte (mapas A y B).

6(ii) Áreas especiales dentro de la Zona
Ninguna.

6(iii) Ubicación de estructuras dentro de la Zona y en sus proximidades
En la temporada 1981-1982 se construyó una presa de rocas en la parte estrecha de arroyo Canadá, que se retiró al final de la temporada. En 1990 se construyó en las cercanías una presa más grande con una canaleta Parshall de 9 pulgadas (mapa B). La canaleta está hecha de fibra de vidrio negro. La presa consiste en bolsas de poliéster rellenas con tierra de aluvión de las proximidades del cauce del arroyo. Se repararon los sitios que habían sido alterados durante la construcción y para la temporada siguiente ya no quedaban rastros. El lado de la presa que está corriente arriba forrado de nailon recubierto de vinilo. Se ha hecho una muesca en la presa para permitir el desagüe en caso de que el caudal aumente. Ha sido necesario retirar del cauce la nieve estacional para evitar que el agua se embalse en la presa. El instrumental de registro de datos y las baterías están guardados en una caseta de madera contrachapada cercana, situada en el lado norte del arroyo. El mantenimiento de la presa está a cargo del Proyecto de Investigaciones Ecológicas a Largo Plazo de los Valles Secos de McMurdo.

Los límites de la Zona están marcados con tres mojones.

La Zona de instalaciones del lago Fryxell (Estados Unidos) está ubicada un kilómetro y medio hacia el este de la Zona (20 m sobre el nivel del mar), en un punto intermedio a lo largo del lago Fryxell, sobre el lado norte del lago. La Zona de instalaciones F6 está ubicada aproximadamente 10 km hacia el este de la Zona, sobre el lado sur del lago Fryxell. La Zona de instalaciones del lago Hoare (Estados Unidos) está ubicada 3 km hacia el oeste del Área (65 m sobre el nivel del mar), sobre el lado oeste del glaciar Canadá, en la base del glaciar, sobre el lado norte del lago Hoare. La Zona de visitantes del valle Taylor está ubicada al sur de la Zona, al frente del glaciar Canadá (mapa A).

6(iv) Ubicación de otras zonas protegidas en las cercanías
Las zonas protegidas más cercanas al glaciar Canadá son:

- la terraza Linnaeus, cordillera Argard (ZAEP No. 138), 47 km al oeste en el valle Wright, y
- los valles Barwick y Balham, Tierra de Victoria del Sur (ZAEP No. 123), 50 km al noroeste (recuadro, mapa A).

7. Términos y condiciones para la expedición de permisos de entrada

Se prohíbe la entrada a la Zona excepto con un permiso expedido por las autoridades nacionales pertinentes. Las condiciones para la expedición de permisos para entrar en la Zona son las siguientes:

- Se otorgarán permisos por razones científicas urgentes que no puedan resolverse en otro lugar o por razones esenciales para la gestión de la Zona.
- Las actividades permitidas no deberán poner en peligro los valores ecológicos o científicos de la Zona.
- El acceso a cualquier área que se indique que tiene vegetación de densidad mediana o mayor (mapa B) debería considerarse con cuidado y en el permiso se deberían establecer condiciones especiales para el acceso a dichas áreas.
- Todas las actividades de gestión deben estar orientadas a la consecución de los objetivos del plan de gestión.
- Las actividades permitidas deben ceñirse al plan de gestión.

- Se deberá llevar el permiso o una copia dentro de la Zona.
- Se suministrará un informe de la visita a las autoridades que figuran en el permiso; y,
- El permiso será expedido por un período determinado.

7(i) Acceso a la Zona y circulación dentro de la Zona a o sobre la misma
El acceso a la Zona deberá realizarse a pie o en helicóptero. Se prohíbe la circulación de vehículos dentro de la Zona y todo el movimiento dentro de la Zona deberá realizarse a pie.

Los peatones que circulen por el valle no podrán ingresar en la Zona sin un permiso. Se exhorta a los visitantes que hayan obtenido un permiso a que circulen en la medida de lo posible por los senderos establecidos. Los visitantes deberán tratar de no caminar sobre la vegetación visible o por el lecho de los arroyos. Se pondrá especial cuidado al caminar sobre áreas de suelo húmedo, ya que las pisadas pueden dañar fácilmente los suelos delicados, así como las comunidades de plantas y de algas y bacterias, y degradar la calidad del agua. Se deberá caminar alrededor de esas áreas, sobre suelo rocoso o hielo, pisando las piedras más grandes cuando no se pueda evitar cruzar un arroyo. También se cuidará alrededor de la vegetación incrustada de sal en las áreas más secas, que puede ser difícil de ver. La circulación a pie deberá ser la mínima necesaria de acuerdo con los objetivos de la actividad permitida, y se hará todo lo posible para reducir a un mínimo sus efectos.

En la medida de lo posible, los helicópteros deberán aterrizar en los sitios de aterrizaje existentes en las Zonas de instalaciones y en la Zona de Visitantes. Para acceder, los helicópteros deberán aproximarse desde el sur de la línea trazada en el mapa B. Los helicópteros deberán aterrizar solamente en el sitio designado (163° 02,88' E; 77° 36,97' S, mapa B). En general deberán tratar de no sobrevolar la Zona. Se prohíbe sobrevolar la Zona a menos de 100 m sobre el nivel del suelo al norte de la línea indicada en el mapa B. Se otorgarán excepciones a estas restricciones de vuelo solamente con fines científicos o de gestión excepcionales y deberán estar específicamente autorizadas en el permiso. Se prohíbe el uso de granadas de humo para helicópteros dentro de la Zona salvo que sea absolutamente necesario por razones de seguridad y, en ese caso, deberán recuperarse. Se prohíbe a visitantes, pilotos, tripulantes y pasajeros en tránsito en helicópteros circular a pie más allá de las inmediaciones del lugar designado para aterrizar y acampar, salvo que ello se autorice específicamente en el permiso.

7(ii) Actividades que pueden llevarse a cabo dentro de la Zona
- Investigaciones científicas que no pongan en peligro el ecosistema de la Zona.
- Actividades de gestión esenciales, incluido el monitoreo y la vigilancia.

En vista de la importancia del régimen hídrico para el ecosistema, toda actividad deberá realizarse de forma tal que se reduzcan a un mínimo las alteraciones de los cursos de agua y calidad de la misma. Las actividades que se llevan a cabo fuera de la Zona (por ejemplo, en el glaciar Canadá) que podrían afectar la cantidad y calidad del agua deberán planearse y realizarse teniendo en cuenta los efectos que puedan producirse corriente abajo. Asimismo, aquellos que realicen actividades dentro de la Zona deberían tener presentes los efectos corriente abajo en la Zona y en el lago Fryxell endorreico.

7(iii) Instalación, modificación o desmantelamiento de estructuras

No podrá montarse ninguna estructura dentro de la Zona ni instalarse ningún equipo científico, salvo que sea por razones científicas o de gestión excepcionales y deberán estar especificadas en un permiso. Todos los indicadores, estructuras o equipos científicos que se instalen en la Zona deberán estar autorizados por un permiso y deberán llevar claramente el nombre del país, el nombre del investigador principal, el año de instalación y la fecha en que esté previsto retirarlos. Todos estos artículos no deberán tener organismos, propágulos (semillas, huevos) ni suelo no estéril, y deberán estar hechos de materiales que presenten un riesgo mínimo de contaminación de la Zona. El permiso se expedirá con la condición de que se retiren las estructuras o el equipo cuyo permiso haya vencido. Se prohíben las estructuras o instalaciones permanentes.

7(iv) Ubicación de campamentos

Se emplearán las Zonas de instalaciones cercanas, que estén fuera de la Zona, como base para el trabajo dentro de la Zona (mapa A). Se podrá acampar en los sitios designados (mapa B) por razones científicas o de gestión específicas y esenciales.

7(v) Restricciones aplicables a los materiales y organismos que pueden introducirse en la Zona

No podrá introducirse deliberadamente en la Zona ningún animal vivo, material vegetal o microorganismo y se tomarán precauciones enumeradas en el párrafo 7(ix) más adelante, para evitar la introducción accidental. Tampoco se introducirán plaguicidas ni herbicidas en la Zona. Cualesquiera otras sustancias químicas, incluidos radionúclidos o isótopos estables, que puedan ser introducidas para fines científicos o de gestión deberán ser retiradas a más tardar cuando concluya el período para el cual se haya expedido el permiso. No se podrán almacenar combustible ni otras sustancias químicas en la Zona, salvo que sea indispensable para la actividad para la cual se haya expedido el permiso y deberán estar contenidos dentro de una reserva de emergencia aprobada por las autoridades pertinentes. Todo material que se introduzca podrá permanecer solamente por un período expreso, deberá ser retirado a más tardar cuando concluya dicho período y se almacenará y manejará de modo que se reduzca a un mínimo el riesgo de introducción en el medio ambiente.

7(vi) Toma o intromisión perjudicial en la flora y fauna autóctonas

Queda prohibida, la toma o intromisión perjudicial en la flora y fauna autóctonas, salvo que se realice de conformidad con un permiso aparte, emitido conforme al Anexo II del Protocolo al Tratado Antártico sobre Protección del Medio Ambiente. En casos de toma o intromisión perjudicial en los animales, deberá realizarse como mínimo de conformidad con el Código de conducta del SCAR para el uso de animales con fines científicos en la Antártida.

7(vii) La recolección o retiro de materiales que no haya sido llevado a la Zona por el titular del permiso

Se permite la recolección o el retiro de material de la Zona sólo de conformidad con un permiso y deberá limitarse al mínimo necesario para las actividades científicas o de gestión. Del mismo modo, el muestreo deberá llevarse a cabo mediante técnicas que reduzcan al mínimo la perturbación de la Zona así como la duplicación. Todo material de origen humano que probablemente comprometa los valores de la Zona, y que no haya sido llevado a la Zona por el titular del permiso o que no esté comprendido en otro tipo de autorización, podrá ser retirado de la Zona, salvo que el impacto de su extracción probablemente sea mayor que el efecto de dejar el material in situ. Si el impacto de su extracción es probablemente mayor que dejar el material in situ, se deberá notificar a las autoridades pertinentes y obtener la aprobación.

7(viii) Eliminación de desechos
Deberán retirarse de la Zona todos los desechos, incluidos los humanos.

7(ix) Medidas que podrían ser necesarias para continuar cumpliendo con las finalidades y los objetivos del plan de gestión
Se podrán expedir permisos para entrar en la Zona para:
- llevar a cabo actividades de monitoreo biológico e inspección de la Zona que pueden incluir la obtención de una pequeña cantidad de muestras o datos para análisis o revisión;
- instalar o mantener indicadores, estructuras o equipos científicos;
- implementar medidas de protección

Todo sitio específico de monitoreo a largo plazo deberá estar debidamente señalizado en el sitio y en los mapas de la Zona. Se debe obtener la posición GPS para los sitios de monitoreo y muestreo científico a largo plazo para ingresarlo en el sistema del Directorio Maestro Antártico a través de las autoridades nacionales pertinentes. Si corresponde, también deberán proporcionarse metadatos para el sistema del Directorio Maestro Antártico a través de las autoridades nacionales pertinentes.

A fin de mantener los valores científicos y ecológicos de las comunidades de plantas que se encuentran en la Zona, los visitantes deberán tomar precauciones especiales para evitar introducciones. Causa especial preocupación la introducción de microbios o plantas provenientes de suelos de otros sitios antárticos, incluidas las estaciones, o de regiones fuera de la Antártica. Para reducir a un mínimo el riesgo de introducciones, antes de entrar en la Zona los visitantes deberán limpiar meticulosamente el calzado y todo el equipo que vayan a utilizar en la Zona, en particular el equipo para acampar, el equipo de muestro y los señalizadores.

7(x) Requisitos relativos a los informes
El titular principal para cada visita a la Zona deberá presentar un informe a las autoridades nacionales pertinentes, tan pronto como sea posible, y a más tardar, seis meses después de que se haya efectuado la visita. Dichos informes deberán incluir la información señalada en el formulario para informes de visitas contenido en la Guía para la Preparación de Planes de Gestión para las Zonas Antárticas Especialmente Protegidas.

Si corresponde, las autoridades nacionales también deberán enviar una copia del informe de visita a la Parte que propuso el plan de gestión, para colaborar con la gestión de la Zona y revisar el plan de gestión. Las Partes deberán llevar un registro de dichas actividades e informarlas en el intercambio anual de información. Siempre que sea posible, las Partes deberán depositar el informe de visita original o copias en un archivo al cual el público tenga acceso, a fin de llevar un registro del uso, para que pueda utilizarse en las revisiones del plan de gestión y en la organización del uso científico de la Zona.

8. Bibliografía

Broady, P.A. 1982. Taxonomy and ecology of algae in a freshwater stream in Taylor Valley, Victoria Land, Antarctica. Archivs fur Hydrobiologia 32 (Supplement 63 (3), Algological Studies): 331-349.

Conovitz, P.A., McKnight, D.M., MacDonald, L.H., Fountain, A.G. and House, H.R. 1998. Hydrologic processes influencing stream flow variation in Fryxell Basin, Antarctica. Ecosystem Processes in a Polar Desert: The McMurdo Dry Valleys, Antarctica. Antarctic Research Series 72: 93-108.

Green, T.G.A., Seppelt, R.D. and Schwarz, A-M.J. 1992. Epilithic lichens on the floor of the Taylor Valley, Ross Dependency, Antarctica. Lichenologist 24(1): 57-61.

Lewis, K.J., Fountain, A.G. and Dana, G.L. 1999. How important is terminus cliff melt? A study of the Canada Glacier terminus, Taylor Valley, Antarctica. Global and Planetary Change 22(1-4): 105-115.

Lewis, K.J., Fountain, A.G. and Dana, G.L. 1998. Surface energy balance and meltwater production for a Dry Valley glacier, Taylor Valley, Antarctica. International Symposium on Antarctica and Global Change: Interactions and Impacts, Hobart, Tasmania, Australia, July 13-18, 1997. Papers. Edited by W.F. Budd, et al; Annals of glaciology, Vol.27, p.603-609. United Kingdom.

McKnight, D.M. and Tate, C.M. 1997. Canada Stream: A glacial meltwater stream in Taylor Valley, South Victoria Land, Antarctica. Journal of the North American Benthological Society 16(1): 14-17.

Pannewitz, S., Green, T.G.A., Scheiddegger, C., Schlensog, M. and Schroeter, B. 2003. Activity pattern of the moss Hennediella heimii (Hedw.) Zand. in the Dry Valleys, Southern Victoria Land, Antarctica during the mid-austral summer. Polar Biology 26(8): 545-551.

Seppelt, R.D. and Green, T.G.A. 1998. A bryophyte flora for Southern Victoria Land, Antarctica. New Zealand Journal of Botany 36: 617-635.

Seppelt, R.D., Green, T.G.A., Schwarz, A-M.J. and Frost, A. 1992. Extreme southern locations for moss sporophytes in Antarctica. Antarctic Science 4: 37-39.

Seppelt, R.D., Turk, R., Green, T.G.A., Moser, G., Pannewitz, S., Sancho, L.G. and Schroeter, B. 2010. Lichen and moss communities of Botany Bay, Granite Harbour, Ross Sea, Antarctica. Antarctic Science 22(6): 691-702.

Schwarz, A.-M. J., Green, J.D., Green, T.G.A. and Seppelt, R.D. 1993. Invertebrates associated with moss communities at Canada Glacier, southern Victoria Land, Antarctica. Polar Biology 13(3): 157-162.

Schwarz, A-M. J., Green, T.G.A. and Seppelt, R.D. 1992. Terrestrial vegetation at Canada Glacier, South Victoria Land, Antarctica. Polar Biology 12: 397-404.

Sjoling, S. and Cowan, D.A. 2000. Detecting human bacterial contamination in Antarctic soils. Polar Biology 23(9): 644-650.

Skotnicki, M.L., Ninham, J.A. and Selkirk, P.M. 1999. Genetic diversity and dispersal of the moss Sarconeurum glaciale on Ross Island, East Antarctica. Molecular Ecology 8(5): 753-762.

Strandtmann, R.W. and George, J.E. 1973. Distribution of the Antarctic mite Stereotydeus mollis Womersley and Strandtmann in South Victoria Land. Antarctic Journal of the USA 8:209-211.

Vandal, G.M., Mason, R.F., McKnight, D.M. and Fitzgerald, W. 1998. Mercury speciation and distribution in a polar desert lake (Lake Hoare, Antarctica) and two glacial meltwater streams. Science of the Total Environment 213(1-3): 229-237.

Map A - Canada Glacier, Lake Fryxell, Taylor Valley, Antarctic Specially Protected Area 131: Regional Topographic Map

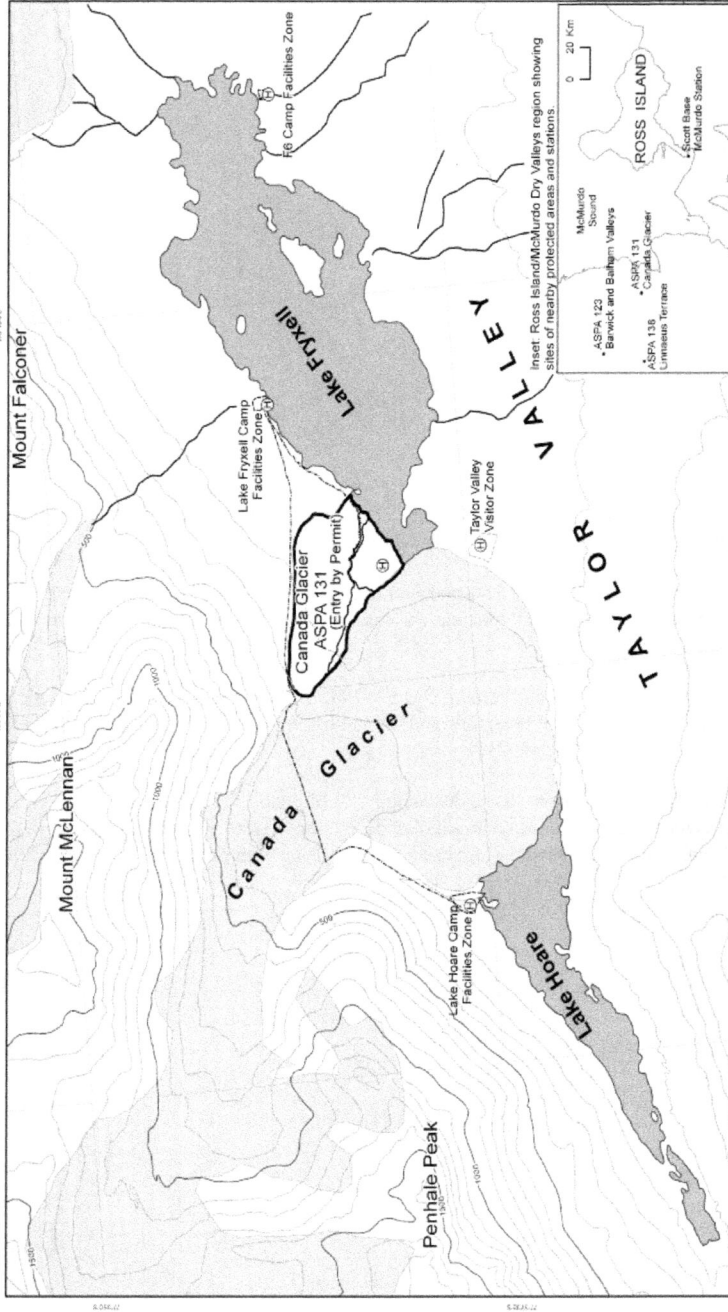

Mount Falconer

Mount McLennan

Penhale Peak

F6 Camp Facilities Zone

Lake Fryxell

Lake Fryxell Camp Facilities Zone

Canada Glacier
ASPA 131
(Entry by Permit)

Taylor Valley
Visitor Zone

Canada Glacier

Lake Hoare Camp
Facilities Zone

Lake Hoare

TAYLOR VALLEY

Inset: Ross Island/McMurdo Dry Valleys region showing sites of nearby protected areas and stations

ROSS ISLAND

McMurdo Sound

ASPA 123
Barwick and Balham Valleys

ASPA 131
Canada Glacier

ASPA 136
Lmnalaus Terrace

Scott Base
McMurdo Station

0   20 Km

Lakes

Glaciers

Streams

Protected area boundary
Helicopter landing site
Established walking tracks
Facilities Zone Boundary
Visitor Zone Boundary

0   1   2 Kilometres   N

Contour Interval: 100m

Projection: Lambert Conformal Conic SCAR/IMW ST57-60
Ellipsoid: WGS84
Facility Zones and Visitor Zone boundaries by ERA
Cartography by Gateway Antarctica

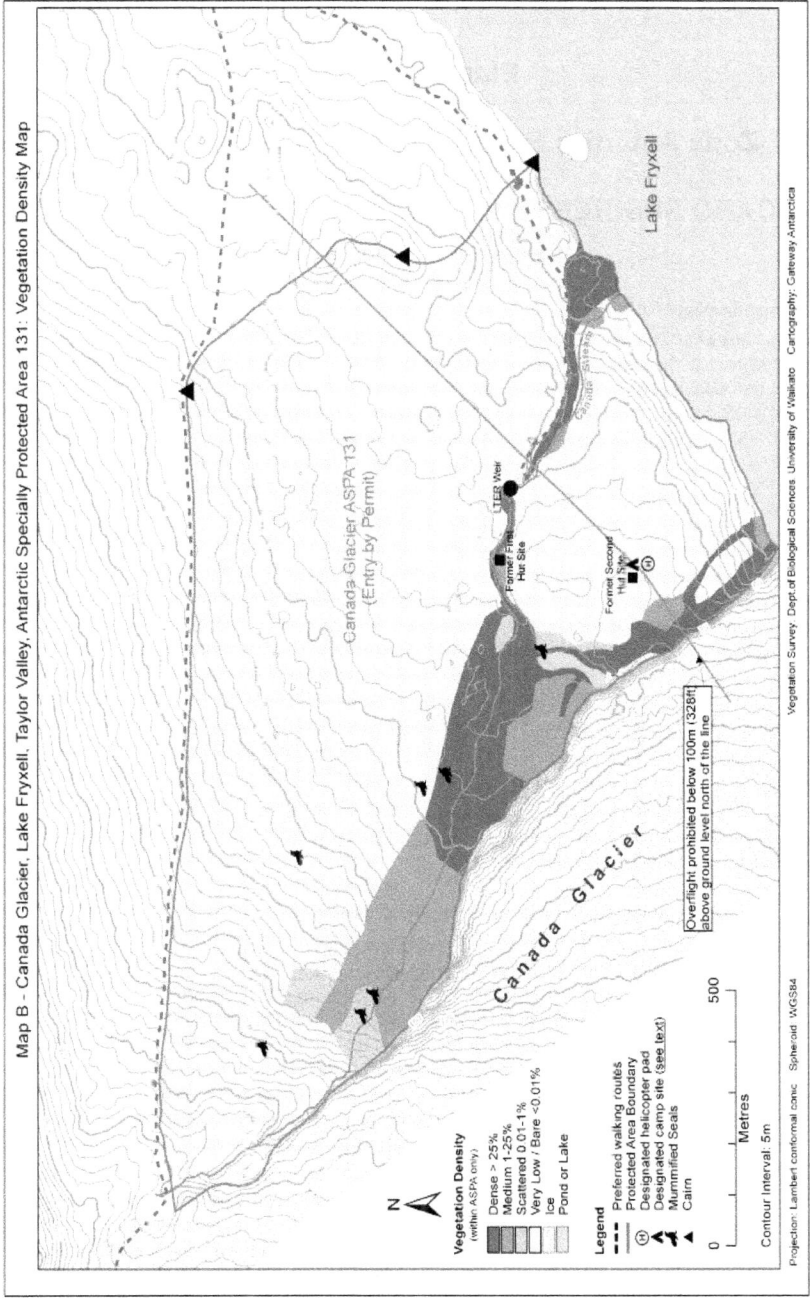

Map B - Canada Glacier, Lake Fryxell, Taylor Valley, Antarctic Specially Protected Area 131: Vegetation Density Map

Plan de gestión para

Zona Antártica Especialmente Protegida (ZAEP) Nº 149

CABO SHIRREFF E ISLA SAN TELMO, ISLA LIVINGSTON, ISLAS SHETLAND DEL SUR

Introducción

La Zona antártica especialmente protegida (ZAEP) Cabo Shirreff está ubicada en la costa septentrional de la isla Livingston, Islas Shetland del Sur, a 62°27'30"S, 60°47'17"O, y tiene aproximadamente 9.7 km^2 de superficie. El principal motivo de designación de la Zona es el de proteger el conjunto de fauna y flora presente en ella, en particular las poblaciones numerosas y diversas de aves marinas y de pinnípedos que son objeto de seguimiento científico de largo plazo. La pesca de krill antártico se lleva a cabo dentro de la zona de búsqueda de alimento de estas especies. El cabo Shirreff es por lo tanto un sitio clave para el seguimiento del ecosistema, lo cual ayuda a cumplir con los objetivos de la Convención sobre la Conservación de los Recursos Marinos Vivos (CCRVMA). La Zona contiene la mayor colonia reproductora de lobos finos antárticos (*Arctocephalus gazella*) en la región de la Península Antártica y es la más austral en la que se pueda estudiar su reproducción, población y alimentación. La palinoflora descubierta al interior de la Zona es también de especial interés científico. La Zona contiene también numerosos artefactos de valor histórico y arqueológico, en su mayoría asociados a las actividades de caza de focas durante el siglo 19. La Zona fue designada originalmente siguiendo la propuesta de Chile y de Estados Unidos de Norteamérica y se adoptó en virtud de la Recomendación IV-11 [1966, Zona Especialmente Protegida (ZEP) Nº 11]. La Zona volvió a ser designada como Sitio de Especial Interés Científico (SEIC) No. 32 en virtud de la Recomendación XV-7 (1989). La Zona se designó Localidad No 2 del Programa de Seguimiento del Ecosistema (CEMP) de la CCRVMA (CEMP) en virtud de la Medida de Conservación 82/XIII (1994) de la CCRVMA; la protección fue seguida por la Medida de conservación (MC) 91/02 (2004), y los límites se ampliaron en virtud de la Medida 2 (2005), para incluir un componente marino mayor y para incluir además localidades con fósiles vegetales. La Medida de conservación 91-02 expiró en noviembre de 2009 y la protección del cabo Shirreff se mantiene como ZAEP Nº 149 (SC-CCRVMA-XXVIII, Anexo 4, párrafo 5.29).

1.   Descripción de los valores que requieren protección

El cabo Shirreff (62°27'30"S, 60°47'17"O, península de aproximadamente 3,1 km^2), isla Livingston, Islas Shetland del Sur, fue designado originalmente Zona Especialmente Protegida (ZEP) No 11 en virtud de la Recomendación IV-11 (1966). A la luz de los resultados del primer censo de pinnípedos llevado a cabo en las Islas Shetland del Sur (Aguayo y Torres, 1966), Chile consideró que el lugar necesitaba protección especial. La propuesta formal de ZEP fue presentada por Estados Unidos de América (EE.UU.) La Zona abarcaba el sector sin hielo de la península del cabo Shirreff, al norte del borde del casquete glacial de la isla Livingston. Los valores protegidos en la designación original comprendían la diversidad de la vida vegetal y animal, muchos invertebrados, una población sustancial de elefantes marinos del Sur (*Mirounga leonina*) y una pequeña colonia de lobos finos antárticos (*Arctocephalus gazella*).

Tras la designación, el tamaño de la colonia de lobos finos antárticos del cabo Shirreff alcanzó un nivel que permitía la investigación biológica sin poner en peligro su crecimiento ininterrumpido. En un estudio de las Islas Shetland del Sur y de la Península Antártica se determinó que el cabo Shirreff y la isla San Telmo conforman la zona óptima para la observación de las colonias de lobos finos antárticos que podrían estar afectadas por pesquerías en torno a las Islas Shetland del Sur. Como resultado de una propuesta conjunta de Chile, el Reino Unido y Estados Unidos de América, y a fin de dar cabida al programa de seguimiento, la ZEP fue redesignada Sitio de Especial Interés Científico (SEIC) No 32 en virtud de la Recomendación XV-7 (1989). La designación se fundamentó en que "la presencia de colonias de lobos finos antárticos y de pingüinos, así como de pesquerías de krill dentro de la zona de búsqueda de alimento de estas especies, la tornan crítica y debe incluirse en la red de seguimiento del ecosistema que se esta estableciendo en pos de los objetivos de la Convención para la Conservación de los Recursos Vivos Marinos Antárticos (CCRVMA). El propósito de la designación es permitir el avance de la investigación y el seguimiento planificados y, en la medida de lo posible, evitar o reducir otras actividades que podrían interferir en los resultados del programa de investigación y seguimiento, afectarlos o alterar las características naturales del Sitio". Los límites se ampliaron para incluir la isla San Telmo e islotes próximos asociados. Tras una propuesta preparada por Chile y Estados Unidos, la Zona se designó posteriormente Localidad Nº 2 del Programa de Seguimiento del Ecosistema (CEMP) de la CCRVMA en virtud de la Medida de Conservación 82/XIII (1994) de la CCRVMA con límites idénticos al SEIC Nº 32 . A la protección dentro del Programa de Seguimiento del Ecosistema de la CCRVMA (CEMP) del cabo Shirreff siguió luego la Medida de conservación (MC) 91/02 (2004).

Los límites de la Zona volvieron a ampliarse en virtud de la medida 2 (2005) para incluir un componente marino mayor y para incorporar dos nuevos sitios en los que se descubrieron fósiles vegetales en el año 2001 (mapas 1 y 2). La zona designada (9,7 km^2) comprende toda la península del cabo Shirreff, al norte del casquete glacial permanente de la isla Livingston, la parte contigua del casquete glacial permanente de la isla Livingston donde fueron descubiertos los fósiles en el año 2001, el grupo de islas San Telmo y la zona marina circundante e intermedia dentro de 100 metros de la costa de la península del cabo Shirreff y de los islotes exteriores del grupo de islas San Telmo. El límite se extiende desde el grupo de islas San Telmo hasta el sur del farallón Mercury.

La Medida de conservación 91-02 expiró en noviembre de 2009 y la protección del Cabo Shirreff se mantiene como ZAEP Nº 149 (SC-CCRVMA-XXVIII, Anexo 4, párrafo 5.29). El cambio se realizó con el propósito de armonizar la protección en virtud tanto de la CCRVMA como del Protocolo al Tratado Antártico sobre Protección del Medio Ambiente (el Protocolo) y para evitar toda posible repetición en los requisitos y procedimientos administrativos.

En el plan de gestión actual se reafirman los valores científicos y de seguimiento excepcionales en relación con las poblaciones numerosas y diversas de aves marinas y pinnípedos que se reproducen en la Zona, y en especial las de la colonia de lobos finos antárticos. Esta colonia es la más grande en la región de la Península Antártica y la más austral con un tamaño suficiente para estudiar los parámetros de crecimiento, supervivencia, alimentación y reproducción: alcanzó los 21.000 ejemplares en el año 2002 (Hucke-Gaete *et al.* 2004). En 1965 comenzó el seguimiento de la colonia de lobos finos antárticos (Aguayo y Torres, 1966; 1967) y desde 1991 se cuenta con datos estacionales, con lo cual se trata de uno de los programas ininterrumpidos más prolongados de seguimiento de los lobos finos antárticos en la Antártida. Como parte del Programa de Seguimiento del Ecosistema (CEMP) de la CCRVMA, el propósito del seguimiento es detectar y evitar posibles efectos adversos de las pesquerías en especies dependientes, como pinnípedos y aves marinas, y en especies elegidas como objetivo, como el krill antártico (*Euphausia superba*). En los estudios a largo plazo se evalúa y vigila la supervivencia, la ecología de la alimentación, el crecimiento, la situación, la reproducción, el comportamiento, las tasas demográficas y la abundancia de pinnípedos y aves marinas que se reproducen en la Zona. Los resultados de estos estudios se compararán con datos ambientales y otros datos biológicos y estadísticas de pesquerías con el propósito de detectar posibles relaciones causa-efecto entre las pesquerías de krill y las poblaciones de pinnípedos y aves marinas.

En los años 2001-2002 se descubrieron indicios de megaflora en rocas incorporadas a morrenas del glaciar de la isla Livingston (Palma-Heldt *et al.* 2004, 2007) (mapa 2). Se encontró que las rocas fosilíferas contenían dos conjuntos palinológicos distintos, lo que indica que estas se remontan a períodos y condiciones climáticas diferentes, y formaron parte de un estudio sobre la historia geológica de la Antártida y de Gondwana. En 2009 y 2010 se realizaron dentro de la Zona estudios de investigación microbiológica con objeto de evaluar la influencia del micro hábitat sobre la diversidad microbiológica y las aptitudes metabólicas (INACH 2010).

Los valores originales de la Zona protegida en relación con las comunidades de plantas e invertebrados no pueden confirmarse como razones primordiales para la protección especial de la Zona debido a que faltan datos descriptivos de las comunidades.

La Zona contiene numerosos artefactos humanos anteriores a 1958. Dentro de esta Zona se encuentra el Monumento histórico Nº 59, un montículo de piedras erigido en conmemoración de aquellos que murieron cuando la embarcación española San Telmo se hundió en el paso Drake en 1819. También se encuentran en la Zona algunos vestigios de comunidades dedicadas a la caza de focas del siglo 19.

2.   Finalidades y objetivos

Las finalidades de la gestión del cabo Shirreff son:

- evitar la degradación de los valores de la Zona o los riesgos considerables para los mismos, impidiendo la interferencia humana innecesaria;
- evitar las actividades que pudieran interferir en las actividades de investigación y seguimiento del CEMP, o perjudicarlas;
- permitir la realización de investigaciones científicas del ecosistema y el medio físico de la Zona relacionadas con el CEMP;
- permitir la realización de otras investigaciones científicas dentro de la Zona siempre que sea por razones convincentes, que no puedan realizarse en otro lugar y que no comprometan los valores por los cuales la Zona está protegida;
- permitir la realización de investigaciones arqueológicas e históricas y tomar medidas para la protección de artefactos, protegiendo al mismo tiempo los artefactos históricos de la Zona contra la destrucción, la alteración o el retiro innecesarios;
- reducir a un mínimo la posibilidad de introducción de plantas, animales y microbios no autóctonos en la Zona; y
- permitir las visitas con fines de gestión en apoyo de los objetivos del plan de gestión.

3.   Actividades de gestión

Se deberán realizar las siguientes actividades de gestión con el fin de proteger los valores de la Zona:

- Se proveerán copias del presente plan de gestión, incluidos mapas de la Zona, en los siguientes lugares:
    1.   instalaciones destinadas a alojamiento en el cabo Shirreff;
    2.   Estación Saint Kliment Ohridski (Bulgaria), Península Hurd , isla Livingston;
    3.   Estación Arturo Prat (Chile), bahía Discovery /bahía Chile, isla Greenwich ; y
    4.   Base Juan Carlos I (España), península Hurd, isla Livingston.
- Debería colocarse un cartel señalizador en la playa Módulo, cabo Shirreff, que muestre la ubicación y los límites de la Zona con explicaciones claras de las restricciones para el ingreso a fin de evitar el ingreso accidental;
- Deben asegurarse los señalizadores, carteles u otras estructuras erigidas en la Zona con fines científicos o de gestión, y ser mantenidos en buen estado;
- Los Programas Antárticos Nacionales que operen en la Zona deberían mantener un registro de todos los señalizadores, carteles y estructuras erigidos dentro de la Zona;
- Se efectuarán las visitas necesarias (por lo menos una vez cada cinco años) para determinar si la Zona continúa sirviendo a los fines para los cuales ha sido designada y para cerciorarse de que las medidas de gestión y mantenimiento sean las adecuadas.
- Los Programas Nacionales Antárticos que operan en la región deberían asesorarse entre sí a fin de asegurar la aplicación de las disposiciones mencionadas.

4. Período de designación

La designación abarca un período indeterminado.

5. Mapas y fotografías

Mapa 1: Cabo Shirreff e isla San Telmo, ZAEP Nº 149, en relación con la isla Livingston, con la ubicación de la Base Juan Carlos I (España) y la Estación Saint Kliment Ohridski (Bulgaria), así como la ubicación de la Zona protegida más cercana, península Byers (ZAEP Nº 126), también en la isla Livingston. Especificaciones cartográficas: Proyección: Cónica conforme de Lambert; paralelos de referencia: primero 60°00' S; segundo 64°00' S; meridiano central: 60°45' O; Latitud de origen: 62°00' S; esferoide: WGS84; exactitud horizontal: < ±200 m. Equidistancia de las curvas de nivel batimétricas 50 metros y 500 m; exactitud vertical desconocida. Fuentes de datos: las características del terreno provienen de la Base de datos antárticos digitales del SCAR, v. 4.1 (2007); datos batimétricos suministrados por el Programa de Recursos vivos marinos antárticos, (AMLR), NOAA, USA (2002).

Recuadro: ubicación del mapa 1 en relación con las Islas Shetland del Sur y la Península Antártica.

Mapa 2: Cabo Shirreff e isla San Telmo, ZAEP Nº 149, límite de la zona protegida y directrices para el acceso. Especificaciones cartográficas de acuerdo con el mapa 1, con excepción de que la equidistancia vertical de las curvas de nivel es de 10 metros y se prevé que la exactitud horizontal será mayor de ±5 m. Fuentes de datos: derivada de datos digitales suministrados por el Instituto Antártico Chileno (INACH) (2002) (Torres *et al.* 2001).

Mapa 3: Cabo Shirreff, ZAEP Nº 149: características de la fauna y flora silvestres reproductoras y características humanas. Especificaciones cartográficas y fuente de datos de acuerdo con el mapa 2 con la excepción de que la equidistancia de la curva de nivel vertical es de 5 m.

6. Descripción de la Zona

6(i) Coordenadas geográficas, indicaciones de límites y características naturales

Límites y coordenadas

El cabo Shirreff (62°27'30"S, 60°47'17"O) está situado en la costa norte de la isla Livingston, la segunda isla más grande de las Islas Shetland del Sur, entre la bahía Barclay y la bahía Hero (mapa 1). El cabo se ubica en el extremo norte de una península sin hielo con colinas bajas. Al oeste de la península está la caleta Shirreff, al este la punta Black y al sur el casquete de hielo permanente de la isla Livingston. La superficie de la península es de aproximadamente 3,1 km², con 2,6 kilómetros en dirección norte-sur y entre 0,5 y 1,5 kilómetros en dirección este-oeste. El interior de la península comprende una serie de terrazas costeras y tanto cerros redondeados como cerros con laderas empinadas, que alcanzan la máxima elevación en el cerro Toqui (82 m), en la parte septentrional central de la península. La costa occidental está formada por acantilados casi continuos de 10 a 15 metros de altura, mientras que la costa oriental tiene playas extensas de arena y grava.

Un grupo pequeño de islotes rocosos bajos a aproximadamente 1.200 metros al oeste de la península del cabo Shirreff que forman el cercamiento occidental de la caleta Shirreff. La isla San Telmo, la más grande del grupo, tiene una longitud de 950 metros, hasta 200 metros de ancho y aproximadamente 0,1 km² de superficie. En la costa sudeste de la isla San Telmo hay una playa de arena y grava, separada de una playa de arena al norte por dos acantilados irregulares y por playas estrechas de grava.

La Zona designada comprende toda la península del cabo Shirreff al norte del casquete glacial permanente de la isla Livingston, el grupo de islas San Telmo y la zona marina circundante e intermedia (mapa 2). El límite marino encierra una sección que se extiende 100 metros, paralelamente, desde el litoral externo de la península del cabo Shirreff y el grupo de islas San Telmo. Al norte, el límite marino se extiende 1,4 kilómetros desde el extremo noroeste de la península del cabo Shirreff hacia el sudoeste, hasta el grupo de islas San Telmo, encerrando el mar intermedio dentro de la caleta Shirreff. El límite occidental se extiende 1,8 kilómetros hacia el sur desde 62°28'S hacia una pequeña isla cercana a 62°29' S, rodeando la costa occidental de la isla y continuando 1,2 kilómetros adicionales en dirección sudeste hasta la costa de la isla Livingston a 62°28'30"S, aproximadamente 300 metros al sur del farallón Mercury. Desde este punto en la costa, el límite sur se extiende aproximadamente 300 metros al este hasta 60°49'O, desde donde continúa en dirección nordeste paralelamente a la costa por unos 2 kilómetros hasta el borde de la capa de hielo a 60°47'O. El límite meridional se extiende después 600 metros al este hacia la costa oriental. El límite oriental es marino y sigue el litoral oriental a 100 metros de la costa. El límite abarca una superficie de 9.7 km² (mapa 2).

Meteorología

Científicos chilenos y norteamericanos han efectuado el registro de los datos meteorológicos del cabo Shirreff durante varios años y en la actualidad estos registros son realizados mediante instrumentos instalados en los edificios de la estación de campaña del cabo Shirreff. Durante las últimas temporadas estivales (noviembre a febrero incluidos, 2005-2006 a 2009-2010) la temperatura promedio diaria del aire fue de 1,84 °C (datos del Programa de RVMA para 2005 a 2010). La temperatura máxima del aire registrada durante este período fue de 19,9 °C y la mínima, de -8,1 °C. La velocidad del viento fue de 5,36 m/s promedio, con una velocidad máxima registrada de 20,1 m/s. La dirección del viento durante el período de recolección de datos fue predominantemente desde el oeste, seguida de ONO y ENE. Hay información meteorológica disponible sobre los dos últimos inviernos, con temperaturas diarias promedio de -6,7 °C y una mínima de -20,6 °C y una máxima de +0.9 °C para el período entre junio y agosto de 2007 y temperaturas diarias promedio de -5,8 °C con una mínima de -15,2 °C y una máxima de +1,9 °C para el período entre junio y septiembre de 2009.

Las precipitaciones registradas durante las temporadas estivales (entre el 21 de diciembre y el 24 de febrero, años 1998 a 2001) fueron desde 56,0 mm (registradas en 36 días de 2000 a 2001) y 59,6 mm (registradas en 43 días de 1998 a 1999) (Goebel *et al.* 2000; 2001). La península está cubierta de nieve gran parte del año, pero suele no tener nieve al finalizar el verano.

Geología, geomorfología y edafología

El cabo Shirreff está compuesto por lavas de basalto porfírico y brechas volcánicas menores de aproximadamente 450 de espesor (Smellie *et al.* 1996). Las rocas en cabo Shirreff están deformadas en pliegues abiertos con una tendencia en dirección NO-SE, y superficies axiales subverticales atravesadas por numerosos diques. Una muestra litológica obtenida en el sector austral del cabo Shirreff se identificó como de basalto olivínico fresco y estaba compuesto de aproximadamente 4% de olivina y 10% fenocristales de plagioclasa en una base cristalizada de plagioclasa, clinopiroxeno y óxido opaco. Las muestras litológicas del cabo Shirreff tienen una datación radiométrica K-Ar correspondiente al cretáceo superior con una edad mínima de 90,2± 5,6 millones de años (Smellie *et al.* 1996). Las secuencias volcánicas en cabo Shirreff forman parte de un grupo más amplio de lavas de basalto relativamente fresco y andesita, que cubren el sector centro-oriental de la isla Livingston y que son similares a los hallados en la península Byers.

La península del cabo Shirreff es predominantemente una plataforma marina elevada entre 46 y 53 metros sobre el nivel del mar (Bonner y Smith 1985). El lecho de roca está cubierto en gran parte por roca erosionada y depósitos de rocas y sedimentos. A elevaciones de aproximadamente 7-9 y 12-15 metros sobre el nivel del mar se encuentran dos plataformas más bajas cubiertas por pedregullo redondeado erosionado por el agua (Hobbs 1968).

Hay escasa información sobre los suelos del cabo Shirreff. Están conformados principalmente por cenizas finas y escoria y son muy porosos. Los suelos, de vegetación poco densa, están enriquecidos por colonias de pájaros y lobos que habitan la Zona.

Paleontología

En el cabo Shirreff se encontró un ejemplar de madera fosilizada perteneciente a la familia Araucariaceae (*Araucarioxylon* sp.) (Torres, 1993). Es similar a los fósiles encontrados en la península Byers (ZAEP Nº 126), sitio con flora y fauna fósiles abundantes, 20 kilómetros al sudoeste. También se han encontrado varios ejemplares de fósiles en el extremo norte de la península del cabo Shirreff. En 2001-2002 se descubrieron rocas fosilíferas de dos períodos diferentes incorporadas a morrenas frontales y laterales del casquete glacial permanente de la isla Livingston (mapa 2). El estudio de los palinomorfos encontrados al interior de las morrenas identificó dos conjuntos palinológicos diferentes, denominados arbitrariamente 'Tipo A' y 'B' (Palma-Heldt *et al.* 2004, 2007). En la asociación de 'Tipo A' había predominio de teridofitas, principalmente ciateáceas y gleicheniáceas, y de *Podocarpidites* spp., y contenían además *Myrtaceidites eugenioides* y esporas de hongos epifitos. Se piensa que este conjunto es indicativo de las condiciones templadas y húmedas de Cretáceo inferior (Palma-Heldt *et al.* 2007). La asociación de 'tipo B' caracteriza una flora subantártica con *Nothofagidites, Araucariacites australis, Podocarpidites otagoensis, P. marwickii, proteacidites parvus* además de esporas de hongos epifitos, indicadores de clima templado-frío y húmedo (Palma-Heldt *et al.* 2007). La edad del conjunto se estima en el cretácico superior-paleógeno. (Palma-Heldt *et al.* 2004; Leppe *et al.* 2003). Se realizaron investigaciones palinológicas en cabo Shirreff con objeto de investigar la evolución del margen pacífico sur de Gondwana y de desarrollar un modelo de la evolución meso-cenozoica de la Península Antártica. Se ha señalado que pueden revelarse más fósiles debido a la futura retracción del casquete glacial permanente de la isla Livingston (D. Torres, A. Aguayo y J. Acevedo, comunicación personal, 2010).

Arroyos y lagos

En el cabo Shirreff se sitúa un lago permanente al norte, en la base del cerro Tocui (mapa 3). Tiene aproximadamente 2-3 metros de profundidad y 12 metros de largo a capacidad completa, y su tamaño disminuye después de febrero (Torres, 1995). En las laderas circundantes proliferan bancos de musgo. La península tiene también varios estanques y arroyos efímeros, alimentados por aguas de deshielo, especialmente en enero y febrero. El más extenso de los arroyos desagua en las laderas del sudoeste hacia la costa en la playa Yámana

Vegetación e invertebrados

Si bien no se ha realizado un estudio integral de las comunidades vegetales en el cabo Shirreff, aparentemente la vegetación es menos densa en comparación con muchas otras zonas de las Islas Shetland del Sur. Las observaciones hasta la fecha han registrado un tipo de pasto, cinco especies de musgos, seis de líquenes, una de hongos y una de macroalgas nitrófilas (Torres, 1995).

Algunos valles presentan parches de pasto antártico (*Deschampsia antarctica*) que suele crecer con musgos. En el interior predominan los musgos. En un valle al noroeste de la playa Half Moon hay una alfombra húmeda de musgo moderadamente bien desarrollada conformada por *Warnstorfia laculosa* (= *Calliergidium austro-stramineum*, conocido también como *Calliergon sarmentosum*) (Bonner 1989, en Heap, 1994). En zonas con mejor desagüe se encuentra *Sanionia uncinata* (= *Drepanocladus uncinatus*) y *Polytrichastrum alpinum* (= *Polytrichum alpinum*). Las terrazas costeras y algunas mesetas más altas tienen rodales extensos de la macroalga nitrófila foliosa *Prasiola crispa*, característica de zonas enriquecidas con excrementos de animales, que, según se ha observado, reemplaza las asociaciones de musgos y líquenes dañadas por los lobos marinos (Bonner 1989, en Heap, 1994).

Las seis especies de líquenes descritas a la fecha en el cabo Shirreff son *Caloplaca spp, Umbilicaria antarctica, Usnea antarctica, U. fasciata, Xanthoria candelaria* y *X. elegans*. Las especies fruticosas *Umbilicaria antarctica, Usnea antarctica* y *U. fasciata* crecen densamente en las caras de los acantilados y en la cúspide de rocas empinadas (Bonner 1989, en Heap, 1994). Los líquenes crustosos de colores amarillo y naranja brillantes *Caloplaca spp, Xanthoria candelaria* y *X. elegans* son comunes debajo de las colonias de aves y están presentes también con las especies fruticosas. Se desconoce la identidad de la única especie de hongos registrada.

No se ha descrito la fauna de invertebrados en el cabo Shirreff.

Ecología microbiana

Entre el 11 y 21 de enero de 2010 se realizaron estudios en terreno sobre la ecología microbiana en el cabo Shirreff y los resultados se compararon con las comunidades microbianas presentes en la península Fildes, isla Rey Jorge. El estudio se proponía evaluar la influencia de los diferentes micro hábitats sobre la biodiversidad y habilidades metabólicas de las comunidades bacterianas encontradas en el cabo Shirreff y en la península Fildes (INACH, 2010).

Aves reproductoras

La avifauna del cabo Shirreff es diversa, con presencia de diez especies que se sabe se reproducen en la Zona y varias especies no reproductoras. Los pingüinos barbijo (*Pygoscelis antarctica*) y de pico rojo (*P. papua*) se reproducen en la Zona; No se han observado que se reproduzcan en cabo Shirreff o en la isla San Telmo los pingüinos adelie (*P. adeliae*), si bien están ampliamente distribuidos en la región. Se encontraron pequeñas colonias de pingüinos barbijo y de pico rojo en el litoral noreste y noroeste en la península del cabo Shirreff (mapa 3). Se ha recopilado información sobre colonias de pingüinos de barbijo y de pico rojo durante todas las campañas de verano desde 1996-1997, incluyendo su éxito reproductivo y su demografía, alimentación, buceo y de búsqueda de alimento (por ejemplo Hinke *et al.* 2007; Pietrzak *et al.* 2009). Durante la campaña de verano de 2009-1010 se marcaron con transmisores satelitales pingüinos barbijo y de pico rojo del cabo Shirreff con el fin de observar su comportamiento durante el invierno.

En 2008 y 2009 había 19 subcolonias reproductoras activas en el cabo Shirreff, con un total de 879 anidamientos de pingüinos de pico rojo y 4026 de pingüinos barbijos (Pietrzak *et al.* 2009), si bien la cantidad de subcolonias y su composición revelan cierta variación interanual. Desde fines de los años 1990 hasta 2004, la cantidad de pingüinos barbijo en cabo Shirreff disminuyó en forma considerable, en tanto las poblaciones de pingüinos de pico rojo no revelaron una tendencia perceptible (Hinke *et al.* 2007). La tendencia a disminuir de la especie barbijo ha continuado y la cuenta de anidamientos para ambas especies de pingüinos alcanzó su punto más bajo en 11 años entre 2007 y 2008 debido a las malas condiciones meteorológicas (Chisholm *et al.* 2008; Miller y Trivelpiece 2008). Entre 2008 y 2009 el éxito poblacional y reproductivo de ambas especies, barbijo y de pico rojo en cabo Shirreff aumentó considerablemente en comparación con la temporada anterior si bien los anidamientos de la especie barbijo se mantuvieron 30% bajo el promedio para el lugar (Pietrzak *et al.* 2009). Las tendencias disímiles entre las poblaciones barbijo y pico rojo en el cabo Shirreff se atribuyen a una mayor tasa de mortalidad invernal sufrida por las crías de los pingüinos de barbijo (Hinke *et al.* 2007) y la mayor flexibilidad en los patrones de alimentación demostrada por los de pico rojo (Miller *et al.* 2009).

En general, los pingüinos de barbijo anidan en los taludes más altos de cabo Shirreff, si bien se reproducen también en promontorios pequeños cerca de la costa. Los pingüinos de pico rojo tienden a reproducirse en laderas menos empinadas y promontorios redondeados. En el período de cría la búsqueda de alimentos en ambas especies de pingüinos queda confinada a la región de las plataformas a aproximadamente entre 20 y 30 kilómetros fuera del cabo Shirreff (Miller y Trivelpiece 2007). La información disponible sobre cantidades de pingüinos se presenta en el Cuadro 1.

En la Zona se reproducen muchas otras especies (mapa 3), si bien los datos sobre números son intermitentes. En todo el litoral de la zona anidan gaviotas cocineras (*Larus domincanus)* y skúas pardas (*Catharacta loennbergi*) en abundancia. En 2000 se observaron 25 y 22 parejas reproductoras de estas especies, respectivamente (RVMA, comunicación personal 2000). En 2007-2008 se identificaron 24 parejas de skúas en el cabo Shirreff y en Punta Oeste, de las cuales 23 eran skúas pardas (*Catharacta loennbergi*) y una pareja era un híbrido de skúa parda y skúa antártica (*C. maccormicki*). Durante el período 2006 – 2007 se observaron en el cabo Shirreff cincuenta y seis anidamientos de gaviotas cocineras. El éxito reproductivo de los skúas y gaviotas cocineras se ha monitoreado con regularidad durante las últimas temporadas estivales en los lugares de anidamiento en las zonas circundantes del cabo Shirreff (Chisholm *et al.* 2008; Pietrzak *et al.* 2009).

Las palomas antárticas (*Chionis alba*) anidan en dos lugares: se observó una pareja que anidaba en la costa occidental de la península del cabo Shirreff y una segunda pareja reproductora entre las rocas de la playa septentrional de la isla San Telmo, cerca de un sitio de reproducción de lobos finos antárticos

(Torres, comunicación personal 2002). Los gaviotines antárticos (*Sterna vittata*) se reproducen en varios lugares que, como se ha observado, varían según el año. A partir de 1990-1991 se ha avistado una colonia pequeña de aproximadamente 11 parejas de cormoranes antárticos (*Phalacrocorax* [antriceps] *bransfieldensis*) que se reproducen en las rocas Yeco, en la costa occidental de la península (Torres, 1995). Los petreles dameros (*Daption capense*) se reproducen en acantilados en la costa occidental de la Zona. Se avistaron 14 parejas en enero de 1993, nueve en enero de 1994, tres en enero de 1995 y ocho en 1999. Los petreles de Wilson (*Oceanites oceanicus*) también se reproducen en la costa occidental de la Zona. Se ha observado que los petreles de vientre negro (*Fregetta tropica*) se reproducen cerca del campamento en la costa oriental. Una cantidad considerable de petreles gigantes comunes no reproductores (*Macronectes giganteus*) frecuentan la Zona en el verano. No es correcto un informe sobre una colonia reproductora en la península (Bonner 1989, en Heap 1994) (Torres, comunicación personal 2002). Otras especies de aves observadas pero que no se reproducen en la Zona son pingüinos frente dorada (*Eudyptes chrysolophus*), pingüinos rey (*Aptenodytes patagonicus*), pinguino emperador (*Aptenodytes forsteri*), petreles blancos (*Pagadroma nivea*), aguzanieves de rabadilla (*Calidris fuscicollis*), cisnes de cuello negro (*Cygnus melanocorypha*) y la garzas bueyeras (*Bubulcus ibis*) (Torres, 1995; Olavarría *et al.*, 1999). 1999). Más aves registradas mientras buscan alimento cerca del cabo Shirreff incluyen el albatros de ceja negra (*Thalassarche melanophris*) y el albatros cabeza gris (*T. chrysostoma*), aunque aún no se ha observado a ninguna de estas dos especies dentro de la Zona (Cox *et al.* 2009).

Cuadro 1: Cantidad de pingüinos de barbijo (*Pygoscelis antarctica*) y de pico rojo (*P. papua*) en el cabo Shirreff.

Año	Pingüinos de barbijo (parejas)	Pingüinos de pico rojo (parejas)	Fuente
1958	2000 (N3[1])	200-500 (N1[1])	Croxall y Kirkwood, 1979
1981	2164 (A4)	843 (A4)	Sallaberry y Schlatter, 1983 [2]
1987	5200 (A3)	300 (N4)	Woehler, 1993
1997	6907 (N1)	682 (N1)	Hucke-Gaete *et al.* 1997a
1999-00	7744 (N1)	922 (N1)	Información de RVMA, Carten *et al.* 2001
2000-01	7212 (N1)	1043 (N1)	Información de RVMA, Taft *et al.* 2001
2001-02	6606	907	Información de RVMA, Saxer *et al.* 2003
2002-03	5868 (A3)	778 (A3)	Información de RVMA, Shill *et al.* 2003
2003-04	5636 (N1)	751 (N1)	Información de RVMA, Antolos *et al.* 2004
2004-05	4907 (N1)	818 (N1)	Información de RVMA, Miller *et al.* 2005
2005-06	4849 (N1)	807 (N1)	Información de RVMA, Leung *et al.* 2006
2006-07	4544 (N1)	781 (N1)	Información de RVMA, Orben *et al.* 2007
2007-08	3032 (N1)	310 (N1)	Información de RVMA. Chrisholm *et al.* 2008
2008-09	4026 (N1)	379 (N1)	Información de RVMA. Pietrzak *et al.* 2009

1. El código alfanumérico se refiere al tipo de recuento, como en Woehler (1993).
2. En los datos informados no se especificaron especies. Se supuso que el número más alto hacía referencia a los pingüinos de barbijo. Los datos corresponden a individuos, y la cifra se redujo a la mitad para derivar las 'parejas' del cuadro.

Mamíferos reproductores

El cabo Shirreff (incluyendo la isla San Telmo) es actualmente el lugar donde se alberga la colonia reproductora más extensa que se conoce de lobos finos antárticos en la región de la Península

Antártica. Los lobos finos antárticos antes abundaban en las Islas Shetland del Sur pero se los extinguió localmente con la caza entre 1820 y 1824. Posteriormente volvieron a avistarse en el cabo Shirreff el 14 de enero de 1958, cuando se encontraron 27 animales, incluidas siete crías (Tufft, 1958). El 31 de enero de 1959, en la temporada siguiente, se registró un grupo de siete machos adultos, una hembra y un cachorro macho, junto a un cachorro macho muerto (O'Gorman, 1961). Una segunda hembra llegó tres días después y a mediados de marzo había 32 lobos finos antárticos. Hacia el año 2002, la población de lobos antárticos finos en el cabo Shirreff (sin incluir la isla San Telmo) había aumentado a 14.842 ejemplares (incluyendo 6.453 cachorros), con una población total (incluyendo la isla San Telmo) de 21.190 ejemplares (incluyendo 8.577 cachorros) (Hucke-Gaete *et al*. 2004). Todavía debe publicarse la información más actualizada sobre las cantidades de lobos finos antárticos. Sin embargo la cantidad actual de lobos finos antárticos en el cabo Shirreff se mantiene por debajo de las magnitudes anteriores a la explotación, y no existe claridad en cuanto a si estas cantidades recobrarán sus niveles poblacionales previos (Hucke-Gaete *et al*. 2004).

Los sitios de reproducción de los lobos finos antárticos en el cabo Shirreff están concentrados en el litoral de la mitad septentrional de la península (mapa 3). En la isla San Telmo la reproducción se concentra en ambos extremos de la isla, y es común que las crías se encuentren cerca del centro (Torres 1995). Desde 1991 se han efectuado monitoreos de largo plazo de los lobos finos antárticos en el cabo Shirreff con la finalidad principal de estudiar su éxito reproductivo en relación a la captura disponible, la variabilidad medioambiental y los impactos producidos por el hombre (Osman *et al*. 2004). Los investigadores han estudiado diversos aspectos de la colonia de lobos finos, incluyendo el de la producción de cachorros, captura y crecimiento, comportamiento de las hembras en cuanto a asistencia, y hábitos de alimentación, buceo y búsqueda de alimentos. Durante la temporada estival de 2009- 2010 los investigadores marcaron lobos finos antárticos además de focas de Wedell y focas leopardo, con el fin de monitorear su comportamiento durante el período de invierno.

Durante la temporada 2008-2009, el programa de RVMA informó de una reducción de 13.3% en la producción de cachorros en relación con la temporada estival anterior (Goebel *et al*. 2009). La producción de cachorros en el cabo Shirreff fue especialmente lenta tanto en las temporadas 2007-2008 y 2008-2009, muy probablemente como resultado de condiciones invernales poco favorables (Goebel *et al*. 2008; 2009). Durante las últimas temporadas se ha estudiado la tasa de crecimiento de cachorros de lobos finos antárticos dentro de la Zona en relación con el apareamiento, la temporada de reproducción y la asistencia y búsqueda de alimentos de las madres (Vargas *et al*. 2009) y se ha registrado una cantidad de patrones de color sumamente escasos en los cachorros de lobos finos marinos dentro de la Zona. Se documentó por primera vez lobos finos antárticos moteados o de colores claros y una foca de Wedell albina representó el primer caso confirmado de albinismo entre las focas de Weddell, Leopardo, de Ross o cangrejeras (Acevedo *et al*. 2009a, 2009b).

Un número pequeño de elefantes marinos del Sur se reproduce en octubre en varias playas de la costa oriental (RVMA, Torres, comunicación personal. 2002). El 2 de noviembre de 1999 se contaron 34 cachorros en playas al sur del cerro Cóndor (RVMA, información inédita). Durante la temporada 2008-2009 nació un total de 34 elefantes marinos del Sur en el cabo Shirreff y otros seis nacieron en un pequeño lugar arenoso entre el cabo Shirreff y Punta Oeste (Goebel *et al*. 2009). También hay grupos de elefantes marinos del Sur no reproductores, mientras que en varias playas se encuentran animales aislados, principalmente crías. Se ha estudiado el comportamiento de búsqueda de alimento de los elefantes marinos del Sur por medio de satélites de seguimiento de animales marcados en el cabo Shirreff y se han analizado en relación con las propiedades físicas de la columna de agua (Huckstadt *et al*. 2006; Goebel *et al*. 2009). Se encontró que las focas buscaban alimento en lugares tan alejados como el mar de Amundsen y se observó que un ejemplar viajó 4.700 kilómetros en dirección oeste de la Península Antártica.

En la península del cabo Shirreff se han observado focas de Weddell, focas leopardo y focas cangrejeras, las cuales están sujetas a programas de seguimiento (O'Gorman 1961; Bengtson *et al*. 1990; Oliva *et al*. 1988; Torres 1995; Goebel, comunicación personal 2010). En 2001-2002 se inició el seguimiento de la predación de la población de cachorros de lobos finos antárticos y se registró durante la temporada antártica 2003-2004 (Vera et al., 2004). Se han cotejado los trayectos de las focas leopardo en el cabo Shirreff con monitores satelitales con el fin de dar seguimiento a su rango de búsqueda de alimentos y dispersión. Las observaciones del comportamiento alimentario de las focas leopardo y los estudios de supervivencia de los cachorros sugieren que consumen hasta la mitad de todos los cachorros de lobos finos antárticos nacidos en la Zona cada año (Goebel *et al.* 2008, 2009,). Durante la temporada de trabajo en terreno 2008-2009 se recolectaron muestras de ADN de cuatro especies de focas en cabo Shirreff, las cuales fueron guardadas en los archivos de ADN del Centro de ciencia pesquera del suroeste(Goebel *et al.* 2009). Se han observado ballenas jorobadas (*Megaptera novaeangliae*) en la zona de alta mar inmediatamente al noreste de la Zona (Cox *et al.* 2009).

Medio marino y ecosistema

El fondo marino en torno a la península del cabo Shirreff tiene una pendiente relativamente moderada desde la costa, con profundidades de alrededor de 50 metros a 2-3 kilómetros de la costa y de unos 100 metros a 6-11 kilómetros (mapa). Esta cresta submarina relativamente poco profunda y amplia se extiende al noroeste aproximadamente 24 kilómetros antes de caer de manera más abrupta en el borde de la plataforma continental. La cresta tiene aproximadamente 20 kilómetros de ancho y está flanqueada por cañones que alcanzan profundidades de casi 300-400 metros. Son abundantes las macroalgas en la sección entre mareas. La lapa *Nacella concinna* es común, así como lo es en otras partes de las Islas Shetland del Sur.

Las aguas profundas del cabo Shirreff se han identificado como una de las tres áreas con densidad en general alta de biomasa de Krill antártico en el área de las Islas Shetland del Sur, aunque las poblaciones totales de krill fluctúan en forma importante con el transcurrir del tiempo (Hewitt *et al.* 2004; Reiss *et al.* 2008). Se han estudiado la distribución espacial, demografía, densidad y tamaño del krill, y de los enjambres de krill en la región de la costa adyacente del cabo Shirreff, utilizando básicamente sondeos acústicos además de un vehículo submarino autónomo (AUV, por sus siglas en inglés) (Reiss *et al.* 2008; Warren *et al.* 2005). Los sondeos acústicos del medio marino en costa adyacente indican que en esta zona el krill es más abundante hacia el sur y sudeste del cabo Shirreff y en los márgenes de los dos cañones submarinos, los que se piensa son una fuente de agua rica en nutrientes que puede aumentar la productividad en la zona que rodea el cabo Shirreff (Warren *et al.* 2006, 2007). El arrastre con red en la costa adyacente indicó que los organismos identificados en los sondeos acústicos eran principalmente eufaciáceos, *Euphausia superba*, *Thysanoessa macrura* y *Euphausia frigida*, y pueden incluir además quetognatos, salpas, sinóforos, pez larval, mictófidos y anfípodos (Warren *et al.* 2007).

El medio marino adyacente al cabo Shirreff se identificó como principal lugar común de alimentación para los pingüinos que habitan en el lugar, especialmente durante los períodos de reproducción cuando el aprovisionamiento de los polluelos limita la búsqueda de alimentos (Cox *et al.* 2009). Los lobos finos antárticos y los pingüinos de cabo Shirreff dependen fuertemente de la captura de krill, especialmente las crías. Se sabe que los lugares de búsqueda de alimento se entrecruzan con las zonas de pesca comercial de krill y los cambios en los niveles tanto de depredadores como del krill se han asociado al cambio climático. Es por eso que la investigación en el cabo Shirreff tiene por objeto observar la abundancia de krill en relación con las poblaciones depredadoras y su éxito reproductivo, a fin de evaluar los posibles efectos de la pesca comercial, así como también la variabilidad del medio y el cambio climático en el ecosistema.

Se han realizado en la región de la costa adyacente al cabo Shirreff numerosos estudios sobre el medio marino como parte de la investigación realizada dentro de la cuadrícula de sondeo de RVMA. Estos estudios incluyen investigaciones de varios aspectos del medio marino, incluyendo oceanografía física, condiciones ambientales, distribución y productividad del fitoplancton, distribución y biomasa del krill y la distribución y densidad de las aves y mamíferos marinos (RVMA 2008, 2009).

Reseña histórica

Luego del descubrimiento de las Islas Shetland del Sur en 1819, la caza intensiva de focas en el cabo Shirreff entre 1820 y 1824 exterminó casi todas las poblaciones de lobos finos antárticos y elefantes marinos del Sur (Smith y Simpson, 1987). En enero de 1821 se dejó constancia de 60 a 75 cazadores de focas británicos que vivían en el cabo Shirreff, que tomaron 95.000 cueros durante la temporada 1821-1822 (O'Gorman 1963). Perduran indicios de la ocupación de los cazadores de focas, con ruinas de al menos la cabaña de uno de ellos en la región noroeste de la península y los restos de caseríos de cazadores de focas registrados en varias de las playas (D. Torres, A. Aquayo y J. Acevedo, comunicación personal, 2010). En la costa de varias bahías se encuentran vigas de madera y secciones de embarcaciones naufragadas de los cazadores. Otros indicios de la caza de focas incluyen restos de cocinas, trozos de botellas de vidrio, un arpón de madera y una figura tallada en hueso (Torres y Aguayo, 1993). Fildes (1821) informó que los cazadores encontraron palos y un cepo de ancla de la embarcación española San Telmo en la playa Half Moon aproximadamente en la época en que se perdió. La embarcación se hundió en el paso Drake a 62°S, aproximadamente, el 4 de septiembre de 1819, con 644 personas a bordo (Headland, 1989; Pinochet de la Barra, 1991). Estas probablemente hayan sido las primeras personas que perecieron en la Antártida y, hasta la actualidad, el incidente continúa siendo la pérdida de vidas más importante al sur de 60°S. Se ha erigido un montículo de piedras en la costa noroeste de la península del cabo Shirreff para conmemorar esta pérdida, el cual se ha designado Monumento Histórico Nº 59 (mapa 3).

En las proximidades de las instalaciones del campamento actual se encontraron los restos de otro campamento (Torres y Aguayo 1993). A partir de la escritura en los artículos encontrados en el sitio, se cree que el campamento es de origen ruso y que data de 1940-1950, si bien aún resta por determinar su origen con precisión. Los artículos encontrados comprenden partes de una antena, cables eléctricos, herramientas, botas, clavos, elementos de batería, alimentos en lata y una caja de madera cubierta con una pirámide de piedras. En esta caja se encontraron varias notas en ruso, que datan de visitas posteriores.

En enero de 1985 se encontró un cráneo humano en la playa Yámana (Torres, 1992) y se determinó que pertenecía a una mujer joven (Constantinescu y Torres, 1995). En enero de 1987 se encontró parte de un fémur humano en la superficie del terreno cercano, en el interior de la playa Yámana. Después de un examen minucioso de la superficie, no se encontraron otros restos en esa oportunidad. No obstante, en enero de 1991 se encontró otra parte de un fémur muy cerca del sitio del hallazgo anterior (1987). En enero de 1993 se realizó un relevamiento arqueológico en la Zona pero no se encontraron restos humanos adicionales. Las muestras originales corresponden a una data de 175 años aproximadamente y se conjeturó que pertenecen a una sola persona (Torres 1999).

Actividades e impacto de los seres humanos

La actividad humana en los tiempos modernos en el cabo Shirreff se ha limitado en gran medida a la ciencia. Durante las tres últimas décadas, la población de lobos finos antárticos en las Islas Shetland del Sur aumentó hasta alcanzar un nivel en el cual el marcado y otros tipos de actividades de investigación pueden llevarse a cabo sin poner en peligro la existencia y el crecimiento de la población local. En 1965 comenzaron los estudios chilenos en el cabo Shirreff (Aguayo y Torres, 1966, 1967), con un programa más intensivo iniciado por los científicos chilenos en 1982, incluido un programa en curso de marcado de lobos finos antárticos (Cattan *et al.* 1982; Torres 1984; Oliva *et al.* 1987). Varios investigadores estadounidenses han realizado estudios de pinnípedos y aves marinas en el cabo Shirreff y la isla San Telmo desde el período 1986-1987 (Bengtson *et al.* 1990).

Los estudios del CEMP en el cabo Shirreff comenzaron a mediados de los años ochenta, iniciados por científicos chilenos y estadounidenses. En 1994, el cabo Shirreff se designó localidad del CEMP para protegerlo contra daños o alteraciones que pudieran afectar de manera negativa el seguimiento del CEMP a largo plazo. Como parte del CEMP, en estudios a largo plazo se realizan la evaluación y el seguimiento de la ecología de la alimentación, el crecimiento, la situación, el éxito reproductivo, el comportamiento, las tasas demográficas y la abundancia de pinnípedos y aves marinas que se reproducen en la Zona. Los resultados de estos estudios se compararán con datos ambientales, datos de muestreos frente a la costa y estadísticas de pesquerías con el propósito de detectar posibles relaciones causa-efecto entre las pesquerías de krill y las poblaciones de pinnípedos y aves marinas.

Se detectaron anticuerpos brucelares y contra el virus del herpes en muestras de tejidos tomadas de lobos finos antárticos en el cabo Shirreff en las campañas de verano, en el período 1998-2001, y también se detectaron anticuerpos brucelares en tejido de focas de Weddell (Blank *et al.* 1999; Blank *et al.* 2001a & b). En la temporada antártica 2003-2004 se iniciaron estudios sobre la mortalidad de los cachorros de *A. gazella* a raíz de enfermedades (Torres y Valdenegro, 2004). El enteropatógeno *Escherichia coli* (EPEC) se registró en muestras de lobos finos antárticos del cabo Shirreff, resultando positivos para el patógeno dos de los 33 cachorros muestreados. Estos hallazgos representaron los primeros informes de EPEC registrados en la fauna silvestre antártica y en pinnípedos, desconociéndose los efectos del patógeno en ella (Hernández *et al.* 2007).

Torres y Gajardo (1985) informaron por primera vez sobre desechos de plástico en el cabo Shirreff y a partir de 1992 se han realizado estudios para el seguimiento de los desechos marinos de manera sistemática (Torres y Jorquera, 1995). Los desechos continúan siendo un problema en el lugar, con más de 1,5 toneladas de material retiradas de la Zona por científicos chilenos hasta la fecha (D. Torres, A. Aquayo y J. Acevedo, comunicación personal, 2010). En estudios recientes se ha encontrado en las playas una gran cantidad de artículos, en su mayoría de plástico, pero que incluían también residuos vegetales de embarcaciones, tambores metálicos de petróleo, vainas de escopetas y una antena. Por ejemplo, el relevamiento de la temporada 2000-2001 registró un total de 1.774 artículos, siendo casi 98% de ellos de plástico y el resto de vidrio, metal y papel. Es significativo que 34% de los artículos de plástico encontrados en 2000-2001 fueran correas de embalaje, lo cual representa aproximadamente 589 correas. De estas, 40 estaban sin cortar y otras 48 estaban anudadas a un aro. Muchos de los artículos encontrados en este estudio estaban manchados de petróleo y algunos artículos de plástico estaban parcialmente quemados. En el cabo Shirreff se han observado con frecuencia lobos finos antárticos enredados en desechos marinos (Torres 1990; Hucke-Gaete *et al.* 1997c; Goebel *et al.* 2008, 2009), principalmente en aparejos de pesca tales como cuerdas de nailon, fragmentos de red y correas de embalaje. Entre 1987 y 1997 se tomó nota de 20 lobos finos antárticos con 'collares' producto de estos desechos. También se han encontrado fibras plásticas en nidos de gaviotas cocineras y pingüinos de barbijo (Torres y Jorquera, 1992), así como de palomas antárticas (Torres y Jorquera, 1994).

Las aguas que circundan el cabo Shirreff representan una importante zona de pesca de krill. No existe información específica sobre la captura en el cabo Shirreff, pero hay estadísticas de pesca publicadas para la subárea estadística 48.1 de la CCRVMA, dentro de la cual se encuentra esta Zona. En 2008-2009, se capturaron 33.970 toneladas de krill antártico (*Euphausia superba*) en la subárea 48.1 en comparación con un promedio de 32.993 toneladas anuales capturadas durante el período que va de 1999-2000 a 2008-2009 (CCRVMA 2010). El 10 de octubre de 2010, la pesca de krill en la subárea 48.1 fue cerrada por el resto de la temporada de pesca 2009-2010 (1º de diciembre 2009 - 30 noviembre 2010) debido a que la captura alcanzó el 99,9% del límite anual para la subárea (155.000 toneladas). Las naciones con actividad de pesca de krill registrada dentro de la subárea durante el último tiempo incluyen a Japón, Corea, Noruega, Polonia, Ucrania, Uruguay, Estados Unidos y Vanuatu. La pesca de krill ocurre por lo general entre diciembre y agosto, ocurriendo las capturas más elevadas por lo general entre marzo y mayo. Otras especies fueron capturadas en cantidades muy inferiores e incluyeron *Champsocephalus gunnari*, *Champsocephalus gunnari*, *Nototheniops nybelini*, *Notothenia coriiceps*, *Notolepis* sp, *Notothenia gibberifrons*, *Notothenia neglecta*, *Notothenia rossii*, *Pseudochaenichthys georgianus* y *Chaenocephalus aceratus* (CCRVMA 2010).

6(ii) Acceso a la Zona

Se puede ingresar a la Zona en lancha pequeña, aeronaves o a través del mar congelado en vehículo o a pie. Históricamente, la formación estacional de hielo marino en las Islas Shetland del Sur a comienzos de abril y persiste hasta principios de diciembre, si bien más recientemente estas islas pueden estar sin hielo todo el año como resultado del calentamiento regional.

Las restricciones para el acceso por aeronave rigen para el período comprendido entre el 1º de noviembre y el 31 de marzo incluido. Durante este período pueden aterrizar helicópteros en cualquiera de los dos sitios asignados para su aterrizaje (mapa 2), pero para todos los fines se prefiere el uso del sitio A. El sitio A se ubica aproximadamente a 150 metros al noroeste de la cumbre del cerro Cóndor en el lado oriental de la península (62°46'27"S, 60°28'17"O). El sitio B está situado en la zona plana amplia del paso Ancho a aproximadamente 300 metros en dirección este del cerro Selknam

(62°46'48"S, 60°28'16"O). En la medida de lo posible las aeronaves deberían seguir la ruta designada para la aproximación de helicópteros al ingresar a la Zona, acercándose desde el sur, a través del casquete de hielo permanente de la isla Livingston. Se prohíbe el acceso por aeronave al interior de la Zona restringida, salvo que se haya autorizado mediante un permiso oficial. La Zona está situada al norte de 62°28' S (mapa 2), o al norte de 62°29' S y oeste de 60°48' O y fue designada debido a que contiene las mayores concentraciones de fauna y flora silvestre de la Zona. Habida cuenta de la presencia de fauna y flora silvestre se recomienda que las aeronaves mantengan una distancia horizontal y vertical de 2.000 pies (~610 m) de los límites de la Zona protegida, a menos que su ingreso se haga en los sitios designados para aterrizaje o de lo contrario, hayan sido autorizados por medio de un permiso.

Cuando se ingrese a la Zona por mar el acceso se hará en lanchas pequeñas en cualquiera de los siguientes lugares: la costa oriental de la península en la playa El Módulo, donde un canal profundo ofrece un acceso relativamente fácil; el extremo norte de la playa Half Moon; el extremo norte de la playa Yámana, en la costa occidental (posible solamente durante la pleamar); el extremo sur de la playa al norte en la isla San Telmo. Se permite el ingreso a otros lugares en lancha pequeña, siempre que sea congruente con los fines para los cuales se ha expedido el permiso, y en la medida de lo posible los visitantes deberían evitar ingresar en lugares donde haya presencia de colonias de fauna silvestre. Se han encontrado dos radas cerca de la Zona: 1.600 metros al nordeste del campamento principal y aproximadamente 800 metros al norte de la isla San Telmo. Los medidores oceanográficos indican por lo general entre 1 y 4 metros, disminuyendo en la proximidad de la costa o de la llanura del cabo Shirreff (Warren *et al.* 2006, 2007).

Cuando las condiciones del hielo marino lo permiten, se puede ingresar a la Zona a pie o en vehículo. Sin embargo se permitirá el uso de vehículos solamente en la zona costera entre la playa Módulo y los campamentos chileno y estadounidense. Las personas que ingresen a la Zona no pueden transitar a pie más allá de las inmediaciones del lugar del aterrizaje o desembarco, a menos que ello esté autorizado por medio de un permiso oficial.

6(iii) Áreas restringidas y administradas en la Zona

Hay un área designada como Zona restringida hacia el norte y oeste de la Zona debido a su alta concentración de vida silvestre. Las restricciones rigen sólo para el acceso por aire y prohíben el sobrevuelo por debajo de 2.000 pies (~610m), a menos que se haya autorizado específicamente por medio de un permiso. La Zona restringida está definida como la zona al norte de 62°28'S (mapa 2), y al norte de 62°29' y oeste de 60°48'O.

Se definió una Zona de acceso en helicóptero (mapa 2), la cual rige para las aeronaves que entren a la Zona y que ingresen a las rutas designadas para aterrizaje. La ruta designada para la aproximación de helicópteros se extiende desde el casquete glacial de la isla Livingston hacia el norte a lo largo del perfil de serranía principal de la península 1200 metros (~ 0,65 millas náuticas) hacia el cerro Selknam. Esta ruta se extiende luego hacia el este unos 300 metros (~0.15 millas náuticas) (hacia el sitio B de aterrizaje de helicópteros en paso Ancho y luego unos 400 metros (~0.23 millas náuticas) más hacia el este hacia la cima del cerro Cóndor cerca del sitio de aterrizaje de helicópteros. El límite sur de la zona designada para acceso en helicóptero coincide con el límite austral de la Zona.

6(iv) Estructuras al interior de la Zona o en las zonas circundantes

Se ha establecido un campamento semipermanente de investigación, de verano únicamente, en la costa oriental de la península del cabo Shirreff, ubicado en la base del cerro Cóndor (62°28'12"S, 60°46'17"O) (mapa 3). Las construcciones para el campamento permanecen *in situ* todo el año. En 2010 el campamento conocido como Estación de campaña cabo Shirreff (EE.UU.) consistía en cuatro pequeñas edificaciones y una dependencia. El campamento 'Dr. Guillermo Mann-Fischer' (Chile) está ubicado a unos 50 metros de la estación de Estados Unidos y está compuesto por una cabaña principal, laboratorio, depósito, un iglú hecho de fibra de vidrio, una dependencia y en 2010 se instaló un generador eólico (Goebel comunicación personal 2010, D. Torres, A. Aquayo y J. Acevedo, comunicación personal, 2010). El iglú chileno de fibra de vidrio se instaló originalmente en 1999 -

1991, y el campamento de Estados Unidos fue establecido en 1996-1997. También hay áreas de almacenamiento, y en las cercanías se erigen estacionalmente tiendas de campaña según se requiera. Durante la temporada 2009 - 2010, se construyó en el campamento de Estados Unidos un cobertizo para vehículos todo terreno (ATV, por sus siglas en inglés), con un edificio de contención secundario para uso en verano y bodegaje en invierno de los ATV. El lugar se seleccionó para que permaneciera al interior de la planta de la estación actual y para evitar interferir con el tránsito de focas. Se dispone de un "refugio contra el clima" en cabo Shirreff como alojamiento adicional para científicos visitantes y cuando se necesita se instala sobre un área a 10 metros al sur de la estación de Estados Unidos.

Se montaron dos estaciones meteorológicas automáticas en el exterior de los edificios actuales en el cabo Shirreff. Hay una estación receptora remota que se usa en estudios de seguimiento de focas guardada dentro de una caja (90x60x100cm) situada en una pequeña cresta al sudeste de Bahía Mansa.

En la playa Módulo hay un señalizador de límite cercano a las estaciones de Chile y Estados Unidos. El marcador señala que la Zona está protegida y que se prohíbe el ingreso a la misma. En la temporada 2009-2010 el marcador estaba desgastado pero seguía legible (Goebel, comunicación personal, 2010). Aparte de esa, los límites de la Zona protegida no llevan marca alguna.

Cerca de los campamentos de Estados Unidos y Chile se encontraron restos de un campamento que se cree que son de origen ruso. En otras partes de la península se encuentran indicios esporádicos de campamentos de cazadores de focas del siglo XIX (Smith y Simpson, 1987; Torres, 1993; Stehberg y Lucero, 1996). En el cerro Gaviota, en la costa noroeste, se erigió un montículo de piedras (Monumento Histórico Nº 59) en homenaje a los que perecieron a bordo del *San Telmo* en 1819 (mapa 3). En 1998-1999 científicos de Estados Unidos instalaron una cabaña de 5x7 metros para la observación de aves y para situaciones de emergencia (62°27'41"S, 60°47'28"O) en la ladera septentrional del cerro Enrique sobre la playa Bahamonde, en las proximidades de las colonias de pingüinos (mapa 3).

6(v) Ubicación de otras Zonas protegidas en las cercanías de la Zona

Las Zonas protegidas más cercanas al cabo Shirreff son la península Byers (ZAEP Nº 126), localizada aproximadamente a 20 kilómetros al sudoeste; Puerto Foster (ZAEP Nº 145, Isla Decepción) y otras partes de la Isla Decepción (ZAEP Nº 140), que se encuentran aproximadamente a 30 kilómetros al sur; y la 'bahía Chile' (bahía Discovery) (ZAEP Nº 144), aproximadamente 30 kilómetros al este en la isla Greenwich (mapa 1).

7. Condiciones para la expedición de permisos

El acceso al área esté prohibido salvo que exista un permiso expedido por una autoridad nacional competente. Las condiciones para expedir un permiso de ingreso a la Zona son los siguientes:

- se haya expedido sólo con fines de estudios científicos en conexión con el CEMP, o con propósitos científicos, educativos, arqueológicos o históricos convincentes que no puedan realizarse en otro sitio; o
- se haya expedido con fines de gestión indispensables concordantes con los objetivos del plan tales como inspección, mantenimiento o examen;
- que las actividades permitidas no pongan en peligro los valores ecológicos, científicos, educativos, arqueológicos o históricos de la Zona;
- que las actividades de gestión sean en apoyo de los objetivos del Plan de gestión;
- que las actividades permitidas estén en conformidad con este Plan de Gestión;
- se lleve el permiso o una copia autorizada dentro de la Zona;
- se presente un informe de la visita a las autoridades indicadas en el permiso;
- los permisos tendrán un plazo de validez establecido.

7 (i) Acceso a la Zona y desplazamientos en su interior

Se ingresará a la Zona en lancha pequeña, en helicóptero, a pie o en vehículo.

Acceso en lancha

El acceso en lanchas pequeñas se realizará en cualquiera de los siguientes lugares (mapa 2):

1. la costa oriental de la península en la playa El Módulo, 300 metros al norte de las instalaciones del campamento, donde un canal profundo ofrece un acceso relativamente fácil;

2. el extremo norte de la playa Half Moon, en la costa oriental de la península;

3. el extremo norte de la playa Yámana, en la costa occidental (posible solamente durante la pleamar);

4. el extremo sur de la playa septentrional en la isla San Telmo.

Se permite el ingreso a otros lugares en lancha pequeña por la costa, siempre que sea congruente con los fines para los cuales se ha expedido el Permiso. Se han encontrado dos radas cerca de la Zona: a 1.600 metros al nordeste de las instalaciones del campamento principal y a aproximadamente 800 metros al norte de la isla San Telmo. Siempre que sea posible los visitantes deberán evitar desembarcar en lugares donde haya presencia de colonias de pinnípedos o de aves marinas o cerca de la costa.

Acceso por aeronave y sobrevuelos

Habida cuenta de la presencia generalizada de pinnípedos y aves marinas en la península del cabo Shirreff durante la temporada de cría (1 de noviembre al 31 de marzo), se recomienda enfáticamente evitar el acceso a la Zona por aeronave. Cuando fuera posible y, de preferencia, se utilizará una lancha pequeña para el acceso. Todas las restricciones al acceso por aeronave y el sobrevuelo estipuladas en este plan se aplicarán durante el período del 1 de noviembre al 31 de marzo incluidos, cuando las aeronaves pueden volar y aterrizar dentro de la Zona ciñéndose al estricto acatamiento de las siguientes condiciones:

1) Se sugiere que las aeronaves mantengan una distancia horizontal y vertical de 2000 pies (~610 m) de los límites de la Zona antártica especialmente protegida (mapa 2), a menos que su ingreso se haga en la ruta designada para helicópteros, o haya sido autorizado por medio de un permiso expreso;

2) Se prohíbe el sobrevuelo de la Zona restringida por debajo de 2.000 pies (~610m), a menos que se haya autorizado específicamente por medio de un permiso. La Zona restringida está definida como la zona al norte de 62°28'S o norte de 62°29' S, y al oeste de 60°48'O, e incluye las áreas con mayor concentración de flora y fauna silvestre.

3) Se permite el aterrizaje de helicópteros en dos lugares designados (mapa 2). Los lugares para aterrizaje y sus coordenadas son como sigue:

   (A) una pequeña superficie plana ~150 metros al noroeste de la cima del cerro Cóndor (50 metros ó ~150 pies) (62°46'27"S, 60°28'17"O), que es el lugar de aterrizaje preferido para la mayoría de los fines, y

   (B) en la zona plana amplia del paso Ancho (25 metros), situado entre el cerro Cóndor y el cerro Selknam (62°46'48"S, 60°28'16"O).

4) La aproximación de aeronaves a la Zona debería seguir en el mayor grado posible la Zona de acceso de helicópteros. La ruta designada para la aproximación de helicópteros permite el acceso desde el sur a través del casquete glacial de la isla Livingston, y se extiende 1.200 metros (~ 0,65 millas náuticas) a lo largo del perfil de serranía principal de la península hacia el cerro Selknam (50 metros ó ~150 pies). La ruta asignada para helicópteros se extiende luego hacia el este unos 300 metros (~ 0.15 millas náuticas) hacia paso Ancho, donde está ubicado el sitio de aterrizaje B, y otros 400 metros adicionales (~0.23 millas náuticas) hacia el este hacia la cima del cerro Cóndor (elevación - = 50 m, o ~150 pies), cerca del sitio de aterrizaje A. Las aeronaves deberían evitar el sobrevuelo de lugares donde hay cabañas y zonas de playa al lado oriental del cerro Cóndor.

5) Los ingresos preferidos a la ruta designada para helicópteros son desde el sur, atravesando el casquete glacial permanente de la isla Livingston, desde el sudoeste en la dirección desde la bahía Barclay y desde el sudeste en la dirección desde la bahía Hero (mapas 1 y 2).

6) Las condiciones meteorológicas que suelen prevalecer en el cabo Shirreff consisten en un techo bajo de nubes, especialmente en las proximidades del casquete glacial permanente, lo que puede dificultar la distinción desde el aire de la definición del suelo con nieve y hielo. El personal en el terreno que tal vez informe sobre las condiciones locales antes de la aproximación de la aeronave debe saber que se necesita como mínimo una base de nubes de 150 metros (500 pies) sobre el nivel medio del mar sobre la zona de aproximación del casquete glacial de la isla Livingston para seguir las directrices para el acceso;

7) Se prohíbe el uso de granadas de humo para indicar la dirección del viento dentro de la zona a menos que sea absolutamente necesario por razones de seguridad, y se deberán recuperar todas las granadas que se usen.

Acceso y uso de vehículos

Se podrá ingresar en vehículos por tierra hasta el límite de la Zona. Se podrá ingresar en vehículos sobre hielo marino hasta la costa dentro de la Zona. Se permitirá el uso de vehículos solamente en la zona costera entre la playa Módulo y las instalaciones de los campamentos chileno y estadounidense (mapa 3). Se prohíbe el uso de vehículos en otros sectores de la Zona.

Acceso a pie y circulación dentro de la Zona

Con la excepción del uso restringido de vehículos descrito anteriormente, el desplazamiento por tierra dentro de la Zona será a pie. Está prohibido que los pilotos y la tripulación de aeronaves, lanchas o vehículos, u otras personas que lleguen a la Zona en aeronaves, lanchas o vehículos se desplacen a pie más allá de su cercanía inmediata de su sitio de aterrizaje o de las instalaciones o cabañas salvo que se haya autorizado especialmente mediante un Permiso oficial. Los visitantes se desplazarán cuidadosamente a fin de reducir a un mínimo la perturbación de la flora, la fauna y los suelos y caminarán sobre nieve o terreno rocoso si fuera práctico, pero con precaución para no dañar los líquenes. El tránsito de peatones se reducirá a un mínimo de manera consecuente con los objetivos de todas las actividades permitidas y se hará todo lo posible para reducir a un mínimo los efectos de las pisadas.

7(ii) Actividades que se llevan a cabo o que se pueden llevar a cabo dentro de la Zona, incluyendo las restricciones con respecto al horario y el lugar

- Investigaciones científicas que no pongan en peligro los valores de la Zona, en especial aquellos relacionados con el CEMP;
- Actividades administrativas indispensables, incluidas las de control;
- Actividades con propósitos educacionales (tales como documentales (fotográficos, de audio, o escritos) o la producción de recursos o servicios educacionales) que no puedan realizarse en otro lugar.
- Actividades que tengan por objeto la preservación o la protección de los recursos históricos al interior de la Zona.
- Investigación arqueológica que no ponga en peligro los valores de la Zona.

7(iii) Instalación, modificación o desmantelamiento de estructuras

- No se erigirán estructuras en la Zona excepto de conformidad con lo especificado en un permiso;
- Las instalaciones principales del campamento se limitarán a la zona dentro de los 200 metros de los campamentos chileno y estadounidense actuales (mapa 3). Se construirán pequeñas paranzas, casamatas o pantallas temporales para facilitar el estudio científico de la fauna;
- Todas las estructuras, equipos científicos y señalizadores que se instalen en la Zona deberán estar aprobados en el permiso oficial y llevar el nombre del país, el nombre del investigador u

organismo investigador principal y el año de instalación. Todos estos artículos deberán estar hechos de materiales que presenten un riesgo mínimo de daños para la fauna o de contaminación de la Zona;

- La instalación (incluyendo la selección del lugar), el mantenimiento, la modificación o el desmantelamiento de estructuras deberá efectuarse de una forma que reduzca a un mínimo la perturbación de la flora y la fauna, preferentemente evitando la temporada principal de cría (1 de noviembre – 1 de marzo);

- El desmantelamiento de estructuras o equipos específicos para los cuales el permiso haya expirado debe ser responsabilidad de la autoridad que haya expedido el Permiso original y debe ser una condición para el otorgamiento del mismo.

7(iv) Ubicación de los campamentos

Se permite acampar a una distancia de 200 metros de las instalaciones de los campamentos chileno y estadounidense, en la costa oriental de la península del cabo Shirreff (mapa 3). Los campamentos temporales se permiten en el extremo septentrional de la playa Yámana con el fin de apoyar los trabajos en terreno en los islotes San Telmo (mapa 3). La cabaña de Estados Unidos para la observación de aves en las laderas septentrionales del cerro Enrique (62°27'41"S, 60°47'28"O) puede utilizarse para pernoctar en el lugar con fines de investigación, si bien no debe utilizarse para campamentos semipermanentes. Se permite acampar en la isla San Telmo cuando sea necesario para fines congruentes con los objetivos del plan. La ubicación preferida del campamento es el extremo sur de la playa septentrional de la isla. Se prohíbe acampar en otras partes al interior de la Zona.

7(v) Restricciones relativas a los materiales y organismos que puedan introducirse en la Zona

- Ningún animal, material vegetal o microorganismos vivos ni suelos deben ingresarse en la Zona en forma deliberada, y se deben tomar las precauciones indicadas a continuación para evitar su introducción accidental;

- A fin de mantener los valores ecológicos y científicos en el cabo Shirreff y las islas San Telmo, los visitantes deben tener precauciones especiales relativas a cualquier tipo de introducciones. Es especialmente preocupante la introducción de agentes patógenos, fauna microbiana, invertebrados o vegetales proveniente de otros lugares de la Antártida, incluyendo las estaciones, o regiones fuera de la Antártica. Los visitantes deberán tomar precauciones para garantizar que los equipos de muestreo y los señalizadores ingresados a la Zona estén limpios. En la medida de lo posible, antes de ser introducidos en el área se deberán limpiar minuciosamente el calzado y demás equipo (incluidas las mochilas, los bolsos y las tiendas de campaña) que se use en la Zona o que se lleve a la misma;

- Las aves faenadas deberán estar libres de toda enfermedad o infección antes de ser enviadas a la Zona. Si se introducen en la Zona como alimento, todo trozo o desecho de ave deberá retirarse en su totalidad e incinerarse o hervirse el tiempo suficiente para matar cualquier bacteria o virus que pueda causar infecciones;

- No se introducirán herbicidas o plaguicidas en la Zona;

- Cualquier otro producto químico, incluidos radionúclidos o isótopos estables, que se introduzca con fines científicos o de gestión especificados en el Permiso deberá ser retirado de la Zona cuando concluya la actividad para la cual se haya expedido el permiso o con anterioridad;

- No se deberá almacenar combustible, alimentos u otros materiales en la Zona, salvo que sea indispensable para los fines asociados a las actividades para las cuales se expidió el Permiso;

- Todo el material que se introduzca podrá permanecer durante un período determinado únicamente, deberá ser retirado cuando concluya dicho período o con anterioridad y deberá ser almacenado y manipulado de forma tal que se reduzca a un mínimo el riesgo de ser introducido en el medio ambiente;

- Si se producen escapes que puedan comprometer los valores de la Zona, se recomienda extraer el material únicamente si no es probable que el impacto de dicho retiro sea mayor que el de dejar el material en el lugar.

7(vi) Recolección de flora y fauna autóctonas o daños que puedan sufrir éstas

Se prohíbe la toma de ejemplares de la flora o la fauna autóctonas y la intromisión perjudicial en ellas, excepto con un permiso especial en conformidad con el Artículo 3 del Anexo II otorgado por la autoridad nacional correspondiente específicamente para ese propósito. Se deberá consultar con los programas de investigación del CEMP que se estén llevando a cabo en la Zona antes de que se otorguen otros Permisos para la recolección o interferencia perjudicial de animales.

7(vii) Toma o traslado de cualquier cosa que el titular del permiso no haya llevado a la Zona

- Se podrá recolectar o retirar de la Zona todo material únicamente de conformidad con un permiso y dicho material deberá limitarse al mínimo necesario para fines de índole científica o de gestión.
- Otros materiales de origen humano susceptibles de comprometer los valores de la Zona y que no hayan sido ingresados a ésta por el Titular del Permiso, y que claramente no posean valor histórico, o que no estén comprendido en otro tipo de autorización podrá ser retirado salvo que el impacto de su extracción probablemente sea mayor que el efecto de dejar el material en el lugar: en tal caso se deberá notificar a las autoridades pertinentes.
- Todo material que tenga probablemente valores arqueológicos, históricos o patrimoniales importantes no debe ser alterado, dañado, eliminado o destruido. Todos esos artefactos deben registrarse y ser derivados a la autoridad correspondiente para que esta decida sobre su conservación o retiro. La reubicación o retiro de artefactos con fines de preservación, protección o con objeto de restablecer la exactitud histórica se permite sólo mediante autorización.
- Se deberá avisar a la autoridad nacional correspondiente sobre cualquier artefacto que no haya sido introducido por el titular del permiso y que se haya retirado de la Zona.

7(viii) Eliminación de desechos

Todos los desechos deberán ser retirados de la Zona, con excepción de los desechos humanos, que podrán retirarse de la Zona o verterse en el mar.

7(ix) Medidas necesarias para garantizar el continuo cumplimiento de los objetivos y las finalidades del Plan de Gestión

1) Se podrán conceder permisos para ingresar en la Zona a fin de realizar actividades de vigilancia biológica e inspección de sitios que abarquen la recolección en pequeña escala de muestras para análisis, examen o medidas de protección.
2) Todo sitio que se utilice para actividades de vigilancia a largo plazo deberá estar debidamente marcado.
3) Antes de iniciar su trabajo y para evitar la interferencia con las actividades de investigación y vigilancia de largo plazo o la posible repetición de los esfuerzos, las personas que planifican nuevos proyectos dentro de la Zona deberían consultar con los programas establecidos que operan en el cabo Shirreff, como por ejemplo, los de Chile y Estados Unidos.
4) Considerando el hecho de que el muestreo geológico representa un impacto permanente y acumulativo, los visitantes que tomen muestras geológicas de la Zona deberán llenar un registro que describa el tipo geológico, la cantidad y el lugar de las muestras tomadas, el cual deberá como mínimo depositarse en el Centro Nacional de Datos Antárticos o el Directorio Maestro Antártico.

7(x) Requisitos relativos a los informes

- Las Partes deberán cerciorarse de que el titular principal de cada permiso expedido presente a la autoridad pertinente un informe en el cual se describan las actividades realizadas. Dichos informes deberán incluir la información señalada en el formulario para informes de visitas contenido en la Guía para la Preparación de Planes de Gestión para las Zonas Antárticas Especialmente Protegidas.

- Las Partes deberán llevar un registro de dichas actividades y, en el intercambio anual de información, presentar descripciones resumidas de las actividades realizadas por las personas bajo su jurisdicción, suficientemente pormenorizadas como para que se pueda evaluar la eficacia del Plan de Gestión. Siempre que sea posible, las Partes deberían depositar los originales o copias de los mencionados informes originales de visita en un archivo de acceso público a fin de mantener un registro del uso, para fines de revisión del Plan de Gestión y también para fines de la organización del uso científico de la Zona.

- La autoridad correspondiente deber ser notificada de cualquier actividad o medida que se realice y/o de cualquier material liberado al medioambiente que no sea retirado, que no estén comprendidos en el permiso oficial.

Referencias

Acevedo, J., Vallejos, V., Vargas, R., Torres, J.P. & Torres, D. 2002. Informe científico. ECA XXXVIII (2001/2002). Proyecto INACH 018 "Estudios ecológicos sobre el lobo fino antártico, Arctocephalus gazella", cabo Shirreff, isla Livingston, Shetland del Sur, Antártica. Ministerio de Relaciones Exteriores, Instituto Antártico Chileno. Nº Ingreso 642/710, 11.ABR.2002.

Acevedo, J., Aguayo-Lobo, A. & Torres, D. 2009a. Albino Weddell seal at Cape ShirreV, Livingston Island, Antarctica. *Polar Biology* **32** (8):1239–43.

Acevedo, J., Aguayo-Lobo, A. & Torres, D. 2009b. Rare piebald and partially leucistic Antarctic fur seals, Arctocephalus gazella, at Cape Shirreff, Livingston Island, Antarctica. *Polar Biology* **32** (1): 41–45.

Agnew, A.J. 1997. Review: the CCAMLR Ecosystem Monitoring Programme. *Antarctic Science* **9** (3): 235-242.

Aguayo, A. 1978. The present status of the Antarctic fur seal *Arctocephalus gazella* at the South Shetland Islands. *Polar Record* **19**: 167-176.

Aguayo, A. & Torres, D. 1966. A first census of Pinnipedia in the South Shetland Islands and other observations on marine mammals. In: SCAR / SCOR / IAPO / IUBS Symposium on Antarctic Oceanography, Santiago, Chile, 13-16 September 1966, Section 4: Coastal Waters: 166-168.

Aguayo, A. & Torres, D. 1967. Observaciones sobre mamíferos marinos durante la Vigésima Comisión Antártica Chilena. Primer censo de pinípedos en las Islas Shetland del Sur. Revta. Biol. Mar., **13**(1): 1-57.

Aguayo, A. & Torres, D. 1993. Análisis de los censos de *Arctocephalus gazella* efectuados en el Sitio de Especial Interés Científico No. 32, isla Livingston, Antártica. *Serie Científica Instituto Antártico Chileno* **43**: 87-91.

AMLR 2008. AMLR 2007-2008 field season report. Objectives, Accomplishments and Tentative Conclusions. Southwest Fisheries Science Center Antarctic Ecosystem Research Group. October 2008.

AMLR 2009. AMLR 2008-2009 field season report. Objectives, Accomplishments and Tentative Conclusions. Southwest Fisheries Science Center Antarctic Ecosystem Research Group. May 2009.

Antolos, M., Miller, A.K. & Trivelpiece, W.Z. 2004. Seabird research at Cape Shirreff, Livingston Island, Antarctica 2003-2004. In Lipsky, J. (ed) AMLR (Antarctic Marine Living Resources) 2003-2004 Field Season Report, Ch. 7. Antarctic Ecosystem Research Division, Southwest Fisheries Science Center, La Jolla, California.

Bengston, J.L., Ferm, L.M.. Härkönen, T.J. & Stewart, B.S. 1990. Abundance of Antarctic fur seals in the South Shetland Islands, Antarctica, during the 1986/87 austral summer. In: Kerry, K. and Hempel, G. (Eds). *Antarctic Ecosystems, Proceedings of the Fifth SCAR Symposium on Antarctic Biology*. Springer-Verlag, Berlin: 265-270.

Blank, O., Retamal, P., Torres D. & Abalos, P. 1999. First record of *Brucella* spp. antibodies in *Arctocephalus gazella* and *Leptonychotes weddelli* from Cape Shirreff, Livingston Island, Antarctica. (SC-CAMLR-XVIII-BG/17.) *CCAMLR Scientific Abstracts* 5.

Blank, O., Retamal, P., Abalos P. & Torres, D. 2001a. Additional data on anti-*Brucella* antibodies in *Arctocephalus gazella* from Cape Shirreff, Livingston Island, Antarctica. *CCAMLR Science* **8**: 147-154.

Blank, O., Montt, J.M., Celedón M. & Torres, D. 2001b. Herpes virus antobodies in *Arctocephalus gazella* from Cape Shirreff, Livingston Island, Antarctica. WG-EMM- 01/59.

Bonner, W.N. & Smith, R.I.L. (Eds) 1985. *Conservation areas in the Antarctic*. SCAR, Cambridge: 59-63.

Carten, T.M., Taft, M., Trivelpiece W.Z. & Holt, R.S. 2001. Seabird research at Cape Shirreff, Livingston Island, Antarctica, 1999/2000. In Lipsky, J. (ed) AMLR (Antarctic Marine Living Resources) 1999-2000 Field Season Report, Ch. 7. Antarctic Ecosystem Research Division, Southwest Fisheries Science Center, La Jolla, California.

Cattan, P., Yánez, J., Torres, D., Gajardo, M. & Cárdenas, J. 1982. Censo, marcaje y estructura poblacional del lobo fino antártico *Arctocephalus gazella* (Peters, 1875) en las islas Shetland del Sur, Chile. *Serie Científica Instituto Antártico Chileno* **29**: 31-38.

CCAMLR 1997. Management plan for the protection of Cape Shirreff and the San Telmo Islands, South Shetland Islands, as a site included in the CCAMLR Ecosystem Monitoring Program. In: *Schedule of Conservation Measures in Force 1996/97*: 51-64.

CCAMLR 2010. *CCAMLR Statistical Bulletin* **22** (2000–2009). CCAMLR, Hobart. Australia.

Chisholm, S.E., Pietrzak, K.W., Miller, A.K. & Trivelpiece, W.Z. 2008. Seabird research at Cape Shirreff, Livingston Island, Antarctica 2007-2008. In Van Cise, A.M. (ed) AMLR (Antarctic Marine Living Resources) 2007-2008 Field Season Report, Ch. 5. Antarctic Ecosystem Research Division, Southwest Fisheries Science Center, La Jolla, California.

Constantinescu, F. & Torres, D. 1995. Análisis bioantropológico de un cráneo humano hallado en cabo Shirreff, isla Livingston, Antártica. Ser. Cient. INACH **45**: 89-99.

Cox, M.J., Demer, D.A., Warren, J.D., Cutter, G.R. & Brierley, A.S. 2009. Multibeam echosounder observations reveal interactions between Antarctic krill and air-breathing predators. *Marine Ecology Progress Series* **378**: 199–209.

Croxall, J.P. & Kirkwood, E.D. 1979. *The distribution of penguins on the Antarctic Peninsula and the islands of the Scotia Sea*. British Antarctic Survey, Cambridge.

Everett, K.R. 1971. Observations on the glacial history of Livingston Island. *Arctic* **24** (1): 41-50.

Fildes, R. 1821. A journal of a voyage from Liverpool towards New South Shetland on a sealing and sea elephant adventure kept on board Brig Robert of Liverpool, Robert Fildes, 13 August - 26 December 1821. MS 101/1, Scott Polar Research Institute, Cambridge.

Goebel, M.E., Rutishauser, M., Parker, B., Banks, A., Costa, D.P., Gales, N. & Holt, R.S. 2001a. Pinniped research at Cape Shirreff, Livingston Island, Antarctica, 1999/2000. In Lipsky, J. (ed) AMLR (Antarctic Marine Living Resources) 1999-2000 Field Season Report, Ch. 8. Antarctic Ecosystem Research Division, Southwest Fisheries Science Center, La Jolla, California.

Goebel, M.E., Parker, B., Banks, A., Costa, D.P., Pister, B. & Holt, R.S. 2001b. Pinniped research at Cape Shirreff, Livingston Island, Antarctica, 2000/2001. In Lipsky, J. (ed) AMLR (Antarctic

Marine Living Resources) 2000-01 Field Season Report, Ch. 8. Antarctic Ecosystem Research Division, Southwest Fisheries Science Center, La Jolla, California.

Goebel, M.E., McDonald, B.I., Freeman, S., Haner, R., Spear, N. & Sexton, S. 2008. Pinniped Research at Cape Shirreff, Livingston Island, 2008/09. In AMLR 2007-2008 field season report. Objectives, Accomplishments and Tentative Conclusions. Southwest Fisheries Science Center Antarctic Ecosystem Research Group. La Jolla, California.

Goebel, M.E., Krause, D., Freeman, S., Burner, R., Bonin, C., Vasquez del Mercado, R., Van Cise, A.M. & Gafney, J. 2009. Pinniped Research at Cape Shirreff, Livingston Island, Antarctica, 2008/09. In AMLR 2008-2009 field season report. Objectives, Accomplishments and Tentative Conclusions. Southwest Fisheries Science Center Antarctic Ecosystem Research Group. La Jolla, California.

Garcia, M., Aguayo, A. & Torres, D. 1995. Aspectos conductuales de los machos de lobo fino antártico, *Arctocephalus gazella* en Cabo Shirreff, isla Livingston, Antártica, durante la fase de apareamiento. *Serie Científica Instituto Antártico Chileno* **45**: 101-112.

Harris, C.M. 2001. Revision of management plans for Antarctic protected areas originally proposed by the United States of America and the United Kingdom: Field visit report. Internal report for the National Science Foundation, US, and the Foreign and Commonwealth Office, UK. *Environmental Research & Assessment*, Cambridge.

Headland, R. 1989. *Chronological list of Antarctic expeditions and related historical events.* Cambridge University Press, Cambridge.

Heap, J. (ed) 1994. *Handbook of the Antarctic Treaty System.* 8th Edn. U.S. Department of State, Washington.

Hobbs, G.J. 1968. The geology of the South Shetland Islands. IV. The geology of Livingston Island. *British Antarctic Survey Scientific Reports* **47**.

Henadez, J., Prado, V., Torres, D., Waldenström, J., Haemig, P.D. & Olsen, B. 2007. Enteropathogenic *Escherichia coli* (EPEC) in Antarctic fur seals *Arctocephalus gazella*. *Polar Biology* **30** (10):1227–29.

Hewitt, R.P., Kim, S., Naganobu, M., Gutierrez, M., Kang, D., Taka, Y., Quinones, J., Lee Y.-H., Shin, H.-C., Kawaguchi, S., Emery, J.H., Demer, D.A. & Loeb, V.J. 2004. Variation in the biomass density and demography of Antarctic krill in the vicinity ofthe South Shetland Islands during the 1999/2000 austral summer. *Deep-Sea Research* II **51** 1411–1419.

Hinke, J.T., Salwicka, K., Trivelpiece, S.G., Watters, S.G., & Trivelpiece, W.Z. 2007. Divergent responses of *Pygoscelis* penguins reveal a common environmental driver. *Oecologia* **153**:845–855.

Hucke-Gaete, R., Acevedo, J., Osman, L., Vargas, R., Blank, O. & Torres, D. 2001. Informe científico. ECA XXXVII (2000/2001). Proyecto 018 "Estudios ecológicos sobre el lobo fino antártico, Arctocephalus gazella", cabo Shirreff, isla Livingston, Shetland del Sur, Antártica.

Hucke-Gaete, R., Torres, D., Aguayo, A. & Vallejos, V. 1998. Decline of Arctocephalus gazella population at SSSI No. 32, South Shetlands, Antarctica (1997/98 season): a discussion of possible causes. WG-EMM-98/17. August 1998. Kochin. 10: 16–19

Hucke-Gaete, R, Torres, D. & Vallejos, V. 1997a. Population size and distribution of *Pygoscelis antarctica* and *P. papua* at Cape Shirreff, Livingston Island, Antarctica (1996/97 Season). CCAMLR WG-EMM-97/62.

Hucke-Gaete, R, Torres, D., Vallejos, V. & Aguayo, A. 1997b. Population size and distribution of *Arctocephalus gazella* at SSSI No. 32, Livingston Island, Antarctica (1996/97 Season). CCAMLR WG-EMM-97/62.

Hucke-Gaete, R, Torres, D. & Vallejos. V. 1997c. Entanglement of Antarctic fur seals, *Arctocephalus gazella*, by marine debris at Cape Shirreff and San Telmo Islets, Livingston Island, Antarctica:1998-1997. *Serie Científica Instituto Antártico Chileno* **47**: 123-135.

Hucke-Gaete, R., Osman, L.P., Moreno, C.A. & Torres, D. 2004. Examining natural population growth from near extinction: the case of the Antarctic fur seal at the South Shetlands, Antarctica. *Polar Biology* **27** (5): 304–311

Huckstadt, L., Costa, D. P., McDonald, B. I., Tremblay, Y., Crocker, D. E., Goebel, M. E. & Fedak, M. E. 2006. Habitat Selection and Foraging Behavior of Southern Elephant Seals in the Western Antarctic Peninsula. American Geophysical Union, Fall Meeting 2006, abstract #OS33A-1684.

INACH (Instituto Antártico Chileno) 2010. Chilean Antarctic Program of Scientific Research 2009-2010. Chilean Antarctic Institute Research Projects Department. Santiago, Chile.

Kawaguchi, S., Nicol, S., Taki, K. & Naganobu, M. 2006. Fishing ground selection in the Antarctic krill fishery: Trends in patterns across years, seasons and nations. *CCAMLR Science*, **13** : 117–141.

Leppe, M., Fernandoy, F., Palma-Heldt, S. & Moisan, P 2004. Flora mesozoica en los depósitos morrénicos de Cabo Shirreff, Isla Livingston, Shetland del Sur, Península Antártica, in Actas del 10° Congreso Geológico Chileno. CD-ROM. Resumen Expandido, 4pp Universidad de Concepción. Concepción. Chile.

Leung, E.S.W., Orben, R.A. & Trivelpiece, W.Z. 2006. Seabird research at Cape Shirreff, Livingston Island, Antarctica 2005-2006. In Lipsky, J. (ed) AMLR (Antarctic Marine Living Resources) 2005-2006 Field Season Report, Ch. 9. Antarctic Ecosystem Research Division, Southwest Fisheries Science Center, La Jolla, California.

Miller, A.K., Leung, E.S.W. & Trivelpiece, W.Z. 2005. Seabird research at Cape Shirreff, Livingston Island, Antarctica 2004-2005. In Lipsky, J. (ed) AMLR (Antarctic Marine Living Resources) 2004-2005 Field Season Report, Ch. 7. Antarctic Ecosystem Research Division, Southwest Fisheries Science Center, La Jolla, California.

Miller, A.K. & Trivelpiece, W.Z. 2007. Cycles of *Euphausia superba* recruitment evident in the diet of Pygoscelid penguins and net trawls in the South Shetland Islands, Antarctica. *Polar Biology* **30** (12):1615–1623.

Miller, A.K. & Trivelpiece, W.Z. 2008. Chinstrap penguins alter foraging and diving behavior in response to the size of their principle prey, Antarctic krill. *Marine Biology* **154**: 201-208.

Miller, A.K., Karnovsky, N.J. & Trivelpiece, W.Z. 2008. Flexible foraging strategies of gentoo penguins *Pygoscelis papua* over 5 years in the South Shetland Islands, Antarctica. *Marine Biology* **156**: 2527-2537.

O'Gorman, F.A. 1961. Fur seals breeding in the Falkland Islands Dependencies. *Nature* **192**: 914-16.

O'Gorman, F.A. 1963. The return of the Antarctic fur seal. *New Scientist* **20**: 374-76.

Olavarría, C., Coria, N., Schlatter, R., Hucke-Gaete, R., Vallejos, V., Godoy, C., Torres D. & Aguayo, A. 1999. Cisnes de cuello negro, *Cygnus melanocoripha* (Molina, 1782) en el área de las islas Shetland del Sur y península Antártica. *Serie Científica Instituto Antártico Chileno* **49**: 79-87.

Oliva, D., Durán, R, Gajardo, M. & Torres, D. 1987. Numerical changes in the population of the Antarctic fur seal *Arctocephalus gazella* at two localities of the South Shetland Islands. *Serie Científica Instituto Antártico Chileno* **36**: 135-144.

Oliva, D., Durán, R, Gajardo, M. & Torres, D. 1988. Population structure and harem size groups of the Antarctic fur seal *Arctocephalus gazella* Cape Shirreff, Livingston Island, South Shetland Islands. Meeting of the SCAR Group of Specialists on Seals, Hobart, Tasmania, Australia. *Biomass Report Series* **59**: 39.

Orben, R.A., Chisholm, S.E., Miller, S.K. & Trivelpiece, W.Z. 2007. Seabird research at Cape Shirreff, Livingston Island, Antarctica 2006-2007. In Lipsky, J. (ed) AMLR (Antarctic Marine Living Resources) 2006-2007 Field Season Report, Ch. 7. Antarctic Ecosystem Research Division, Southwest Fisheries Science Center, La Jolla, California.

Osman, L.P., Hucke-Gaete, R., Moreno, C.A., & Torress, D. 2004. Feeding ecology of Antarctic fur seals at Cape Shirreff, South Shetlands, Antarctica. *Polar Biology* **27**(2): 92–98.

Palma-Heldt, S., Fernandoy, F., Quezada, I. & Leppe, M 2004. Registro Palinológico de Cabo Shirreff, Isla Livingston, nueva localidad para el Mesozoico de Las Shetland del Sur, in V Simposio Argentino y I Latinoamericano sobre Investigaciones Antárticas CD-ROM. Resumen Expandido N° 104GP. Buenos Aires, Argentina.

Palma-Heldt, S., Fernandoy, F., Henríquez, G. & Leppe, M 2007. Palynoflora of Livingston Island, South Shetland Islands : Contribution to the understanding of the evolution of the southern Pacific Gondwana margin. U.S. Geological Survey and The National Academies; USGS OF-2007-1047, Extended Abstract 100.

Pietrzak, K.W., Breeden, J.H, Miller, A.K. & Trivelpiece, W.Z. 2009. Seabird research at Cape Shirreff, Livingston Island, Antarctica 2008-2009. In Van Cise, A.M. (ed) AMLR (Antarctic Marine Living Resources) 2008-2008 Field Season Report, Ch. 6. Antarctic Ecosystem Research Division, Southwest Fisheries Science Center, La Jolla, California.

Pinochet de la Barra, O. 1991. El misterio del "San Telmo". ¿Náufragos españoles pisaron por primera vez la Antártida? *Revista Historia* (Madrid), **16** (18): 31-36.

Reid, K., Jessop, M.J., Barrett, M.S., Kawagucji, S., Siegel, V. & Goebel, M.E. 2004. Widening the net: spatio-temporal variability in the krill population structure across the Scotia Sea. *Deep-Sea Research* II **51**: 1275–1287

Reiss, C. S., Cossio, A. M., Loeb, V. & Demer, D. A. 2008. Variations in the biomass of Antarctic krill (Euphausia superba) around the South Shetland Islands, 1996–2006. *ICES Journal of Marine Science* **65**: 497–508.

Sallaberry, M. & Schlatter, R. 1983. Estimación del número de pingüinos en el Archipiélago de las Shetland del Sur. *Serie Científica Instituto Antártico Chileno* **30**: 87-91.

Saxer, I.M., Scheffler, D.A. & Trivelpiece, W.Z. 2003. Seabird research at Cape Shirreff, Livingston Island, Antarctica 2001-2002. In Lipsky, J. (ed) AMLR (Antarctic Marine Living Resources) 2001-2002 Field Season Report, Ch. 6. Antarctic Ecosystem Research Division, Southwest Fisheries Science Center, La Jolla, California.

Shill, L.F., Antolos, M. & Trivelpiece, W.Z. 2003. Seabird research at Cape Shirreff, Livingston Island, Antarctica 2002-2003. In Lipsky, J. (ed) AMLR (Antarctic Marine Living Resources) 2002-2003 Field Season Report, Ch. 8. Antarctic Ecosystem Research Division, Southwest Fisheries Science Center, La Jolla, California.

Smellie, J.L., Pallàs, R.M., Sàbata, F. & Zheng, X. 1996. Age and correlation of volcanism in central Livingston Island, South Shetland Islands: K-Ar and geochemical constraints. *Jounral of South American Earth Sciences* **9** (3/4): 265-272.

Smith, R.I.L. & Simpson, H.W. 1987. Early Nineteeth Century sealers' refuges on Livingston Island, South Shetland Islands. *British Antarctic Survey Bulletin* **74**: 49-72.

Stehberg, R. & V. Lucero, 1996. Excavaciones arqueológicas en playa Yámana, cabo Shirreff, isla Livingston, Shetland del Sur, Antártica. *Serie Científica Instituto Antártico Chileno* 46: 59-81.

Taft, M.R., Saxer, I.M. & Trivelpiece W.Z 2001. Seabird research at Cape Shirreff, Livingston Island, Antarctica, 2000/2001. In Lipsky, J. (ed) AMLR (Antarctic Marine Living Resources) 2000-01 Field Season Report, Ch. 7. Antarctic Ecosystem Research Division, Southwest Fisheries Science Center, La Jolla, California.

Torres, D. 1984. Síntesis de actividades, resultados y proyecciones de las investigaciones chilenas sobre pinípedos antarcticos. *Boletín Antártico Chileno* **4**(1): 33-34.

Torres, D. 1990. Collares plásticos en lobos finos antárticos: Otra evidencia de contaminación. *Boletín Antártico Chileno* **10** (1): 20-22

Torres, D. 1992. ¿Cráneo indígena en cabo Shirreff? Un estudio en desarrollo. *Boletín Antártico Chileno* **11** (2): 2-6

Torres, D. 1994. Synthesis of CEMP activities carried out at Cape Shirreff. Report to CCAMLR WG-CEMP 94/28.

Torres, D. 1995. Antecedentes y proyecciones científicas de los estudios en el SEIC No. 32 y Sitio CEMP «Cabo Shirreff e islotes San Telmo», isla Livingston, Antártica. *Serie Científica Instituto Antártico Chileno* **45**: 143-169.

Torres, D. 1999. Observations on ca. 175-Year Old Human Remains from Antarctica (Cape Shirreff, Livingston Island, South Shetlands). *International Journal of Circumpolar Health* **58**: 72-83.

Torres, D. & Aguayo, A 1993. Impacto antrópico en cabo Shirreff, isla Livingston, Antártica. *Serie Científica Instituto Antártico Chileno* **43**: 93-108.

Torres, D. & Gajardo, M. 1985. Información preliminar sobre desechos plásticos hallados en cabo Shirreff, isla Livingston, Shetland del Sur, Chile. *Boletín Antártico Chileno* **5**(2): 12-13.

Torres, D. & Jorquera, D. 1992. Analysis of Marine Debris found at Cape Shirreff, Livingston Island, South Shetlands, Antarctica. SC-CAMLR/BG/7, 12 pp. CCAMLR, Hobart, Australia.

Torres, D. & Jorquera, D. 1994. Marine Debris Collected at Cape Shirreff, Livinston Island, during the Antarctic Season 1993/94. CCMALR-XIII/BG/17, 10 pp. 18 October 1994. Hobart, Australia.

Torres, D. & Jorquera, D. 1995. Línea de base para el seguimiento de los desechos marinos en cabo Shirreff, isla Livingston, Antártica. *Serie Científica Instituto Antártico Chileno* **45**: 131-141.

Torres, D., Jaña, R., Ercina, L. & Vicuña, P. 2001. Cartografía digital de cabo Snirreff, isla Livingston, Antártica: un avance importante. *Boletín Antártico Chileno* **20** (2): 4-6.

Torres, D.E. & Valdenegro V. 2004. Nuevos registros de mortalidad y necropsias de cachorros de lobo fino antártico, Arctocephalus gazella, en cabo Shirreff, sila Livingston, Antártica. *Boletín Antártico Chileno* **23** (1).

Torres, D., Vallejos, V., Acevedo, J., Hucke-Gaete, R. & Zarate, S. 1998. Registros biologicos atípicos en cabo Shirreff, isla Livingston, Antártica. *Boletín Antártico Chileno* **17** (1): 17-19.

Torres, D., Vallejos, V., Acevedo. J., Blank, O., Hucke-Gaete, R. & Tirado, S. 1999. Actividades realizadas en cabo Shirreff, isla Livingston, en temporada 1998/99. *Boletín Antártico Chileno* **18** (1): 29-32.

Torres, T. 1993. Primer hallazgo de madera fósil en Cabo Shirreff, isla Livingston, Antártica. *Serie Científica Instituto Antártico Chileno* **43**: 31-39.

Tufft, R. 1958. Preliminary biology report Livingston Island summer survey. Unpublished British Antarctic Survey report, BAS Archives Ref. AD6/2D/1957/N2.

Vargas, R., Osman, L.P. & Torres, D. 2009. Inter-sexual differences in Antarctic fur seal pup growth rates: evidence of environmental regulation? Polar Biology **32** (8):1177–86

Vallejos, V., Acevedo, J., Blank. O., Osman, L. & Torres, D. 2000. Informe científico - logístico. ECA XXXVI (1999/2000) Proyecto 018 "Estudios ecológicos sobre el lobo fino antártico, Arctocephalus gazella", cabo Shirreff, archipiélago de las Shetland del Sur, Antártica. Ministerio de Relaciones Exteriores, Instituto Antártico Chileno. Nº Ingreso 642/712, 19 ABR.2000.

Vallejos, V., Osman, L., Vargas, R., Vera, C. & Torres, D. 2003. Informe científico. ECA XXXIX (2002/2003). Proyecto INACH 018 "Estudios ecológicos sobre el lobo fino antártico, Arctocephalus gazella", cabo Shirreff, isla Livingston, Shetland del Sur, Antártica. Ministerio de Relaciones Exteriores, Instituto Antártico Chileno.

Vera, C., Vargas, R. & Torres, D. 2004. El impacto de la foca leopardo en la población de cachorros de lobo fino antártico en cabo Shirreff, Antártica, durante la temporada 2003/2004. *Boletín Antártico Chileno* **23** (1).

Warren, J., Sessions, S., Patterson, M. Jenkins, A., Needham, D. & Demer, D. 2005. Nearshore Survey. In AMLR 2004-2005 field season report. Objectives, Accomplishments and Tentative Conclusions. Southwest Fisheries Science Center Antarctic Ecosystem Research Group. La Jolla, California.

Warren, J., Cox, M., Sessions, S. Jenkins, A., Needham, D. & Demer, D. 2006. Nearshore acoustical survey near Cape Shirreff, Livingston Island. In AMLR 2005-2006 field season report. Objectives, Accomplishments and Tentative Conclusions. Southwest Fisheries Science Center Antarctic Ecosystem Research Group. La Jolla, California.

Warren, J., Cox, M., Sessions, S. Jenkins, A., Needham, D. & Demer, D. 2007. Nearshore acoustical survey near Cape Shirreff, Livingston Island. In AMLR 2006-2007 field season report. Objectives, Accomplishments and Tentative Conclusions. Southwest Fisheries Science Center Antarctic Ecosystem Research Group. La Jolla, California.

Woehler, E.J. (ed) 1993. *The distribution and abundance of Antarctic and sub-Antarctic penguins.* SCAR, Cambridge.

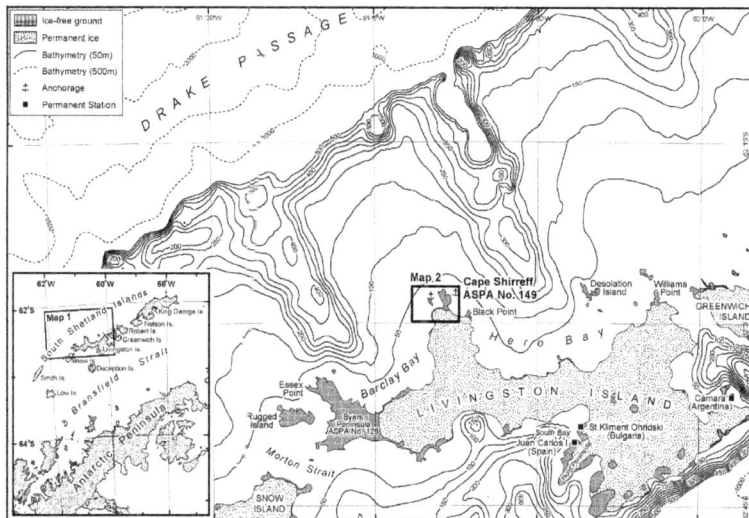

ASPA No. 149
Cape Shirreff & San Telmo Island
Map 1: Regional overview

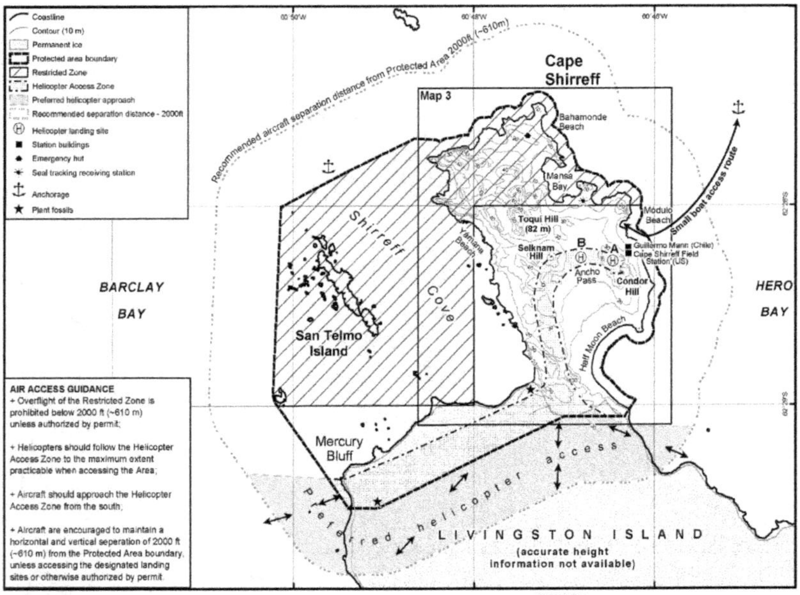

ASPA No. 149 Cape Shirreff & San Telmo Island
Map 2: Air access guidelines

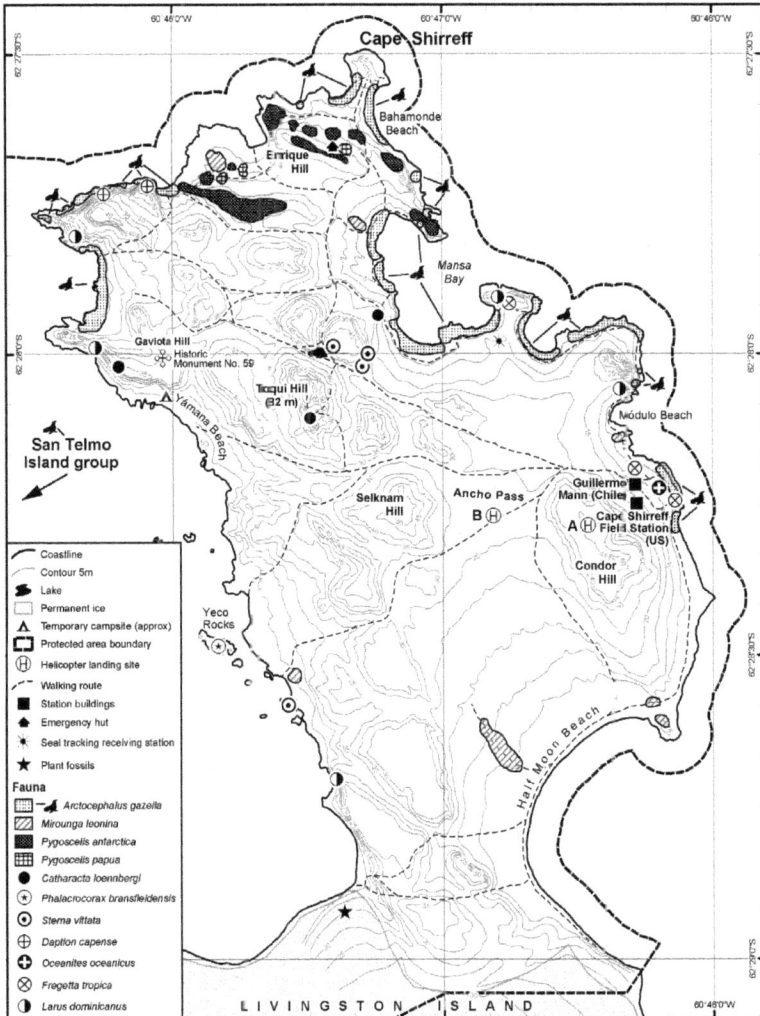

ASPA No. 149
Cape Shirreff & San Telmo Island
Map 3: Breeding colonies & human features

Plan de gestión de la Zona Antártica Especialmente Protegida N° 165

PUNTA EDMONSON, BAHÍA WOOD, TIERRA DE VICTORIA, MAR DE ROSS

1. Descripción de los valores que requieren protección

Italia propone que la punta Edmonson (74°20' S, 165°08' E), de 5,49 km[2], situada en la bahía Wood, Tierra de Victoria, mar de Ross, sea designada zona antártica especialmente protegida (ZAEP) debido a sus valores ecológicos y científicos sobresalientes, a fin de protegerlos de la posible interferencia que podría ocasionar el acceso no reglamentado. La Zona abarca terreno sin hielo y una parte pequeña del mar contiguo al pie de las laderas orientales del monte Melbourne (2732 m), de extensión limitada, donde se llevan a cabo investigaciones científicas a largo plazo.

El ecosistema terrestre y de agua dulce de la punta Edmonson es uno de los más sobresalientes del norte de la Tierra de Victoria. Abarca una diversidad excepcional de hábitats de agua dulce, con numerosos arroyos, lagos, lagunas y áreas de infiltración, así como nutrientes en condiciones que van de eutróficas a oligotróficas. Una gama tan grande de hábitats de agua dulce es rara en la Tierra de Victoria. Por consiguiente, en estos hábitats hay una gran diversidad de especies de algas y cianobacterias, habiéndose documentado más de 120 especies hasta ahora, y la red de arroyos es la más extensa y sustancial del norte de la Tierra de Victoria. La litología volcánica y los substratos enriquecidos localmente por nutrientes (por aves), junto con la abundancia localizada de agua, ofrecen un hábitat propicio para el desarrollo relativamente extenso de briofitas. Las comunidades vegetales son sumamente sensibles a los cambios en el régimen hidrológico y las gradientes ambientales establecen límites muy marcados en estas comunidades. Por consiguiente, la gama de vegetación es diversa y abarca comunidades de líquenes epilíticos (algunas de los cuales dependen del gran aporte de nitrógeno de las aves), comunidades asociadas a parches de nieve tardía y comunidades en las cuales predominan los musgos que prefieren hábitats permanentemente húmedos o mojados. El sitio constituye uno de los mejores ejemplos de este último tipo de comunidades en la Tierra de Victoria. Hay una abundancia inusual de invertebrados, que presentan una distribución extensa para esta parte de la Antártida.

La índole y la diversidad de los hábitats terrestres y de agua dulce ofrecen grandes oportunidades científicas, especialmente para los estudios de variaciones y procesos biológicos a lo largo de las gradientes de humedad y nutrientes. El sitio se considera como uno de los mejores de la Antártida para los estudios de la ecología de las algas. Estas características son algunas de las que llevaron a la selección de la punta Edmonson como sitio principal para el programa de investigaciones biológicas de los sistemas terrestres antárticos (BIOTAS) realizado por el Comité Científico de Investigaciones Antárticas en 1995 y 1996. Un programa multinacional de investigaciones coordinadas, conocido como BIOTEX-1, estableció sitios de estudio y formó grandes colecciones de muestras de suelo, roca, agua, nieve, guano, bacterias, vegetación (tapetes cianobacterianos, hongos, algas, líquenes, briofitas) e invertebrados terrestres.

El valor científico de la punta Edmonson también se considera excepcional para los estudios del impacto del cambio climático en los ecosistemas terrestres. Su ubicación, aproximadamente a mitad de camino en una gradiente latitudinal Norte-Sur a lo largo de la Tierra de Victoria, complementa la de otros sitios protegidos por sus importantes valores ecológicos terrestres, como el cabo Hallett (ZAEP N[2] 106) y la bahía Botany, cabo Geología (ZAEP N° 154), que están a unos 300 km al norte y al sur, respectivamente. En una red continental de investigaciones ecológicas (el programa RiSCC del Comité Científico de Investigaciones Antárticas) se ha reconocido la importancia de esta ubicación geográfica. Además, los lagos se encuentran entre los mejores del norte de la Tierra de Victoria para los estudios de procesos biogeoquímicos con variaciones a corto y a largo plazo. Junto con las propiedades singulares de la capa activa de permafrost, que tiene un espesor desacostumbrado en este lugar, estas características se consideran particularmente útiles como indicadores sensibles de cambios ecológicos inducidos por la radiación ultravioleta y los cambios climáticos.

Una colonia de alrededor de 2.000 parejas de pingüinos Adelia *(Pygoscelis adeliae)* ha sido el foco de investigaciones continuas desde 1994-1995, junto con una colonia de unas 120 parejas de skúas antárticas *(Catharacta maccormicki)* La colonia de pingüinos Adelia de punta Edmonson está incluida en la red de seguimiento del ecosistema de la Comisión para la Conservación de Recursos Vivos Marinos Antárticos (CCRVMA). El sitio es un buen ejemplo de la asociación de estas especies, que es representativo de las asociaciones encontradas en otros sitios. Sin embargo, es inusual debido a la diversa gama de hábitats para la reproducción disponibles para las skúas antárticas y debido también al número inusualmente elevado de skúas en relación con los pingüinos (1:20). En vista de su ubicación geográfica, el tamaño de las colonias, los rasgos topográficos, los hábitats del sitio, la protección natural que confiere la extensión del hielo firme durante el verano y la distancia de la estación Mario Zucchelli en la bahía Terra Nova (que aísla a la colonia de las perturbaciones ocasionadas por la estación de investigaciones pero permite el apoyo logístico), la punta Edmonson es particularmente apropiada para las investigaciones sobre estas aves. Los estudios, centrados en el monitoreo de la población (CEMP), el éxito de la reproducción, las estrategias de alimentación y de búsqueda de alimentos, la migración y el comportamiento, contribuyen al Programa de Seguimiento del Ecosistema (CEMP) de la CCRVMA. Estas investigaciones son importantes para los estudios de mayor alcance sobre la forma en que las variaciones naturales e inducidas por los seres humanos en el ecosistema antártico pueden afectar al éxito de la reproducción de los pingüinos Adelia y para comprender el impacto que podría tener la captura de krill antártico *(Euphausia superba)*.

El medio marino cercano a la costa es un buen ejemplo representativo del hábitat de hielo marino utilizado por las focas de Weddell para el nacimiento y el destete de los cachorros durante el verano. Se ha designado sólo otra ZAEP en la región del mar de Ross para proteger las focas de Weddell (ZAEP N° 137, noroeste de la isla White, ensenada McMurdo), aunque este sitio fue designado debido a que el pequeño grupo reproductor de focas de ese lugar es muy inusual, mientras que, en este caso, lo que se incluye es un ejemplo representativo similar al que se encuentra en otros lugares de cría de la región.

Además de los valores biológicos sobresalientes, hay diversas características geomórficas, entre ellas morrenas con núcleo de hielo que incorporan depósitos marinos, terrazas costeras, suelos estructurados, un antepaís en forma de cúspide y pingüinos fosilizados. El antepaís en forma de cúspide de la punta Edmonson es un accidente topográfico raro en la Tierra de Victoria y uno de los mejores ejemplos de su tipo. Es poco común ya que no está ocupado por una colonia reproductora de pingüinos, como ocurre en los cabos Hallett y Adare. Las morrenas glaciales que incorporan depósitos marinos, entre ellos huesos de focas y conchas de los bivalvos *Laternula elliptica* y *Adamussium colbecki*, son particularmente útiles para la datación de las fluctuaciones de los glaciares de la región. Las secuencias sedimentarias en el noroeste de la punta Edmonson contienen fósiles de antiguas colonias de pingüinos, que son útiles para datar la persistencia de la reproducción de aves en el sitio y, por ende, para reconstruir las fases glaciales del holoceno y el paleoclima.

La amplia representación y la calidad de los fenómenos en la punta Edmonson han despertado el interés de diversas disciplinas y hace más de veinte años que se llevan a cabo investigaciones en el sitio. Durante este período se han creado importantes bases de datos científicos que realzan el valor de la punta Edmonson para las investigaciones actuales y futuras. Es importante manejar las presiones de las actividades humanas en la Zona a fin de que no se comprometan accidentalmente las inversiones efectuadas en estos conjuntos de datos a largo plazo. Debido a estos factores, el sitio reviste también un valor científico excepcional para los estudios multidisciplinarios.

En vista de la duración y la gama de las actividades pasadas, la punta Edmonson no puede considerarse prístina. Se han observado impactos en el medio ambiente, como daños ocasionales a los suelos y las comunidades de musgos causados por el pisoteo, la dispersión de materiales de equipo científico por el viento y la alteración del hábitat por la construcción de instalaciones. En cambio, el área sin hielo de la colina Ippolito (1,67 km^2), situada a 1,5 km al noroeste, aproximadamente, ha recibido relativamente pocas visitas de seres humanos y se cree que las perturbaciones del sitio ocasionadas por seres humanos son mínimas. Como tal, la colina Ippolito se considera particularmente útil como posible área de referencia para estudios comparativos con la parte principal de la punta Edmonson y es importante mantener este valor científico potencial. Aunque los efectos exactos de las investigaciones científicas y la presencia humana en ambos sitios es incierta porque todavía no se han hecho estudios detallados del impacto de los seres humanos, el nivel de contaminantes en el ecosistema marino local es muy bajo y, en general, se considera que el impacto de los seres humanos en el ecosistema en conjunto, especialmente en la colina Ippolito, es pequeño.

Los valores biológicos y científicos de la punta Edmonson y la colina Ippolito son vulnerables a las perturbaciones ocasionadas por los seres humanos. La vegetación, los suelos saturados de agua y los entornos de agua dulce son susceptibles de daños ocasionados por el pisoteo, el muestreo y la contaminación. Los estudios científicos podrían verse comprometidos por la perturbación de los fenómenos o el equipo instalado. Es importante manejar las actividades humanas a fin de reducir a un mínimo el riesgo de un impacto en los valores sobresalientes de la Zona.

La superficie total, de 5,49 km^2, abarca el área sin hielo de la punta Edmonson (1,79 km^2), el área sin hielo más pequeña pero similar de la colina Ippolito (1,12 km^2), aproximadamente a 1,5 km al norte, que ha sido designada como área restringida, y el medio marino adyacente (2,58 km^2) que se extiende 200 m frente a la costa de la punta Edmonson y la colina Ippolito e incluye la bahía Siena (mapa 1).

2. Finalidades y objetivos

Las finalidades de la gestión de punta Edmonson son:

- evitar la degradación de la zona y los riesgos importantes para sus valores, previniendo las perturbaciones innecesarias causadas por los seres humanos;
- permitir las investigaciones científicas al mismo tiempo que se evitan la interferencia mutua y el muestreo excesivo;
- permitir las investigaciones científicas siempre que no puedan realizarse razonablemente en otro lugar;
- evitar la perturbación de los sitios donde se llevan a cabo estudios de larga duración;
- preservar una parte del ecosistema natural como posible zona de referencia para estudios comparativos futuros;
- reducir a un mínimo la posibilidad de introducción de plantas, animales y microbios no autóctonos en la Zona; y
- permitir visitas con fines de gestión para cumplir los objetivos del plan de gestión.

3. Actividades de gestión

Se realizarán las siguientes actividades de gestión para proteger los valores de la zona:

- En la estación Mario Zucchelli, de la bahía Terra Nova (Italia), la estación Gondwana (Alemania) y las demás estaciones permanentes situadas dentro de un radio de 100 km de la Zona se dispondrá de copias de este plan de gestión, con mapas de la Zona.
- Las estructuras, los señalizadores, los carteles, las cercas y demás equipo erigidos en la Zona con fines científicos o de gestión deberán estar bien sujetos y en buen estado, y deberán ser retirados cuando ya no se necesiten.
- Si se prevé que se realizarán varios aterrizajes de helicópteros en una temporada, deberán colocarse indicadores duraderos de la dirección del viento cerca de los lugares designados para el aterrizaje.

- Deberán colocarse señalizadores que sean claramente visibles desde el aire y no presenten ningún riesgo importante para el medio ambiente a fin de marcar los lugares designados para el aterrizaje de helicópteros.

- Se deberán colocar señalizadores, como una serie de estacas duraderas, a fin de marcar las rutas preferidas parea caminar en el interior entre la colonia de pingüinos Adelia y los lugares designados para el aterrizaje de helicópteros.

- Se efectuarán las visitas que sean necesarias (al menos una vez cada cinco años) a fin de determinar si la Zona continúa sirviendo a los fines por los cuales fue designada y cerciorarse de que las medidas de gestión y mantenimiento sean adecuadas.

- Los programas antárticos nacionales que operen en la región deberán consultarse entre sí a fin de cerciorarse de que se tomen estas medidas.

4. Período de designación

Designada por un período indefinido.

5. Mapas y fotografías

Mapa 1: ZAEP N° 165, punta Edmonson, bahía Wood, Tierra de Victoria, mar de Ross. Especificaciones cartográficas: proyección UTM Zona 58S, esferoide WGS84, áreas sin hielo y costa derivadas de imágenes rectificadas del satélite Quickbird con una resolución espacial de 70 cm por pixel, adquiridas el 4 de enero de 2004 por el Programa Nacional de Investigaciones Antárticas (PNRA), de Italia. Exactitud horizontal: aproximadamente ±10 m. No se dispone de información sobre la elevación. Recuadro 1: ubicación de la bahía Wood en la Antártida. Recuadro 2: ubicación del mapa 1 en relación con la bahía Wood y la bahía Terra Nova. Se muestra la ubicación de la estación Mario Zucchelli (Italia), la estación Gondwana (Alemania) y las zonas protegidas más cercanas.

Mapa 2: ZAEP N° 165, punta Edmonson, rasgos físicos y humanos y directrices para el acceso. Mapa derivado de ortofotografía digital con una resolución espacial de 25 cm por pixel, a partir de levantamientos y observaciones con el GPS y de imágenes del satélite Quickbird (4 de enero de 2004). Especificaciones cartográficas: proyección cónica conforme de Lambert, paralelos estándar: primero, 72° 40' 00" S, segundo, 75° 20' 00"S; meridiano central: 165° 07' 00" E; latitud de origen: 74° 20' 00" S; esferoide: WGS84; datum vertical: nivel medio del mar. Equidistancia de las curvas de nivel: 10 m. Exactitud horizontal: ±1 m. Se prevé que la exactitud vertical sea mayor de ±1 m.

Mapa 3: Área restringida, colina Ippolito: punta Edmonson, ZAEP N° 165. Mapa derivado de imágenes del satélite Quickbird (4 de enero de 2004). Especificaciones cartográficas: iguales que las del mapa 2, excepto por la exactitud horizontal, que es aproximadamente ±10 m. No se dispone de información sobre la elevación. El nivel del mar se calcula a partir de la costa visible en las imágenes obtenidas por el satélite.

Mapa 4: Punta Edmonson, ZAEP No 165, topografía, fauna silvestre y vegetación. Especificaciones cartográficas iguales a las del mapa 2, excepto por la equidistancia de las curvas de nivel (2 m).

Datos y preparación de los mapas: PNRA, Departamento de Ciencias Ambientales (Universidad de Siena), Investigaciones y Evaluaciones Ambientales (Cambridge), Gateway Antarctica (Christchurch).

6. Descripción de la Zona

6(i) Coordenadas geográficas, indicadores de límites y características naturales

DESCRIPCIÓN GENERAL

La punta Edmonson (74°20' S, 165°08' E) es un área costera sin hielo de 1,79 km² situada en la bahía Wood, 50 km al norte de la bahía Terra Nova y 13 km al este de la cima y al pie del monte Melbourne (2.732 m), Tierra de Victoria. La Zona abarca 5,49 km² en total, incluida la totalidad del suelo sin hielo de la punta Edmonson (1,79 km²), el área separada sin hielo de la colina Ippolito (1,12 km²), aproximadamente a 1,5 km al noroeste de la punta Edmonson, el medio marino cercano a la costa y el mar intercalado de la bahía Siena entre estas áreas sin hielo (2,58 km²), situadas al este y al pie de la capa de hielo permanente que se extiende desde el monte Melbourne (mapa 1). Una parte del glaciar del monte Melbourne separa ambas áreas sin hielo en tierra. Una playa ancha de pedregullo prolonga la costa de la punta Edmonson, por encima de la cual se elevan acantilados de 128 m de altura hacia el sur de la Zona. El terreno de la Zona es accidentado, con varios cerros de origen volcánico de hasta 134 m de altura, y laderas sin hielo de alrededor de 300 m de altura junto a la capa de hielo, aunque actualmente no se dispone de información exacta sobre la elevación de estas áreas. Hay morrenas onduladas con núcleo de hielo, zonas de bloques y afloramientos rocosos separados por pequeñas llanuras de cenizas y valles poco profundos. La Zona está cortada por numerosos valles y arroyos de deshielo, con varios lagos pequeños, y son comunes las áreas de infiltración. En la región central de la punta Edmonson hay varias cuencas anchas poco profundas, a una elevación de alrededor de 25 m, cubiertas de escoria fina y arena gruesa, mezcladas con extensas alfombras de vegetación y áreas de suelo estructurado. La costa norte de la punta Edmonson es un antepaís en forma de cúspide que comprende varias terrazas costeras.

Desde el punto de vista ambiental, la colina Ippolito es similar a la punta Edmonson. Tiene una playa angosta con rocas grandes y una cresta paralela a la costa. Hay arroyos pequeños de deshielo que fluyen en cauces poco profundos y cruzan llanos hasta que desembocan en dos lagos situados detrás de la cresta costera en el norte. Las crestas y los conos alcanzan una elevación de unos 200 m antes de fusionarse con los campos nevados y los glaciares del monte Melbourne en el sur.

LÍMITES

El borde de la capa de hielo permanente que se extiende desde el monte Melbourne constituye el los límites oeste, norte y sur de la Zona (mapas 1 a 3). El límite oriental es marino y, en la mitad meridional de la Zona, sigue la costa 200 m mar adentro desde el extremo meridional hasta el extremo septentrional del área sin hielo de la punta Edmonson. Desde el extremo septentrional de la punta Edmonson, el límite oriental se extiende unos dos kilómetros hacia el noroeste, cruzando la bahía Siena, hasta un lugar situado 200 m justo al este de la costa del extremo norte de la colina Ippolito. Por lo tanto, la bahía Siena está dentro de la Zona. No se han instalado indicadores de límites porque el borde de la capa de hielo y la costa son referencias obvias.

CLIMA

No se dispone de registros meteorológicos extensos de la punta Edmonson, aunque los datos anuales correspondientes a la estación McMurdo, la base Scott y el cabo Hallett indican que la temperatura media en las proximidades de la punta Edmonson sería de alrededor de -16° C, y la acumulación media anual de nieve, de 20 a 50 cm, que equivalen a 10-20 cm de agua (Bargagli et al., 1997). Se dispone de datos de corto plazo sobre el período de diciembre de 1995 a enero de 1996, recopilados durante la expedición BIOTEX 1. Durante este período, la temperatura se situó entre -7° C y 10° C, superándose los 0° C todos los días. La humedad relativa fue baja (15-40% durante el día, 50-80% durante la noche), con precipitaciones ocasionales en forma de nieve ligera y vientos de velocidades en su mayor parte bajas. A partir de fines de enero, las condiciones meteorológicas se deterioraron, con temperaturas diurnas frecuentemente bajo cero, nevadas y fuertes vientos. Los datos sobre las temporadas de verano de 1998-1999 y 1999-2000 obtenidos en una estación meteorológica instalada cerca de la colonia de pingüinos indican que, durante el verano, en punta Edmonson prevalecen los vientos del este, el sudeste y el sur. El promedio diario de la velocidad del viento generalmente se situaba entre 3 y 6 nudos, con una máxima diaria de 6 a 10 nudos por lo general que a veces llegaba a 25-35 nudos. El promedio diario de la temperatura del aire oscilaba entre -15° C en octubre, -6° C en noviembre, -2,5° C en diciembre y -1° C en enero, bajando nuevamente a -3,5° C en febrero (Olmastroni, nota personal, 2000). La temperatura máxima diaria registrada durante las dos temporadas de verano fue 2,6° C el 25 de diciembre de 1998. La temperatura media del aire registrada durante las dos temporadas de verano fue -4° C, aproximadamente, en tanto que la velocidad media del viento fue 4,5 nudos. El promedio diario de la humedad relativa fue generalmente de 40 a 60%.

CARACTERÍSTICAS GEOLÓGICAS Y EDAFOLÓGICAS

Las características edafológicas de la punta Edmonson se deben a la actividad eruptiva del monte Melbourne (provincia volcánica de Melbourne), que forma parte del grupo volcánico McMurdo (Kyle, 1990), durante el período cenozoico, combinada con depósitos glaciales de la capa de hielo marino que cubrió gran parte de la costa de la Tierra de Victoria durante el último máximo glacial (en los últimos 7500 a 25000 años) (Baroni y Orombelli, 1994). El complejo volcánico de punta Edmonson se compone de un gran anillo subaéreo de toba, conos de escoria, derrames de lava y megasecuencias subacuáticas de lava almohadillada (Worner y Viereck, 1990). Las rocas, principalmente de composición basáltica o traquítica, incluyen diversos productos volcánicos adicionales tales como acumulaciones de toba, piedra pómez y depósitos de detritos (Simeoni et al., 1989; Bargagli et al., 1997). La superficie del suelo se compone principalmente de materiales volcánicos secos de textura gruesa, con una baja proporción de sedimentos y arcilla (Bargagli et al., 1997). Estas superficies expuestas, así como la cara inferior de las piedras y las rocas, suelen estar cubiertas de incrustaciones o eflorescencias blancas de sales solubles. La mayor parte del suelo es de color oscuro, con parches amarronados o amarillentos de escoria y tufita. En las laderas de los cerros, secas y en su mayor parte sin vegetación, son comunes los pedregales inestables. El fondo de los valles y las cuencas está cubierto de escoria fina y arena gruesa (Bargagli et al., 1999).

GEOMORFOLOGÍA

En el antepaís en forma de cúspide del extremo norte de la punta Edmonson hay una serie de depósitos marinos visibles. Las terrazas costeras de pendiente suave del antepaís se componen de arena, pedregullo y rocas grandes distribuidos sobre derrames de lava en distintas proporciones (Simeoni et al., 1989). Justo encima de la marca de la pleamar se ven numerosos hoyos en forma de cráter, muchos con agua de deshielo o con hielo, que se cree que se forman como consecuencia de las mareas extremas y el derretimiento del hielo acumulado en la costa. Al sur del antepaís en forma de cúspide, son comunes los afloramientos de roca de fondo volcánica en gran parte del suelo que se extienden unos 800 m desde la costa hacia el interior y son más evidentes en los cerros prominentes de alrededor de 120 m de altura del centro-norte de la punta Edmonson. En el lado occidental de estas afloraciones hay una serie de morrenas y limo de derrubios del pleistoceno tardío, con bandas de morrenas con núcleo de hielo del holoceno, taludes y pendientes detríticos junto al hielo de glaciar que se extiende desde el monte Melbourne (Baroni y Orombelli, 1994).

ARROYOS Y LAGOS

En la punta Edmonson hay seis lagos con una longitud máxima de 350 m y una superficie de 1.600 m^2 a 15.000 m^2, aproximadamente (mapa 2). En la colina Ippolito, detrás de la cresta costera, hay dos lagos más, el mayor de los cuales tiene alrededor de 12.500 m^2 (mapa 3). Además, en la punta Edmonson hay alrededor de 22 lagunas más pequeñas con un diámetro de menos de 30 m (Broady, 1987). Las lagunas más grandes están cubiertas de hielo permanentemente, formándose fosos periféricos durante el verano. Guilizzoni et al. (1991) han informado con pormenores sobre las características fisicoquímicas y limnológicas de los lagos de la punta Edmonson. Hay numerosos arroyos en toda la Zona, algunos de los cuales reciben agua de deshielo de la capa de hielo adyacente, mientras que otros son alimentados por lagos y agua de deshielo en general. Varios lechos de arroyos tienen terrazas de inundación de suelo fino cubierto de guijarros de 5 a 10 mm de diámetro que parecen de piedra pómez. Muchos de los arroyos y las charcas son transitorios y se secan poco después que desaparecen los parches de nieve tardía de sus cuencas de captación.

BIOLOGÍA DE PLANTAS

En comparación con muchos otros sitios de la región central de la Tierra de Victoria, la punta Edmonson no tiene una flora particularmente diversa y hay sólo unos pocos rodales extensos de vegetación. En la Zona se han documentado seis especies de musgos, una agrimonia y por lo menos 30 especies de líquenes (Broady, 1987; Lewis Smith, 1996, 1999; Lewis Smith, nota personal, 2004; Castello, 2004). Cavacini (nota personal, 2003) señaló que en análisis recientes se han identificado por lo menos 120 especies de algas y cianobacterias en la punta Edmonson, que están presentes en una gran variedad de formas, entre ellas tapetes de algas en el suelo y epifitas en musgos, y hábitats, como lagos, arroyos, nieve, suelos ornitogénicos húmedos y suelos minerales brutos. Al comienzo del verano, la nieve derretida revela pequeños rodales de algas y musgos en el fondo de los valles, aunque en su mayoría están cubiertos por una capa de hasta 5 cm de partículas minerales finas arrastradas por el viento y el agua de deshielo. Esta comunidad puede crecer con rapidez en diciembre, cuando hay humedad y la temperatura del suelo es relativamente alta. En esa época aparecen brotes cuyo ápice sobresale hasta un centímetro sobre la superficie, a medida que la arena acumulada es arrastrada por el viento o por el agua. La intensificación de las corrientes de agua y los fuertes vientos pueden enterrar rápidamente estos rodales, aunque hasta uno o dos centímetros debajo de la superficie penetra suficiente luz como para permitir el crecimiento (Bargagli et al., 1999). Las principales comunidades de musgos se encuentran en substratos más estables que no se cubren de arena; por ejemplo, en depresiones protegidas o a lo largo del borde de las lagunas y los arroyos de deshielo, así como en zonas de infiltración situadas debajo de lechos de nieve tardía donde hay humedad durante varias semanas. Algunos de estos rodales, que pueden tener hasta 3.000 m^2, se encuentran entre los más extensos de la Antártida continental, en particular el rodal de *Bryum subrotundifolium* (= *B. argenteum)* que está varios cientos de metros al oeste de la colonia principal de pingüinos Adelia (mapa 4). Cerca del lago que está junto a la colonia de pingüinos Adelia (mapa 4) hay otros rodales destacados pero menos extensos. Asimismo, en un valle del norte de la punta Edmonson y en la cuenca alta del arroyo principal del área septentrional sin hielo hay rodales localizados más pequeños de *Ceratodon purpureus* (con depósitos relativamente gruesos de material orgánico muerto). Greenfield et al. (1985) afirman que, fuera del cabo Hallett, no hay ningún otro lugar en el mar de Ross que tenga una abundancia comparable de plantas, aunque en 1996 se descubrió un área de extensión similar colonizada casi exclusivamente por *Bryum subrotundifolium* (= *B. argenteum)* en la isla Beaufort (ZAEP N° 105), unos 280 km al sur de la punta Edmonson.

Las comunidades en las que predominan los musgos comprenden hasta siete especies de briofitas, varias algas y cianobacterias y, en el extremo más seco de la gradiente de humedad, varios líquenes incrustados en musgos moribundos (Lewis Smith, 1999; Bargagli et al., 1999). Hay comunidades o zonas mixtas de *Bryum subrotundifolium* (= *B. argenteum), B. pseudotriquetrum* y *Ceratodon purpureus*. En algunos lugares más húmedos crece la agrimonia *Cephaloziella varians* entre *C. purpureus*. En huecos con parches pequeños de nieve tardía suele haber comunidades de musgos secas, muy abiertas, a menudo con incrustaciones de líquenes, que con frecuencia contienen *Hennediella heimii*. En un pedregal estable más arriba del lago grande del sur de la Zona hay *Sarconeurum glaciale* (Lewis Smith, 1996). La parte superior de las colonias de musgo suelen están recubiertas de incrustaciones blancas de sales solubles (Bargagli et al., 1999).

Las comunidades de líquenes son relativamente diversas, con 24 especies identificadas, y hasta ahora se han identificado por lo menos seis especies crustosas, aunque pocas son abundantes (Castello, 2004; Lewis Smith, nota personal, 2004). Los líquenes epilíticos, generalmente escasos y poco difundidos, consisten principalmente en especies crustosas y microfoliadas restringidas a las rocas donde se posan las skúas, aunque ocasionalmente se encuentran en rocas estables de pedregales, cauces húmedos y zonas de infiltración temporarias. Hay pocos macrolíquenes, encontrándose *Umbilicaria aprina* y *Usnea sphacelata* en algunos lugares. El primero abunda más en los canales de lavado de la colina Ippolito, de pendiente suave, que se inundan de forma intermitente, junto con *Physcia* spp., asociado a pequeñas almohadillas de *Bryum subrotundifolium* (= *B. argenteum)* (Given, 1985, 1989), *B. pseudotriquetrum* y *Ceratodon purpureus* (Lewis Smith, nota personal, 2004). *Buellia frigida* es el liquen crustoso más difundido en las lavas duras, pero en las rocas donde se posan skúas hay una comunidad de especies nitrófilas *(Caloplaca, Candelariella, Rhizoplaca, Xanthoria)*. En las depresiones gravosas debajo de los lechos de nieve tardía, los colchones de musgo suelen estar colonizados por cianobacterias incrustantes y líquenes ornitocoprófilos *(Candelaria, Candelariella, Lecanora, Xanthoria)*, y en los lugares que no sufren la influencia de aves, por *Leproloma cacuminum* blanco (Lewis Smith, 1996).

En los primeros trabajos sobre las algas de la punta Edmonson se identificaron 17 especies como cianofitas, 10 como crisolitas y 15 como clorofitas (Broady, 1987). En análisis más recientes (Cavacini, nota personal, 2003) se identificaron 120 especies de algas y cianobacterias, muchas más que las especies de cianofitas (28), clorofitas (27), bacilariofitas (25) y xantofitas (5) documentadas anteriormente (Cavacini, 1997, 2001; Fumanti et al., 1993, 1994a, 1994b; Alfinito et al., 1998). Broady (1987) observó pocas áreas con algas en la superficie del suelo. Las más extensas consistían en tapetes de oscilatoriáceas en depresiones húmedas de la arena de las playas que podrían haber sido charcas temporarias de deshielo antes del momento en que se realizó el estudio. Se encontraron tapetes similares junto a un área de musgo con abundantes ejemplares de una especie de *Gloeocapsa* asociados. Se observó *Prasiococcus calcarius* en las proximidades de la colonia de pingüinos Adelia, tanto en un área pequeña con una rica capa verde en el suelo como en un área de colchones de musgo moribundo. Entre otras algas epifíticas se encuentran oscilatoriáceas, *Nostoc* sp., clorofitas unicelulares tales como *Pseudococcomyxa simplex* y la desmidácea *Actinotaenium cucurbita*. Se encontraron abundantes algas de arroyos en aguas que contenían tapetes de oscilatoriáceas en el lecho de los arroyos, con tramas de filamentos verdes adheridos a la superficie de las piedras (principalmente *Binuclearia tectorum* y *Prasiola* spp.), pequeñas cintas de *Prasiola calophylla* en la cara inferior de las piedras y capas epifíticas de cianofitas de color marrón oscuro (entre las que predominaban *Chamaesiphon subglobosus* y *Nostoc* sp.) que recubrían las rocas grandes. En las charcas de la arena de la playa había *Chlamydomonas* sp. y cf. *Ulothrix* sp., en tanto que las charcas fertilizadas por guano de pingüinos y skúas contenían *Chlamydomonas* sp. y tapetes de oscilatoriáceas bentónicas negras. otras charcas contenían también ricas colonias bentónicas de oscilatoriáceas, frecuentemente asociadas a *Nostoc sphaericum*. Otras algas presentes en abundancia eran *Aphanothece castagnei, Binuclearia tectorum, Chamaesiphon subglobosus, Chroococcus minutus, C. turgidus, Luticola muticopsis, Pinnularia cymatopleura, Prasiola crispa* (en particular asociadas a colonias de pingüinos y otros hábitats enriquecidos con nitrógeno), *Stauroneis anceps,* diversas clorofitas unicelulares y, en la charca de mayor conductividad en la arena de las playas, cf. *Ulothrix* sp.

Localmente abundan las algas y cianobacterias en suelos húmedos, habiéndose identificado filamentos y tapetes foliosos de *Phormidium* spp. (que predominaban en parches de suelo mojado y en el fondo de lagos de poca profundidad), agregados de *Nostoc commune* y una población de diatomeas (Wynn-Williams, 1996; Lewis Smith, nota personal, 2004). Se ha aislado la especie de hongos *Arthrobotrys ferox* en la mayoría de las especies de musgo *Bryum pseudotriquetrum* (= *B. algens)* y *Ceratodon purpureus. A. ferox* produce una secreción adhesiva que se ha visto capturar a tisanuros de la especie *Gressittacantha terranova* (de alrededor de 1,2 mm de largo) (Onofri y Tosi, 1992).

7. *Valores científicos*

7. (i) Invertebrados

Hay una gran diversidad de nematodos en los suelos húmedos de la punta Edmonson en comparación con otras áreas descritas en la Tierra de Victoria. Entre los nematodos observados en la punta Edmonson se encuentran *Eudorylaimus antarcticus, Monhysteridae* sp., *Panagrolaimus* sp., *Plectus antarcticus, P. frigophilus* y *Scottnema lyndsayea* (Frati, 1997; Wall, nota personal, 2000). Esta última especie, que hasta ese momento se había encontrado únicamente en los valles secos de McMurdo, se encontró en la punta Edmonson en 1995-1996 (Frati, 1997). En menor abundancia hay tisanuros, más comúnmente *Gressittacantha terranova,* que se encontró debajo de rocas, en el suelo y en el musgo de varios microhábitats húmedos (Frati, 1997). Son comunes las agregaciones de ácaros rojos (probablemente *Stereotydeus* sp. o *Nanorchestes,* aunque no se ha identificado la especie) debajo de las piedras en hábitats húmedos, y se observan también colémbolos, rotíferos, tardígrados y diversos protozoos (Frati et al., 1996; Lewis Smith, 1996; Wall, nota personal, 2000; Convey, nota personal, 2003).

7 (ii) Aves reproductoras

Cerca de la costa, en la parte central y en el extremo oriental de la punta Edmonson, hay dos grupos reproductores de pingüinos Adelia *(Pygoscelis adeliae)* que ocupan una superficie de alrededor de 9.000 m² (mapa 4). El número de parejas reproductoras documentadas entre 1981 y 2005 se resume en el cuadro 1. El promedio durante ese período fue 2080. En 1994-1995, la mayoría de las aves llegaron el 30 y 31 de octubre, mientras que la mayoría de los polluelos de la temporada ya podían volar para el 12 de febrero. Para el 21 de febrero, todos tenían el plumaje necesario para volar (Franchi et al., 1997). Aproximadamente un kilómetro al noroeste de la colonia actual hay un lugar de nidificación abandonado, que fue ocupado hace alrededor de 2600-3000 años, en roca de fondo adyacente al antepaís en forma de cúspide (Baroni y Orombelli, 1994).

Cuadro 1. Pingüinos Adelia (parejas reproductoras) de la punta Edmonson, 1981-2005 (datos de Woehler, 1993; Olmastroni, 2005, nota personal).

Año	No. de parejas reproductoras	Año	No. de parejas reproductoras
1981	1300	1995	1935
1984	1802	1996	1824
1987	2491	1997	1961
1989	1792	1999	2005
1991	1316	2001	1988
1994	1960	2003	2588
		2005	2385

Según los procedimientos del Programa de Seguimiento del Ecosistema (CEMP), entre 2005 y 2010, se realizaron tres conteos de la población de aves reproductoras en la punta Edmonson. Los resultados mostraron que la colonia consistía, respectivamente, de 2385, 2303 y 2112 nidos ocupados en 2005, 2007 y 2010.

El número promedio, desde el inicio de este programa de investigación, fue de 2112. El valor promedio desde 1994 hasta 2005 fue de 2080. Por tanto, la población total parece mantenerse estable con respecto al valor promedio.

La relación entre skúas antárticas y pingüinos se mantuvo en niveles altos (1:20), según lo informaron Pezzo et al, (2001). La población de skúas antárticas en la punta Edmonson, cerca de la colonia de pingüinos Adelia, se mantuvo estable a través de los años, y en la temporada de verano de 2010 contaba con 130 parejas reproductoras. En la punta Edmonson norte y sur, se contaron 55 y 61 parejas reproductoras, respectivamente, en la temporada de verano de 2010.

Una colonia reproductora de skúas antárticas *(Catharacta maccormicki)* que se encuentra dentro de la Zona es una de las más numerosas de la Tierra de Victoria, con más de 120 parejas, de las cuales 36 ocupan la colina Ippolito (CCRVMA, 1999; Pezzo *et al*, 2001; Volpi, nota personal, 2005). Asimismo, en la Zona hay dos "clubes", cerca de grandes lagunas de agua dulce, que son utilizados durante toda la temporada de cría por grupos de de 50 a 70 animales no reproductores (Pezzo 2001; Volpi, 2005, nota personal). Se han avistado bandadas de petreles blancos *(Pagodroma nivea)* sobrevolando la Zona y se avistan petreles de Wilson *(Oceanites oceanicus)* regularmente. No se tiene conocimiento de que ninguna de estas dos especies se reproduzca en la Zona.

7 (iii) Mamíferos reproductores

En la punta Edmonson se reproducen regularmente numerosas (>50) focas de Weddell *(Leptonychotes weddellii)* en el medio marino próximo a la costa (en hielo firme) dentro de la Zona. Las hembras usan esta área para dar a luz y criar los cachorros en el hielo firme a lo largo de la costa. Más tarde en el verano, las focas de Weddell suelen permanecer en tierra en las playas de la Zona.

8. Investigaciones científicas

8 (i)   Estudios del CEMP de la CCRVMA

1. Debido a la presencia en la punta Edmonson de colonias de pingüinos reproductores y la ausencia de pesquerías de krill en su área de búsqueda de alimento, este sitio es crucial para los estudios comparativos y debería incluirse, junto con otras localidades del CEMP, en la red de seguimiento del ecosistema establecida con el propósito de alcanzar los objetivos de la CCRVMA. El propósito de la designación de la zona protegida es continuar las investigaciones y el monitoreo planeados, evitando o reduciendo en la mayor medida de lo posible otras actividades que puedan interferir en los resultados del programa de investigación y monitoreo, afectarlos o alterar los rasgos naturales del sitio.

2. El pingüino Adelia es una especie que reviste especial interés para las tareas regulares de seguimiento e investigaciones dirigidas del CEMP. Con este fin, desde 1994-1995 viene realizándose en la punta Edmonson el programa de monitoreo de pingüinos Adelia, proyecto de investigación que llevan a cabo conjuntamente biólogos italianos y australianos. Un sistema de monitoreo automatizado de pingüinos (APMS), combinado con observaciones in situ de los investigadores, constituye la base de un estudio de 500 a 600 nidos como mínimo en el sector norte de la colonia como parte del CEMP (CCRVMA, 1999; Olmastroni *et al.*, 2000). Se han instalado cercas a fin de encaminar a los pingüinos sobre un puente que registra su peso e identidad y la dirección del cruce cuando van del mar a la colonia reproductora y viceversa.

3. Los parámetros que son objeto de un monitoreo regular son las tendencias del tamaño de la población (A3), la demografía (A4), la duración de los viajes de búsqueda de alimento (A5), el éxito de la reproducción (A6), el peso de los polluelos (A7), el régimen alimentario de los polluelos (A8) y la cronología de la reproducción (A9).

4. Los estudios de los pingüinos Adelia abarcan también el monitoreo de la población, experimentos con transmisores satelitales y registradores de temperatura y profundidad para investigar los lugares donde se alimentan y la duración de los viajes de búsqueda de alimento. En el marco de este programa, además del lavado del estómago para documentar el régimen alimentario de los pingüinos estudiados se están realizando observaciones exhaustivas de la ecología alimentaria de los pingüinos Adelia (Olmastroni, 2002). Los datos sobre el régimen alimentario (Olmastroni *et al.*, 2004) confirmaron los resultados de los estudios de la distribución del krill en el mar de Ross (Azzali y Kalinowski, 2000; Azzali et al., 2000) e indican que esta colonia está situada en un punto de transición en lo que respecta a la disponibilidad de *E. superba* entre las colonias del norte y las que están más al sur, donde esta especie está ausente o es rara en el régimen alimentario de los pingüinos (Emison, 1968; Ainley, 2002). Estos estudios también ponen de relieve la importancia de los peces para el régimen alimentario de los pingüinos Adelia, que algunos años representan hasta 50% del contenido del estómago.

5. Los datos locales sobre el hielo marino y las condiciones meteorológicas ayudan a comprender los posibles factores que afectan a la biología reproductiva de esta especie (Olmastroni *et al*, 2004). Las investigaciones abarcan asimismo estudios del comportamiento (Pilastro *et al.* 2001).

6. Las investigaciones sobre la colonia de skúas antárticas se centran en la biología reproductiva (Pezzo *et al*, 2001), la dinámica de la población, la biometría y las pautas migratorias. Desde 1998-1999 se han anillado más de 300 skúas antárticas, con anillos metálicos de colores que facilitan las investigaciones in situ para las cuales es necesario reconocer a los animales individualmente. El anillado permitirá identificar las aves que emigren de la Zona.

8 (ii) Investigaciones científicas luego de 2005

Estudios de la ecología de las aves marinas y Programa de Seguimiento del Ecosistema de la CCRVMA (CEMP).

En los estudios sobre la población de pingüinos Adelia se utilizaron parámetros demográficos que se estimaron en relación con características individuales (sexo y edad), y variables ambientales a gran escala (anomalías en la extensión de los hielos invernales del Mar de Ross e IOS) y a escala local (disponibilidad de alimento). Si bien los factores ambientales a gran escala afectaron la supervivencia de los adultos, el éxito de la reproducción experimentó variaciones, principalmente, de acuerdo con las variables locales. El éxito reproductivo fue particularmente bajo cuando los eventos estocásticos locales (tormentas) se produjeron en momentos sensibles del ciclo de reproducción (inmediatamente después de la eclosión) (Olmastroni et al. 2004; Pezzo et al, 2007; Ballerini et al., 2009). Los cambios en la extensión de hielo fijo frente al área de reproducción influyeron en los tiempos de tránsito de los reproductores adultos entre las áreas de colonias y de búsqueda de alimento. Las hembras realizaban viajes de mayor duración para buscar alimento, buceaban durante períodos más prolongados y en más oportunidades que los machos. Los parámetros de buceo no se vieron afectados por el sexo ni por el año, pero variaron entre las distintas etapas de la reproducción (Nesti et al, 2010). La probabilidad de supervivencia anual de los adultos en la punta Edmonson (0,85, rango 0,76-0,94) fue similar a la estimada para otras poblaciones de pingüinos, en las cuales los individuos fueron marcados con transpondedores pasivos. Un índice de supervivencia promedio anual de 0,85 parece ser lo habitual para la especie, y es compatible con una expectativa de vida promedio de aproximadamente 11 años (6,6 años después de la adultez) (Ballerini et al., 2009).

En la actualidad, se están investigando algunos aspectos de la biología reproductiva de la skúa antártica en cinco temporadas. Esta investigación es el tema de una tesis doctoral llevada a cabo en la Universidad de Siena (A. Franceschi, Aspetti della Biologia riproduttiva dello Stercorario di McCormick, Stercorarius maccormicki).

8 (iii) Otras actividades científicas

En los años ochenta se iniciaron en la punta Edmonson estudios de la ecología terrestre. Las investigaciones de este tipo y en otras ramas de las ciencias, especialmente las realizadas por científicos italianos, se intensificaron en los años noventa. En la punta Edmonson se llevó a cabo la primera expedición de investigación del SCAR (BIOTEX 1) en el marco del programa de investigaciones biológicas de los sistemas terrestres antárticos (BIOTAS), en diciembre de 1995 y enero de 1996. Diez investigadores de tres países participaron en diversos proyectos científicos tales como estudios taxonómicos, ecológicos, fisiológicos y biogeográficos de cianobacterias, algas, briofitas, líquenes (incluidas comunidades casmolíticas y endolíticas), nematodos, tisanuros y ácaros; estudios de las características bioquímicas del suelo y el agua dulce; estudios de la actividad metabólica y la colonización microbianas; e investigaciones de las respuestas fotosintéticas a condiciones ambientales y controladas de musgos, líquenes y pigmentos de plantas que podrían actuar como fotoprotectores (Bargagli, 1999). Aunque el programa BIOTAS ha concluido oficialmente, se prevé continuar realizando estudios de este tipo en la punta Edmonson.

9. Actividades e impacto de los seres humanos

La punta Edmonson probablemente haya sido visitada por primera vez el 6 de febrero de 1900, cuando Carsten Borchgrevink desembarcó justo al norte del monte Melbourne en "un promontorio casi desprovisto de nieve.... de unos 100 acres de extensión" y subió unos 200 m por la ladera (Borchgrevink, 1901: 261). La región de la bahía Wood se mencionó muy pocas veces durante los 70 años siguientes, y cabe suponer que fue visitada con poca frecuencia. La actividad en el área se intensificó en los años ochenta, primero con las expediciones GANOVEX (Alemania). Se iniciaron investigaciones de botánica en diciembre de 1984 (Given, 1985; Greenfield *et. al.*, 1985; Broady, 1987) y en enero de 1989, oportunidad en la cual se presentaron las primeras propuestas de protección del sitio (Given, nota personal 2003). Italia instaló una estación muy cerca de la bahía Terra Nova en 19861987, tras lo cual se intensificó el interés en las investigaciones en el sitio.

La era moderna de la actividad humana en la punta Edmonson ha se ha limitado en gran medida a la ciencia. No se ha descrito el impacto de estas actividades, pero se cree que es menor y se limita a los lugares para acampar, pisadas, señalizadores de distintos tipos, desechos de origen humano, muestreo científico, manipulación de un número limitado de aves (por ejemplo, instalación de dispositivos de rastreo, lavado del estómago, mediciones biométricas, etc.) y, posiblemente, el impacto asociado al acceso de helicópteros y el emplazamiento y uso del campamento y las instalaciones de investigación en la colonia de pingüinos y en el antepaís en forma de cúspide de la parte septentrional. En 1996 se notificaron como mínimo un derrame de combustible de alrededor de 500 ml y otros derrames más pequeños como consecuencia de las operaciones de reabastecimiento de combustible del generador y el depósito de combustible situados en la colonia de pingüinos (los sitios perturbados están indicados en el mapa 4). Además, en las playas de la Zona de vez en cuando se deposita basura arrastrada por el agua de mar. En el área restringida de la colina Ippolito, la actividad humana ha sido menor que en la punta Edmonson y cabe suponer que el impacto en esta área sea insignificante.

9(i) Áreas restringidas y administradas dentro de la Zona

Área restringida

El área sin hielo de la colina Ippolito (1,12 km^2), situada 1,5 km, aproximadamente, al noroeste de la punta Edmonson, ha sido designada área restringida a fin de preservar una parte de la Zona como sitio de referencia para futuros estudios comparativos, mientras que el resto de la parte terrestre de la Zona (que es similar desde el punto de vista de las características biológicas, los rasgos topográficos y la índole) en general está más disponible para programas de investigación y muestreo. Los límites norte, oeste y sur del área restringida consisten en los bordes del hielo permanente que se extiende desde el monte Melbourne y coinciden con el límite de la Zona (mapas 1 y 3). El límite oriental del área restringida es el nivel medio de la bajamar en la costa de esta área sin hielo.

Se permite el acceso al área restringida sólo por razones científicas urgentes o con fines de gestión (como tareas de inspección o revisión) que no puedan realizarse en ningún otro lugar de la Zona.

9(ii) Ubicación de estructuras dentro de la Zona y en sus proximidades

Localidad del CEMP: En 1994-1995, el Programa Nacional de Investigaciones Antárticas instaló una cabina de fibra de vidrio para las observaciones en el terreno, que contiene instrumentos y un panel del sistema de monitoreo automatizado de pingüinos (APMS), y dos cabañas Nunsen para cuatro personas, con el propósito de facilitar las investigaciones del CEMP. Estas estructuras están en una loma rocosa a una elevación de 16 m, a 80 m de la costa y 40 m al sur de la subcolonia de pingüinos situada en la parte norte (mapas 2 y 4). Al comienzo de cada temporada se almacenan temporalmente un generador y varios bidones de combustible a unos 20 m del campamento, que se retiran al final de cada temporada. Junto a la subcolonia de pingüinos del norte se han instalado cercas de malla metálica (30-50 cm) para encaminar a los pingüinos sobre el puente báscula del APMS.

Otras actividades: En 1995-1996 se instalaron alrededor de 50 campanas de plástico en 10 lugares de toda la Zona como parte del programa BIOTEX-1 (mapas 2 y 4). El año anterior se habían instalado varias campanas en cuatro lugares (Wynn-Williams, 1996). No se sabe con exactitud cuántas de estas campanas permanecen en la Zona. Durante el período en que se llevó a cabo el programa BIOTEX-1 se instaló un campamento temporario en el lugar designado para acampar, que ha sido retirado.

Las estaciones permanentes más cercanas son Mario Zucchelli, en la bahía Terra Nova (Italia), y Gondwana (Alemania) que están a unos 50 km y 45 km al sur, respectivamente.

9(iii) Ubicación de otras zonas protegidas en las cercanías

Las zonas protegidas más cercanas a la punta Edmonson son la cima del monte Melbourne (ZAEP N° 118), 13 km al oeste, y una zona marina en la bahía Terra Nova (ZAEP N° 161), 52 km al sur, aproximadamente (mapa 1, Recuadro 2).

10 Condiciones para el otorgamiento de permisos

Se prohíbe entrar en la Zona excepto de acuerdo con un permiso expedido por una autoridad nacional pertinente. Los permisos para ingresar en la Zona se expedirán con las siguientes condiciones:

- Se expedirán permisos únicamente para investigaciones científicas sobre la Zona o por razones científicas urgentes que no puedan atenderse en ningún otro lugar.
- Se expedirán permisos para fines de gestión esenciales que sean compatibles con los objetivos del plan, como inspección, mantenimiento o revisión.
- Se permitirá el acceso al área restringida sólo por razones científicas urgentes o con fines de gestión (como tareas de inspección o revisión) que no puedan atenderse en ningún otro lugar de la Zona.
- Las actividades permitidas no deberán poner en peligro los valores ecológicos o científicos de la Zona.
- Las actividades de gestión deberán promover la consecución de los objetivos del plan de gestión.
- Las actividades permitidas deberán estar de acuerdo con el plan de gestión.
- Se deberá llevar el permiso o una copia autorizada dentro de la Zona.
- Se deberá presentar un informe de la visita a la autoridad indicada en el permiso.
- Los permisos se expedirán por un período determinado.
- Se debería notificar a las autoridades pertinentes sobre cualquier actividad o medida que no esté incluida en el permiso.

10(i) Acceso a la Zona y circulación dentro de ella

El ingreso en la Zona se efectuará en lancha, a pie o en helicóptero. El desplazamiento dentro de la Zona deberá efectuarse a pie o en helicóptero. El acceso a la Zona en vehículos está sujeto a restricciones y deberá ceñirse a las condiciones que se describen a continuación.

Acceso en lancha

En la parte de la Zona correspondiente a la punta Edmonson se podrá ingresar por cualquier lugar donde no haya pinnípedos o colonias de aves marinas en la playa o en sus proximidades. Al entrar con fines que no sean investigaciones del CEMP, se deberá tratar de no perturbar a los pinnípedos y las aves marinas (mapas 1 y 2). No hay restricciones especiales para los desembarcos, aunque al llegar al área principal sin hielo de la punta Edmonson los visitantes deberán desembarcar en el antepaís en forma de cúspide de la parte norte y deberán tratar de no desembarcar en las colonias de aves reproductoras (mapa 2).

Restricciones al acceso de vehículos

Se prohíbe usar vehículos dentro de la Zona, excepto en el límite sur de la Zona, donde podrían usarse vehículos en el hielo marino para llegar a la costa, desde donde los visitantes deberán seguir a pie. Por lo tanto, al usar vehículos se deberá tratar de no interferir en las rutas de alimentación de los animales y la colonia de pingüinos Adelia. Al usar vehículos en el hielo marino hay que tener cuidado de evitar las focas de Weddell que estén presentes, circulando a baja velocidad y no acercándose en vehículo a menos de 50 m de las focas. Se permite el acceso de vehículos por tierra hasta el límite de la Zona. El tráfico vehicular deberá limitarse al mínimo necesario para realizar las actividades permitidas.

Acceso de aeronaves y sobrevuelos

Todas las restricciones al acceso de aeronaves y los sobrevuelos establecidas en este plan se aplicarán durante el período del 15 de octubre al 20 de febrero inclusive. Podrán operar y aterrizar aeronaves en la Zona cumpliendo estrictamente las siguientes condiciones:

1) Todos los sobrevuelos de la Zona que no sean con fines de acceso deberán ceñirse a las restricciones de la altura que se especifican en el cuadro siguiente:

Altura mínima para los sobrevuelos de la Zona por tipo de aeronave.

Tipo de aeronave	Número de motores	Altura mínima sobre el suelo	
		Pies	Metros
Helicóptero	1	2461	750
Helicóptero	2	3281	1000
De ala fija	1 ó 2	1476	450
De ala fija	4	3281	1000

2) Normalmente se permite el aterrizaje de helicópteros sólo en tres lugares designados (mapas 1 a 4). Los sitios designados para el aterrizaje y sus coordenadas son los siguientes:

    a. para la mayoría de los fines; está en el antepaís en forma de cúspide del norte de la punta Edmonson (mapa2) (74°19'24"S, 165°07'12"E);

    b. para el transporte de equipo pesado y suministros para el programa de monitoreo de pingüinos Adelia (mapa 2) (74°19'43"S, 165°07'57"E); y

    c. para ingresar en el área restringida; está en el área sin hielo del norte (colina Ippolito, mapa 3) (74°18'50" S, 165°04'29"E).

3) En circunstancias excepcionales, se podrá autorizar específicamente el acceso de helicópteros a otros lugares de la Zona con fines científicos o de gestión de conformidad con las condiciones establecidas en el permiso con respecto a los lugares y los momentos permitidos para el acceso. Se deberá evitar en todo momento el aterrizaje de helicópteros en lugares donde haya mamíferos, aves marinas y vegetación importante (mapas 2-4).

4) La ruta designada para la aproximación de aeronaves es desde el oeste de la Zona, pasando las laderas orientales heladas más bajas del monte Melbourne (mapas 1 a 3). Las aeronaves deberán aproximarse al sitio principal designado para los aterrizajes (A) en el antepaís en forma de cúspide desde el noroeste sobre la bahía Siena o en sus proximidades. Cuando corresponda, para el acceso al sitio de aterrizaje (B) se deberá seguir la misma ruta y proceder otros 700 m hacia el sudeste. La ruta de partida es idéntica en sentido inverso.

5) Cuando corresponda, la aproximación al sitio de aterrizaje (C) deberá efectuarse desde las laderas orientales heladas más bajas del monte Melbourne y se deberá proceder directamente hasta el sitio de aterrizaje desde el sur sobre tierra o, si eso no es posible, sobre la bahía Siena, evitando las skúas que anidan al norte del sitio de aterrizaje.

6) Se prohíbe el uso de granadas de humo para indicar la dirección del viento en la Zona salvo que sea absolutamente necesario para la seguridad, y las granadas que se usen deberán retirarse del lugar.

Acceso y desplazamiento a pie en la Zona

El desplazamiento por tierra en la Zona deberá efectuarse a pie. Los visitantes deberían desplazarse con cuidado para reducir a un mínimo la perturbación de las aves reproductoras, el suelo, los rasgos geomorfológicos y las superficies con vegetación, y deberían caminar únicamente en terreno rocoso o crestas si es factible a fin de no dañar las plantas delicadas y los suelos a menudo anegados. El tráfico peatonal debería limitarse al mínimo necesario para alcanzar los objetivos de las actividades permitidas y se debería hacer todo lo posible para reducir a un mínimo los efectos de las pisadas. Los peatones que no estén realizando investigaciones o tareas de gestión relacionadas con los pingüinos no deberán entrar en las colonias y deberán mantenerse en todo momento a una distancia de 15 m como mínimo de las aves reproductoras. Hay que tener cuidado de no perturbar el equipo de monitoreo, las cercas y demás instalaciones científicas.

Los peatones que circulen entre los sitios de aterrizaje de helicópteros (A) o (B) y la colonia de pingüinos Adelia deberán seguir las rutas preferidas para las caminatas que se indican en los mapas 3 y 4 o seguir una ruta a lo largo de la playa.

10(ii) Actividades que se llevan a cabo o que se pueden llevar a cabo dentro de la Zona y restricciones con respecto al horario o el lugar

- El programa de investigaciones relacionado con el CEMP de la CCRVMA
- Investigaciones científicas que no pongan en peligro el ecosistema de la Zona
- Actividades esenciales de gestión, incluido el monitoreo

10(iii) Instalación, modificación o desmantelamiento de estructuras

No se podrán erigir estructuras en la Zona excepto por lo que se especifique en un permiso. Todo el equipo científico que se instale en la Zona deberá ser aprobado en el permiso y llevar claramente el nombre del país, el nombre del investigador principal y el año de instalación. Todos estos artículos deberán estar hechos de materiales que presenten un riesgo mínimo de contaminación de la Zona. Una de las condiciones para la expedición del permiso será que se retire el equipo específico cuyo permiso haya vencido. Se prohíben las estructuras permanentes.

10(iv) Ubicación de los campamentos

Se permiten los campamentos semipermanentes y temporarios en la Zona en el sitio principal designado en el antepaís en forma de cúspide de la punta Edmonson (mapa 2). Se permite acampar en el campamento de investigaciones del CEMP (mapas 2 y 4) sólo con fines relacionados con el programa de monitoreo de pingüinos Adelia. Cuando sea necesario acampar temporalmente en el área restringida con fines especificados en el permiso, se deberá utilizar el sitio designado (C) (74°18'51"S, 165°04'16"E), unos 100 m al oeste del sitio de aterrizaje de helicópteros (mapa 3).

10(v) Restricciones relativas a los materiales y organismos que pueden introducirse en la Zona

No se deben introducir deliberadamente animales, material de plantas o microorganismos en la Zona y deberán tomarse las precauciones indicadas en la sección 7(ix) para evitar las introducciones accidentales. En vista de la presencia de colonias de aves reproductoras en la punta Edmonson, no deben verterse en la Zona productos de aves de corral, incluidos aquellos que contengan huevos crudos desecados y desechos de tales productos. No se deberán llevar herbicidas o plaguicidas a la Zona. Cualquier otro producto químico, incluidos los radionúclidos o isótopos estables, que se introduzcan con fines científicos o de gestión especificados en el permiso deberán retirarse de la Zona a más tardar cuando concluya la actividad para la cual se haya otorgado el permiso. No se debe almacenar combustible en la Zona, salvo que esté autorizado en un permiso para fines científicos o de gestión específicos. En los lugares donde se manipule combustible regularmente se deberá disponer de equipo para la limpieza de derrames de combustible. Cualquier cosa que se introduzca en la Zona podrá permanecer durante el período especificado únicamente, deberá retirarse a más tardar cuando concluya dicho período y deberá almacenarse y manipularse de forma tal que se reduzca a un mínimo el riesgo de introducción en el medio ambiente. Si se introduce algo que probablemente comprometa los valores de la Zona, se recomienda retirarlo sólo si es probable que el impacto de su extracción no sea mayor que el efecto de dejar el material in situ. Se deberá avisar a las autoridades pertinentes sobre cualquier cosa que se introduzca o no se extraiga y que no esté incluida en el permiso.

10(vi) Recolección de flora y fauna autóctonas o intromisión perjudicial

Se prohíbe la toma de ejemplares de la flora o fauna autóctonas y la intromisión perjudicial en ellas, excepto con un permiso expedido de conformidad con el Anexo II del Protocolo al Tratado Antártico sobre Protección del Medio Ambiente. En los casos de toma de animales o intromisión perjudicial en los mismos, se deberá usar como norma mínima el *Código de conducta del SCAR para el uso de animales con fines científicos en la Antártida.*

10(vii) Toma o traslado de cualquier cosa que el titular del permiso no haya llevado a la Zona

La toma o el traslado de cualquier cosa que el titular del permiso no haya llevado a la Zona podrá efectuarse sólo de conformidad con un permiso y limitarse al mínimo necesario para atender las necesidades científicas o de gestión. No se otorgarán permisos si existe una preocupación razonable de que el muestreo propuesto resulte en la toma, el retiro o el daño de tal cantidad de roca, suelo o flora o fauna autóctonas que su distribución o abundancia en la punta Edmonson se vea afectada considerablemente. Cualquier cosa de origen humano que probablemente comprometa los valores de la Zona y que no haya sido llevada a la Zona por el titular del permiso o autorizada de otra forma podrá ser retirada salvo que el impacto de su extracción probablemente sea mayor que el efecto de dejar el material in situ, en cuyo caso se deberá notificar a las autoridades pertinentes.

10(viii) Eliminación de desechos

Se deberán retirar de la Zona todos los desechos, excepto los de origen humano, que podrán ser retirados de la Zona, incinerados utilizando técnicas ideadas con ese fin tales como inodoros de propano para quemar los desechos o, en el caso de los desechos líquidos de origen humano, vertidos en el mar.

10(ix) Medidas necesarias para que continúen cumpliéndose los objetivos y las finalidades del plan de gestión

1) Podrán expedirse permisos para entrar en la Zona a fin de llevar a cabo actividades de monitoreo e inspección de sitios, que podrían abarcar la obtención de muestras en pequeña escala para análisis, revisión o medidas de protección.
2) Todos los sitios específicos de monitoreo a largo plazo deberán estar debidamente marcados.
3) A fin de ayudar a mantener los valores ecológicos y científicos de la punta Edmonson, deberán tomarse precauciones especiales para evitar la introducción de organismos no autóctonos. Causa especial preocupación la introducción de microbios, invertebrados o plantas de otros lugares de la Antártida, incluidas las estaciones, o de regiones situadas fuera de la Antártida. Todo el equipo de muestreo y los señalizadores que se lleven a la Zona deberán limpiarse minuciosamente. En la mayor medida de lo posible, antes de entrar en la Zona se deberá limpiar minuciosamente el calzado y demás equipo que se use en la Zona o se lleve a ella (incluidas las mochilas, los bolsos y las tiendas de campaña).

10(x) Requisitos relativos a los informes

Las Partes deberán cerciorarse de que el titular principal de cada permiso expedido presente a las autoridades pertinentes un informe en el cual se describan las actividades realizadas. Dichos informes deberán incluir la información señalada en el formulario para informes de visitas contenido en la Guía para la Preparación de Planes de Gestión para las Zonas Antárticas Especialmente Protegidas. Las Partes deberán llevar un registro de dichas actividades y, en el intercambio anual de información, presentar descripciones resumidas de las actividades realizadas por personas bajo su jurisdicción. Dichas descripciones deberán ser suficientemente detalladas como para que pueda evaluarse la eficacia del plan de gestión. Siempre que sea posible, las Partes deberán depositar los originales o copias de tales informes en un archivo que esté a disposición del público a fin de llevar un registro del uso que pueda utilizarse para revisar el plan de gestión y organizar el uso científico de la Zona.

Bibliografía

Ainley, D.G. 2002. *The Adélie Penguin. Bellwether of climate change*. Columbia University Press, New York.

Alfinito, S., Fumanti, B. and Cavacini, P. 1998. Epiphytic algae on mosses from northern Victoria Land (Antarctica). *Nova Hedwigia* 66 (3-4): 473-80.

Ancora, S., Volpi, V., Olmastroni, S., Leonzio, C. and Focardi, S. 2002. Assumption and elimination of trace elements in Adélie penguins from Antarctica: a preliminary study. *Marine Environmental Research* 54: 341-44.

Azzali M. and J. Kalinowski. 2000. Spatial and temporal distribution of krill *Euphausia superba* biomass in the Ross Sea. In: Ianora A. (ed). *Ross SeaEcology*. Springer, Berlin, 433-455.

Azzali M., J. Kalinowski, G. Lanciani and G. Cosimi. 2000. Characteristic Properties and dynamic aspects of krill swarms from the Ross Sea. In: Faranda F. G.L., Ianora A. (Ed). *Ross Sea Ecology*. Springer, Berlin, 413-431.

Bargagli, R., Martella, L. and Sanchez-Hernandez, J.C. 1997. The environment and biota at EdmonsonPoint (BIOTEX 1): preliminary results on environmental biogeochemistry. In di Prisco, G., Focardi, S. and Luporini, P. (eds) *Proceed. ThirdMeet. Antarctic Biology*, Santa Margherita Ligure, 13-15 December 1996. Camerino University Press: 261-71.

Bargagli, R. 1999. Report on Italian activities. *BIOTAS Newsletter* No. 13. Austral Summer 1998/99. A.H.L. Huiskes (ed) Netherlands Institute of Ecology: 16-17.

Bargagli, R., Sanchez-Hernandez, J.C., Martella, L. and Monaci, F. 1998. Mercury, cadmium and lead accumulation in Antarctic mosses growing along nutrient and moisture gradients. *Polar Biology* 19: 316-322.

Bargagli, R., Smith, R.I.L., Martella, L., Monaci, F., Sanchez-Hernandez, J.C. and Ugolini, F.C. 1999. Solution geochemistry and behaviour of major and trace elements during summer in a moss community at Edmonson Point, Victoria Land, Antarctica. *Antarctic Science* 11(1): 3-12.

Bargagli, R., Wynn-Williams, D., Bersan, F., Cavacini, P., Ertz, S., Freckman, D. Lewis Smith, R., Russell, N. and Smith, A. 1997. Field Report - BIOTEX 1: First BIOTAS Expedition (Edmonson Point - Baia Terra Nova, Dec 10 1995 - Feb 6 1996). *Newsletter of the Italian Biological Research in Antarctica* 1 (Austral summer 1995-96): 42-58.

Baroni, C. and Orombelli, G. 1994. Holocene glacier variations in the Terra Nova Bay area (Victoria Land, Antarctica). *Antarctic Science* 6(4): 497-505.

Broady, P.A. 1987. A floristic survey of algae at four locations in northern Victoria Land. *New Zealand Antarctic Record*7(3): 8-19.

Borchgrevink, C. 1901. First on the Antarctic Continent: Being an Account of the British Antarctic Expedition 1898-1900. *G. Newnes. Ltd, London.*

Cannone, N. and Guglielmin, M. 2003. Vegetation and permafrost: sensitive systems for the development of a monitoring program of climate change along an Antarctic transect. In: Huiskes, A.H.L., Gieskes, W.W.C., Rozema, J., Schorno, R.M.L., Van der Vies, S.M., Wolff, W.J. (Editors) *Antarctic biology in a global context*. Backhuys, Leiden: 31-36

Cannone, N., Guglielmin, M., Ellis Evans J.C., and Strachan R. in prep. Interactions between climate, vegetation and active layer in Maritime Antarctica. (submitted to *Journal of Applied Ecology*).

Cannone, N., Guglielmin, M., Gerdol, R., and Dramis, F. 2001. La vegetazione delle aree con permafrost per il monitoraggio del Global Change nelle regioni polari ed alpine. Abstract and Oral Presentation, 96a Congresso della Societa Botanica Italiana, Varese, 26-28 Settembre 2001.Castello, M. 2004. Lichens ofthe Terra Nova Bay area, northern Victoria Land (continental Antarctica). *Studia Geobotanica* 22: 3-54.

Cavacini, P. 1997. La microflora algale non marina della northern Victoria Land (Antartide). Ph.D. Thesis. Universita "La Sapienza' di Roma. 234 pp.

Cavacini, P. 2001. Soil algae from northern Victoria Land (Antarctica). *Polar Bioscience* 14: 46-61.

CCAMLR. 1999. Report of member's activities in the Convention Area 1998/99: Italy. CCAMLR-XVIII/MA/14.

Clarke, J., Manly, B., Kerry, K., Gardner, H., Franchi, E. and Focardi, S. 1998. Sex differences in Adélie penguin foraging strategies. *Polar Biology* 20: 248-58.

Corsolini, S. and Trémont, R. 1997. Australia-Italy cooperation in Antarctica: Adélie Penguin monitoring program, Edmonson Point, Ross Sea Region. *Newsletter of the Italian Biological Research in Antarctica* 1 (Austral summer 1995-96): 59-64.

Corsolini, S., Ademollo, N., Romeo, T., Olmastroni, S. and Focardi, S. 2003. Persistent organic pollutants in some species of a Ross Sea pelagic trophic web. *Antarctic Science* 15(1): 95-104.

Corsolini, S., Kannan, K., Imagawa, T., Focardi, S. and Giesy J.P. 2002. Polychloronaphthalenes and other dioxin-like compounds in Arctic and Antarctic marine food webs. *Environmental Science and Technolology* 36: 3490-95.

Corsolini, S., Olmastroni, S., Ademollo, N. and Focardi, S. 1999. Concentration and toxic evaluation of polychlorobiphenyls (PCBs) in Adélie Penguin *(Pygoscelis adeliae)* from Edmonson Point (Ross Sea, Antarctica). Tokyo 2-3 December 1999.

Emison, W. B. 1968. Feeding preferences of the Adélie penguin at Cape Crozier Ross Island. Antarctic Research Series 12: 191-212.

Ertz, S. 1996. BIOTEX field report: December 1995 - February 1996. Strategies of Antarctic terrestrial organisms to protect against ultra-violet radiation. Unpublished field report in BAS Archives AD6/ 2/1995/NT3.

Fenice M., Selbmann L., Zucconi L. and Onofri S. 1997. Production of extracellular enzymes by Antarctic fungal strains. *Polar Biology* 17:275-280.

Franchi, E., Corsolini, S., Clarke, J C., Lawless R. and Tremont, R. 1996. The three dimensional foraging patterns of Adélie penguins at Edmonson Point, Antarctica. Third International Penguin Conference, Cape Town, South Africa, 2-6 September 1996.

Franchi, E., Corsolini S., Focardi, S., Clarke, J.C., Trémont, R. and Kerry, K.K. 1997. Biological research on Adélie penguin *(Pygoscelis adeliae)* associated with the CCAMLR Ecosystem Monitoring Program (CEMP). In di Prisco, G., Focardi, S. and Luporini, P. (eds) *Proceed. ThirdMeet. Antarctic Biology,* Santa Margherita Ligure, 13-15 December 1996. Camerino University Press: 209-19.

Frati, F. 1997. Collembola of the north Victoria Land: distribution, population structure and preliminary data for the reconstruction of a molecular phylogeny of Antarctic collembola. *Newsletter of the Italian BiologicalResearch in Antarctica* 1 (Austral summer 1995-96): 30-38.

Frati F. 1999. Distribution and ecophysiology of terrestrial microarthropods in the Victoria Land.

Newsletter of the Italian Biological Research in Antarctica 3: 13-19.

Frati F., Fanciulli P.P., Carapelli A. and Dallai R. 1997. The Collembola of northern Victoria Land (Antarctica): distribution and ecological remarks. *Pedobiologia* 41: 50-55.

Frati F., Fanciulli P.P., Carapelli A., De Carlo L. and Dallai R. 1996. Collembola of northern Victoria Land: distribution, population structure and preliminary molecular data to study origin and evolution of Antarctic Collembola. Proceedings of the 3rd Meeting on Antarctic Biology, G. di Prisco, S. Focardi and P. Luporini eds., Camerino Univ. Press: 321-33.

Fumanti, B., Alfinito, S. and Cavacini, P. 1993. Freshwater algae of Northern Victoria Land (Antarctica). *Giorn. Bot. Ital,* 127 (3): 497.

Fumanti, B., Alfinito, S. and Cavacini, P. 1994a. Freshwater diatoms of Northern Victoria Land (Antarctica). 13th International Diatom Symposium, 1-7 September 1994, Acquafredda di Maratea (PZ), Italy, Abstract book: 226.

Fumanti, B., Alfinito, S. and Cavacini, P. 1994b. Floristic survey of the freshwater algae of Northern Victoria Land (Antarctica). Proceedings of the 2nd meeting on Antarctic Biology, Padova, 26-28 Feb. 1992. Edizioni Universitarie Patavine: 47-53.

Guilizzoni P., Libera V., Tartagli G., Mosello R., Ruggiu D., Manca M., Nocentini A, Contesini M., Panzani P., Beltrami M. 1991. Indagine per una caratterizzazione limnologica di ambienti lacustri antartici. Atti del 1° Convegno di Biologia Antartica. Roma CNR, 22-23 giu. 1989. Ed. Univ. Patavine: 377-408.Given, D.R. 1985. Fieldwork in Antarctica, November - December 1984. Report 511b. Botany Division, DSIR, New Zealand.

Given, D.R. 1989. A proposal for SSSI status for Edmonson Point, north Victoria Land. Unpublished paper held in PNRA Archives.

Greenfield, L.G., Broady, P.A., Given, D.R., Codley, E.G. and Thompson, K. 1985. Immediate science report of NZARP Expedition K053 to RDRC. Botanical and biological studies in Victoria Land and Ross Island, during 1984-85.

Harris, C.M. and Grant, S.M. 2003. Science and management at Edmonson Point, Wood Bay, Victoria Land, Ross Sea: Report of the Workshop held in Siena, 8 June 2003. Includes Science Reviews by R. Bargagli, N. Cannone & M. Guglielmin, and S. Focardi. Cambridge, *Environmental Research and Assessment*.

Keys, J.R., Dingwall, P.R. and Freegard, J. (eds) 1988. *Improving the ProtectedArea system in the Ross Sea region, Antarctica:* Central Office Technical Report Series No. 2. Wellington, NZ Department of Conservation.

Kyle, P.R. 1990. A.II. Melbourne Volcanic Province. In LeMasurier, W.E. and Thomson, J.W. (eds) Volcanoes of the Antarctic Plate and Southern Oceans. *Antarctic Research Series* 48: 48-52.

La Rocca N., Moro I. and Andreoli, C. 1996. Survey on a microalga collected from an Edmonson Point pond (Victoria Land, Antarctica). *Giornale Botanico Italiano,* 130:960-962.

Lewis Smith, R.I. 1996. BIOTEX 1 field report: December 1995 - January 1996: plant ecology, colonisation and diversity at Edmonson Point and in the surrounding region of Victoria Land, Antarctica. Unpublished field report in BAS Archives AD6/2/1995/NT1.

Lewis Smith, R.I. 1999. Biological and environmental characteristics of three cosmopolitan mosses dominant in continental Antarctica. *Journal of Vegetation Science* 10: 231-242.

Melick D.R. and Seppelt R.D. 1997. Vegetation patterns in relation to climatic and endogenous changes in Wilkes Land, continetal Antarctica. *Journal of Ecology* 85: 43-56.

Meurk, C.D., Given, D.R. and Foggo, M. N. 1989. Botanical investigations at Terra Nova Bay and Wood Bay, north Victoria Land. 1988-89 NZARP Event K271 science report.

Olmastroni S, Pezzo F, Bisogno I., Focardi S, 2004b. Interannual variation in the summer diet of Adélie penguin *Pygoscelis adeliae* at Edmonson Point . WG-EMM04/ 38.

Olmastroni S, Pezzo F, Volpi V, Corsolini S, Focardi S, Kerry K. 2001b. Foraging ecology of chick rearing of Adélie penguins in two colonies of the Ross Sea; 27/8-1/9 2001; Amsterdam, The Netherlands. SCAR.

Olmastroni, S. 2002. Factors affecting the foraging strategies of Adélie penguin *(Pygoscelis adeliae)* at Edmonson Point, Ross Sea, Antarctica. PhD Thesis, Universita di Siena.

Olmastroni, S., Corsolini, S., Franchi, E., Focardi, S., Clarke, J., Kerry, K., Lawless, R. and Tremont, R. 1998. Adélie penguin colony at Edmonson Point (Ross Sea, Antarctica): a long term monitoring study. 31 August-September 1998; Christchurch, New Zealand. SCAR. p 143.

Olmastroni, S., Corsolini. S., Pezzo, F., Focardi, S. and Kerry, K. 2000. The first five years of the Italian- Australian Joint Programme on the Adélie Penguin: an overview. *Itclian Journal of Zoology Supplement* 1: 141-45.

Onofri, S. and Tofi, S. 1992. *Arthrobotrys ferox* sp. nov., a springtail-capturing hyphomycete from continental Antarctica. *Mycotaxon* 44(2):445-451.Orombelli, G. 1988. Le spiagge emerse oloceniche di Baia Terra Nova (Terra Vittoria, Antartide). Rend. Acc. Naz. Lincei.

Pezzo, F., Olmastroni, S , Corsolini, S., and Focardi, S. 2001. Factors affecting the breeding success of the south polar skua *Catharacta maccormicki* at Edmonson Point, Victoria Land, Antarctica. *Polar Biology* 24:389-93.

Pilastro, A., Pezzo, F., Olmastroni, S., Callegarin, C., Corsolini, S. and Focardi, S. 2001. Extrapair paternity in the Adélie penguin *Pygoscelis adeliae*. *Ibis* 143: 681-84.

Ricelli A., Fabbri A.A., Fumanti B. Cavacini P., Fanelli C. 1997. Analyses of effects of ultraviolet radiation on fatty acids and a-tocopherol composition of some microalgae solated from Antarctica. In di Prisco, G., Focardi, S., and Luporini P. (eds.), Proceedings of the 3rd meeting on "Antarctic Biology", S. Margherita Ligure, December 13-15, 1996. Camerino University Press: 239-247.

Simeoni, U., Baroni, C , Meccheri, M., Taviani, M. and Zanon, G. 1989. Coastal studies in northern Victoria Land (Antarctica): Holocene beaches of Inexpressible Island, Tethys Bay and Edmonson Point. *Bollettino di Oceanologia Teorica edApplicata* 7(1-2): 5-17.

Taylor, R.H., Wilson, P.R. and Thomas, B.W. 1990. Status and trends of Adélie Penguin populations in the Ross Sea region. *Polar Record* 26:293-304.

Woehler, E.J. (ed) 1993. The distribution and abundance of Antarctic andsub-Antarcticpenguins. *SCAR, Cambridge.*

Worner, G. and Viereek, L. 1990. A.I0. Mount Melbourne. In Le Masurier, W.E. and Thomson, J.W. (eds) Volcanoes of the Antarctic Plate and Southern Oceans. *Antarctic Research Series* 48: 72-78.

Wynn-Williams, D.D 1996. BIOTEX 1, first BIOTAS expedition: field report: Taylor Valley LTER Dec 1995, Terra Nova Bay Dec 1995 - Jan 1996: microbial colonisation, propagule banks and survival processes. Unpublished field report in BAS Archives AD6/2/1995/NT2.

Zucconi L., Pagano S., Fenice M , Selbmann L., Tosi S., and Onofri S. 1996. Growth temperature preference of fungal strains from Victoria Land. *Polar Biology* 16: 53-61.

Apéndice 1

Bibliografía reciente y otras publicaciones de interés para la actividad de investigación en la punta Edmonson (Mar de Ross)

D. Ainley, V. Toniolo, G. Ballard, K. Barton, J. Eastman, B. Karl, S. Focardi, G. Kooyman, P. Lyver, S. Olmastroni, B.S. Stewart, J. W. Testa, P. Wilson, 2006. Managing ecosystem uncertainty: critical habitat and dietary overlap of top-predators in the Ross Sea. WG-EMM 06/29

Tosca Ballerini, Giacomo Tavecchia, Silvia Olmastroni, Francesco Pezzo, Silvano Focardi 2009. Nonlinear effects of winter sea ice on the survival probabilities of Adélie penguins. *Oecologia* 161:253–265.

F. Borghini, A. Colacevich, S. Olmastroni 2010. Studi di ecologia e paleolimnologia nell'area protetta di Edmonson Point (Terra Vittoria, Antartide). *Etruria Natura* Anno VII: 77-86.

Cincinelli A., Martellini T. and Corsolini S., 2011. Hexachlorocyclohexanes in Arctic and Antarctic Marine Ecosystems, Pesticides - Formulations, Effects, Fate, Edited by: Margarita Stoytcheva, ISBN: 978-953-307-532-7, Publisher: InTech, Publishing, Janeza Trdine 9, 51000 Rijeka, Croatia, January 2011,453-476, available at http://www.intechopen.com/articles/show/title/hexachlorocyclohexanes-in-arctic-and-antarctic-marine-ecosystems.

Corsolini S., 2011. Contamination Profile and Temporal Trend of POPs in Antarctic Biota. In Global contamination trends of persistent organic chemicals. Ed. B. Loganathan, P.K.S. Lam, Taylor & Francis, Boca Raton, FL, USA, in press.

Corsolini S., 2011. Antarctic: Persistent Organic Pollutants and Environmental Health in the Region. In: Nriagu JO (ed.) *Encyclopedia of Environmental Health*, volume 1, pp. 83–96 Burlington: Elsevier, NVRN/978-0-444-52273-3.

Corsolini S., Ademollo N., Mariottini M., Focardi S., 2004. Poly-brominated diphenyl-ethers (PBDEs) and other Persistent Organic Pollutants in blood of penguins from the Ross Sea (Antarctica). *Organohalogen Compd.*, 66: 1695-1701.

Corsolini S, Covaci A, Ademollo N, Focardi S, Schepens P., 2005. Occurrence of organochlorine pesticides (OCPs) and their enantiomeric signatures, and concentrations of polybrominated diphenyl ethers (PBDEs) in the Adelie penguin food web, Antarctica. *Environ Pollut.*, 140(2): 371-382.

Corsolini S., Olmastroni S., Ademollo N., Minucci G., Focardi S., 2003. Persistent organic pollutants in stomach contents of Adélie penguins from Edmonson Point (Victoria Land, Antarctica). In: Antarctic Biology in a global context, Ed. A.H.L. Huiskes, W.W.C. Gieskes, J. Rozema, R.M.L. Schorno, S.M. van der Vies, W.J. Wolff. Backhuys Publishers, Leiden, The Netherlands. pp. 296-300

Fuoco, R.; Bengtson Nash, S. M.; Corsolini, S.; Gambaro, A.; Cincinelli, A. *POPs in Antarctica; A Report to the Antarctic Treaty in Kiev 2-13 June, 2008*; Environmental Contamination in Antarctica (ECA) Pisa, 2008.

Sandra Lorenzini, Silvia Olmastroni, Francesco Pezzo, Maria Cristina Salvatore, Carlo Baroni 2009. Holocene Adélie penguin diet in Victoria Land, Antarctica. *Polar Biology* 32:1077–1086.

Irene Nesti, Yan Ropert-Coudert, Akiko Kato, Michael Beaulieu, Silvano Focardi, Silvia Olmastroni 2010. Diving behaviour of chick-rearing Adélie Penguins at Edmonson Point, Ross Sea. *Polar Biology* 33:969–978.

S. Olmastroni, F. Pezzo, V. Volpi, S. Focardi 2004a. Effects of weather and sea ice on Adélie penguin reproductive performance. *CCAMLR Science* 11:99-109

Informe final de la XXXIV RCTA

F. Pezzo, S. Olmastroni, V. Volpi, S. Focardi 2007. Annual variation in reproductive parameters of
Adélie penguins at Edmonson Point, Victoria Land, Antarctica. *Polar Biology* **31**:39-45.

Apéndice 2   Permisos expedidos

Durante los años 2006-2011 de la Campaña Antártica Italiana se han expedido los siguientes permisos
para la interferencia o muestreo de los siguientes organismos vivientes en la punta de Edmonson,
ZAEP No 165:

Campaña 2006/2007

Denominación del organismo	Cantidad o Kg	Sistema de muestreo
Pygoscelis adeliae	2000	censo visual
" " "	10	etiquetado
" " "	10	muestreo de plumas
Stercorarius maccormicki	200	censo visual

Se ha realizado el muestreo de agua de los lagos. El permiso para el acceso en la ZAEP 165 ha sido
otorgado por 40 días en el campamento.

Campaña 2007/2008

Denominación del organismo	Cantidad o Kg	Sistema de muestreo

El permiso de acceso en la ZAEP 165 sólo ha sido otorgado para la estación de control meteorológico
para dos accesos, de 3 horas por vez.

Campaña 2008/2009

Denominación del organismo	Cantidad o Kg	Sistema de muestreo

No se desarrolló ninguna actividad en la punta Edmonson, ZAEP 165 durante la campaña 2007/2008

Campaña 2009/2010

Denominación del organismo	Cantidad o Kg	Sistema de muestreo
Pygoscelis adeliae	2000	censo visual
" " "	18	muestreo de plumas y sangre
Stercorarius maccormicki	120	censo visual
" " "	10	muestreo de plumas y sangre
Musgos	200 g	muestreo manual

Se ha realizado el muestreo de agua, musgos y algas de los lagos. El permiso de acceso a la ZAEP 165 fue otorgado por 31 días en el campamento, y por 3 horas para otros muestreos.

Campaña 2010/2011

Denominación del organismo	Cantidad o Kg	Sistema de muestreo
Musgos	600 g	muestreo manual
Algas	400 g	muestreo manual
Líquenes en las rocas y suelo	600 g	muestreo manual
Rocas y suelos colonizados por microorganismos y líquenes	2 Kg	muestreo manual

Los muestreos y actividades de investigación en la ZAEP han sido realizados en 12 momentos diferentes, durante un total de 28 horas de trabajo.

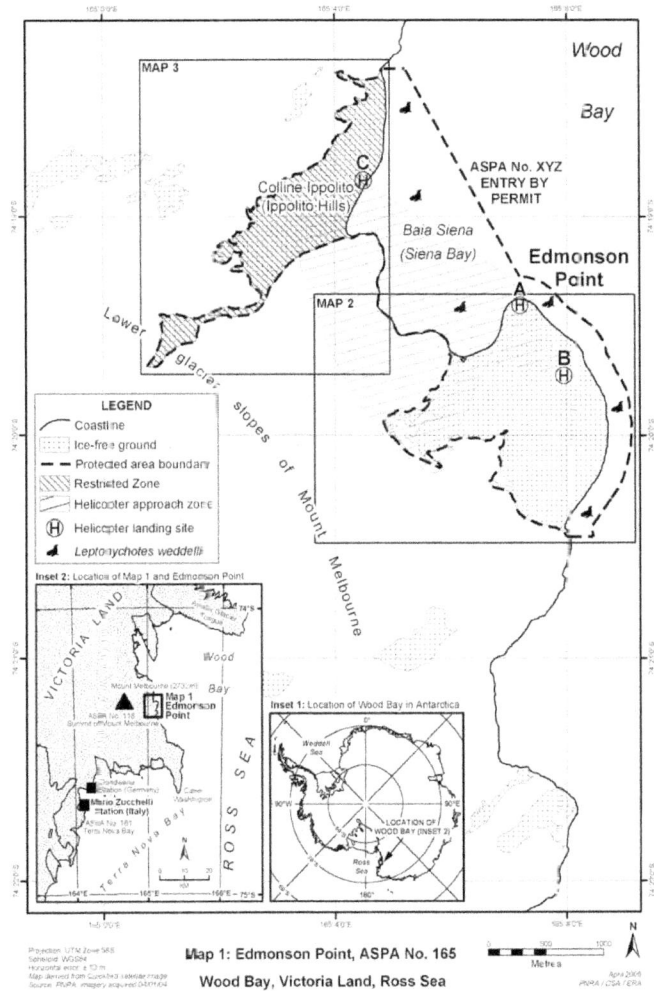

Map 1: Edmonson Point, ASPA No. 165
Wood Bay, Victoria Land, Ross Sea

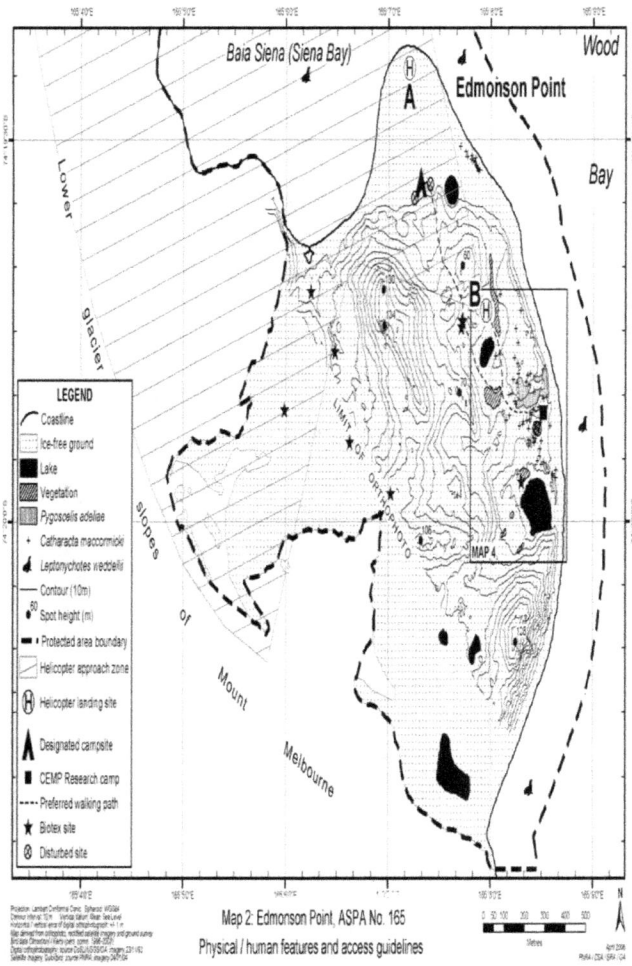

LEGEND

Coastline
Ice-free ground
Lake
Vegetation
Pygoscelis adeliae
Catharacta maccormicki
Leptonychotes weddellii
Contour (10m)
Spot height (m)
Protected area boundary
Helicopter approach zone
Helicopter landing site
Designated campsite
CEMP Research camp
Preferred walking path
Biotex site
Disturbed site

Map 2: Edmonson Point, ASPA No. 165

Physical / human features and access guidelines

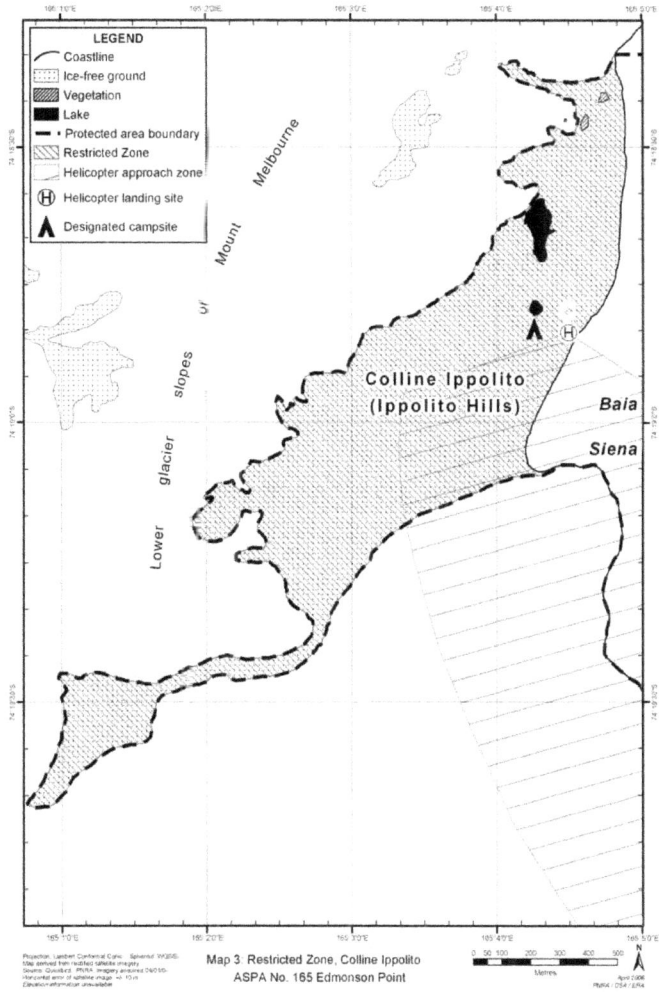

LEGEND
Coastline
Ice-free ground
Vegetation
Lake
Protected area boundary
Restricted Zone
Helicopter approach zone
Helicopter landing site
Designated campsite

Mount Melbourne

Lower glacier slopes of

Colline Ippolito
(Ippolito Hills)

Baia Siena

Map 3: Restricted Zone, Colline Ippolito
ASPA No. 165 Edmonson Point

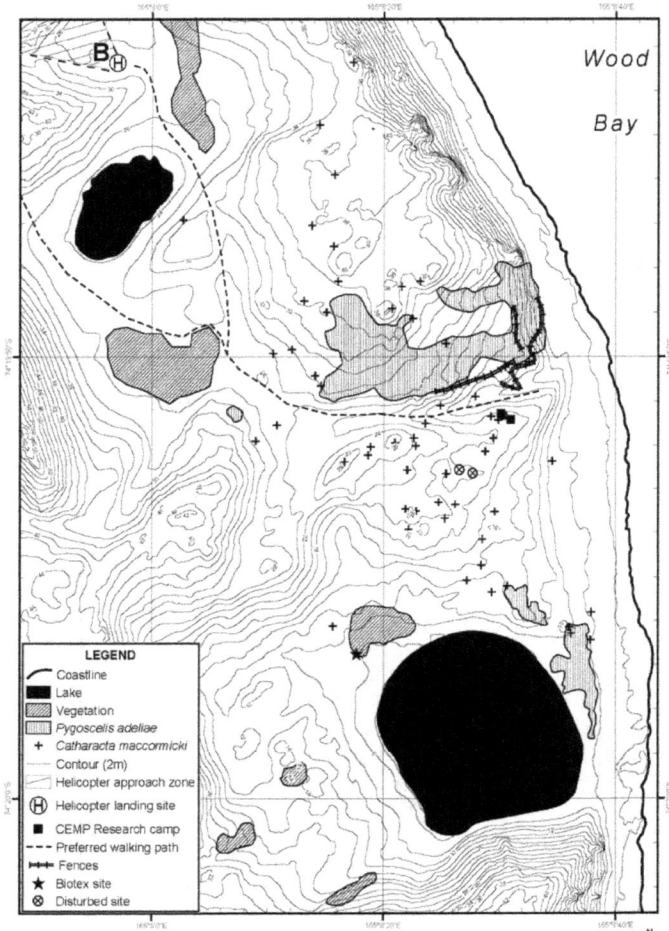

Map 4: Edmonson Point, ASPA No. 165
Topography, wildlife & vegetation

Plan de Gestión de
la Zona Antártica Especialmente Protegida N° 167

Isla Hawker, Tierra de la Princesa Isabel

Introducción

La isla Hawker está a unos 7 km al sudoeste de la estación Davis, en los cerros Vestfold, Costa Ingrid Christensen, Tierra de la Princesa Isabel, Antártida oriental a 68°38'S, 77°51'E, (mapa A). La isla fue designada como Zona Antártica Especialmente Protegida (ZAEP) N° 167 bajo la medida 1 (2006) tras una propuesta de Australia, principalmente para proteger una colonia reproductora de petreles gigantes comunes *(Macronectes giganteus)* que es la más meridional de la especie (mapa B). La Zona es uno de los cuatro únicos lugares de cría conocidos de petreles gigantes comunes en la costa de la Antártida continental. Todos estos han sido designados ZAEP: ZAEP N° 102, islas Rookery, bahía Holme, Tierra de Mac Robertson (67°36'S, 62°53'E), cerca de la estación Mawson; ZAEP N° 160, islas Frazier, Tierra de Wilkes (66°13'S, 110°11'E), cerca de la estación Casey; y ZAEP N° 120, punta Géologie, Tierra de Adelia (66°40'S, 140°01'E), cerca de la estación Dumont d'Urville. La isla Hawker también alberga criaderos de pingüinos Adelia *(Pygocelis adeliae)*, skúas antárticas *(Catharacta maccormicki)*, petreles dameros *(Daption capense)* y en algunas ocasiones focas de Weddell *(Leptonychotes weddellii)*.

1. Descripción de los valores que se desea proteger

La población total de petreles gigantes comunes del continente antártico representa menos del 1% de la población reproductora mundial. Se calcula que la población actual es de aproximadamente 300 parejas, que consiste en alrededor de 45 parejas en la isla Hawker (2010), 2 a 4 parejas en la isla Giganteus (que forma parte del grupo de islas Rookery) (2007), alrededor de 250 parejas en las islas Frazier (2001) y 8 a 9 parejas en punta Géologie (2005). Los petreles gigantes comunes también se reproducen en las islas del sur del Océano Índico y el Océano Atlántico y cerca de la Península Antártica.

La colonia de petreles gigantes comunes en la isla Hawker fue descubierta en diciembre de 1963. En esa época había entre 40 y 50 nidos, "algunos con huevos", pero no está claro cuántos nidos estaban ocupados. Entre 1963 y 2007 se realizaron recuentos intermitentes de la población adulta, huevos o polluelos en varias etapas del ciclo de reproducción. Debido a la variabilidad en los tiempos de conteo y la inconsistencia de las unidades contadas no es posible establecer una tendencia de esta población a largo plazo. Anteriormente se informaron cantidades bajas para esta colonia debido sólo a los números de polluelos contados en un año determinado en vez del número total de polluelos. La Zona también alberga un criadero de pingüinos de Adelia, un número limitado de aves voladoras y elefantes marinos del sur también permanecen en esta zona.

Los petreles gigantes comunes que se reproducen en la Antártida oriental son particularmente sensibles a las perturbaciones del nido. A mediados de los años ochenta se establecieron restricciones a las actividades permitidas en los sitios de cría cerca de las estaciones australianas, entre ellas la prohibición del anillado.

En las islas Shetland del Sur y las islas Orcadas del Sur, la captura incidental de petreles gigantes comunes en la pesca con palangre en el Océano Austral probablemente también haya contribuido a la disminución observada en la población. No se han realizado observaciones similares en Antártida Oriental. Hasta hace poco, los petreles gigantes comunes estaban clasificados como vulnerables según la IUCN. Sin embargo, un nuevo análisis de todos los datos disponibles para la población mundial indica que en el mejor de los casos en las últimas tres generaciones o 64 años la población total habría aumentado un 17% y en el peor de los casos habría disminuído un 7,2%. Estos números están bajo el umbral establecido por la IUCN para ser clasificados como vulnerables. Como consecuencia, el estado de conservación de los petreles gigantes comunes ha sido degradado desde Casi amenazada a Preocupación menos. La isla Hawker también alberga a criaderos de pingüinos Adelia *(Pygocelis adeliae)*, skúas antárticas *(Catharacta maccormicki)*, petreles dameros *(Daption capense)* y en algunas ocasiones focas de Weddell *(Leptonychotes weddellii)*.

2. Finalidades y objetivos

La gestión de la ZAEP de isla Hawker está destinada a:

- proteger los criaderos de petreles gigantes comunes y otras colonias de fauna;
- evitar las perturbaciones humanas y otros impactos adversos en el valor de la Zona, permitiendo al mismo tiempo la investigación y otras actividades coherentes con este plan;
- proteger el valor de la isla Hawker como una zona de referencia para comparaciones futuras con otras poblaciones reproductoras de petreles gigantes comunes; y
- reducir a un mínimo la posibilidad de introducción de plantas, animales y microbios no autóctonos en la isla Hawker.

3. Actividades de gestión

Se llevarán a cabo las siguientes actividades de gestión para proteger los valores de la Zona:

- Se deberían realizar visitas de investigación para hacer un censo de los petreles gigantes comunes y otras poblaciones. Cuando sea posible, se deberá dar preferencia a actividades y metodologías que minimicen la perturbación a los criaderos (por ejemplo, el uso de cámaras automáticas);
- Donde sea posible, la Zona será visitada fuera de la temporada de reproducción de los petreles gigantes comunes (es decir, durante el periodo desde mediados de abril a mediados de septiembre) según sea necesario, para evaluar si sigue cumpliendo con el propósito para el que fue designada y para garantizar que las actividades de gestión sean adecuadas;
- Se preparará información sobre la ZAEP de isla Hawker (estableciendo las restricciones que aplican) y se tendrán disponibles copias del plan de gestión en las estaciones cercanas. Se debe proporcionar material informativo y el plan de gestión a las naves que visiten las cercanías; y
- El plan de gestión debe ser revisado al menos cada cinco años y se debe actualizar/modificar según sea necesario.

4. Periodo de designación

La designación abarca un periodo indeterminado.

5. Mapas

Mapa A: Zona Antártica Especialmente Protegida de la isla Hawker, cerros Vestfold, Costa Ingrid Christensen, Tierra de la Princesa Isabel, Antártida oriental.

Mapa B: Zona Antártica Especialmente Protegida de la isla Hawker, cerros Vestfold, Costa Ingrid Christensen, Tierra de la Princesa Isabel, Antártida oriental, características físicas, topográficas y de la biota.

Especificaciones para los mapas:

> Proyección: UTM Zona 49
> Nivel de referencia horizontal: WGS84

6. Descripción de la Zona

6(i) Coordenadas geográficas, indicaciones de límites y rasgos naturales

La isla Hawker está ubicada a 68°38'S, 77°51'E, aproximadamente a 300 m costa afuera de los cerros Vestfold. Los cerros Vestfold son una zona aproximadamente triangular, sin hielo, de alrededor de 512 km^2, que abarca roca de fondo, escombros glaciales, lagos y lagunas. Los cerros Vestfold limitan con una meseta de hielo al Este, el glaciar Sørsdal al Sur y la bahía Prydz al Oeste. Comprenden cerros bajos (con una altura máxima de 158 m en el cerro Boulder) y valles profundamente penetrados por fiordos y lagos. Numerosas islas bordean la costa de los cerros Vestfold, y la isla Hawker está al Sudoeste, entre la isla Mule y la península Mule.

La isla Hawker, de forma irregular y poca elevación (con una elevación máxima de casi 40 m), tiene dos cadenas paralelas de cerros en dirección Norte-Sur que terminan en dos penínsulas pequeñas en el sur. Una tercera península, directamente al Oeste, termina en un cerro de 40 m con acantilados empinados que caen al mar en los aspectos occidental y meridional.. En la parte septentrional de la isla hay varios lagos de agua dulce entre las cadenas de cerros, con varios lagos pequeños en el terreno más llano del sector oriental. La isla tiene 2 km de largo en su máxima extensión, de Norte a Sur, y 1,7 km de Este a Oeste.

La ZAEP de la isla Hawker comprende la totalidad de la superficie de la isla Hawker, con el límite marino en la línea de bajamar (mapa B). La superficie total de la ZAEP de isla Hawker es de alrededor de 1,9 km². No hay indicadores de límites.

Análisis de dominios ambientales

Según el "Análisis Ambiental de Dominios para la Antártida (Resolución 3 [2008]) la isla Hawker está ubicada dentro de la geología continental de la T interior ambiental.

Historia humana

El primer avistamiento de los cerros Vestfold del que se tiene constancia fue el realizado por Douglas Mawson durante el viaje BANZARE de. *Discovery* el 9 de febrero de 1931. Cuatro años más tarde, el 20 de febrero de 1935, el capitán Klarius Mikkelsen, del petrolero *Thorshavn* de la Compañía Lars Christensen, vio la zona, desembarcó y puso nombre a muchas de sus características, así como a la zona misma, que llamó cerros Vestfold, igual que su provincial natal en Noruega. Los cerros Vestfold fueron visitados posteriormente por Mikkelsen a principios de 1937, mientras realizaba un levantamiento aéreo de la costa.

En enero de 1939, el explorador estadounidense Lincoln Ellsworth y su asesor australiano, Sir Hubert Wilkins, fueron los siguientes visitantes de la zona de los cuales se tiene constancia. Llegaron a bordo de la motonave *Wyatt Earp* y Ellsworth voló alrededor de 400 km tierra adentro. A principios de 1947, el *USS Currituck* visitó la Costa Ingrid Christensen como parte de la Operación Salto de Altura. Se realizaron levantamientos aéreos con fotografía de la costa.

La primera Expedición Nacional Australiana de Investigaciones Antárticas (ANARE) en la zona, encabezada por el Dr. Phillip Law a bordo del Kista Dan, llegó a los cerros Vestfold el 1 de marzo de 1954. En enero de 1956, integrantes de la Expedición Antártica Soviética desembarcaron en la Costa Ingrid Christensen, en preparación para el AGI y el establecimiento de la estación Mirny 595 km al este. Australia estableció la estación Davis en los cerros Vestfold en 1957. La isla Hawker debe su nombre a A. C. Hawker, que fue supervisor de radio en la estación Davis en 1957.

Clima

Los datos meteorológicos de la Zona se limitan casi enteramente a observaciones efectuadas en la estación Davis, 7 km al noroeste de la isla Hawker. La zona de los cerros Vestfold tiene clima marítimo polar, o sea frío, seco y ventoso. Durante el verano, los días generalmente son soleados, con una temperatura de -1 °C a +2,9 °C al mediodía y una temperatura máxima durante el verano de +5 °C, pero la temperatura se mantiene por debajo de 0 °C la mayor parte del año y baja a -40,7 °C en invierno. La temperatura máxima registrada en la estación Davis entre 1957 y 2001 fue +13 °C. Durante el año hay largos periodos de calma y buen tiempo. Los vientos generalmente son suaves. El promedio anual es de alrededor de 20 km/h. Pueden levantarse vientos fuertes y ventiscas con poca advertencia, y se han registrado ráfagas de más de 200 km/h. Caen en promedio 78 mm de nieve por año. La mayor parte de la acumulación anual se debe a la nieve arrastrada por el viento. Excepto por varios bancos de hielo permanentes, los cerros Vestfold están prácticamente libres de nieve durante el verano y cubiertos por una capa delgada en invierno. Los registros muestran que el clima estacional que cabe esperar a altas latitudes, pero en promedio la temperatura en la estación Davis es más alta que en otras estaciones antárticas situadas en latitudes similares. Eso se ha atribuido al "oasis rocoso" resultante del menor albedo de superficies rocosas en comparación con el hielo, debido al cual se absorbe más energía solar y se vuelve a irradiar.

Características geológicas

Los cerros Vestfold consisten en gneis arqueano con depresiones ocupadas por sedimentos delgados y con frecuencia fosilíferos del plioceno y el cuaternario. Los estratos cenozoicos más antiguos que se conocen en los cerros Vestfold son la formación Sørsdal, del plioceno medio, que contiene diversos fósiles de flora y fauna marinas. Otros estratos cenozoicos más jóvenes dan fe de la glaciación repetida, así como de varias transgresiones y regresiones marinas. Las tres litologías principales que forman los cerros Vestfold son, por orden de edad, el paragneis de Chelnock, el gneis de Mossel y el gneis del lago Crooked. Eso se repite en unidades de Estenordeste a Oestesudoeste que presentan intrusiones de grupos de contravetas máficas orientadas aproximadamente en dirección Norte-Sur. Las contravetas son una característica importante de los cerros Vestfold. La isla Hawker comprende una extensión del gneis del lago Crooked de la parte norte de la península Mule, más arriba de la ensenada Laternula. Igual que los gneis arqueanos de los cerros Vestfold, el gneis del lago Crooked de la isla Hawker presenta contravetas distintivas de dolerita del proterozoico medio a inferior.

Petreles gigantes comunes

La colonia de petreles gigantes comunes de la isla Hawker está en terreno plano, a unos 20 m sobre el nivel del mar en el extremo norte de la isla (mapa B). Los petreles han anidado en el mismo lugar desde que se los observó por primera vez en 1963-1964. El lado oriental de la zona de cría forma una cresta pequeña, y el terreno cae más abajo, ofreciendo un buen lugar para despegar de cara al viento nordeste prevalente.

La temporada de cría de los petreles gigantes comunes en la isla Hawker comienza con la puesta a fines de septiembre y comienzos de octubre, los huevos son depositados la segunda mitad de octubre. Tras un periodo de incubación de alrededor 60 días, los polluelos comienzan a salir del cascarón en la segunda mitad de diciembre. El proceso continua durante tres o cuatro semanas hasta mediados de enero. Después de 14 a 16 semanas tras la salida de los polluelos, las aves jóvenes se van de la colonia, a partir de fines de marzo y hasta principios de mayo. A partir de análisis del año completo realizado por cámaras automáticas y visitas durante inviernos recientes, se sabe que una pequeña cantidad de aves se presentan fuera de la temporada de reproducción; lo que explica el requisito de que las visitas a la Zona en cualquier temporada del año se realicen de manera que garanticen la perturbación mínima.

A mediados de los años ochenta se adoptó una estrategia de gestión para los tres lugares de cría de petreles gigantes comunes de los alrededores de las estaciones australianas, a fin de reducir a un mínimo las perturbaciones ocasionadas por seres humanos. Anteriormente, la División Antártica Australiana restringió las visitas para censos a una cada tres o cinco años e impuso controles administrativos estrictos para las demás visitas. En ese momento, este nivel de visitas era considerado un compromiso apropiado entre el riesgo de perturbación de las aves con el censo y la necesidad de obtener datos demográficos válidos. Sin embargo, el régimen de gestión tuvo un impacto en el nivel de visitas necesarias para evaluar los niveles de población (y tendencia) y no pareció beneficiar considerablemente la reproducción de los petreles gigantes comunes. Con el desarrollo de nuevas tecnologías (como las cámaras automáticas), ahora se puede obtener información detallada con poca o nula presencia humana durante este periodo de reproducción.

En marzo de 2011, se observaron 23 polluelos y 64 adultos en la Zona. De estos, se vieron cuatro aves anilladas consistentes de dos aves anidadas en la región de Casey (con fecha de 1985) y dos aves anilladas en la isla Hawker (con fecha de 1986). Se observó que las dos aves anilladas de Casey permanecieron cerca de los mismos polluelos y al parecer estarían reproduciéndose.

Otras aves

Hay criaderos de pingüinos Adelia a lo largo de la costa de los cerros Vestfold y por lo menos en 17 islas frente a la costa, entre ellas la isla Hawker. Se calcula que el total de pingüinos Adelia en los cerros Vestfold asciende a 130.000 parejas. La colonia de la isla Hawker está en las proximidades de un cerro pequeño, a mitad de camino en el lado occidental de la isla, y se calcula que tiene de 2.500 a 7.500 parejas. Hay indicios de que la colonia o algunos de los grupos reproductores de la colonia cambian de lugar periódicamente. En las zonas abandonadas hay gruesas capas de guano, huevos congelados y los restos desecados de polluelos muertos. Los primeros pingüinos Adelia generalmente llegan a la Zona a mediados de octubre y ponen huevos unas cuatro semanas después. El intervalo entre la puesta del primer huevo y del segundo es de dos días y medio a cuatro días y medio, y el periodo de incubación oscila entre 32 y 45 días. Los últimos adultos dejan la isla Hawker después de la muda a fines de marzo.

Se ha documentado una colonia pequeña de petreles dameros en la isla Hawker, en el extremo meridional de la península sudoccidental. Los petreles dameros abandonan la Zona en invierno y regresan a los lugares de anidación en octubre. Ponen huevos de fines de noviembre a principios de diciembre, y a los polluelos les crece el plumaje a fines de febrero y principios de marzo.

Focas

En los cerros Vestfold y en el Sudeste de la isla Hawker hay criaderos de focas de Weddell *(Leptonychotes weddellii)*. Las focas comienzan a aparecer en el litoral a fines de septiembre y principios de octubre, y los cachorros nacen de mediados de octubre a fines de noviembre. Durante todo el verano, las focas de Weddell en fase de muda continúan frecuentando el hielo marino firme y salen a tierra. La mayoría de la población local permanece en los cerros Vestfold durante todo el verano. En las proximidades de la península sudoccidental de la isla Hawker salen a tierra grupos no reproductores de elefantes marinos del sur *(Mirounga leonina)* durante los meses de verano. Las zonas de muda contienen depósitos y excremento que se han acumulado por miles de años y podrían considerarse como zonas únicas y sensibles.

Vegetación

La flora de los cerros Vestfold comprende por lo menos 82 especies de algas terrestres, seis especies de musgos y por lo menos 23 especies de líquenes. Los líquenes y musgos están principalmente en el sector oriental o tierra adentro y su distribución refleja la disponibilidad de nieve arrastrada por el viento, el tiempo transcurrido desde la exposición del substrato de la meseta de hielo y el tiempo transcurrido desde la última glaciación, la elevación y la proximidad de agua salada. Se han encontrado muy pocos líquenes o musgos cerca de la costa afectada por la sal, incluida la isla Hawker, donde el terreno bajo está densamente cubierto de extensos depósitos de arena y morrenas.

Abundan las algas terrestres, que son importantes productores primarios en los cerros Vestfold. Se han encontrado algas sublíticas (o hipolíticas) en la isla Hawker que crecían en la cara inferior de piedras de cuarzo translúcido parcialmente enterradas. Las algas predominantes (cianobacterias) y particularmente las especies oscilatoriáceas *Chroococcidiopsis sp.* y *Aphanothece sp.*, son las más frecuentes, junto con especies de clorofitas, cf. *Desmococcus sp.A* y *Prasiococcus calcarius*. El alga edáfica *Prasiola crispa* crece en forma de láminas fibrosas verdes y arrugadas en desagües de deshielo, generalmente asociada a la diatomea *Navicula muticopsis* y a algas oscilatoriáceas. Se ha encontrado el liquen ornitocófilo *Candelariella flava* en la isla Hawker asociado a sitios de anidación de aves marinas.

Invertebrados

En 1981 se realizó en los cerros Vestfold un extenso estudio de tardígrados terrestres, durante el cual se obtuvieron ejemplares de cuatro géneros y cuatro especies. Aunque no se encontraron tardígrados en el lugar de muestreo de la isla Hawker, se especula que, como se encontraron dos especies de tardígrados (*Hypsibius allisonii* y *Macrobiotus fuciger?*) en las rocas Walkabout, posiblemente se encuentren en otras zonas costeras con características ecológicas similares, asociados a *Prasiola crispa*. El ácaro *Tydeus erebus* está asociado a los criaderos de pingüinos Adelia de la isla.

6(ii) Acceso a la Zona

Según las condiciones de hielo marino, se puede acceder a la Zona en vehículo, en un pequeño bote o aeronave, los que deben permanecer fuera de la Zona. No hay lugares de aterrizaje designados.

6(iii) Ubicación de estructuras dentro de la Zona y en áreas adyacentes

No hay ninguna estructura en la Zona o junto a ella. Al momento de esta publicación, se encuentran temporalmente ubicadas una cantidad de cámaras automáticas en las cercanías de la colonia de petreles gigantes comunes, con el propósito de realizar controles de población constante.

6(iv) Ubicación de las Zonas Protegidas en las cercanías

Las siguientes Zonas Protegidas están cerca de la isla Hawker:

Llanura Marine, Zona Antártica Especialmente Protegida N° 143 (68°36'S, 78°07'E).

6(v) Áreas especiales al interior de la Zona

No hay áreas especiales al interior de la Zona.

7. Términos y condiciones para los permisos de entrada

7(i)   Condiciones generales

Se prohíbe el ingreso a la ZAEP de isla Hawker excepto con un permiso expedido por una autoridad nacional pertinente. Podrán extenderse permisos para ingresar en la Zona para investigaciones científicas urgentes que no puedan realizarse en otro lugar o para fines de gestión esenciales que sean compatibles con los objetivos y las disposiciones del plan de gestión. Se extenderán permisos únicamente para investigaciones que no pongan en peligro los valores ecológicos o científicos de la Zona y que no interfieran en estudios científicos en curso.

Los permisos deben incluir la condición de que se lleve el permiso original o una copia en todo momento en la Zona. La autoridad que expida el permiso podrá agregar otras condiciones en constancia con los objetivos y las disposiciones del plan de gestión. El titular principal de cada permiso deberá presentar a la autoridad que extienda el permiso un informe de la visita en el cual se detallen todas las actividades realizadas en la Zona y los datos censales obtenidos durante la visita.

Se recomienda la colaboración con otros programas nacionales de manera que se reduzca la duplicación de investigaciones y se minimice la perturbación de los petreles gigantes comunes. Se recomienda a los programas antárticos nacionales comunicarse con la División Antártica Australiana, que mantiene programas de monitoreo regulares de la población en la isla, para determinar otros objetivos que se puedan considerar esta temporada.

7(ii) Acceso a la Zona y circulación dentro de ella

- Se prohíbe la circulación de vehículos en la Zona;

- Se puede llegar a la isla Hawker en embarcación o vehículo según las condiciones estacionales. Las lanchas que se usen para visitar las islas deben dejarse en la costa. Los desplazamientos dentro de la Zona sólo se pueden realizar a pie. Sólo las personas que deban realizar tareas científicas o de gestión en la Zona podrán salir del lugar de desembarco o estacionamiento. Los cuadriciclos u otros vehículos terrestres utilizados para visitar la Zona no pueden entrar en la Zona. Los vehículos deben permanecer en el hielo marino, al menos a 150 m (cuadriciclos) o 250 m (otros vehículos terrestres) desde el borde de la colonia de petreles gigantes comunes (consulte el Cuadro 1);

- Se debe mantener como mínimo las distancias indicadas en el cuadro 1 al aproximarse a cualquier tipo de fauna. Si se observa perturbación de la fauna, se debe aumentar la distancia de separación o se debe modificar la actividad hasta que no haya perturbaciones visibles, a menos que se autorice en el permiso una mayor cercanía;

- Las personas que tengan un permiso para acercarse a los petreles gigantes comunes a fin de obtener datos censales o biológicos deberían mantener la mayor distancia posible;

- A fin de perturbar lo menos posible la fauna, el ruido, incluido el de la comunicación verbal, deberá mantenerse en un mínimo. Se prohíbe en la Zona el uso de herramientas de motor y cualquier otra actividad que probablemente genere ruido y perturbe así a las aves nidificantes durante la temporada de cría de los petreles gigantes comunes (mediados de septiembre a mediados de abril);

- El aterrizaje de aeronaves en la Zona está prohibido durante el periodo de reproducción, excepto cuando sea fundamental para propósitos científicos y de gestión, y autorizados por un permiso. Tales vuelos debe tener una altitud de 930 m (3050 pies) para helicópteros de un motor y aeroplanos de ala fija y no menos de 1500 m (5000 pies) para helicópteros de dos motores; y

- Está prohibido el aterrizaje de aeronaves dentro de 930 m para helicópteros de un solo motor y aeronaves de ala fija y 1500 m (5000 pies) para helicópteros de dos motores cerca de concentraciones de fauna en cualquier momento que no sea una emergencia.

Cuadro 1: Distancia mínima que debe mantener respecto de la fauna en la isla Hawker

Especie	Distancias (metros)			
	Personas a pie o en esquís (a menos que esté	Cuadriciclo y motonieve	Hägglunds, etc.	Embarcaciones pequeñas

	autorizado un mayor acercamiento)			
Petreles gigantes	100 m	No permitido en la Zona El estacionamiento debe ser en el hielo marino y no más cerca que 150 m desde las colonias.	No permitido en la Zona El estacionamiento debe ser en el hielo marino y no más cerca que 250 m desde las colonias.	Las embarcaciones no deben acercarse a menos de 50 m de la fauna; en especial, de la colonia de pingüinos Adelia en la costa oriental. Se deben tomar precauciones en las cercanías de la isla.
Pingüinos Adelia en colonias Pingüinos en fase de muda Focas con cría Crías de focas solas Skúas antárticas en el nido	30 m			
Pingüinos en hielo marino Focas adultas fuera de la temporada de cría	5 m			

7(iii) Actividades que se llevan a cabo o que se pueden llevar a cabo dentro de la Zona y restricciones con respecto al horario y el lugar

En la Zona se podrán llevar a cabo las siguientes actividades del 15 de abril al 15 de septiembre (petreles gigantes comunes fuera del periodo de cría) según lo autorizado en un permiso:

- investigaciones científicas compatibles con las disposiciones del plan de gestión de la Zona, no se pueden realizar en ningún otro lugar o en la Zona fuera del periodo y que no pongan en peligro los valores para los que fue designada la Zona o los ecosistemas en la Zona;

- actividades administrativas esenciales, incluidas las de control; y

- toma de muestras, que debería ser la mínima requerida para ciertos programas de investigación aprobados.

Las actividades realizadas dentro del periodo de reproducción de los petreles gigantes comunes sólo serán permitidas si la actividad no es invasiva y no se puede realizar durante un periodo fuera de la reproducción.

7(iv) Instalación, modificación o retiro de estructuras

- Se prohíbe erigir estructuras permanentes.

- Sólo se podrán levantar estructuras temporales o equipos, incluidas cámaras, dentro de la Zona de acuerdo con un permiso.

- Se pueden construir pequeños refugios, escondites, toldos y pantallas para propósitos de estudio científico.

- La instalación (incluida la selección del sitio), desmantelamiento, modificación o mantenimiento de las estructuras y equipo se deberán emprender de una manera que limite al mínimo la perturbación a las aves en reproducción y el ambiente alrededor.

- Todas las estructuras o marcadores científicos instalados en la Zona deben estar claramente identificados indicando el país al que pertenecen, el nombre del principal investigador y el año de su instalación.

- Los marcadores, carteles señalizadores u otras estructuras que se hayan erigido dentro de la Zona para fines científicos o administrativos deben estar asegurados y mantenidos en buenas condiciones y deben ser retirados con un permiso cuando ya no sean necesarios. Todos estos elementos deben ser fabricados con materiales que impongan un riesgo mínimo a la fauna o de contaminación en la Zona.

7(v) Ubicación de los campamentos

- Se prohíbe acampar en la Zona excepto en situación de emergencia. Cualquier campamento de emergencia debe evitar las zonas de concentraciones de fauna, si es posible.

7(vi) Restricciones relativas a los materiales y organismos que puedan introducirse en la Zona

- No se almacenará combustible en las islas. Las lanchas podrán reaprovisionarse de combustible en los sitios de la costa donde está permitido desembarcar. Se puede llevar una cantidad pequeña de combustible para un calentador para situaciones de emergencia.

- No se podrán llevar a la Zona aves o derivados, incluidos alimentos deshidratados que contengan huevo en polvo.

- No se introducirán herbicidas ni plaguicidas en la Zona.

- Todo producto químico que se introduzca con fines científicos urgentes autorizados en un permiso deberá ser retirados de la Zona cuando concluya la actividad para la cual se haya extendido el permiso o con anterioridad. Se prohíbe el uso de radionúclidos o isótopos estables.

- No se introducirán deliberadamente animales, material vegetal o microorganismos en la Zona, y se tomarán precauciones para evitar cualquier introducción accidental. Se deberá limpiar minuciosamente todo el equipo y la ropa (en especial el calzado) antes de ingresar en la Zona.

- Todo el material que se introduzca podrá permanecer durante un periodo determinado únicamente, deberá ser retirado cuando concluya dicho periodo o con anterioridad y deberá ser almacenado y manipulado de forma tal que se reduzca a un mínimo el riesgo de impacto en el medio ambiente.

7(vii) Recolección de flora y fauna autóctonas o daños que puedan sufrir éstas

- Se prohíbe la toma de ejemplares de la flora y fauna autóctonas y perjudicarlas, excepto con un permiso otorgado de conformidad con el Artículo 2 del Anexo II al Protocolo al Tratado Antártico sobre Protección del Medio Ambiente. Tal permiso debe indicar claramente los límites y las condiciones de tales actividades, las que, excepto en caso de emergencia, sólo se pueden realizar tras la aprobación de un comité de ética sobre los animales.

- La investigación ornitológica se debe limitar a las actividades que no son invasivas y no disruptivas para las aves marinas en proceso de reproducción dentro de la Zona.

- Se debe evitar en todo momento la perturbación de los petreles gigantes comunes.

7(viii) Recolección o retiro de elementos que no hayan sido llevados a la Zona por el titular del permiso

- Se podrá recolectar o retirar material de la Zona únicamente de conformidad con un permiso, y dicho material deberá limitarse al mínimo necesario para fines de índole científica o de gestión.

- Todo material de origen humano que probablemente comprometa los valores de la Zona y que no haya sido llevado a la Zona por el titular del permiso o que no esté comprendido en otro tipo de autorización podrá ser retirado, salvo que el impacto de su extracción probablemente sea mayor que el efecto de dejar el material *in situ*. Si se encuentra material de este tipo, se deberá notificar a las autoridades nacionales pertinentes.

7(ix) Eliminación de desechos

- Todos los desechos, incluso los desechos humanos, deberán ser retirados de la Zona.

7 (x) Medidas que puedan requerirse para garantizar el continuo cumplimiento de los objetivos y las finalidades del plan de gestión

- Se deberán obtener datos del GPS sobre sitios específicos que vayan a ser objeto de un monitoreo a largo plazo y transmitirlos al Directorio Maestro Antártico por medio de la autoridad nacional apropiada.

- Se pueden otorgar permisos para ingresar a la Zona y realizar actividades de gestión y monitoreo biológico que podrían involucrar la recolección de muestras para análisis y revisiones, el establecimiento o mantenimiento de estructuras y equipos científicos temporales y postes indicadores o también para otras medidas de protección. Todos los sitios específicos de monitoreo a largo plazo deben ser marcados de forma adecuada y debe solicitarse a las autoridades nacionales correspondientes la posición GPS para su implantación en el Sistema de Directorios de Datos Antárticos.

- A fin de mantener los valores ecológicos y científicos de la Zona, los visitantes deben tomar precauciones especiales contra la introducción de organismos extraños. De especial preocupación son las introducciones patógenas, microbianas o vegetales provenientes de suelos, flora y fauna de otros lugares de la Antártida, incluidas las estaciones de investigación, o de regiones fuera de la Antártida. Para minimizar el riesgo de introducciones, antes de entrar en la Zona, los visitantes deben limpiar completamente su calzado, cualquier equipo, en especial el equipo de recolección de muestras y marcadores que se vayan a usar en la Zona.

7(xi) Requisitos relativos a los informes

Las Partes deberán cerciorarse de que el titular principal de cada permiso expedido presente a la autoridad nacional pertinente un informe en el cual se describan las actividades realizadas. Dichos informes deberán incluir, la información señalada en el formulario para informes de visitas contenido en la Guía para la Preparación de Planes de Gestión para las Zonas Antárticas Especialmente Protegidas.

Las Partes deberán llevar un registro de dichas actividades y, en el intercambio anual de información, presentar descripciones resumidas de las actividades realizadas por las personas bajo su jurisdicción, suficientemente pormenorizados como para que se pueda determinar la eficacia del plan de gestión.

Siempre que sea posible, las Partes deberán depositar el informe original o copias en un archivo al cual el público tenga acceso, a fin de llevar un registro del uso que pueda utilizarse en las revisiones del plan de gestión y en la organización del uso científico de la Zona.

Se debería enviar una copia del informe a la Parte nacional encargada de la formulación del plan de gestión a fin de facilitar la gestión de la Zona y el monitoreo de las poblaciones de aves y otras especies. Además, los informes de las visitas deberían contener información detallada sobre los censos, la localización de las colonias o nidos nuevos que no se hayan documentado anteriormente, un resumen de las conclusiones de la investigación y copias de las fotografías de la Zona.

7(xii) Disposiciones en caso de emergencia

Las excepciones de restricciones indicadas en el plan de gestión en una emergencia son las especificadas en el Artículo 11 del Anexo V del Protocolo al Tratado Antártico sobre Protección del Medio Ambiente (Protocolo de Madrid). Se debe proporcionar un informe de tales acciones a la autoridad nacional correspondiente.

8. Documentación de apoyo

Algunos de los datos utilizados en el presente documento o todos ellos fueron obtenidos del Centro Australiano de Datos Antárticos (IDN Node AMD/AU), que forma parte de la División Antártica Australiana (Commonwealth de Australia).

Adamson, D.A. and Pickard, J. (1986), Cainozoic history of the Vestfold Hills, In Pickard, J., ed. *Antarctic Oasis, Terrestrial environments and history of the Vestfold Hills*. Sydney, Academic Press, 63–97.

Adamson, D.A. and Pickard, J. (1986), Physiology and geomorphology of the Vestfold Hills, In Pickard, J., ed. *Antarctic oasis: terrestrial environments and history of the Vestfold Hills*. Sydney, Academic Press, 99-139.

Agreement on the Conservation of Albatrosses and Petrels (ACAP) (2010), ACAP Species assessment Southern Giant Petrels *Macronectes giganteus*.

ANARE (1968), Datos no publicados.

Australian Antarctic Division (2010), Environmental Code of Conduct for Australian Field Activities, Territories, Environment and Treaties Section, Australian Antarctic Division.

Birdlife International (2000), *Threatened birds of the world*. Barcelona and Cambridge U. K, Lynx Edicions and Birdlife International.

BirdLife International (2011), *Macronectes giganteus*, In: IUCN 2011, 2011 IUCN Red List of Threatened Species, <http://www.iucnredlist.org/>, Downloaded on 17 January2011.

BirdLife International (2011), Species fact sheet: *Macronectes giganteus*, <http://www.birdlife.org/> Downloaded on 17 January 2011.

Cooper, J., Woehler, E., Belbin, L. (2000), Guest editorial, Selecting Antarctic Specially Protected Areas: Important Bird Areas can help, *Antarctic Science* 12: 129.

Environment Australia (2001), *Recovery Plan for Albatrosses and Giant Petrels*, Canberra.

Department of Sustainability, Environment, Water, Population and Communities (2011), *Draft National recovery plan for threatened albatrosses and giant petrels 2011-2016*, Commonwealth of Australia, Hobart.

Department of Sustainability, Environment, Water, Population and Communities (2011), *Background Paper, Population Status and Threats to Albatrosses and Giant Petrels Listed as Threatened under the Environment Protection and Biodiversity Conservation Act 1999*, Commonwealth of Australia, Hobart.

Fabel, D., Stone, J., Fifield, L.K. and Cresswell, R.G. (1997), Deglaciation of the Vestfold Hills, East Antarctica; preliminary evidence from exposure dating of three subglacial erratics. In RICCI, C.A., ed. *The Antarctic region: geological evolution and processes*, Siena: Museo Nazionale dell'Antartide, 829–834.

Garnett, S.T., Crowley, G.M. (2000), *The Action Plan for Australian Birds 2000*. Commonwealth of Australia, Environment Australia, Canberra

Gore, D.B. (1997), Last glaciation of Vestfold Hills; extension of the East Antarctic ice sheet or lateral expansion of Sørsdal Glacier. *Polar Record*, 33: 5–12.

Hirvas, H., Nenonen, K. and Quilty, P. (1993), Till stratigraphy and glacial history of the Vestfold Hills area, East Antarctica, *Quaternary International*, 18: 81–95.

IUCN (2001), *IUCN Red List Categories: Version 3.1*, IUCN Species Survival Commission, IUCN, Gland, Switzerland and Cambridge, UK.

Jouventin, P., Weimerskirch, H. (1991), Changes in the population size and demography of southern seabirds: management implications, in: Perrins, C.M., Lebreton, J.D. and Hirons, G.J.M. *Bird population studies: Relevance to conservation and management*. Oxford University Press: 297-314.

Johnstone, Gavin W.; Lugg, Desmond J., and Brown, D.A. (1973), The biology of the Vestfold Hills, Antarctica. Melbourne, Department of Science, Antarctic Division, *ANARE Scientific Reports*, Series B(1) Zoology, Publication No. 123.

Law P. (1958), Australian Coastal Exploration in Antarctica, *The Geographical Journal CXXIV*, 151-162.

Leishman, M.R. and Wild, C (2001), Vegetation abundance and diversity in relation to soil nutrients and soil water content in Vestfold Hills, East *Antarctic Science*, 13(2): 126-134

Micol, T., Jouventin, P. (2001), Long-term population trends in seven Antarctic seabirds at Point Géologie (Terre Adélie), Human impact compared with environmental change, *Polar Biology* 24: 175-185.

Miller, J.D. et al. (1984), A survey of the terrestrial Tardigrada of the Vestfold Hills, Antarctica, In Pickard, J., ed. *Antarctic Oasis, Terrestrial environments and history of the Vestfold Hills*. Sydney, Academic Press, 197-208.

Orton, M.N. (1963), Movements of young Giant Petrels bred in Antarctica, *Emu* 63: 260.

Patterson D.L., Woehler, E.J., Croxall, J.P., Cooper, J., Poncet, S., Fraser, W.R. (2008), Breeding distribution and population status of the Northern Giant Petrel *Macronectes halli* and the southern giant petrel *M. Giganteus*, *Marine Ornithology* 36: 115-124.

Pickard, J. ed., 1986, *Antarctic oasis: terrestrial environments and history of the Vestfold Hills*. Sydney, Academic Press.

Puddicombe, R.A.; and Johnstone, G.W (1988), Breeding season diet of Adélie penguins at Vestfold Hills, East Antarctica, In *Biology of the Vestfold Hills*, Antarctica, edited by J.M. Ferris, H.R. Burton, G.W. Johnstone, and I.A.E. Bayly.

Rounsevell, D.E., and Horne, P.A. (1985), Terrestrial, parasitic and introduced invertebrates of the Vestfold Hills. *Antarctic oasis; terrestrial environments and history of the Vestfold Hills*, Sydney: Academic Press, 309-331.

Stattersfield, A.J., Capper, D.R. (2000) Threatened Birds of the World. *Birdlife International*, Lynx Publications.

Wienecke, B., Leaper, R., Hay, I., van den Hoff, J. (2009), Retrofitting historical data in population studies: southern giant petrels in the Australian Antarctic Territory, *Endangered Species Research* Vol. 8: 157-164.

Woehler, E.J., Cooper, J., Croxall, J.P. Fraser, W.R., Kooyman, G.L., Miller, G.D., Nel, D.C., Patterson, D.L., Peter, H-U, Ribic, C.A., Salwicka, K., Trivelpiece, W.Z., Wiemerskirch, H. (2001), *A Statistical Assessment of the Status and Trends of Antarctic and Subantarctic Seabirds*, SCAR/CCAMLR/NSF, 43 pp.

Woehler, E. (2001), Breeding populations of Southern Giant Petrels at Heard Island, the McDonald Islands and within the AAT, Australian Antarctic Data Centre, SnoWhite Metadata <http://aadc-maps.aad.gov.au/aadc/metadata/metadata_redirect.cfm?md=AMD/AU/SOE_seabird_candidate_sp_SGP>, Downloaded on 17 January 2011.

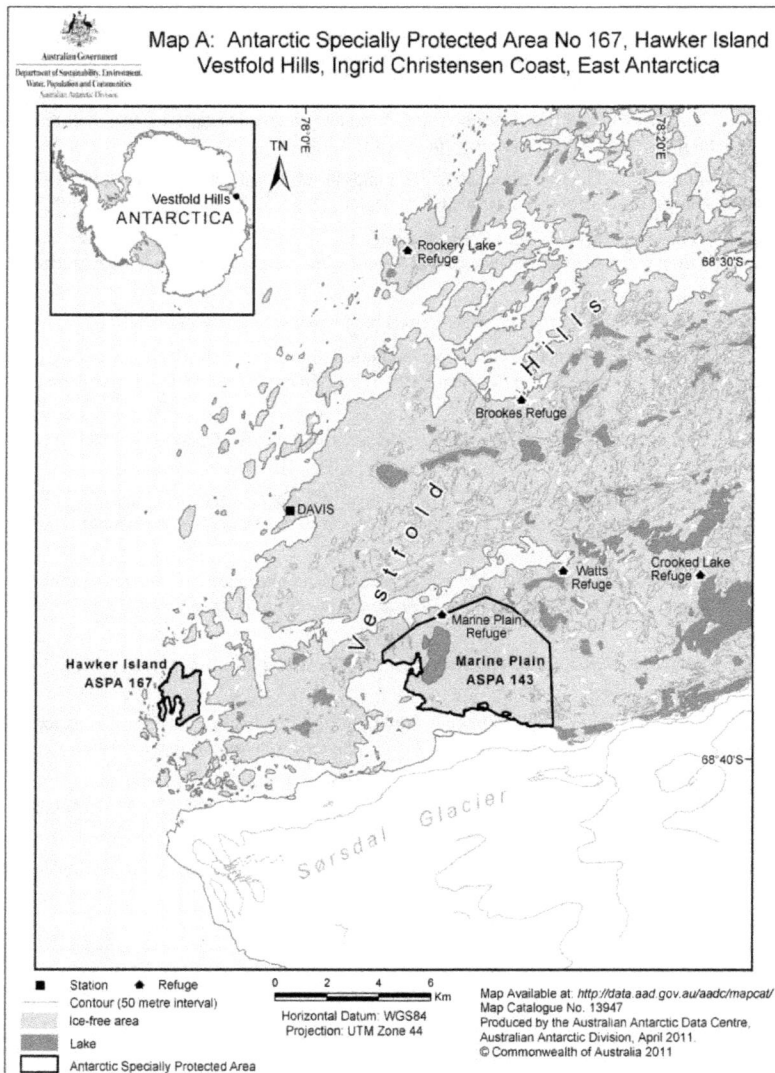

Map A: Antarctic Specially Protected Area No 167, Hawker Island Vestfold Hills, Ingrid Christensen Coast, East Antarctica

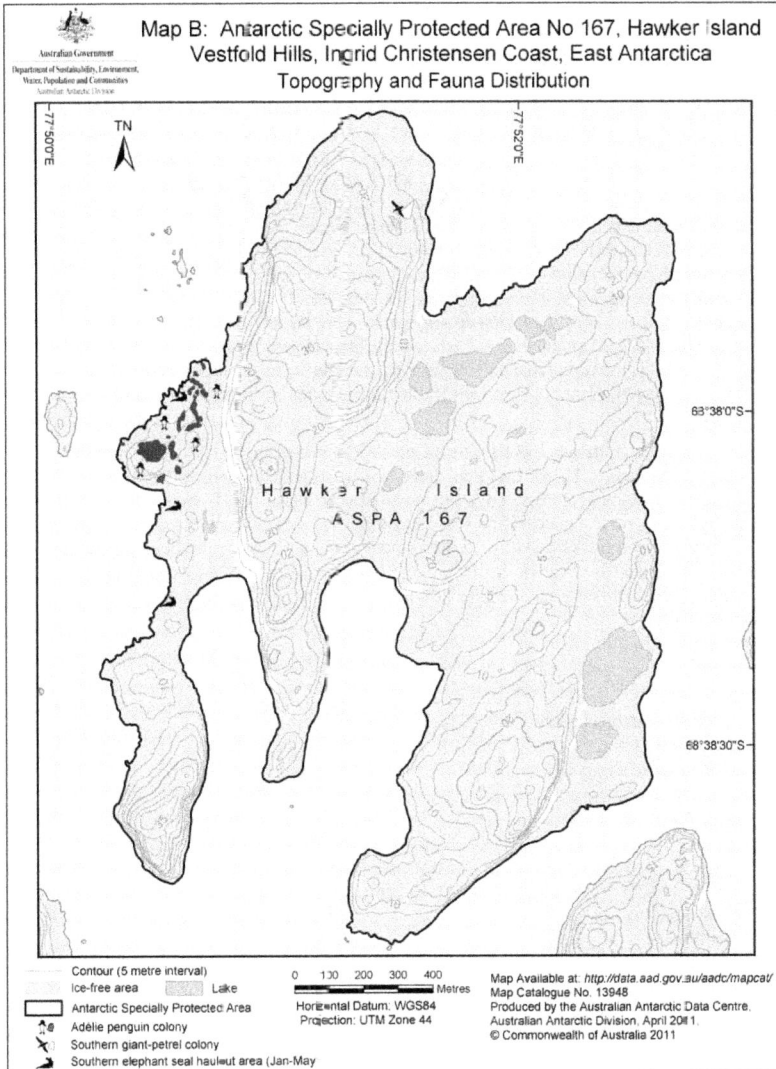

Map B: Antarctic Specially Protected Area No 167, Hawker Island Vestfold Hills, Ingrid Christensen Coast, East Antarctica Topography and Fauna Distribution

Plan de Gestión para la
Zona Antártica Especialmente Administrada N.º 2
VALLES SECOS DE MCMURDO, TIERRA DE VICTORIA MERIDIONAL

Introducción

Los Valles Secos de McMurdo son la región relativamente sin hielo más extensa de la Antártida, con aproximadamente el treinta por ciento de su superficie terrestre libre en gran medida de hielo y nieve. La región abarca un ecosistema de desierto frío, cuyo clima no sólo es frío y extremadamente árido (en el Valle Wright la temperatura anual promedio es de −19.8°C y las precipitaciones anuales son inferiores a 100 mm de su equivalente en agua), sino que además es azotada por el viento. El paisaje de la Zona contiene cadenas y picos montañosos, glaciares, valles sin hielo, litoral, lagos cubiertos de hielo, estanques, arroyos de deshielo, suelos estructurados áridos modelados y permafrost, médanos, y cuencas hidrográficas interconectadas. Estas cuencas tienen influencia regional sobre el ecosistema marino de la ensenada McMurdo. La ubicación de la Zona, en la que ocurren cambios estacionales de gran escala en la fase acuática, tiene gran importancia para el estudio de los cambios climáticos. A consecuencia de los cambios en el equilibrio de hielo y agua a lo largo del tiempo, que producen la contracción y expansión de los accidentes hidrológicos y la acumulación de oligogases sobre las nieves antiguas, el terreno de lo Valles Secos de McMurdo contienen además los registros de pasados cambios climáticos. El clima extremo de la región representa una importante analogía de las condiciones de la tierra en la antigüedad y del actual planeta Marte, donde este tipo de clima ha marcado la evolución del paisaje y la biota.

La Zona fue propuesta conjuntamente por Estados Unidos y Nueva Zelanda y su aprobación se hizo por medio de la Medida 1 (2004). Este Plan de gestión se propone garantizar la protección de largo plazo de este medioambiente único, y salvaguardar sus valores para la realización de investigación científica y para la educación y formas más generales de reconocimiento. El Plan de gestión establece los valores, objetivos y normas generales de conducta dentro de la región, e incluye una variedad de mapas y apéndices que proporcionan directrices más específicas para ciertas actividades particulares y zonas designadas dentro de la Zona, y se presenta de acuerdo con la siguiente estructura:

Contenido

APÉNDICE A: Código de conducta ambiental para los Valles secos de McMurdo

APÉNDICE B: Código de conducta ambiental para la investigación científica

APÉNDICE C: Directrices para las Zonas de instalaciones

APÉNDICE D: Directrices para las Zonas científicas

APÉNDICE E: Directrices para las Zonas restringidas

APÉNDICE F: Directrices para las Zonas de visitantes

1. Valores que requieren protección y actividades que requieren gestión

Los Valles Secos de McMurdo se caracterizan por sus ecosistemas únicos de biodiversidad macrobiótica por lo general baja y cadena alimentaria de reducida complejidad, si bien investigaciones más recientes han demostrado evidencia de una rica diversidad de comunidades microbianas en áreas relativamente pequeñas así como también entre los valles. Además, al ser la región sin hielo más extensa de la Antártida, los Valles secos de McMurdo contienen también hábitats relativamente diversos en comparación con otras áreas sin hielo. La Zona contiene micro hábitats y comunidades biológicas poco comunes (tales como sistemas endolíticos y crioconitos) así como también características glaciológicas y geológicas excepcionales (por ejemplo, un lago subglacial con alto contenido de salmuera, lagos de superficies híper salinizadas, depósitos marinos únicos y suelos desérticos inalterados). Estas características glaciológicas y geológicas son valiosas debido a que contienen un registro extremadamente extenso de eventos naturales. Los Valles Secos de McMurdo contienen indicadores de cambios climáticos presentes y pasados en la región, así como además algunos rasgos que juegan un papel importante en cuanto a influenciar el cambio climático local. Se estableció un sitio de investigación ecológica de largo plazo (LTER) en el Valle Taylor en 1993, y el programa ha realizado investigaciones sustanciales en cada temporada durante casi veinte años, no sólo en el valle Taylor sino más generalmente, en toda la zona de los Valles secos de McMurdo. Los conjuntos de datos ambientales de largo plazo que se han recabado mediante este programa y a través de una gama de otras iniciativas de investigación en los Valles Secos de McMurdo están entre los más extensos en la Antártida. Estos valores científicos tienen importancia global y regional.

La Zona es un valioso recurso para comprender los procesos de formación del paisaje y la estabilidad de la capa de hielo antártico. Los Valles Secos de McMurdo contienen depósitos de superficie únicos que incluyen sedimentos depositados y modificados por los glaciares, médanos, pavimento desértico, sedimentos glacio-lacustres, y sedimentos de fiordos marinos que contienen valiosos registros del cambio planetario. Los sistemas de suelo, roca, agua, y hielo, junto a su biota asociada, son de valor científico como ecosistemas modelo que permiten una comprensión profunda de los procesos naturales que operan en la biósfera. Por último, las especies que habitan en los Valles Secos de McMurdo proporcionan un recurso biológico para entender la adaptación a ambientes extremos, y son los verdaderos miembros distales de un proceso ecológico continuo.

El aislamiento de los Valles Secos de McMurdo y su ambiente extremo lo han protegido en general de la introducción por el ser humano de especies ajenas a la Antártida. Muchos sectores de la Zona son visitadas sólo en forma excepcional, y uno de ellos (la zona protegida de los Valles de Barwick y Balham) se ha distinguido como zona de referencia en la cual se ha restringido el ingreso en forma muy rigurosa durante casi 40 años y cuyo sobrevuelo está prohibido. La condición relativamente prístina de los Valles Secos de McMurdo y su relativa ausencia de especies establecidas al interior de la Zona son algo escasamente observado en otros lugares del mundo y con valor científico y ecológico, en especial para estudios comparativos.

También se han notado los Sitios de valor histórico emanados durante las primeras exploraciones de la Zona, como por ejemplo la 'Granite House' en Bahía Botany, Granite Harbor, construida por los miembros de la Expedición antártica británica de 1910-1913 y que fue designada como Sitio histórico N.° 67.

Los Valles Secos de McMurdo son valorados además por sus cualidades estéticas y silvestres. Representan un ambiente casi prístino que en general no ha sido alterado ni contaminado por los seres humanos. Su paisaje espectacular formado por escarpadas montañas, crestas elevadas y majestuosos valles que imponen formaciones geológicas estratificadas de oscura dolerita contra la pálida piedra arenisca, el contraste entre los suelos libres de hielo y los glaciares ofrecen perspectivas singulares de un gran valor estético.

Las actividades llevadas a cabo en la zona incluyen una variedad de investigación científica, operaciones en apoyo de la ciencia, los medios, las artes y la educación, otros visitantes oficiales de programas nacionales, además del turismo.

La zona necesita una gestión especial para garantizar que se protejan sus valores científicos, medioambientales, ecológicos, históricos, estéticos y silvestres, incluyendo el que los conjuntos de datos recolectados durante los últimos 100 años sigan manteniendo su alto valor. La actividad humana en aumento y los intereses potencialmente conflictivos han obligado a realizar una gestión más efectiva y a coordinar las actividades dentro de la zona.

2. Finalidades y objetivos

El objetivo de este Plan de gestión es conservar y proteger el medioambiente único y sobresaliente de los Valles secos de McMurdo al gestionar y coordinar las actividades humanas en la Zona de manera tal que se protejan y mantengan los valores de los Valles Secos de McMurdo a largo plazo, especialmente el valor de los extensos conjuntos de datos científicos que se han recabado.

Los objetivos de gestión específicos de la Zona son:

- Facilitar la investigación científica sin dejar de controlar el medio ambiente;
- Asistir en la planificación y la coordinación de las actividades humanas en los Valles Secos de McMurdo para administrar los conflictos reales o posibles entre los distintos valores (incluidos aquellos pertenecientes a disciplinas científicas diferentes), actividades y operadores;
- Asegurar la protección a largo plazo de los valores científicos, ecológicos, estéticos, silvestres, además de otros valores de la Zona reduciendo al mínimo la alteración o degradación de esos valores, incluyendo la alteración de las características naturales y de la flora y fauna, y reduciendo al mínimo los impactos ambientales acumulativos de las actividades humanas;
- Evitar la introducción accidental de especies no autóctonas en la Zona, y reducir al mínimo, en la medida de lo posible, el transporte de especies autóctonas dentro de la Zona;
- Reducir al mínimo las huellas dejadas por las instalaciones y de los experimentos científicos establecidos en la Zona, incluyendo la proliferación de campamentos;
- Reducir al mínimo la alteración física, la contaminación y los desechos producidos dentro de la Zona, y tomar todas las medidas prácticas para contener, tratar, eliminar o reparar el daño, ya sea producido en el curso de actividades normales o por accidente;
- Fomentar dentro de la Zona el uso de sistemas de energía y medios de transporte que produzcan el menor impacto ambiental y reducir, en la medida de lo posible, el uso del combustible de origen fósil para llevar a cabo las actividades en la zona;

Informe final de la XXXIV RCTA

- Mejorar la comprensión de los procesos naturales y del impacto humano en la Zona, incluso mediante la realización de programas de monitoreo; y
- Alentar la comunicación y la cooperación entre los usuarios de la Zona, en particular mediante la difusión de información sobre la Zona y sobre las disposiciones que sean pertinentes.

3. Actividades de gestión

Para alcanzar los objetivos y finalidades de este plan se deberán llevar a cabo las siguientes actividades de gestión :

- Los programas nacionales que operen en la zona deberían coordinar, según se necesite, y al menos en forma anual, un Grupo de gestión para los Valles secos de McMurdo (de aquí en adelante Grupo de gestión) para supervisar la coordinación de las actividades en la Zona, incluyendo:
    - facilitar y garantizar la comunicación efectiva entre aquellos que trabajan en la Zona o que la visiten;
    - proporcionar un espacio para resolver cualquier conflicto real o posible sobre su uso;
    - ayudar a reducir al mínimo la repetición de las actividades;
    - mantener un registro de las actividades, y, si resultase factible, de los impactos en la Zona;
    - formular estrategias para detectar y tratar los impactos acumulativos;
    - difundir información sobre la Zona, en particular sobre actividades que se estén realizando y las medidas administrativas que apliquen al interior de la Zona, incluso mediante la mantención electrónica de esta información en http://www.mcmurdodryvalleys.aq/;
    - revisar las actividades actuales y futuras y evaluar la efectividad de las medidas administrativas; y
    - hacer recomendaciones sobre la aplicación de este Plan de gestión.
- Los programas nacionales que operen en la Zona deberán mantener copias de la versión actualizada del plan de gestión y de la documentación de apoyo en las estaciones e instalaciones de investigación apropiadas y ponerlas a disposición de todas las personas que haya en la Zona, así como también en medios electrónicos en http://www.mcmurdodryvalleys.aq/;
- Los programas nacionales que operen en la Zona así como los operadores de turismo que la visiten deben cerciorarse de que su personal (incluyendo cuerpo administrativo, tripulación, pasajeros, científicos y cualquier otro visitante) haya sido informado y esté enterado de los requisitos de este Plan de gestión y en particular del *Código de conducta ambiental* (Apéndice A) vigente en la Zona;
- Los operadores de turismo y cualquier otro grupo o persona responsable de planificar y/o realizar actividades no gubernamentales dentro de la Zona debe coordinar por adelantado dichas actividades con los Programas nacionales que operen en la Zona para garantizar que estas no representen riesgos para sus valores y que cumplen con los requisitos del Plan de gestión;
- Los Programas nacionales que operen dentro de la Zona deberían aspirar a desarrollar las mejores prácticas con el propósito de lograr los objetivos del Plan de gestión, y de intercambiar sin restricciones dichos conocimientos e información;
- Los carteles señalizadores y/o los marcadores deben erigirse donde sea necesario y apropiado para mostrar la ubicación o los límites de las áreas, lugares de investigación, zonas de aterrizaje o desembarco o campamentos al interior de la Zona. Los marcadores, carteles señalizadores deben estar asegurados y mantenidos en buenas condiciones y ser desmantelados cuando ya no sean necesarios;
- Se efectuarán las visitas que sean necesarias (no menos de una vez cada cinco años) para evaluar si los Planes de gestión son efectivos así como para garantizar que las medidas administrativas sean las adecuadas. Los Planes de gestión, el Código de conducta y las Directrices deben revisarse y actualizarse según sea necesario; y

Informe final de la XXXIV RCTA

- Los Programas nacionales que operen en la Zona deben tomar las medidas que sean necesarias y factibles para asegurar que se cumplan los requisitos del Plan de Gestión.

4. Periodo de designación

Designación con periodo de vigencia indefinida.

5. Mapas y fotografías

Cuadro 1: Lista de mapas que se incluyen en el Plan de gestión

Mapa	Título	Escala de origen	Margen de error (+/- m)
Visión general			
Mapa 1:	Visión general –ZAEA N°.2 Valles Secos de McMurdo: Límites y áreas	1:900.000	200
Mapa 2:	Visión general-Valles Secos centrales	1:400.000	200
Zona de Instalaciones			
Mapa 3:	Explorers Cove, New Harbor	1:25.000	2
	Zona de instalaciones del campamento New Harbor		2
Recuadro:	Zona de instalaciones	1:3.000	
Mapa 4:	Lago Fryxell – Glaciar Commonwealth	1:25.000	2
Recuadro:	Zona de instalaciones del campamento F-6	1:3.000	2
Mapa 5:	Lago Fryxell – Glaciar Canadá	1:25.000	2
	Zona de instalaciones del campamento del lago		2
Recuadro:	Fryxell	1:3.000	
Mapa 6:	Lago Hoare, Glaciar Canadá	1:25.000	2
Mapa 7:	Zona de instalaciones del campamento del lago Hoare	1:3000	2
Mapa 8:	Lago Bonney, Valle Taylor	1:25.000	2
	Zona de instalaciones del campamento del lago		2
Recuadro:	Bonney	1:3.000	
Mapa 9:	Monte Newall, Cordón montañoso Asgard	1:25.000	50
	Zona de instalaciones del Repetidor de radio		2
Recuadro:	Newall	1:3.000	
Mapa 10:	Punta Marble, Ensenada McMurdo	1:35.000	5
Recuadro:	Zona de instalaciones de la estación de reaprovisionamiento de combustible de Punta Marble	1:5.000	2
Mapa 11:	Valle Lower Wright	1:25.000	50
	Zona de instalaciones de la cabaña de Lower		2
Recuadro:	Wright	1:3.000	
Mapa 12:	Lago Vanda, Valle Wright	1:25.000	50
Recuadro 1:	Zona de instalaciones de la cabaña del lago Vanda	1:3.000	2
Recuadro 2:	Zona de instalaciones de la cabaña Bull Pass	1:3.000	2
Mapa 13:	Cabo Roberts, Granite Harbor	1:10.000	10
Recuadro:	Zona de instalaciones de la cabaña de Cabo Roberts	1:3.000	10
Zona Científica			
Mapa 14:	Zona científica de Explorers Cove	1:3.000	2
Mapa 15:	Pavimento Boulder, Valle Wright	1:30.000	50
Recuadro:	Zona científica del Pavimento Boulder	1:10.000	50
Zona Restringida			

Mapa	Título	Escala de origen	Margen de error (+/- m)
Mapa 16:	Zona restringida de la cuenca del lago Trough	1:70.000	10
Mapa 17:	Monte Feather – Valle Beacon	1:130.000	50
Recuadro:	Zona restringida del depósito Sirius del monte Feather	1:25.000	50
Mapa 18:	Estanque Don Juan, Valle Wright	1:50.000	50
Recuadro:	Zona restringida del estanque Don Juan	1:12.500	50
Mapa 19:	Hondonada Argo, Valle Wright	1:30.000	50
Recuadro:	Zona restringida de la hondonada Argo	1:3.000	15
Mapa 20:	Meseta Prospect, Valle Wright	1:30.000	50
Recuadro:	Zona restringida de la meseta Prospect	1:5.000	50
Mapa 21:	Glaciar Hart, Valle Wright	1:25.000	50
Recuadro:	Zona restringida del depósito de Hart Ash	1:3.000	50
	Zona restringida de los médanos del valle de		50
Mapa 22:	Victoria	1:50.000	
Mapa 23:	Zona restringida del promontorio Battleship	1:50.000	50

Zonas de visitantes			
Mapa 24:	Valle Taylor, Lago Fryxell	1:25.000	2
Recuadro:	Zona de visitantes del valle Taylor	1:5.000	2

6. Descripción de la Zona

Los valles secos de McMurdo están ubicados en la parte meridional de la Tierra de Victoria a lo largo de la costa occidental de la ensenada McMurdo, Mar de Ross meridional, aproximadamente a 77° S, 162° E. Se ha designado como Zona Antártica Especialmente Administrada un área de aproximadamente 17.500 km² (en adelante la 'Zona') para administrar las actividades humanas en la región con objeto de proteger los valores científicos, medioambientales, ecológicos, históricos, estéticos y silvestres.

Basándose en el Análisis de dominios ambientales de la Antártida (Resolución 3(2008)) los Valles Secos de McMurdo están ubicados al interior del Geológico de McMurdo y el sur de la Tierra Victoria.

6(i) Coordenadas geográficas, indicaciones de límites y rasgos naturales

Todas las coordenadas geográficas se entregan en este Plan de gestión en formato de grados y minutos decimales (dd mm.mm).

Los límites de la Zona han sido definidos principalmente en función de las cuencas hidrológicas de los Valles Secos de McMurdo, incluido todo el suelo sin hielo y las zonas adyacentes dentro de estas cuencas, todo el cordón Convoy por el norte, limitando al Sur con el glaciar Koettlitz (Mapa 1). Las islas mar adentro, salvo la isla Tripp en el norte y la isla Heald en el sur, no están incluidas en la Zona. Partiendo de la esquina noreste y en el sentido de las agujas del reloj, el límite se define de la siguiente manera:

Desde el extremo noreste de la Isla Tripp (76°38.09'S, 162°42.90'E) el límite se extiende hacia el sur a lo largo de la costa siguiendo el nivel medio de la bajamar hasta Punta DeMaster (ubicada al este del Valle Marshall a 78°04.20'S, 164°25.43'E), una distancia de aproximadamente 170 Km. A partir de ahí, el límite recorre el margen noroeste del glaciar Koettlitz en dirección suroeste una distancia de aproximadamente 25 km hasta la bahía Walcott y el lago Trough, incluyendo dentro de la Zona todos los arroyos y lagos a lo largo del margen del glaciar (Mapa 16). Desde allí el límite continúa cerca de la línea de base al lado sur del glaciar Koettlitz en la bahía Walcott, siguiendo hacia el este hacia The Bulwark y abarcando todo el lago Trough. El límite sigue luego hacia el este a lo largo del arroyo Bulwark aproximadamente 1,5 km hacia el extremo norte de The Bulwark. A partir de ahí el límite recorre 3 km en línea recta en dirección noreste hacia la costa noreste de la isla Heald, siguiendo en torno a la costa norte hacia el extremo oriental de la isla a 78°15.00'S, 163°57.80'E.

El límite se extiende desde la isla Heald por aproximadamente 14,8 Km. en dirección sudoeste hasta la cima de La Pirámide (854 m) (78°20.64'S, 163°29.95'E). Desde ahí, continúa en dirección sudoeste aproximadamente 13,3 Km. hasta el pie del cordón Highway (78°23.97'S, 162°58.57'E), desde donde sigue por el cordón en dirección noroeste aproximadamente 3,8 Km. hasta la cima de Shark Fin (2.242 m) (78°22.11'S, 162°54.66'E). El límite se extiende desde Shark Fin por aproximadamente 6,7 Km. en dirección noroeste hasta la cima del monte Kempe (3004 m) (78°19.35'S, 162°43.18'E). El límite continúa al noroeste en línea recta desde la cima del monte Kempe aproximadamente 83 Km. hacia la cima del monte Wisneski (2320 m) (77°57.65'S, 159°33.73'E), que es la cumbre más austral de las montañas Lashley.

Desde el monte Wisneski, el límite se extiende hacia el norte aproximadamente 8,7 km hacia el monte Crean (2550 m) (77°53.00'S, 159°30.66'E), la cumbre más elevada de las montañas Lashley. El límite sigue 5,6 Km. hacia el norte hacia la cumbre del monte Koger (2450 m) (77°50.05'S, 159°33.09'E), la cumbre más septentrional de las montañas Lashley.

Desde ahí el límite se extiende en dirección noreste, aproximadamente 15,3 Km. hacia el pico montañoso Depot (1980 m) (77°44.88'S, 160°03.19'E), y desde ahí, en dirección noroeste aproximadamente 19,6 Km. hacia el extremo oeste del terreno sin hielo de la montaña Horseshoe (77°34.52'S, 159°53.72'E). El límite continua en dirección norte aproximadamente 40 Km. hacia la cima del monte DeWitt (2190 m) (77°13.05'S, 159°50.30'E), y desde ahí hacia el noroeste por aproximadamente 38,4 Km. hacia la cima del pico montañoso Carapace (2.321 m) (76°53.31'S, 159°23.76'E), y sigue 39 Km. más hacia el norte hasta la cima del pico montañoso Battlements (2.128 m) (76°32.27'S, 159°21.41'E).

Desde el pico montañoso Battlements el límite se extiende hacia el este por aproximadamente 51 Km. hacia la cima del monte Douglas (1750 m) (76°31.25'S, 161°18.64'E), y desde ahí aproximadamente 18 Km. en dirección sudeste hacia la cima del monte Endeavour (1870 m) (76°32.49'S, 161°59.97'E). El límite se extiende hacia el sudeste desde el monte Endeavour por aproximadamente 21,3 Km. hacia el extremo noreste de la isla Tripp.

La base principal para las coordenadas descritas antes es la imagen satelital del mapa de la Antártida, USGS / LINZ 1:50,000, un mapa de base digital preparado para los Valles Secos de McMurdo, con un margen de error de +/- 50 m. Debido a que este mapa no se extiende para cubrir el límite occidental, las coordenadas en esa zona son de un mapa USGS 1:250,000, que tiene un margen de error de +/- 200 m. Una cartografía exacta, con un margen de error máximo de +/- 2 m está disponible para una cantidad limitada de sitios dentro de la Zona (véase el Cuadro 1), en su mayor parte en el valle Taylor, y hay disponibles coordenadas GPS exactas que describen los límites sólo parcialmente. La serie 1:50,000 se seleccionó como base cartográfica principal de las coordenadas de límites a fin de garantizar que se proporcionen utilizando una referencia cartográfica definida con respecto a una norma consistente para la mayor parte de la Zona. Por este motivo, es probable que las coordenadas GPS para límites difieran respecto de las coordenadas entregadas anteriormente en hasta 50 m, o en el oeste en hasta ~200 m.

6 (ii) áreas restringidas y áreas administradas en la Zona

En el presente plan de gestión se establecen cuatro tipos de áreas dentro de la Zona: Zonas de instalaciones, científicas, restringidas y de visitantes. Los objetivos administrativos de esta zonificación se presentan en el Cuadro 2. Los mapas 1 y 2 muestran la ubicación de los diferentes tipos de zonas, y los mapas 3 a 24 (que aparecen en los apéndices correspondientes) muestran cada zona en el contexto de su entorno geográfico y las características en detalle o infraestructura presente en cada sitio (por lo general mostrado al interior de un recuadro). Un nuevo tipo de zonas puede ser considerado por el Grupo de gestión según sea necesario, y aquellos que ya no se necesitan pueden eliminarse de la lista. Se deben considerar especialmente las actualizaciones de la zonificación al momento de revisar los Planes de gestión.

Cuadro 2: Zonas de gestión designadas dentro de la Zona y sus objetivos específicos.

Zonas De gestión	Objetivos Específicos de la Zona	Apéndice en el Plan
Zona de Instalaciones	Asegurar que las instalaciones de apoyo científico dentro de la Zona y las actividades humanas asociadas a ellas estén contenidas y sean administradas al interior de las áreas designadas	C
Zona Científica	Garantizar que aquellos que planifican asuntos científicos o logísticos dentro de la Zona estén debidamente informados de la investigación científica en curso o de largo plazo que puedan ser vulnerables a las alteraciones o tener instalados equipos científicos sensibles, de modo que puedan tenerse en cuenta durante la planificación y realización de actividades al interior de la Zona.	D
Zona Restringida	Restringir el acceso hacia un sector en particular de la Zona y/o a las actividades que se realicen en su interior a causa de una variedad de motivos, por ejemplo, debido a valores científicos o ecológicos especiales, a causa de la vulnerabilidad, de la presencia de riesgos, o para limitar las emisiones o construcciones en un sitio en particular. El acceso a las Zonas Restringidas debiera ser normalmente por razones convincentes que no pueden cumplirse en otros lugares dentro de la Zona	E
Zona de visitantes	Proporcionar un medio para gestionar las actividades de los visitantes, incluyendo personal del programa y/o turistas, de modo que puedan contenerse los impactos y, según corresponda ser monitoreados y administrados.	F

Las políticas generales aplicables al interior de las zonas se presentan en las siguientes secciones, en tanto que las directrices para la realización de actividades específicas a los sitios de cada zona se encuentran en los Apéndices D a F.

Zona de Instalaciones

Se han establecido zonas de instalaciones para contener instalaciones temporarias y semipermanentes en áreas preestablecidas y así controlar su distribución e impronta. Las zonas de instalaciones pueden ser aquellas donde la presencia humana sea semipermanente o por un periodo determinado durante el cual se realice una actividad significativa. También se puede tratar de zonas donde se prevea que la presencia humana será periódica o repetitiva, como por ejemplo, los campamentos. El establecimiento de nuevas instalaciones debe diseñarse de forma tal que se reduzca a un mínimo la huella de las instalaciones y los materiales conexos.

Las siguientes disposiciones deben tenerse en cuenta en las zonas de instalaciones:

- Las instalaciones con un uso sustancial o reiterado, los campamentos, helipuertos/ bodegas de acopio deben ubicarse al interior de los límites de las zonas de instalaciones;

- La infraestructura existente, los lugares de campamentos y de almacenaje al interior de las Zonas de instalaciones deben ser reutilizadas en la medida de lo posible;

- Las disposiciones para el almacenamiento y manipulación de combustibles dentro de la Zona de instalaciones deben tener en cuenta los requisitos estipulados en el *Código de conducta ambiental para los valles secos McMurdo* (Apéndice A) mediante el uso de un contenedor secundario, de equipo adecuado para las operaciones de reaprovisionamiento, decantación o reparación, almacenamiento seguro y mecanismos adecuados de respuesta en caso de derrames;

- En la planificación y mantenimiento de las actividades al interior de las Zonas de instalaciones deberá contemplarse el uso de fuentes de energía alternativas y de empleo eficiente de energía;

- En la planificación y mantenimiento de las actividades al interior de las Zonas de instalaciones deberá contemplarse la gestión de los desechos, reduciéndolos a un mínimo, y todo desecho deberá almacenarse en forma segura para luego eliminarse; y

- Si corresponde, se elaborarán planes de contingencia para situaciones de emergencia que tengan en cuenta las necesidades especiales de las zonas de instalaciones específicas.

Las Zonas de instalaciones no deberán estar ubicadas en las Zonas restringidas o en las Zonas Antárticas Especialmente Protegidas (ZAEP) o en sitios que pudieran exponer al peligro los valores de la Zona.

Las zonas de instalaciones figuran en el Apéndice C con su ubicación, descripción de límites e infraestructura, zonas designadas para aterrizaje y desembarco y mapas.

Zonas Científicas

Las Zonas científicas que figuran en el Apéndice D han sido designadas para sensibilizar a los visitantes respecto de los sitios específicos donde se lleva a cabo experimentación científica en curso o sobre una base sostenida con el fin de ayudar a garantizar que importantes valores científicos o experimentos no sean perturbados. No hay restricciones generales para el acceso que apliquen al interior de las Zonas científicas, si bien los visitantes deberían familiarizarse con las disposiciones establecidas en el Apéndice D antes de visitar o de planificar trabajos en estas zonas.

Zonas Restringidas

Se ha designado algunas Zonas restringidas en lugares que son particularmente sensibles a la intervención humana. Las Zonas restringidas se presentan en el Apéndice E, con una breve descripción de sus límites, características del sitio, impactos y todas las directrices específicas relativas al acceso y a las actividades. El acceso a las Zonas restringidas debería hacerse por razones convincentes que no pudieran llevarse a cabo en otro lugar dentro de la Zona, y cuando se realicen visitas debería observarse rigurosamente toda medida adicional que asegure su protección tal como se especifica en el Apéndice E.

Zonas de visitantes

Se designó una Zona para visitantes del valle Taylor con objeto de gestionar las visitas de turistas o de expediciones no gubernamentales a la Zona dentro de un área definida en donde pueden apreciarse los excepcionales valores estéticos y silvestres de los Valles Secos de McMurdo asegurando al mismo tiempo que los riesgos de posibles impactos de turistas sobre los demás valores presentes, en especial los valores científicos y medioambientales, en la Zona se reduzcan al mínimo.

La Zona para Visitantes del Valle Taylor se ubica en el Valle Taylor cerca del extremo del glaciar Canadá (mapa 24), en un lugar de acceso relativamente fácil y seguro y se pueden garantizar los desplazamientos con un mínimo impacto para las actividades científicas o para el medioambiente. Este sitio se seleccionó luego de una consulta entre los Programas antárticos nacionales que operan en la Zona, los operadores de turismo y la Asociación antártica internacional de operadores de turismo (IAATO). En el Apéndice F se entregan las directrices específicas para la realización de actividades dentro de la Zona de visitantes bajo el nombre de

Informe final de la XXXIV RCTA

Guía para visitantes a sitios del Tratado Antártico: Valle Taylor, Tierra de Victoria Meridional , Mar de Ross.

6(iii) Estructuras situadas dentro de la zona y en sus proximidades

Las principales estructuras de la Zona se encuentran ubicadas en la Zona de instalaciones designada al interior de los Valles Secos de McMurdo centrales (mapas 2 y 13). En el Valle Taylor hay cinco campamentos semipermanentes (mapas 3 a 8), y en el Valle Wright hay otros tres campamentos semipermanentes (mapas 11 y 12). Las estructuras más importantes se encuentran en la Instalación de reaprovisionamiento de combustible de punta Marble (mapa 10), y hay otros edificios ubicados en monte Newall (mapa 9) y en cabo Roberts (mapa 13).

Hay una variedad de lugares donde hay instalados instrumentos científicos y de operación ubicados en toda la Zona al exterior de la zona de instalaciones, constando los más importantes en la lista que figura en el Cuadro 3. Otras estructuras que no aparecen en la lista incluyen diversas Estaciones meteorológicas automáticas (AWS), estaciones repetidoras de radio (monte Cerverus, monte JJ Thompson), presas de arroyos y aparatos de balance de masa de glaciar.

Cuadro 3: Estructuras al interior de la Zona y fuera de las áreas de instalaciones.

Nombre:	PM[1]	Ubicación[2]	Descripción de la ubicación	Estructuras
Estación repetidora de Monte Coates	EE.UU.	77° 47.16'S 161° 58.23'E	Cerca de la cima del monte Coates (1894 m), cerros Kukri. ~14 km de la Zona de instalaciones del lago Bonney, Valle Taylor.	Repetidor de Radio y equipos asociados, contenidos en dos cajas plásticas de color naranjo. En el sitio hay una antena.
Estación repetidora del cerro Hjorth	EE.UU.	77° 30,97'S 163° 37,22'E	Cerca de la cima del cerro Hjorth (790 m) ~ 6 km de cabo Bernacchi, al noreste de Explorers Cove y del Valle Taylor.	Repetidor de Radio y equipos asociados en una pequeña cabaña (2,4m x 2,6m). La antena está instalada sobre la cabaña.

1. Parte a cargo de la mantención
2. Coordenadas aproximadas

Además hay varios sitios en los Valles Secos de McMurdo en donde se han sacado de servicio y desmantelado algunos campamentos semipermanentes (cuadro 4).

Cuadro 4: Sitios conocidos de campamentos semi permanentes fuera de servicio en la Zona.

Sitio fuera de servicio	PR[1]	Coordenadas geográficas[2]
Cabaña Asgard	NZ	77° 35'S, 161° 36'E
Cabaña Brownworth	NZ	77° 27'S, 162° 53'E
Cabaña Bull Pass (las estructuras norteamericanas en las instalaciones de la cabaña Bull Pass se mantienen)	NZ	77° 31,01'S, 161° 51,08'E
Campamento del glaciar Meserve	EE.UU.	77° 30,8'S, 162° 17'E
Cabaña del valle Miers	NZ	78° 08'S, 163° 50'E
Antigua cabaña del lago Bonney	EE.UU.	77° 42,2'S, 162° 30,6'E
Cabaña del lago Fryxell	NZ	77° 37'S, 163° 03'E
Estación Vanda (algunas estructuras fueron reubicadas en el área de instalaciones de la cabaña del lago Vanda)	NZ	77° 31,6'S, 161° 40,1'E

Sitio fuera de servicio	PR[1]	Coordenadas geográficas[2]
Campamento del glaciar Commonwealth	NZ	77° 34.94'S, 163° 35.81'E
Antiguo campamento de New Harbor	EE.UU.	77° 34,5'S, 163° 29,9'E
Campamento del glaciar Odell	EE.UU.	76° 40,86'S, 159° 54,8'E

1. Parte responsable
2. Coordenadas aproximadas

Ocho sitios dentro de la Zona fueron perforados, varios de ellos con múltiples perforaciones, como parte del proyecto de perforación de los valles secos de McMurdo (DVDP) realizado entre los años 1971 y 1975. Los sitios de perforación del proyecto están situados en el lago Vanda (DVDP 4) (perforado de 85,8 m bajo la superficie del hielo), Estanque Don Juan (DVDP 5, 3,4 m; DVDP 13, 75 m), cráter North Fork del valle Wright (DVDP 14, 78 m), lago Vida (DVDP 6, 305,8 m; tapado y cerrado permanentemente por el programa de EE.UU. en 2006-07, y ahora tiene varios metros bajo la superficie del lago), lago Fryxell (DVDP 7, 11,1 m), New Harbor (DVDP 8, 157,5 m; DVDP 9, 38,3 m; DVDP 10, 187 m), glaciar Commonwealth (DVDP 11, 328 m), y lago Hoare (DVDP 12, 185 m).

6(iv) Ubicación de las zonas protegidas dentro de la Zona

El ingreso a una Zona Antártica Especialmente Protegida (ZAEP) está prohibido a menos que se haga en conformidad con un permiso expedido por una autoridad nacional. Cuatro son las ZAEP designadas dentro de la Zona (mapas 1 y 2):

ZAEP nº 123 Valles Barwick y Balham, Tierra de Victoria Meridional (mapas 1 y 2);

ZAEP Nº 131 Glaciar Canadá, Lago Fryxell, Valle Taylor, Tierra de Victoria (mapas 2, 5 y 24);

ZAEP nº 138 Terraza Linnaeus, Cordón Asgard, Tierra de Victoria (mapas 2 y 18);

ZAEP Nº 154 Bahía Botany, Cabo Geology, Tierra de Victoria (mapa 1).

7. Código de conducta

El código de Conducta de esta sección constituye el instrumento principal para la gestión de las actividades de la Zona. Contiene los principios administrativos y operaciones generales para la Zona.

Además, se proporciona orientación adicional en el *Código de conducta ambiental para los valles secos McMurdo* (Apéndice A), el *Código de conducta ambiental para la investigación científica* (Apéndice B), y en la Lista de Instalaciones de la Zona (Apéndice C), Zonas científicas (Apéndice D), Zonas restringidas (Apéndice E), y la Zona de visitantes (Apéndice F). Todas las personas que visiten los Valles Secos McMurdo deben estar informadas, como mínimo, sobre las *Directrices medioambientales generales* que figuran en el Apéndice A antes de ingresar a la Zona.

7 (i) Acceso a la zona y desplazamientos en su interior

La Zona es vasta y tiene numerosos puntos posibles de acceso. Normalmente se llega a la Zona en helicóptero desde la isla Ross o por hielo marino desde New Harbor o punta Marble. De ser factible, el aterrizaje de helicópteros se deberá hacer en los helipuertos designados, los cuales figuran en una lista y se muestran en los mapas de los Apéndices C y F, que describen las zonas de gestión. Los sitios designados para aterrizaje dentro de las ZAEP se definen y constan en los mapas de sus Planes de gestión relevantes. Cuando no estuvieran disponibles se elegirán para el aterrizaje, de ser posible, los sitios utilizados anteriormente. Cuando se prevea que se utilizarán helicópteros para el acceso reiterado a un lugar en particular, deberá considerarse la posibilidad de establecer un sitio designado para aterrizajes. Dichas sugerencias deberán remitirse al Grupo de gestión. Están vigentes las restricciones a los sobrevuelos de la ZAEP N.º 123 en los valles de Barwick y Balham, la ZAEP N.º 131 en el glaciar Canadá y la ZAEP N.º 154 en la bahía Botany, y sobre las áreas restringidas del estanque Don Juan y de los médanos del valle de Victoria.

Las rutas de acceso para peatones y los movimientos dentro de la Zona deberán realizarse de forma tal que se reduzca a un mínimo la alteración del suelo y de las superficies con vegetación. Hay varios caminos peatonales en la zona. En el Valle Taylor, estos comprenden las rutas entre el campamento F-6 y el campamento del lago Fryxell, entre el campamento F-6 y el campamento del lago Hoare, entre el campamento del lago Hoare y el campamento del lago Fryxell, y entre el campamento del lago Hoare y el campamento del lago Bonney. También hay una ruta desde el borde del lago Fryxell hasta la presa del arroyo Canadá. También hay rutas fuera de las proximidades de los campamentos F-6, lago Fryxell, lago Bonney y lago Hoare. Se definió una ruta para el desplazamiento de peatones al interior de la Zona de visitantes del Valle Taylor (Apéndice F). En el valle Wright hay una ruta entre la presa Vanda y las cabañas Vanda. Hay una ruta poco definida que bordea el río Onyx entre el lago Vanda y el lago Brownworth, y en algunos lugares todavía quedan huellas de vehículos terrestres que transitaron por esta ruta en los años setenta.

En algunos lugares en los que se ha realizado actividades en forma sostenida, se han desarrollado senderos peatonales en los suelos sueltos de las morrenas, tales como las que pueden encontrarse en las cercanías de la Zona de instalaciones y en sitios como los que están en el margen norte del glaciar Taylor. En tales casos los peatones deben utilizar de preferencia los senderos ya existentes, salvo que se haga evidente que hacerlo sea inseguro o pueda producir un impacto mayor que el uso de una ruta alternativa.

El uso de vehículos dentro de la Zona deberá restringirse al hielo lacustre o marino salvo que se autorice específicamente su circulación en tierra en punta Marble (mapa 11), New Harbor (mapas 3 y 14), y cabo Roberts (mapa 13), donde los vehículos podrán circular por los senderos que ya existen.

Deberá evitarse el acceso a las Áreas restringidas a menos que así lo impongan motivos convincentes, y se deberá coordinar con los Programas nacionales que operen en la Zona.

El acceso de turistas y expediciones no gubernamentales deberá limitarse a la Zona de visitantes del valle Taylor de conformidad con las directrices aprobadas en el Apéndice F, y deberá coordinarse por adelantado con los Programas nacionales que operen en la Zona.

7 (ii) Actividades que pueden llevarse a cabo dentro de la zona

Las actividades que se pueden realizar en la Zona comprenden la investigación científica, operaciones en apoyo de la ciencia, medios de comunicación, artes, educación u otros visitantes oficiales de programas nacionales; actividades de gestión, incluido el mantenimiento o el retiro de instalaciones, y visitas turísticas dentro de la zona de visitantes, donde estas actividades no pongan en peligro los valores de la Zona.

Todas las actividades dentro de los valles secos de McMurdo deberán llevarse a cabo de forma tal que se reduzca a un mínimo el impacto ambiental. En lo posible se deberán utilizar fuentes energéticas alternativas (por ejemplo, energía solar, eólica, celdas de combustibles) a fin de reducir a un mínimo el uso de combustible fósil. En los Apéndices A-E se proporcionan las directrices específicas para la realización de actividades en la Zona.

Las expediciones turísticas y no gubernamentales deberán además garantizar que sus actividades reduzcan a un mínimo el impacto en las actividades científicas que se estén realizando en la Zona, y que se realicen de conformidad con la Guía para visitantes a sitios del Tratado Antártico: Valle Taylor (Apéndice F)

7(iii) Instalación, modificación o desmantelamiento de estructuras

Al determinar la ubicación de instalaciones y al emplazarlas se deberá tener cuidado para reducir a un mínimo su impacto en el medio ambiente. Se deberá contemplar el máximo aprovechamiento de las instalaciones existentes o el compartir las de otros programas antes de construir nuevas instalaciones, reduciéndose al mínimo posible la huella de las instalaciones. Los sitios destinados a instalaciones anteriores deberán reutilizarse cuando sea posible y resulte adecuado. En general, no deberán instalarse estructuras permanentes o semipermanentes fuera de las Zonas de instalaciones, salvo que sean de tamaño pequeño y no representen una amenaza grave a los valores de la Zona (por ejemplo, una estación meteorológica automática (AWS) o un repetidor de radio pequeño solar, y a batería, con mínima infraestructura asociada).

Todas las instalaciones deberán recibir mantención mientras se mantengan en uso, y deberán desmantelarse cuando ya no sean necesarias. Los Programas nacionales responsables de las instalaciones deberán identificarlas, poniendo además en ellas el nombre del principal investigador y su año de instalación. Los tipos de instalación y sus coordenadas deben registrarse, con información proporcionada al Programa nacional responsable y luego esa información deberá compartirse con el Grupo de gestión.

Los Programas nacionales deberán intercambiar información sobre propuestas para nuevas instalaciones por medio del Grupo de gestión antes de su construcción, con objeto de coordinar las actividades y reducir al mínimo la necesidad de instalaciones nuevas, repetidas, o con potencial destructivo.

7(iv) Campamentos

En Valles Secos de McMurdo, se entiende por campamento un campamento pequeño y provisorio instalado para realizar investigaciones durante una temporada, y que está compuesto por lo general de cierto número de tiendas e incluye refugios transitorios para el trabajo de laboratorio o de cocina. Estos campamentos deben por lo general instalarse sólo cuando el trabajo que se proponen apoyar no puede cumplirse en la práctica mediante el acceso al lugar desde una de las Zonas de instalaciones.

Al determinar la ubicación de campamentos y al emplazarlos se deberá tener cuidado para reducir a un mínimo su impacto en el medio ambiente. Se deberá contemplar el máximo aprovechamiento de campamentos existentes o el compartir los de otros programas antes de levantar nuevos campamentos, reduciéndose al mínimo posible la huella de su instalación.

Todos los campamentos deberán recibir mantención mientras se mantengan en uso, y deberán desmantelarse cuando ya no sean necesarios. Se debe tener especial cuidado en asegurar que el equipo de campamento no sea dispersado por el viento.

Las coordenadas de los sitios de los campamentos deben registrarse, proporcionándose esa información al Programa nacional responsable, y compartiéndose luego esa información con el Grupo de gestión.

En el cuadro 5 se enumeran los sitios designados para campamentos fuera de las Zonas de instalaciones o en otras áreas de la Zona.

Cuadro 5: Sitios designados para campamentos fuera de las Zonas de instalaciones o en otras áreas de la Zona.

Nombre:	PM[1]	Lugar:	Descripción de la ubicación	Descripción del terreno del campamento
Campamento de Cataratas de Sangre	EE.UU	77°43.24' S 162°16.29 E 1 helipuerto en la ubicación anterior	Costa noroeste del lago Bonney ~100 m del fin del glaciar Taylor y las Cataratas de Sangre.	Laderas que se extienden ~100 m hacia arriba sobre el borde costa lacustre y ~200 m en dirección noreste desde Lawson Creek hasta una cota de sondeo de referencia permanente (TP02) a ~20 m del borde lacustre. Marcados con círculos de piedras hay sitios para tiendas. El helipuerto designado se ubica en las cercanías de un conjunto de sitios para tiendas en el sector sudoeste del sitio para campamentos.

1. Parte a cargo de la mantención

7(v) Recolección o alteración perjudicial de la flora y fauna autóctonas

Se prohíbe la toma de ejemplares de la flora o la fauna autóctonas así como su alteración perjudicial, excepto con un permiso especial en conformidad con el Artículo 3 del Anexo II al Protocolo, expedido por la autoridad nacional correspondiente específicamente para ese propósito. La recolección de animales o la interferencia perjudicial con ellos deberían, como norma mínima, estar en concordancia con el Código de conducta para el uso de animales con fines científicos en la Antártida del Comité científico para la investigación antártica, SCAR.

A fin de mantener los valores ecológicos y científicos de la Zona los visitantes deben tener precauciones especiales relativas a la introducción de especies no autóctonas.

Causa especial preocupación la introducción de especies provenientes de de otros lugares de la Antártida, incluidas las estaciones, o provenientes de regiones fuera de la Antártida. Los visitantes deberán tomar precauciones para garantizar que los equipos de muestreo y los señalizadores ingresados a la Zona estén limpios. Los visitantes deben limpiar exhaustivamente todo su equipo (incluidas las mochilas, maletas y tiendas), y su vestimenta y calzado antes de ingresar a la Zona. Los visitantes deben también estar concientes del riesgo que conlleva el traslado de especies entre un sector de Valles Secos y otro, lo cual puede además afectar los valores de la Zona. En particular, los visitantes deben aspirar a reducir a un mínimo el traslado de suelo entre un sector y otro al interior de Valles Secos, limpiando sus equipos (por ejemplo, equipo de campamento y de toma de muestras, vehículos y calzado) antes de trasladarse de un lugar a otro.

7(vi) Recolección o retiro de material encontrado en la Zona

Se podrá tomar o retirar de la zona material que no esté comprendido en el párrafo 7(v) sólo con fines científicos o educativos o por razones esenciales de gestión, y ello deberá limitarse al mínimo indispensable para cubrir dichas necesidades. Todo meteorito tomado deberá ser recolectado y curado de conformidad con las normas científicas aceptadas y se deberá poner a disposición de fines científicos. Todo material de origen humano que probablemente comprometa los valores de la zona deberá ser retirado salvo que el impacto de dicho retiro probablemente sea mayor que el de dejar el material en el lugar. En ese caso, se deberá notificar a las autoridades pertinentes.

7(vii) Gestión de los desechos

Todo material que se ingrese en la Zona deberá recolectarse y retirarse en la mayor medida de lo posible cuando ya no sea necesario. El agua para uso humano, incluida el agua para usos científicos, deberá ser retirada o tratada en un evaporador de aguas residuales (y se deberán retirar los residuos). Todos los desechos humanos deberán ser retirados de la zona, incluidos los residuos de la incineración.

De conformidad con el artículo 4, Anexo III, del Protocolo, no se verterán residuos en zonas sin hielo, en sistemas de agua dulce o en la nieve o el hielo que terminen en esas zonas o que tengan un alto índice de ablación.

7(xi) Requisitos relativos a los informes

En la medida de lo posible, el grupo coordinador de la gestión deberá preparar informes de las actividades en la zona y ponerlos a disposición de todas las Partes.

De conformidad con el artículo 10 del Anexo V del Protocolo, se tomarán las medidas necesarias para la recolección y el intercambio de informes de visitas de inspección y de todo cambio o daño significativo observado dentro de la zona.

Los operadores turísticos deberán llevar un registro de sus visitas a la zona, incluido el número de visitantes, fechas e incidentes observados en la Zona, y entregar dichos datos de conformidad con los procedimientos de informes sobre expediciones aprobado por las Partes del Tratado Antártico y la IAATO.

8. Disposiciones relativas al intercambio de información previo a las actividades propuestas

Además del intercambio normal de información por medio de los informes anuales nacionales a las Partes al Tratado Antártico, al SCAR y el Consejo de Administradores de Programas Antárticos, COMNAP, las Partes que operen en la zona deberán intercambiar información por medio del grupo de gestión.

9. Documentación de apoyo

Informe final de la XXXIV RCTA

Información electrónica

Los Programas nacionales que operan en la Zona han establecido un sitio Web con el propósito de proporcionar información adicional sobre los Valles Secos de McMurdo, incluyendo documentos de gestión actualizados, planes de gestión de zonas protegidas, mapas, descripciones y políticas. Esta información puede encontrarse en http://www.mcmurdodryvalleys.aq

Planes de gestión

Plan de gestión para la Zona Especialmente Protegida Nº 123 Valles Barwick y Balham, Tierra de de Victoria Meridional.

Plan de gestión para la Zona Especialmente Protegida Nº 131 Valles glaciar Canadá, Valle Taylor, Tierra de Victoria.

Plan de gestión para la Zona Especialmente Protegida Nº 138 Terraza Linnaeus, Cordón Asgard, Tierra de Victoria.

Plan de gestión para la Zona Especialmente Protegida Nº 154 Bahía Botany, Cabo Geology, Tierra de Victoria.

APÉNDICE A:

Código de conducta ambiental para los Valles Secos de McMurdo

¿Por qué se consideran tan importantes los Valles Secos de McMurdo? El ecosistema de los Valles Secos de McMurdo contiene características geológicas y biológicas que datan de hace miles de millones de años. Muchas de estas antiguas características podrían ser fácil e irreversiblemente dañadas por la acción humana. Algunas comunidades poco comunes de formas microscópicas de vida, la escasa biodiversidad, las cadenas alimentarias simples con limitada competencia trófica, un severo estrés térmico, su aridez y las limitaciones en cuanto a nutrientes son otras características que vuelven singulares a los Valles Secos de McMurdo. Este antiguo paisaje desértico y sus comunidades biológicas tienen muy poca capacidad natural para recuperarse de las alteraciones. La investigación en dichos sistemas debe tratar de reducir al mínimo los impactos a fin de proteger el ambiente para futuras generaciones.

Antes de que usted viaje a la Zona:

- Compruebe que las actividades que planifica cumplen los requisitos del Código de conducta del Plan de gestión, el Código de conducta contenido en los Apéndices A y B, y con todas las directrices específicas con vigencia dentro de las Zonas de gestión (Apéndices C a F).

- Planifique todas las actividades como viaje, instalación de campamentos, manejo y contención secundaria de combustible, y manejo (y reducción al mínimo) de desechos, con el objetivo de reducir al mínimo los impactos ambientales. Para su seguridad, las personas o grupos deben garantizar que se lleve a la Zona suficiente equipo y material de supervivencia o que estén disponibles en el sitio.

- Para contribuir a evitar la introducción accidental de especies no autóctonas a los Valles Secos de McMurdo, limpie minuciosamente todo el equipo (incluso las mochilas, los bolsos y las tiendas), la vestimenta y el calzado antes de viajar a la Zona.

Viaje y actividades dentro de la Zona:

- Para reducir el riesgo de transferir especies de una parte a otra de los Valles Secos, limpie el equipo, los vehículos, la vestimenta y el calzado antes de trasladarse a otro sitio.

- Tenga presentes las directrices específicas del sitio en los Apéndices C al F y evite las Zonas restringidas a menos que deba acceder a ellas por una razón convincente que no se pueda atender en otra parte dentro de la Zona.

- Debe evitarse cruzar los arroyos; cuando sea necesario cruzar arroyos, deben usarse siempre que sea posible los puntos de cruce designados.

- Evite nadar o bucear en los lagos, a menos que lo autorice un Programa nacional para fines científicos.

- Evite alterar las focas o aves momificadas.

- No deben construirse montículos de piedras en la Zona a menos que lo autorice un Programa nacional.

- No abandone ningún equipo de viaje (por ejemplo tornillos y pitones para hielo).

Desplazamientos peatonales:

- Algunas comunidades biológicas y formaciones geológicas son especialmente frágiles, incluso cuando están ocultas por la nieve; esté alerta y evite dichas características cuando viaje dentro de la Zona. Por ejemplo, evite caminar sobre áreas con vegetación, en los arroyos o en sus taludes, en las dunas, encima de experimentos de largo plazo en el suelo, en superficies de delta elevado, en formaciones rocosas delicadas o sobre otras características sensibles.

- Si es factible, siga los senderos designados o establecidos. Para tener mayor orientación, consulte las directrices específicas del sitio para las zonas (Apéndices C al F).

Uso de vehículos:

- El uso de vehículos debe restringirse a las superficies con hielo a menos que se autorice específicamente actuar de otro modo o bien puede hacerse en punta Marble, cabo Roberts y New Harbor.
- Los vehículos deben seguir los senderos establecidos dondequiera que los haya.
- Los vehículos deben estacionarse siempre sobre una unidad de contención secundaria o bandeja de goteo.
- Los vehículos deben usarse sobre el hielo lacustre solamente cuando sea indispensable y, durante el período de fusión estival, deben estacionarse en el hielo lacustre permanente en vez del hielo de fosa.

Uso de helicópteros:

- De haberlas, las plataformas de helipuerto designadas deben usarse para los aterrizajes de helicópteros. Si no existen, deben usarse los sitios de aterrizaje conocidos anteriores, de ser posible. Las plataformas de helipuerto designadas se enumeran en los Apéndices C al F y se muestran en los Mapas 3 al 24.
- Las plataformas de helipuerto designadas deben estar marcadas para ser claramente visibles desde el aire. Los marcadores utilizados deben estar bien asegurados y ser durables.
- Deben evitarse los aterrizajes de helicópteros en los lagos, en la medida de lo posible.
- Las operaciones en helicóptero no deben usar bombas de humo, salvo para propósitos esenciales de seguridad.
- Se debe tener cuidado de comprobar que las eslingadas de los helicópteros estén correctamente sujetas. Estas operaciones deben ser supervisadas por personal capacitado.

Campamentos: ubicación e instalación

- Antes de instalar nuevos campamentos, use los campamentos designados, anteriores o ya existentes, o bien comparta los de otros programas en la máxima medida posible.
- Reduzca al mínimo la huella de todos los campamentos.
- Para evitar daños o contaminación, los campamentos se deben ubicar tan lejos como sea práctico de las márgenes de los lagos, lechos fluviales y experimentos de largo plazo. No acampe en los lechos fluviales, aun cuando estén secos.
- Las piedras que se trasladen para nuevos campamentos u otras actividades en áreas que no hayan sido alteradas deben reponerse después de la actividad en su huella original, si es posible, y como mínimo deben colocarse con el lado incrustado de sal hacia abajo. Si el campamento está destinado a una actividad plurianual, deben pedirse otras orientaciones al Programa nacional de apoyo.
- La ubicación de los campamentos se debe registrar y enviar al Programa nacional de apoyo.
- Compruebe que el equipo y los suministros estén correctamente sujetos en todo momento, a fin de evitar su dispersión por los vientos fuertes.

Uso de energía:

- Hasta donde sea practicable, use dentro de la Zona los sistemas de energía y los modos de desplazamiento que tengan menor impacto ambiental y que reduzcan al mínimo el uso de combustibles fósiles.

Uso de materiales:

- Todo elemento llevado a la Zona debe retirarse de ella y ser devuelto a la estación del Programa nacional correspondiente para su apropiada manipulación.
- Las actividades que podrían producir una dispersión de materiales exógenos deben evitarse (por ejemplo, no use pintura en aerosol para marcar las rocas) o realizarse dentro de una cabaña o tienda (por ejemplo, todas las actividades de corte, aserrado y desempaque).
- No deben usarse explosivos dentro de la Zona, a menos que un Programa nacional apruebe su uso en apoyo de propósitos científicos o administrativos esenciales.
- De ser posible, compruebe que no haya dejado nada congelado en los glaciares, en la nieve o en el hielo lacustre que pueda fundirse o evaporarse, causando contaminación posteriormente.

Combustible y productos químicos:

- Hasta donde sea posible, evite todo derrame de combustible y productos químicos.
- Se deben tomar medidas para evitar el escape accidental de productos químicos, incluidos los reactivos de laboratorio e isótopos (estables o radiactivos). Los productos químicos de todo tipo deben dosificarse sobre bandejas de goteo u otro medio de contención. Si está permitido usar radioisótopos, deben observarse exactamente las instrucciones de seguridad y de manejo.
- Al usar productos químicos o combustibles, compruebe que dispone de equipo antiderrame y de unidades de contención secundaria apropiadas al volumen de la sustancia. Quienes trabajen con productos químicos y combustibles deben estar familiarizados con su uso y con los correspondientes procedimientos de respuesta ante derrames.
- Los recipientes de productos químicos y combustible deben ubicarse y taparse de manera segura, particularmente sobre el hielo lacustre.
- Todos los tambores de combustible deben almacenarse con contención secundaria.
- Al reabastecer los generadores se deben usar bidones para combustible con espita.
- Los generadores y vehículos se deben reabastecer sobre bandejas de goteo, usando paños absorbentes para derrames.
- El petróleo de los vehículos no debe cambiarse excepto sobre una bandeja de goteo.

Desechos y derrames:

- El agua usada para CUALQUIER propósito humano debe retirarse y/o tratarse en un evaporador de aguas grises (y los residuos deben retirarse).
- Todos los desechos humanos se deben recoger y retirar.
- Las personas o grupos deben llevar siempre los recipientes apropiados para desechos humanos y aguas grises, de modo que estos se puedan transportar de manera correcta y segura para su eliminación.
- Limpie cualquier derrame y/o escape en la máxima medida posible e informe al Programa nacional correspondiente sobre su ubicación, incluyendo las coordenadas.

APÉNDICE B:

Código de conducta ambiental para la investigación científica

Informe final de la XXXIV RCTA

Las actividades científicas en los Valles Secos de McMurdo incluyen investigación sobre el clima, glaciares, arroyos, lagos, suelos, y geología y geomorfología locales. El siguiente Código de conducta ambiental para la investigación científica está destinado a reducir el impacto de las actividades de investigación específicas de algunos ambientes claves en la Zona Estas directrices se basan en el informe Lagos de los Valles Secos de McMurdo: impactos de las actividades de investigación (Wharton, R.A. y Doran, P.T., 1998), que fue el producto de un taller internacional de científicos que realizaban investigaciones en la Zona.

Requisitos generales

- No cambie de sitio ni recolecte especímenes de ninguna índole, incluidos los fósiles, excepto con un permiso para fines científicos y educativos asociados.
- Se debe registrar la ubicación de los sitios de extracción de muestras (incluidos los de transecciones biológicas), de perforaciones y excavación de suelos, así como de cualquier otra instalación (por ejemplo estructuras e instrumentación de control de flujo), y se deben enviar sus coordenadas al Programa nacional de apoyo.
- Las instalaciones y el equipo deben presentar un riesgo mínimo de emisiones dañinas al medio ambiente (por ejemplo, use celdas de gel u otras baterías antiderrame).
- Compruebe que todas las instalaciones, materiales y equipo estén almacenados de manera segura cuando no estén en uso y que se retiren cuando ya no se requieran.
- Todo marcador instalado debe ser durable y estar firmemente sujeto.
- Los registros de meta datos que describen los datos recopilados se deben enviar al Programa nacional de apoyo, e incluirse dentro del Directorio maestro antártico.

Sitios de extracción de muestras y experimentación

- Todo el equipo científico, particularmente el equipo usado para muestreo y perforaciones, debe estar limpio antes de llevarse a la Zona, y debe limpiarse antes de ser transportado a otros sitios para volver a usarse dentro de la Zona.
- Si existe un riesgo razonable de que el equipo de muestreo pueda perderse irremediablemente, amárrelo todo firmemente.
- Los tamaños de las muestras de todos los materiales de biomasa y no biológicos deben limitarse al mínimo indispensable para una efectiva realización de los análisis y archivos planificados.
- Los sitios de muestreo (por ejemplo hielo lacustre, en glaciares o suelos) se deben mantener limpios.
- Reduzca al mínimo y de ser posible evite el uso de líquidos para perforación.
- Los sitios de experimentación o de monitoreo destinados a usarse durante más de una temporada se deben identificar claramente por país, nombre del principal investigador y año de instalación.

Instalaciones científicas

Para las instalaciones científicas, incluidas las estaciones meteorológicas, monumentos geográficos, repetidores de comunicaciones, sistemas de monitoreo de lagos y registradores de nivel:

- Las instalaciones deben estar cuidadosamente ubicadas, deben ser fácilmente recuperables cuando sea necesario, y deben estar apropiadamente sujetas en todo momento a fin de evitar su dispersión por vientos fuertes.

- Todas las instalaciones en la Zona deben estar claramente identificadas por país, nombre del investigador principal y año de instalación.
- Las instalaciones deben ser tan energéticamente eficientes como sea posible y se debe usar fuentes de energía renovable dondequiera que sea factible.
- Las instalaciones deben presentar un riesgo mínimo de emisiones dañinas al medio ambiente (por ejemplo, se debe usar celdas de gel u otras baterías antiderrame).
- Debe evaluarse periódicamente el deterioro, utilidad y posible desmantelamiento de las instalaciones. La frecuencia de la evaluación puede depender de las características de la instalación y del sitio, aunque en general es probable que sea necesario evaluar por lo menos una vez cada 3 a 5 años.
- Las instalaciones deben estar diseñadas y construidas para que se puedan retirar de servicio y sacar de la Zona cuando ya no se usen.

Equipo científico, combustibles y materiales

- Reduzca al mínimo el uso del equipo alimentado con combustibles fósiles; en cuanto sea posible, use dispositivos manuales y alimentados con energía solar.
- Ajuste apropiadamente los generadores a fin de reducir al mínimo las emisiones y úselos solamente cuando sea necesario. Coloque siempre los generadores y los bidones de combustible sobre bandejas de goteo.
- Manipule cuidadosamente los combustibles, el glicol, los desechos químicos y todos los demás líquidos a fin de evitar derrames.
- Siempre recargue el combustible usando bandejas de goteo.
- Compruebe siempre que el sitio disponga de equipo antiderrame si hay presencia de combustibles o de desechos líquidos (incluidos los productos químicos y el agua extraída de los lagos).
- Deben evitarse los materiales que pueden fracturarse a baja temperatura, por ejemplo muchos plásticos en base a polietileno. Deben evitarse los componentes de madera y tela en las estructuras semipermanentes, dado que están sujetos a la abrasión causada por el viento y a ocasionales fallas.

Arroyos

- Use canales de distribución en lugar de vertederos.
- En la medida en que sea factible, use materiales locales para construir estructuras de medición y control del agua.
- Limite el número de experimentos manipulativos y con trazadores. Siempre que sea posible, use métodos de modelado para extender la aplicación de los resultados experimentales a otras cuencas de arroyos y lagos.
- Use sólo trazadores que existan en la naturaleza y documente su uso.
- Diseñe los experimentos con trazadores a fin de limitar su movimiento en los lagos. El flujo incremental del experimento debe ser apropiadamente pequeño en proporción al flujo anual total promedio de ese soluto de los arroyos. Escoja un sitio para la experimentación con alcance suficiente de modo que las reacciones se completen al final del alcance.
- Establezca sitios específicos toma de muestras de biomasa y documente sus lugares geográficos, la magnitud del muestreo y su frecuencia.
- Desarrolle y aplique métodos (por ejemplo análisis espectral) que no dependan del retiro de muestras para cuantificar los cambios en la biomasa en los arroyos.

Lagos

- Reduzca al mínimo la extensión de las estructuras que se instalan sobre el hielo y su duración en el tiempo. Al instalar estructuras sobre el hielo cercano a la orilla, póngalas en el hielo perenne y no en el hielo de fosa (este último es altamente susceptible a derretirse con rapidez). Documente la ubicación geográfica de la instalación de estructuras sobre el hielo.

- Use barreras (por ejemplo bandejas de goteo) entre el equipo (por ejemplo motores y herramientas) y el hielo, a fin de reducir al mínimo la posible introducción de hidrocarburos en el hielo, así como la fusión física de la superficie helada.

- Documente el área y el grado en que se ha excavado el hielo lacustre, registrando sus coordenadas geográficas. Las áreas que se hayan utilizado para muestreo o acceso al lago deben reutilizarse en la mayor medida posible.

- Reduzca al mínimo el uso de vehículos motorizados. Los vehículos todo terreno con motores de cuatro tiempos son preferibles a las motonieves con motores de dos tiempos (la combustión menos eficiente en los motores de dos tiempos causa un aumento en la liberación de hidrocarburos y partículas).

- Al manejar vehículos motorizados, tenga extremo cuidado para evitar volcar el vehículo o fracturar la capa de hielo.

- Retire los materiales extraídos desde debajo del hielo. No descargue ni deposite muestras de agua y sedimento sobre el hielo lacustre.

- Cuando las superficies heladas comiencen a fundirse, reduzca los sobrevuelos de helicópteros y mantenga en el mínimo los aterrizajes sobre lagos.

- Evite almacenar materiales en la superficie helada de los lagos.

- Si es factible, use equipos para muestras (por ejemplo colectores de agua, redes para plancton) e instrumentos distintos para cada lago a fin de evitar la contaminación cruzada. Los equipos para muestras e instrumentos usados en más de un lago deben limpiarse minuciosamente (se deben esterilizar si es posible) antes de usarlos en otro lago.

- Manipule cuidadosamente el agua gris extraída de los lagos para evitar derrames.

- Considere las alternativas de laboratorio para los experimentos in situ que involucran radioisótopos, isótopos estables u otro trazador, con miras a la futura integridad de las propiedades químicas y biológicas de los lagos. Realice cálculos preliminares para determinar el posible impacto de los experimentos con isótopos. Documente y registre cualquier introducción.

- A fin de reducir al mínimo la contaminación metálica de los lagos, incorpore en los protocolos de muestreo cuerdas de arrastre y recipientes para muestreo no metálicos (como las botellas Go-Flo).

- Promueva el uso de un sustituto ecológico del glicol al fundir orificios de acceso (por ejemplo un anticongelante biodegradable).

- Reduzca al mínimo la cantidad de agua gris desechada, recogiendo el volumen mínimo posible de agua y sedimento indispensable para fines de investigación.

- Instruya a las personas que trabajan sobre el hielo lacustre sobre cómo reducir la pérdida del equipo a través de los orificios en el hielo.

- Entregue una adecuada capacitación a los buzos de investigación y a los equipos de apoyo de modo que los impactos al ambiente lacustre se reduzcan al mínimo.

- Antes de realizar operaciones de buceo o de robots submarinos no tripulados, ROV, en un lago en particular, considere el historial de los buceos anteriores en el sitio de investigación propuesto, la proximidad de otras áreas de interés y la vulnerabilidad a la perturbación de la columna de agua y del bentos. Estas consideraciones también deben aplicarse a otras actividades de muestreo y medición.

- Confeccione y mantenga los registros de las actividades de buceo y de ROV, incluyendo cronometraje, intensidad y duración.

- Use avances tecnológicos (por ejemplo aparatos recirculadores del aire exhalado, sistemas de bomba osmótica) que mitiguen los impactos ambientales del buceo.

Suelos

- En la mayor medida posible, reduzca al mínimo la alteración de la superficie y subsuperficie.
- Al completar el trabajo, restituya las superficies alteradas tanto como sea posible a su estado natural. En las excavaciones a gran escala (más de 1 m^2), tome fotografías antes de romper el terreno, a fin de tener una base para la restauración. Registre la ubicación del sitio reparado.
- Durante la toma de muestras de suelos, deposite la tierra excavada sobre esteras o tela impermeable aislante.
- Reponga la tierra extraída aproximándose al contorno original y, de ser posible, reponga el pavimento desértico. El pavimento desértico puede tomarse de la superficie antes de excavar y guardarse aparte para su reposición.
- Realice una completa evaluación ambiental de los experimentos de enmienda exógena propuestos.
- Limite el uso de equipo mecánico (por ejemplo taladros Cobra, barrenas de tierra).

Glaciares

- Reduzca al mínimo el uso de agua líquida (por ejemplo con taladros en agua caliente).
- Evite usar productos y soluciones químicos sobre el hielo.
- Si se ponen estacas u otros marcadores en un glaciar, use la menor cantidad indispensable para satisfacer las necesidades de investigación; de ser posible, etiquételas con el número del evento y la duración del proyecto.
- Siempre que sea posible, para las operaciones de aserrado a gran escala use sierras de cadena eléctricas impulsadas por un generador de cuatro tiempos (dado que contaminan menos que los motores de dos tiempos). Al cortar hielo frío, evite usar de lubricantes para la hoja de la sierra de cadena.
- Al concluir un proyecto de investigación, retire todos los materiales (madera, metal y sensores) que estén incrustados en el hielo, a fin de reducir al mínimo la contaminación.

APÉNDICE C:

Directrices para las Zonas de Instalaciones

Las Zonas de instalaciones incluyen un área designada alrededor de las siguientes instalaciones operadas por los Programas nacionales en la Zona:

- Campamento New Harbor, valle de Taylor;
- Campamento F-6, valle de Taylor;
- Campamento del lago Fryxell, valle de Taylor;
- Campamento del lago Hoare, valle de Taylor;
- Campamento del lago Bonney, valle de Taylor;
- Repetidora de radio de Monte Newall, cordillera Asgard;
- Estación de reabastecimiento de combustible de punta Marble, punta Marble;
- Campamento Lower Wright, valle de Wright;
- Cabaña del lago Vanda, valle de Wright;
- Cabaña de Bull Pass, valle de Wright;
- Campamento del cabo Roberts, puerto Granite.

En la Tabla C-1 se enumeran las ubicaciones, límites, sitios para aterrizaje de helicópteros e infraestructura en las Zonas de instalaciones, junto con una identificación de la Parte mantenedora, seguida por mapas de las Zonas de instalaciones y su contexto geográfico local (Mapas 3 al 13).

Table C-1: Descripción de las Zonas de Instalaciones en Valles Secos de McMurdo.

Zona de instalaciones	Mapa N°	Descripción del límite	Coordenadas de los límites	Coordenadas de los sitios para aterrizaje de helicópteros	PM[1]	Estructuras en la Zona
Campamento New Harbor	3	El límite va desde un punto al noroeste del cobertizo para generadores (en el borde del talud), al sudoeste después del área de eslingada, al este hasta un punto al sur de la plataforma de helipuerto, al nordeste hasta un punto al este del módulo Jamesway principal, al noroeste hasta un punto al norte del laboratorio, al sudoeste hasta un punto justo al norte del antiguo pozo, y al sudoeste a lo largo del borde del talud hasta volver al punto junto al cobertizo para generadores.	77° 34,66'S, 163° 31,05'E 77° 34,71'S, 163° 30,98'E 77° 34,70'S, 163° 31,19'E 77° 34,67'S, 163° 31,34'E 77° 34,63'S, 163° 31,19'E 77° 34,64'S, 163° 31,11'E	77° 34,692'S, 163° 31,165'E Una plataforma para aterrizaje de helicópteros más área de eslingada.	EE.UU.	El edificio principal consiste en dos módulos James Wai conectados por un pasadizo de madera, uno de 42 m² (448 pies cuadrados) y el otro de 30 m² (320 pies cuadrados). Adyacente al edificio principal hay un cobertizo para almacenamiento de 3 m² (32 pies cuadrados) y un retrete externo de 1,5 m² (16 pies cuadrados). El campamento incluye también un módulo Jamesway de 21 m² (224 pies cuadrados) que sirve de laboratorio, una choza para generadores de 8,9 m² (96 pies cuadrados) y una caja para almacenar equipo de buceo de 1,5 m² (16 pies cuadrados). Una caja de supervivencia oculta y una torre de generador eólico.
Campamento F-6	4	El límite va desde un punto al sudoeste de la plataforma de helipuerto, al nordeste hasta un punto justo al este del caché de emergencia (caja Survival), al norte alrededor del sitio de tiendas en el extremo nororiental, al oeste hasta un punto al noroeste de los sitios de tienda (junto al lago), al sur alrededor del vertedero del arroyo, y al sudeste hasta el punto original junto a la plataforma de helipuerto.	77° 36,53'S, 163° 15,32E 77° 36,50'S, 163° 15,43'E 77° 36,46'S, 163° 15,46'E 77° 36,46'S, 163° 15,40'E 77° 36,46'S, 163° 15,21'E 77° 36,50'S, 163° 15,19'E	77° 6,514'S, 163° 15,343'E Una plataforma para aterrizaje de helicópteros	EE.UU.	Un edificio principal de 42 m² (448 pies cuadrados) con retrete externo adyacente. Caché de emergencia.
Campamento del lago Fryxel	5	El límite sigue el borde del lago en la esquina sudeste hasta un punto al sudoeste de la plataforma de	77° 36,38'S, 163° 07,60'E 77° 36,40'S, 163° 07,37'E	77° 36,383'S, 163° 07,430'E	EE.UU.	Un módulo Jamesway (edificio principal) de 62,7 m² (675 pies cuadrados), cuatro laboratorios de

Informe final de la XXXIV RCTA

Table C-1: Descripción de las Zonas de Instalaciones en Valles Secos de McMurdo.

Zona de instalaciones	Mapa N°	Descripción del límite	Coordenadas de los límites	Coordenadas de los sitios para aterrizaje de helicópteros	PM[1]	Estructuras en la Zona
		helipuerto, hasta la pequeña meseta debajo de una colina, detrás del sitio de tiendas más lejano en la esquina noroeste, al este hasta el arroyo, al sudeste a lo largo del banco del arroyo hasta la tienda más oriental y al sur hasta la tienda volver al punto original cerca del lago.	77° 36,34'S, 163° 07,31'E 77° 36,34'S, 163° 07,26'E 77° 36,29'S, 163° 07,27'E 77° 36,29'S, 163° 07,51'E 77° 36,31'S, 163° 07,59'E 77° 36,38'S, 163° 07,60'E	Dos plataformas para aterrizaje de helicópteros más área de eslingada. La plataforma secundaria está 32 m al NO de la plataforma principal.		13,9 m² (150 pies cuadrados) y un edificio de generadores de 13,9 m² (150 pies cuadrados). Torre de generadores eólicos, panel solar y un retrete externo. Caché de emergencia.
Campamento del lago Hoare	6 y 7	El límite va desde el sudeste del área rocosa de las plataformas de helipuerto, al norte alrededor del caché de emergencia, al noreste hasta una roca al noroeste del sitio de tiendas más occidental, al noreste hasta un punto al norte de otro sitio de tiendas, al nordeste de nuevo hasta el sitio de tiendas más nororiental, al sur a lo largo del arroyo/glaciar hasta un punto al este de las antiguas instalaciones del lago Hoare (edificios de almacenamiento de buceo y duchas), al sudoeste hasta el extremo del banco de arena, al noroeste hasta la playa debajo del edificio principal, y al noroeste hasta el punto original cerca de las plataformas de helipuerto.	77° 37,40'S, 162° 53,87'E 77° 37,39'S, 162° 53,86'E 77° 37,35'S, 162° 53,87'E 77° 37,31'S, 162° 53,96'E 77° 37,26'S, 162° 54,28'E 77° 37,26'S, 162° 54,35'E 77° 37,39'S, 162° 54,40'E 77° 37,47'S, 162° 54,34'E 77° 37,41'S, 162° 54,05'E	77° 373,72'S, 162'' 53,989'E Dos plataformas para aterrizaje de helicópteros más área de eslingada. La plataforma secundaria está a 46 m al SO de la plataforma principal.	EE.UU.	Un edificio principal de 55,7 m² (600 pies cuadrados), tres laboratorios de pies cuadrados), tres laboratorios de 13,9 m² (150 pies cuadrados), un edificio de generadores (96 pies cuadrados), un cobertizo para herramientas (96 pies cuadrados) y tres retretes externos: dos de 2,2 m² (24 pies cuadrados) y uno de 1,7 m² (18 pies cuadrados). Debajo del campamento activo están los antiguos edificios del campamento del lago Hoare, que todavía están en uso. Estos incluyen un módulo Jamesway de 37 m² (400 pies cuadrados) usado principalmente para almacenamiento, un cobertizo para generadores de 6 m² (64 pies cuadrados) y un antiguo laboratorio de 7,5 m² (81 pies cuadrados) usado como ducha. Caché de emergencia.
Campamento del lago Bonney	8	El límite va desde un punto al oeste del cobertizo para generadores cerca del lago, al sudeste hasta un canto rodado detrás de un sitio de tiendas, al nordeste hasta una colina encima de un	77° 42,96'S, 162° 27,37'E 77° 42,99'S, 162° 27,56'E 77° 42,97'S, 162° 27,79'E	77° 42,95'S, 162° 27,65'E Una plataforma para	EE.UU.	Un módulo Jamesway de 55,7 m² (600 pies cuadrados), un retrete externo de 2,2 m² (24 pies cuadrados), un edificio de generadores de 8,9 m² (96 pies

Table C-1: Descripción de las Zonas de Instalaciones en Valles Secos de McMurdo.

Zona de instalaciones	Mapa Nº	Descripción del límite	Coordenadas de los límites	Coordenadas de los sitios para aterrizaje de helicópteros	PM[1]	Estructuras en la Zona
		sitio de tiendas, al nordeste hasta un punto al nordeste del sitio de tiendas más oriental, al oeste hasta la costa, al sudoeste a lo largo de la costa pasando al norte de la plataforma de aterrizaje de helicópteros, continuando al sudoeste a lo largo de la orilla del lago hasta un punto al noroeste de la estación meteorológica y hasta volver al punto original debajo del cobertizo para generadores.	77° 42,95'S, 162° 27,93'E 77° 42,90'S, 162° 27,73'E 77° 42,92'S, 162° 27,61'E	aterrizaje de helicópteros		cuadrados) y tres laboratorios de 8,9 m² (96 pies cuadrados). Caché de emergencia. Para 2010: dos retretes externos (5,6 m²).
Repetidora de radio de Monte Newall	9	El límite va desde el punto más nororiental al nordeste del refugio del equipo verde, al sudoeste a lo largo del lado sudeste de la cresta alrededor del refugio para equipo verde, el repetidor de NZ, la turbina eólica, la cabaña AFTEC, la antena, la cabaña del campamento de supervivencia, el caché de supervivencia, alrededor de la plataforma para aterrizaje de helicópteros, al nordeste a lo largo del lado noroccidental de la cresta alrededor de la cabaña del campamento, la antena, la cabaña AFTEC, la turbina eólica, el repetidor de NZ y el refugio para equipo verde hasta volver al punto original.	77° 30,23'S, 162° 37,60'E 77° 30,25'S, 162° 37,60'E 77° 30,26'S, 162° 37,55'E 77° 30,27'S, 162° 37,52'E 77° 30,27'S, 162° 37,52'E 77° 30,29'S, 162° 37,46'E 77° 30,31'S, 162° 37,33'E 77° 30,29'S, 162° 37,28'E 77° 30,28'S, 162° 37,40'E 77° 30,26'S, 162° 37,49'E 77° 30,23'S, 162° 37,56'E	77° 30,295'S, 162° 37,340'E Una plataforma para aterrizaje de helicópteros	EE.UU. / NZ	El sitio incluye un repetidor de radio de EE.UU. y uno de NZ. En Monte Newall hay tres cabañas, incluida una cabaña de supervivencia de 8,9 m² (96 pies cuadrados), un cobertizo de 22.3 m² (240 pies cuadrados) que contiene un sistema eléctrico híbrido (ambos de EE.UU.) y un refugio para equipo verde de 2,2 m² (24 pies cuadrados) que aloja el repetidor de NZ. El equipo repetidor estadounidense está contenido en dos cajas plásticas anaranjadas. En el sitio hay dos antenas (una de EE.UU. y una de NZ) y una turbina eólica (de EE.UU.).
Estación de reabastecimiento de combustible de punta Marble	10	El límite va desde el punto más oriental (al este de los pozos de tierra), al noroeste alrededor del área principal de instalaciones, al noroeste alrededor	77° 24,86'S, 163° 41,41'E 77° 24,82'S, 163° 41,22'E 77° 24,81'S, 163° 41,02'E	77° 24,82'S, 163° 40,76'E Cuatro plataformas para	EE.UU.	Un edificio principal de 69,7 m² (750 pies cuadrados), un barracón de 41,8 m² (450 pies cuadrados), un barracón de 55,7 m² (600 pies

Informe final de la XXXIV RCTA

Table C-1: Descripción de las Zonas de Instalaciones en Valles Secos de McMurdo.

Zona de instalaciones	Mapa N°	Descripción del límite	Coordenadas de los límites	Coordenadas de los sitios para aterrizaje de helicópteros	PM[1]	Estructuras en la Zona
		de los tanques de almacenamiento de combustible y tubería, al noroeste a lo largo del camino, al sudeste alrededor del fin del camino y del área de almacenamiento temporal, al sudeste a lo largo del camino y alrededor de las plataformas de helipuerto, al sudeste alrededor del estanque y al nordeste hasta volver al punto al este de los pozos de tierra.	77° 24,80'S, 163° 40,81'E 77° 24,71'S, 163° 40,25'E 77° 24,74'S, 163° 40,15'E 77° 24,86'S, 163° 40,74'E 77° 24,89'S, 163° 41,27'E	aterrizaje de helicópteros. Las cuatro plataformas se encuentran en estrecha proximidad (a unos 25 a 30 m de distancia). Se dan las coordenadas de la plataforma central (segunda desde los tanques de combustible principales).		cuadrados), una cabaña de combustible de 7,4 m² (80 pies cuadrados), 6 tanques de almacenamiento de combustible (de 25.000 galones cada uno), un retrete externo e incinerador de desechos sólidos de 2,2 m² (24 pies cuadrados), un cobertizo de almacenamiento de 1,9 m² (20 pies cuadrados), un cobertizo para generadores de 21 m² (224 pies cuadrados), un taller y edificio de almacenamiento de 27 m² (288 pies cuadrados) y una estación meteorológica ASOS de 7 m² (76 pies cuadrados). La estación de reabastecimiento de combustible incluye un cobertizo para combustible y un retrete externo.
Cabaña de Lower Wright	11	El límite abarca la cabaña, un sitio marcado para aterrizaje de helicópteros y una caja de emergencia. Está limitado por cuestas ascendentes en sus lados occidental y oriental, una gran grieta en el pavimento al extremo sur y áreas rocosas en el extremo norte. Fuera de la zona pero a corta distancia a pie del sitio hay una garita meteorológica y un vertedero.	77° 26,56'S, 162° 39,04'E 77° 26,53'S, 162° 39,02'E 77° 26,53'S, 162° 39,13'E 77° 26,55'S, 162° 39,15'E	77° 26,537'S, 161° 39,070'E Una plataforma para aterrizaje de helicópteros	NZ	Una cabaña pequeña con alojamiento para dos personas con un área de piso de 6 m² (65 pies cuadrados). Caché de emergencia.
Cabaña del lago Vanda	12 Recuadro 1	El límite sigue el borde del área llana en que se encuentran las cabañas, la Estación meteorológica automática (AWS, por sus siglas en inglés), el sitio marcado para aterrizaje de helicópteros y los sitios de tiendas.	77° 31,42'S, 161° 41,15'E 77° 31,40'S, 161° 41,17'E 77° 31,34'S, 161° 41,45'E 77° 31,34'S, 161° 41,51'E 77° 31,36'S, 161° 41,51'E	77° 31,361'S, 161° 41,442'E Una plataforma para aterrizaje de helicópteros	NZ	Tres cabañas interconectadas con un área de piso total de 30 m² (323 pies cuadrados). Estación meteorológica automática.

Table C-1: Descripción de las Zonas de Instalaciones en Valles Secos de McMurdo.

Zona de instalaciones	Mapa N°	Descripción del límite	Coordenadas de los límites	Coordenadas de los sitios para aterrizaje de helicópteros	PM[1]	Estructuras en la Zona
			77° 31,41'S, 161° 41,25'E			
Cabaña de Bull Pass	12 Recuadro 2	El límite abarca la tierra llana pedregosa en que se sitúan las cabañas y los sitios de tiendas y está limitado por un gran canto rodado al norte, pequeñas crestas rocosas al este y oeste, y una línea entre los extremos de la cresta al sur. Hay una AWS bastante hacia el oeste del límite de la Zona.	77° 31,09'S, 161° 51,23'E 77° 31,07'S, 161° 50,96'E 77° 30,98'S, 161° 51,11'E 77° 31,00'S, 161° 51,35'E	77° 31,056'S, 161° 51,048'E Una plataforma para aterrizaje de helicópteros	EE. UU.	En este sitio hay dos refugios: un refugio para equipo y un refugio ambiental de aproximadamente 28,7 m² (290 pies cuadrados), que aloja un sistema eléctrico híbrido.
Campamento del cabo Roberts	13	El límite abarca toda el área llana entre las playas norte y sur del cabo Roberts, incluidas las dos cabañas y el estante de combustible. La esquina sudeste de la Zona está en el estante de combustible y el límite continúa al norte a lo largo del borde de una pendiente con cantos rodados, al oeste a lo largo del borde de un área rocosa y al sur detrás de las cabañas a lo largo del borde de otra pendiente rocosa. La Zona está limitada al sur por la costa de una pequeña bahía.	77° 2,08'S, 163° 10,73'E 77° 2,08'S, 163° 10,79'E 77° 2,09'S, 163° 10,84'E 77° 2,16'S, 163° 10,79'E	No hay plataformas para aterrizaje de helicópteros.	NZ	Dos cabañas en el área sin hielo del cabo Roberts con alojamiento para cuatro personas (aproximadamente 10 m²) así como una cabaña-habitación de 19 m² (205 pies cuadrados). El sitio también contiene un estante de almacenamiento para tambores de combustible.

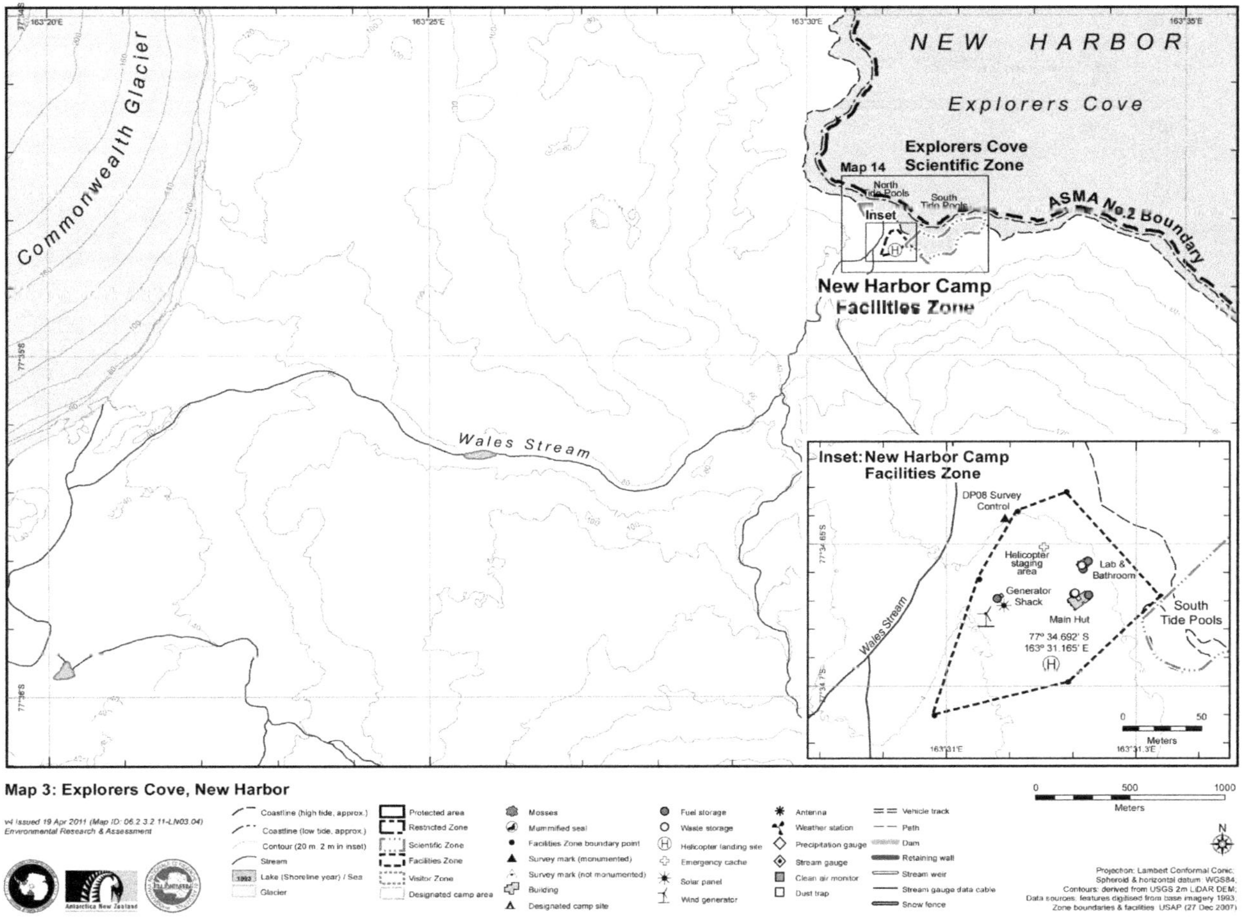

Informe final de la XXXIV RCTA

Map 3: Explorers Cove, New Harbor

v1 issued 19 Apr 2011 (Map ID 06.2.3.2.11-LJN03.04)
Environmental Research & Assessment

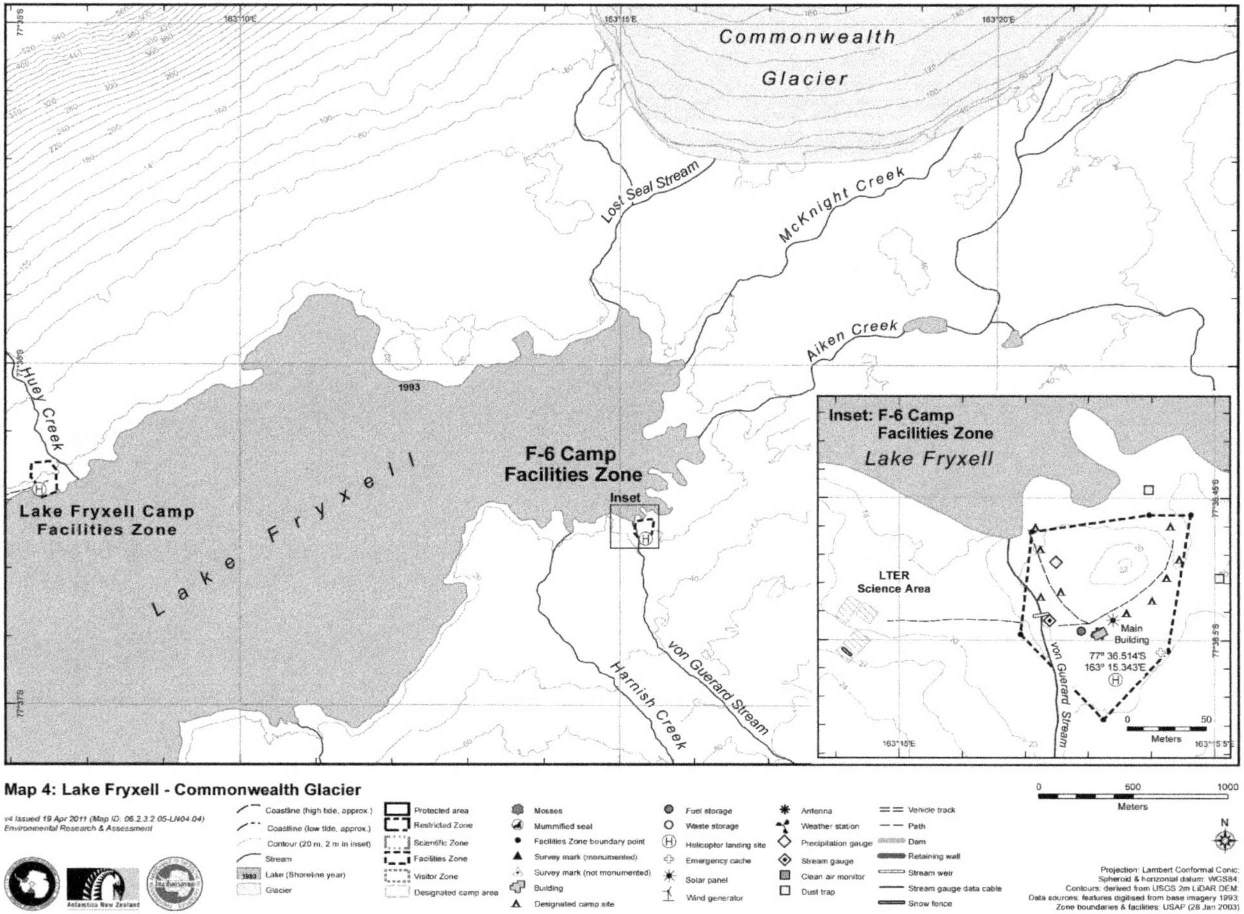

Map 4: Lake Fryxell - Commonwealth Glacier

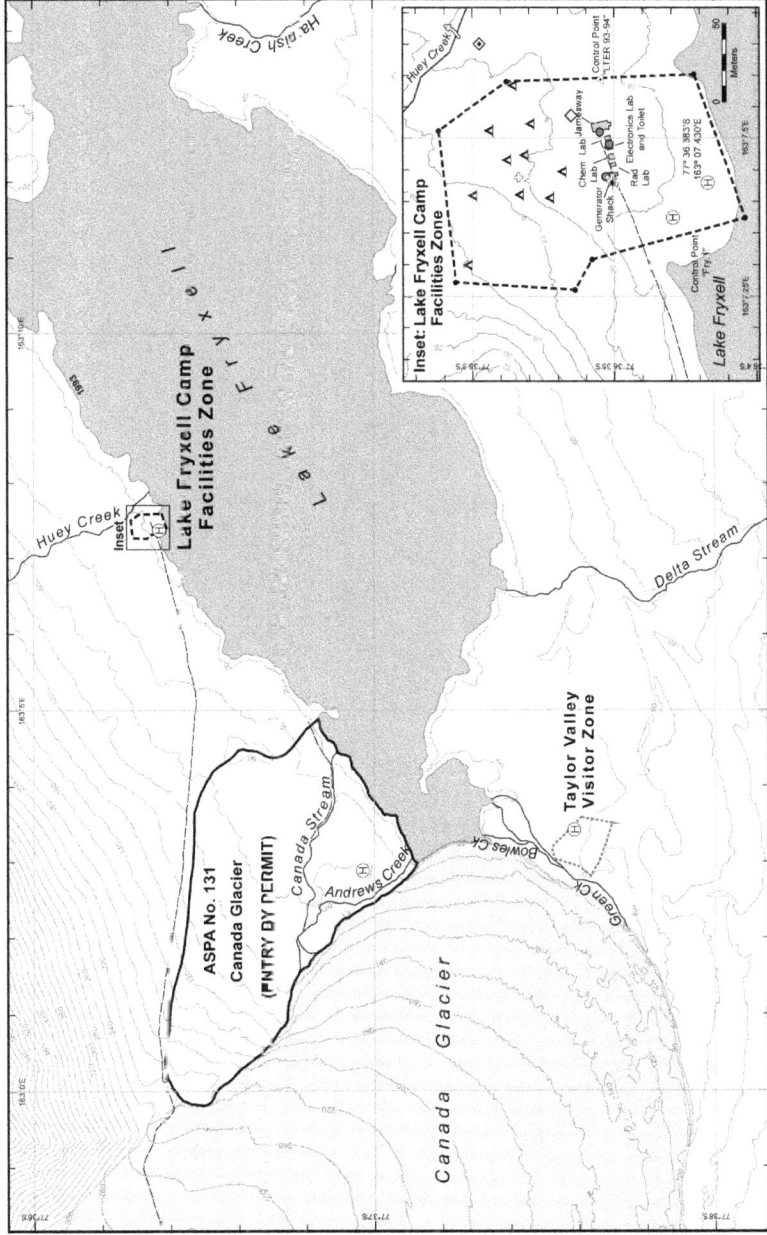

Map 5: Lake Fryxell - Canada Glacier

v4 issued 19 Apr 2011 (Map ID: 06.2.3.2 06-LN05.04)
Environmental Research & Assessment

Projection: Lambert Conformal Conic
Spheroid & horizontal datum: WGS84
Contours derived from USGS 2m LIDAR DEM
Contour features copied from base imagery 1993
Data sources: features copied from base imagery 1993
Zone boundaries & facilities: USAP (28 Jan 2003)

ASPA No. 131
Canada Glacier
(ENTRY BY PERMIT)

Canada Glacier

Lake Fryxell Camp
Facilities Zone

Taylor Valley
Visitor Zone

Inset: Lake Fryxell Camp
Facilities Zone

Legend:
- Protected area
- Restricted Zone
- Scientific Zone
- Facilities Zone
- Visitor Zone
- Designated camp area

- Coastline (high tide approx.)
- Coastline (low tide approx.)
- Contour (20 m, 2 m in inset)
- Stream
- Lake (Shoreline year)
- Glacier

- Museum
- Mummified seal
- Facilities Zone boundary point
- Survey mark (measurement)
- Survey mark (not monumented)
- Building
- Designated camp site

- Fuel storage
- Waste storage
- Helicopter landing site
- Emergency cache
- Solar panel
- Wind generator

- Antenna
- Weather station
- Precipitation gauge
- Stream gauge
- Clean air monitor
- Dust trap

- Vehicle track
- Path
- Retaining wall
- Dam
- Stream weir
- Stream gauge data cable
- Snow fence

ZAEA No. 2 - Valles Secos de McMurdo

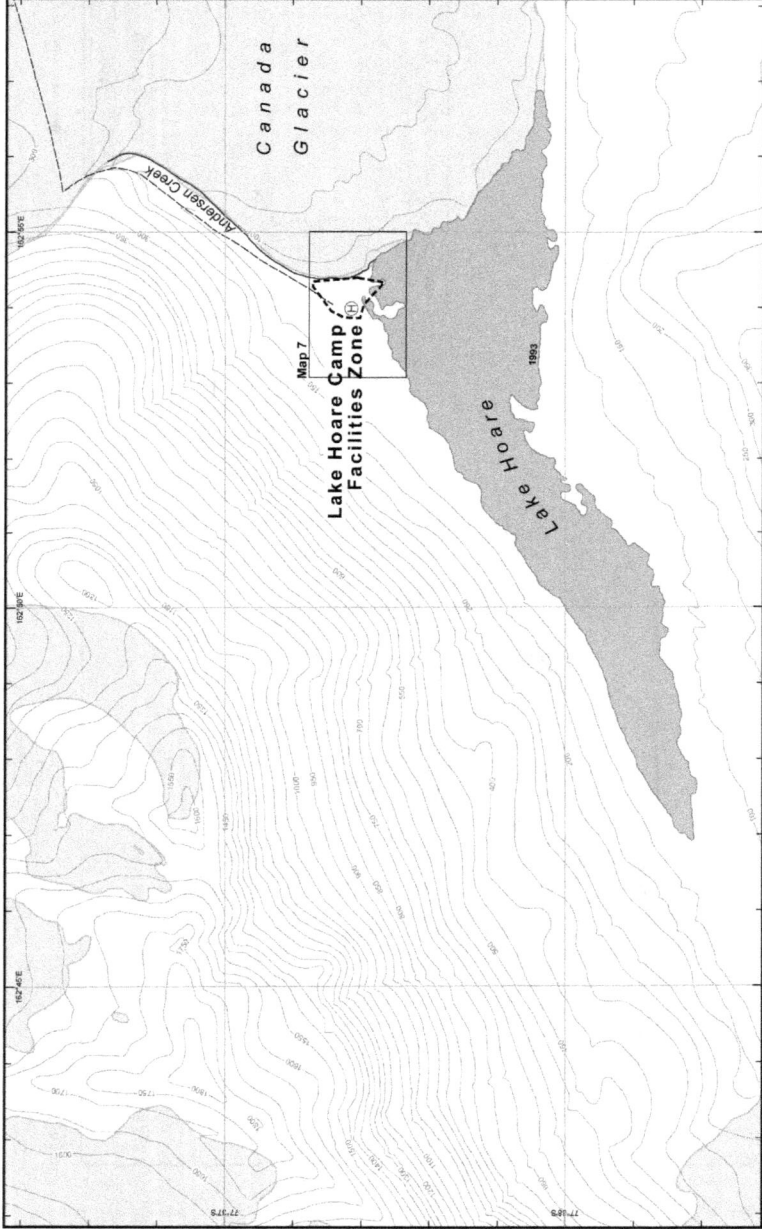

Map 6: Lake Hoare, Canada Glacier

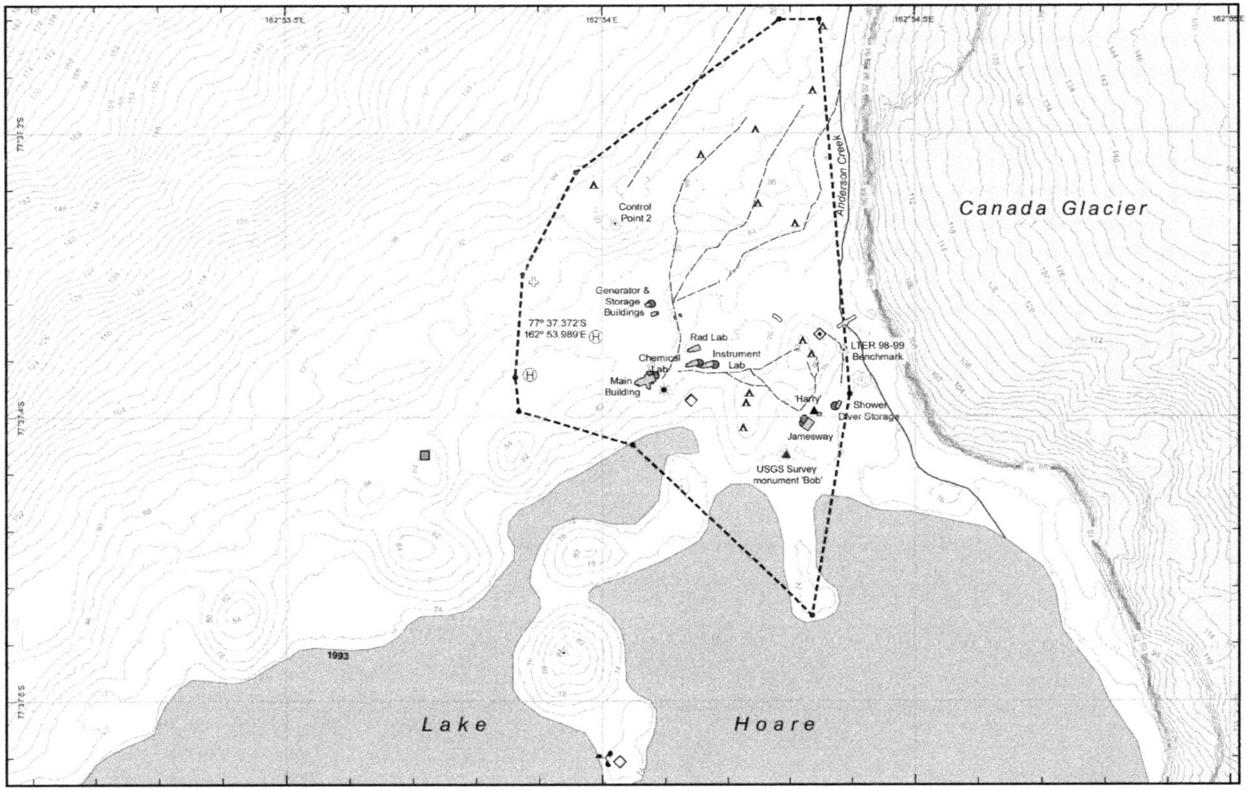

Informe final de la XXXIV RCTA

Canada Glacier

Anderson Creek

LTER 98-99
Benchmark

Lake Hoare

Control Point 2

Generator & Storage Buildings

Rad Lab
Instrument Lab
Chemical Lab
Main Building

77° 37.372'S
162° 53.989'E

Harry
Jamesway
Fuel Storage
Shower

USGS Survey monument 'Bob'

1993

Map 7: Lake Hoare Camp Facilities Zone

v3 (Issued 19 Apr 2011 / Map ID: 06.2.3.2-07-LH07.03)
Environmental Research Assessment

Coastline (high tide, approx.)	Protected area	Masses
Coastline (low tide, approx.)	Restricted Zone	Mummified seal
Contour (2 m)	Scientific Zone	Facilities Zone boundary point
Stream	Facilities Zone	Survey mark (unmonumented)
Lake (Shoreline year)	Visitor Zone	Survey mark (not monumented)
Glacier	Designated camp area	Designated camp site

Fuel storage	Antenna
Waste storage	Weather station
Helicopter landing site	Precipitation gauge
Emergency cache	Stream gauge
Solar panel	Ocean air monitor
Wind generator	Dust trap

Vehicle track	
Path	
Dam	
Retaining wall	
Stream weir	
Stream gauge delta cable	
Snow fence	

Projection: Lambert Conformal Conic
Spheroid & horizontal datum: WGS84.
Contours derived from USGS 2m LiDAR DEM
Data sources: features digitised from base imagery 1993
Zone boundaries & facilities, USAP (28 Jan 2003)

Antarctica New Zealand

0   50   100
Meters

N

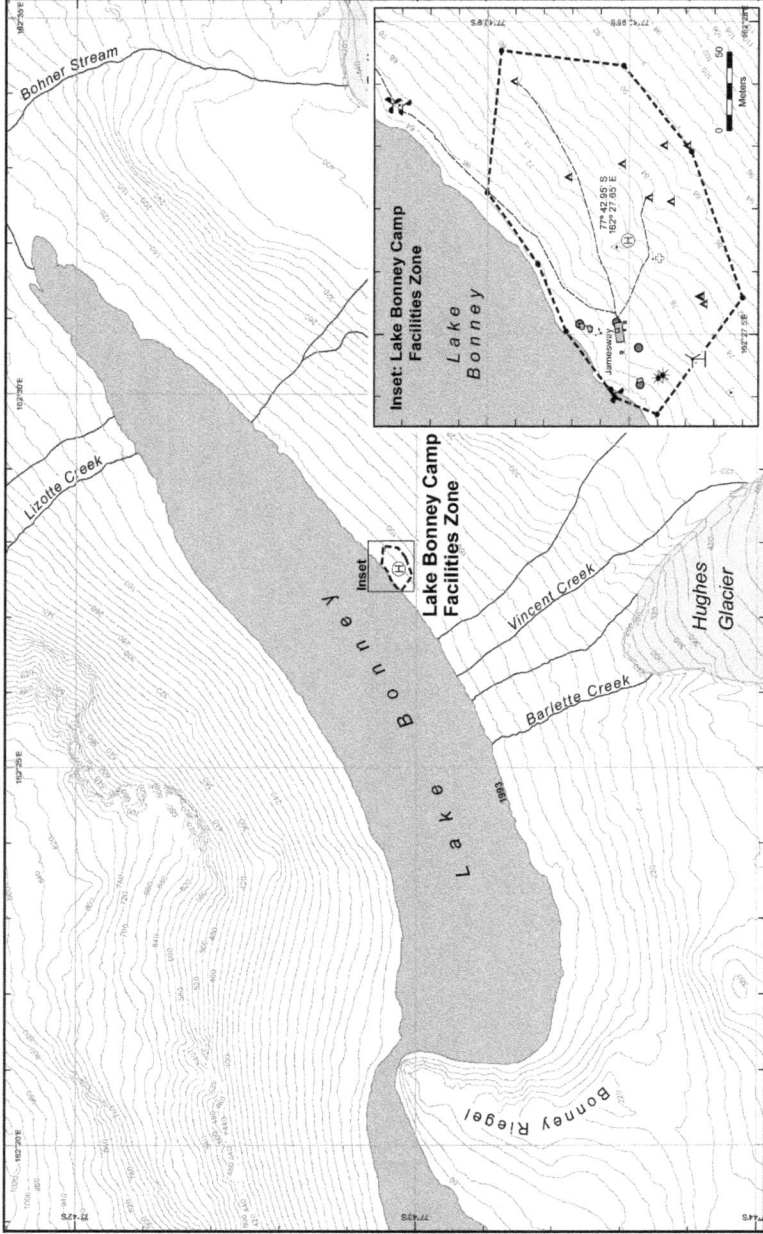

Map 8: Lake Bonney, Taylor Valley

v4 Issued 19 Apr 2011 (Map ID: 06.2.3.2.02-LA/08.04)
Environmental Research & Assessment

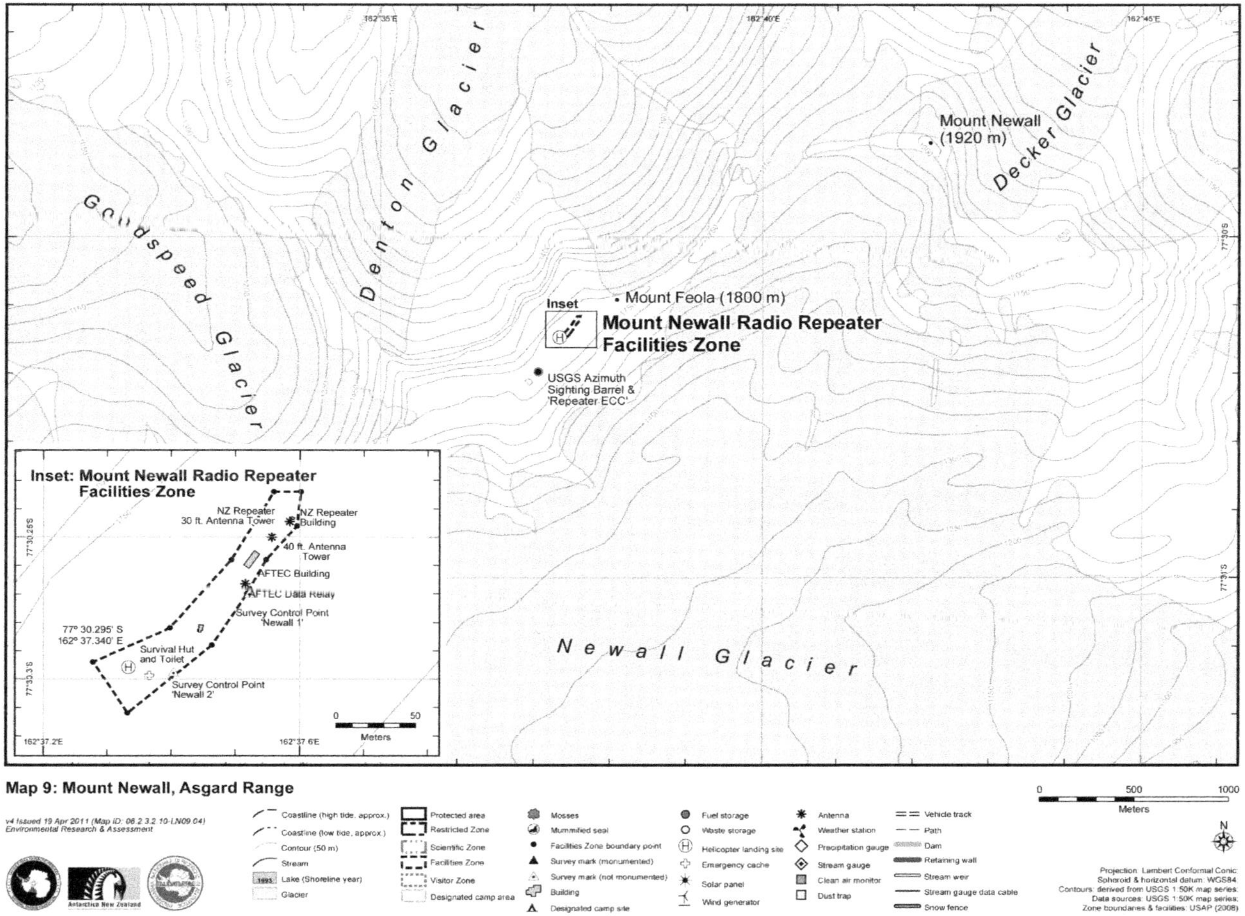

Informe final de la XXXIV RCTA

Goldspeed Glacier

Denton Glacier

Decker Glacier

Mount Newall (1920 m)

Mount Feola (1800 m)

Mount Newall Radio Repeater Facilities Zone

Inset

USGS Azimuth Sighting Barrel & Repeater ECC

Newall Glacier

Inset: Mount Newall Radio Repeater Facilities Zone

NZ Repeater
30 ft. Antenna Tower

NZ Repeater Building

40 ft. Antenna Tower

A-FTEC Building

A-FTEC Data Relay

Survey Control Point Newall 1

Survival Hut and Toilet

Survey Control Point Newall 2

77° 30.295 S
162° 37.340 E

77° 30.295 S

162° 37.2 E

162° 37.6 E

77° 30.3 E

0   50
Meters

Map 9: Mount Newall, Asgard Range

v4 Issued 19 Apr 2011 (Map ID: 08.2.3.2.10-LN09.04)
Environmental Research & Assessment

Protected area
Restricted Zone
Scientific Zone
Facilities Zone
Visitor Zone
Designated camp area

Coastline (high tide, approx.)
Coastline (low tide, approx.)
Contour (50 m)
Stream
Lake (Shoreline year)
Glacier

Mosses
Mummified seal
Facilities Zone boundary point
Survey mark (monumented)
Survey mark (not monumented)
Building
Designated camp site

Fuel storage
Waste storage
Helicopter landing site
Emergency cache
Solar panel
Wind generator

Antenna
Weather station
Precipitation gauge
Stream gauge
Clean air monitor
Dust trap

Vehicle track
Path
Dam
Retaining wall
Stream weir
Stream gauge data cable
Snow fence

0   500   1000
Meters

N

Projection: Lambert Conformal Conic
Spheroid & horizontal datum: WGS84
Contours derived from USGS 1:50K map series.
Data sources: USGS 1:50K map series.
Zone boundaries & facilities: USAP (2008)

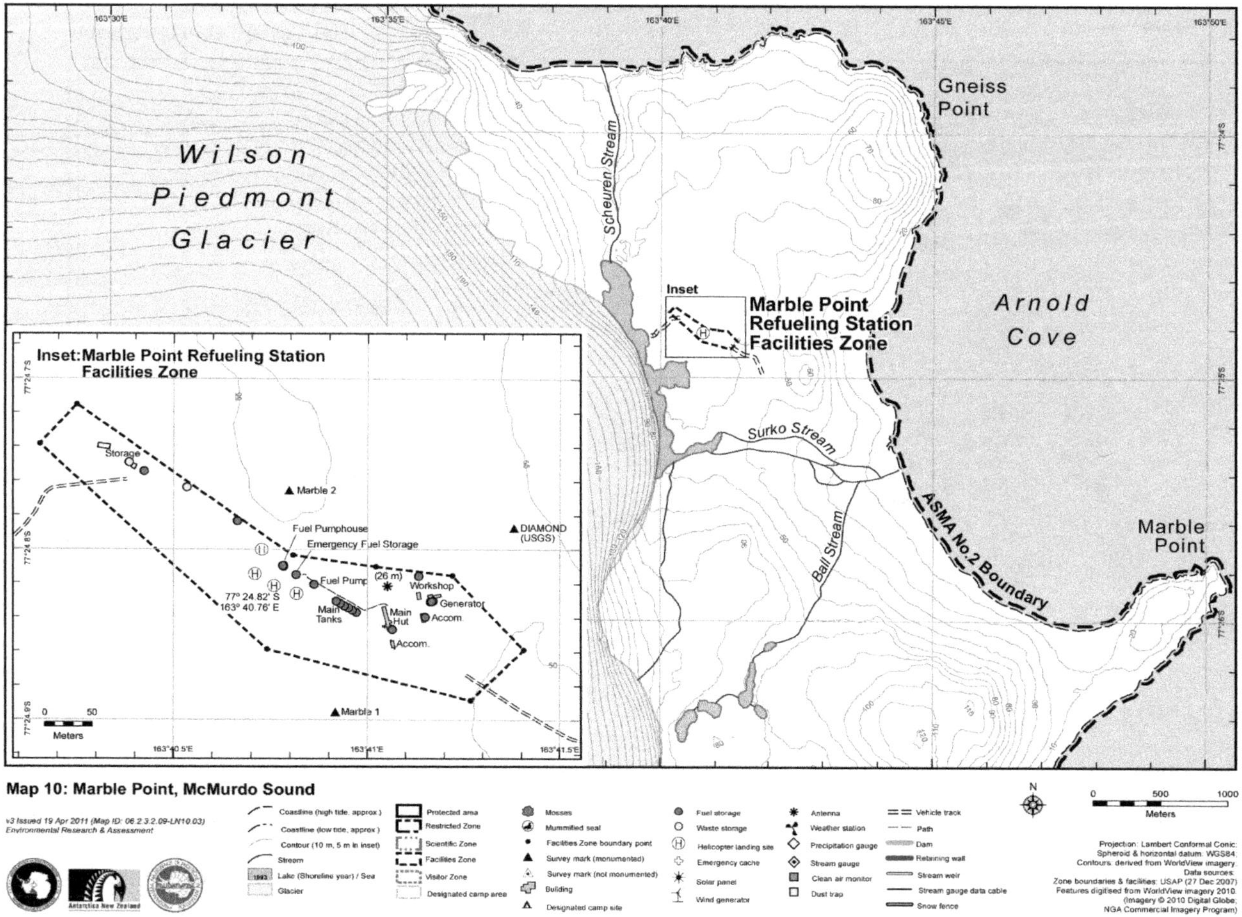

Wilson Piedmont Glacier

Gneiss Point

Arnold Cove

Marble Point

Scheuen Stream

Surko Stream

Ball Stream

Marble Point Refueling Station Facilities Zone

Inset

ASMA No.2 Boundary

163°30'E
163°40'E

77°24'S
77°25'S
77°26'S

N

0 500 1000
Meters

Projection: Lambert Conformal Conic
Spheroid & horizontal datum: WGS84
Contours: derived from WorldView imagery
Data sources:
Zone boundaries & facilities: USAP (27 Dec. 2007)
Features digitised from WorldView imagery 2010
(imagery © 2010 Digital Globe,
NGA Commercial Imagery Program)

=== Vehicle track
--- Path
Retaining wall
Dam
Stream gauge
Stream weir
Clean air monitor
Dust trap
Snow fence

✳ Antenna
Weather station
Precipitation gauge

● Fuel storage
○ Waste storage
Ⓗ Helicopter landing site
Emergency cache
Solar panel
Wind generator

Mosses
Mummified seal
Facilities Zone boundary point
Survey mark (monumented)
Survey mark (not monumented)
Building
Designated camp area

Protected area
Restricted Zone
Scientific Zone
Facilities Zone
Visitor Zone
Designated camp area

Inset: Marble Point Refueling Station Facilities Zone

Wilson Piedmont Glacier

▲ Marble 2
▲ Marble 1

Fuel Pumphouse
Emergency Fuel Storage
Fuel Pump (28 m)
Workshop
Generator
Accom.
Main Hut
Accom.
Main Tanks

Storage

▲ DIAMOND (USGS)

77° 24.82'S
163° 40.76'E

0 50
Meters

163°40.5'E
163°41'E
163°41.5'E

77°24.8'S
77°24.7'S

Map 10: Marble Point, McMurdo Sound

v.2 Issued 19 Apr 2011 (Map ID: 06.2.3.2.09-I2410.03)
Environmental Research & Assessment

Coastline (high tide, approx.)
Coastline (low tide, approx. in inset)
Contour (10 m, 5 m in inset)
Stream
Lake (Shoreline year) / Sea
Glacier

Informe final de la XXXIV RCTA

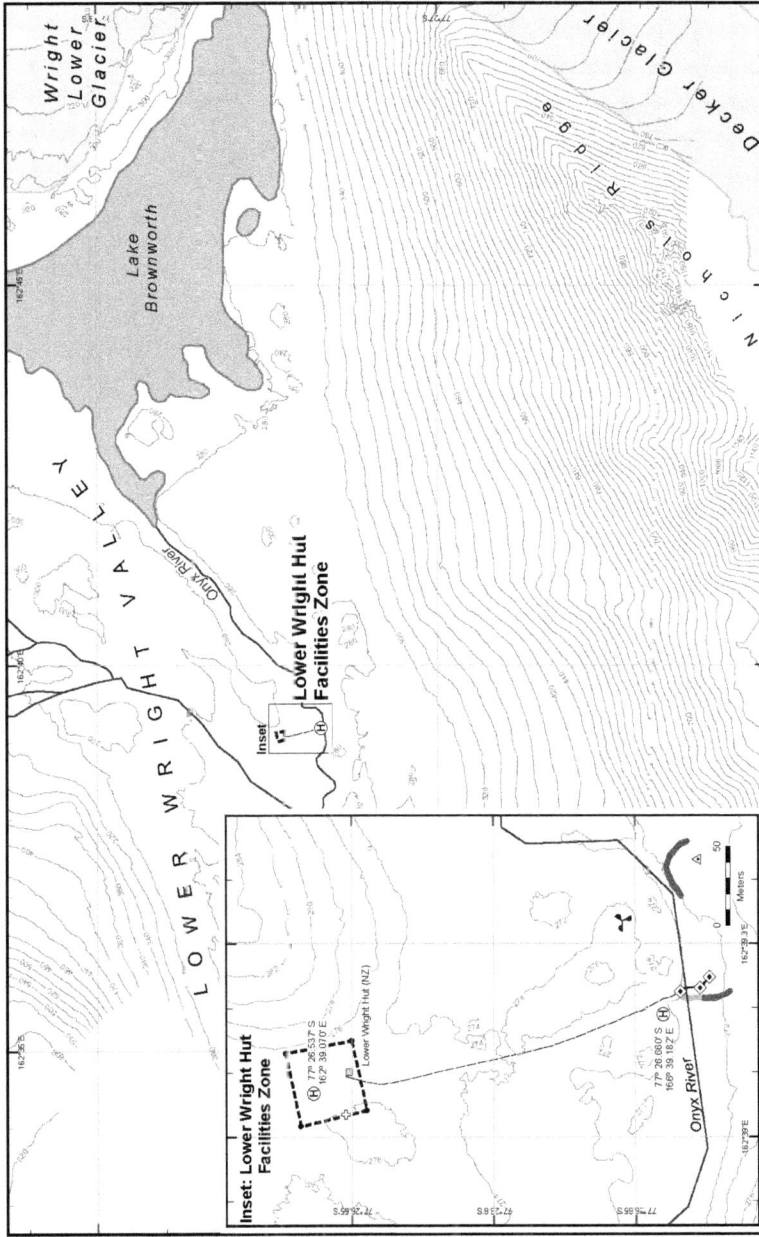

Map 11: Lower Wright Valley

vf Issued 20 Apr 2011 (Map ID: 06.2.3.084-LM11.04)
Environmental Research & Assessment

Inset 1: Lake Vanda Hut Facilities Zone

77°31.361'S
161°41.442'E

Vanda Hut (NZ)

0   50
Meters

161°41.1'E

Lake Vanda

77°31.5'S

77°31.55'S

G o n z a l e z   S p u r

161°48'E

161°50'E

161°51'E

Bull Pass Hut Facilities Zone

Inset 2

Inset 2: Bull Pass Hut Facilities Zone

161°51.3'E

77°31.05'S

77°31.05'S

AFTEC Building (US)

Cook Shack

77° 31.056 S
161° 51.048 E

0   500   1000
Meters

0   50
Meters

W   R   I   G   H   T   V   A   L   L   E   Y

Boulder Pavement Scientific Zone

O n y x   R i v e r

Lake Bull

Onyx River

Argo Gully Restricted Zone

Lake Vanda Hut Facilities Zone

Inset 1

Lake Vanda

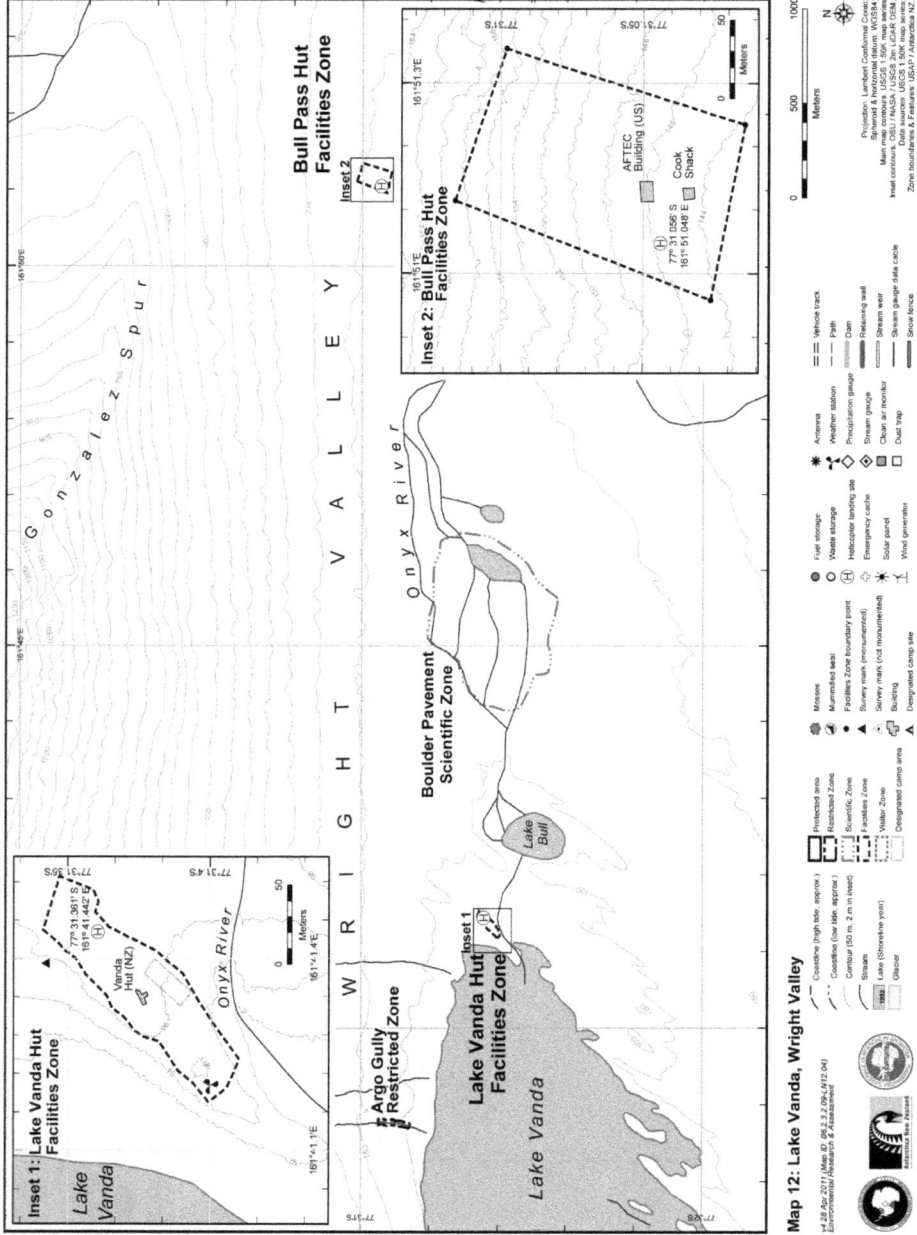

Map 12: Lake Vanda, Wright Valley

v4 28 April 2011 (Map ID: D6.1.3.2.D9-LAT2.04)
Environmental Research & Assessment

Protected area
Restricted Zone
Scientific Zone
Facilities Zone
Visitor Zone
Designated camp area

Coastline (high tide, approx.)
Coastline (low tide, approx.)
Contour (50 m, 2 m in inset)
Stream
Lake (Shoreline year)
Glacier

Mosses
Mummified seal
Facilities Zone boundary point
Survey mark (monumented)
Survey mark (not monumented)
Building
Designated camp site

Fuel storage
Waste storage
Helicopter landing site
Emergency cache
Solar panel
Wind generator

Antenna
Weather station
Precipitation gauge
Stream gauge
Clean air monitor
Dust trap

Vehicle track
Path
Dam
Retaining wall
Stream weir
Stream gauge data cable
Snow fence

Projection: Lambert Conformal Conic;
Spheroid & horizontal datum: WGS84
Main map contours: USGS 1:50K map series
Inset contours: OSU / NASA / USGS 2m LIDAR DEM
Data sources: USGS 1:50K map series
Zone boundaries & Features: USAP / Antarctica NZ

N

Meters

Informe final de la XXXIV RCTA

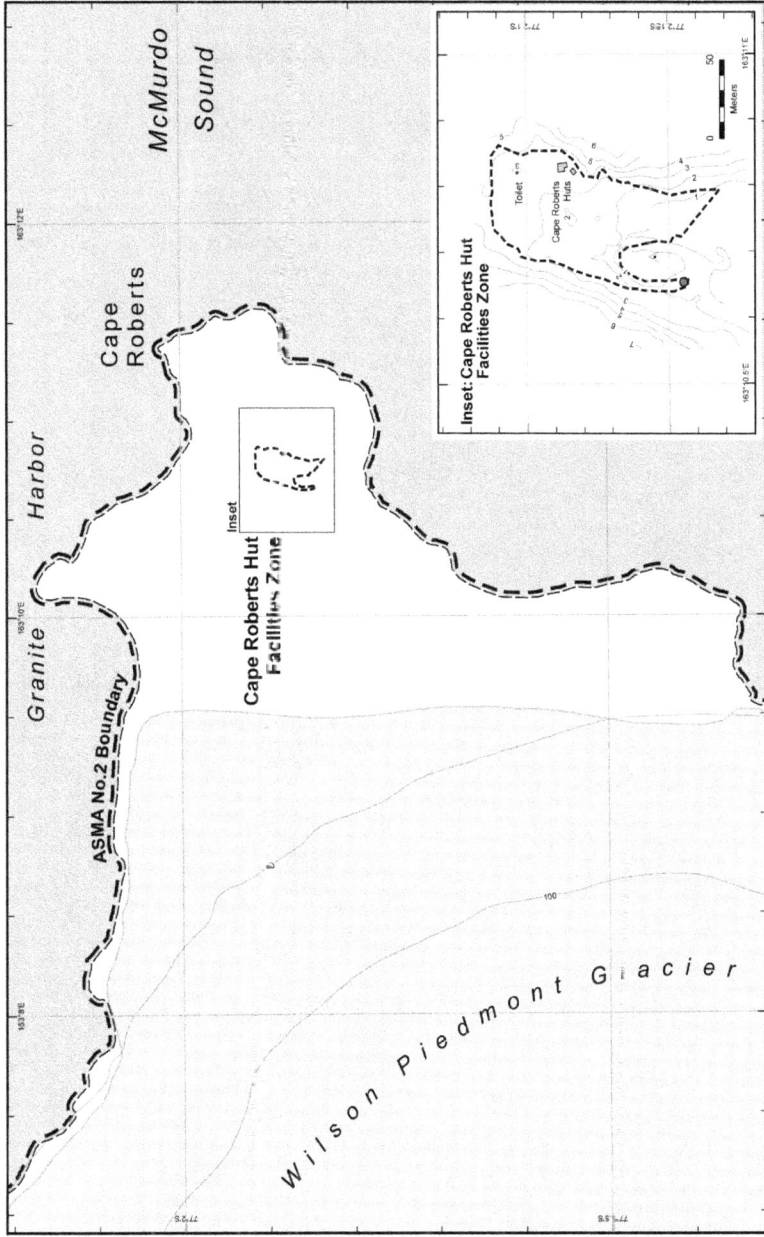

Map 13: Cape Roberts, Granite Harbor

v3 Issued 28 Apr 2011 (Map ID: 06.23.2.10-LN13.03)
Environmental Research & Assessment

APÉNDICE D:

Directrices para las Zonas Científicas

Los siguientes sitios dentro de la Zona han sido designados como Zonas científicas:

- Caleta Explorers, New Harbor, valle de Taylor;
- Boulder Pavement, valle de Wright.

Se adjuntan breves descripciones del sitio, directrices para las actividades dentro de cada Zona científica y los mapas 14 y 15, que muestran los límites de la zona.

Zona científica

Caleta Explorers

Ubicación: **New Harbor, valle de Taylor**

Dos componentes centrados en:
Charcas de marea norte (490 m^2):
77° 34,57' S, 163° 30,79' E; y
Charcas de marea sur (4360 m^2):
77° 34,66' S, 163° 31,82' E.

Propósito
Evitar la alteración de la ecología y medio ambiente marino locales que están siendo sometidos a estudios científicos de largo plazo.

Descripción

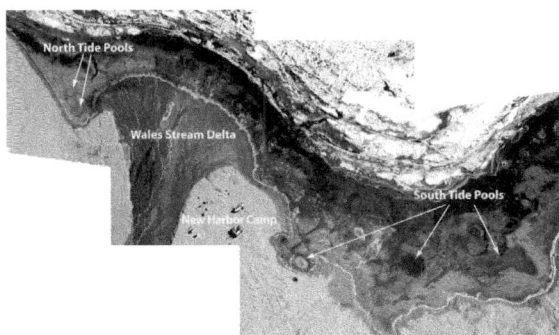

Fotomontaje: S. Bowser, USAP (28 de enero de 2005)

Superficie de la Zona: 4850 m^2

La Zona científica comprende dos sistemas de charcas de marea en la costa de la caleta Explorers, los dos ubicados cerca de la Zona de instalaciones Campamento New Harbor y que abarcan unos 75 a 100 m mar adentro (mapa 14). El componente sur queda inmediatamente el este del Campamento New Harbor, extendiéndose a lo largo de la costa unos 500 m. El componente norte, de menor tamaño, queda a unos 200 m al noroeste del Campamento New Harbor, inmediatamente al oeste del delta del arroyo Wales, y se extiende unos 100 m a lo largo de la costa. Estas llanuras arenosas inundadas por la marea se caracterizan por charcas de marea que contienen tapetes bénticos de diatomeas y cianobacterias, una significativa fuente de nutrientes para el ecosistema marino costero de caleta Explorers.

Límites

El límite costero de ambas charcas de marea sigue la marca de la pleamar media, mientras que el límite mar adentro se extiende paralelo a la costa siguiendo la línea aproximada de conexión a tierra de las crestas de presión del hielo marino (de haberlas), lo que ocurre unos 75 a 100 m mar adentro (véase el Mapa 14).

Charcas de marea sur: el límite occidental se extiende 100 m al NE desde la costa en la esquina NE de la Zona de instalaciones del Campamento New Harbor. La extensión oriental de la Zona científica está marcada en la orilla de un pequeño promontorio costero, unos 500 m al este de la Zona de instalaciones, mediante un pequeño montículo de piedras, desde el cual el límite oriental se extiende hacia el norte unos 30 m mar adentro.

Charcas de marea norte: el límite occidental se extiende 100 m a lo largo de la costa desde una pequeña enseñada al oeste del delta del arroyo Wales. Desde allí, el límite norte se extiende unos 80 m hacia el este desde la costa, mientras que el límite oriental se extiende 70 m hacia el norte desde la costa al borde del delta del arroyo Wales.

Impactos

IMPACTOS CONOCIDOS	Ninguno.
POSIBLES IMPACTOS	Los sedimentos de la costa son blandos y se alteran fácilmente cuando no están congelados.

Requisitos para el acceso

ACCESO EN HELICÓPTERO	Use el sitio designado para aterrizaje de helicópteros en la Zona de instalaciones de New Harbor: 77° 34,692' S, 163° 31,165' E.
ACCESO POR SUPERFICIE	**El acceso a la Zona de instalaciones de New Harbor sobre el hielo marino puede atravesar el componente sur de la Zona científica.**

Orientación especial para el sitio

- Evite caminar en la Zona a menos que realice investigaciones científicas, especialmente cuando el hielo se ha fundido.

- Esterilice todo el equipo de muestreo antes de tomar muestras en el sitio, a fin de no introducir especies no autóctonas.

Principales referencias

Gooday, A.J., Bowser, S.S. & Bernhard, J.M., 1996. Benthic foraminiferal assemblages in Explorers Cove, Antarctica: A shallow-water site with deep-sea characteristics. *Progress in Oceanography* **37**: 117-66.

Mapa del sitio – **Mapa 14.**

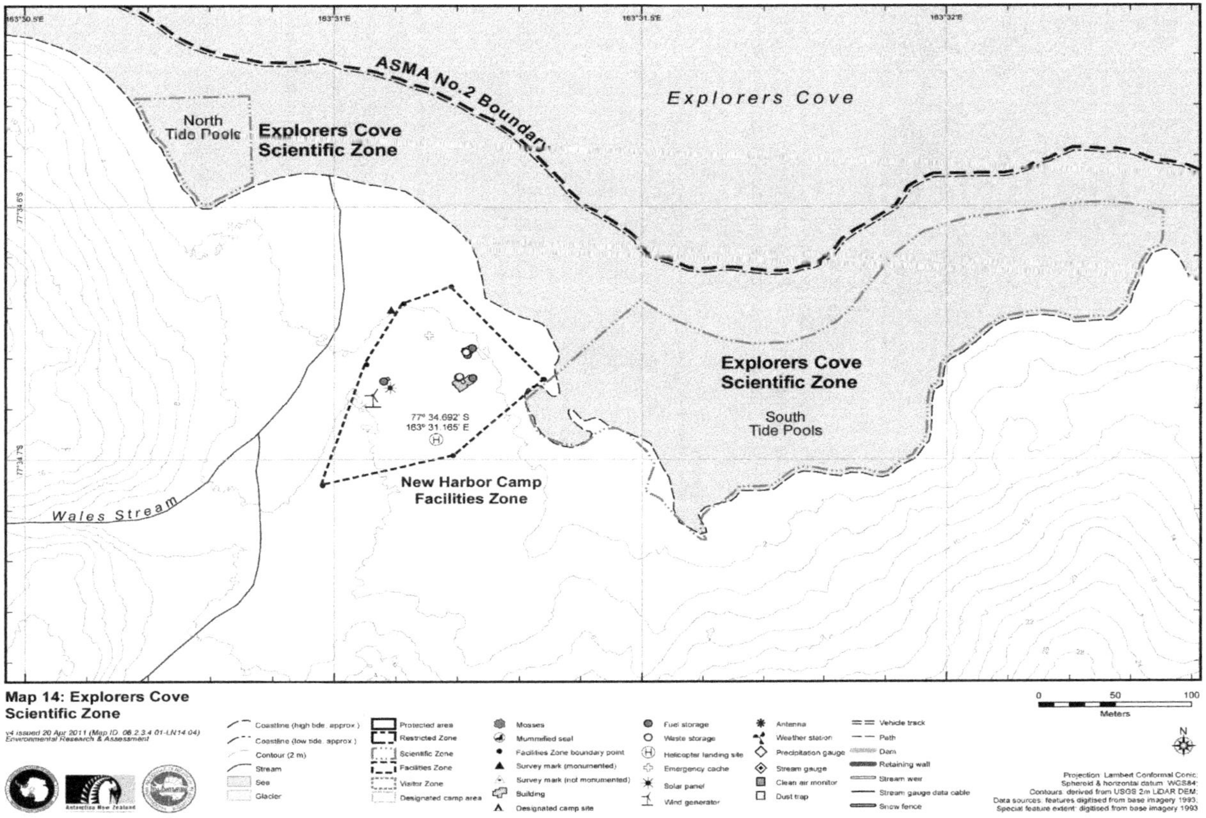

Informe final de la XXXIV RCTA

Map 14: Explorers Cove
Scientific Zone

v4 Issued 20 Apr 2011 (Map ID: Map 08.2.3.4.01-i.1414-04)
Environmental Research & Assessment

Zona científica

Pavimento Boulder

Ubicación: Río Onyx, valle de Wright central, 4 km al este y río arriba del lago Vanda:

77° 31,33' S; 161° 54,58' E

Pavimento Boulder : N. Biletnikoff, USAP (29 de enero de 2009)

Propósito
Evitar la alteración de la ecología y de los amplios tapetes microbianos que están siendo sometidos a estudios científicos de largo plazo.

Descripción

Superficie de la Zona: 0,47 km²

La Zona científica comprende una parte del río Onyx que se abre en abanico y fluye lentamente a través de un área extensa y relativamente plana de cantos rodados, donde las condiciones son favorables para el crecimiento de algas y cianobacterias, formando los tapetes microbianos más extensos del valle de Wright y un biofiltro para el lago Vanda.

Límites
La Zona científica se extiende hasta el perímetro del extenso pavimento de cantos rodados planos típicamente inundado por el río Onyx, que comprende un área de unos 0,8 km de ancho y 1,5 km de largo (Mapa 15).

Impactos

IMPACTOS CONOCIDOS	Ninguno.
POSIBLES IMPACTOS	El pisoteo puede dañar los tapetes microbianos. Puede que sea difícil identificar los tapetes cuando el sitio está congelado. Las actividades dentro de la zona aumentan el riesgo de introducir especies no autóctonas.

Requisitos para el acceso

ACCESO EN HELICÓPTERO	Deben evitarse los aterrizajes de helicópteros dentro de la Zona científica. Si es factible, los visitantes deben usar los sitios designados para aterrizaje de helicópteros en la Zona de instalaciones de la Cabaña del lago Vanda (77° 31,361' S; 161° 41,442' E) o en la Zona de instalaciones de la Cabaña de Bull Pass (77° 31,056' S 161° 51,048' E) (Mapas 12 y 15).
ACCESO POR SUPERFICIE	**Debe accederse a pie a la Zona. Evite caminar en esta área a menos que sea necesario para propósitos científicos o administrativos.**

Orientación especial para el sitio

- Evite cruzar la Zona científica a menos que sea necesario para propósitos científicos, como muestreo.

- Camine solamente sobre las piedras y evite pisar los tapetes microbianos.

- Evite introducir especies no autóctonas, esterilizando todo el equipo de muestreo antes de usarlo en este sitio.

Principales referencias

Howard-Williams, C., Vincent, C.L., Broady, P.A. & Vincent, W.F., 1986. Antarctic stream ecosystems: variability in environmental properties and algal community structure. *International Revue der gesamten Hydrobiologie und Hydrographie* **71**(4): 511-44.

Howard-Williams, C., Hawes I., Schwarz A.M. & Hall, J.A., 1997. Sources and sinks of nutrients in a polar desert stream, the Onyx River, Antarctica. En: Lyons, W.B., Howard-Williams, C. & Hawes, I. (Eds) *Ecosystem processes in Antarctic ice-free landscapes*. Proceedings of an International Workshop on Polar Desert Ecosystems, Christchurch, Nueva Zelanda: 155-70.

Green, W.J., Stage, B.R., Preston, A., Wagers, S., Shacat, J. & Newell, S., 2005. Geochemical processes in the Onyx River, Wright Valley, Antarctica: major ions, nutrients, trace metals. *Geochimica et Cosmochimica Acta* **69** (4): 839-50.

Mapa del sitio – **Mapa 15.**

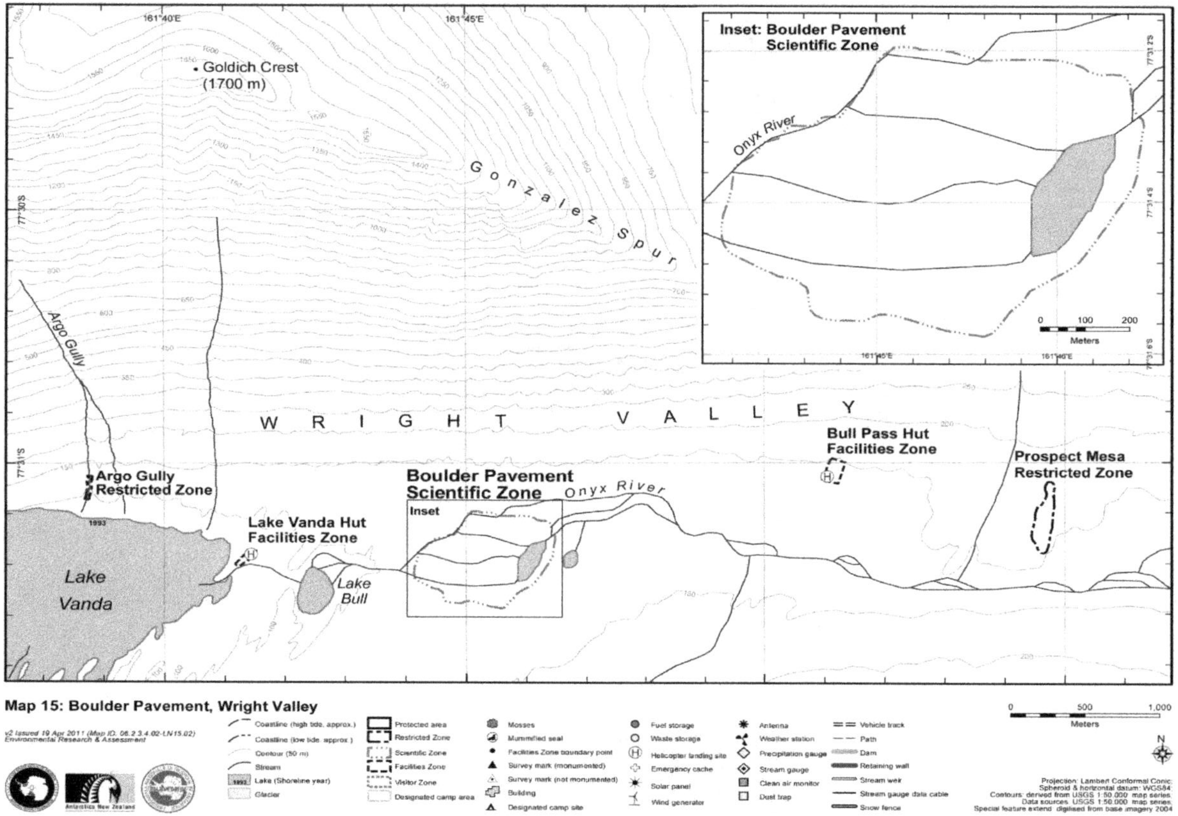

Inset: Boulder Pavement Scientific Zone

Onyx River

0 100 200
Meters

161°16'E

77°31'45"S

77°31'25"S

Gonzalez Spur

W R I G H T   V A L L E Y

Onyx River

161°45'E

161°40'E

161°45'E

Goldich Crest
(1700 m)

77°30.5'S

77°31'S

Argo Gully

Argo Gully
Restricted Zone

Lake
Vanda

1993

Lake Vanda Hut
Facilities Zone

Lake
Bull

Boulder Pavement
Scientific Zone

Inset

Bull Pass Hut
Facilities Zone

Prospect Mesa
Restricted Zone

Map 15: Boulder Pavement, Wright Valley

Map datamed 19 Apr 2011 (Map ID: 06.2.3.4.02-LN15.02)
Environmental Research & Assessment

Prospected area
Restricted Zone
Scientific Zone
Facilities Zone
Helipad Zone
Designated camp area

Coastline (high tide, approx.)
Coastline (low tide, approx.)
Contour (50 m)
Streams
Lake (Shoreline year)
Glacier

Mosses
Mummified seal
Facilities Zone boundary point
Survey mark (monumented)
Survey mark (not monumented)
Designated camp site

Fuel storage
Waste storage
Helicopter landing site
Emergency cache
Solar panel
Wind generator

Antenna
Weather station
Precipitation gauge
Stream gauge
Clean air monitor
Dust trap

Vehicle track
Path
Dam
Retaining wall
Stream work
Stream gauge data cable
Snow fence

N

0 500 1,000
Meters

Projection: Lambert Conformal Conic
Spheroid & horizontal datum: WGS84
Contours derived from USGS 1:50,000 map series.
Data sources: USGS 1:50,000 map series,
Special feature extent digitised from base imagery 2004

APÉNDICE E:

Directrices para las Zonas Restringidas

Los siguientes sitios dentro de la Zona han sido designados como Zonas restringidas:

- Cuenca del lago Trough, Cuenca de La Pirámide, Cordón montañoso Royal Society;
- Depósito de Sirius del monte Feather, monte Feather;
- Estanque Don Juan, bifurcación sur, valle de Wright
- Barranco Argo, lago Vanda, valle de Wright;
- Meseta Prospect, valle de Wright;
- Depósito Hart Ash, valle de Wright;
- Médanos del valle Victoria, valle Victoria;
- Promontorio Battleship, valle Alatna, cadena Convoy.

Se adjuntan breves descripciones del sitio, directrices para las actividades dentro de cada Zona restringida y mapas que muestran los límites de la Zona (Mapas 16 a 23).

Zona restringida
Cuenca del lago Trough

Ubicación
Cuenca del lago Trough, Cordón montañoso Royal Society, varios km al noroeste del glaciar Koettlitz y al sudoeste de la bahía Walcott: 78° 18,17' S, 163° 20,57' E

Propósito
Evitar la alteración de una cuenca hidrológica intacta y de su ecología, y garantizar que se mantengan los valores estéticos y naturales de la Zona.

Cuenca de Pirámide: C. Harris, ERA / USAP (9 de diciembre de 2009)

Descripción   Superficie de la Zona: 79,8 km²

La cuenca del lago Trough está encerrada por el monte Dromedary (2485 m), La Pirámide (854 m), The Bulwark (~ 600 m) y Seahorse (1008 m), y comprende una red de cuatro sistemas principales de drenaje que desembocan en el lago Trough (Mapa 16). El piso del valle de Pirámide Trough contiene un importante sistema de humedales que comprende una variedad de hábitats de estanque y arroyo en un área confinada que sostiene varias ricas comunidades biológicas que son representativas de la región. Están presentes algunas comunidades ralas de briofitas y líquenes. La cuenca también contiene algunas características singulares, entre las cuales la más notable es la presencia de algunos grupos de cianobacterias que son raras en otros sistemas de humedales en la región. Específicamente, además de las cianobacterias *Oscillatoria* comunes, los tapetes microbianos en estanques y arroyos contienen *Dichothrix* y *Schizothrix*, así como varios grupos taxonómicos cocoides. La cuenca del lago Trough ha sido visitada con escasa frecuencia si se compara con los demás Valles Secos, y el ecosistema se considera casi intacto.

Límites
El límite de la Zona restringida está definido por la cuenca del lago Trough. En el sentido de las agujas del reloj desde La Pirámide, el límite cruza una pequeña lengua del glaciar Koettlitz que se extiende al interior de la cuenca, sigue desde allí la cresta Backdrop hasta un picacho sin nombre (de 1618 m) en la cima de la cresta del Pasillo Occidental, desde allí al noroeste siguiendo la cresta del monte Dromedary, siguiendo desde allí una cresta al nordeste hasta Seahorse. Desde allí el límite sigue una cresta hacia el este y desciende a la bahía Walcott. El límite sigue hacia el este a unos 800 m de la costa de la bahía Walcott hasta la línea de conexión con tierra aproximada del glaciar Koettlitz, y desde allí sigue el límite de la ZAEA hasta el arroyo Bulwark y el pie de la cresta nordeste de The Bulwark. El límite continúa hacia el sur siguiendo la cresta de The Bulwark, cruza la cabecera del río Upper Alph y sigue el margen del glaciar Koettlitz para ascender la cresta nororiental de La Pirámide.

Impactos

IMPACTOS CONOCIDOS	En el campamento se han trasladado las piedras hasta donde hay un marcador topográfico de hierro instalado en una loma pequeña: 78° 17,17' S, 163° 27,83' E (18 m). Se han tomado muestras en varios lagos de la cuenca.
POSIBLES IMPACTOS	Alteración de los cuerpos de agua, ecología terrestre y suelos sensibles mediante muestreo o pisadas. Introducción de especies no autóctonas.

Requisitos para el acceso

ACCESO EN HELICÓPTERO	Los helicópteros deben aterrizar en el sitio designado en: 78° 17,16' S, 163° 27,84' E (11 m).
ACCESO POR SUPERFICIE	Los traslados dentro de la Zona generalmente deben ser a pie. Pueden usarse helicópteros para viajes esenciales a sitios a los que sería impracticable acceder a pie desde el campamento.

Orientación especial para el sitio
- Las visitas a esta cuenca se deben reducir al mínimo y no deben instalarse estructuras semipermanentes dentro de la zona.
- Evitar la introducción de especies no autóctonas esterilizando todo el equipo de muestreo antes de visitar este sitio.
- Debe acamparse dentro de la Zona restringida en el sitio usado previamente (adyacente al sitio designado para

aterrizaje de helicópteros) en: 78° 17,15' S, 163° 27,79' E (11 m).

Principales referencias

Chinn, T.J.H., 1993. Physical hycrology of Dry Valleys lakes. *Antarctic Research Series* **59**: 1 –51.

Hendy, C.H. y Hall, B.L. 2006. The radiocarbon reservoir effect in proglacial lakes: examples frcm Antarctica. *Earth and Planetary Science Letters* **241**: 413-21.

Hawes, I., Webster-Brown, J., Wood, S. y Jungblut, A., 2010. A brief survey of aquatic habitats in the Pyramid Trough region, Antarctica. Informe inédito preparado para USAP sobre ecología del aguade la cuenca del lago Trough.

Mapa del sitio – Mapa 16

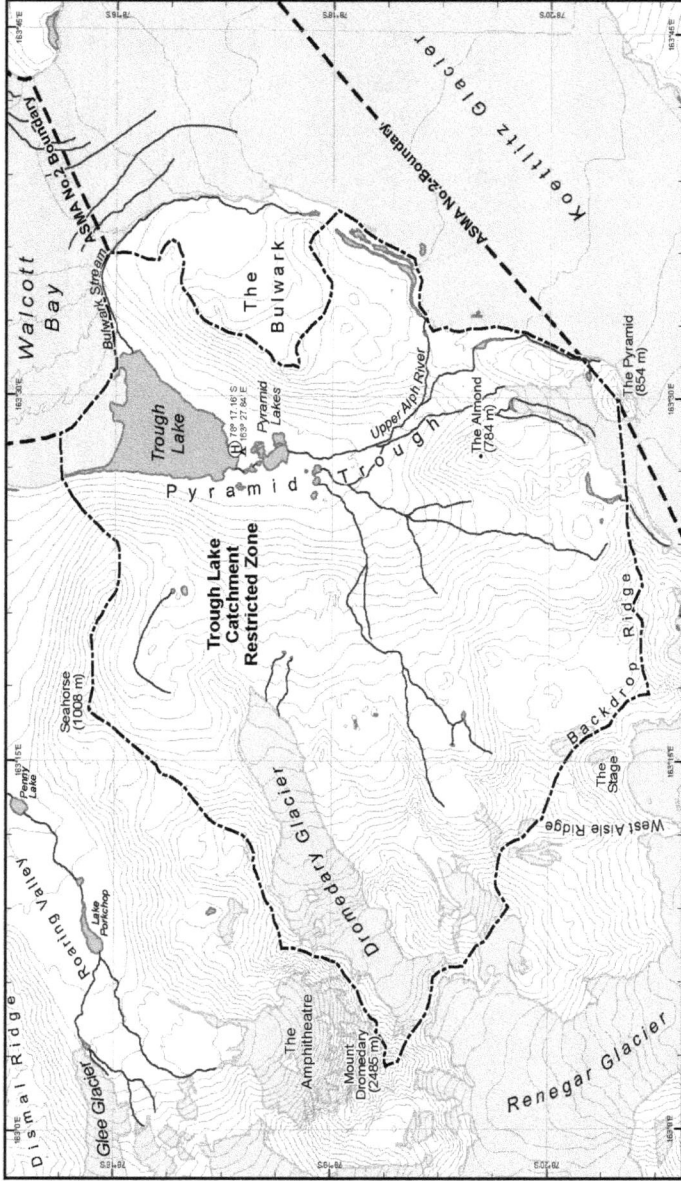

Map 16: Trough Lake Catchment Restricted Zone

Zona restringida

Depósito de Sirius del monte Feather

Ubicación

Flanco nordeste del monte Feather (3011 m) entre el glaciar Lashley y el alto glaciar Ferrar: 77° 56,05' S, 160° 26,30' E

Monte Feather: C. Harris, ERA / USAP (11 de diciembre de 2009)

Propósito

Evitar alteraciones o daños en un área de Depósitos de Sirius, que tienen alto valor científico.

Descripción   **Superficie de la Zona:** 0,57 km²

El diamictón de monte Feather es un área de depósitos glacigénicos semilitificados que han estado incluidos dentro del Grupo Sirius en el alto glaciar Ferrar, unos 3 km al NE del monte Feather (3011 m) (Mapa 17). Los depósitos se encuentran a una elevación de entre aproximadamente 2400 y 2650 m, extendiéndose sobre un terreno de pendiente relativamente suave cerca de la cima de la cresta y aflorando también en los empinados acantilados orientales del macizo del monte Feather sobre el valle de Friedmann y el glaciar Ferrar. La superficie del diamictón tiene claros arroyuelos de nieve derretida cerca de su perímetro y en las pendientes más pronunciadas. Los depósitos, que se extienden sobre un área de unos 1,5 km x 1 km, contienen microfósiles y otras evidencias de alta importancia científica para la interpretación del historial glacial neogeno de los Valles Secos y de la capa de hielo del Antártico Oriental en su conjunto.

Límites

El límite de la Zona restringida (Mapa 17) está definido en base a la magnitud del diamictón del monte Feather, según los mapas de Wilson et al. (2002: Fig.1). Debido a las limitaciones en la precisión de los mapas disponibles en la región, el límite se considera aproximado, con una precisión estimada de por lo menos +/- 100 m.

Impactos

IMPACTOS CONOCIDOS   Se han recogido muestras rocosas. Se han recuperado del sitio por lo menos cuatro núcleos poco profundos (de 3,2 m de profundidad o menos), aunque no se emplearon líquidos para perforación.

POSIBLES IMPACTOS   Operaciones de perforación, especialmente las que emplean líquidos para perforación. Muestreo y alteración de las secuencias sedimentarias.

Requisitos para el acceso

ACCESO EN HELICÓPTERO   Las operaciones en helicóptero en este lugar pueden ser difíciles debido a la altitud y a los vientos, y todavía no se ha designado ningún sitio de aterrizaje específico.

ACCESO POR SUPERFICIE   Los desplazamientos dentro de la Zona restringida deben ser a pie.

Orientación especial para el sitio

- No traslade los sedimentos, piedras ni cantos rodados a menos que sea necesario para propósitos científicos. Evite perturbar o alterar las secuencias sedimentarias y los arroyuelos de nieve derretida.
- Debe acamparse en el sitio usado previamente en las superficies nevadas adyacentes en : 77 ° 55,93' S, 160 ° 25,66' E.

Principales referencias

Wilson, G.S., Barron, J.A., Ashworth, A.C., Askin, R.A., Carter, J.A., Curren, M.G., Dalhuisen, D.H., Friedmann, E.I., Fyodorov-Davidov, D.G., Gilichinsky, D.A., Harper, M.A., Harwood, D.M., Hiemstra, J.F., Janecek, T.R, Licht, K.J., Ostroumov, V.E., Powell, F.D., Rivkina, E.M., Rose, S.A., Stroeven, A.P., Stroeven, P., van der Meer, J.J.M., y Wizevich M.C., 2002. The Mount Feather Diamicton of the Sirius Group: an accumulation of indicators of Neogene Antarctic glacial and climatic history. *Palaeogeography, Palaeoclimatology, Palaeoecology* **182**: 117-31.

Mapa del sitio – Mapa 17

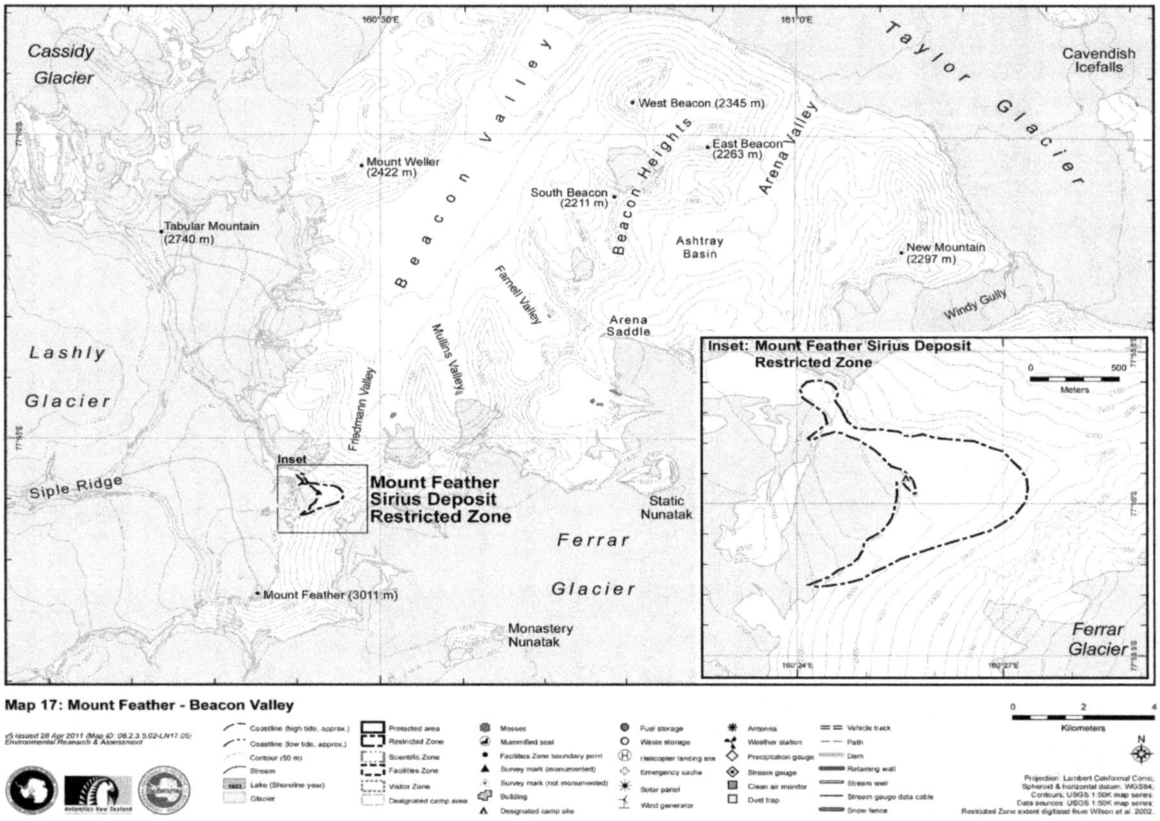

Map 17: Mount Feather - Beacon Valley

Inset: Mount Feather Sirius Deposit Restricted Zone

Zona restringida

Estanque Don Juan

Ubicación

Al pie de un glaciar rocoso en la bifurcación sur, valle de Wright, en una depresión cerrada a una elevación de 118 m por debajo del Dais, a unos 7,5 km del lago Vanda:
77° 33,77' S, 161° 11,32' E

Propósito

Proteger contra perturbaciones y daños un ecosistema hipersalino raro y sensible de alto valor científico.

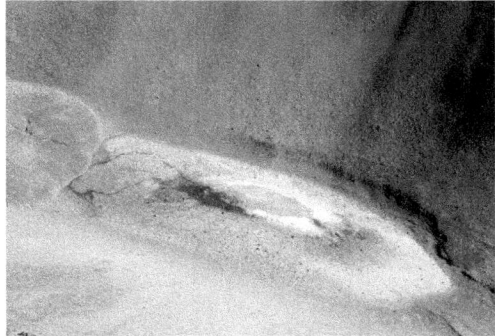

Estanque Don Juan C. Harris, ERA / USAP (14 de diciembre de 2009)

Descripción

Superficie de la Zona: 20 ha

El estanque Don Juan es un pequeño lago hipersalino actualmente de unos 400 x 150 m que contiene una salmuera rica en cloruro de calcio con un nivel de salinidad de alrededor de un 40%, lo cual lo convierte en el cuerpo de agua natural más salino conocido en la Tierra. Los niveles de agua han fluctuado con el tiempo, aunque recientemente el estanque ha tenido una profundidad de unos 10 centímetros. Si bien los niveles de agua varían, la Zona restringida se extiende hasta el perímetro de los depósitos salinos del piso del estanque (Mapa 18). En el estanque hay vida microbiana, que incluye numerosas bacterias heterotróficas y una levadura. Al borde del estanque, donde las concentraciones de cloruro de calcio son menores, se encuentra un tapete de material mineral y detrito consolidados con materia orgánica, llamado Depósitos Salinos del Estanque Don Juan. El estanque Don Juan es también el sitio donde primero se identificó la formación natural de antarticita ($CaCl_2$ $6H_2O$), un mineral higroscópico incoloro.

Límites

El límite de la Zona restringida está definido por la extensión externa de los Depósitos Salinos del Estanque Don Juan, que se extienden hasta el borde del piso de estanque de la depresión, ocupando un área de unos 720 x 300 m (Mapa 18).

Impactos

IMPACTOS CONOCIDOS	El Proyecto de perforación de los Valles Secos taladró dos pozos en el estanque Don Juan: DVDP 5 (3,5 m de profundidad) y DVDP 13 (75 m de profundidad), situados dentro del área del depósito salino a unos 60 y 110 m respectivamente al este del glaciar rocoso. El DVDP 13 sigue en evidencia como un tubo de hierro (tapado) que sobresale cerca de 1 m por sobre el piso de estanque seco (Mapa 18). En diciembre de 2009 se observaron pequeñas cantidades de desechos (por ejemplo latas oxidadas) en los suelos a unos 50 a 100 m al sur y al este de la Zona restringida, probablemente originarios de los primeros campamentos establecidos cerca del sitio.
POSIBLES IMPACTOS	Alteración del cuerpo de agua, de los depósitos salinos y de los suelos sensibles mediante muestreo o pisadas.

Requisitos para el acceso

ACCESO EN HELICÓPTERO	Los helicópteros deben evitar el aterrizaje en la Zona restringida, como también el sobrevuelo por debajo de los 50 m sobre el nivel del suelo. Los helicópteros deben aterrizar en el sitio designado unos 250 m al este del estanque Don Juan a: 77° 33,784' S, 161° 12,948' E.
ACCESO POR SUPERFICIE	El acceso a la Zona restringida y el desplazamiento dentro de ella deben ser a pie.

Orientación especial para el sitio

- Evita atravesar el estanque y los depósitos salinos adyacentes a menos que sea necesario para propósitos científicos o administrativos.
- Camine cuidadosamente para reducir al mínimo la alteración de los depósitos salinos, suelos blandos y pendientes sensibles circundantes.
- No cambie de sitio ninguna roca.
- No se permite acampar dentro de la Zona restringida.

Principales referencias

Harris, H.J.H. y Cartwright, K., 1981. Hydrology of the Don Juan Basin, Wright Valley, Antarctica. *Antarctic Research Series* **33**: 161-84.

Chinn, T.J., 1993. Physical hydrology of the Dry Valley lakes. *Antarctic Research Series* **59**: 1-51.

Samarkin, V.A., Madigan, M.T., Bowles, M.W., Casciotti, K.L., Priscu, J.C., McKay, C.P. y Joye, S.B., 2010. Abiotic nitrous oxide emission from the hypersaline Don Juan Pond in Antarctica. *Nature Geoscience.* En línea: 25 de abril de 2010. DOI: 10.1038/NGEO847.

Mapa del sitio – Mapa 18

Informe final de la XXXIV RCTA

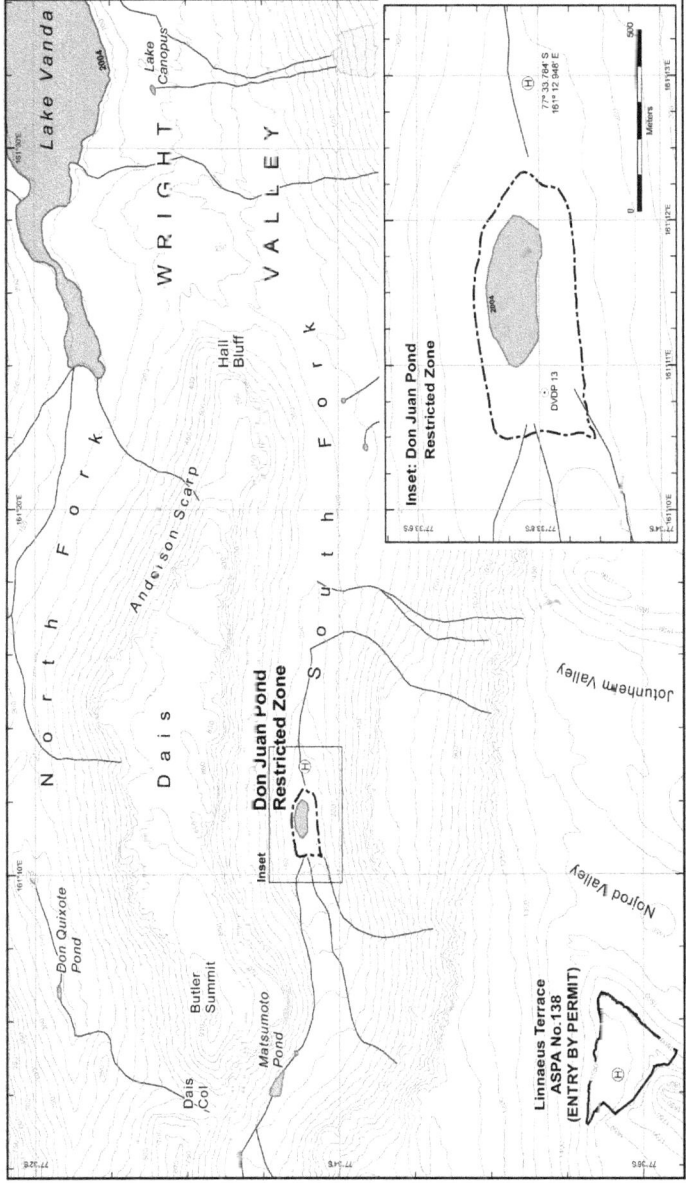

Map 18: Don Juan Pond, Wright Valley

Linnaeus Terrace
ASPA No.138
(ENTRY BY PERMIT)

Zona restringida
Barranco Argo
Ubicación
Orilla nororiental del lago Vanda, valle de Wright, debajo del monte Jason, a una elevación entre 104 y 235 m:
77° 31,09'S, 161° 38,77'E

Propósito
Evitar daños a los depósitos fosilíferos marinos estratificados expuestos dentro de la barranca, que tienen un alto valor científico.

Barranco Argo: K. Pettway, USAP (31 de enero de 2011)

Descripción
Superficie de la Zona: 4800 m^2

Una parte del límite inferior de un prominente canal en el barranco Argo, debajo del monte Jason (1920 m), el cordón montañoso Olympus (Mapa 19), contiene lechos expuestos (de hasta 2,8 metros de espesor) de extensos limos glaciales que contienen un abundante sedimento apoyado sobre material de diatomeas y silicoflagelados marinos. Según informes recibidos, en los centímetros superiores del depósito se han encontrado fragmentos de conchas de pectén. Los lechos están estratificados horizontalmente, lo que contrasta con los sedimentos subyacentes. Los depósitos están recubiertos por limos, gravas y arenas deltaicas, depositados por el arroyo en el barranco Argo. Los depósitos son indicativos de que el valle de Wright era anteriormente un fiordo marino poco profundo, y han sido datados como pertenecientes al Mioceno Medio. Se desconoce la total extensión de los depósitos bajo el sedimento superior, y las exposiciones intermitentes a lo largo del canal cambian con el tiempo como resultado de la erosión natural.

Límites
La Zona restringida se extiende desde la primera terraza costera prominente (elevación de 104 m) hacia arriba de la orilla del lago Vanda y unos 140 metros desde esta, remontando durante 175 metros el canal hasta una elevación de unos 135 m. La Zona se extiende 25 metros a cada lado del canal (Mapa 19).

Impactos
IMPACTOS CONOCIDOS	Ninguno.
POSIBLES IMPACTOS	El depósito se encuentra dentro del permafrost, pero la superficie se deprime continuamente al fundirse el permafrost. La superficie del depósito se desintegra al tacto.

Requisitos para el acceso
ACCESO EN HELICÓPTERO	Los helicópteros deben aterrizar en el sitio designado en la Zona de instalaciones de la Cabaña del lago Vanda, aproximadamente a 1,2 km al este a: 77° 31,361' S, 161° 41,442' E.
ACCESO POR SUPERFICIE	El acceso a la Zona restringida y el desplazamiento dentro de ella deben ser a pie.

Orientación especial para el sitio
- Evite caminar por los bordes del barranco o sobre los afloramientos expuestos.
- Reduzca al mínimo la alteración de los sedimentos que rodean a los depósitos.
- Evite tocar los afloramientos expuestos a menos que esté realizando una investigación científica.

Principales referencias
Brady, H.T., 1980. Palaeoenvironmental and biostratigraphic studies in the McMurdo and Ross Sea regions, Antarctica. Tesis de doctorado inédita , Universidad Macquarie, Australia.

Brady, H.T. 1979. A diatom report on DVDP cores 3, 4a, 12, 14, 15 and other related surface sections. En: Nagatta, T. (Ed) *Proceedings of the Seminar III on Dry Valley Drilling Project, 1978. Memorias del Instituro Nacional de Investigación Polar*, Edición especial 13: 165-75.

Mapa del sitio – Mapa 19.

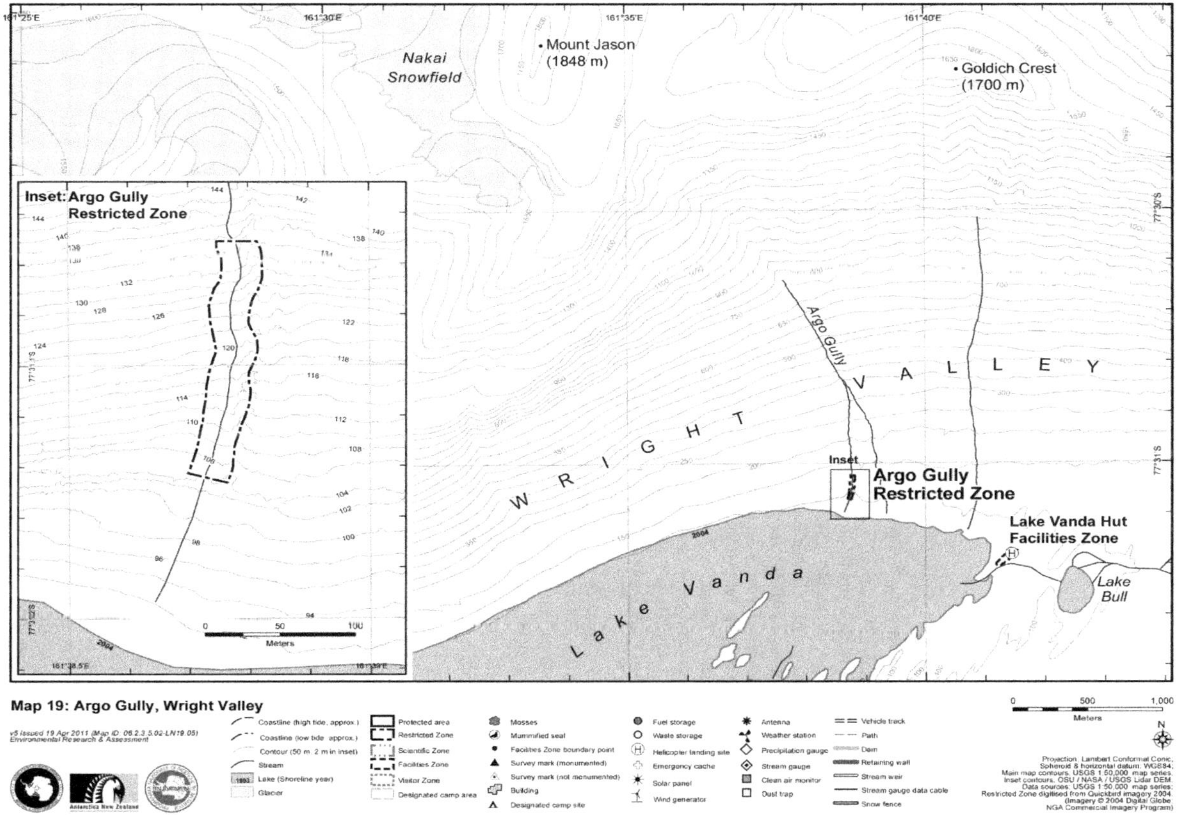

Informe final de la XXXIV RCTA

Map 19: Argo Gully, Wright Valley

Zona restringida
Meseta Prospect

Ubicación
Debajo de Bull Pass, unos 250 m al norte del río Onyx, valle de Wright:
77° 31,33′ S; 161° 54,58′ E

Propósito
Evitar daños a un depósito frágil de conchas de pectén (ostión) marino extinto fosilizado de una sola especie.

Meseta Prospect: C. Harris, ERA / USAP (15 de diciembre de 2009)

Descripción Superficie de la Zona: 4,76 ha

La meseta Prospect es un depósito de aluviones glaciales apoyados sobre gravas fosilíferas que contiene una alta densidad de conchas de pectén (ostión) marino extinto, bien conservadas y de una sola especie, *Chlamys (Zygochlamys) tuftsensi*, de la familia *Pectinidae*. No se ha encontrado esta especie en ningún otro sitio. Una capa estratificada de aluviones glaciales apoyados sobre arena y grava queda expuesta en un barranco cortado por un arroyo que fluye desde Bull Pass, a algunos cientos metros de distancia de su unión con el río Onyx (Mapa 20). Se desconoce la edad precisa del depósito, aunque la presencia de conchas articuladas, la abundancia de conchas completas, la falta de abrasión, la similitud de la matriz interna y externa, la falta de una buena segregación por tamaños y una clasificación generalmente muy deficiente de los clastos sugieren que los fósiles se depositaron in situ en un fiordo marino. También se encuentran espículas de esponjas, radiolarios y algunos fragmentos de ostrácodos, pero los foraminíferos son el grupo de microfósiles más abundante y diverso presente.

Límites
El límite de la Zona restringida se define alrededor de dos características de mesetas adyacentes, la menor de las cuales se encuentra a unos 100 m al norte de la característica principal. El límite sigue el bien definido banco al NE del arroyo que desciende de Bull Pass en el SO de la Zona, y luego sigue alrededor de la base de las pendientes que definen las dos características (Mapa 20).

Impactos
IMPACTOS CONOCIDOS	En la pendiente sudoeste de la colina (véase la foto) existe una excavación de una de las primeras investigaciones, marcada por un poste en su base.
POSIBLES IMPACTOS	Es extremadamente difícil aislar fragmentos de pectén íntegros. La alteración o daño a los sedimentos puede dañar los fósiles.

Requisitos para el acceso
ACCESO EN HELICÓPTERO	Los helicópteros no deben aterrizar dentro de la Zona restringida. Use el sitio designado para aterrizaje de helicópteros en la Zona de instalaciones de la Cabaña de Bull Pass: 77° 31,056′S, 161° 51,048′E
ACCESO POR SUPERFICIE	El acceso a la Zona restringida y el desplazamiento dentro de ella deben ser a pie.

Orientación especial para el sitio
- Evite caminar sobre la meseta.
- Los peatones deben caminar cuidadosamente para reducir al mínimo la alteración de las estructuras sedimentarias, depósitos y pendientes frágiles.
- No se permite acampar dentro de la Zona restringida.

Principales referencias
Turner, R.D., 1967. A new species of fossil Chlamys from Wright Valley, McMurdo Sound, Antarctica. *New Zealand Journal of Geology and Geophysics* 10: 446-55.

Vucetich, C.G. y Topping, W.W. 1972. A fjord origin for the pecten deposits, Wright Valley, Antarctica. *New Zealand Journal of Geology and Geophysics* 15(4): 660-73.

Webb, P.N., 1972. Wright fjord, Pliocene marine invasion of an Antarctic Dry Valley. *Antarctic Journal of the United States* 7: 227-34.

Prentice, M.L., Bockheim, J.G., Wilson, S.C., Burckle, L.H., Jodell, D.A., Schluchter, C. y Kellogg, D.E., 1993. Late Neogene Antarctic glacial history: evidence from central Wright Valley. Serie de incestigación antártica 60: 207-50.

Informe final de la XXXIV RCTA

Mapa del sitio – Mapa 20

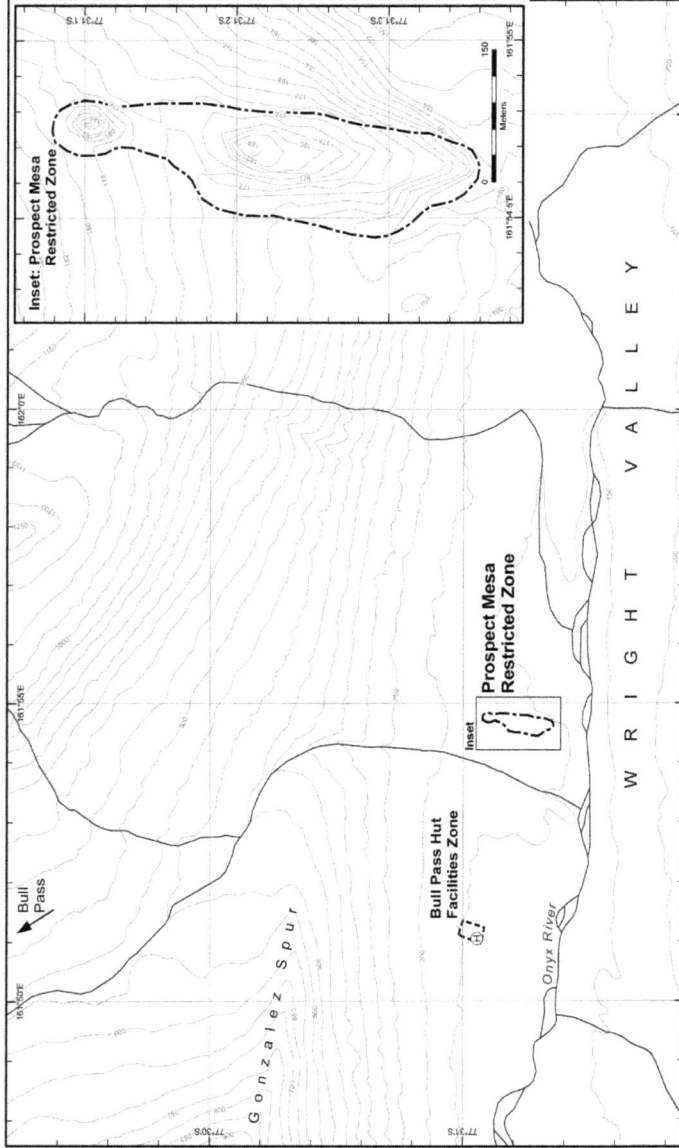

Map 20: Prospect Mesa, Wright Valley

Zona restringida

Depósito Hart Ash

Ubicación

En una pendiente relativamente carente de rasgos distintivos entre los glaciares Goodspeed ▾ Hart, valle de Wright, a una elevación cercana a los 400 m:

77° 29,76'S, 162° 22,35'E

Propósito

Evitar daños a un depósito in situ de tefra de ceniza volcánica que tiene alto valor científico.

Depósito Hart Ash: J. Aislabie
Colección pictórica antártica de Nueva Zelanda (2005)

Descripción

Área de la Zona: 1,8 ha

El depósito Hart Ash es un depósito preservado in situ de tefra de ceniza volcánica, protegido por una capa superficial de grava que protege la capa de ceniza y tiene una amplia extensión espacial. El Hart Ash no es inmediatamente visible a menos que se retire la grava superficial, lo cual dificulta la identificación en terreno. Por ello se desconoce la extensión total del depósito Hart Ash, aunque su extensión máxima ha sido estimada en unos 100 x 100 m (Mapa 21). El depósito Hart Ash, cuya data se estima en 3,9 ± 0,3 millones de años, tiene gran importancia científica para interpretar el paleoclima de los Valles Secos de McMurdo.

Límites

Debido a la falta de hitos superficiales prominentes, el límite de la Zona restringida se define como un área de 150 m x 120 m siguiendo las líneas de latitud y longitud (Mapa 21) que se extienden a partir de las coordenadas:

Arriba izquierda: 77°29,72' S, 162°22,2' E

Abajo derecha: 77 29,8' S, 162 22,5' E

Impactos

IMPACTOS CONOCIDOS	Ninguno.
POSIBLES IMPACTOS	El depósito está cubierto por un delgado pavimento desértico de grava, que se altera fácilmente al caminar. Si se altera el pavimento desértico, la erosión por el viento de los depósitos de ceniza sería rápida.

Requisitos para el acceso

ACCESO EN HELICÓPTERO	Los helicópteros deben evitar aterrizajes y sobrevuelos por debajo de los 50 m sobre el nivel del suelo dentro de la Zona restringida. Los aterrizajes de helicópteros deben realizarse por lo menos a 100 m del límite.
ACCESO POR SUPERFICIE	El acceso a la Zona restringida y el desplazamiento dentro de ella deben ser a pie.

Orientación especial para el sitio

- Evite caminar sobre el pavimento desértico apoyado en los depósitos de ceniza a menos que sea necesario para propósitos científicos o administrativos esenciales, y entonces camine cuidadosamente para reducir al mínimo la alteración.
- Si se retira el pavimento desértico para propósitos científicos esenciales, compruebe que el material sea repuesto a fin de proteger la característica.
- No se permite acampar dentro de la Zona restringida.

Principales referencias

Hall, B.L., Denton, G.H., Lux, D.R. y Bockheim, J., 1993. Late tertiary Antarctic paleoclimate and ice-sheet dynamics inferred from surficial deposits in Wright Valley. *Geografiska Annaler* **75A**(4): 239-67.

Morgan, D.J., Putkonen, J., Balco, G. y Stone, J., 2008. Colluvium erosion rates in the McMurdo Dry Valleys, Antarctica. Procedimientos de la Unión geofídica norteamericana, Reunión del otoño de 2008.

Schiller, M., Dickinson, W., Ditchburn, R.G. Graham, I.J. y Zondervan, A., 2009. Atmospheric 10Be in an Antarctic soil: implications for climate change. *Diario de investigaciíon geofísica* **114**, FO1033.

Mapa del sitio – Mapa 21

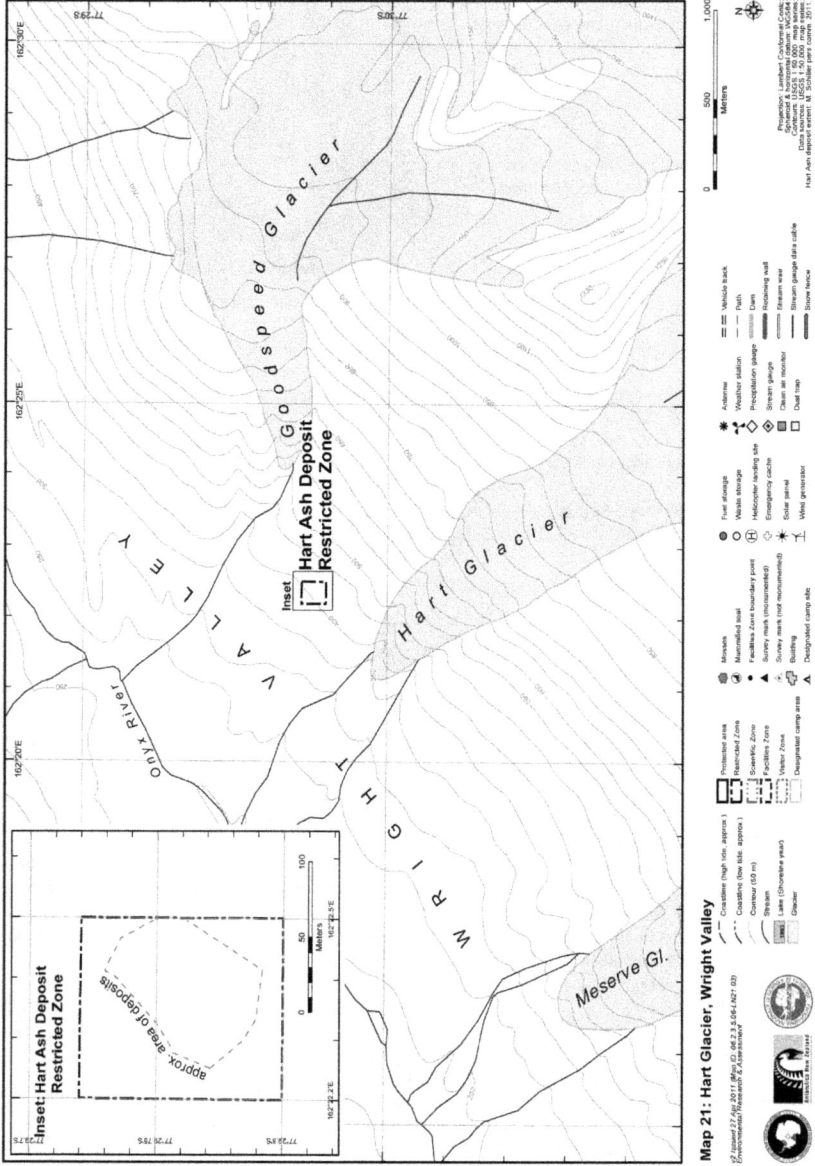

Map 21: Hart Glacier, Wright Valley

Inset: Hart Ash Deposit Restricted Zone

Zona restringida
Médanos del valle Victoria

Ubicación
En dos grupos principales entre el lago Vida y el bajo glaciar Victoria, cerca de 1 km al sur del lindero del glaciar Packard, valle Victoria:
77° 22,19'S, 162° 12,45'E

Propósito
Evitar daños al sistema de médanos, que es frágil y tiene alto valor científico.

Médanos del valle Victoria (grupo oriental debajo del glaciar Packard)
H. McGowan, Colección Pictórica Antártica de Nueva Zelanda (diciembre 2004).

Descripción
Superficie de la Zona: 3,16 km²

El extenso sistema de médanos del valle Victoria consta de dos áreas características compuestas de dunas con forma de media luna, transversal y lomo de ballena, además de numerosos montículos de arena (Mapa 22). El mayor grupo de dunas del oeste se extiende más de 6 km y alcanza los 200 a 800 m de ancho, con un área total cercana a 1,9 km². El menor grupo de dunas del este, bisecado por el arroyo Packard y limitado al sur por el arroyo Kite, se extiende más de 3 km y alcanza los 300 a 600 m de ancho, con un área total cercana a 1,3 km². Las fuentes del sedimento son la superficie y los bordes del bajo glaciar Victoria y la morrena de tierra, que son transportados al oeste hacia el lago Vida por el viento del este dominante y los arroyos de nieve derretida. Es la única área de la Antártida donde ocurren importantes formas deposicionales eólicas de arena. Las dunas difieren de las habituales formaciones desérticas y costeras porque la arena de las dunas está entremezclada con nieve compacta y contiene permafrost.

Límites
El límite de la Zona restringida está definido por la extensión exterior del principal sistema de dunas de arena en el Valle de Victoria, que se extiende en dos grupos a lo largo de aproximadamente 9 km, con un ancho que oscila entre los 200 y 800 m (Mapa 22).

Impactos
IMPACTOS CONOCIDOS	Ninguno.
POSIBLES IMPACTOS	Una delgada capa superficial de los médanos es móvil y dinámica. El daño o alteración del permafrost interno de las dunas puede afectar la integridad estructural del médano.

Requisitos para el acceso
ACCESO EN HELICÓPTERO	Los helicópteros deben evitar el aterrizaje dentro de la Zona restringida, como también el sobrevuelo por debajo de los 50 m sobre el nivel del suelo.
ACCESO POR SUPERFICIE	El acceso a la Zona restringida y el desplazamiento dentro de ella deben ser a pie.

Orientación especial para el sitio
- Evita atravesar las dunas a menos que sea necesario para propósitos científicos o administrativos.
- Camine cuidadosamente para reducir al mínimo la alteración de las sensibles superficies de dunas y pendientes. Evite alterar el permafrost interno y la estructura de los médanos.
- No se permite acampar dentro de la Zona restringida.

Principales referencias
Lindsay, J.F., 1973. Reversing barchans dunes in Lower Victoria Valley, Antarctica. *Geological Society of America Bulletin* **84**: 1799-1806.

Calkin, P.E. y Rutford, R.H., 1974. The sand dunes of Victoria Valley, Antarctica. *The Geographical Review* **64**(2): 189-216.

Selby, M.J., Rains, R.B. y Palmer, R.W.P., 1974. Eolian deposits of the ice-free Victoria Valley, Southern Victoria Land, Antarctica. *New Zealand Journal of Geology and Geophysics* **17**(3): 543-62.

Speirs, H.C., McGowan, J.A. y Neil, D.T., 2008. Meteorological controls on sand transport and dune morphology in a polar-desert: Victoria Valley, Antarctica. *Earth Surface Processes and Landforms* **33**: 1875-91.

Mapa del sitio – Mapa 22

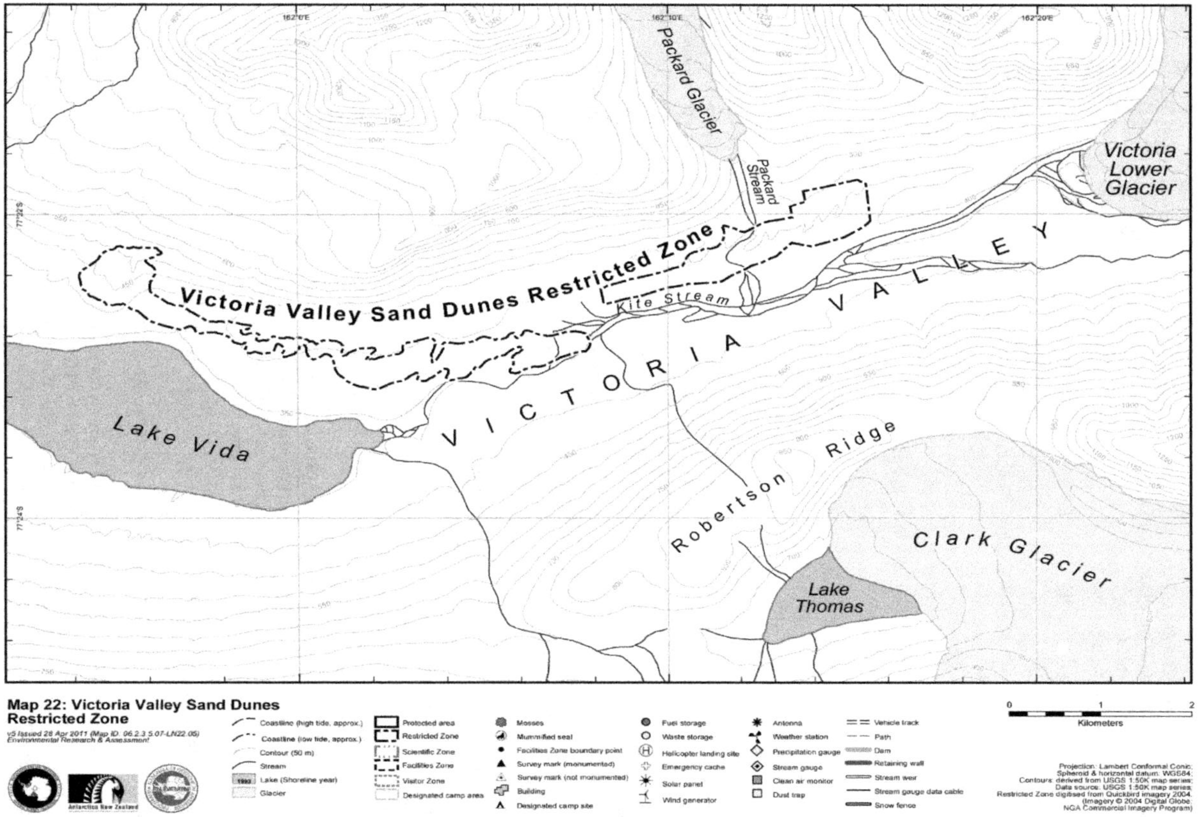

Map 22: Victoria Valley Sand Dunes Restricted Zone

v5 issued 28 Mar 2011 (Map ID: 06.2.3.5-07-LNZ0.06)
Environmental Research & Assessment

Zona restringida
Promontorio Battleship
Ubicación
Sudoeste del valle Alatna, cadena Convoy, alrededor de 1 km al oeste del glaciar de Benson:
76° 55,17' S, 161° 02,77' E

Propósito
Evitar daños a las frágiles formaciones de piedra arenisca que alojan comunidades microbianas y garantizar que se mantengan los valores estéticos y naturales del sitio.

Descripción   Superficie de la Zona: 4,31 km^2

a) Vista aérea desde el valle Alatna. b) desde el estanque Cargo.
C. Harris, ERA / USAP (16 de diciembre de 2009)

El promontorio Battleship es un área de espectaculares afloramientos de piedra arenisca que surgen del piso sudoeste del valle Alatna, cerca del estanque Cargo (Mapa 23). La formación del acantilado tiene unos 5 km de longitud y se extiende sobre un área que tiene entre 0,4 y 1,2 km de ancho. El promontorio tiene unos 300 m de altura, a una elevación aproximada de entre 900 a 1200 m en el oeste y de 1050 a 1350 m en el este. Los afloramientos de piedra arenisca bermeja y blanca están profundamente erosionados en llamativas formaciones de espirales, rebordes y barrancos desgastados, en que se han acumulado oscuros cantos rodados y sedimentos provenientes del recubrimiento de dolerita a medida que se erosiona desde la parte superior. El ambiente aloja algunas ricas comunidades microbianas, incluidos líquenes, cianobacterias, bacterias no fotosintéticas y hongos, con la biodiversidad microbiana más alta que se haya registrado en los Valles Secos. Las comunidades microbianas criptoendolíticas viven en los espacios porosos dentro de la piedra arenisca y comprenden líquenes y cianobacterias que crecen a profundidades de hasta 10 mm debajo de la superficie. Estas comunidades tienen un crecimiento extremadamente lento y las rocas en que viven son susceptibles a quebrarse.

Límites
Los límites de la Zona restringida abarcan el área principal de afloramientos de piedra arenisca en el promontorio Battleship, extendiéndose desde varios lagos pequeños al pie de la formación e incluyéndolos, hasta su máxima extensión superior (Mapa 23).

Impactos
IMPACTOS CONOCIDOS   Anteriormente se han instalado en las rocas algunos instrumentos pequeños para la medición in situ y se ha recogido una pequeña cantidad de muestras de roca. El sitio designado para aterrizaje de helicópteros está marcado por banderas de tela sujetas con rocas, algunas de las cuales fueron seleccionadas para asegurarse de que no fueran usadas por científicos posteriores, dado que fueron modificadas por uno de los primeros experimentos (E. Friedmann, nota personal, 1994). En el sitio se han abierto envases fumígenos de seguridad, una práctica discontinuada en los años noventa que causó una contaminación localizada.

POSIBLES IMPACTOS   Ruptura de las formaciones de piedra frágiles, muestreo excesivo, introducción de especies no autóctonas.

Requisitos para el acceso
ACCESO EN HELICÓPTERO   Los helicópteros deben aterrizar en el sitio designado en: 76° 55,35' S, 161° 04,80' E (1296 m). Si se requiere acceder a la base de los acantilados o a algunas partes de la Zona a las que no es práctico llegar a pie, los helicópteros deben evitar el aterrizaje en las superficies de piedra arenisca o en los lagos o estanques.

ACCESO POR SUPERFICIE   Los desplazamientos dentro de la Zona restringida deben ser a pie.

Orientación especial para el sitio
- Camine cuidadosamente para reducir al mínimo la alteración, evite trasladar piedras y cantos rodados y no rompa las frágiles formaciones de piedra arenisca.
- Debe acamparse dentro de la Zona restringida en el sitio usado previamente, que está adyacente al sitio designado para aterrizaje de helicópteros a 76° 55,31' S, 161° 04,80' E (1294 m).

Principales referencias

Friedmann, E.I., Hua, M.S., Ocampo-Friedmann, R., 1988. Cryptoendolithic lichen and cyanobacterial communities of the Ross Desert, Antarctica. *Polarforschung* **58**: 251-59.

Johnston, C.G. y Vestal, J.R., 1991. Photosynthetic carbon incorporation and turnover in Antarctic cryptoendolithic microbial communities: are they the slowest-growing communities on Earth? *Applied & Environmental Microbiology* **57**(8): 2308-11.

Mapa del sitio – Mapa 23

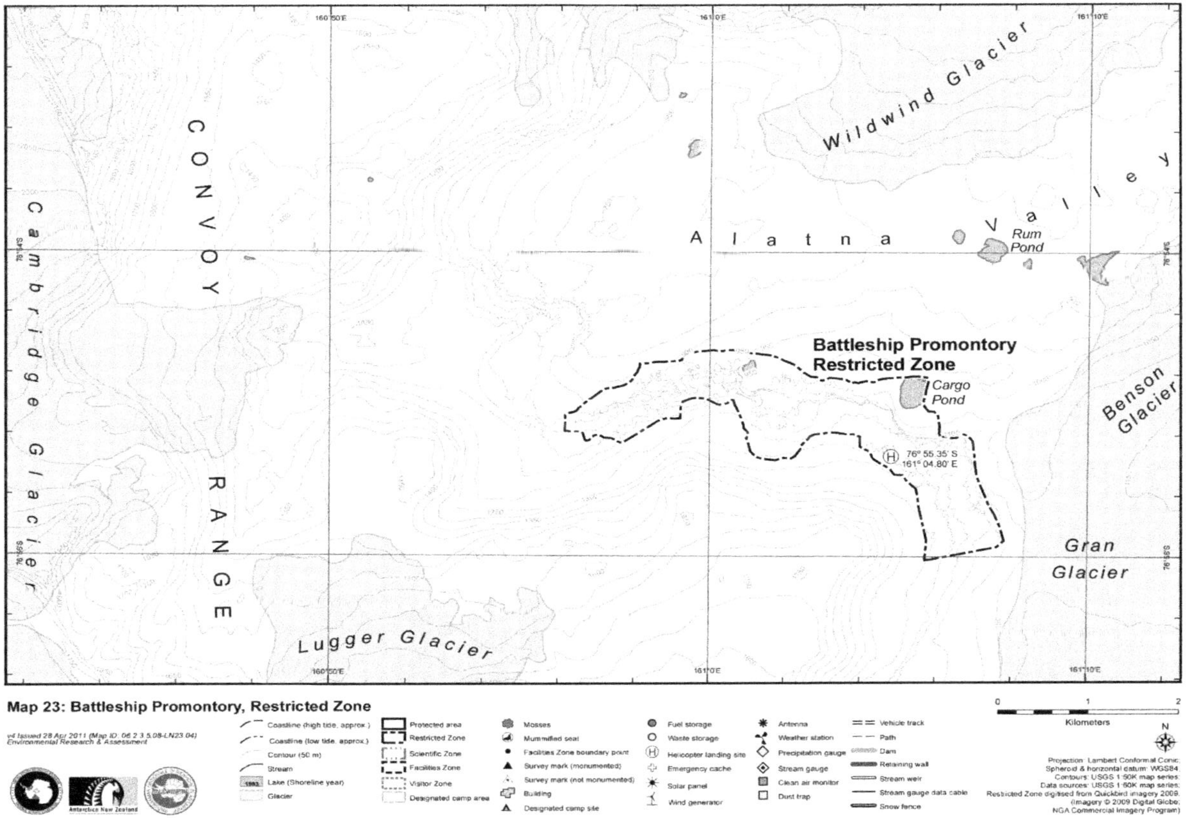

Informe final de la XXXIV RCTA

Map 23: Battleship Promontory, Restricted Zone

APÉNDICE F:

Directrices para las Zonas de Visitantes

Dentro de la Zona, el siguiente sitio está designado como Zona de visitantes:

- Valle de Taylor

La Zona de visitantes se encuentra en el bajo valle de Taylor, cerca del glaciar Canadá. En el Mapa 24 se muestran la ubicación, límites, sitio para aterrizaje de helicópteros y características de la Zona de visitantes.

El límite de la Zona de visitantes se define como sigue: yendo en el sentido de las agujas del reloj desde el límite norte de la zona en una colina baja a 77° 37,523' S, 163° 03,189' E, el límite se extiende 225 m al sudeste, más allá del sitio designado para aterrizaje de helicópteros, hasta un punto en el suelo de la morrena a 77° 37,609' S, 163° 03,585' E, desde allí se extiende 175 m hacia el sur ascendiendo la cima de una pequeña colina (con una elevación de 60 m) a 77° 37,702' S, 163° 03,512' E. Desde esta pequeña colina, el límite se extiende al noroeste 305 m hacia y pasando otra pequeña colina (con una elevación de la cima de 56 m, marcada en los alrededores con un montículo de piedras y un antiguo marcador topográfico), siguiendo una línea unos 30 m al sur de la cresta principal que une las dos colinas, directamente hasta un punto en la cresta norte de la zona en una colina baja a 77° 37,637' S, 163° 02,808' E. Desde esta cresta, el límite se extiende al nordeste 80 m directamente hasta la cara occidental de un prominente canto rodado que se encuentra a 77° 37,603' S, 163° 02,933' E, que está a unos 70 m al noroeste del montículo de piedras en la colina. Desde allí el límite se extiende al nordeste 130 m, descendiendo en paralelo con el sendero peatonal designado (que sigue una cresta baja de la morrena) hasta un punto cerca de Bowles Creek a 77° 37,531' S, 163° 03,031' E. Aquí se encuentra una foca momificada (desecada), adyacente a una pequeña área de musgos. El límite se extiende desde allí 65 m hacia el este para volver al límite norte de la zona a 77° 37,523' S, 163° 03,189' E.

Las directrices especiales para las actividades dentro de la Zona de visitantes son:

- Los operadores turísticos deben garantizar que todos los visitantes a la Zona de visitantes de los cuales son responsables tengan botas y equipo limpios antes de visitar el sitio;
- Los aterrizajes de helicópteros de las expediciones turísticas deben hacerse en el sitio de aterrizaje designado a 77° 37,588' S, 163° 03,419' E (elevación de 34 m);
- Los operadores turísticos deben garantizar que los senderos peatonales dentro de la Zona de visitantes estén claramente marcados y que los visitantes se mantengan en esas rutas. Los marcadores usados para marcar las rutas turísticas y sitios de interés deben estar instalados firmemente y deben ser retirados al final de cada visita;
- Por razones de salud y seguridad solamente se deben montar tiendas en el sitio de tiendas designado, y los grupos turísticos no deben acampar en la Zona de visitantes salvo por razones de seguridad;
- El desplazamiento de los turistas dentro de la Zona de visitantes debe realizarse en pequeños grupos guiados;
- Deben evitarse los lechos de arroyos y estanques; y
- Las actividades planificadas para la Zona de visitantes y realizadas dentro de estas deben conformarse a la Recomendación 1 de la XVIII RCTA.

Otras directrices específicas del sitio para realizar actividades dentro de la Zona de visitantes se adjuntan como Guía para visitantes a sitios del Tratado Antártico: valle de Taylor, Tierra de Victoria Meridional, Mar de Ross (presentada como documento WPXX de la XXXIV RCTA).

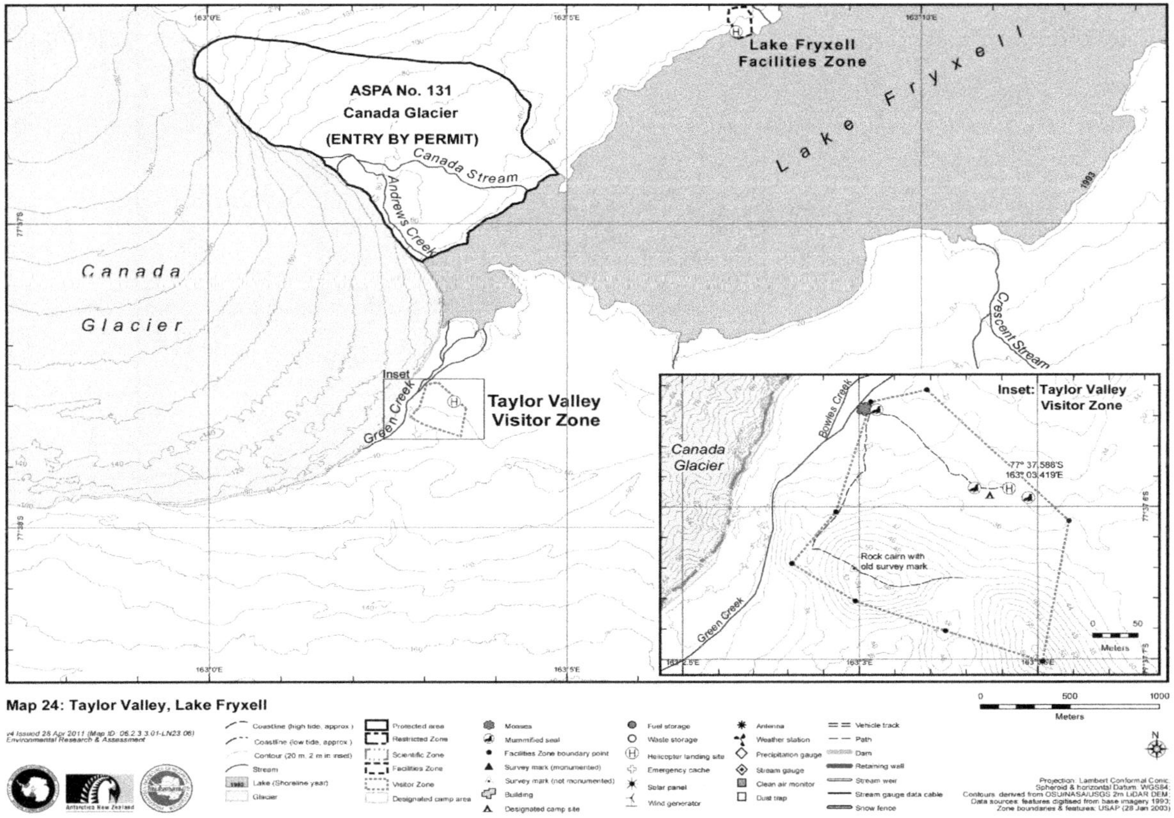

Informe final de la XXXIV RCTA

Map 24: Taylor Valley, Lake Fryxell

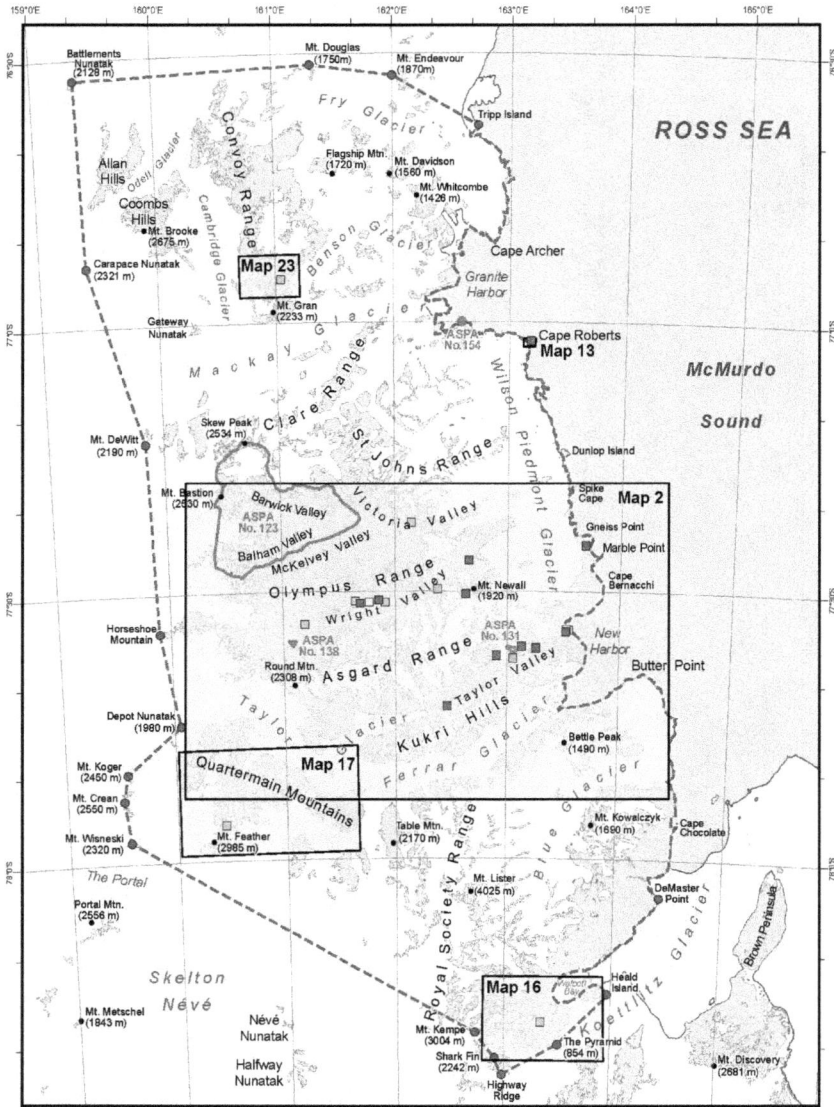

Map 1: Overview
ASMA No. 2 McMurdo Dry Valleys: boundary & zones

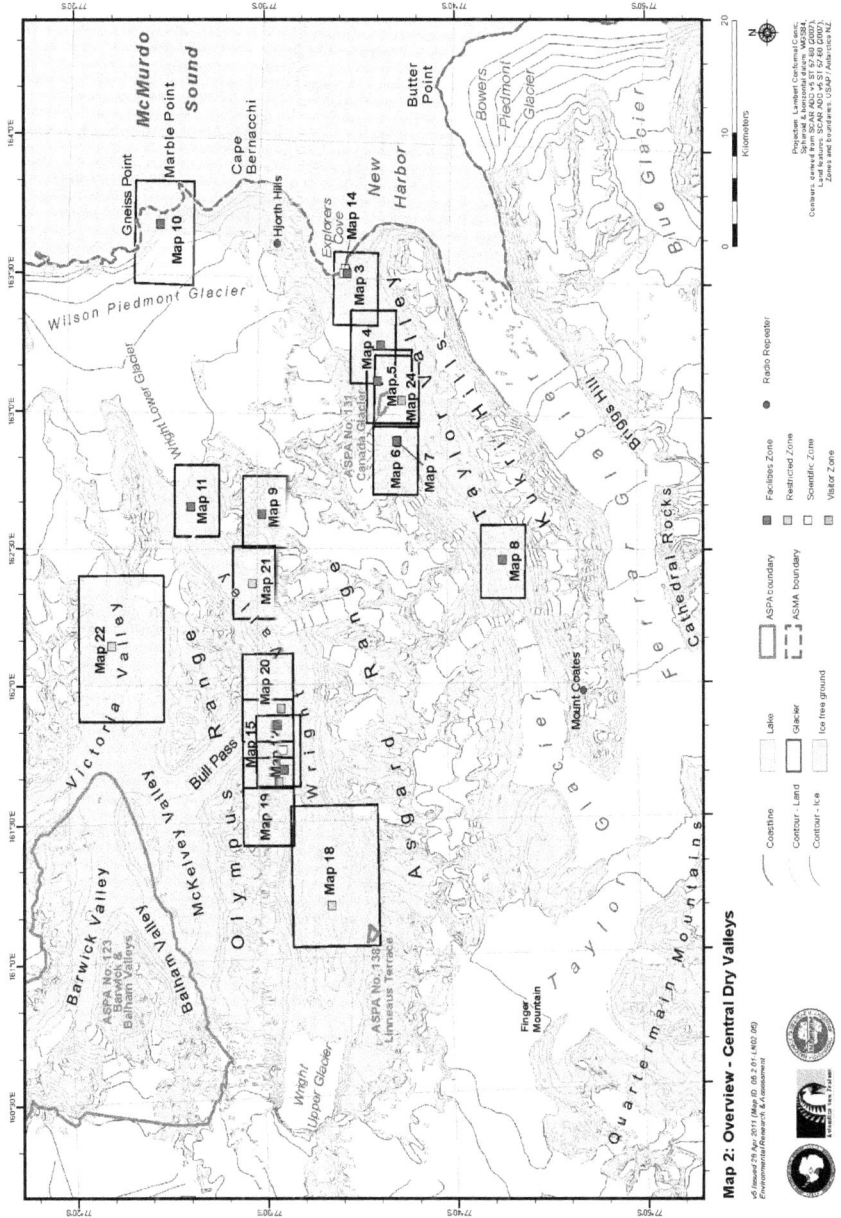

Map 2: Overview - Central Dry Valleys

v5 issued 29 Apr 2011 (Map ID. 05.2.01-LR02.05)
Environmental Research & Assessment

TERCERA PARTE

Informes y Declaraciones de Apertura y Cierre

1. Declaraciones en la Sesión de Conmemoración del 50° Aniversario de la entrada en vigor del Tratado Antártico

Declaración de Héctor Timerman, Ministro de Relaciones Exteriores, Comercio Internacional y Culto de Argentina

Señores Ministros de Relaciones Exteriores de la República de Chile y de la República Oriental del Uruguay, Representantes Especiales y delegados a la 34 Reunión Consultiva del Tratado Antártico:

La Argentina acogió en 1962 y 1981 las Reuniones Consultivas del Tratado Antártico. Hoy, por tercera vez desde su entrada en vigor el 23 de junio de 1961, volvemos a tener ese gran privilegio

La Argentina es uno de los 12 Estados signatarios originales del Tratado Antártico. En la actualidad el número de Estados partes asciende a 48. Este instrumento logró establecer, con creatividad e imaginación, un marco jurídico que permite el desarrollo de la actividad científica y la protección del vasto continente antártico, en un clima de paz y cooperación internacional.

Como ha sucedido hasta ahora, esa cooperación requiere el firme respeto del principio del consenso como base del mecanismo de adopción de decisiones en el seno de las Reuniones Consultivas.

Es un honor para mí poder compartir con todos ustedes esta jornada trascendente en la que conmemoramos el 50° aniversario de la entrada en vigor del Tratado Antártico. La vigencia y la eficacia de este instrumento jurídico internacional nos obliga a dar nuestro reconocimiento a todos aquéllos que participaron en su elaboración y que han trabajado a lo largo de este medio siglo para consolidar su éxito.

En línea con sus principios y propósitos, el Tratado Antártico ha logrado convertir a todo este continente en una zona de paz, ciencia y cooperación, en lo que se ha erigido en un ejemplo elocuente de cómo los Estados pueden, unidos por un objetivo común, sumar esfuerzos y cooperar para desarrollar la ciencia y proteger el medio ambiente de un continente cuya preservación resulta esencial para la vida de todos los que habitamos este planeta.

Permítanme reafirmar que la República Argentina está plenamente consustanciada con aquellos principios y propósitos.

A través de la promoción del estudio y del conocimiento científico de la Antártida, la Argentina está comprometida con la protección del continente, convencida de que la mejor forma de hacerlo es conociendo y difundiendo las condiciones y particularidades únicas de esta región.

Mi país posee el privilegio de tener en funcionamiento, hace más de 107 años y en forma ininterrumpida, la estación científica más antigua de la Antártida: la base Orcadas. Establecida en 1904, constituyó durante décadas la única estación permanente en tierras antárticas. Desde aquella época aporta datos meteorológicos que representan insumos esenciales para muchos de los trabajos que se llevan adelante en la actualidad, relacionados con el cambio climático y el calentamiento global.

En este mismo sentido, el Instituto Antártico Argentino, creado el 17 de abril de 1951, fue el primer organismo en el mundo dedicado exclusivamente a las investigaciones antárticas. Desde entonces, lleva a cabo investigaciones científicas en la Antártida con personal especializado propio y en cooperación con instituciones científicas y académicas del más alto nivel nacional e internacional, manteniendo los objetivos prioritarios de conocer y proteger a la Antártida y a sus recursos para el bien de la humanidad toda.

La República Argentina ha mantenido una coherencia respecto a su visión histórica ya que la ciencia ha tenido a lo largo del tiempo un papel central en nuestras actividades antárticas al igual que las acciones para conservar el ambiente y los recursos de dicho continente.

En los últimos años el Gobierno Nacional ha respaldado estas políticas con hechos concretos como un importante incremento en la planta de científicos y técnicos antárticos, mejoras e instalaciones nuevas para adecuar la infraestructura antártica, implementación de energías alternativas para disminuir el uso de combustibles fósiles y el estricto cumplimiento de las medidas de protección ambiental.

La Política Nacional incluye el acondicionamiento permanente de las bases y la mejora de medios logísticos para una mejor cooperación internacional en proyectos de investigación científica, tecnológica y artística. En este sentido, durante la última campaña antártica, los proyectos con activa presencia de investigadores extranjeros representaron casi el 60% de los trabajos realizados y las actuales estaciones científicas argentinas han servido como una excelente plataforma de trabajo que esperamos mejorar para el futuro.

La remodelación y acondicionamiento del rompehielos Almirante Irizar en astilleros nacionales, ofrecerá una plataforma moderna y adecuada para la investigación en áreas como la oceanografía, biología y geología marina entre otras disciplinas, y se profundizarán las acciones para la conservación del ambiente antártico.

El espíritu de paz y cooperación internacional caracterizó el origen y la entrada en vigor del Tratado Antártico y la posterior elaboración de los instrumentos que componen su Sistema. Continúa siendo ésta la base de su plena vigencia actual. Estos primeros 50 años nos dan una clara muestra acerca de cómo los instrumentos acordados en un momento de la historia resultan valiosos para la comunidad internacional, y también para las generaciones futuras.

La Antártida exige nuestro respeto. Debemos preservar su medio ambiente, su flora y su fauna, profundizar su conocimiento y difundir sus valores estéticos. Las Partes han dado sobradas pruebas de la particular trascendencia que asignan a esos objetivos durante los primeros cincuenta años de vida del Tratado. Hoy, su conmemoración en un clima de paz y cooperación internacional es un inmejorable punto de partida para intensificar nuestros esfuerzos en el campo de la ciencia y de la protección del medio ambiente antártico, y de ese modo, salir al encuentro de los desafíos que se avizoran en las próximas décadas; desafíos que abordaremos mancomunadamente, como lo hemos hecho hasta hoy.

Muchas gracias.

Declaración de Alfredo Moreno Charme, Ministro de Relaciones Exteriores de Chile

Señores Ministros de Relaciones Exteriores de Argentina y Uruguay,

Señor Ariel Mansi, Presidente de la reunión,

Señor Manfred Reinke, Secretario Ejecutivo del Tratado Antártico,

Señores y señoras delegados y participantes de la reunión,

Para mí es un gran honor tener la oportunidad de estar presente en la XXXIV Reunión Consultiva del Tratado Antártico. En esta fecha no sólo celebramos el encuentro anual de los 48 Estados Partes para reflexionar y analizar los temas de la agenda antártica, sino que además nos convoca el hecho de conmemorar los 50 años de la entrada en vigencia del Tratado Antártico. El 23 de junio de 1961 Argentina, Australia y Chile depositaron de manera conjunta sus ratificaciones, las que sumadas a aquellas ya presentadas por el Reino Unido, Sudáfrica, Bélgica, Japón, Estados Unidos, Noruega, Francia, Nueva Zelandia y Rusia permitieron la entrada en vigor de este instrumento.

La etapa de negociación del Tratado Antártico abarcó mucho más que los 45 días que duraron las conversaciones previas a su firma en Washington. Fue una tarea compleja, habían intereses políticos claramente divergentes, no obstante, cada uno de los doce países signatarios del Tratado Antártico supo transar en sus posturas, para construir un delicado equilibrio político – jurídico. La firma del Tratado Antártico fue un ejemplo de cómo a pesar de un contexto internacional adverso, en plena Guerra Fría, los desafíos pueden enfrentarse y subsanarse de manera conjunta.

A Chile le correspondió un importante papel en la elaboración de este acuerdo, como uno de los 12 países signatarios, participó activamente en su discusión y posterior redacción. En este momento cabe destacar la figura del Embajador Oscar Pinochet de la Barra, quien justamente hoy, cumple 91 años y estuvo presente para la suscripción de dicho Tratado. El todavía continúa aportándonos con sus recuerdos y experiencias sobre los principios y objetivos que posibilitaron los acuerdos alcanzados en ese instrumento internacional.

El Tratado Antártico supuso un cambio en los paradigmas existentes. La competencia observada durante la primera mitad del siglo XX dio paso a un ambiente que privilegia la colaboración entre sus miembros. Hoy, la Antártica es un continente utilizado exclusivamente para fines pacíficos, hito señero en la creación de zonas libres de armas nucleares en el mundo.

Este Tratado ha sido, sin lugar a dudas, un acuerdo pionero y exitoso en muchos sentidos. Sin tratarse de una internacionalización y sin renunciar a las reclamaciones existentes, el Sistema ha permitido que las Partes Contratantes ejerzan colectivamente la administración del territorio, teniendo siempre al consenso como principio fundamental de todas las decisiones adoptadas. Este concepto es la llave de todo el sistema, y si bien en muchas oportunidades no permite avanzar con la celeridad deseada, dota de especial legitimidad a todas las recomendaciones, medidas y decisiones emanadas del Sistema.

En estas cinco décadas, el Sistema Antártico se ha desarrollado sobre la base de una concertación de intereses nacionales e internacionales. Esto ha permitido articular valores tales como la cooperación científica y la paz, con determinados intereses nacionales. La estabilidad del Sistema se demuestra en que durante su vigencia ningún Estado ha asumido posiciones que pongan en peligro el Régimen Antártico. Esto no significa sin embargo, que se trate de un sistema cuya perdurabilidad esté asegurada. Durante los años ochenta el tema de la explotación de minerales en la Antártica generó una fuerte discusión, tanto al interior del Sistema como fuera de éste, situación que se zanjó con la prohibición de la exploración y explotación de los recursos minerales antárticos. La adopción del Protocolo al Tratado Antártico sobre Protección del Medio Ambiente fue un significativo logro diplomático para Chile, dado su rol de negociador durante la Undécima Reunión Consultiva Especial de Viña del Mar y el liderazgo que mantuvo en las negociaciones de Madrid.

En un mundo caracterizado por la interdependencia compleja y por la escasez de recursos, la preservación de la Antártica como una reserva natural, una zona de paz y ciencia, valores e intereses compartidos por todos sus miembros, debe llevarnos a fortalecer el compromiso de cada Parte con el Sistema, así como de privilegiar el interés común por sobre los intereses individuales de cada Estado.

Transcurridos ya medio siglo desde la firma del Tratado Antártico, no cabe duda que el desarrollo del Sistema que este instrumento jurídico ha generado, amerita una evaluación altamente positiva. Los principios y objetivos que inspiraron a los diplomáticos que participaron en el proceso de negociación del Tratado Antártico continúan vigentes, y nos han permitido consagrar el continente antártico a la paz y a la ciencia, sin renunciar a los derechos soberanos.

Chile estima que el Tratado Antártico y su Sistema deben ser profundizados y reforzados. Así consta en nuestro Plan Estratégico Antártico 2011 – 2014, recientemente aprobado. Frente a los problemas de contaminación y cambio climático que afectan al mundo, la Antártica debe erigirse como un bastión, cuya conservación constituya uno de nuestros principales legados para las generaciones futuras.

La investigación científica ha sido y debe continuar siendo la principal actividad en la Antártica. Durante las últimas décadas, hemos observado un significativo aumento en el número de proyectos de investigación, posibilitando una mayor cooperación a nivel internacional y generando avances en áreas como la biotecnología. Nuestro país es parte de esta tendencia. Los proyectos que se realizan a través del Instituto Antártico Chileno han aumentado en calidad y cantidad. Se trabaja en conjunto con un importante número de países y actualmente, las capacidades antárticas de Chile se encuentran disponibles para apoyar logísticamente a los miembros del Tratado Antártico, especialmente a aquellos que desarrollan sus proyectos en el área de la Península Antártica.

Para terminar quiero aprovechar mi intervención para agradecer muy sinceramente el homenaje que se le rindió en este encuentro al recientemente fallecido Embajador Jorge Berguño, a quien muchos de ustedes conocieron y recordarán con cariño. Don Jorge tuvo una destacada participación en el Sistema del Tratado Antártico, no sólo como Jefe de la Delegación de Chile durante muchos años, sino también por su incesante aporte en la redacción y negociación de varios de los instrumentos del Sistema Antártico y en especial, del Protocolo Ambiental. Su partida no es sólo una pérdida para Chile, sino para todos a quienes han dedicado parte de sus vidas al tema antártico.

Muchas gracias.

Declaración de Luis Almagro Lemes, Ministro de Relaciones Exteriores de Uruguay

Gracias Señor Presidente.

Señor Presidente de la trigésimo cuarta Reunión Consultiva del Tratado Antártico, Embajador ARIEL MANZI,

Señor Ministro de Relaciones Exteriores, Comercio Internacional y Culto de la República Argentina, D. HECTOR TIMERMAN,

Señor Ministro de Relaciones Exteriores de la República de Chile, D. LUIS MORENO,

Señor Secretario Ejecutivo del Tratado Antártico, D. MANFRED REINKE,

Señor Secretario del País Anfitrión, Ministro JORGE ROBALLO,

Señores Representantes Especiales, Señoras y Señores Delegados, Representantes de Organismos Internacionales,

Permítanme en primer término agradecer y felicitar al Gobierno Argentino por hospedar este encuentro, que reúne anualmente a este especial grupo de países comprometidos con la protección del continente antártico y su uso para fines pacíficos, y que está inspirada este año de una especial significación.

También permítanme saludar a la Secretaría Ejecutiva del Tratado, la que si bien está constituida en Buenos Aires desde hace varios años, se inaugura oficialmente en esta Reunión, luego de un prolongado proceso negociador que culminara el año pasado en ocasión de la trigésima tercera Reunión Consultiva que mi país tuvo el honor de organizar.

Señores Ministros, señoras y señores delegados,

Esta trigésima cuarta Reunión Consultiva del Tratado Antártico se produce, como expresé, en el marco de particulares circunstancias que quiero resaltar y que constituyen en cierta manera, hitos en la historia antártica.

La primera circunstancia que quiero resaltar la constituye la conmemoración, hoy, de los cincuenta años de la entrada en vigor del Tratado Antártico. Aquellos doce Miembros fundadores que dieron marco a este generoso esfuerzo de cooperación y entendimiento entre los hombres, en aquel mundo de desconfianza y confrontación, se han convertido hoy en casi cincuenta, todos ellos comprometidos en la preservación del continente antártico para el desarrollo de actividades científicas, y libre de toda actividad bélica. Mi país se identifica plenamente con este enfoque, por cuanto el mismo se inscribe en principios fundamentales de la Carta de Naciones Unidas, como lo son la defensa de la paz y la seguridad internacionales.

Hoy, el mundo se ha transformado hasta extremos difíciles de imaginar cinco décadas atrás; enfrentamos otras amenazas, y nos acompañan nuevos aliados. Frente a los terribles efectos del cambio climático, el debilitamiento de la capa de ozono y el calentamiento global, modernos desarrollos abren permanentemente puertas en la compleja estructura de la investigación científica. Los alcances de la biotecnología, la oceanografía o las ciencias de la atmósfera, de la mano del extraordinario avance tecnológico que ha revolucionado el mundo científico en los últimos años, permiten alentar la esperanza de que las actividades que se desarrollan en la Antártida se constituyan en un valioso aporte para la protección y preservación del planeta para las generaciones venideras.

La segunda circunstancia que quiero resaltar, es que también se celebran en esta ocasión los 20 años de la apertura a la firma del Protocolo de Madrid al Tratado Antártico sobre Protección del Medio Ambiente. Este Protocolo se ha mostrado como un instrumento eficaz para consolidar los objetivos ambientales del Tratado Antártico, facilitando establecer límites a las posibles repercusiones negativas de las actividades que se desarrollan en el medio antártico y en los ecosistemas dependientes y asociados.

Mi país es un firme impulsor de las medidas medioambientales de protección a la Antártida, y en ese marco exhorta a todos aquellos miembros del Tratado que aun no han ratificado dicho Protocolo, a sumarse decididamente a este compromiso fundamental para el cumplimiento de los objetivos del Tratado.

Mucho hemos aprendido en las últimas décadas respecto a los efectos nocivos de la actividad humana sobre el medio ambiente. En la Antártida, actuando de manera responsable y comprometida, tenemos la oportunidad de mitigar dichos efectos y evitarlos en el futuro, conscientes de que nuestras acciones de hoy afectaran mañana a todo ese ecosistema cuya preservación es nuestra responsabilidad.

Señores Ministros, señoras y señores Delegados,

También esta Reunión sucede en el marco de acontecimientos particulares para mi país, que representan asimismo hitos en su historia. El Uruguay lleva ya veinticinco años acompañando la historia del Tratado como Miembro Consultivo, aniversario que coincidió, el año pasado, con la organización de la trigésima tercera Reunión Consultiva.

No es poca cosa para el país que represento, haber transitado ese largo camino. Pero esa misma circunstancia lo obliga hoy a revisar esa historia, y proyectarse para los años venideros.

El Uruguay enfrenta hoy el desafío de fortalecer y expandir su participación en las actividades antárticas, apoyado en sus dos pilares fundamentales, la investigación científica y la protección y preservación del medio ambiente antártico.

En ese sentido, mi país está comprometido en un proceso de adecuación de sus instituciones nacionales, con el fin de continuar dotando al órgano ejecutor de la política nacional en la materia, el Instituto Antártico Uruguayo, de los recursos humanos y materiales adecuados para desarrollar con la mayor eficiencia las acciones de investigación que se ha propuesto.

En este marco, el Uruguay entiende fundamental un fuerte compromiso de los Miembros para profundizar la cooperación bilateral y multilateral en las distintas áreas de investigación antártica, y en el intercambio de información para la protección y conservación del medio ambiente antártico, y continuará impulsando acuerdos de cooperación con otros Miembros, en total consonancia con el espíritu y la letra del Tratado.

No quiero dejar de mencionar otra efemérides, que marca la vocación antártica del Uruguay, ala par que refiere a la solidaridad y el coraje de sus hombres. En efecto, se cumplen precisamente este mes, los noventa y cinco años de la primera incursión en los mares antárticos de un barco uruguayo. El 9 de junio de 1916, una pequeña nave de casco de hierro a las ordenes del Teniente de Navío Ruperto Elichiribehety se lanzo al rescate de los marinos del buque británico "Endurance", atrapados en la Isla Elefante y a quienes finalmente, luego de tres frustrados intentos, rescato su capitán, Ernest Shackleton. Si bien la expedición no logró su cometido, fue el motivo determinante para que por primera vez, un barco uruguayo navegara hasta los 60 grados de latitud sur. antártica, y en el intercambio de información para la protección y conservación del medio ambiente antártico, y continuará impulsando acuerdos de cooperación con otros Miembros, en total consonancia con el espíritu y la letra del Tratado.

Señores Ministros, señoras y señores Delegados,

Los desafíos de los próximos cincuenta años del Tratado Antártico, no son los mismos que dieron lugar a su surgimiento. Pero sí deben serios mismos, la forma y el espíritu con que los enfrentemos para resolverlos. Que nos guíe siempre el mandato de la Historia, de conservar al Continente Antártico ajeno a todo conflicto; de preservar su uso para fines pacíficos, con base en la cooperación y en la libre investigación científica; y de proteger y conservar sus ecosistemas.

Muchas gracias.

Declaración del Embajador Luiz Alberto Figueiredo Machado, Subsecretario de Medioambiente, Energía, Ciencia y Tecnología, Ministerio de Relaciones Exteriores de Brasil

Señor Canciller Héctor Timerman,

Señores Ministros,

Señor Presidente de la XXXIV Reunión de las Partes Consultivas del Tratado Antártico,

Señoras y Señores Delegados,

Es con gran placer que asisto, en nombre del Señor Ministro de Relaciones Exteriores, Embajador Antonio Patriota, en la encantadora Buenos Aires, a esta ceremonia de celebración de los 50 años de entrada en vigencia del Tratado Antártico.

Felicito al Gobierno argentino, nuestro vecino, compañero, socio y aliado en la construcción del MERCOSUR, y al Secretariado del Tratado de la Antártida por todo el esfuerzo realizado para el éxito de esta Reunión.

Señoras y Señores,

Brasil se adhirió al Tratado de la Antártida en 1975. Su primera expedición al continente antártico ocurrió en 1982. El éxito de esta operación resultó, en 1983, en la aceptación del Brasil como Parte Consultiva del Tratado Antártico. Desde entonces, Brasil viene participando íntegramente en los procesos decisivos del Tratado y en el desarrollo del régimen jurídico para las actividades humanas en la región.

La decisión de sumarnos en actividades científicas y de exploración en la Antártida representó un importante desafío para el País. En la ocasión de la Operación Antártica XXX, que se iniciará el octubre próximo, Brasil estará completando 30 años sin interrupciones de presencia en la Antártida, lo que bien demuestra la consolidación del Programa Antártico Brasileño. Conmemorar los 50 anos del Tratado, y los 30 años de presencia del Brasil en la Antártida, refuerza nuestra responsabilidad y nuestro compromiso con los principios del Sistema del Tratado Antártico.

La base logística para la realización de investigaciones en la Antártida se ha perfeccionado. En los últimos años, Brasil compró el Buque antártico "Almirante Maximiano", que cuenta con modernas instalaciones científicas, y sigue contando con el Buque de Apoyo Oceanográfico "Ary Rongel". Reformó y amplió la Estación Antártica Comandante Ferraz y en ella está implantado un moderno sistema de Gestión Ambiental, teniendo como base el Protocolo de Madrid para minimizar los impactos de la actividad humana.

La región antártica es un componente esencial del sistema climático y ambiental global. Ejerce una profunda influencia en el clima global y, en consecuencia, en los ecosistemas y en la vida sobre la Tierra. La parte occidental de continente antártico, donde está localizada la base brasileña, es la región de la Antártida que sufre más rápidamente los impactos del cambio climático. Los procesos atmosféricos, oceánicos y criosféricos que ahí ocurren afectan directamente al clima en la América del Sur. La investigación antártica brasileña contempla la comprensión de esos procesos y su interacción con los fenómenos que ocurren en Brasil, al mismo tiempo en que se enfoca en el estudio del medio ambiente antártico, que es único en el planeta. En los últimos años, el Gobierno brasileño ha aumentado los aportes de recursos destinados a la investigación, lo que ha posibilitado un significativo incremento de las actividades científicas brasileñas en la Antártida. Eso quedó claro durante el IV Año Polar Internacional, que tuvo gran participación de científicos brasileños.

Señoras y Señores,

En este día, en el que celebramos los 50 años de entrada en vigencia del Tratado de la Antártida, vale recordar la importancia de las discusiones y difíciles negociaciones que llevaron a la firma del Tratado. La adopción de este régimen solamente fue posible con la desmilitarización del continente y con la hábil solución encontrada en el Artículo IV del Tratado para los cuestionamientos territoriales.

De un acuerdo esencialmente motivado por cuestiones estratégicas y de seguridad, fue posible desarrollar una red de normas y convenciones internacionales para el aprovechamiento y la conservación de los recursos naturales. Fue posible, además, por medio del Protocolo de Madrid, desarrollar un régimen amplio de protección ambiental, que declara la Antártida como "reserva natural, dedicada a la paz y a la ciencia".

Brasil apoya en todas sus dimensiones a la Declaración sobre la Cooperación Antártica que hoy aprobamos. Declaración que celebra las importantes conquistas obtenidas en estos 50 años de vigencia del Tratado Antártico.

Al concluir, quiero decir que el mayor mérito del Tratado, y que refleja muy bien su importancia histórica, fue haber creado un espacio de paz y de cooperación volcado a la investigación científica, constituyéndose, así, un ejemplo único de interacción entre los Estados.

Muchas gracias.

Declaración de Michel Rocard, Representante Especial de Francia

La firma del Tratado Antártico no fue considerada, en su momento, un evento de mayor importancia y no le interesó más que a pocos. Sin embargo, el paso del tiempo pone en evidencia cada vez más la importancia de lo que nació en ese entonces.

Mientras celebramos, con cierto orgullo, este quincuagésimo aniversario de la entrada en vigor del Tratado, detengámonos a mirar a nuestro alrededor. Durante el siglo XXI, es decir, a lo largo de los 11 últimos años, todas las grandes negociaciones internacionales han fracasado, y lo mismo puede decirse de aquellas que se iniciaron en el siglo XX, como el proceso de paz de Oslo, la Ronda de Doha, o las negociaciones en torno al cambio climático.

Rodeada de fracasos, la Antártida sigue en pie. Hoy, las 28 Partes Consultativas del Tratado están reunidas para celebrar la 34.ª Reunión Consultativa del Tratado Antártico (RCTA XXXIV). En un clima de tranquilidad y una pizca de rutina, deberemos elaborar y votar algunas resoluciones. El mundo administra, tranquilamente, su único bien común, pero a medida que las cosas se estancan, que las naciones fracasan en sus esfuerzos por encontrar una nueva normativa bancaria y financiera, o por luchar eficazmente contra el efecto invernadero, la gestión común de la Antártida parece aún más ejemplar.

El Tratado se expande y se desarrolla. En estos días, los habitantes del planeta están preocupados por la ecología. Nuestra biodiversidad está siendo amenazada, la contaminación, en sus múltiples formas, acecha a la naturaleza y destruye muchos lugares de vida.

En la Antártida, bastó con firmar el Tratado para que se lograran, mucho más que en otras regiones del mundo, acuerdos sobre las precauciones importantes que deben tomarse. En 1972, se firmó un acuerdo sobre la protección de las focas y en 1980, un acuerdo sobre la protección de la fauna y de la flora marina. No sé si habría sido posible firmar esos acuerdos sin el Tratado marco de 1959.

El continente Antártico se convirtió entonces en el escenario de intercambios pacíficos. Sin embargo, se requiere mucho tiempo para que las mentes cambien y para que se atenúen los recelos. Este Tratado que desmilitarizó el continente antártico cambió la disposición de los diplomáticos, quienes tímidamente comienzan a hablar de ello. Pasaron 13 largos años entre el Tratado y el primer protocolo, que sólo habla de focas, un tema poco comprometedor desde el punto de vista estratégico. Hubo que esperar 8 años más para firmar el segundo protocolo, que sólo se refiere a la fauna y la flora marina. Nuevamente, un tema de dudosa importancia estratégica. Hubo entonces que esperar 21 años para que las Partes se atrevieran a tratar asuntos más importantes.

La iniciativa llamada de Wellington se refería a recursos mineros, hierro, gas, petróleo, entre otros. ¿Cómo preservar el medioambiente si extraíamos estos recursos? Se redactó entonces un texto adecuado, y se firmó en 1988.

Pero el mundo había cambiado... Habían aparecido movimientos ecologistas en todo el mundo, quienes se tornaban más exigentes. Dos primeros ministros unidos por la amistad, Robert Hawke, de Australia, y yo mismo, anunciamos que no enviaríamos la convención a nuestros parlamentos para su ratificación mientras no se emprendieran negociaciones mucho más ambiciosas. Italia y Bélgica nos siguieron de inmediato, y Noruega, un poco después. En cuanto a los Estados Unidos, el Senado presionó al presidente.

Sorprendentemente, se firmó un tercer protocolo al Tratado en Madrid, en octubre de 1991. Este protocolo declara que el continente antártico es "patrimonio común de la humanidad", una "tierra de paz y de ciencia", y lo cataloga como una reserva natural en la que se prohíbe toda actividad minera. En sus numerosas páginas, establece un código de conducta ecológica y le agrega al sistema de administración del Tratado un Comité para la protección del medioambiente, que se reúne paralelamente al Consejo del Tratado, y cuyo presidente acaba de ser nombrado: Yves Frenot.

Esto fue una gran innovación. El planeta maneja algo en común, su medioambiente, un trozo de tierras emergidas. Y funciona. Los operadores turísticos de la IAATO son fieles guardianes del Protocolo.

Este primer paso en pos de un sistema jurídico mundial que se está reforzando, que resplandece y celebra su cincuenteavo aniversario mientras todo lo que intenta el resto del mundo fracasa, es un acontecimiento de suma importancia, pues este sistema tiene la clara vocación de crecer y ampliarse.

Daré un primer ejemplo: efecto mariposa. Dos turistas, desafortunadamente franceses, llegados en velero, se ponen a celebrar y se embriagan. Rompieron cosas e hicieron destrozos en la cabaña Wordie House, declarada "patrimonio de la Antártida". Desde aquel incidente, se busca la forma de fijar multas.

Daré un segundo ejemplo, mucho más grave. Dentro de poco, naciones y agentes – de momento, públicos – traerán a la tierra, desde la Luna o Marte, muestras de minerales para que sean analizadas. ¿A quién le pertenecerán? ¿Quién será dueño de estas muestras, y por ende responsable de los accidentes, molestias o contaminación que podrían causar? Es urgente que creemos una legislación sobre el espacio. Algunos juristas están trabajando en ello. ¿Y cuál fue su primer paso? Estudiar cada detalle del derecho antártico.

Señoras y Señores, celebrar este aniversario no es solamente un acto conmemorativo. Significa aplaudir la creación de una herramienta jurídica importantísima para la raza humana en los tiempos futuros.

Nos queda plantearnos una última pregunta. ¿Cómo pudo suceder esto? Aquellos que conocen bien las relaciones internacionales sabrán que el increíble sistema antártico nació gracias a dos milagros.

El primer milagro fue el Tratado. Regresemos al año 1959, antes de la crisis de los misiles de Cuba. En esa época, todos estaban convencidos de que la guerra fría terminaría ardiendo en llamas. Los Estados Mayores civiles y militares bombardeaban el mundo, y principalmente Estados Unidos y Rusia, con sus recomendaciones de desconfianza, de exigencias estratégicas y de control y presiones sobre los demás países.

De pronto, Eisenhower y Khrouchtchev firmaron la desmilitarización de la Antártida y la prohibición de instalar armas en el continente blanco. Esto fue sorprendente, y a mi parecer, la historia del Tratado, tal como se cuenta a menudo tan brevemente, es incompleta. ¿Qué pudo haber pasado por la mente de estos dos grandes líderes? ¿Qué conversación pudo llevarlos a tirar al papelero todas las notas de recelo y de combate de sus generales y diplomáticos y firmar una renuncia militar, una declaración de paz y un acuerdo para administrarla?

El Tercer protocolo es, él también, un milagro. En un mundo ávido de una pesca ilimitada, sediento de gas y de petróleo, recursos que se harán escasos, ¡el acuerdo congeló todas estas actividades en la Antártida para preservarlos!

Amigos míos, como delegados, no debemos llevar la aplicación del Tratado y de sus protocolos en una rutina discreta y silenciosamente incómodos. La Antártida es un lugar donde el mundo se da a sí mismo el mejor ejemplo de responsabilidad colectiva, un ejemplo que no ha sabido darse en otros lares

Proclamémoslo, con todo corazón: ¡feliz aniversario, Antártida!

Declaración de Ingo Winkelmann, Alemania

Sr. Presidente, Excelencias, distinguidos delegados y colegas,

El 50° aniversario de entrada en vigor del tratado Antártico: tenemos todas las razones para celebrarlo en esta 34ª Reunión Consultiva de este año. Estamos agradecidos a nuestro anfitrión, el Gobierno de la República Argentina, por la preparación de este importante evento, que se realza por la celebración de este día, y que incluye una Declaración solemne acordada entre los Estados Partes al Tratado.

El Tratado Antártico de 1959 allanó el camino para una acción efectiva por medio de la cooperación internacional. 50 años después de su entrada en vigor, el Tratado, complementado por el Protocolo de 1991 sobre protección del medioambiente, continúa proporcionando un modelo único para la buena gobernanza trasnacional. El lugar de nuestra reunión, Buenos Aires, la capital de Argentina, se ha convertido en el hogar de la Secretaría del Tratado.

El dramático cambio en las condiciones climáticas, ya en marcha en el Polo Norte, ha atraído mayor atención hacia la Antártida tanto en Alemania como en el resto del mundo. La investigación científica asociada al clima en el sexto continente es hoy más importante que nunca. Los cambios en el clima polar tienen consecuencias para el clima en todo el mundo. La investigación polar constituye una contribución vital para nuestro entendimiento del cambio climático en el pasado, y sus conclusiones permiten que podamos hacer mejores pronósticos en relación con los cambios climáticos futuros. De manera similar: los efectos de la intervención humana en el hasta ahora en gran medida intocado medioambiente antártico son irreversibles, por lo que deben reducirse a un mínimo.

Este año, Alemania vuelve la mirada hacia 30 años de responsabilidad, con un asiento y un voto, dentro del Tratado Antártico. Hace apenas dos años, en 2009, Alemania estableció una nueva estación de investigación en la Antártida. La nueva estación, "Neumayer III", es una estación moderna, cuya construcción se realizó aplicando métodos medioambientalmente idóneos. La estación está abierta a científicos y proyectos de todas las naciones.

Alemania, hoy y en el futuro, se mantendrá infatigable en su compromiso con el Tratado y con la protección de la Antártida.

Declaración de Richard Rowe, Australia

Señor Presidente, ministros, distinguidos colegas,

Varios gobiernos australianos consecutivos han expresado su profundo compromiso con el Tratado Antártico. Este día, volvemos a hacerlo.

Australia siente un gran orgullo por el papel que desempeña en los asuntos antárticos – ya sea sobre el hielo de la Antártida o en las Reuniones Consultivas del Tratado Antártico. La delegación de Australia se complace de estar en Buenos Aires, sede de la Secretaría del Tratado Antártico, para unirse a sus socios en el Tratado en la celebración de este 50° aniversario de la entrada en vigor del Tratado Antártico.

Como pueblo del hemisferio Sur, los australianos estamos muy conscientes de nuestra cercanía a la Antártida. En invierno, el aire frío de la Antártida, que atraviesa todos nuestros estados sureños, nos recuerda que del otro lado del océano hay un gran continente muy diferente a nuestras tierras normalmente tórridas y áridas. Nuestro vínculo con la Antártida viene en nuestro clima, por medio de las dinámicas atmosféricas y del océano Austral, en las migraciones de vida silvestre y de la continuidad geológica de los orígenes de Gondwana.

También se remonta nuestro vínculo con la Antártida a los primeros días de su descubrimiento. El primer australiano que haya pasado el invierno en la Antártida fue un científico tasmano del siglo diecinueve. El año 2011 ve a Australia celebrar el centenario de la expedición australasiática de 1911-1914 de Douglas Mawson – una expedición científica que es icono de esa heroica época. La participación australiana en la Antártida se consolidó con el regreso de Mawson a la Antártida en 1929-1931. Luego de la creación en 1947 del programa antártico permanente de Australia, nuestro país estableció en 1954 lo que hoy en día es la más antigua estación de operación permanente al sur del círculo antártico, que lleva su nombre en honor a Mawson. En la actualidad tenemos tres estaciones permanentes en el Territorio antártico australiano, varios campamentos en terreno y la capacidad para realizar investigación en forma ininterrumpida en el Océano Austral.

A medida que ha aumentado nuestra capacidad, también lo ha hecho la profundidad de nuestros conocimientos. Nuestros científicos descubren cada vez más información crucial acerca del clima pasado y presente de la Antártida, y sobre la influencia que este ejerce en Australia y en el resto del mundo. Esta investigación tan importante se realiza en un medioambiente generalmente inhóspito para sus visitantes humanos. Aún así, seguimos llegando a la Antártida, tal como lo hemos hecho durante más de un siglo, debido a las perspectivas únicas que ofrece del mundo natural. Esta investigación nos permitirá realizar pronósticos del clima futuro. Durante cincuenta años el Tratado Antártico nos ha brindado la libertad de proseguir con esta investigación donde sea necesario realizarla, y ha alentado la cooperación entre las naciones que se dedican a las ciencias antárticas. Sin la seguridad que ofrece el Tratado, no cabe duda alguna de que la labor que realizamos en la Antártida los australianos sería infinitamente más difícil.

Nuestra participación en asuntos antárticos trasciende lo científico. Australia contribuyó con entusiasmo a las negociaciones que resultaron en el Tratado Antártico de 1959. Como signataria original, Australia se enorgullece del papel que desempeñó en la elaboración del Tratado y el sistema que evolucionó en torno a él. En el corazón de este sistema está el Tratado, desprovisto de complejidades, elegante en su lenguaje, rico en su contenido. Los principios del Tratado nos han sostenido con vigor y Australia celebra la libertad científica y el compromiso hacia su utilización con fines pacíficos. El Tratado Antártico arroja luz sobre la calidad de las relaciones internacionales en donde la cooperación y el consenso son la clave para el éxito. Nosotros, los australianos, consideramos que es un privilegio trabajar en este contexto con nuestros colegas Partes del Tratado.

Esta es una ocasión para reflexionar sobre la importancia del Tratado durante el último medio siglo y para celebrar lo que hemos obtenido en este tiempo como colectivo – no sólo en cuanto al aumento de naciones participantes en el Tratado Antártico, sino con respecto a la elaboración del sistema del Tratado Antártico. Tenemos ahora una familia de naciones que trabajan en forma cooperativa en un sistema que garantiza el uso de la región con fines pacíficos. Australia está orgullosa de su participación en la elaboración de los instrumentos del sistema del Tratado Antártico y del papel que ha jugado en su aplicación. Debemos recordar que el año 2011 representa también el 20° aniversario de la aprobación del Protocolo al Tratado Antártico sobre Protección del Medio Ambiente. Este fue un hito en la evolución del sistema del Tratado, uno que ahora demanda la mayor concentración de esfuerzos en nuestras reuniones. Los valores naturales de la zona abarcada por el Tratado Antártico, su lugar al centro de los procesos atmosféricos y oceanográficos globales, y su contribución a la comprensión científica de nuestro planeta, le dan un moderno impulso al compromiso del Tratado de trabajar 'en el interés de toda la humanidad'.

Hace cincuenta años, en 1961, Australia se complació en ser la anfitriona de la Primera Reunión Consultiva del Tratado Antártico, que se llevó a cabo en Canberra. En la ceremonia de inauguración, el jefe de la delegación australiana dijo lo siguiente:

Nos embarcamos ahora en un nuevo viaje de exploración, una aventura dentro del territorio desconocido de la cooperación internacional. Tengo la certeza de que en esta expedición habrá la misma camaradería que hay en la propia Antártida. Si en nuestro camino se abriesen grietas en los procedimientos o en la sustancia, debemos tener la capacidad de restablecer los puentes, o, si llegásemos a caer en sus profundidades, trepar fuera de ellas sin sufrir daños.

Creo que puedo decir con confianza que, después de cinco décadas, las grietas en los procedimientos han sido escasas y que cualquier diferencia en la sustancia ha logrado fundirse al calor de las buenas relaciones. Entre todos hemos desarrollado, desde los pequeños comienzos, el más eficiente de los sistemas para administrar la Antártida, y lo hemos hecho a través del consenso. Hemos establecido una admirable y exitosa forma de trabajar entre nosotros, y tengo la certeza de que seguirá vigente cuando nos embarquemos en los próximos 50 años de estrecha colaboración al alero del Tratado Antártico.

Particularmente, esperamos que nuestro compromiso con todas las Partes del Tratado continúe cuando volvamos a encontrarnos el año próximo, en la 35º Reunión Consultiva del Tratado Antártico, que se realizará en Hobart, con Australia como su anfitriona.

Gracias, Sr. Presidente.

Declaración de Bélgica

Bélgica, siendo uno de los signatarios originales del Tratado Antártico y Parte de su Protocolo sobre protección del Medioambiente, quisiera reafirmar su compromiso con la cooperación antártica y de protección del medioambiente.

Desde 1961, la regulación de la Antártida ha evolucionado hacia el así llamado sistema del Tratado Antártico, que incluye, en particular, la Convención para la Conservación de los Recursos Vivos Marinos Antárticos (CCRVMA) que entró en vigor en 1982 y a la cual siguió en 1998 el Protocolo al Tratado Antártico sobre Protección del Medioambiente.

Desde entonces, el componente marino del ecosistema antártico ha estado sujeto a una cantidad cada vez mayor de estudios científicos y ha convocado el interés de una variedad de sectores industriales. El krill, un componente esencial del ecosistema antártico marino, y los recursos biológicos marinos generan un interés cada vez mayor debido a su potencial económico y comercial. La cumbre de Johannesburgo acordó establecer en 2002 una red representativa global de zonas marinas protegidas.

De un lado, el régimen antártico es desafiado por la exploración de la biología marina y las comunidades predadoras se enfrentan a una mayor presión producto de la captura de krill con fines comerciales. Del otro lado, en 2005 comenzó un proceso para establecer zonas marinas protegidas en el Océano Austral, creándose la primera en 2010. La colaboración entre el Comité de Protección Ambiental del Tratado Antártico y la CCRVMA se inició en 2009 con el propósito de desarrollar una red representativa de zonas marinas protegidas.

Bélgica defendió enfáticamente la necesidad de monitorear más de cerca los indicadores clave de los desafíos medioambientales que se estaban planteando en el Océano Austral y de impulsar los mecanismos para lograr la conservación

Declaración del Prof. Christo Pimpirev, Bulgaria

La República de Bulgaria confirma su compromiso permanente con el sistema del Tratado Antártico. El Tratado reconoce a la Antártida como una región reservada exclusivamente para fines pacíficos, libertad de investigación científica, intercambio de información y cooperación internacional. El Tratado Antártico "ofrece al mundo un ejemplo de la forma en que las naciones pueden tener éxito al trabajar entre todas con el fin de preservar una parte importante de nuestro planeta en beneficio de toda la humanidad"

Bulgaria comenzó a realizar sus actividades polares en la Antártida en el verano austral de 1987 a 1988, cuando seis científicos búlgaros participaron en proyectos conjuntos con el centro British Antarctic Survey y el Instituto de investigación ártica y antártica de Rusia. Durante el periodo comprendido entre 1993 y 2011 organizamos 19 campañas antárticas consecutivas y establecimos una base estival llamada "St. Kliment Ohridski" en la isla Livingston, islas Shetland del Sur.

Bulgaria adhirió al Tratado Antártico en 1978, ratificó el Protocolo de Madrid sobre protección del medioambiente en 1998 y ese mismo año pasó a ser miembro Consultivo del Tratado.

La mayor parte de los problemas de la Antártida son de naturaleza global y los exploradores polares búlgaros trabajan estrechamente con científicos de todo el mundo en la protección del medioambiente antártico y de sus sistemas asociados en relación con el cambio climático global, en particular en la Península Antártica.

Durante los últimos 50 años el Tratado Antártico ha evolucionado en un sistema que abarca la protección del medioambiente. El Protocolo de Madrid, que fue aprobado en 1991, es un aspecto clave de la continuidad de la armonía internacional en la Antártida y consagra al sexto continente como una reserva natural dedicada a la paz y a la ciencia. El vigésimo aniversario de la aprobación del Protocolo es una oportunidad de invitar a todas las Partes del Tratado Antártico que no lo son del Protocolo a ratificarlo tan pronto como puedan.

Este es un año importante para la República de Bulgaria, ya que marca la vigésima expedición antártica búlgara y también los 80 años de relaciones diplomáticas entre Argentina y Bulgaria. Quisiéramos expresar nuestras efusivas felicitaciones al gobierno de Argentina y a la Secretaría del Tratado Antártico por la excelente organización de la Reunión y especialmente por la espectacular ceremonia que marcó el 50º aniversario de la entrada en vigor del Tratado Antártico.

Declaración del Embajador de China, su Excelencia Yin Hengmin

Sus Excelencias,

Señores y Señoras,

Este año marca el 50º aniversario de la entrada en vigor del Tratado Antártico. Es para mí un gran honor estar aquí, con antiguos y nuevos amigos, mirando hacia atrás en la historia y hacia delante al futuro. En primer lugar, quisiera hacer extensivas mis efusivas felicitaciones y mi sentido agradecimiento al gobierno de Argentina y a la Secretaría del Tratado Antártico.

Durante los últimos 50 años, el Tratado Antártico ha evolucionado hasta convertirse en un sistema que abarca la protección medioambiental, los recursos vivos marinos y otros aspectos relevantes. La investigación científica en la Antártida está en su apogeo. La utilización de los recursos vivos marinos está como debe estar. El sistema del Tratado Antártico ha logrado un enorme éxito. Consideramos que la cooperación y las asesorías son los elementos más importantes para el éxito del sistema del Tratado Antártico. Es con ese espíritu de cooperación y asesoría que el Tratado Antártico pudo concluirse, dejando a un lado, de manera creativa, las disputas ocasionadas por demandas territoriales, aliviando la tensión en la región antártica y estableciendo importantes principios, como por ejemplo, que la Antártida pueda ser utilizada sólo para fines pacíficos; que los estados disfruten de libertad en la investigación científica en la Antártida; que las partes consultivas deben tomar decisiones basándose en el consenso, entre otros. Todo esto allanó el camino hacia una mayor cooperación en la Antártida. Este espíritu se ha encarnado en la evolución del sistema del Tratado Antártico, en el aumento de la cantidad de Partes del Tratado y en el mejor entendimiento entre quienes son parte y quienes no lo son. El Tratado ha contribuido en forma importante a la paz, la estabilidad y la protección del medioambiente de la región antártica, y ha impuesto un exitoso ejemplo de lo que es la cooperación internacional.

En la actualidad la región antártica sigue enfrentando graves desafíos. El cambio climático y otros problemas medioambientales globales presentan impactos cada vez más intensos en la región. El turismo en la Antártida, así como la protección ambiental, plantean nuevas pruebas a la sabiduría de las Partes Consultivas del Tratado Antártico. La mayor parte de los problemas de la Antártida son de naturaleza global. Ningún estado podría abordar estos problemas por sí solo. Todos los estados relevantes deberían reunir sus esfuerzos para destacar el rol fundamental de la investigación científica y para fortalecer la cooperación entre los científicos y los encargados de elaborar las políticas. La cooperación debería potenciarse dentro de los marcos del sistema del Tratado Antártico, de la Convención de las Naciones Unidas sobre el Derecho del Mar y las convenciones marítimas internacionales, entre otros. Debería ejercerse la sabiduría en la política y el compromiso necesario en bien del interés común. China continuará, como lo ha hecho siempre, trabajando junto a los científicos y encargados de elaborar las políticas de todo el mundo, y contribuyendo a la paz, estabilidad y desarrollo sostenible de la región antártica.

Declaración de Ecuador

La delegación de Ecuador con motivo de celebrar durante la XXXIV Reunión Consultiva en la ciudad de Buenos Aires un evento tan importante como son los cincuenta años de vigencia del Tratado Antártico, extiende su más sincera felicitación a todos los países que mediante las regulaciones implementadas por medio del Sistema del Tratado Antártico se han comprometido con la investigación científica y la conservación del hermoso continente de los hielos permanentes.

Ecuador, país que se encuentra ubicado en la mitad del mundo, dotado de una gran biodiversidad, posee las Islas Galápagos, una de las maravillas naturales del mundo, la que cuidamos y protegemos con políticas nacionales responsables. Aquella experiencia nos ha permitido mirar a la Antártida como un lugar sensible, sujeto a la conservación y protección de sus frágiles ecosistemas. En este sentido, y de manera consecuente Ecuador ha demostrado su interés porque las actividades que se desarrollen en la Antártida cumplan siempre con los Estudios de Impacto Ambiental que garanticen no solo la preservación y conservación de estos ecosistemas sino que las actividades desarrolladas en el continente blanco causen el menor impacto posible.

Como parte de su compromiso con la Antártida, Ecuador ha concluido con los Estudios de Impacto Ambiental de la Estación Científica Pedro Vicente Maldonado, los mismos que se encuentran efectuados con base a las exigentes normativas existentes en nuestra legislación. Sin lugar a dudas una vez que este Estudio se encuentre implementado en su totalidad, las actividades tanto logísticas como de investigación llevadas a cabo por Ecuador cumplirán con los objetivos de responsabilidad, protección y conservación del ambiente antártico.

Durante estos cincuenta años de vigencia del Tratado Antártico hemos observado los esfuerzos realizados por los Estados Parte para cuidar y conservar este rincón del planeta, esfuerzos a los cuales nuestro país amante de la vida y la naturaleza, se suma con todas sus potencialidades para preservar la Antártida como un lugar dedicado a la investigación, a la paz y al cuidado del ambiente.

Declaración de la Federación de Rusia

Estimado Señor Ministro,

Estimados Señores y Señoras,

Hoy, en una de las más bellas ciudades de Sudamérica, la capital de Argentina, celebramos el 50º Aniversario del Tratado Antártico que se firmó en Washington el 1 de diciembre de 1959.

Este Tratado fue elaborado y aprobado en plena Guerra Fría, con la desconfianza y cautela entre los países como telón de fondo. Sin embargo, se creó lo que es un instrumento internacional de características únicas en aquellas tensas condiciones, el cual permitió encontrar una solución para uno de los más difíciles e importantes problemas para el posterior desarrollo de la humanidad.

Durante los últimos 50 años, los esfuerzos de la comunidad antártica han convertido al Tratado en un óptimo y amplio sistema legal y organizacional orientado hacia la aplicación de los diversos aspectos prácticos de la actividad de los países en la región polar austral.

La viabilidad del sistema del Tratado Antártico se basa en la integridad de sus principios y al mismo tiempo en su capacidad de adaptarse de manera sensata a los nuevos desafíos y amenazas que enfrenta la comunidad internacional: los cambios climáticos, la tasa en aumento de los desastres naturales, y los problemas derivados de la globalización. Esto puede confirmarse por medio de un criterio de eficiencia definitivamente importante del Tratado, y es que sigan adhiriendo nuevos miembros, cuadruplicando la cantidad de miembros iniciales. Casi todos los países con posiciones de liderazgo en materias políticas, económicas, científicas y técnicas, que representan a todos los continentes del globo, y a más del 65 % de la población mundial, están involucrados en los problemas de la Antártida, y unen sus esfuerzos en el trabajo, la investigación y la cooperación pacífica en el sexto continente.

Las actividades del Año Polar Internacional 2007-2008 son un ilustrativo ejemplo de expediciones antárticas nacionales de las Partes Consultivas que han unido sus esfuerzos y su potencial científico, logístico y técnico en el logro de objetivos y tareas comunes. La Federación de Rusia formó parte activa en estas actividades y continúa colaborando estrechamente con muchos estados miembros del Tratado Antártico que apoyan el principio básico de cooperación internacional establecido en dicho Tratado.

Siendo uno de los iniciadores del Tratado Antártico, nuestro país respalda la mantención y fortalecimiento integral de su régimen, la permanente aplicación de sus principios y objetivos principales, la mantención de la paz y estabilidad en la región y la conservación de la Antártida como una reserva de vida silvestre para la investigación científica. Esta ha sido y sigue siendo una prioridad en las políticas de Rusia en la región polar Austral.

Este enfoque está determinado en la Estrategia de desarrollo de la Federación de Rusia en la Antártida hasta el año 2020, con una perspectiva a mayor plazo aprobada por el gobierno de Rusia a finales del año 2010. Este documento establece los lineamientos políticos de nuestro país en relación con el Tratado Antártico y con las acciones jurídicas internacionales asociadas. La aprobación de la Estrategia y su aplicación respaldarán un desarrollo más constante de los esfuerzos investigativos de Rusia en la Antártida, crearán condiciones más favorables para las actividades que se realicen en esta región y garantizarán un aprovechamiento más racional de los recursos materiales disponibles. Y, por cierto, este documento genera un sólido cimiento para el desarrollo de una cooperación diversificada y de beneficio mutuo de la Federación de Rusia con todos los demás participantes en la Antártida.

Estamos convencidos de que, independientemente de los nuevos problemas que enfrente la comunidad internacional, el Tratado Antártico seguirá siendo un excelente e ilustrativo ejemplo de una oportunidad para garantizar soluciones objetivas en armonía con los diversos intereses, objetivos y metas nacionales y su aplicación. Durante los últimos 50 años todos nosotros hemos garantizado que los principios y métodos incorporados en las diversas estructuras del Tratado Antártico y empleados en el espíritu de cooperación ayuden a encontrar nuevas soluciones que beneficien mutuamente las situaciones más problemáticas.

¡Felicito a todos los miembros del Tratado Antártico en este maravilloso aniversario!

Declaración de India

Mientras el mundo celebra el 50º Aniversario del régimen del Tratado Antártico, que entró en vigor un día como este, 50 años atrás, India, como una de las naciones que son Partes Consultivas del Tratado Antártico, se une a la comunidad mundial en su aprecio del visionario enfoque del Tratado, que contempla la contribución del continente helado y de sus ecosistemas asociados en la mantención de la armonía entre las naciones y la cooperación pacífica en el campo de la ciencia de la preservación, conservación y mantención del medioambiente de la zona y sus ecosistemas asociados en su estado prístino. El Tratado Antártico ha resistido la prueba del tiempo, fortaleciéndose con cada año que pasa.

India reitera su compromiso de respaldar los principios del Tratado Antártico y sus Protocolos asociados, tales como el Protocolo al Tratado Antártico sobre Protección del Medio Ambiente y sus Apéndices, entre otros.

Declaración del Embajador de Italia, Guido Walter La Tella

Les transmito el saludo del Sr. Ministro de Relaciones Exteriores de Italia Franco Frattini que no pudo estar presente hoy debido a compromisos asumidos con anterioridad.

Italia participa hoy de la Celebración del quincuagésimo aniversario de la entrada en vigor del Tratado Antártico con el orgullo de haber trabajado para el interés colectivo de la humanidad y con el fin de dejar una herencia digna a las generaciones que vendrán.

Este tratado, y el sistema jurídico que se originó con el mismo, representa en efecto un claro éxito en la utilización pacífica del Antártico, sobre todo en el campo de la investigación científica y de la protección al medio ambiente.

El espíritu de cooperación del Tratado Antártico ha permitido, a lo largo de los años, reconocer la prioridad de los intereses de carácter general por sobre los intereses nacionales de los Estados.

Guiada por estas convicciones, Italia instauró primero una colaboración científica y luego política con los Estados miembros del Tratado, hasta devenir una de las Partes Consultivas en 1987.

En el sector de la cooperación científica, Italia se destacó no sólo por haber ofrecido hospitalidad y soporte logístico a los investigadores extranjeros en su base "Mario Zucchelli" en bahía Terranova, sino también por haber dado vida, en 1995, junto a Francia, a la primera base gestionada conjuntamente por dos Estados, la base Concordia a Dome C. En este marco, también merece una mención especial el proyecto EPICA, finalizado en 2003.

En 1989 Italia también pasó a ser parte de la *Convención para la conservación de los recursos vivos marinos antárticos*. Italia confirma, también hoy, su voluntad de garantizar al ambiente, a los recursos del continente y de las aguas antárticas, el mismo nivel de protección reconociendo la peculiaridad del área antártica en su totalidad.

Desde el punto de vista de la cooperación política, Italia está determinada a garantizar una particular protección al ambiente antártico. Por esta razón ha sido promotora, junto a otros Estados, de la adopción del Protocolo de Madrid que proclama a la Antártica como "reserva natural, consagrada a la paz y a la ciencia".

Este año festejamos, también, el vigésimo aniversario de la firma del Protocolo. Gracias a los principios fundamentales allí expresados, el Protocolo demuestra ser, aún hoy, un instrumento esencial. Por lo tanto, Italia está convencida de que la participación de los Estados debe ser lo más amplia posible. Y está trabajando para esto.

En la óptica del desarrollo institucional del sistema del Tratado Antártico, Italia ha contribuido concretamente a la creación de la Secretaría del Tratado Antártico, presidiendo por dos años el grupo de trabajo que redactó las actas instituyentes de la Secretaría misma. La Secretaría, que tiene sede precisamente aquí, en Buenos Aires, en sus siete años de actividad ha obtenido el reconocimiento de la comunidad internacional y el aprecio indiscutible de todas las Partes Consultivas. Es muy apreciado su rol determinante en la organización de las Reuniones, en la agilización del intercambio de información entre las partes y, sobre todo, en la facilitación de los documentos jurídicos adoptados durante las reuniones. Gracias a la Secretaría, el sistema del Tratado Antártico ha obtenido aquella transparencia que desde hace decenios la comunidad internacional pedía y que sirvió para reconocerle, al presente régimen internacional, una mayor credibilidad y efectividad también respecto de los Estados terceros.

Con este espíritu de cooperación y con el objetivo de salvaguardar el interés general por encima de cualquier necesidad particular de los Estados, Italia está determinada a afrontar los nuevos desafíos políticos y jurídicos que el sistema del Tratado Antártico encontrará. Los próximos retos son el desarrollo de una disciplina de las actividades de turismo y de una eficaz reglamentación de las actividades de *bioprospección* en el Antártico, que esperemos puedan ser llevadas a cabo cuanto antes.

El balance de estos 50 años es exitoso y confiamos en que los sucesos científicos y diplomáticos que el sistema del Tratado Antártico ha obtenido hasta hoy puedan ser confirmados y acrecentados en los próximos decenios.

Embajador Guido Walter La ¯ella

Embajada de Italia en Buenos Aires

Declaración del Jefe de Delegación de Japón

1. Introducción

Es para mí un placer tener la posibilidad de celebrar el 50° aniversario de la entrada en vigor del Tratado Antártico aquí en Buenos Aires, ciudad sede de la Secretaría del Tratado Antártico. Quisiera hacer extensivos mis sinceros agradecimientos por el infatigable esfuerzo realizado por el gobierno argentino y por la Secretaría. Permítanme también expresar en nombre del pueblo de Japón, nuestra sentida gratitud por el cálido respaldo y alentadores mensajes recibidos desde todo el mundo luego del gran terremoto de Japón oriental que golpeó a mi país en marzo pasado.

2. Observación Antártica y uso de la Antártida con fines pacíficos

La Antártida, siendo un continente desconocido, ha atraído a muchos exploradores durante casi dos siglos, incluyendo al lugarteniente japonés Nobu Shirase. La Antártida ha sido además el centro de una variedad de actividades de observación, tal como lo sería un laboratorio de la naturaleza, donde no hay mucha influencia humana.

Japón comenzó la observación del ozono atmosférico total en 1961. Luego de sostenidas y periódicas observaciones el miembro de la 23ª Expedición de investigación antártica japonesa, JARE, descubrió en 1982 la reducción del ozono de la estratósfera (más adelante llamada agujero de ozono). Aún seguimos realizando observaciones sobre el ozono, y sus resultados han sido un gran aporte al esfuerzo internacional emprendido en el marco del Protocolo de Montreal sobre sustancias que reducen la capa de ozono.

En la estación Dome Fuji los científicos obtienen información sobre los cambios en la temperatura y sobre los gases invernadero, fenómenos que han ocurrido durante los últimos 720 000 años. Esta información indudablemente ayudará a aclarar la historia del medio ambiente global y se espera que sea utilizada cuando abordemos problemas como el del cambio climático.

Los logros de Japón se hicieron posibles gracias al establecimiento de los principios fundamentales del Tratado Antártico, a saber, "uso pacífico" y "libertad de investigación científica y cooperación internacional". Japón, como país signatario del Tratado en 1959, ha procedido con responsabilidad en su calidad de Parte Consultiva. Japón está determinado a seguir trabajando para mantener los principios básicos del Tratado y a participar activamente en los debates sobre la Antártida.

3. Inspección

Japón, a fin de cumplir con su responsabilidad como Parte Consultiva, realizó la primera de sus inspecciones en virtud de las disposiciones del Tratado Antártico y del Protocolo al Tratado sobre Protección del Medio Ambiente. La inspección tomó lugar en enero de 2010 prolongándose durante unas dos semanas y cubriendo seis estaciones. Prepararnos para esta inspección nos tomó cerca de dos años, con un proceso de reiterados debates de los ministerios y expertos relevantes sobre su contenido y posibles resultados.

Al finalizar las inspecciones llegamos a la conclusión de que todas las estaciones inspeccionadas cumplían con el principio de uso de la Antártida con fines pacíficos, y se esforzaban en la promoción de la investigación científica y la cooperación internacional en condiciones de restricción física y financiera, intentando al mismo tiempo disminuir el exceso de carga sobre el medioambiente antártico. Las inspecciones proporcionaron también a Japón excelentes oportunidades para aprender acerca de la operación de otras estaciones, incluyendo aquellas que utilizan energías renovables por medio de sofisticada tecnología.

El sistema de inspección se desarrollará en la medida en que aumente en el futuro la intensidad y frecuencia de las actividades humanas en la Antártida. Japón espera que este sistema de un mayor realce al cumplimiento del Tratado Antártico y de su Protocolo, así como también a la cooperación internacional en la Antártida.

4. Turismo antártico:

Al considerar la forma de reducir el exceso de carga que imponen las actividades humanas al medio ambiente antártico, debemos pensar en la forma en que debería conducirse el turismo en la Antártida. Son más de 30 000 las personas que visitan en la actualidad la Antártida cada año, haciéndolo con frecuencia en grandes embarcaciones turísticas. Pese a que el turismo antártico en sí puede ser una actividad útil que ofrece la oportunidad de aumentar la conciencia y el aprendizaje sobre el medioambiente, las actividades turísticas deben realizarse de manera responsable de manera que no alteren los valores de la Antártida como lugar de investigación científica ni perjudiquen el medioambiente antártico.

Japón ha impulsado la conservación del medioambiente antártico al promulgar la "Ley relativa a la protección del medioambiente en la Antártida", con el fin de garantizar el pleno cumplimiento de las disposiciones contenidas en el Protocolo. Japón seguirá participando de buena fe en los debates acerca de las medidas necesarias sobre el turismo antártico.

5. Conclusión

La Antártida es un lugar alejado del lugar donde vivimos. Esta cualidad única de la Antártida nos permite realizar la observación inalterada del impacto de la actividad humana sobre el medioambiente, con poca influencia externa. La Antártida es exactamente como un espejo que refleja qué tan saludable está nuestro planeta.

Cada uno de nosotros tiene la responsabilidad especial de proteger este especial lugar. En esta ocasión del 50º Aniversario de la entrada en vigor del Tratado, Japón quisiera renovar su determinación a seguir estimulando la investigación y la observación y de proteger el medioambiente antártico, basándose en los principios de este histórico Tratado.

Muchas gracias.

Declaración de Perú

Señor Presidente:

La Delegación del Perú a la XXXIV Reunión Consultiva del Tratado Antártico expresa su enorme satisfacción de aunarse a los actos de la conmemoración de la entrada en vigencia del Tratado Antártico, hoy exactamente hace cincuenta años.

Señor Presidente:

La Delegación del Perú considera que esta ocasión nos brinda la oportunidad de renovar nuestro compromiso como Estados Partes Consultivas con los propósitos y objetivos del Tratado Antártico. Esta ocasión también nos invita a desplegar nuestros mejores esfuerzos para que esta Reunión Consultiva alcance sus metas y signifique un avance positivo para el afianzamiento del sistema creado por el Tratado Antártico. El Perú es un país que tiene plena e irrevocable vocación antártica. El territorio peruano tiene costas que miran directamente a la región antártica. El Perú esta bajo la influencia del sistema polar austral y su interrelación se manifiesta en factores cruciales tales como, inter allia, las condiciones climáticas, las corrientes marinas, particularmente la corriente marina de Humboldt, las especies hidrobiológicas que desarrollan las pesquerías peruanas, especies cuya cadena biológica se inicia precisamente en los mares australes. Lo anotado pone de relieve la connotación e importancia especial que tiene la región antártica no sólo a nivel planetario sino también particularmente para los países del hemisferio sur. Conmemorar la entrada en vigencia del Tratado Antártico, un día como hoy hace cincuenta años, es, por tanto, una oportunidad que nos invita a la reflexión sobre lo que hemos alcanzado hasta ahora y lo que nos proponemos hacer en el futuro en la Antártida a través de nuestra presencia en esta importante región del planeta. El Tratado Antártico ha puesto sobre los hombros de los Estados Partes Consultivas la importante y delicada labor de dirigir la administración internacional de la región antártica. En consecuencia, es nuestro deber, como Estados Partes Consultivas del tratado, honrar esa obligación.

El Perú considera que un aspecto crucial a tener en consideración en nuestra forma de mirar y apreciar la región antártica es la de mantener y preservar que la Antártida sea siempre una región de paz y armonía internacional, en la cual la cooperación internacional será siempre la herramienta privilegiada que oriente el destino de nuestro quehacer común en esa región. La cooperación, particularmente la destinada a la preservación el medio ambiente antártico es, hoy más que nunca, uno de los objetivos primordiales de nuestro quehacer como miembros del sistema antártico. La preservación de la Antártida permitirá asegurar a las futuras generaciones un planeta más seguro, más confiable y habitable para todos. El planeta tierra es nuestra casa común, la única que tenemos como civilización humana. Preservar la Antártida es preservar el futuro de nuestro planeta y la presencia del hombre en el universo.

Señor Presidente:

La Delegación del Perú se felicita de poder compartir, con todas las Delegaciones participantes en esta reunión en Buenos Aires, el privilegio de ser testigo y dar testimonio, a través de la conmemoración, de un acto histórico acontecido hace cincuenta anos: la entrada en vigencia del Tratado Antártico. El Tratado Antártico se ha convertido en el instrumento internacional idóneo que hoy nos garantiza que la región antártica será siempre utilizada para fines exclusivamente pacíficos y que la Antártida no se convertirá en escenario u objeto de discordia internacional. En esta propicia ocasión, la Delegación del Perú renueva su compromiso con los propósitos y objetivos del Tratado Antártico.

Muchas gracias.

Declaración de Andrzej Misztal, Polonia

Sr. Presidente,

Señores y Señoras,

Permítanme comenzar expresando mi regocijo y satisfacción personal por representar al Ministro de relaciones exteriores de la República de Polonia en este tan especial e histórico evento. Puesto que el Sr. Ministro Sikorski estaba imposibilitado de participar en esta reunión, permitan que cite su carta personal dirigida al anfitrión de esta reunión, Su Excelencia el Ministro Héctor Timerman:

Estimado Señor Ministro,

Tengo el agrado de dirigirme a usted a fin de agradecerle su invitación del día 9 de febrero de 2011 para participar en la conmemoración del 50° Aniversario de la entrada en vigor del Tratado Antártico, suscrito en Washington el 1 de diciembre de 1959, que se realizará en el marco de la XXXIV Reunión Consultiva de los países miembros de dicho Tratado. Lamentablemente, por asuntos de agenda acordados previamente, no podré participar personalmente en este evento tan significativo.

El lugar de relevancia que ocupa el Tratado Antártico en el derecho internacional moderno es incuestionable e inclusive histórico. Desde su entrada en vigor, con un desarrollado sistema de instrumentos legales, ha evolucionado de una manera importante, convirtiéndose en un régimen regional único: el Sistema del Tratado Antártico, que constantemente es desarrollado y enriquecido.

Una clara muestra de la importancia del Tratado Antártico para Polonia, es el hecho que en el año 1977 nos convertimos en el primer país consultivo no signatario de dicho Tratado. Para Polonia es particularmente importante el uso pacífico de la Antártida y la prohibición de realizar pruebas de cualquier tipo de armamento, además de la libertad para realizar investigaciones científicas en su territorio. Hace ya más de 30 años, está operando en la Antártida Occidental la base permanente polaca, la estación de investigaciones científicas Henryk Arctowski, ubicada en la Isla Rey Jorge.

Estoy convencido que los eventos conmemorativos del día 23 de junio de 2011 y la adopción de una declaración por parte de los presentes, tendrán un rol importante en el proceso de diálogo global sobre la Antártida y serán la continuación del Año Polar Internacional (IPY).

Aprovecho también la oportunidad para informarle que durante la visita de la delegación polaca se realizarán, por primera vez en la historia de la relaciones diplomáticas polaco-argentinas, las consultas jurídicas entre nuestros ministerios.

Hago propicia la oportunidad para reiterar a usted las seguridades de mi consideración más distinguida.

Muchas gracias por su atención.

Declaración del Embajador del Reino Unido

Ministros de Relaciones Exteriores, Embajadores, Distinguidos Colegas y jefes de delegaciones,

El Reino Unido quisiera unirse a aquellos que han expresado sus agradecimientos al gobierno de Argentina por la realización de este evento de aniversario. Es apropiado que sigamos buscando las oportunidades de celebrar todo aquello que el Tratado Antártico ha entregado durante este último medio siglo, y que llevemos el perfil del trabajo emprendido a través del sistema del Tratado Antártico hacia un público más amplio.

El Reino Unido además, y sin excepciones, confirma su continuo compromiso con el sistema del Tratado Antártico. Continuamos esperando que el marco proporcionado por el Tratado facilite la mejor cooperación por parte de todos los Gobiernos en el abordaje de los actuales e inevitables desafíos futuros que enfrenta la Antártida.

Podría decirse que el Tratado Antártico es uno de los instrumentos internacionales de mayor éxito del último siglo, y un brillante ejemplo de lo que puede inspirar la cooperación internacional. Este año marca también el 20° aniversario de la firma del Protocolo al Tratado Antártico sobre Protección del Medio Ambiente. La sostenida protección que estos instrumentos ofrecen colectivamente a uno de los medioambientes más únicos y delicados de la tierra es cada vez más importante frente a los veloces cambios medioambientales que ya se están experimentando en muchas partes del continente y en el Océano Austral que lo circunda. Debemos cerciorarnos de que nuestros esfuerzos colectivos sigan garantizando y mejorando esta protección amplia y duradera.

El Tratado Antártico proporciona un perdurable marco para la colaboración científica internacional, y, a medida que sigan apareciendo los resultados del Año Polar Internacional 2007-2008, podemos reflexionar sobre nuestro mejor entendimiento de la Antártida, si bien podemos además preguntarnos con sobrecogimiento acerca de cuánto más queda aún por ser descubierto. De acuerdo con lo sostenido en la Declaración de Edimburgo de 2006, esperamos que el legado del Año Polar Internacional proporcione una aún mayor colaboración científica en las décadas venideras.

Este es un año particularmente importante para el Reino Unido, ya que marca el centenario de la fecha en que el Capitán Robert Falcon Scott y su contraparte de Noruega, Roald Amundsen, salieron en su primera expedición al Polo Sur. Los primeros pioneros en la expedición del capitán Scott dejaron un legado científico que continúa inspirando a los científicos británicos hasta el día de hoy. El que el Tratado Antártico preserve al continente para la paz y las ciencias es testimonio del legado de aquellos primeros científicos que demostraron la importancia de la Antártida, no sólo como un laboratorio único en sí, sino también su clara importancia para los futuros cambios climáticos y medioambientales en el resto del mundo. Desde los primeros exploradores hasta el descubrimiento del agujero en la capa de ozono y la exploración propuesta del lago subglacial Ellsworth, nuestros científicos continúan considerando la Antártida como un laboratorio global con un potencial tan notable para ayudarnos a desvelar los secretos de nuestro planeta.

Los cambios climáticos, en particular aquellos de la Península Antártica, sin embargo, contienen el potencial de exponer al medioambiente antártico a nuevas amenazas, ya provengan estas de la migración natural de la flora y fauna desde latitudes inferiores o del mayor acceso a la zona del ser humano. Las Partes del Tratado Antártico deben seguir trabajando en conjunto con el fin de garantizar que aquellos que son lo suficientemente afortunados como para visitar la región, sea cual sea su investidura, lo hagan de manera segura y con responsabilidad hacia el medioambiente. Debemos redoblar nuestros esfuerzos para garantizar que el marco regulatorio y administrativo de todas las actividades que se realicen en la Antártida reduzcan a un mínimo toda presión humana adicional innecesaria sobre el frágil medioambiente que ya está sufriendo cambios.

En nombre del Reino Unido, quisiera reiterar mis agradecimientos al gobierno de Argentina por albergar la reunión Consultiva del Tratado Antártico de este año. Esta oportunidad renovada para reflexionar sobre los esfuerzos científicos y diplomáticos de todos quienes han contribuido al sistema del Tratado Antártico durante los últimos 50 años, nos recuerda una vez más lo mucho que se ha logrado, así como también lo importante que es continuar este trabajo vital.

Declaración del Embajador de Sudáfrica, el Sr. Tony Leon

Sres. Ministros, Sr. Presidente, Sres. delegados y distinguidos invitados:

A nombre del Gobierno de Sudáfrica y de la Delegación sudafricana, aquí, en estos importantes acontecimientos, permítanme añadir mis agradecimientos al gobierno argentino por iniciar y organizar este importante evento que conmemora el 50° aniversario de la puesta en funcionamiento del Tratado Antártico en 1959. Como uno de los doce países fundadores – Partes de este acuerdo memorable, este momento es de particular trascendencia para Sudáfrica.

A su propia manera, el Tratado Antártico es asombroso. Si piensan en todas las cosas que el mundo y los 12 países fundadores del Tratado hacían mal en 1959 (incluido mi propio país, Sudáfrica), este Tratado, con su eficiencia, flexibilidad, perdurabilidad y visionario alcance, representa lo que por aquel entonces era uno de los grandes aciertos de la comunidad internacional, o de algunos de sus estados miembros en esa época: apartar a la Antártida de la carrera armamentista global y aislarla de las demandas territoriales fueron dos de sus logros iniciales. Pero con la adición en 1991 del Protocolo de Madrid sobre Protección del Medioambiente, el Tratado estaba señalando la posición central en el sistema climático mundial del prístino ecosistema antártico. Su determinación a ejercer una efectiva custodia del séptimo continente se comprobaría como algo fundamental en la batalla que habría de combatirse contra el "cambio climático", un enemigo que aún no tenía nombre.

El Tratado Antártico es un instrumento único de cooperación internacional con la ciencia como su objetivo común. Pero el Tratado ha permitido también que el séptimo continente del mundo, y único deshabitado, fuera preservado de la depredación de los otros seis. Además, mediante las disposiciones contenidas en el Tratado, se ha convertido en un lugar de trabajo común, donde personas provenientes de todo el mundo, de diferentes razas, culturas y nacionalidades, se unen y trabajan juntas y en armonía para cumplir y mitigar los efectos del cambio climático.

Como signatario original, Sudáfrica, con un orgulloso historial de permanente participación y responsable custodia en la Antártida, espera con ansias continuar la cooperación internacional con las demás Partes del Tratado y compartir conocimientos científicos e información para esta generación y para la futura preservación de la humanidad.

Sudáfrica sigue siendo la única Parte africana del Tratado Antártico, aunque sabemos que es posible que, irónica y desproporcionadamente, los cambios globales en el clima afecten a África más que a ningún otro continente. Por esto, es apropiado que en el año del 50° aniversario del comienzo de este Tratado, mi país sea la sede de la 17ª Conferencia de las Naciones Unidas sobre Cambio Climático, que se realizará en Durban durante noviembre y diciembre de este año. Es el sincero deseo del Ministro de Relaciones internacionales y cooperación de Sudáfrica que el mundo se una más adelante en esta reunión para enfrentar los desafíos del cambio global con la misma sabiduría y valor que demostraron las Partes del Tratado hace 52 años al proteger a la Antártida.

Deseamos expresar también nuestros agradecimientos al gobierno argentino por ser el anfitrión de esta XXXIV RCTA y por la excelencia en su organización. Nuestra delegación espera con ansias las fructíferas deliberaciones y positivos resultados de las próximas dos semanas.

Declaración del Embajador de Suecia, H.E. Charlotte Wrangberg

Sr. Presidente, estimados delegados,

Es para mí un honor representar a nuestro Ministro de Asuntos Exteriores, el Sr. Carl Bildt, en esta importante XXXIV RCTA, para conmemorar el 50° aniversario de la entrada en vigor del Tratado Antártico.

El Tratado Antártico y demás componentes del sistema del Tratado Antártico forman en conjunto un marco legal e institucional único para la gestión de actividades humanas en el continente antártico y en el Océano Austral.

Suecia está orgullosa de ser una de las 28 Partes Consultivas del Tratado Antártico. En lo colectivo y en lo individual, las Partes Consultivas tienen la responsabilidad de garantizar que el sistema del Tratado Antártico se mantenga firme. Necesitamos fortalecerlo constantemente y adaptarlo con el fin de que pueda enfrentar los nuevos desafíos. Por ejemplo, la prospección biológica.

¡Debemos garantizar además que todos los componentes del sistema del Tratado Antártico se implementen en forma eficiente y cabal por medio de una legislación nacional adecuada!

El Protocolo del Medioambiente proporciona una protección perpetua al medioambiente de la Antártida. La Convención para la Conservación de los Recursos Vivos Marinos es parte integral del sistema del Tratado Antártico. El trabajo del CPA y de la CCRVMA necesita coordinarse de mejor manera, a fin de garantizar la protección efectiva del medio antártico marino y de sus ecosistemas asociados y dependientes.

Los científicos suecos llevan a cabo investigación y monitoreo científicos de avanzada en estrecha cooperación con científicos de otros países. El "Año Polar Internacional 2007 – 2008" dio un impulso importante a la cooperación científica en lo que respecta a temas polares. Su legado está inspirando ahora mayores progresos en la ciencia e innovadores formatos para la cooperación antártica. En particular, el API acentuó la necesidad de realizar esfuerzos concertados con objeto de mantener en el largo plazo la observación y monitoreo en toda la zona abarcada por el Tratado Antártico.

La información proveniente de la investigación y del monitoreo científicos debe ponerse a libre disposición y ser de fácil acceso. El sistema de información electrónica de la RCTA es un instrumento práctico, que puede extenderse aún más para facilitar la difusión de los datos y de otra información que sea relevante.

El cambio climático global plantea nuevos desafíos tanto para la Antártida como para las actividades humanas que allí se realizan. Todos los organismos vivos de la Antártida son posibles receptores de los impactos provocados por el cambio climático. Los ecosistemas marinos parecen estar particularmente expuestos al riesgo. Es demasiado poco lo que se conoce acerca de los efectos de la acidificación del océano y del calentamiento de las aguas en el Océano Austral.

Es esencial reducir a un mínimo en la Antártida la huella acumulativa de todas las actividades humanas, investigación científica, turismo y pesca.

También deberían revisarse, a la luz del cambio climático, los aspectos de seguridad y protección de las operaciones en la Antártida.

Todas nuestras decisiones sobre gestión deben ser orientadas por el enfoque de precaución. Esto es particularmente urgente y crucial en lo que respecta a la pesca y las actividades pesqueras relacionadas.

Agradezco su atención.

Declaración del Embajador de Ucrania, Oleksandr Taranenko

Estimado Sr. Presidente,

Distinguidos jefes de delegaciones,

Señores y Señoras,

A nombre de Ucrania quisiera expresar nuestra gratitud al gobierno argentino por la cálida acogida y perfecta organización de la XXXIV Reunión Consultiva del Tratado Antártico, cuyo lugar coincide, luego de 30 años, con la celebración del 50° aniversario de la entrada en vigor del Tratado Antártico.

Con todo, esta simbólica coincidencia se ha dado no sólo en la edad moderna de Argentina sino también en la de Ucrania, que celebrará este año el 20° aniversario de su independencia. Es debido a su independencia que mi país pudo, hace 15 años, desplegar su bandera en la Antártida, involucrarse activamente en los esfuerzos de la comunidad internacional destinados a garantizar el uso de la Antártida sólo con fines pacíficos y realizar su propia contribución al conocimiento científico por medio de la cooperación internacional en la investigación científica en la Antártida. Como reconocimiento de los esfuerzos de Ucrania en este ámbito, la XXXI Reunión Consultiva del Tratado Antártico se realizó en Kiev en 2008.

Por el momento, no hay un solo tema científico de importancia mundial que pueda ser resuelto si no abarca el conocimiento de los fenómenos o procesos en una zona de la tierra a una escala tan extensa como la de la Antártida. Los cambios climáticos observados, con sus riesgos asociados, así como el rápido aumento de las impredecibles catástrofes naturales, son algunos de los problemas que pueden ser resueltos en el contexto de proyectos de investigación adecuados. Esta investigación multidisciplinaria en la Región del Polo Sur requiere la permanente colaboración entre los Programas antárticos nacionales así como también de las autoridades correspondientes.

En noviembre de 2010 el gobierno de Ucrania aprobó el Programa estatal de investigación antártica para el periodo comprendido entre 2011 y 2020. Los objetivos principales de este Programa son el de proporcionar más investigaciones fundamentales y aplicadas en la Antártida, realizar investigaciones complejas sobre el potencial biológico y mineral de la región, mantener eficientemente la estación Vernadsky, en donde está en marcha la 16° expedición antártica ucraniana, y cumplir con los compromisos internacionales de conformidad con el Tratado Antártico. De esta manera, Ucrania define sus prioridades para la siguiente década en esta zona.

Uno de los temas que cubre esta Reunión Consultiva es el de la aplicación del Anexo VI al Protocolo al Tratado Antártico sobre Protección del medioambiente. En esta línea, quisiera hacer notar que Ucrania tiene la firme intención de ratificar este documento junto con aprobar la Ley de Ucrania sobre Operaciones en la Antártida que está en la actualidad pasando por su proceso legislativo.

Además, en ocasión del 20° aniversario de la apertura a la firma del Protocolo al Tratado Antártico sobre protección del medioambiente (conocido como el Protocolo de Madrid), permítanme recalcar que Ucrania respalda la propuesta presentada conjuntamente por los gobiernos de Australia, Francia y España, que alientan la entrada al Protocolo de las Partes que aún no lo han hecho.

De acuerdo a nuestro punto de vista, esto contribuiría a la eficiencia de la diplomacia multilateral, que tradicionalmente ha estado proporcionando las posibilidades de desarrollar la cooperación internacional con el propósito de llevar a cabo la investigación científica y la protección del medioambiente como medios e instrumentos de fortalecer la paz.

Por último, y no menos importante, la delegación de Ucrania respalda la Declaración de Cooperación Antártica, considerando que tiende a cumplir aquellos compromisos surgidos del sistema del Tratado Antártico que experimentaron un posterior desarrollo desde su entrada en vigor.

Muchas gracias por su atención.

2. Palabras de cierre del Presidente de la XXXIV RCTA

Palabras de cierre del Embajador Ariel Mansi, Presidente de la XXXIV RCTA

Distinguidos delegados: hemos llegado al final de esta XXXIV Reunión Consultiva del Tratado Antártico que tuve el honor de presidir. En esta Reunión se han realizado progresos en la adopción de disposiciones destinadas a una mejor gestión y protección de la Antártida. Entre los desarrollos más destacados debo recordar la Declaración de Buenos Aires sobre Cooperación Antártica en ocasión del 50 aniversario de la entrada en vigor del Tratado Antártico, adoptada el pasado jueves 23. No puedo dejar de mencionar que en la etapa inicial de la redacción del texto preliminar que sirvió de base luego para la elaboración de la Declaración tuvo especial participación el Embajador Juan Carlos Beltramino, quien estuvo presente en la sesión de apertura y quien fue delegado argentino en la Conferencia de Washington en la que se firmó el Tratado Antártico en 1959. He lamentado la ausencia motivada en razones personales, de nuestro muy apreciado colega, experto de reconocida trayectoria antártica, el Dr. Roberto Puceiro Ripoll, de Uruguay, presidente de la Reunión Consultiva de Punta del Este,

Como era de esperar, el trabajo del Comité para la Protección del Medio Ambiente ha sido especialmente fructífero y felicito a su presidente, el Dr. Yves Frenot, por la eficiencia reflejada en los trabajos y los resultados obtenidos. Buena parte de las recomendaciones emanadas de esta Reunión proceden del Comité. El CPA consideró, entre otros importantes asuntos, la propuesta relativa al proyecto de evaluación medioambiental exhaustiva asociado a la perforación del lago subglacial Ellsworth y al del realizado para la construcción de la nueva estación coreana Jang Bogo. Se revisaron los planes de gestión de diez zonas antárticas especialmente protegidas y se aprobó un nuevo monumento histórico. Se adoptaron nuevas directrices para sitios que reciben visitantes y se revisaron otras. Por otra parte, el Comité continuó realizando progresos para reducir la introducción de especies no autóctonas en la Antártida.

Extiendo mis felicitaciones al Dr. José Retamales, presidente del grupo de trabajo sobre asuntos operacionales, al Embajador Don Mackay, presidente del grupo de trabajo sobre turismo y actividades no gubernamentales, así como al Embajador Richard Rowe, presidente del grupo de trabajo sobre asuntos legales e institucionales.

En materia de inspecciones, las llevadas a cabo por Japón y Australia han demostrado el buen desempeño de las Partes con el fin de cumplir con los requisitos del Tratado y del Protocolo. Se comenzó a abordar la difícil tarea de evaluar los riesgos impuestos por los tsunamis, un problema preocupante con respecto a las estaciones situadas en las zonas costeras de la Antártida, respecto del cual se me ha encargado que solicite a la Organización Hidrográfica Internacional la presentación en la próxima RCTA de información sobre cartas batimétricas para la predicción de tsunamis.

En el campo de las actividades turísticas y no gubernamentales, se deliberó en torno a tres ejes básicos: se mantuvo un extenso intercambio de opiniones sobre asuntos estratégicos del turismo antártico, también se abordaron cuestiones relativas a los mecanismos de supervisión del turismo, y se trataron diferentes aspectos vinculados con la operación de yates en la Antártida. Se analizó la forma de prevenir los ingresos no autorizados en la Antártida, tomando conciencia de los problemas asociados tanto al reconocimiento de visitantes que ingresan sin el correspondiente permiso como también de la instrucción del proceso judicial correspondiente cuando se detectan conductas ilegales. En adición a ello, se decidió iniciar una revisión de la normativa existente para la regulación del turismo a fin de analizar en 2012 si se requieren medidas adicionales en la materia. También se puso de relieve que a fin de optimizar la futura gestión, se hace indispensable cooperar compartiendo la información y las tecnologías de manera más activa.

Hemos completado la revisión del status de las recomendaciones de la RCTA sobre monumentos y áreas protegidas y sobre cuestiones medioambientales distintas de la protección y el manejo de áreas, aprobando una decisión que señala cuales medidas han dejado de estar vigentes y solicitando a la Secretaría que se haga cargo del trabajo pendiente con respecto a las recomendaciones sobre asuntos operacionales. También hemos aprobado una revisión de las Reglas de procedimiento de la RCTA y de las del CPA, así como el procedimiento en materia de presentación, traducción y distribución de documentos, y se le ha incorporado a esas Reglas normativa relativa a las solicitudes de información acerca de las actividades de la RCTA recibidas de organizaciones internacionales. En aras del fortalecimiento del Protocolo de Madrid, se ha hecho un llamamiento a las partes en el Tratado Antártico que todavía no lo son en el Protocolo, que decidan hacerse parte en el Protocolo y que Australia, España y Francia coordinen con otras Partes Consultivas cómo encarar los pasos necesarios a tal fin. La Reunión aprobó las propuestas de la Secretaría para el presupuesto 2011/2012 y las previsiones presupuestarias para el período 2012/2013. Comenzamos a considerar la forma de hacer nuestro trabajo más eficiente, dando lugar a un intercambio de opiniones en torno a la posibilidad de contar con una planificación estratégica plurianual y de acortar la duración de futuras reuniones sin perder ninguno de los elementos esenciales que necesitamos para asegurar un buen desempeño. En este sentido se aprobó un cronograma de trabajo para la próxima Reunión de Hobart, que tendrá ocho días de duración.

Agradezco al Presidente del SCAR su contribución a nuestros trabajos, así como la excelente conferencia que brindó a los delegados el miércoles de la semana pasada, agradecimiento que hago extensivo al COMNAP y a la CCRVMA por sus importantes aportes.

En nombre de todos me permito al Dr. Manfred Reinke y a su equipo de la Secretaría del Tratado Antártico por la eficiencia demostrada en su labor, así como a los relatores, intérpretes y traductores. Mi agradecimiento llegue también a todos los integrantes de la Secretaría del Estado Anfitrión sin cuyo incansable trabajo de muchos meses no hubiera sido posible que nuestra Reunión funcionara adecuadamente.

Por fin, mi reconocimiento a todas las delegaciones por su espíritu constructivo, que permitió alcanzar resultados satisfactorios y que la Reunión pudiera transitar desarrollos que tradujeron un genuino sentimiento de cooperación.

El próximo año toca a Australia albergar la XXXV RCTA, a cuyos organizadores deseamos lo mejor. En la misma dirección en que se desplazó la expedición noruega de Amundsen, viajando de Buenos Aires a Australia, para adentrarse luego en las más altas latitudes hasta alcanzar en diciembre de 1911 el Polo Sur, es que trabaja la Reunión Consultiva sobre la base de la cooperación que se da en todos los aspectos en la Antártida en el terreno y también en nuestras reuniones.

En la espera de encontrarnos nuevamente en Hobart en junio de 2012, sabemos que en el período intersesional y en todo momento debemos dedicar tiempo y esfuerzo para afianzar la pristinidad posible de la Antártida.

No siendo para más, entiendo que podemos dar por concluida esta XXXIV Reunión Consultiva del Tratado Antártico.

Así queda decidido.

Buen regreso a sus países!

3. Informes de los Depositarios y Observadores

Informe del Gobierno depositario del Tratado Antártico y su Protocolo de conformidad con la Recomendación XIII-2

Documento de Información presentado por Estados Unidos

Este informe abarca los acontecimientos con respecto al Tratado Antártico y su Protocolo al Tratado Antártico sobre protección del medio ambiente.

En el último año no hubo adhesiones al Tratado Antártico ni al Protocolo al Tratado Antártico sobre protección al medio ambiente. En total hay cuarenta y ocho (48) Partes al Tratado Antártico y treinta y cuatro (34) Partes al Protocolo.

Los siguientes países han notificado que han designado personas declaradas como árbitros de conformidad con el Artículo 2 (1) del programa del Protocolo al Tratado Antártico sobre protección del medio ambiente:

Bulgaria	Sra. Guenka Beleva	30 de julio de 2004
Chile	Emb. María Teresa Infante	Junio 2005
	Emb. Jorge Berguño	Junio 2005
	Dr. Francisco Orrego	Junio 2005
Finlandia	Emb. Holger Bertil Rotkirch	14 de junio de 2006
India	Prof. Upendra Baxi	6 de octubre de 2004
	Sr. Ajai Saxena	6 de octubre de 2004
	Dr. N. Khare	6 de octubre de 2004
Japón	Juez Shunji Yanai	18 de julio de 2008
República de Corea	Prof. Park Ki Gab	21 de octubre de 2008
Estados Unidos	Prof. Daniel Bodansky	1 de mayo de 2008
	Sr. David Colson	1 de mayo de 2008

Se adjuntan los listados de las partes al Tratado, al Protocolo y de las Recomendaciones/Medidas y sus aprobaciones.

Date of most recent action: January 29, 2010

El Tratado Antártico

Hecho en: Washington; 1 de diciembre de 1959

Entry into force:June 23, 1961

Entrada en vigor: 23 de junio de 1961
En conformidad con el Artículo XIII, el Tratado estaba sujeto a la ratificación por parte de los Estados signatarios y abierto a la adhesión de cualquier Estado que sea miembro de las Naciones Unidas, o de cualquier otro Estado que pueda ser invitado a adherirse al Tratado con el consentimiento de todas las Partes Contratantes cuyos representantes estén facultados a participar en las reuniones previstas en el artículo IX del Tratado; Los instrumentos de ratificación y los de adhesión debían ser depositados ante el Gobierno de los Estados Unidos de América. Una vez depositados los instrumentos de ratificación por todos los Estados signatarios, el presente Tratado entró en vigencia para dichos Estados y para los Estados que hubiesen depositado sus instrumentos de adhesión. En lo sucesivo, el Tratado entró en vigencia para cualquier Estado adherente una vez que depositara su instrumento de adhesión.

Leyenda: (sin marcas) = ratificación; a = adhesión; d = sucesión; w = renuncia o acción equivalente

Participante	Firma	Consentimiento para la adhesión		Otra acción	Notas
Argentina	1 de diciembre, 1959	23 de junio, 1961			
Australia	1 de diciembre, 1959	23 de junio, 1961			
Austria		25 de agosto, 1987	a		
Bielorusia		27 de Diciembre, 2006	a		
Bélgica	1 de diciembre, 1959	26 de julio, 1960			
Brasil		16 de mayo, 1975	a		
Bulgaria		11 de septiembre, 1978	a		
Canadá		4 de mayo, 1988	a		
Chile	1 de diciembre, 1959	23 de junio, 1961			
China		8 de junio, 1983	a		
Colombia		31 de enero, 1989	a		
Cuba		16 de agosto, 1984	a		
República Checa		1 de enero, 1993	d		i
Dinamarca		20 de mayo, 1965	a		
Ecuador		15 de septiembre de 1987	a		
Estonia		17 de mayo, 2001	a		
Finlandia		15 de mayo, 1984	a		
Francia	1 de diciembre, 1959	16 de septiembre, 1960			
Alemania		5 de febrero, 1979	a		ii
Grecia		8 de enero, 1987	a		
Guatemala		31 de julio, 1991	a		
Hungría		27 de enero, 1984	a		

India		19 de agosto, 1983	a		
Italia		18 de marzo, 1981	a		
Japón	1 de diciembre, 1959	4 de agosto, 1960			
Corea (RDPC)		21 de enero, 1987	a		
Corea (RDPC)		28 de noviembre, 1986	a		
Mónaco		31 de mayo, 2008	a		
Países Bajos		30 de marzo, 1967	a		iii
Nueva Zelanda	1 de diciembre, 1959	1 de noviembre, 1960			
Noruega	1 de diciembre, 1959	24 de agosto, 1960			
Papúa Nueva Guinea		16 de marzo, 1981	d		iv
Perú		10 de abril , 1981	a		
Polonia		8 de junio, 1961	a		
Portugal		29 de enero, 2010	a		
Rumania		15 de septiembre, 1971	a		v
Federación Rusa	1 de diciembre, 1959	2 de noviembre, 1960			vi
República Eslovaca		1 de enero, 1993	d		vii
Sudáfrica	1 de diciembre, 1959	21 de junio, 1960			
España		31 de marzo, 1982	a		
Suecia		24 de abril, 1984	a		
Suiza		15 de noviembre, 1990	a		
Turquía		24 de enero, 1996	a		
Ucrania		28 de octubre, 1992	a		
Reino Unido	1 de diciembre, 1959	31 de mayo, 1960			
Estados Unidos	1 de diciembre, 1959	18 de agosto, 1960			
Uruguay		11 de enero, 1980	a		viii
Venezuela		24 de marzo, 1999	a		

---

[i] Fecha efectiva de sucesión de la República Checa. Checoslovaquia depositó un instrumento de adhesión al Tratado el 14 de junio de 1962. El 31 de diciembre de 1992, a la medianoche, Checoslovaquia dejó de existir y fue sucedida por dos estados separados e independientes, la República Checa y la República Eslovaca.

[ii] La Embajada de la República Federal de Alemania en Washington transmitió al Ministerio de Relaciones Exteriores norteamericano una nota diplomática fechada el 02 de octubre de 1990 que dice lo siguiente:

"La Embajada de la República Federal de Alemania saluda al Ministerio de Relaciones Exteriores y tiene el honor de informar al Gobierno de Estados Unidos de Norteamérica, en su calidad de Gobierno depositario del Tratado Antártico, que, a través de la adhesión de la República democrática Alemana a la República Federal Alemana que entrará en vigor el 03 de octubre de 1990, ambos estados alemanes habrán de unirse para formar un solo estado soberano que, en su calidad de Parte Contratante del Tratado Antártico, seguirá vinculado por las cláusulas del Tratado y sujeto a aquellas recomendaciones aprobadas en las quince reuniones consultivas aprobadas por la República Federal de Alemania. A partir de la fecha de la unidad Alemana, la República Federal de Alemania fungirá bajo la denominación 'Alemania' en el marco del Sistema Antártico.
"La Embajada agradecerá al gobierno de los Estados Unidos de Norteamérica de tener a bien informar a todas las Partes Contratantes del Tratado Antártico del contenido de la presente nota.

"La Embajada de la República Federal de Alemania aprovecha esta oportunidad para renovar al Ministerio de Relaciones Exteriores de los Estados Unidos de Norteamérica su más alta consideración."

Antes de la unificación, la República democrática de Alemania había depositado un instrumento de adhesión al Tratado, acompañado por una declaración fechada el 19 de noviembre de 1974 y la República Federal de Alemania había depositado un instrumento de adhesión al tratado acompañado por una declaración fechada el 05 de febrero de 1979.

[iii] El instrumento de adhesión al Tratado de los Países Bajos señala que la adhesión es para el Reino en Europa, Surinam y las Antillas Holandesas. A partir del 1 de enero de 1986 Aruba es una entidad separada.

[iv] Fecha de depósito de notificación de sucesión por Papúa Nueva Guinea; vigente a partir de 16 de septiembre de 1975, fecha de su independencia.

[v] El instrumento de adhesión al Tratado de Rumania fue acompañado por una nota del Embajador de la República Socialista de Rumania ante los Estados Unidos de Norteamérica, fechada el 15 de septiembre de 1971, que reza así:

"Estimado señor Ministro:

"Al presentarle el instrumento de adhesión de la República socialista de Rumania al Tratado Antártico, firmado en Washington el 1 de diciembre de 1959, tengo el honor de informar a usted lo siguiente:

'El Consejo de Estado de la República Socialista de Rumania señala que las cláusulas contenidas en el primer párrafo del Artículo XIII del Tratado Antártico no son conformes con el principio según el cual los tratados multilaterales cuyos objetivos y metas atañen a la comunidad internacional en su conjunto deberían quedar abiertos a la participación universal.'

"Solicito a usted tenga la gentileza, señor Ministro, de trasmitir a las partes concernidas el texto del instrumento de adhesión rumano al Tratado Antártico así como el texto de la presente carta que contiene la declaración del gobierno rumano mencionada anteriormente.

"Aprovecho esta oportunidad para renovar a usted, señor Ministro, mi más alta consideración."

El Ministro de Relaciones Exteriores de los Estados Unidos hizo circular copias de la carta del embajador y del instrumento de adhesión al Tratado por parte de Rumania a las partes al Tratado Antártico con una nota circular fechada el 1 de octubre de 1971.

[vi] El tratado fue firmado y ratificado por la ex Unión de Repúblicas Soviéticas Socialistas. Mediante una nota fechada el 13 de enero de 1992, la Federación Rusa informó al gobierno de los Estados Unidos que "sigue gozando de los derechos y de cumplir con las obligaciones decurrentes de los acuerdos internacionales firmados por la Unión de Repúblicas Soviéticas Socialistas."

[vii] Fecha efectiva de sucesión de la República Eslovaca. Checoslovaquia depositó un instrumento de adhesión al Tratado el 14 de junio de 1962. El 31 de diciembre de 1992, a la medianoche, Checoslovaquia dejó de existir y fue sucedida por dos estados separados e independientes, la República Checa y la República Eslovaca.

[viii] El instrumento de adhesión al Tratado por parte de Uruguay vino acompañado por una declaración con una traducción al inglés del Ministerio de Relaciones Exteriores norteamericano que reza así:

Informe Final de la XXXIV RCTA

"El gobierno de la República Oriental del Uruguay considera que, a través de su adhesión al Tratado Antártico firmado en Washington (Estados Unidos de Norteamérica) el 1 de diciembre de 1959, colabora en afirmar los principios por los cuales se usa a la Antártida exclusivamente con fines pacíficos, de prohibir toda explosión nuclear o eliminación de desechos radioactivos en la zona, el respeto por la libertad de la investigación científica en la Antártida al servicio de la humanidad y el principio de la cooperación internacional para lograr estos objetivos, los cuales han quedado fijados en dicho Tratado.

"En el contexto de estos principios Uruguay propone, a través de un procedimiento basado en el principio de igualdad jurídica, el establecimiento de un estatuto general y definitivo sobre la Antártida en el cual, respetando los derechos de los Estados tal como han quedado conformados en derecho internacional, los intereses de todos los Estados participantes y de la comunidad internacional en su conjunto se consideren equitativamente.

"La decisión del Gobierno uruguayo de adherir al Tratado Antártico está basada no solamente en los intereses que, al igual que todos los miembros de la comunidad internacional, tiene Uruguay en la Antártida, sino también en un interés especial directo y sustantivo que surge de su ubicación geográfica, del hecho de que su línea costera atlántica se encuentra frente al continente Antártico, de la influencia resultante en su clima, ecología y biología marina, de los vínculos históricos que se remontan a las primeras expediciones que fueran a explorar ese continente y sus aguas y de sus obligaciones asumidas de conformidad con el Tratado interamericano de asistencia recíproca, el cual incluye una parte del territorio Antártico en la zona descrita en el Artículo 4, en virtud del cual Uruguay comparte la responsabilidad de defender la región.

"Al comunicar su decisión de adherir al Tratado Antártico, el gobierno de la República Oriental del Uruguay declara que hace una reserva de sus derechos en la Antártida de conformidad con el derecho internacional."

PROTOCOLO AL TRATADO ANTÁRTICO SOBRE PROTECCIÓN DEL MEDIO AMBIENTE

Suscrito en Madrid el 4 de octubre de 1991*

PARTES CONSULTIVAS

Estado	Fecha de Firma	Fecha del depósito de la ratificación, Aceptación (A) o Aprobación (AA)	Fecha del depósito de Adhesión	Fecha de entrada en vigor	Fecha Aceptación ANEXO V**	Fecha de entrada en vigor del Anexo V
Argentina	4 de octubre, 1991	20 de octubre, 1993 ³		14 de enero, 1998	8 de septiembre, 2000 (A)	24 de mayo, 2002
Australia	4 de octubre, 1991	6 de abril, 1994		14 de enero, 1998	4 de agosto, 1995 (B) / 6 de abril, 1994 (A) / 7 de junio, 1995 (B)	24 de mayo, 2002
Bélgica	4 de octubre, 1991	26 de abril, 1996		14 de enero, 1998	26 de abril, 1996 (A) / 23 de octubre, 2000 (B)	24 de mayo, 2002
Brasil	4 de octubre, 1991	15 de agosto, 1995		14 de enero, 1998	20 de mayo, 1998 (B)	24 de mayo, 2002
Bulgaria			21 de abril, 1998	21 de mayo, 1998	5 de mayo, 1999 (AB)	24 de mayo, 2002
Chile	4 de octubre, 1991	11 de enero, 1995		14 de enero, 1998	25 de marzo, 1998 (B)	24 de mayo, 2002
China	4 de octubre, 1991	2 de agosto, 1994		14 de enero, 1998	26 de enero, 1995 (AB)	24 de mayo, 2002
Ecuador	4 de octubre, 1991	4 de enero, 1993		14 de enero, 1998	11 de enero, 2001 (A) / 15 de noviembre, 2001 (B)	24 de mayo, 2002
Finlandia	4 de octubre, 1991	1 de noviembre, 1996 (A)		14 de enero, 1998	1 de noviembre, 1996 (A) / 2 de abril, 1997 (B)	24 de mayo, 2002
Francia	4 de octubre, 1991	5 de febrero, 1993 (AA)		14 de enero, 1998	26 de abril, 1995 (B) / 18 de noviembre, 1998 (A)	24 de mayo, 2002
Alemania	4 de octubre, 1991	25 de noviembre, 1994		14 de enero, 1998	25 de noviembre, 1994 (A) / 1 de septiembre, 1998 (B)	24 de mayo, 2002
India	2 de julio, 1992	26 de abril, 1996		14 de enero, 1998	24 de mayo, 2002 (B)	24 de mayo, 2002
Italia	4 de octubre, 1991	31 de marzo, 1995		14 de enero, 1998	31 de mayo, 1995 (A) / 11 de febrero, 1998 (B)	24 de mayo, 2002
Japón	29 de septiembre, 1992	15 de diciembre, 1997 (A)		14 de enero, 1998	15 de diciembre, 1997 (A)	24 de mayo, 2002
República de Corea	2 de julio, 1992	2 de enero, 1996		14 de enero, 1998	5 de junio, 1996 (B)	24 de mayo, 2002
Países Bajos	4 de octubre, 1991	14 de abril, 1994 (A)		14 de enero, 1998	18 de marzo, 1998 (B)	24 de mayo, 2002
Nueva Zelanda	4 de octubre, 1991	22 de diciembre, 1994		14 de enero, 1998	21 de octubre, 1992 (B)	24 de mayo, 2002
Noruega	4 de octubre, 1991	16 de junio, 1993		14 de enero, 1998	13 de octubre, 1993 (B)	24 de mayo, 2002
Perú	4 de octubre, 1991	8 de marzo, 1993		14 de enero, 1998	8 de marzo, 1993 (A) / 17 de marzo, 1999 (B)	24 de mayo, 2002
Polonia	4 de octubre, 1991	1 de noviembre, 1995		14 de enero, 1998	20 de septiembre, 1995 (B)	24 de mayo, 2002
Federación Rusa	4 de octubre, 1991	6 de agosto, 1997		14 de enero, 1998	19 de junio, 2001 (B)	24 de mayo, 2002
Sudáfrica	4 de octubre, 1991	3 de agosto, 1995		14 de enero, 1998	14 de junio, 1995 (B)	24 de mayo, 2002
España	4 de octubre, 1991	1 de julio, 1992		14 de enero, 1998	8 de diciembre, 1993 (A) / 18 de febrero, 2000 (B)	24 de mayo, 2002
Suecia	4 de octubre, 1991	30 de marzo, 1994		14 de enero, 1998	30 de marzo, 1994 (A) / 7 de abril, 1994 (B)	24 de mayo, 2002
Ucrania			25 de mayo, 2001	24 de junio, 2001	25 de mayo, 2001 (A)	24 de mayo, 2002

Reino Unido	4 de octubre, 1991	25 de abril, 1995[5]	14 de enero, 1998	21 de mayo, 1996 (B)	24 de mayo, 2002
Estados Unidos	4 de octubre, 1991	17 de abril, 1997	14 de enero, 1998	17 de abril, 1997 (A)	24 de mayo, 2002
				6 de mayo, 1998 (B)	
Uruguay	4 de octubre, 1991	11 de enero, 1995	14 de enero, 1998	15 de mayo, 1995 (B)	24 de mayo, 2002

** Lo siguiente denota fechas relacionadas ya sea,
con la aceptación del Anexo V o la aprobación de la Recomendación XVI-10
(A) aceptación del Anexo V o (B) la Aprobación de la Recomendación XVI-10

PARTES NO CONSULTIVAS

Estado	Fecha de Firma	Ratificación Aceptación o Aprobación	Fecha del depósito de la Adhesión	Fecha de entrada en vigor	Fecha de Aceptación ANEXO V**	Fecha de entrada en vigor del Anexo V
Austria	4 de octubre, 1991		16 de julio, 2008	15 de agosto, 2008		
Bielorrusia	4 de octubre, 1991	13 de noviembre, 2003		13 de diciembre, 2003		
Canadá	4 de octubre, 1991					
Colombia						
Cuba				24 de septiembre, 2004		
República Checa.[1,2]	1 de enero, 1993	25 de agosto, 2004 [4]				
Dinamarca	2 de julio, 1992					
Estonia						
Grecia	4 de octubre, 1991	23 de mayo, 1995		14 de enero, 1998		
Guatemala						
Hungría	4 de octubre, 1991					
República popular democrática de Corea						
Mónaco		4 de octubre, 1991				
Papúa Nueva Guinea			1 de julio, 2009	31 de julio, 2009		
Rumania	4 de octubre, 1991	3 de febrero, 2003		5 de marzo, 2003	3 de febrero, 2003	5 de marzo, 2003
República Eslovaca.[1,2]	1 de enero, 1993					
Suiza	4 de octubre, 1991					
Turquía						
Venezuela						

• Firmado en Madrid el 4 de octubre de 1991; en lo sucesivo en Washington hasta el 3 de octubre de 1992.

El Protocolo entrará en vigor inicialmente el trigésimo día siguiente a la fecha de depósito de los instrumentos de ratificación, aceptación, aprobación o adhesión de todos los Estados que sean Partes Consultivas del Tratado Antártico en la fecha en que se adopte este Protocolo. (Artículo 23)

**Adoptado en Bonn el 17 de octubre de 1991 en la XVI Reunión de las Partes Consultivas.

1. Firmado por las repúblicas federales Checa y eslovaca el 2 de octubre de 1992 – Checoslovaquia acepta la jurisdicción de la Corte Internacional de Justicia y Tribunal arbitral para la resolución de disputas en conformidad con lo establecido en el Artículo 19, párrafo 1. El 31 de diciembre de 1992, a la medianoche, Checoslovaquia dejó de existir y fue sucedida por dos estados separados e independientes, la República Checa y la República Eslovaca.

2. Fecha efectiva de sucesión con respecto a la firma de Checoslovaquia, sujeta a ratificación por parte de las Repúblicas Checa y Eslovaca.

3. Acompañada de una declaración con traducción informal proporcionada por la Embajada de Argentina, que reza así: "La República de Argentina declara que dado que el Protocolo al Tratado Antártico sobre Protección del Medio Ambiente es un Acuerdo Complementario del Tratado Antártico, y que su Artículo 4 respeta totalmente lo dispuesto por el Artículo IV inciso 1, párrafo A) de dicho Tratado, ninguna de sus estipulaciones deberá interpretarse o aplicarse como afectando sus derechos, fundados en títulos jurídicos, actos de posesión, contigüidad y continuidad geológica en la región comprendida al sur del paralelo 60, en la que ha proclamado y mantiene su soberanía".

4. Acompañada de una declaración informal proporcionada por la Embajada de la República Checa, que reza así: "La República Checa acepta la jurisdicción de la Corte Internacional de Justicia y el Tribunal de Arbitraje para el establecimiento de disputas de acuerdo con el Artículo 19, párrafo 1 del Protocolo al Tratado Antártico sobre Protección del Medio Ambiente, hecho en Madrid el 4 de octubre de 1991".

5. Ratificación en nombre del Reino Unido de Gran Bretaña e Irlanda del Norte, el Bailiazgo de Jersey, el Bailiazgo de Guernsey, la Isla de Man, Anguilla, Bermuda, el Territorio Antártico Británico, las Islas Caimán, las Islas Falkland, Montserrat, Santa Helena y sus dependencias, Georgias y Sándwich del Sur, Islas Turcas y Caicos y las Islas Vírgenes Británicas.

Informe Final de la XXXIV RCTA

6. La aceptación es para el Reino en Europa. Al momento de la aceptación, el Reino de los Países Bajos declaró que escoge ambos medios para la resolución de las disputas mencionados en el Artículo 19, párrafo 1 del Protocolo, esto es, la Corte internacional de Justicia y el Tribunal de Arbitraje. Una declaración del Reino de los Países Bajos aceptando el Protocolo para las Antillas Holandesas fue depositado el 27 de octubre de 2004 con una declaración que confirma que escoge ambos medios para la resolución de la disputa mencionados en el Artículo 19, párrafo 1 del Protocolo.

Departamento de Estado,
    Washington, 9 de mayo, 2011.

Aprobación de las medidas para promover los principios y objetivos del Tratado Antártico tal como han sido notificadas al Gobierno de los Estados Unidos de Norteamérica

	16 Recomendaciones aprobadas en la Primera Reunión (Canberra 1961) **Aprobada**	10 Recomendaciones aprobadas en la Segunda Reunión (Buenos Aires 1962) **Aprobada**	11 Recomendaciones aprobadas en la Tercera Reunión (Bruselas 1964) **Aprobada**	28 Recomendaciones aprobadas en la Cuarta Reunión (Santiago 1966) **Aprobada**	9 Recomendaciones aprobadas en la Quinta Reunión (Paris 1968) **Aprobada**	15 Recomendaciones aprobadas en la Sexta Reunión (Tokio 1970) **Aprobada**
Argentina	TODAS	TODAS	TODAS	TODAS	TODAS	TODAS
Australia	TODAS	TODAS	TODAS	TODAS	TODAS	TODAS
Bélgica	TODAS	TODAS	TODAS	TODAS	TODAS	TODAS
Brasil (1983)+	TODAS	TODAS	TODAS	TODAS	TODAS	TODAS (salvo 10)
Bulgaria (1998)+						
Chile	TODAS	TODAS	TODAS	TODAS	TODAS	TODAS
China (1985)+	TODAS	TODAS	TODAS	TODAS	TODAS	TODAS (salvo 10)
Ecuador (1990)+						
Finlandia (1989)+						
Francia	TODAS	TODAS	TODAS	TODAS	TODAS	TODAS
Alemania (1981)+	TODAS	TODAS	TODAS (salvo 8)	TODAS (salvo 16-19)	TODAS (salvo 6)	TODAS (salvo 9)
India (1983)+	TODAS	TODAS	TODAS (salvo 8***)	TODAS (salvo 18)	TODAS	TODAS (salvo 9 & 10)
Italia (1987)+	TODAS	TODAS	TODAS	TODAS	TODAS	TODAS
Japón	TODAS	TODAS	TODAS	TODAS	TODAS	TODAS
Rep. de Corea (1989)+	TODAS (salvo 11 y 15)	TODAS (salvo 3, 5, 8 & 10)	TODAS (salvo 3, 4, 6 & 9)	TODAS(salvo 20, 25, 26 & 28)	TODAS (salvo 1, 8 & 9)	TODAS (salvo 15)
Países Bajos (1990)+	TODAS	TODAS	TODAS	TODAS	TODAS	TODAS
Nueva Zelanda	TODAS	TODAS	TODAS	TODAS	TODAS	TODAS
Noruega	TODAS	TODAS	TODAS	TODAS	TODAS	TODAS
Perú (1989)+	TODAS	TODAS	TODAS	TODAS	TODAS	TODAS
Polonia (1977)+	TODAS	TODAS	TODAS	TODAS	TODAS	TODAS
Rusia	TODAS	TODAS	TODAS	TODAS	TODAS	TODAS
Sudáfrica	TODAS	TODAS	TODAS	TODAS	TODAS	TODAS
España (1988)+	TODAS	TODAS	TODAS	TODAS	TODAS	TODAS
Suecia (1988)+						
Reino Unido	TODAS	TODAS	TODAS	TODAS	TODAS	TODAS
Uruguay (1985)+	TODAS	TODAS	TODAS	TODAS	TODAS	TODAS
EE.UU.	TODAS	TODAS	TODAS	TODAS	TODAS	TODAS

* IV-6, IV-10, IV-12, y V-5 rescindida por VIII-2

*** Aceptada como directriz interna

+ Año en que tuvo carácter Consultivo. Dicho Estado necesita aceptar las Recomendaciones o Medidas para que entren en vigor a partir de ese año.

Informe Final de la XXXIV RCTA

	9 Recomendaciones aprobadas en la Séptima Reunión (Wellington 1972) Aprobada	14 Recomendaciones aprobadas en la Octava Reunión (Oslo 1975) Aprobada	6 Recomendaciones aprobadas en la Novena Reunión (Londres 1977) Aprobada	9 Recomendaciones aprobadas en la Décima Reunión (Washington 1979) Aprobada	3 Recomendaciones aprobadas en la Undécima Reunión (Buenos Aires 1981) Aprobada	8 Recomendaciones aprobadas en la Duodécima Reunión (Canberra 1983) Aprobada
Argentina	TODAS	TODAS	TODAS	TODAS	TODAS	TODAS
Australia	TODAS	TODAS	TODAS	TODAS	TODAS	TODAS
Bélgica	TODAS	TODAS	TODAS	TODAS	TODAS	TODAS
Brasil (1983)+	TODAS (salvo 5)	TODAS	TODAS	TODAS	TODAS	TODAS
Bulgaria (1998)+						
Chile	TODAS	TODAS	TODAS	TODAS	TODAS	TODAS
China (1985)+	TODAS (salvo 5)	TODAS	TODAS	TODAS	TODAS	TODAS
Ecuador (1990)+						
Finlandia (1989)+						
Francia	TODAS	TODAS	TODAS	TODAS	TODAS	TODAS
Alemania (1981)+	TODAS (salvo 5)	TODAS (salvo 2 & 5)	TODAS	TODAS	TODAS	TODAS
India (1983)+	TODAS	TODAS	TODAS	TODAS (salvo 1 & 9)	TODAS	TODAS
Italia (1987)+	TODAS (salvo 5)	TODAS	TODAS	TODAS (salvo 1 & 9)	TODAS	TODAS
Japón	TODAS	TODAS	TODAS	TODAS	TODAS	TODAS
Rep. de Corea (1989)+	TODAS	TODAS	TODAS (salvo 3)	TODAS	TODAS	TODAS
Países Bajos (1990)+	TODAS	TODAS	TODAS	TODAS (salvo 9)	TODAS (salvo 2)	TODAS
Nueva Zelanda	TODAS	TODAS	TODAS	TODAS	TODAS	TODAS
Noruega	TODAS	TODAS	TODAS	TODAS	TODAS	TODAS
Perú (1989)+	TODAS	TODAS	TODAS	TODAS	TODAS	TODAS
Polonia (1977)+	TODAS	TODAS	TODAS	TODAS	TODAS	TODAS
Rusia	TODAS	TODAS	TODAS	TODAS	TODAS	TODAS
Sudáfrica	TODAS	TODAS	TODAS	TODAS (salvo 1 & 9)	TODAS (salvo 1)	TODAS
España (1988)+	TODAS	TODAS	TODAS	TODAS	TODAS	TODAS
Suecia (1988)+						
Reino Unido	TODAS	TODAS	TODAS	TODAS	TODAS	TODAS
Uruguay (1985)+	TODAS	TODAS	TODAS	TODAS	TODAS	TODAS
EE.UU.	TODAS	TODAS	TODAS	TODAS	TODAS	TODAS

* IV-6, IV-10, IV-12, y V-5 rescindidas por VIII-2

*** Aceptada como directriz interina

+ Año en que tuvo carácter Consultivo. Dicho Estado necesita aceptar las Recomendaciones o Medidas para que entren en vigor a partir de ese año.

Aprobación de las medidas para promover los principios y objetivos del Tratado Antártico tal como han sido notificadas al Gobierno de los Estados Unidos de Norteamérica

	16 Recomendaciones aprobadas en la Decimotercera Reunión (Bruselas 1985) Aprobada	10 Recomendaciones aprobadas en la Decimocuarta Reunión (Rio de Janeiro 1987) Aprobada	22 Recomendaciones aprobadas en la Decimoquinta Reunión (Paris 1989) Aprobada	13 Recomendaciones aprobadas en la Decimosexta Reunión (Bonn 1991) Aprobada	4 Recomendaciones aprobadas en la Decimoséptima Reunión (Venecia 1992) Aprobada	1 Recomendación aprobada en la Decimoctava Reunión (Kioto 1994) Aprobada
Argentina	TODAS	TODAS	TODAS	TODAS	TODAS	TODAS
Australia	TODAS	TODAS	TODAS	TODAS	TODAS	TODAS
Bélgica	TODAS	TODAS	TODAS	TODAS	TODAS	TODAS
Brasil (1983)+	TODAS	TODAS	TODAS	XVI-10	TODAS	TODAS
Bulgaria (1998)+*						
Chile (1985)+	TODAS	TODAS	TODAS	TODAS	TODAS	TODAS
China (1985)+	TODAS	TODAS	TODAS	XVI-10	TODAS	TODAS
Ecuador (1990)+						
Finlandia (1989)+			TODAS	TODAS	TODAS	TODAS
Francia	TODAS	TODAS	TODAS	TODAS	TODAS	TODAS
Alemania (1981)+	TODAS	TODAS	TODAS (salvo 3, 8, 10,11&22)	TODAS	TODAS	TODAS
India (1983)+	TODAS	TODAS	TODAS	TODAS	TODAS	TODAS
Italia (1987)+	TODAS	TODAS	TODAS	TODAS	TODAS	TODAS
Japón	TODAS	TODAS	TODAS	XVI-10		TODAS
Rep. de Corea (1989)+	TODAS	TODAS	TODAS (salvo 1-11, 16, 18, 19)	TODAS (salvo 12)	TODAS (salvo 1)	TODAS
Países Bajos (1990)+	TODAS	TODAS (salvo 9)	TODAS (salvo 22)	TODAS	TODAS	TODAS
Nueva Zelanda	TODAS	TODAS	TODAS	TODAS	TODAS	TODAS
Noruega	TODAS	TODAS	TODAS (salvo 22)	TODAS (salvo 13)	TODAS	TODAS
Perú (1989)+	TODAS		TODAS	TODAS	TODAS	TODAS
Polonia (1977)+	TODAS	TODAS	TODAS	TODAS	TODAS	TODAS
Rusia	TODAS	TODAS	TODAS	TODAS	TODAS	TODAS
Sudáfrica	TODAS	TODAS	TODAS	TODAS	TODAS	TODAS
España (1988)+	TODAS	TODAS	TODAS	TODAS	TODAS	TODAS
Suecia (1988)+	TODAS	TODAS	TODAS (salvo 3, 4, 8, 10, 11)	TODAS (salvo 4, 6, 8, & 9)	TODAS	TODAS
Reino Unido	TODAS	TODAS (salvo 2)	TODAS	TODAS	TODAS	TODAS
Uruguay (1985)+	TODAS	TODAS	TODAS	TODAS	TODAS	TODAS
EE.UU.	TODAS	TODAS	TODAS (salvo 1-4, 10, 11)		TODAS	TODAS

* IV-6, IV-10, IV-12, y V-5 rescindidas por VIII-2

*** Aceptada como directriz interna

+ Año en que tuvo carácter Consultivo. Dicho Estado necesita aceptar las Recomendaciones o Medidas para que entren en vigor a partir de ese año.

Aprobación de las medidas para promover los principios y objetivos del Tratado Antártico tal como han sido notificadas al Gobierno de los Estados Unidos de Norteamérica

	5 Medidas aprobadas en la Novena Reunión (Seúl 1995) Aprobada	2 Medidas aprobadas en la Vigésima Reunión (Utrecht 1996) Aprobada	5 Medidas aprobadas en la Vigésimo primera Reunión (Christchurch 1997) Aprobada	2 Medidas aprobadas en la Vigésimo segunda Reunión (Tromso 1998) Aprobada	1 Medida aprobadas en la Vigésimo tercera Reunión (Lima 1999) Aprobada
Argentina	TODAS	TODAS	TODAS	TODAS	TODAS
Australia	TODAS	TODAS	TODAS	TODAS	TODAS
Bélgica	TODAS	TODAS	TODAS	TODAS	TODAS
Brasil (1983)+	TODAS	TODAS	TODAS	TODAS	TODAS
Bulgaria (1998)+					
Chile	TODAS	TODAS	TODAS	TODAS	TODAS
China (1985)+	TODAS	TODAS	TODAS	TODAS	TODAS
Ecuador (1990)+					
Finlandia (1989)+	TODAS	TODAS	TODAS	TODAS	TODAS
Francia	TODAS	TODAS	TODAS	TODAS	TODAS
Alemania (1981)+	TODAS	TODAS	TODAS	TODAS	TODAS
India (1983)+	TODAS	TODAS	TODAS	TODAS	TODAS
Italia (1987)+	TODAS	TODAS	TODAS	TODAS	
Japón					
Rep. de Corea (1989)+	TODAS	TODAS	TODAS	TODAS	TODAS
Países Bajos (1990)+	TODAS	TODAS	TODAS	TODAS	TODAS
Nueva Zelanda	TODAS	TODAS	TODAS	TODAS	TODAS
Noruega	TODAS	TODAS	TODAS	TODAS	TODAS
Perú (1989)+	TODAS	TODAS	TODAS	TODAS	TODAS
Polonia (1977)+	TODAS	TODAS	TODAS	TODAS	TODAS
Rusia	TODAS	TODAS	TODAS	TODAS	TODAS
Sudáfrica	TODAS	TODAS	TODAS	TODAS	TODAS
España (1988)+	TODAS	TODAS	TODAS	TODAS	TODAS
Suecia (1988)+	TODAS	TODAS	TODAS	TODAS	TODAS
Reino Unido	TODAS	TODAS	TODAS	TODAS	TODAS
Uruguay (1985)+	TODAS (salvo 2, 3, 4 y 5)	TODAS (salvo 2)	TODAS (salvo 3, 4 y 5)	TODAS (salvo 2)	TODAS
EE.UU.	TODAS	TODAS	TODAS	TODAS	TODAS

"+ Año en que tuvo carácter Consultivo. Dicho Estado necesita aceptar las Recomendaciones o Medidas para que entren en vigor a partir de ese año."

Aprobación de las medidas para promover los principios y objetivos del Tratado Antártico
tal como han sido notificadas al Gobierno de los Estados Unidos de Norteamérica

	2 Medidas aprobadas en la Duodécima Reunión Especial (La Haya 2000) Aprobada	3 Medidas aprobadas en la Vigésimo Cuarta Reunión (San Petersburgo 2001) Aprobada	1 Medida aprobada en la Vigésimo quinta Reunión (Varsovia 2002) Aprobada	3 Medidas aprobadas en la Vigésimo sexta Reunión (Madrid 2003) Aprobada	4 Medidas aprobadas en la Vigésimo séptima Reunión (Ciudad del Cabo 2004) Aprobada
Argentina			*	XXVI-1, XXVI-2 *, XXVI-3 **	XXVII-1 *, XXVII-2 *, XXVII-3 **
Australia	TODAS	TODAS	TODAS	XXVI-1, XXVI-2 *, XXVI-3 **	XXVII-1 *, XXVII-2 *, XXVII-3 **
Bélgica	TODAS	TODAS	TODAS	TODAS	TODAS
Brasil (1983)+	TODAS	TODAS	TODAS	TODAS	XXVII-1, XXVII-2, XXVII-3
Bulgaria (1998)+					XXVII-1 *, XXVII-2 *, XXVII-3 **
Chile (1985)+	TODAS	TODAS3	TODAS	XXVI-1, XXVI-2 *, XXVI-3 **	TODAS
China (1985)+	TODAS	TODAS	TODAS	TODAS	XXVII-1 *, XXVII-2 *, XXVII 3 **
Ecuador (1990)+			*	XXVI-1, XXVI-2 *, XXVI-3 **	XXVII-1 *, XXVII-2 *, XXVII-3 **
Finlandia (1989)+	TODAS	TODAS	*	XXVI-1, XXVI-2 *, XXVI-3 **	XXVII-1 *, XXVII-2 *, XXVII-3 **, XXVII-4
Francia	TODAS (salvo SATCM XII-2)	TODAS	*	XXVI-1, XXVI-2 *, XXVI-3 **	XXVII-1, XXVII-2 *, XXVII-3, XXVII-4
Alemania(1981)+	TODAS	TODAS	TODAS	TODAS	XXVII-1 *, XXVII-2 *, XXVII-3 **
India (1983)+	TODAS	TODAS	TODAS	TODAS	XXVII-1 *, XXVII-2 *, XXVII-3 **
Italia (1987)+		TODAS	*	XXVI-1, XXVI-2 *, XXVI-3 **	XXVII-1 *, XXVII-2 *, XXVII-3 **
Japón				TODAS	XXVII-1 *, XXVII-2 *, XXVII-3 **, XXVII-4
Rep. de Corea (1989)+	TODAS	TODAS	*	XXVI-1, XXVI-2 *, XXVI-3 **	XXVII-1 *, XXVII-2 *, XXVII-3 **
Países Bajos (1990)+	TODAS	TODAS	TODAS	TODAS	TODAS
Nueva Zelanda	TODAS	TODAS	TODAS	TODAS	XXVII-1 *, XXVII-2 *, XXVII-3 **, XXVII-4
Noruega		TODAS	*	XXVI-1, XXVI-2 *, XXVI-3 **	XXVII-1 *, XXVII-2 *, XXVII-3 **
Perú (1989)+	TODAS	TODAS	TODAS	XXVI-1, XXVI-2 *, XXVI-3 **	XXVII-1 *, XXVII-2 *, XXVII-3 **
Polonia (1977)+		TODAS	TODAS	TODAS	TODAS
Rusia	TODAS	TODAS	TODAS	XXVI-1, XXVI-2, XXVI-3 **	TODAS
Sudáfrica	TODAS	TODAS	*	TODAS	TODAS
España (1988)+		TODAS	TODAS	XXVI-1, XXVI-2 *, XXVI-3 **	XXVII-1 *, XXVII-2 *, XXVII-3 **
Suecia (1988)+	TODAS				XXVII-1 *, XXVII-2 *, XXVII-3 **
Ucrania (2004)+					XXVII-1 *, XXVII-2 *, XXVII-3 **
Reino Unido	TODAS (salvo SATCM XII-2)	TODAS (salvo XXIV-3) TODAS (salvo XXIV-1 y XXIV-2)	TODAS	TODAS	XXVII-1 *, XXVII-2 *, XXVII-3 **, XXVII-4
Uruguay (1985)+	TODAS	TODAS	*	XXVI-1, XXVI-2 *, XXVI-3	XXVII-1 *, XXVII-2 *, XXVII-3 **
EE.UU.	TODAS	TODAS	*	XXVI-1, XXVI-2 *, XXVI-3 **	XXVII-1 *, XXVII-2 *, XXVII-3 **

"+ Año en que tuvo carácter Consultivo. Dicho Estado necesita aceptar las Recomendaciones o Medidas para que entren en vigor a partir de ese año."

* Se consideró que los Planes de Gestión anexados a la presente Medida deberían haber sido aprobados de conformidad con el Artículo 6(1) del Anexo V al Protocolo al Tratado Antártico sobre Protección del Medio Ambiente y la Medida que no especificaba otro método de aprobación.

** El listado revisado y actualizado de los Sitios y Monumentos Históricos anexados a la Medida debería haber sido aprobado de conformidad con el Artículo 8(2) del Anexo V al Protocolo al Tratado Antártico sobre Protección del Medio Ambiente y la Medida que no especificaba otro método de aprobación.

*** La modificación del Apéndice A al Anexo II del Protocolo al Tratado Antártico sobre Protección del Medio Ambiente debería haber sido aprobado de conformidad con el Artículo 9(1) del Anexo II al Protocolo al Tratado Antártico sobre Protección del Medio Ambiente y la Medida que no especificaba otro método de aprobación.

Aprobación de las medidas para promover los principios y objetivos del Tratado Antártico tal como han sido notificadas al Gobierno de los Estados Unidos de Norteamérica

	5 Medidas aprobadas en la Vigésimo quinta Reunión (Estocolmo 2005) Aprobada	4 Medidas aprobadas en la Vigésimo novena Reunión (Edimburgo 2006) Aprobada	3 Medidas aprobadas en la Trigésima Reunión (Nueva Delhi 2007) Aprobada	14 Medidas aprobadas en la Trigésima primera Reunión (Kiev 2008) Aprobada	16 Medidas aprobadas en la Trigésima segunda Reunión (Baltimore 2009) Aprobada
Argentina	XXVIII-2 *, XXVIII-3 *, XXVIII-4 *, XXVIII-5 **,	XXIX-1 *, XXIX-2 *, XXIX-3 **, XXIX-4 ***,	XXX-1 *, XXX-2 *, XXX-3 **,	XXXI-1 *, XXXI-2 *, XXXI-14 *	XXXII-1 *, XXXII-2 *, XXXII-14 **
Australia	XXVIII-2 *, XXVIII-3 *, XXVIII-4 *, XXVIII-5 **,	XXIX-1 *, XXIX-2 *, XXIX-3 **, XXIX-4 ***,	XXX-1 *, XXX-2 *, XXX-3 **	XXXI-1 *, XXXI-2 *, XXXI-14 *	XXXII-1 *, XXXII-2 *, XXXII-14 **
Bélgica	TODAS salvo Medida 1	TODAS	TODAS	XXXI-1 *, XXXI-2 *, XXXI-14 *	XXXII-1 *, XXXII-2 *, XXXII-14 **
Brasil (1983)+	TODAS salvo Medida 1	XXIX-1 *, XXIX-2 *, XXIX-3 **, XXIX-4 ***,	XXX-1 *, XXX-2 *, XXX-3 **	XXXI-1 *, XXXI-2 *, XXXI-14 *	XXXII-1 *, XXXII-2 *, XXXII-14 **
Bulgaria (1998)+	XXVIII-2 *, XXVIII-3 *, XXVIII-4 *, XXVIII-5 **,	XXIX-1 *, XXIX-2 *, XXIX-3 **, XXIX-4 ***,	XXX-1 *, XXX-2 *, XXX-3 **	XXXI-1 *, XXXI-2 *, XXXI-14 *	XXXII-1 *, XXXII-2 *, XXXII-14 **
Chile	TODAS salvo Medida 1	XXIX-1 *, XXIX-2 *, XXIX-3 **, XXIX-4 ***,	XXX-1 *, XXX-2 *, XXX-3 **	XXXI-1 *, XXXI-2 *, XXXI-14 *	XXXII-1 *, XXXII-2 *, XXXII-14 **
China (1985)+	XXVIII-2 *, XXVIII-3 *, XXVIII-4 *, XXVIII-5 **,	XXIX-1 *, XXIX-2 *, XXIX-3 **, XXIX-4 ***,	XXX-1 *, XXX-2 *, XXX-3 **	XXXI-1 *, XXXI-2 *, XXXI-14 *	XXXII-1 *, XXXII-2 *, XXXII-14 **
Ecuador (1990)+	XXVIII-2 *, XXVIII-3 *, XXVIII-4 *, XXVIII-5 **,	XXIX-1 *, XXIX-2 *, XXIX-3 **, XXIX-4 ***,	XXX-1 *, XXX-2 *, XXX-3 **	XXXI-1 *, XXXI-2 *, XXXI-14 *	XXXII-1 *, XXXII-2 *, XXXII-14 **
Finlandia (1989)+	XXVIII-1, XXVIII-2 *, XXVIII-5 **, XXVIII-3 *, XXVIII-4 *, XXVIII-5 **,	XXIX-1 *, XXIX-2 *, XXIX-3 **, XXIX-4 ***,	XXX-1 *, XXX-2 *, XXX-3 **	XXXI-1 *, XXXI-2 *, XXXI-14 *	XXXII-1 *, XXXII-2 *, XXXII-16 XXXII-14 **
Francia	XXVIII-2 *, XXVIII-3 *, XXVIII-4 *, XXVIII-5 **,	XXIX-1 *, XXIX-2 *, XXIX-3 **, XXIX-4 ***,	XXX-1 *, XXX-2 *, XXX-3 **	XXXI-1 *, XXXI-2 *, XXXI-14 *	XXXII-1 *, XXXII-2 *, XXXII-15 XXXII-14 **
Alemania(1981)+	XXVIII-2 *, XXVIII-3 *, XXVIII-4 *, XXVIII-5 **,	XXIX-1 *, XXIX-2 *, XXIX-3 **, XXIX-4 ***,	XXX-1 *, XXX-2 *, XXX-3 **	XXXI-1 *, XXXI-2 *, XXXI-14 *	XXXII-1 *, XXXII-2 *, XXXII-14 **
India (1983)+	XXVIII-2 *, XXVIII-3 *, XXVIII-4 *, XXVIII-5 **,	XXIX-1 *, XXIX-2 *, XXIX-3 **, XXIX-4 ***,	XXX-1 *, XXX-2 *, XXX-3 **	XXXI-1 *, XXXI-2 *, XXXI-14 *	XXXII-1 *, XXXII-2 *, XXXII-14 **
Italia (1987)+	XXVIII-2 *, XXVIII-3 *, XXVIII-4 *, XXVIII-5 **,	XXIX-1 *, XXIX-2 *, XXIX-3 **, XXIX-4 ***,	XXX-1 *, XXX-2 *, XXX-3 **	XXXI-1 *, XXXI-2 *, XXXI-14 *	XXXII-1 *, XXXII-2 *, XXXII-14 **
Japón Rep. de Corea (1989)+	XXVIII-2 *, XXVIII-3 *, XXVIII-4 *, XXVIII-5 **,	XXIX-1 *, XXIX-2 *, XXIX-3 **, XXIX-4 ***,	XXX-1 *, XXX-2 *, XXX-3 **	XXXI-1 *, XXXI-2 *, XXXI-14 *	XXXII-1 *, XXXII-2 *, XXXII-15 XXXII-14 **
Países Bajos (1990)+	TODAS salvo Medida 1	TODAS	TODAS	TODAS	XXXII-1 *, XXXII-2 *, XXXII-1, XXXII-2 *, XXXII-14
Nueva Zelanda	XXVIII-2 *, XXVIII-3 *, XXVIII-4 *, XXVIII-5 **,	XXIX-1 *, XXIX-2 *, XXIX-3 **, XXIX-4 ***,	XXX-1 *, XXX-2 *, XXX-3 **	XXXI-1 *, XXXI-2 *, XXXI-14 *	XXXII-1 *, XXXII-2 *, XXXII-14 **
Noruega	XXVIII-2 *, XXVIII-3 *, XXVIII-4 *, XXVIII-5 **,	TODAS	XXX-1 *, XXX-2 *, XXX-3 **	XXXI-1 *, XXXI-2 *, XXXI-14 *	XXXII-1 *, XXXII-2 *, XXXII-14 **
Perú (1989)+	XXVIII-1, XXVIII-2 *, XXVIII-4 *, XXVIII-5 **,	XXIX-1 *, XXIX-2 *, XXIX-3 **, XXIX-4 ***,	XXX-1 *, XXX-2 *, XXX-3 **	XXXI-1 *, XXXI-2 *, XXXI-14 *	XXXII-1 *, XXXII-2 *, XXXII-14 **
Polonia (1977)+	TODAS	TODAS	TODAS	XXXI-1 *, XXXI-2 *, XXXI-14 *	XXXII-1 *, XXXII-2 *, XXXII-14 **
Rusia	XXVIII-1, XXVIII-2 *, XXVIII-5 **, XXVIII-3 *,	XXIX-1 *, XXIX-2 *, XXIX-3 **,	XXX-1 *, XXX-2 *, XXX-3 **	XXXI-1 *, XXXI-2 *, XXXI-14 *	XXXII-1 *, XXXII-2 *, XXXII-14 **

País					
Sudáfrica	XXVIII-4*, XXVIII-5**	XXIX-4***	XXX-1*, XXX-2*, XXX-3**	XXXI-1*, XXXI-2*, ... XXXI-14*	XXXII-1*, XXXII-2*, ... XXXII-14**
España (1988)+	XXVIII-2*, XXVIII-3*, XXVIII-4*, XXVIII-5**	TODAS XXIX-1*, XXIX-2*, XXIX-3**, XXIX-4***	XXX-1*, XXX-2*, XXX-3**	XXXI-1*, XXXI-2*, ... XXXI-14*	XXXII-1*, XXXII-2*, ... XXXII-14**
Suecia (1988)+	XXVIII-1, XXVIII-2*, XXVIII-3*, XXVIII-4*, XXVIII-5**	XXIX-1*, XXIX-2*, XXIX-3**, XXIX-4***	XXX-1*, XXX-2*, XXX-3**	XXXI-1*, XXXI-2*, ... XXXI-14*	XXXII-1*, XXXII-2*, ... XXXII-14**
Ucrania (2004)+	XXVIII-2*, XXVIII-4*, XXVIII-5**	XXIX-1*, XXIX-2*, XXIX-3**, XXIX-4***	XXX-1*, XXX-2*, XXX-3**	XXXI-1*, XXXI-2*, ... XXXI-14*	XXXII-1*, XXXII-2*, ... XXXII-14**
Reino Unido	XXVIII-4*, XXVIII-5**	XXIX-1*, XXIX-2*, XXIX-3**, XXIX-4***	XXX-1*, XXX-2*, XXX-3**	XXXI-1*, XXXI-2*, ... XXXI-14*	XXXII-1*, XXXII-2*, ... XXXII-14**
Uruguay (1985)+	XXVIII-4, XXVIII-5**	XXIX-1*, XXIX-2*, XXIX-3**, XXIX-4***	XXX-1*, XXX-2*, XXX-3**	XXXI-1*, XXXI-2*, ... XXXI-14*	XXXII-1*, XXXII-2*, ... XXXII-14**
EE.UU.	XXVIII-2*, XXVIII-3*, XXVIII-4*, XXVIII-5**	XXIX-1*, XXIX-2*, XXIX-3**, XXIX-4***	XXX-1*, XXX-2*, XXX-3**	XXXI-1*, XXXI-2*, ... XXXI-14*	XXXII-1*, XXXII-2*, ... XXXII-14**

+ Año en que tuvo carácter Consultivo. Dicho Estado necesita aceptar las Recomendaciones o Medidas para que entren en vigor a partir de ese año."

* Se consideró que los Planes de Gestión anexados a la presente Medida deberían haber sido aprobados de conformidad con el Artículo 6(1) del anexo V al Protocolo al Tratado Antártico sobre Protección del Medio Ambiente y la Medida que no especificaba otro método de aprobación.

** El listado revisado y actualizado de los Sitios y Monumentos Históricos anexados a la Medida debería haber sido aprobado de conformidad con el Artículo 8(2) del Anexo V al Protocolo al Tratado Antártico sobre Protección del Medio Ambiente y la Medida que no especificaba otro método de aprobación.

*** La modificación del Apéndice A al Anexo II del Protocolo al Tratado Antártico sobre Protección del Medio Ambiente debería haber sido aprobado de conformidad con el Artículo 9(1) del Anexo II al Protocolo al Tratado Antártico sobre Protección del Medio Ambiente y la Medida que no especificaba otro método de aprobación.

Informe Final de la XXXIV RCTA

15 Medidas
aprobadas en la Trigésimo tercera Reunión
(Punta del Este 2010)

Aprobadas

Argentina	XXXIII-1 - XXXIII-14* y XXXIII-15**
Australia	XXXIII-1 - XXXIII-14* y XXXIII-15**
Bélgica	XXXIII-1 - XXXIII-14* y XXXIII-15**
Brasil (1983)+	XXXIII-1 - XXXIII-14* y XXXIII-15**
Bulgaria (1998)+	XXXIII-1 - XXXIII-14* y XXXIII-15**
Chile	XXXIII-1 - XXXIII-14* y XXXIII-15**
China (1985)+	XXXIII-1 - XXXIII-14* y XXXIII-15**
Ecuador (1990)+	XXXIII-1 - XXXIII-14* y XXXIII-15**
Finlandia (1989)+	XXXIII-1 - XXXIII-14* y XXXIII-15**
Francia	XXXIII-1 - XXXIII-14* y XXXIII-15**
Alemania(1981)+	XXXIII-1 - XXXIII-14* y XXXIII-15**
India (1983)+	XXXIII-1 - XXXIII-14* y XXXIII-15**
Italia (1987)+	XXXIII-1 - XXXIII-14* y XXXIII-15**
Japón	XXXIII-1 - XXXIII-14* y XXXIII-15**
Rep. de Corea (1989)+	TODAS
Países Bajos (1990)+	XXXIII-1 - XXXIII-14* y XXXIII-15**
Nueva Zelanda	XXXIII-1 - XXXIII-14* y XXXIII-15**
Noruega	XXXIII-1 - XXXIII-14* y XXXIII-15**
Perú (1989)+	XXXIII-1 - XXXIII-14* y XXXIII-15**
Polonia (1977)+	XXXIII-1 - XXXIII-14* y XXXIII-15**
Rusia	XXXIII-1 - XXXIII-14* y XXXIII-15**
Sudáfrica	XXXIII-1 - XXXIII-14* y XXXIII-15**
España (1988)+	XXXIII-1 - XXXIII-14* y XXXIII-15**
Suecia (1988)+	XXXIII-1 - XXXIII-14* y XXXIII-15**
Ucrania (2004)+	XXXIII-1 - XXXIII-14* y XXXIII-15**
REINO UNIDO	XXXIII-1 - XXXIII-14* y XXXIII-15**
Uruguay (1985)+	XXXIII-1 - XXXIII-14* y XXXIII-15**
EE.UU.	XXXIII-1 - XXXIII-14* y XXXIII-15**

"+ Año en que tuvo carácter Consultivo. Dicho Estado necesita aceptar las Recomendaciones o Medidas para que entren en vigor a partir de ese año."

* Se consideró que los Planes de Gestión anejados a la presente Medida deberían haber sido aprobados de conformidad con el Artículo 6(1) del Anexo V al Protocolo al Tratado Antártico sobre Protección del Medio Ambiente y la Medida que no especificaba otro método de aprobación..

** La adición a los Sitios y Monumentos Históricos anejados a la Medida debería haber sido aprobado de conformidad con el Artículo 8(2) del Anexo V al Protocolo al Tratado Antártico sobre Protección del Medio Ambiente y la Medida que no especificaba otro método de aprobación.

Despacho del Asistente del Asesor jurídico en asuntos relativos a los tratados
Departamento de Estado
Washington, 9 de mayo de 2011.

3. Informes de los Depositarios y Observadores

Informe presentado por el gobierno depositario de la Convención para la Conservación de las Focas Antárticas en la XXXIV Reunión Consultiva del Tratado Antártico en virtud de la Recomendación XIII-2, párrafo 2(D) Paragraph 2(D)

Presentado por el Reino Unido

En el presente informe se relata lo sucedido en relación con la Convención para la Conservación de las Focas Antárticas (CCFA) durante el año abarcado por el informe, que va del 1 de marzo de 2009 al 28 de febrero de 2010.

El resumen del anexo A contiene una lista de la captura y matanza de focas antárticas por Partes Contratantes de la CCFA durante el período abarcado por el informe. En la XXXV RCTA se presentará un informe de lo sucedido en 2010-2011, una vez que haya vencido el plazo de junio de 2011 para el intercambio de información.

El Reino Unido desearía recordar a las Partes Contratantes de la CCFA que el período abarcado en el informe a efectos del intercambio de información va desde el 1 de marzo hasta fines de febrero de cada año. En la reunión de septiembre de 1988 para examinar el funcionamiento de la Convención se modificaron las fechas de comienzo y terminación del período abarcado en el informe, que pasaron a ser las antedichas, tal como se documenta en el párrafo 19(a) del informe de dicha reunión.

El intercambio de información al que se hace referencia en el párrafo 6(a) del Anexo de la Convención debería transmitirse a otras Partes Contratantes y al SCAR a más tardar el 30 de junio de cada año, incluidos los informes en los cuales no se notifica ninguna captura o muerte. El Reino Unido quisiera agradecer a todas las Partes Contratantes de la CCFA por proporcionar esta información a tiempo para permitirle al Reino Unido presentar un informe completo ante la XXXIV RCTA. No obstante, el Reino Unido desea continuar instando a todas las Partes Contratantes de la CCFA a que presenten informes hasta la fecha límite del 30 de junio a fin de que se pueda proporcionar toda la información pertinente.

Desde la XXXIII Reunión Consultiva del Tratado Antártico no ha habido adhesiones a la CCFA. Se adjunta al presente informe una lista de los países signatarios originales de la Convención y de aquellos que se adhirieron posteriormente (anexo B).

Marzo de 2011

CONVENCIÓN PARA LA CONSERVACIÓN DE LAS FOCAS ANTÁRTICAS (CCFA)

Sinopsis de los informes de conformidad con el artículo 5 y el Anexo de la Convención: Captura y matanza de focas durante el período del 1 de marzo de 2009 al 28 de febrero de 2010

Parte contratante	Focas antárticas capturadas	Focas antárticas muertas
Alemania	Ninguna	Ninguna
Argentina	34[a]	Ninguna
Australia	Ninguna	Ninguna
Bélgica	Ninguna	Ninguna
Brasil	103[b]	Ninguna
Canadá	Ninguna	Ninguna
Chile	Ninguna	Ninguna
Estados Unidos de América	1210[d]	1[e]
Francia	150[c]	Ninguna
Italia	Ninguna	Ninguna
Japón	Ninguna	Ninguna
Noruega	Ninguna	Ninguna
Polonia	Ninguna	Ninguna
Reino Unido	Ninguna	Ninguna
Rusia	Ninguna	Ninguna
Sudáfrica	Ninguna	Ninguna

[a] 34 elefantes marinos
[b] 103 elefantes marinos
[c] 150 focas de Weddell
[d] 630 lobos finos antárticos, 460 focas de Weddell, 50 elefantes marinos del sur, 30 focas leopardo, 35 focas cangrejeras, 5 focas de Ross
[e] 1 foca de Weddell

Todas las capturas notificadas fueron para investigaciones científicas.

CONVENCIÓN PARA LA CONSERVACIÓN DE LAS FOCAS ANTÁRTICAS (CCFA)

Londres, 1 de junio al 31 de diciembre de 1972

(La Convención entró en vigor el 11 de marzo de 1978)

Estado	Fecha de firma	Fecha de depósito (de la ratificación o aceptación)
Argentina[1]	9 de junio de 1972	7 de marzo de 1978
Australia	5 de octubre de 1972	1 de julio de 1987
Bélgica	9 de junio de 1972	9 de febrero de 1978
Chile[1]	28 de diciembre de 1972	7 de febrero de 1980
Estados Unidos[2]	28 de junio de 1972	19 de enero de 1977
Francia[2]	19 de diciembre de 1972	19 de febrero de 1975
Japón	28 de diciembre de 1972	28 de agosto de 1980
Noruega	9 de junio de 1972	10 de diciembre de 1973
Reino Unido[2]	9 de junio de 1972	10 de septiembre de 1974[3]
Rusia[1,2,4]	9 de junio de 1972	8 de febrero de 1978
Sudáfrica	9 de junio de 1972	15 de agosto de 1972

Adhesiones

Estado	Fecha de depósito del instrumento de adhesión
Alemania, República Federal de	30 de septiembre de 1987
Brasil	11 de febrero de 1991
Canadá	4 de octubre de 1990
Italia	2 de abril de 1992
Polonia	15 de agosto de 1980

[1] Declaración o reserva
[2] Objeción
[3] El instrumento de ratificación incluía las Islas del Canal de la Mancha y la Isla de Man.
[4] Ex URSS

Informe presentado por el gobierno depositario de la Convención para la Conservación de los Recursos Vivos Marinos Antárticos (CCRVMA)

Resumen

Australia, como país depositario de la Convención para la Conservación de los Recursos Vivos Marinos Antárticos de 1980, presenta un informe sobre la situación de la Convención.

Informe del país depositario

Australia, como país depositario de la Convención para la Conservación de los Recursos Vivos Marinos Antárticos de 1980 (la Convención) se complace en informar a la Trigésima Cuarta Reunión Consultiva del Tratado Antártico sobre la situación de la Convención.

Australia notifica a las Partes del Tratado Antártico que, desde la Trigésima Tercera Reunión Consultiva del Tratado Antártico, ningún Estado ha accedido a la Convención.

Se puede obtener una copia de la lista de situaciones respecto de la Convención en la Base de Datos de Tratados de Australia, en la siguiente dirección de internet: http://www.austlii.edu.au/au/other/dfat/treaty_list/depository/CCAMLR.html

La lista de situaciones también se puede obtener solicitándola a la Secretaría de Tratados del Departamento de Asuntos Exteriores y Comercio del Gobierno de Australia. Las solicitudes pueden hacerse llegar a través de las misiones diplomáticas australianas.

Informe presentado por el gobierno depositario para el Acuerdo sobre la Conservación de Albatros y Petreles (ACAP)

Resumen

Australia, como país depositario del Acuerdo sobre la Conservación de Albatros y Petreles de 2001, presenta un informe sobre la situación del Acuerdo.

Informe del país depositario

Australia, como país depositario del Acuerdo sobre la Conservación de Albatros y Petreles de 2001 (el Acuerdo) se complace en informar a la Trigésima Cuarta Reunión Consultiva del Tratado Antártico sobre la situación del Acuerdo.

Australia notifica a las Partes del Tratado Antártico que, desde la Trigésima Tercera Reunión Consultiva del Tratado Antártico, ningún Estado ha accedido al Acuerdo.

Se puede obtener una copia de la lista de situaciones respecto del Acuerdo en la Base de Datos de Tratados de Australia, en la siguiente dirección de internet:

http://www.austlii.edu.au/au/other/dfat/treaty_list/depository/CCAMLR.html

La lista de situaciones también se puede obtener solicitándola a la Secretaría de Tratados del Departamento de Asuntos Exteriores y Comercio del Gobierno de Australia. Las solicitudes pueden hacerse llegar a través de las misiones diplomáticas australianas.

Informe del observador de la CCRVMA en la 34ª Reunión Consultiva del Tratado Antártico

Introducción

1. La 29ª reunión anual de la Comisión para la Conservación de los Recursos Vivos Marinos Antárticos se llevó a cabo del 25 de octubre al 5 de noviembre de 2010 en Hobart, Tasmania (Australia), y fue presidida por el Embajador D. MacKay (Nueva Zelandia).

2. Estuvieron representados los 25 miembros de la Comisión.

Comité Permanente de Administración y Finanzas

3. La Comisión recibió el asesoramiento de SCAF con respecto a la propuesta del Secretario Ejecutivo de realizar una revisión del Plan Estratégico de 2002 y presentar los resultados a CCAMLR-XXX.

4. Además, la Comisión aprobó la recomendación de SCAF de que un grupo de trabajo de composición abierta se encargara de, *inter alia*, examinar exhaustivamente el Reglamento Financiero de la CCRVMA, y cuando procediera, redactara las enmiendas preliminares de dicho reglamento y un borrador de los principios de inversión.

Comité científico

Especies explotadas

Recurso kril

5. En 2009/10, seis miembros pescaron kril en las Subáreas 48.1, 48.2 y 48.3, y extrajeron la mayor parte de la captura en la Subárea 48.1. La captura notificada al 24 de octubre de 2010 fue de 211 180 toneladas[1].

6. La pesquería de kril en la Subárea 48.1 fue cerrada cuando se alcanzó el 99% del nivel crítico de captura acordado para esta subárea (155 000 toneladas). La captura en la Subárea 48.1 fue la más alta registrada hasta la fecha para esta subárea, y esta fue la primera vez que una subárea debió cerrarse porque la captura alcanzó uno de los niveles críticos establecidos en 2009 (MC 51-07).

7. Siete miembros notificaron su intención de participar en la pesca de kril en 2010/11, con 15 barcos y una captura prevista de 410 000 toneladas (no hubo notificaciones de pesquerías de kril exploratorias).

8. La Comisión aprobó la recomendación del Comité Científico con respecto a la estimación de B_0 para el kril. La nueva estimación de B_0 para las Subáreas 48.1, 48.2, 48.3 y 48.4 es de 60,3 millones de toneladas con un CV de 12,8% para el muestreo, lo que representa la mejor estimación de la biomasa de kril derivada de la prospección CCAMLR-2000.

9. La Comisión aprobó el nuevo límite de captura precautorio de 5,61 millones de toneladas de kril recomendado por el Comité Científico para las Subáreas 48.1 a la 48.4 y estuvo de acuerdo en que este valor serviría para realizar una revisión de la MC 51-01. La Comisión señaló que el nivel crítico actual no está ligado a la evaluación de B_0 y seguirá siendo de 620 000 toneladas para las Subáreas 48.1 a la 48.4.

10. La Comisión indicó también la necesidad de investigar el posible impacto del cambio climático en la variabilidad del reclutamiento, y estuvo de acuerdo en que se debía realizar un examen detallado de la influencia de la variabilidad del reclutamiento en el cálculo del rendimiento sostenible.

---

[1] La captura total de kril extraída del Área de la Convención según las notificaciones de 2009/10 fue de 211 974 toneladas (China 1 946 toneladas; Japón 29 919 toneladas; República de Corea 45 648 toneladas; Noruega 119 401 toneladas; Polonia 6 995 toneladas; y Rusia 8 065 toneladas) (*Boletín Estadístico de la CCRVMA*, Volumen 23, 2011).

Recurso austromerluza

11.   En 2009/10, hubo 11 miembros que participaron en las pesquerías de austromerluza en las Subáreas 48.3, 48.4, 48.6, 58.6, 58.7, 88.1 y 88.2 y en las Divisiones 58.4.1, 58.4.2, 58.4.3b, 58.5.1 y 58.5.2; Japón realizó también campañas de investigación en las Divisiones 58.4.4a y 58.4.4b. La captura notificada al 24 de septiembre de 2010 fue de 11 860 toneladas[2].

Recurso draco rayado

12.   En 2009/10, tres miembros pescaron draco rayado en la Subárea 48.3 y División 58.5.2 y al 24 de septiembre, la captura notificada era de 378 toneladas. [3]

Cambio climático

13.   La Comisión tomó nota de las conclusiones del informe Cambio Climático en la Antártida y Medio Ambiente (ACCE) de SCAR y de las recomendaciones del Comité Científico acerca de las posibles respuestas de la CCRVMA al tema de la protección de sitios y especies que podrían ser particularmente vulnerables al cambio climático.

14.   El Presidente del Comité Científico indicó que, si bien no se había formulado asesoramiento sustantivo en relación con el cambio climático durante esta reunión, este tema sigue constituyendo una parte importante de la agenda del Comité.

Actividades del Comité Científico

15.   La Comisión tomó nota de las importantes deliberaciones del Comité Científico sobre su labor en los próximos dos a tres años y refrendó las tres tareas de mayor prioridad, a saber: (i) la gestión retroactiva de la pesquería de kril, (ii) la evaluación de las pesquerías de austromerluza (en particular de las pesquerías exploratorias), y (iii) las AMP y la asignación de tareas a los respectivos grupos de trabajo.

16.   La Comisión aprobó los términos del programa de becas científicas de la CCRVMA. Si bien la financiación del programa debe provenir del Fondo Especial de Desarrollo de Capacidades Científicas en General, el carácter a largo plazo del programa dependerá de la provisión de fondos adicionales de parte de la Comisión y de los miembros.

Pesca de fondo

17.   La Comisión tomó nota de las deliberaciones y el asesoramiento acerca de la pesca de fondo y los EMV que había sido proporcionado por el Comité Científico, a saber:

    i)   la elaboración de un glosario de términos y de un diagrama conceptual;

    ii)   la consideración de dos alternativas para definir la expresión 'ecosistema vulnerable marino';

    iii)   la estimación del impacto acumulativo de la pesca de fondo con palangres en las comunidades del bentos y los taxones de EMV;

    iv)   el examen de las evaluaciones preliminares del impacto proporcionadas por miembros que habían notificado su intención de participar en pesquerías exploratorias en 2010/11;

    v)   la consideración de los EMV notificados de conformidad con la MC 22-06 y de los encuentros posibles de EMV notificados de conformidad con la MC 22-07;

    vi)   la preparación de un informe sobre pesquerías de fondo y ecosistemas marinos vulnerables por el WG-FSA.

---

[2]   El total de la captura de austromerluza en el Área de la Convención notificado en la temporada 2009/10 fue 14 518 toneladas (*Boletín Estadístico de la CCRVMA*, Volumen 23, 2011).

[3]   El total de la captura de austromerluza en el Área de la Convención notificado en la temporada 2009/10 fue 364 toneladas (*Boletín Estadístico de la CCRVMA*, Volumen 23, 2011).

18.   La Comisión respaldó los siguientes aspectos del trabajo realizado por el Comité Científico:

i)   un glosario de términos y un diagrama conceptual para la consideración y gestión de los EMV en el Área de la Convención;

ii)   la formulación de asesoramiento sobre las medidas de ordenación precautorias que podrían adoptarse para mitigar el riesgo inmediato para los EMV dado que no se cuenta aún con una definición de EMV;

iii)   la revisión del anexo A de la MC 22-06, a fin de facilitar la estimación de la huella espacial y del impacto potencial de las actividades de pesca notificadas para las próximas temporadas de pesca;

iv)   la inclusión de dos nuevos sitios identificados durante una campaña de investigación con redes de arrastre realizada en la Subárea 48.2 indepen-dientemente de la pesquería, en el Registro de EMV.

19.   La Comisión tomó nota del plan de trabajo del Comité Científico sobre los EMV y asuntos conexos, la mayor parte del cual está programado para 2012 y 2013, y convino en revisar la MC 22-07 en 2012.

Mortalidad incidental de aves y mamíferos marinos durante las operaciones de pesca

20.   La Comisión señaló que a pesar de que el grupo de trabajo WG-IMAF no se había reunido este año, era importante continuar examinando la información relacionada con este grupo.

Áreas marinas protegidas

21.   La Comisión aprobó los términos de referencia y los resultados que se espera obtener de un taller sobre las AMP, que será realizado en Francia en 2011. Se espera que en este taller se evalúe el progreso, se intercambie la experiencia en distintas estrategias para la selección de áreas que pudieran requerir protección, se revisen las propuestas preliminares de AMP en el Área de la Convención de la CRVMA, y se elabore un programa de trabajo para la identificación de posibles AMP en tantas regiones prioritarias como sea posible.

22.   La Comisión aprobó el plan de ordenación revisado para el ASPA No. 149 de Cabo Shirreff e Islas San Telmo.

23.   La Comisión aprobó la recomendación de que el proceso para establecer una nueva AMP incluya el desarrollo de un programa de investigación y seguimiento, a ser realizado dentro de un período de tiempo determinado (por ejemplo, 3 a 5 años) y que el desarrollo del proceso de designación de las AMP y de un plan de seguimiento sea realizado por etapas o bien los dos procesos se realicen simultáneamente.

Pesca INDNR en el Área de la Convención

24.   Se informó que siete barcos habían participado en la pesca INDNR en el Área de la Convención durante 2009/10, y al parecer todos habían utilizado redes de enmalle.

Pesquerías nuevas y exploratorias

25.   La Comisión señaló que el WG-FSA y el Comité Científico habían examinado el progreso alcanzado en la evaluación de las pesquerías exploratorias de *Dissostichus* spp. Muchas de estas pesquerías fueron consideradas como "pesquerías exploratorias poco conocidas"), por ejemplo las realizadas en las Subáreas 48.6 y 58.4, porque actualmente no se cuenta con suficientes datos para llevar a cabo una evaluación de los stocks, y en algunos casos, esta situación se da a pesar de que por muchos años se ha estado realizando un programa estructurado de investigación y de marcado.

Medidas de conservación

26.   Las medidas de conservación y resoluciones adoptadas en CCAMLR-XXIX han sido publicadas en la *Lista de Medidas de Conservación Vigentes* en 2010/11 (http://www.ccamlr.org/pu/s/pubs/cm/drt.htm).

Cooperación con otros elementos del Sistema del Tratado Antártico

Cooperación con las Partes Consultivas del Tratado Antártico

27.   La Comisión tomó nota de las deliberaciones de la RCTA sobre la elaboración de las directrices de la OMI para buques que naveguen en aguas polares, y alentó a los miembros a tomar parte en este proceso y en la labor de la Comisión Hidrográfica sobre la Antártica (CHA) de la Organización Internacional de Hidrografía (OIH). Existen muchas áreas dentro del Área de la Convención de la CRVMA que no han sido estudiadas empleando estándares modernos.

28.   Ninguna de las decisiones o resoluciones tomadas en RCTA-XXXIII y en CPA-XIII requirieron que la CCRVMA tomara decisiones en CCAMLR-XXIX, si bien la Comisión tomó nota de la Resolución 5 adoptada en 2010: 'Coordinación entre las Partes del Tratado Antártico de propuestas relativas a la Antártida bajo la consideración de IMO' y la Decisión 1: 'Compilación de Documentos Importantes del Sistema del Tratado Antártico'.

Cooperación con SCAR

29.   La Comisión aprobó el mandato del Grupo de Acción CCRVMA–SCAR para mejorar la alianza estratégica entre las dos organizaciones, indicando que esto tomaría en cuenta los objetivos de la Comisión y del Comité Científico.

Implementación de los objetivos de la Convención

Evaluación del funcionamiento de la CCRVMA

30.   La Comisión determinó que la Evaluación del Funcionamiento de la CCRVMA continúe siendo un tema de prioridad en sus futuras reuniones. El estado de la consideración de las recomendaciones de la evaluación del funcionamiento por parte de la Comisión se encuentra a disposición de los miembros en www.ccamlr.org/pu/s/revpanrep.htm.

Elección del Presidente

31.   La Comisión eligió a Noruega para ocupar el cargo de Presidente de la Comisión, desde el final de la reunión de 2010 hasta el final de la reunión de 2012.

Fecha y lugar de la próxima reunión

32.   La Comisión acordó que su 30ª reunión sea celebrada del 24 de octubre al 4 de noviembre de 2011 en Hobart (Australia).

Trigésimo aniversario de la Convención de la CRVMA

33.   El 7 de abril de 2012 es el trigésimo aniversario de la entrada en vigor de la Convención para la Conservación de los Recursos Vivos Marinos Antárticos.

Referencias a temas y decisiones en el informe de CCAMLR-XXIX

El informe de CCAMLR-XXIX puede bajarse de:
www.ccamlr.org/pu/s/pubs/cr/drt.htm

Temas y decisiones	Párrafos de CCAMLR-XXIX
1. Finanzas y administración	3.1-3.33
1. Asuntos relacionados con la pesca en general	
1.1 Captura de las pesquerías efectuadas en 2009/10	4.5-4.58
1.2 Normativa pesquera	12.1–12.78
1.3 Pesca de fondo y EMV	5.1–5.7, 12.12–12.13
1.4 Medidas de mitigación	6.1, 6.3–6.7
1.5 Sistema de Observación Científica Internacional	4.75, 10.1–10.6
1.6 Cambio climático	4.31, 4.59–4.61, 13.8
1.7 Pesquerías nuevas y exploratorias	11.1–11.27
2. Pesca INDNR en el Área de la Convención	
2.1 Niveles actuales	9.1–9.9
2.2 Listas de barcos de pesca INDNR	9.16–9.35
3. Cumplimiento en general	
3.1 Cumplimiento de las medidas de conservación	8.2–8.8
3.2 Medidas vinculadas al mercado	8.1–8.22
3.3 Procedimiento de evaluación del cumplimiento	8.9–8.10
4. Ordenación de pesquerías centrada en el ecosistema	
4.1 Ordenación del kril centrada en el ecosistema	4.7–4.32
4.2 Mortalidad incidental de aves y mamíferos marinos	6.3–6.7
4.3 Desechos marinos	6.2
5. Áreas marinas protegidas	
5.1 Áreas protegidas	7.1–7.20
6. Cooperación con el Sistema del Tratado Antártico	
6.1 RCTA	13.1–13.6
6.2 SCAR	13.7–13.8
7. Cooperación con otras organizaciones internacionales	
7.1 ACAP	14.1
7.2 Otras organizaciones	14.2–14.5
8. Evaluación del funcionamiento de la CCRVMA	
7.1 General	15.1–15.9

Resumen del informe anual para 2010 del Comité Científico de Investigación Antártica (SCAR)

1. Antecedentes

El Comité Científico de Investigación Antártica (SCAR, por su sigla en inglés) es un organismo científico interdisciplinario no gubernamental del Consejo Internacional de Uniones Científicas (CIUC), y observador del Tratado Antártico y la Convención Marco de las Naciones Unidas sobre Cambio Climático.

La misión del SCAR es actuar como facilitador, coordinador y defensor líder, independiente y no gubernamental de la excelencia de las actividades científicas y de investigación en la Antártida y el Océano Austral. En segundo lugar, la misión del SCAR es brindar asesoramiento independiente, sólido y científico al Sistema del Tratado Antártico y otros diseñadores de políticas, que incluye el uso de la ciencia para identificar las nuevas tendencias y presentar estos problemas ante los diseñadores de políticas.

2. Introducción

La investigación científica del SCAR le agrega valor a las iniciativas nacionales al permitir a los investigadores nacionales colaborar en programas científicos de gran escala para alcanzar objetivos que no son fáciles de obtener por un país en forma individual. Los miembros del SCAR actualmente incluyen academias de 36 naciones y 9 uniones científicas del CIUC.

El SCAR brinda asesoramiento científico independiente para apoyar la gestión inteligente del medio ambiente, en forma conjunta con las Partes del Tratado Antártico y otros organismos, tales como el Comité para la Protección del Medio Ambiente (CPA), la Convención para la Conservación de los Recursos Vivos Marinos Antárticos (CCRVMA), el Consejo de Administradores de los Programas Nacionales Antárticos (COMNAP, por su sigla en inglés) y el Acuerdo sobre la Conservación del Albatros y Petreles (ACAP, por su sigla en inglés).

El éxito del SCAR depende de la calidad y el sentido oportuno de sus resultados científicos, que en la mayoría de los casos se evalúan a través de revisiones por pares externas. Las descripciones de los programas de investigación científica y resultados científicos del SCAR se encuentran disponibles en www.scar.org y se resumen en este documento.

El SCAR publica un boletín electrónico trimestral en el que se destacan las cuestiones científicas y de otro tipo relevantes relacionadas con el SCAR (http://www.scar.org/news/newsletters/issues2011/SCARnewsletter26_Mar2011.pdf). Envíe un correo electrónico a info@scar.org si desea ser agregado a la lista de distribución.

3. Puntos destacados pasados y futuros del SCAR

(i) Puntos destacados del SCAR para 2010:

1. El SCAR publicó su nuevo Plan Estratégico 2011-2016 (http://www.scar.org/strategicplan2011/) Asesoramiento sobre ciencias y políticas antárticas en un mundo cambiante ("Antarctic Science and Policy Advice in a Changing World"). El nuevo Plan Estratégico del SCAR 2011-2016 se propone promover un sentido de dedicación y compromiso en los miembros del SCAR y la comunidad para la que se desempeña, a fin de garantizar que se lleven a cabo la visión, la misión y los objetivos de la organización. El Plan Estratégico sirve como orientación para la toma de decisiones acerca de las prioridades y la asignación de recursos.

2. En agosto de 2010, el SCAR celebró sus reuniones de negocios, la Conferencia Abierta de Ciencias y la Reunión de Delegados en Buenos Aires, Argentina. La asistencia a la Conferencia Abierta de Ciencias superó las 800 personas y fue especialmente gratificante ver la asistencia de una gran cantidad de estudiantes e investigadores nóveles.

3. En la Reunión de Delegados realizada en Buenos Aires, se aprobaron oficialmente varios grupos nuevos de investigación del SCAR, como el Programa de Investigación Científica de Astronomía y

Astrofísica de la Antártida (AAA), los Grupos de Acción sobre la Acidificación del Océano Austral, Multibeam Data Acquisition, y Nubes y Aerosoles Antárticos. Asimismo, se establecieron nuevos grupos de expertos de Gestión de Avance Tecnológico y Ambiental para la exploración subglacial en la Antártida (ATHENA, por su sigla en inglés) y Meteorología Operativa en la Antártida (OPMet, por sus sigla en inglés). Para obtener más información consulte el informe completo del SCAR o www.scar.org.

4. La planificación para la próxima generación de Programas de Investigación Científica del SCAR avanzó con ímpetu con cuatro grupos nuevos de planificación aprobados (Estado del Ecosistema Antártico [AntEco, por su sigla en inglés], Ecosistemas Antárticos: Adaptaciones, Umbrales y Resiliencia (AntETR, por su sigla en inglés), Cambios Pasados y Futuros del Medio Ambiente Antártico (PACE, por su sigla en inglés) y Respuesta de la Tierra Sólida y su Influencia en la Evolución Criosférica (SERCE, por su sigla en inglés). Para obtener más información consulte el informe completo del SCAR o www.scar.org.

5. Mónaco se convirtió en el último país en sumarse a la familia del SCAR, luego de presentarse exitosamente como candidato para convertirse en Miembro Asociado del SCAR en 2010.

6. La profesora Helen Fricker recibió el Premio Martha T Muse 2010 para la Ciencia y Política en la Antártida. La profesora Fricker es muy reconocida por su descubrimiento de los lagos subglaciales activos. Ha demostrado que estos lagos forman sistemas hidrológicos dinámicos donde un lago puede drenarse a otro en un período corto. También es conocida por su investigación innovadora sobre los procesos de balance de masa de las plataformas de hielo antárticas, tales como la ruptura de iceberg en témpanos flotantes, y el deshielo y congelamiento basal.

7. Se estableció una Oficina Internacional del Proyecto del Sistema de Observación del Océano Austral (SOOS, por su sigla en inglés) en Australia, financiada por el nuevo Instituto para Estudios Marinos y Antárticos de la Universidad de Tasmania en Hobart (www.imas.utas.edu.au). Este es un paso fundamental para la implementación del SOOS.

8. El SCAR, junto a la Asociación de Jóvenes Científicos Polares (APECS, por su sigla en inglés), y el Comité Científico Internacional del Ártico (CCIA) recibieron fondos del Consejo Internacional de Uniones Científicas (CIUC) para el proyecto "Educación y lecciones de difusión del Año Polar Internacional".

9. El balance de masa de la plataforma de hielo y el nivel del mar: Se finalizó un Plan Científico (ISMASS, http://www.scar.org/publications/reports/Report_38.pdf). El ISMASS ahora también está patrocinado en forma conjunta por el Comité Científico Internacional del Ártico (CCIA).

10. El Censo de Vida Marina Antártica ([CAML, por su sigla en inglés], www.caml.aq), que identificó más de 1.000 nuevas especies, finalizó exitosamente en 2010. Aún se está explorando el legado final del CAML, con un taller de seguimiento que se llevará a cabo en 2011 en Aberdeen, Escocia.

11. El SCAR nombró una nueva directora general para el SCAR, la Dr. Renuka Badhe. Renuka es originaria de India, y tiene doble ciudadanía, ciudadanía india en el extranjero (OCI por su sigla en inglés), y británica. Es bióloga marina (doctorado del Estudio Británico sobre la Antártida) aunque con algunos antecedentes en relación con las políticas (máster de la Universidad de Cambridge en Política Ambiental) y experiencia laboral en la Unión Mundial para la Naturaleza (IUCN, por su sigla en inglés).

12. Durante el año 2010 se realizaron varias publicaciones importantes que vale la pena destacar, como el Informe del Resumen del Año Polar Internacional (http://www.arcticportal.org/ipy-joint-committee); un libro nuevo sobre la "Historia de los Años Polares Internacionales" (http://www.springer.com/earth+sciences+and+geography/ oceanography/book/978-3-642-12401-3) y un libro sobre Diplomacia Científica: Antarctica, Science and the Governance of International Spaces [La Antártida Ciencia y Gestión de los Espacios Internacionales] (http://www.scholarlypress.si.edu/index.cfm) escrito como resultado de la Cumbre del Tratado Antártico (www.atsummit50.aq). Se encuentran disponibles en Internet las copias para imprimir del informe sobre el Cambio climático antártico y el medio ambiente. Para obtener más información envíe un correo electrónico a info@scar.org.

SCAR Puntos destacados futuros

SCAR participará en varias reuniones importantes durante el próximo año (http://www.scar.org/events/), entre las que se encuentran:

- Taller sobre la Conservación Antártica para el Siglo 21 (del 31 de mayo al 2 de junio de 2011), Nelspruit, Sudáfrica; S. Chown hará una presentación "sin papel" al CPA, para actualizar a las Partes sobre los resultados preliminares de este taller.
- ISAES XI – 11 Simposio Internacional sobre las Ciencias de la Tierra Antártica, del 10 al 15 de julio de 2011, en Edimburgo, Escocia, Reino Unido (http://www.isaes2011.org.uk/)
- Reunión del Comité Ejecutivo del SCAR, del 18 al 19 de julio de 2011, Edimburgo, Reino Unido
- Simposio sobre Cuestiones que requieren Investigación Urgente en las Regiones Polares, del 23 al 24 de septiembre de 2011, Siena, Italia (http://www.mna.it/english/News/ICSU_symposium/)

La próxima conferencia científica del SCAR titulada "Asesoramiento sobre ciencias y políticas antárticas en un mundo cambiante" se llevará a cabo en Portland, EE. UU. (16 al 19 de julio de 2012). Esta conferencia se realizará luego de la Conferencia del Año Polar Internacional (API): "Desde los Conocimientos a la Acción" en Montreal, Canadá (http://www.mna.it/english/News/ICSU_symposium/) (http://www.ipy2012montreal.ca/001_welcome_e.shtml).

Otros tantos talleres se encuentran en etapa de planificación, por ejemplo, talleres sobre el Balance de masa de la plataforma de hielo y la relación con el nivel del mar, y sobre los Sistemas de observación en la región antártica y del Océano Austral.

Para obtener más información sobre las actividades del SCAR consulte el informe completo, www.scar.org o envíe un correo electrónico a info@scar.org.

Informe anual para 2010 del Consejo de Administradores de los Programas Nacionales Antárticos (COMNAP)

El Consejo de Administradores de los Programas Nacionales Antárticos (COMNAP, por su sigla en inglés) es la organización de Programas Nacionales Antárticos que reúne, especialmente, a los Administradores de dichos Programas, es decir, las autoridades nacionales responsables de planificar, apoyar y gestionar el apoyo a la ciencia en la Antártida en nombre de sus respectivos gobiernos, todas las Partes Consultivas del Tratado Antártico.

El COMNAP se ha convertido en una asociación internacional cuyos miembros son los Programas Nacionales Antárticos de 28 Partes del Tratado Antártico provenientes de África (1), América (7), Asia (4), Australasia (2) y Europa (14).

La Constitución del COMNAP declara su objetivo: Desarrollar y promover las mejores prácticas en la gestión del apoyo a la investigación científica en la Antártida. Como organización, el COMNAP se encarga de agregar valor a los esfuerzos del Programa Nacional Antártico, desempeñándose como un foro para desarrollar prácticas que mejoren la efectividad de las actividades de manera responsable con el medio ambiente, facilitando y promoviendo alianzas internacionales, y brindando oportunidades y sistemas para el intercambio de información

Asimismo, el COMNAP se esfuerza por brindar al Sistema del Tratado Antártico asesoramiento objetivo, práctico, técnico y apolítico aportado por el amplio grupo de expertos del Programa Nacional Antártida y su conocimiento directo de la Antártida.

Se están realizando preguntas científicas cada vez más complejas que únicamente pueden responder equipos científicos multidisciplinarios y, a menudo, multinacionales. Esta complejidad, junto con las medidas ambientales cada vez más exigentes y, en algunos casos, la reducción de fondos, contribuyen a ejercer más presión sobre los Programas Nacionales Antárticos y a generar una necesidad aún mayor de colaboración internacional. El COMNAP trabaja para favorecer una mayor colaboración entre los Programas Nacionales Antárticos y reconoce la necesidad de formar alianzas sólidas con organizaciones que persigan objetivos similares. Además, el COMNAP ha asumido gradualmente la responsabilidad de diseñar una serie de herramientas prácticas relacionadas con la seguridad y el intercambio de información.

Para más información sobre el COMNAP, en términos generales, véase el Documento de información 078 de la XXXII RCTA *COMNAP's 20 years- a New Constitution and a New Way of Working to Continue Supporting Science and the Antarctic Treaty System* [Los 20 años del COMNAP: nueva Constitución y nueva modalidad de trabajo para seguir brindando apoyo a la ciencia y al Sistema del Tratado Antártico].

Puntos destacados y logros de 2010

Grupo de Acción de COMNAP/SCAR

Este Grupo de Acción (GA) se formó en la reunión conjunta del Comité Ejecutivo que se llevó a cabo en agosto de 2009 en Punta Arenas. El GA se reunió formalmente en marzo de 2010 y desarrolló una lista de áreas para colaborar en forma conjunta. Estas áreas incluyen educación, difusión y comunicaciones, sustentabilidad, especies no autóctonas y el Proyecto de la isla Rey Jorge (isla 25 de Mayo), entre otras.

Beca inaugural de investigación del COMNAP

Teniendo en cuenta que la educación y el desarrollo de capacidades es un área de interés mutuo para el Comité Científico de Investigación Antártica (SCAR, por su sigla en inglés) y el COMNAP, y reconociendo la dimensión de los talentos en los Programas Nacionales Antárticos, el COMNAP ha establecido, junto con el SCAR, la primera beca de investigación del COMNAP. Se lanzó la beca de investigación del COMNAP junto con las becas científicas anuales del SCAR; se está promocionando en forma conjunta y un panel de selección conjunto revisará las solicitudes. Esta beca inaugural se hizo posible gracias a un subsidio otorgado por Antarctica New Zealand al COMNAP. Las solicitudes pueden presentarse hasta el 15 de mayo de 2011. Se espera que el COMNAP pueda ofrecer una beca de investigación anual

Simposio del COMNAP

El 11 de agosto se llevó a cabo en Buenos Aires el Simposio "Respuestas al Cambio a través de Nuevos Enfoques". Asistieron más de 120 personas, y el Comité de Revisión del Simposio seleccionó 12 presentaciones y 15 pósters. Se publicaron las actas del Simposio y se las distribuyó a todos los miembros del COMNAP en noviembre de 2010 (ISBN 978-0-473-17888-8). Se han traído más copias a esta RCTA para distribuirlas a aquellos que deseen obtener una.

Taller sobre especies no autóctonas y listas de verificación de especies no autóctonas para los administradores de cadenas de suministro

El Dr. Yves Frenot convocó el Taller sobre Especies No Autóctonas del COMNAP/SCAR al margen de la reunión general anual (RGA) de 2010 del COMNAP (8 de agosto de 2010, Buenos Aires, Argentina) para continuar concientizando acerca de los riesgos que implica la introducción de especies no autóctonas por vectores humanos. Se analizaron los resultados preliminares del proyecto del Año Polar Internacional (API) "Aliens in Antarctica" [Especies no autóctonas en la Antártida]. El COMNAP tomó con mucha seriedad los debates que se realizaron durante el taller y observó, especialmente, la necesidad de desarrollar herramientas de concientización simples y poco costosas que puedan usar los administradores de cadenas de suministro del Programa Nacional Antártico (véase el documento de trabajo de la XXXIV RCTA del COMNAP: *Concientización sobre la introducción de especies no autóctonas: Resultados del taller y listas de verificación para administradores de cadenas de suministro*. Las listas de verificación se pusieron a disposición de todos los Programas Nacionales Antárticos en noviembre, en varios formatos, para que sean fáciles de usar, y están en inglés y en castellano. Pueden obtenerse copias de las listas de verificación en www.comnap.aq/nnsenvironment. También hay copias impresas disponibles en esta reunión en caso de que alguien desee obtener una. En la RGA del COMNAP celebrada en agosto de 2010 en Buenos Aires, el líder del Grupo de Expertos Ambientales observó que la cooperación con el Comité para la Protección del Medio Ambiente (CPA) sobre la cuestión de la introducción de especies no autóctonas en la Antártida era el problema ambiental más importante en la actualidad, y además señaló que se consideraba una tarea altamente prioritaria la participación en el programa de trabajo del CPA sobre especies no autóctonas. El COMNAP a través de su Grupo de Expertos Ambientales continúa centrando la atención en la educación sobre las especies no autóctonas y en divulgar las mejores prácticas para prevenir la introducción de especies no autóctonas en la región antártica.

Taller sobre gestión energética

Teniendo en cuenta el análisis que se realizó en la XXXIII RCTA , y los análisis y las recomendaciones en la Reunión de Expertos del Tratado Antártico (RETA), se acordó llevar a cabo un Taller sobre gestión energética del COMNAP el 8 de agosto de 2010 en Buenos Aires. El taller, convocado por David Blake, líder del Grupo de Expertos de Energía y Tecnología, con la supervisión de Kazuyuki Shiraishi, vicepresidente del Comité Ejecutivo (EXCOM, por su sigla en inglés), incluyó presentaciones y también asignó tiempo para realizar análisis, para divulgar las mejores prácticas en relación con la gestión energética en la Antártida (véase el documento de información 008 de la XXXIV RCTA del COMNAP *COMNAP Energy Management Workshop [Taller sobre gestión energética del COMNAP]*).

Taller de difusión del API

Los miembros del Grupo de Expertos de Difusión del COMNAP se reunieron en Tromso y Oslo en junio de 2010, al margen de de la Conferencia Científica del API. El grupo llevó organizó reuniones del taller, dio "clases maestras" para los colegas de la Asociación de Jóvenes Científicos Polares (APECS, por su sigla en inglés), y trabajó en forma conjunta con el Centro de Prensa del API para promover la ciencia y las operaciones de las organizaciones de los miembros. Estas actividades combinadas permitieron al Grupo de Expertos pasar suficiente tiempo juntos para compartir las mejores prácticas profesionales y analizar instancias anteriores de proyectos conjuntos de comunicación y difusión exitosos, y evaluar con profundidad la manera en que esta red podría continuar funcionando con éxito luego del API.

Grupo de Expertos Médicos – Taller y restructuración

El Grupo de Expertos Médicos se reunió al margen de la RGA el 8 de agosto en Buenos Aires para analizar la gestión de pandemias en la Antártida. El Grupo de Expertos sobre Biología Humana y Medicina, Grupo Científico Permanente de Ciencias Biológicas del SCAR y el Grupo de Expertos Médicos del COMNAP propusieron combinar estos dos grupos para ser más efectivos y reducir la duplicación de esfuerzos. Los comités ejecutivos conjuntos analizaron primero la propuesta y, en noviembre de 2010, el EXCOM del COMNAP la aceptó. El grupo combinado se denominará Grupo de Asesoramiento Conjunto sobre Medicina y Ciencias Humanas de la Antártida. Estará atento a las necesidades del SCAR y el COMNAP, pero tendrá una vía jerárquica a través del COMNAP únicamente.

Productos y herramientas del COMNAP

Sistema de Información de Posiciones de Buques (SPRS) del COMNAP

El Sistema de Información de Posiciones de Buques (SPRS, por su sigla en inglés) (www.comnap.aq/sprs) es un sistema opcional y voluntario para el intercambio de información acerca de las operaciones de buques del Programa Nacional Antártico. Su objetivo principal es facilitar la colaboración entre los Programas Nacionales Antárticos; sin embargo, también puede ser una contribución sumamente útil para la seguridad, gracias a toda la información del SPRS que se pone a disposición de los Centros de Coordinación de Rescates (RCC, por su sigla en inglés) que cubren la región antártica, como fuente de información adicional para complementar los demás sistemas nacionales e internacionales establecidos.

Manual de información sobre vuelos antárticos (AFIM)

El Manual de información sobre vuelos antárticos (AFIM, por su sigla en inglés) es un manual de información aeronáutica que publicó el COMNAP como herramienta para promover operaciones aéreas seguras en la Antártida, conforme a la Recomendación 20 de la XV RCTA *Seguridad aérea en la Antártida*. Se está llevando a cabo una revisión profunda del AFIM. El AFIM continúa actualizándose a través de información aportada por los Programas Nacionales Antárticos, y se preparan y distribuyen revisiones anualmente a todos los Programas Nacionales Antárticos y otros suscriptores.

Manual para los operadores de telecomunicaciones antárticas (ATOM)

El Manual para los operadores de telecomunicaciones antárticas (ATOM, por su sigla en inglés) es una evolución del manual de prácticas de telecomunicaciones al que se refiere la Recomendación X-3 de la RCTA *Mejora de las telecomunicaciones en la Antártida, y recopilación y distribución de datos metereológicos antárticos*. Los miembros del COMNAP y las autoridades de Búsqueda y rescates pueden tener acceso a la última versión (marzo de 2011) en www.comnap.aq/membersonly/atom (se requiere iniciar sesión).

Sistema de notificación de accidentes, incidentes y cuasi accidentes (AINMR)

Siempre se ha intercambiado información sobre problemas que surgen en la Antártida. La primera RCTA recomendó que así fuera en la Recomendación I-VII *Intercambio de información sobre problemas logísticos* (vigente desde el 30 de abril 1962). Las reuniones generales anuales del COMNAP brindan a los miembros la oportunidad de intercambiar este tipo de información. Además, se está desarrollando un nuevo Sistema integral de notificación de accidentes, incidentes y cuasi accidentes (AINMR, por su sigla en inglés) como uno de los proyectos del COMNAP. El principal objetivo del AINMR es: Captar información detallada sobre eventos que tuvieron o podrían haber tenido consecuencias graves; y/o divulgar lecciones para aprender; y/o brindar información sobre eventos nuevos y muy poco frecuentes, para que los Programas Nacionales Antárticos puedan aprender entre sí la manera de reducir las consecuencias que se producen mientras llevan a cabo sus actividades.

Para obtener más información, visite el sitio web del COMNAP en www.comnap.aq o envíenos un correo electrónico a info@comnap.aq.

Appendix 1.COMNAP officers, projects and expert groups

Executive Committee (EXCOM)

The COMNAP Chair and Vice-Chairs are elected officers of COMNAP. The elected officers plus the Executive Secretary, compose the COMNAP Executive Committee as follows:

Position	Officer	Term expires
Chair	José Retamales (INACH) jretamales@inach.cl	Aug-2011
Vice-Chair	Kazuyuki Shiraishi (NPRI) kshiraishi@nipr.ac.jp	Aug-2011
	Maaike Vancauwenberghe (BELSPO) maaike.vancauwenberghe@belspo.be	AGM 2012
	Yuansheng Li (PRIC) lysh@pric.gov.cn	AGM 2013
	Mariano Memolli (DNA) drmemolli@gmail.com	AGM 2013
Executive Secretary	Michelle Rogan-Finnemore michelle.finnemore@comnap.aq	30 Sept 2015

Table 1 – COMNAP Executive Committee.

Projects

Project	Project Manager	EXCOM officer (oversight)
Antarctic glossary	Valerie Lukin	Mariano Memolli
AFIM – Consideration of the results of the review	Brian Stone & Giuseppe De Rossi	Maaike Vancauwenberghe
AINMR Reporting System & implementation	Robert Culshaw	Kazuyuki Shiraishi
King George Island project (APASI)	Michelle Rogan-Finnemore	Jose Retamales
Energy standard terminology development	David Blake	Kazuyuki Shiraishi
Review of equipment available at Antarctic stations for oil spill response	To be determined	Mariano Memolli

Table 2 – COMNAP Projects currently in progress.

Expert Groups

Expert Group (topic)	Expert Group leader	EXCOM officer (oversight)
Science	Heinz Miller	Jose Retamales
Outreach	Linda Capper	Michelle Rogan-Finnemore
Air	Giuseppe De Rossi	Maaike Vancauwenberghe
Environment	Sandra Potter	Maaike Vancauwenberghe
Training	Veronica Vlasich	Mariano Memolli
Medical	Iain Grant	Mariano Memolli
Shipping	Juan Jose Danobeitia	Jose Retamales
Safety	Robert Culshaw	Kazuyuki Shirashi
Energy & Technology	David Blake	Yuansheng Li
Data Management	Michelle Rogan-Finnemore	Jose Retamales
External Relationships	Michelle Rogan-Finnemore	EXCOM All
Strategic Framework	Michelle Rogan-Finnemore	Jose Retamales

Table 3 – COMNAP Expert Groups

Appendix 2. Meetings

Previous 12 months

9 - 12 August, 2010, COMNAP Annual General Meeting (COMNAP XXII) & IX Symposium, Buenos Aires, Argentina hosted by the COMNAP member for Argentina, Direccion Nacional del Antartico (DNA).

17 – 19 November, 2010, COMNAP Executive Committee (EXCOM) Meeting, Shanghai, China hosted by COMNAP Vice Chair, Yuansheng Li of the Polar Research Institute of China (PRIC).

Upcoming 12 months

1 – 3 August, 2011, COMNAP Annual General Meeting (COMNAP XXIII), Stockholm, Sweden, hosted by the Swedish Polar Research Secretariat. In conjunction with COMNAP XXIV, two workshops will be held on the margins of the AGM. These are "The Management Implications of a Changing Antarctica" and "Inland Traversing".

2012 COMNAP Annual General Meeting (COMNAP XXIV), Portland, Oregon, USA (dates to be confirmed) in conjunction with the SCAR Open Science Conference and associated meetings.

4. Informe de Expertos

Informe de la Coalición Antártica y del Océano Austral (ASOC)

1. *Introducción*

ASOC se complace en asistir a la Reunión Consultiva del Tratado Antártico Anual en la República Argentina. El presente informe describe brevemente el trabajo realizado por la ASOC durante el último año, y destaca algunos temas clave para esta RCTA. ASOC a nivel mundial

La oficina de la Secretaría de la ASOC se encuentra en Washington DC, Estados Unidos. Nuestro sitio Web (http://www.asoc.org) ofrece información detallada acerca de la organización y sus actividades.

La ASOC cuenta con 27 grupos de miembros plenos en once países. Las campañas de la ASOC son coordinadas por expertos situados en Argentina, Australia, Brasil, Chile, Francia, Japón, los Países Bajos, Nueva Zelandia, Noruega, Sudáfrica, Corea del Sur, España, Rusia, Ucrania, el Reino Unido y los Estados Unidos.

2. *Actividades entre sesiones de la ASOC desde la XXXIII RCTA*

Desde la XXXIII RCTA, la ASOC ha participado en debates entre sesiones en los foros de la RCTA y el CPA, y ha contribuido activamente a los debates sobre temas de turismo, especies no autóctonas, revisión de las CEE, el grupo subsidiario sobre planes de gestión, el desarrollo del Código Polar obligatorio de la OMI, Sitios y Monumentos Históricos, y la preparación del próximo taller sobre ZAEA.

Los representantes de la ASOC asistieron a:

- La 29ª Reunión de la CCRVMA en octubre-noviembre de 2010, en donde presentaron documentos sobre la gestión de krill en la Antártida, Zonas Marinas Protegidas, el Mar de Ross, los buques pesqueros, la pesca ilegal, no denunciada y no regulada (IUU, por su sigla en inglés) y el impacto del cambio climático.
- Las reuniones de la Organización Marítima Internacional (OMI), incluida la 61ª sesión del Comité de Protección del Medioambiente Marino, y las 54ª y 55ª sesiones del subcomité de Diseño y Equipamiento de Buques, con respecto a la elaboración de un Código Polar obligatorio para los buques que operan en aguas polares.
- Krill antártico en un océano que cambia – taller científico sobre los efectos del cambio climático sobre el krill antártico y las implicaciones para la gestión basada en el ecosistema, abril de 2011 en Texel, Países Bajos.
- Taller del SCAR sobre la Conservación de la Antártida en el Siglo XXI, celebrado en junio de 2011 en el Parque Nacional de Kruger, Sudáfrica.

3. *Documentos de Información para la XXXIV RCTA*

La ASOC ha presentado doce Documentos de Información, que abordan distintos temas que la ASOC considera de particular importancia para la gestión y protección ambiental. Los Documentos de Información contienen recomendaciones para la RCTA y el CPA, y contribuirán a lograr una protección más efectiva de la Antártida.

Un Plan de Comunicación sobre el Cambio Climático Antártico (IP 83) – La RETA sobre las Implicaciones del Cambio Climático para la Gestión y Gobernanza de la Antártida recomendó que la RCTA considerara la posibilidad de desarrollar un plan de comunicación sobre el cambio climático antártico, a fin de generar interés con respecto al informe del SCAR sobre el Cambio Climático Antártico y el Medioambiente, por parte de otros responsables de la toma de decisiones, el público en general y los medios [Recomendación 2]. En este documento, la ASOC proporciona un proyecto de plan de comunicación, a fin de contribuir a la implementación de esta recomendación.

Acidificación del Océano y el Océano Austral (IP 88) – Este documento proporciona una descripción general del creciente problema de la acidificación del océano, que presenta serios riesgos de amenazas al medioambiente marino. Las características únicas del Océano Austral sugieren que, si las emisiones de gases de efecto invernadero se mantienen en los niveles actuales, la acidificación del océano generará su mayor impacto inicial en las aguas que rodean la Antártida. Se requiere aún una mayor investigación para llenar las lagunas en el conocimiento con respecto a la acidificación del Océano Austral y su impacto.

El Mar de Ross: Una valiosa área de referencia para evaluar los efectos del cambio climático (IP 92) – Este documento analiza la manera en que los modelos del Panel Internacional sobre el Cambio Climático prevén que el Mar de Ross será la última porción del Océano Austral que tendrá hielo marino todo el año. El Mar de Ross constituye una importante referencia para medir el efecto del cambio climático sobre el ecosistema, y distinguir dichos efectos de aquéllos de las actividades humanas en otras partes. Ello, junto con otros fundamentos científicos y biológicos, justifica la razón por la cual el Mar de Ross debe ser incluido como un componente clave de una red de zonas marinas protegidas en el Océano Austral.

El Océano Austral y el Programa de ZMP – Unir las palabras y el espíritu con la acción (IP 90) – Los miembros de la CCRVMA y las PCTA deben incrementar sus recursos destinados a generar un sistema representativo de zonas marinas protegidas para 2012. La ASOC insta a las PCTA a hacer un uso efectivo del próximo taller sobre ZMP que se realizará en agosto en Brest, Francia. Ello asegurará que las palabras y el espíritu de los acuerdos y convenciones que componen la STA, y de los recientes debates en torno a las ZMP se traduzcan en iniciativas. La ASCC espera con ansias que todos los participantes asistan al taller con propuestas de ZMP respaldadas por argumentos sólidos.

Turismo Antártico – ¿Y ahora qué? Principales cuestiones a abordar mediante normas vinculantes (IP 84) – Este documento trata sobre las cuestiones que requieren particular atención por parte de las entidades reguladoras. La actual tendencia sugiere que el turismo continuará expandiéndose y diversificándose, al adoptar nuevas modalidades y continuar adentrándose cada vez más en el continente antártico y avanzando a lo largo de sus costas. Es de vital importancia que las PCTA adopten medidas proactivas a fin de restringir el turismo dentro de límites ecológicamente sostenibles. Un primer paso consistiría en hacer mejor uso de los mecanismos regulatorios existentes.

Turismo por tierra en la Antártida (IP 87) – Este documento examina la interrelación entre el turismo comercial por tierra y el uso de infraestructuras de programas nacionales, así como también los recientes desarrollos en materia de turismo por tierra. La mejora de las instalaciones en tierra, tales como pistas de aterrizaje y campamentos, y la amplia variedad de actividades en tierra disponibles hoy en día para los turistas, señalan un crecimiento del turismo por tierra. De no adoptar ninguna medida en el corto plazo, es probable que el turismo por tierra pronto se consolide como una actividad a gran escala.

Un Sistema de Información y Vigilancia del Tráfico de Buques en la Antártida (IP 82) – Este documento proporciona información sobre el valor de los sistemas de información y vigilancia del tráfico de buques, a fin de mejorar la seguridad y la protección del medio ambiente. Utiliza como ejemplo el desarrollo de un VTMIS europeo a modo de respuesta directa a los desastres ocurridos en aguas europeas. Resume las herramientas e iniciativas existentes para el seguimiento y vigilancia de buques, que podrían proporcionar un mayor nivel de seguridad y protección ambiental en la Antártida. La ASOC solicita a la RCTA que adopte una Resolución o Decisión con respecto al desarrollo de un Sistema de Información y Vigilancia del Tráfico de Buques en la Antártida.

Elaboración de un Código Polar Obligatorio – Progreso y Lagunas (IP 85) – Este documento proporciona información sobre la elaboración de un Código Polar Obligatorio e identifica cuestiones que requieren ser consideradas en mayor profundidad, incluido el requisito de que sólo los buques de tipo polar operen en las aguas donde el hielo puede presentar riesgos; y un Capítulo sobre Protección del Medio Ambiente. La ASOC le solicita a la RCTA que adopte una Resolución respecto de la toma de medidas colectivas a fin de asegurar que el Código Polar Obligatorio brinde los niveles de seguridad y protección adecuados para todas las operaciones con buques en la Antártida.

Protección y Desvío de Buques – Opciones disponibles para reducir el riesgo y proporcionar una mayor protección del medio ambiente (IP 91) – las medidas sobre el desvío de buques y la protección del medio ambiente desarrolladas a fin de reducir el riesgo y evitar la contaminación marina no han sido ampliamente utilizadas en la Antártida. Este documento proporciona información acerca de diversas medidas de la OMI disponibles. Debe considerarse realizar una nueva evaluación de las oportunidades para reducir los riesgos de colisión y encallamiento y proteger las áreas más vulnerables mediante el uso de medidas de la OMI. La ASOC solicita a la RCTA que adopte una Resolución respecto a la revisión de las medidas para abordar estas cuestiones.

El Protocolo del Medio Ambiente Antártico, 1991-2011 (IP 89) – Este documento hace una reflexión respecto de la protección del medio ambiente antártico desde la firma del Protocolo sobre Protección del Medio Ambiente. Se han realizado importantes logros, algunas cuestiones quedan pendientes, y algunos hechos parecen incompatibles con los compromisos originales. Mientras que, en términos generales, la región antártica está protegida, el medio ambiente se encuentra sometido a crecientes presiones. El desafío para las PCTA consiste en responder de manera efectiva a las crecientes presiones, y no dejar que los intereses nacionales prevalezcan por sobre las obligaciones internacionales y los beneficios globales de proteger la Antártida.

Revisión de la implementación del Protocolo de Madrid: Informes Anuales de las Partes (Artículo 17) (IP 113) – Este documento trata sobre el deber de presentar un informe anual establecido en el Artículo 17 del Protocolo. Si bien el nivel de cumplimiento de las Partes a partir de la entrada en vigencia del Protocolo muestra una tendencia en crecimiento, todavía es bastante bajo. Los documentos de información presentados al CPA y el Sistema Electrónico de Intercambio de Información (SEII) representan las maneras más efectivas disponibles para las Partes para cumplir con los requisitos de intercambio de información anual.

Evolución de la huella: Las dimensiones espacial y temporal de las Actividades Humanas (IP 86) – Este documento habla de por qué el concepto de huella es esencial para la cuantificación del impacto de las actividades humanas en la Antártida. Este concepto ha sido ampliamente debatido desde la primera reunión del CPA, y requiere ser aplicado con mayor rigurosidad a fin de abordar los complejos aspectos de la creciente presencia humana en la Antártida. La ASOC ha también preparado un póster que ilustra la huella humana en la Antártida.

4.   Otras cuestiones de importancia para la XXXIV RCTA

- Todas las PCTA deben asignar gran prioridad a la entrada en vigencia tan pronto como sea posible del **Anexo VI sobre la Responsabilidad derivada de las Emergencias Ambientales.** La ASOC insta a todas las Partes a duplicar sus esfuerzos durante el próximo año a fin de resolver los problemas de implementación restantes, de modo que el Anexo VI pueda ser ratificado y entre en vigencia en 2012.

- La **prospección biológica** todavía no se encuentra adecuadamente regulada. La ASOC respalda un marco para su gestión, incluido el intercambio más transparente de información y datos entre las Partes. Luego de la Resolución 9 (2009), la ASOC insta a todas las Partes a reiniciar los debates sobre la bioprospección

5.   Comentarios para concluir

La Antártida se enfrenta a muchas presiones derivadas del cambio climático global y una gran diversidad de actividades. La ASOC espera que las PCTA tomen medidas concretas en Buenos Aires, que contribuirán a la protección de la Antártida a largo plazo.

Informe para el periodo 2010-2011 de la Asociación Internacional de Operadores Turísticos en la Antártida

En virtud del Artículo III (2) del Tratado Antártico

Introducción

La Asociación internacional de operadores turísticos en la Antártida (IAATO) se complace en informar sobre sus actividades ante la XXXIV RCTA, en virtud del Artículo III (2) del Tratado Antártico.

En su 20º aniversario, la IAATO continúa concentrando sus actividades en apoyo de su declaración de misión para asegurar:
- La eficaz gestión diaria de las actividades de sus miembros en la Antártida;
- Alcance educacional, incluyendo la colaboración científica; y
- El desarrollo y la promoción de las mejores prácticas en el turismo antártico.

La descripción detallada de la IAATO, su declaración de misión, principales actividades y últimos acontecimientos pueden encontrarse en la *Hoja técnica 2010 – 2011* y en el sitio Web de la IAATO: www.iaato.org.

Miembros y actividades de la IAATO durante 2010-2011

La IAATO se compone de 108 miembros, Asociados y afiliados. Las sedes de sus miembros se sitúan en todo el mundo, representan 57% de los países que son Partes Consultivas del Tratado Antártico, y transportan todos los años hacia y desde la Antártida a los ciudadanos de casi todas las Partes del Tratado Antártico.

Durante la temporada de turismo antártico 2010-2011 la cantidad general de visitantes disminuyó 8,3% llegando a 33.824 con respecto a la temporada anterior (36.875 visitantes en la temporada 2009-2010). Estas cifras reflejan sólo a las personas que han viajado mediante las empresas miembros de la IAATO. El detalle de las estadísticas turísticas puede encontrarse en el documento IP106 de la XXXIV RCTA, *IAATO, Panorama del Turismo Antártico: Temporada antártica 2010-2011 y cálculos preliminares para la temporada 2011-2012.* En ***www.iaato.org*** puede encontrarse información sobre los miembros del Directorio y estadísticas adicionales sobre las actividades de las organizaciones miembros de la IAATO.

Reunión anual de la IAATO y su participación en otras reuniones durante el periodo comprendido entre 2010 y 2011

El personal de la Secretaría de la IAATO y los miembros representantes participaron en reuniones internas de la organización, así como en reuniones con otras organizaciones externas, actuando en colaboración con los Programas antárticos nacionales y con organizaciones de gobiernos y del ámbito científico, medioambiental y de la industria.

- La 22ª Reunión anual de la IAATO (9 a 12 de mayo de 2011, Hobart, Tasmania, Australia) recibió a más de 80 participantes. Asistieron a ella las Partes del Tratado representantes de Australia y Chile, junto con representantes de la CCRVMA, COMNAP, IHO/HCA y otras organizaciones participantes en la Antártida. Los resultados más notables de la reunión incluyeron:

- El Acuerdo para continuar con el Programa mejorado de observadores de la IAATO. Más detalles en el documento IP 107 de la XXXIV RCTA, *Towards an IAATO Enhanced Observer Scheme.*

- El permanente compromiso con las iniciativas para la educación dirigidas a los yates en la Antártida no vinculados a la IAATO. Más detalles en el documento IP014 de la XXXIV RCTA, *Yacht Outreach Campaign.*

- Un informe sobre el éxito logrado en la Evaluación en línea del personal en terreno de la IAATO. Rindieron ahora la prueba, que está diseñada para complementar la capacitación y conocimientos del personal en terreno sobre los contenidos del *Manual de operaciones de campo* de la IAATO (FOM, por sus siglas en inglés), más de 70 jefes de expedición (EL) y miembros del personal de expediciones (AEL) que trabajan en empresas miembros de la IAATO. Casi todos los operadores de embarcaciones de la IAATO apoyaron la prueba y participaron en ella, y una empresa miembro la solicita como condición para la contratación de sus jefes y personal de expediciones. Durante el periodo 2011-2012 la evaluación se ampliará más allá de su foco actual hacia las operaciones en embarcaciones en la Península, incluyendo el Mar de Ross y la región antártica oriental. Se está desarrollando una versión para operadores de turismo terrestre. La evaluación puede ahora ser aplicada en línea por todo el personal en terreno.

- Una actualización realizada por el Grupo de trabajo sobre cambio climático de la IAATO. Los detalles pueden apreciarse en el documento IP0103 de la XXXIV RCTA, *Grupo de trabajo sobre cambio climático de la IAATO: Informe de Progreso.*

Los miembros y representantes de la División antártica australiana (AAD) de la IAATO, junto a otros participantes antárticos concurrieron a una mesa redonda informal sobre temas relacionados con el turismo antártico en la sede de la AAD realizada en Kingston, Tasmania, el 12 de mayo de 2011. El informe resumido del debate estará pronto disponible para las Partes del Tratado.

- Un representante de la IAATO asistió a la XXII reunión anual del COMNAP en Buenos Aires, Argentina, que incluyó el Taller sobre especies no autóctonas. En el taller se comentaron las iniciativas de los miembros de la IAATO para eliminar la introducción de especies no autóctonas, y se agregaron recomendaciones preventivas que fueron transmitidas a los operadores de la IAATO. La IAATO realizó una presentación sobre sus métodos de evaluación de riesgos durante las deliberaciones de la OMI sobre el Código polar, y manifestó su interés en participar en la confección de una base de datos sobre accidentes, incidentes y cuasi pérdidas con el fin de facilitar las lecciones aprendidas y mejorar la seguridad. La IAATO respalda la mayor cooperación y colaboración entre sus miembros y los Programas antárticos nacionales.

- A la 10° Reunión internacional de la Comisión hidrográfica Internacional / Comisión hidrográfica de la Antártida (IHO/HCA) realizada en Cambridge, Reino Unido, asistieron cuatro representantes de la IAATO. Se analizaron las posibilidades para que las embarcaciones de la IAATO, en su calidad de "Programa de buques de observación ocasional" contribuyeran con información hidrográfica práctica, incluyendo la entrega de mapas dibujados a mano y cartografía comentada; el uso de sistemas sencillos de registro de datos; estudio y calibración de los sensores de las embarcaciones de la IAATO realizadas por las oficinas hidrográficas (OH); y el transporte de los miembros de sus equipos de sondeo. Un representante de la IAATO concordó también en elaborar una versión comentada del actual Plan de prioridades de estudios de la HCA. La IAATO seguirá recomendando sus embarcaciones como naves de colaboración ocasional para la recolección de información hidrográfica.

- La IAATO envió a un representante a las reuniones 54ª y 55ª del Subcomité de diseño y equipamiento de la Organización marítima internacional (OMI) que se realizó en Londres, como asesor de la Asociación internacional de líneas de cruceros (CLIA, por sus siglas en inglés). Consciente de la importancia de elaborar un Código polar obligatorio, la IAATO participó en los grupos de trabajo de ambas reuniones, y participará en el grupo de correspondencia intersesional que ya está en marcha. La IAATO sigue trabajando con un asesor marítimo independiente para realizar un estudio profundo de evaluación de riesgos.

- Un representante de la IAATO asistió al Taller sobre Conservación antártica convocado por el Comité científico de investigación antártica (SCAR) y realizado en Sudáfrica, en mayo de 2011. El taller analizó los actuales y futuros desafíos de la conservación antártica y la manera en que estos pueden abordarse.

- La IAATO fue invitada a participar en la Conferencia de turismo antártico, realizada el 6 de noviembre de 2010 en Punta Arenas, Chile. Los puntos destacados de esta conferencia fueron las presentaciones del Presidente de Chile, Sebastián Piñera y del Presidente de Ecuador, Rafael Correa. La IAATO se complació en ofrecer una presentación de su rol y misión en la Antártida.

- La 23ª reunión anual de la IAATO está programada para los días 1 a 3 de mayo de 2012 en Providence, Rhode Island, EE.UU. Las Partes del Tratado interesadas en asistir o participar deben ponerse en contacto con la IAATO en iaato@iaato.org.

Monitoreo ambiental

La IAATO continúa proporcionando a la RCTA y al CPA información pormenorizada sobre las actividades de sus miembros en la Antártida. Los detalles pueden apreciarse en el documento IP106 de la XXXIV RCTA: *IAATO Panorama del turismo antártico: Temporada antártica 2011-2012 y cálculos preliminares para la temporada 2011-2012*, en el documento OP105, *Informe sobre el uso de los operadores de la IAATO de los lugares de desembarco en la Península antártica y Código de conducta para visitantes a la Antártida, de las temporadas 2009-2010 y 2010-2011*. La IAATO sigue agradeciendo las oportunidades de trabajar en colaboración con instituciones científicas en abordar temas específicos sobre monitoreo ambiental, como el trabajo con Oceanites, en el Inventario de sitios antárticos, y las Universidades de Maryland y Stellenbosch, informado en el documento IP112 de la XXXIII RCTA *Informe de la Asociación Internacional de Operadores Turísticos en la Antártida* y en el documento IP2 de la XXXIII RCTA, *Spatial Patterns of Tour Ship Traffic in the Antarctic Peninsula Region*.

Incidentes turísticos ocurridos durante el periodo 2010-2011 y actualización de los incidentes ocurridos durante los periodos 2008-2009 y 2009-2010

Los incidentes ocurridos durante el periodo 2010-2011 incluyeron:

- Arctic Trucks, una empresa subcontratista de la organización miembro de la IAATO, TAC, no cumplió las directrices para ONG en la ZAEA Nº 5, Estación Amundsen-Scott del Polo Sur, Polo Sur. La IAATO analizó el incidente con la Academia nacional de ciencias en febrero de 2011, y se planteó al interior de la IAATO el tema general de garantizar que los subcontratistas estén informados de sus obligaciones.

- Posible intervención perjudicial en un elefante marino en punta Hannah Los detalles se encuentran disponibles en el documento IP 104 de la XXXIV RCTA IP104 *Proposed Amendment to Antarctic Treaty Site Guidelines for Hannah Point*.

- La motonave *Clelia II* reparó provisionalmente una ventana del puente quebrada, y una falla eléctrica y de comunicaciones que se produjo al recibir el golpe de una gran ola durante marejadas en el Paso Drake el 7 de diciembre de 2010. La embarcación regresó en condiciones seguras a Ushuaia sin informes sobre daños a pasajeros y lesiones menores a uno de los miembros de su tripulación.

- La motonave *Polar Star* colisionó con una roca que no constaba en los mapas mientras realizaba las faenas de amarre justo al norte de la isla Detaille el 31 de enero de 2011. Luego de una inspección submarina en la estación Arctowski, el país de bandera (Barbados) recomendó que los pasajeros fuesen transferidos a otras embarcaciones para su regreso a Ushuaia. Este se realizó el 3 de febrero, regresando todos los pasajeros a Ushuaia a bordo de otras embarcaciones de la IAATO, las motonaves *Marina Svetaeva, Expedition* y *Ushuaia,*el 6 de febrero. No se informó sobre lesiones a pasajeros ni a la tripulación y la motonave *Polar Star* regresó también a Ushuaia en condiciones seguras.

Actualizaciones de incidentes en temporadas anteriores:

- El Comité marino de la IAATO revisó un borrador de informe de Panamá sobre el encallamiento de la motonave *Ushuaia* en 2008 y las consiguientes medidas reparadoras establecidas por el operador, y señaló que las medidas adoptadas por el operador eran un buen ejemplo de lecciones prácticas bien aprendidas.

- La IAATO solicitó y está a la espera del informe final del país de bandera, las Bahamas, en relación con el encallamiento de la motonave *Ocean Nova*, ocurrido el 17 de febrero de 2009.

- La IAATO fue informada por Malta de que no existía informe alguno del país de bandera que se hubiera entregado relativo a la hélice o al eje dañados cuando la motonave *Clelia II* colisionó con una roca en la isla Petermann el 6 de diciembre de 2009.

Respaldo a las ciencias y a la conservación

Durante la temporada 2010-2011 los miembros de la IAATO transportaron en forma económica a más de 100 científicos y personal de apoyo y conservación del patrimonio, así como también equipos y provisiones usados por este personal, hacia y desde las estaciones, sitios en terreno y puertos de ingreso.

Además los miembros de la IAATO y sus pasajeros contribuyeron con 316.500 $ a organizaciones científicas activas en regiones antárticas y subantárticas tales como Salvar al Albatros, Fondo fiduciario para el patrimonio de Georgia del Sur, Fondo fiduciario para el patrimonio del Reino Unido, Last Ocean, Fundación de las cabañas Mawson, Fondo fiduciario para el patrimonio de la Antártida de Nueva Zelanda, Oceanites y el Fondo mundial de vida silvestre.

Con nuestros agradecimientos – a la Cooperación con los Programas nacionales, a las Partes del Tratado Antártico y a todos los participantes en la Antártida

La **IAATO** agradece la oportunidad de trabajar en cooperación con las Partes del Tratado Antártico, y con COMNAP, SCAR, CCRVMA, IHO/HCA y ASOC, entre otros, a favor de la protección a largo plazo de la Antártida.

Informe de la Organizacion Hidrografica Internacional (OHI) sobre la "cooperacion en levantamientos hidrograficos y cartografia de las aguas antarticas"

Introducción

La Organización Hidrográfica Internacional (OHI) es la organización internacional competente, según lo referido en la Convención de las Naciones Unidas sobre el Derecho del Mar, que coordina a nivel mundial el establecimiento de normas para la producción de datos hidrográficos y el suministro de servicios hidrográficos para apoyar la seguridad de la navegación y la protección y el uso sostenido del medio ambiente marino. La misión de la OHI es crear un entorno global en el que los Estados proporcionen datos hidrográficos, productos y servicios adecuados y oportunos para el mayor uso posible.

Para concentrar sus esfuerzos, la OHI tiene varias Comisiones Hidrográficas Regionales y ha creado una Comisión Hidrográfica sobre la Antártida (CHA) dedicada a promover la cooperación técnica en los campos de los levantamientos hidrográficos, la cartografía marina y la información náutica en la región antártica. Este Informe proporciona un breve resumen de las actividades de coordinación clave desde la última ATCM.

La OHI está trabajando en estrecha colaboración con diferentes organizaciones implicadas e interesadas en la Antártida, con el fin de reforzar la cooperación para mejorar la seguridad de la vida en el mar, la seguridad de la navegación y la protección del medio ambiente marino y contribuir a la investigación científica marina en la Antártida.

1.- Actividades de Coordinación Clave (por orden cronológico)

1.1. Participación de la OHI/CHA en la 21ª Reunión Anual de la IAATO.

Durante la 21ª Reunión Anual de la IAATO que se celebró en Turín, Italia, del 21 al 24 de Junio del 2010, los Presidentes de la CHA y del Grupo de Trabajo de la CHA sobre la Clasificación de los Levantamientos Hidrográficos por Prioridades hicieron una serie de presentaciones con el título: "Importancia de las Actividades Hidrográficas en la Antártida".

El objetivo de estas presentaciones fue aumentar la conciencia, a nivel operacional, de la importancia de la actividad hidrográfica en la Antártida, para asegurarse de que la IAATO evalúa mejor los riesgos existentes asociados al estado actual de la cartografía en la región e informar sobre lo que está haciendo la OHI/CHA para colmar las deficiencias y, finalmente, explorar conjuntamente cómo y en qué puede contribuir la IAATO a los esfuerzos de la OHI/CHA para mejorar la situación.

La primera presentación cubrió la implicación de la OHI y de la OHI/CHA en la Antártida; el rol, las prioridades y los logros de la CHA la Regla 9 del Capítulo V de la Convención SOLAS y la Antártida y la relación OHI/IAATO. Una segunda presentación incluyó una descripción de las Rutas de Navegación Marítima (MSRs) y un enfoque de las prioridades en materia de cartografía, del trabajo efectuado y de los futuros planes de trabajo. Se propusieron algunos casos simulados sobre el modo de reducir los riesgos gracias a los conocimientos hidrográficos. Finalmente, se consideraron algunas propuestas que podrían ser implementadas por la IAATO para contribuir a mejorar la disponibilidad de cartas náuticas fidedignas de las aguas antárticas. En particular, se explicaron las Directivas para la Recogida y Entrega de Datos Hidrográficos obtenidos por los "Buques de Oportunidad" en aguas antárticas.

Los participantes apreciaron la oportunidad de discutir de forma detallada sobre asuntos relativos a la seguridad de la navegación y su potencial implicación en la mejora de los conocimientos hidrográficos de las aguas antárticas. Se manifestó un interés especial en lo referente a las tecnologías que se incorporarán a bordo de los buques de cruceros, ya que se consideró que los datos recogidos eran una contribución potencial de la IAATO a la OHI/CHA, si dichos datos son recogidos siguiendo las normas. La IAATO confirmó que está dispuesta a seguir cooperando con y participando en las reuniones de la OHI/CHA. En conclusión, la participación de los representantes de la OHI/CHA en la reunión anual de la IAATO ha abierto nuevas oportunidades de una cooperación y colaboración mutuas con el objetivo de mejorar la seguridad de la navegación y la protección del medio ambiente marino en aguas antárticas.

1.2. La 10ª Reunión de la Comisión Hidrográfica de la OHI sobre la Antártida.

La 10ª Reunión de la Comisión Hidrográfica sobre la Antártida (CHA) se celebró en Cambridge, Reino Unido, del 20 al 22 de Septiembre del 2010, y fue organizada por el Servicio Hidrográfico del Reino Unido, con el apoyo del British Antarctic Survey (BAS).

El Dr. Nick OWENS, Director del BAS, dio la bienvenida a todos los participantes y destacó la importancia del trabajo de la CHA. El Presidente, Capitán de Navío GORZIGLIA (Director del BHI), le dio las gracias por sus amables palabras y dio también la bienvenida a los 16 Estados Miembros de la OHI (Ver **Anexo A**) presentes (Alemania, Argentina, Australia, Brasil, Chile, Corea (Rep. de), Ecuador, EE.UU., España, Francia, India, Noruega, Nueva Zelanda, Perú, Reino Unido y Sudáfrica), y a las 5 organizaciones y proyectos internacionales (COMNAP, IAATO, IALA, GEBCO, IBCSO). Un representante del Ministerio de Asuntos Exteriores y de la Mancomunidad del Reino Unido asistió también y participó activamente en el acontecimiento.

La Comisión eligió al Comodoro Rod NAIRN (Australia) como Vice-Presidente de la CHA; revisó la situación de las medidas convenidas durante la última reunión, discutió sobre el progreso efectuado y observó que casi todas las tareas habían sido completadas. Se comentaron y discutieron los informes proporcionados por la IAATO, la AISM, la GEBCO y la IBCSO, así como aquellos proporcionados por los Estados Miembros de la OHI. Se consideraron y discutieron también los informes sobre el progreso efectuado referente al esquema de cartas INT, al esquema y a la producción de ENCs, al estado de la C-55 con respecto a la Antártida y a los SIGs antárticos en vías de desarrollo en el BHI. Se identificaron varias acciones para hacer progresar adicionalmente las tareas. La Comisión lamentó que no hubiese ninguna representación ni informes de la OMI, de la COI ni de la Secretaría del TA.

La Comisión observó con satisfacción el apoyo y la contribución constantes por parte de la IAATO. En esta reunión, la delegación de la IAATO estaba compuesta por cuatro miembros, que demostraron claramente el interés de la IAATO por el trabajo de la CHA. La Comisión discutió largamente sobre las conclusiones del seminario organizado por la CHA durante la última reunión anual de la IAATO, en Junio del 2010, al igual que sobre las visitas técnicas efectuadas a buques de la IAATO, en calidad de buques de oportunidad, antes de su partida para la Antártida, informando a los Comandantes sobre el procedimiento de recogida y restitución de datos hidrográficos reunidos. Con respecto a este último tema, la IAATO se ofreció a reunir y a hacer disponibles todos los antiguos datos batimétricos recogidos por buques de la IAATO; se convino seguir efectuando las visitas de buques y se creó un grupo para estudiar las acciones complementarias para implementar el procedimiento existente.

Hubo una discusión específica sobre la disponibilidad de ENCs que cubriesen las aguas antárticas. Se convino incluir, en el informe de la OHI a la próxima ATCM, información sobre la situación de la producción de ENCs y un reclamo con el objetivo de destacar la disponibilidad de ENCs como mecanismo destinado a mejorar la seguridad de la navegación y la protección del medio ambiente marino en la región. Se convino también preparar un artículo que se someterá a la OMI para informar sobre la cobertura real de las aguas antárticas en las ENCs antes del 2012, debido a la falta de datos batimétricos, a un desajuste de los sistemas de referencia y a otros factores relevantes. Se solicitó al BHI – en calidad de coordinador de la Carta INT de la Antártida – que desarrollase y propusiese un esquema de ENCs a gran escala, para su consideración por la CHA.

El Grupo de Trabajo sobre la Clasificación de los Levantamientos Hidrográficos por Prioridades sigue analizando los requerimientos y su trabajo se verá en cierto modo mejorado con los datos de una nueva evaluación sobre las Rutas de Navegación Marítimas y los requerimientos de levantamientos, que será efectuada por los miembros de la CHA. Se esperan también datos de la IAATO, que estuvo de acuerdo en revisar los programas de levantamientos de la CHA.

Tras una amable invitación del Servicio Hidrográfico Australiano, la Comisión decidió celebrar la 11ª Reunión de la CHA en Hobart, Tasmania, Australia, del 5 al 7 de Octubre del 2011.

1.3 Participación de la OHI/CHA en la Reunión sobre la Cartografía del Fondo Marino Ártico-Antártico.

Esta reunión - cuyo objetivo fue reunir a los protagonistas clave que llevan a cabo cartografía batimétrica en aguas árticas y antárticas - fue organizada por el Profesor Martin JAKOBSSON (IBCAO) de la Universidad de Estocolmo, Suecia, y por el Dr. Hans-Werner SCHENKE (IBCSO) del "Alfred Wegener Institute for Polar and Marine Research", Alemania, con el nombre: "Arctic-Antarctic Seafloor Mapping Meeting 2011" (*Reunión del 2011 sobre la Cartografía del Fondo Marino Ártico-Antártico*). La reunión se celebró en Estocolmo, Suecia, del 3 al 5 de Mayo, y fue organizada por el Departamento de Ciencias Geológicas de la Universidad de Estocolmo.

La Carta Batimétrica Internacional del Océano Ártico (IBCAO) y la Carta Batimétrica Internacional del Océano Austral (IBCSO) son dos proyectos cuyo objetivo es compilar las representaciones batimétricas más actualizadas de estas dos regiones. La reunión fue identificada como un mecanismo de coordinación que permite mejorar la IBCAO y la IBCSO y discutir sobre los usos y los requerimientos técnicos de las compilaciones batimétricas regionales.

El discurso de presentación de la apertura fue efectuado por el Secretario Ejecutivo de la COI y el título fue: "¿Porqué tenemos que ampliar nuestros conocimientos sobre el Ártico y el Océano Austral?" y el Presidente de la OHI/CHA informó sobre el "Estado de los Levantamientos Hidrográficos y la Cartografía Náutica en la Antártida". Asistieron alrededor de 50 personas de 15 países diferentes y se efectuaron más de 11 presentaciones orales sobre la Cartografía del Fondo Marino Ártico y 7 sobre la Cartografía del Fondo Marino Antártico. Cinco presentaciones cubrieron también nuevos métodos de compilación de datos y la situación referente a la IBCAO y la IBCSO, y fueron seguidas de sesiones introductorias separadas sobre el Ártico y el Antártico. Se celebró además una sesión de pósters.

Ambos proyectos de la IBC contaron con Miembros organizados e identificados de sus respectivos Comités Editoriales. Se consideró que la coordinación entre las comisiones responsables de estas dos IBCs, la Comisión Hidrográfica Regional Ártica y la Comisión Hidrográfica sobre la Antártida, respectivamente, era vital para la mejora de la Cartografía del Fondo Marino de estas regiones. Se identificaron también los detalles técnicos y los objetivos y se coordinó su ejecución. Se reconocieron los esfuerzos efectuados por las organizaciones matrices de la GEBCO, la COI y en particular la OHI, para proporcionar apoyo al desarrollo de los proyectos. El Proyecto GEBCO de la Nippon Foundation fue identificado como un apoyo potencial para el desarrollo de un proyecto antártico, con el fin de continuar el trabajo de compilación batimétrica dirigido hasta ahora por la IBCSO. Para asegurar un seguimiento y avanzar más rápidamente en estas cuestiones, se decidió celebrar la próxima reunión de coordinación conjunta en Mayo de 2012, en un lugar aún por decidir.

1.4 Participación de la OHI/CHA en la 22ª Reunión Anual de la IAATO.

El Vice-Presidente de la CHA representó a la OHI/CHA en la 22ª Reunión Anual de la IAATO que se celebró en Hobart, Australia, el 10 de Mayo del 2011. Durante la misma se dio la oportunidad a la OHI/CHA de proporcionar participantes y un seguimiento de las acciones y conclusiones desde la última reunión de la CHA en Cambridge, que implicó a la IAATO:

Acción 10/1: Invitar a la IAATO a hacer que los datos batimétricos anteriores estén disponibles, con vistas a mejorar el proceso de toma de decisiones sobre la atribución de prioridades en los levantamientos hidrográficos. Pueden proporcionarse los datos al BHI o directamente al Presidente del HSPWG.

Conclusiones - la contribución de la IAATO ha empezado y se han recibido datos en el BHI, lo que le ha permitido ponerse en contacto con las naciones productoras y notificarles la existencia de dicha información, en beneficio de la serie de Cartas INT. Esto se está continuando. De hecho, los datos han sido transmitidos al SH del RU. Esta es una señal positiva que debería reconocerse y promoverse para animar a las otras naciones a efectuar sumisiones de datos adicionales;

Acción 10/2 : Desarrollar acciones futuras complementarias para implementar visitas de buques y directivas sobre el proceso de las visitas de buques de la IAATO. El BHI diseminará dichos procedimientos a las partes relevantes. Conclusiones - el desarrollo del procedimiento está en curso;

Acción 10/3 : Coordinar la visita de hidrógrafos de Argentina, Australia, Brasil, Chile, Nueva Zelanda y del RU, del HMS Scott a los buques de la IAATO, cuando visiten puertos en ruta hacia la Antártida, o en la Antártida, para informarles sobre la recogida y entrega de datos hidrográficos, e informar sobre esta experiencia a la 11ª Reunión de la CHA.

Conclusiones - invitar a la IAATO a considerar ponerse en contacto directamente con los Estados Miembros de la CHA relevantes durante todas las visitas posibles a puertos, efectuadas antes y después de dirigirse a la Antártida, para asegurar un fluido intercambio de información para que la recogida de datos hidrográficos sea efectuada en conformidad con los protocolos establecidos y para facilitar la entrega puntual de los datos y la información recogidos. Esta acción está siendo implementada por los buques de la IAATO junto con los Servicios Hidrográficos relevantes.

La presentación efectuada se refirió también al problema abordado por la IAATO, según la cual algunas de las cartas internacionales no contenían la información más completa. Para resolver esto, se han emprendido las siguientes medidas:

a) Se han atribuido acciones específicas a los Estados Miembros, para proporcionar sus datos hidrográficos adicionales a la nación productora de la Carta INT;

b) Se ha compilado un Catálogo de Cartas Nacionales en el Antártico, que ha sido publicado en Febrero del 2011 en el sitio Web de la CHA.

Con respecto a la disponibilidad de ENCs, se indicó que los Servicios Hidrográficos nacionales han estado trabajando a un ritmo frenético para completar la cobertura de ENCs de sus aguas costeras y de las ZEEs - para cumplir las fechas límite de la OHI frente a la implementación de las prescripciones obligatorias de la OMI referentes al transporte de ECDIS. Ahora que la fecha límite inicial para la cobertura de ENCs ha pasado y que la mayoría de los estados costeros han completado la cobertura en ENCs de sus propias ZEEs, puede esperarse una rápida mejora en la cobertura de ENCs en el Antártico. Sin embargo, tiene que considerarse que una ENC es sólo tan correcta como los datos en los que está basada - si la carta de papel existente es inadecuada (zonas sin levantar, etc.), entonces una ENC que se derive de la misma será también inadecuada.

El representante de la OHI/CHA intenta continuar la cooperación con la IAATO, en particular para:

(i) Animar a las naciones con programas antárticos a recoger tanta información hidrográfica como sea posible y a compartir esa información con la nación productora de la Carta Internacional (y/o el BHI);

(ii) Mantener la presión en los Gobiernos/los Servicios Hidrográficos Nacionales para aumentar la prioridad de la producción de Cartas Antárticas;

(iii) Animar a todos los buques que naveguen en el Antártico a recoger de forma rutinaria la información hidrográfica y a proporcionarla a la OHI/la Autoridad Cartográfica;

(iv) Buscar métodos y sistemas para automatizar la recogida de datos y simplificar la entrega de información mientras se mantienen los metadatos necesarios para que sea evaluable y útil.

2.- Estado de los Levantamientos Hidrográficos y la Producción de Cartografía Náutica

2.1 Levantamientos Hidrográficos

De los Informes Nacionales sometidos a la última reunión de la CHA, sólo 6 indicaron que se habían efectuado algunos levantamientos hidrográficos sistemáticos durante la temporada 2009/2010. De éstos, dos corresponden a levantamientos llevados a cabo por buques científicos implicados en proyectos de mayor alcance, en los que se había recogido la batimetría, que entendemos se había entregado a los Servicios Hidrográficos nacionales para su uso en la mejora de cartas náuticas. No hay ninguna evaluación aún con respecto a a temporada 2010/2011.

Se espera que, con el encargo de nuevos buques hidrográficos y con equipo moderno instalado en los mismos, en un futuro próximo se mejorará la capacidad de llevar a cabo levantamientos en la Antártida.

Se aprecia la contribución aportada por los buques de la IAATO y por otros Buques de Oportunidad y los datos recogidos proporcionan información útil a las autoridades cartográficas.

El Grupo de Trabajo de la CHA sobre la Clasificación los Levantamientos por Prioridades, con la cooperación de COMNAP y de la IAATO, sigue avanzando en su mandato y en la preparación de gráficos que reflejan el estado de los activos de levantamientos hidrográficos, en las zonas prioritarias preseleccionadas y en las Cartas INT asociadas.

2.2 Producción de Cartas Náuticas

Hasta principios de los años 90, la cobertura de cartas náuticas en la Antártida se limitaba a aquellas producidas por un número de Servicios Hidrográficos de los Estados Miembros de la OHI para sus zonas de interés. La cobertura fue incoherente, con mucha duplicación.

Para armonizar la cobertura de cartas, optimizar los costes de producción y servir mejor al navegante, la OHI adoptó un esquema de cartas internacionales (INT) para las aguas antárticas, basado en los siguientes criterios:

- una cobertura adecuada para la navegación internacional;
- una conformidad con las especificaciones cartográficas de la OHI;
- un número mínimo de cartas;
- una cobertura específica para el acceso a bases científicas permanentes y a aquellas zonas más frecuentemente visitadas por los buques de cruceros;
- la responsabilidad de la producción de cartas compartida por los Estados Miembros de la OHI voluntariamente;
- la adopción del WGS-84 como datum geodésico común.

El resultado general es un esquema de cartas INT coherente, de unas 108 cartas, de las que aproximadamente la mitad cubren la Península Antártica. El esquema incluye una serie costera continua a pequeñas escalas (1:10.000.000 y 1: 2.000.000), cartas a escalas medias (1:150.000 a 1:500.000) en los aproches de las bases científicas, y cartas a grandes escalas (1:10.000 a 1:50.000) alrededor de esas bases y en pasajes críticos.

La producción de estas cartas INT es compartida por los 17 Estados Miembros de la OHI siguientes: Alemania, Argentina, Australia, Brasil, Chile, EE.UU., España, Federación Rusa, Francia, India, Italia, Japón, Noruega, Nueva Zelanda, Perú, Reino Unido y Sudáfrica. A partir de Marzo del 2011, se han publicado unas 65 Cartas INT, ver el **Anexo B**.

La fuerza motriz que permite la progresión de la producción de cartas INT es la disponibilidad de datos de levantamientos hidrográficos multihaz de buena calidad para las zonas implicadas. En muchas zonas que no están aún cubiertas, o bien no hay datos o se trata de datos antiguos de calidad insuficiente. Todo progreso significativo para completar la producción del esquema en su conjunto dependerá entonces de la capacidad de llevar a cabo levantamientos hidrográficos según las normas modernas.

La lejanía y el entorno hostil de la zona son la causa de los elevados costes de los levantamientos. Este hecho y la prioridad atribuida por los Estados Miembros de la OHI a los levantamientos de sus propias aguas nacionales son factores que limitan la progresión de la producción de cartas INT para la Antártida.

Se están haciendo esfuerzos sustanciales para preparar las Cartas Electrónicas de Navegación (ENCs) de la Antártida. Hasta ahora se ha definido que los Servicios Hidrográficos voluntarios que hayan asumido la responsabilidad de producir la Cartas INT de papel consideradas en el Esquema de Cartas INT, serán también responsables de la producción de las ENCs correspondientes que cubren esa zona.

La OHI/CHA se ha puesto de acuerdo ya sobre un esquema de cartas a escalas pequeña y media para ENCs que cubren las aguas antárticas y está trabajando en la preparación de un esquema a gran escala, basado en las cartas de papel existentes y en otros requerimientos.

Varios Servicios Hidrográficos han iniciado la producción de ENCs que cubren las aguas antárticas. Hasta ahora hay 48 celdas ENCs disponibles (ver **Anexo C**) y el programa de producción para el futuro próximo parece prometedor. Sin embargo, aquellas zonas para las que no hay datos ni información fidedignos para producir las Cartas INT de papel se enfrentarán probablemente a los mismos problemas en su versión ENC, o sea que no deberíamos esperar que las deficiencias reales sean cubiertas por ENCs a breve o medio plazo, ya que el progreso será posible sólo después de que se hayan llevado a cabo nuevos levantamientos hidrográficos.

3.- Conclusiones

13. La OHI/CHA sigue preocupada por el progreso extremadamente lento logrado en términos de datos batimétricos reunidos en el periodo 2009/2010, debido a que se efectuaron pocos levantamientos hidrográficos;

14. Varios Servicios Hidrográficos están progresando en la producción de ENCs que cubren las aguas antárticas, según el esquema ENC convenido por la OHI/CHA. Sin embargo, se ha tenido en cuenta que una ENC es sólo tan correcta como los datos en los que está basada;

15. La OHI/CHA reconoce y aprecia la cooperación y la contribución recibida de varias organizaciones internacionales, particularmente de la IAATO y de instituciones dedicadas a investigación, que han puesto a su disposición antiguas colecciones de datos batimétricos informativos, al igual que nuevos datos de levantamientos hidrográficos normalizados. Este esfuerzo en la recogida de datos proporciona un apoyo directo a la producción de Cartas INT y de ENCs que cubren las aguas antárticas.

4.- Recomendaciones

Se recomienda que la XXXIVª ATCM:

1. Tome buena nota del Informe de la OHI;

2. Anime a los Servicios Hidrográficos de los países que pertenezcan al Sistema del Tratado Antártico (TA) a acelerar la producción de ENCs basándose en la información existente, y a llevar a cabo levantamientos hidrográficos de las partes que faltan en la zonas prioritarias identificadas por la OHI/CHA, de modo que puedan producirse las Cartas INT y que estén disponibles lo antes posible.

Mónaco, Mayo del 2011.

ANEXOS: (En Inglés solamente)

A: Miembros de la CHA;

B: Estado de la Producción actua. de Cartas INT (Mayo del 2011);

C: Producción de ENCs (Mayo del 2011)

Annex A

HCA MEMBERSHIP

(May 2011)

MEMBERS:

Argentina
Australia
Brazil
Chile
China
Ecuador
France
Germany
Greece
India
Italy
Japan
Korea, Republic of
New Zealand
Norway
Peru
Russian Federation
South Africa
Spain
United Kingdom
Uruguay
USA
Venezuela

OBSERVER ORGANIZATIONS:

Antarctic Treaty Secretariat (ATS)

Council of Managers of National Antarctic Programmes (COMNAP)

Standing Committee on Antarctic Logistics and Operations (SCALOP)

International Association of Antarctic Tour Operators (IAATO)

Scientific Committee on Antarctic Research (SCAR)

International Maritime Organization (IMO)

Intergovernmental Oceanographic Commission (IOC)

General Bathymetric Chart of the Oceans (GEBCO)

International Bathymetric Chart of the Southern Ocean (IBCSO)

IHO Data Center for Digital Bathymetry (DCDB)

Australian Antarctic Division

Antarctica New Zealand

Annex B

INT Chart Present Production Status (May 2011)

STATUS OF INTERNATIONAL CHART PRODUCTION IN ANTARCTICA
(1 of 2)

STATUS OF INTERNATIONAL CHART PRODUCTION IN ANTARCTICA
(2 of 2)

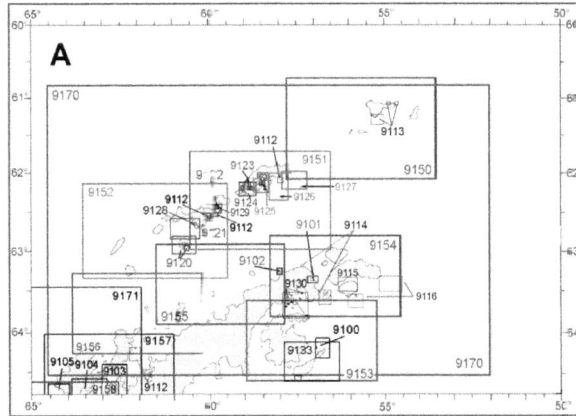

Not published
Published
In preparation

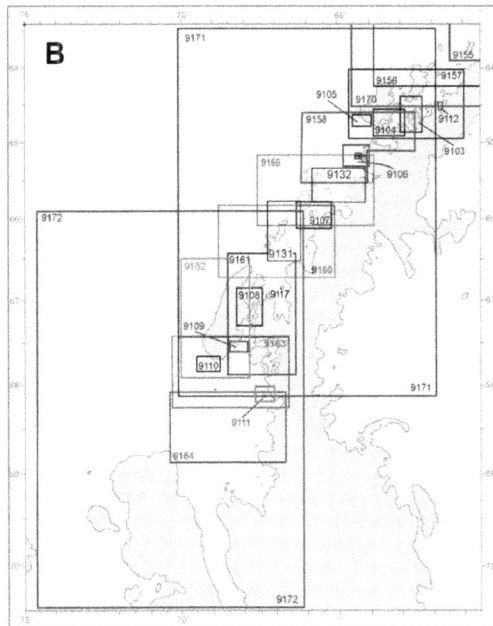

Annex C

ENC Production (May 2011)

STATUS OF ENC PRODUCTION IN ANTARCTICA (1 of 3)
SMALL-SCALE «OVERVIEW» ENCs
(based on the 1: 10M and 1: 2M INT Chart Series)

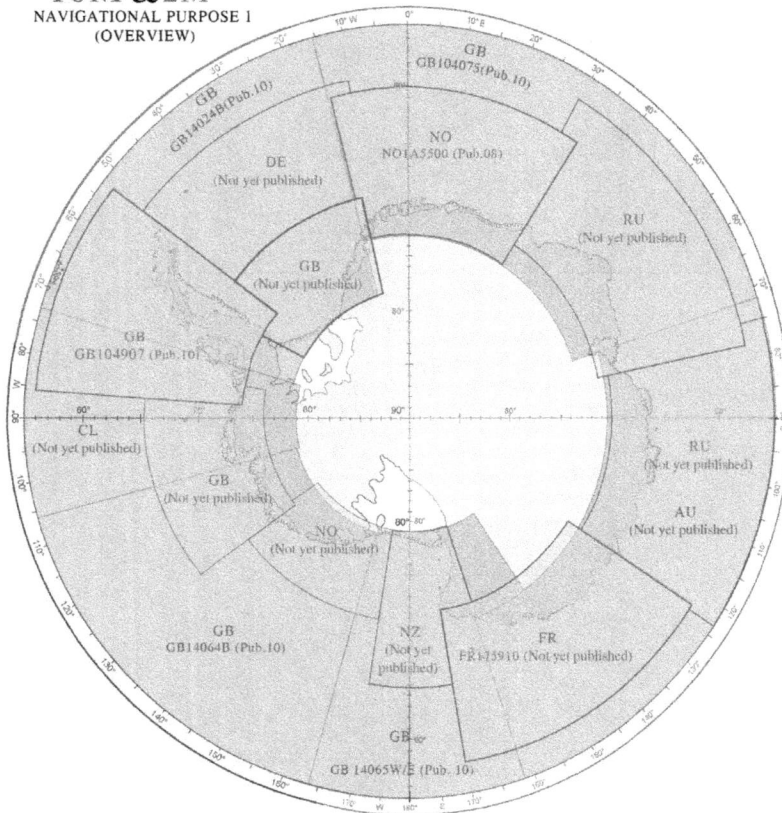

10M & 2M
NAVIGATIONAL PURPOSE 1
(OVERVIEW)

STATUS OF ENC PRODUCTION IN ANTARCTICA (2 of 3)
MEDIUM-SCALE « GENERAL» and «COASTAL» ENCs

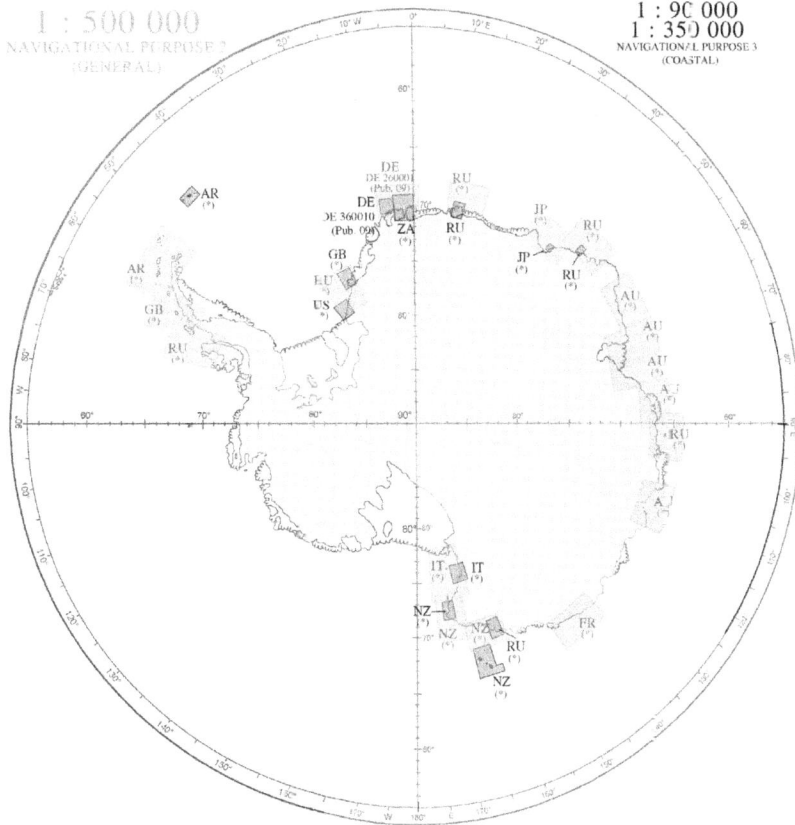

(*) Not yet published

STATUS OF ENC PRODUCTION IN ANTARCTICA (3 of 3)
MEDIUM-SCALE «COASTAL» ENCs
(based on the medium-scale INT Chart Series)

Antarctic Peninsula

1 : 90 000
1 : 350 000
NAVIGATIONAL PURPOSE 3
(COASTAL)

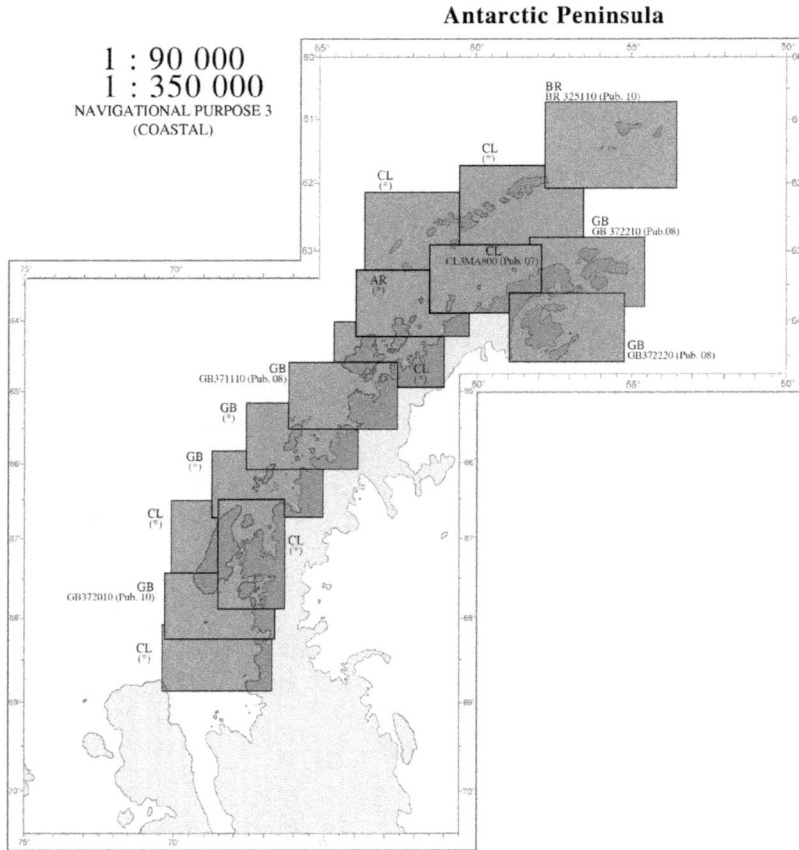

(*) Not yet published

Note: Additionally, 12 large-scale ENCs have been published by Brazil (2 ENCs), Chile (3 ENCs), France (2 ENCs), Italy (1 ENC) and United Kingdom (4 ENCs), including 9 ENCs in the Antarctic Peninsula.

CUARTA PARTE

Documentos adicionales de la XXXIV RCTA

1. Documentos adicionales

Resumen de la conferencia del SCAR

Identificación de la huella humana en la Antártida: caso de estudio
Por Mahlon Kennicutt II

La Conferencia del SCAR de 2011 "Identificación de la huella humana en la Antártida: caso de estudio" fue presentada por el Presidente del SCAR, Mahlon "Chuck" Kennicutt II. La Fundación Nacional de Ciencia de los Estados Unidos ha financiado un programa de seguimiento a largo plazo que analiza el impacto de la ciencia y la logística en la Estación McMurdo, la mayor base científica en la Antártida. La conferencia se basó en dos documentos de información (IP 1 e IP 2).

El primero de dichos documentos (IP 1) describe cómo los análisis de muestras del suelo ha demostrado que los contaminantes más comunes son hidrocarburos procedentes del combustible, presente a niveles tan bajos que no se esperan respuestas biológicas significativas o crónicas. De igual manera, los metales contaminantes que se encuentran por lo general presentes corresponden a niveles de fondo o similares, y no se espera que generen efectos biológicos importantes o crónicos. Dada la actividad de remediación, no se identificó una fuerte correlación entre los lugares donde han ocurrido derrames y los niveles de contaminantes del suelo. Sin embargo, los mayores niveles de hidrocarburos se detectaron en áreas en donde el combustible se almacena o transfiere a vehículos, y en áreas de estacionamiento y tráfico de vehículos.

Los sedimentos marinos sufrieron la contaminación a raíz de los métodos de desecho aplicados con anterioridad a 1980. Se detectaron bifenilos policlorados (BPC), hidrocarburos de petróleo y metales en los sedimentos cercanos a la Estación, en concentraciones que hacen suponer la generación de respuestas biológicas. Las concentraciones de BPC son mayores cerca de la boca de las aguas residuales.

Tanto en las muestras terrestres como marinas, los hidrocarburos se encontraban biodegradados, lo que indica que la zona que rodea la Estación Mc Murdo cuenta con una población autóctona de bacterias degradadoras de hidrocarburos. Sin embargo, los BPC se encontraban inalterados, lo que indica que los microbios *in situ* cuentan con capacidades limitadas para degradar compuestos químicos sintéticos.

Desde una perspectiva de gestión, estos datos son útiles a fin de:

- Identificar indicadores de seguimiento y protocolos adecuados para el medioambiente antártico;
- Evaluar los elementos del diseño del programa; y
- Aportar información para las actividades de seguimiento en otras partes de la Antártida.

El segundo documento de información (IP 2) describe cómo, utilizando fotografías aéreas tomadas entre 1956 y 2005, los investigadores identificaron áreas en donde la superficie del suelo ha sido visiblemente alterada por actividades antropogénicas (p.ej. carreteras, edificios, desaparición del patrón original del microrrelieve periglaciar de polígonos). Los análisis de fotografías aéreas históricas y actuales, efectuado a través del Sistema de Información Geográfica (GIS), muestran que la mayor alteración de las superficies físicas en tierra (p.ej., la creación de la huella física de la estación) ocurrieron durante los primeros años de la historia de la estación, y la huella no se ha expandido demasiado desde la década de 1970.

Desde una perspectiva de gestión, estos datos son útiles a fin de:

- Adquirir una perspectiva histórica del impacto ambiental observado
- Contribuir a la comprensión del estado actual del medioambiente en el área que rodea a la Estación McMurdo;
- Evaluar los elementos del diseño del programa; y
- Aportar información para las actividades de seguimiento en otras partes de la Antártida.

La presentación se encuentra disponible en formato pdf en: http://www.scar.org/communications/ATCM%202011%20SCAR%20Lecture/Kennicutt_ATCM.pdf

2. Lista de documentos

2. Lista de documentos

Documentos de trabajo								
Número	Puntos del programa	Título	Suministrado por	I	F	R	E	Adjuntos
WP001	RCTA 11 CPA 10	Inspección realizada por Japón de acuerdo con el Artículo VII del Tratado Antártico y el Artículo XIV del Protocolo de Protección Ambiental	Japón	X	X	X	X	
WP002 rev.1	RCTA 9	Sistema de alerta temprano para Antártida por la llegada de olas generadas por terremotos	Argentina	X	X	X	X	
WP003	CPA 7a	Plan de gestión revisado para la ZAEP N° 120, Pointe-Géologie Archipelago, Tierra de Adelia	Francia	X	X	X	X	ZAEP 120 Plan de Gestión revisado
WP004	CPA 7a	Plan de gestión de la ZAEP N° 166. Puerto Martin, Tierra ce Adelia. Propuesta de prórroga del plan existente	Francia	X	X	X	X	
WP005	CPA 7b	Propuesta para añadir el edificio N° 1, que conmemora la expedición antártica de China a la estación Gran muralla, a la lista de Sitios y Monumentos históricos	China	X	X	X	X	
WP006	CPA 7a	Plan de gestión revisado para la Zona Antártica Especialmente Protegida N° 149, Cabo Shirreff e isla San Telmo, Isla Livingston, Islas Shetland del Sur	Estados Unidos Chile	X	X	X	X	ASPA 149 Map 1 ASPA 149 Map 2 ASPA 149 Map 3 Plan de gestión revisado ZAEP No. 149
WP007	CPA 6a	Informe del grupo de contacto abierto intersesional para considerar el proyecto de CEE para la "Construcción y Operación de la Base Jang Bogo, bahía Terra Nova, Antártida"	Australia	X	X	X	X	
WP008	RCTA 20 CPA 14	Calendario propuesto para la 35ª Reunión Consultiva del Tratado Antártico, Hobart, 2012	Australia	X	X	X	X	
WP009	CPA 7a	Plan de gestión revisado para la Zona Antártica Especialmente Protegida N.º 122 Alturas de Arrival, Península Hut Point, Isla Ross	Estados Unidos	X	X	X	X	ASPA 122 Map 1 ASPA 122 Map 2 ZAEP 122 Plan ce gestión revisado
WP010	CPA 7a	Desarrollo de un plan de protección especial en el glaciar Taylor y las Cataratas de Sangre, el valle de Taylor, los valles secos de McMurdo, la Tierra de Victoria	Estados Unidos	X	X	X	X	Appendix A – Protected Area Boundary Options
WP011	RCTA 10	Medidas adoptadas en respuesta a la presencia no autorizada de veleros franceses en la zona del Tratado, y a los daños ocasionados en la cabaña Wordie House -	Francia	X	X	X	X	

Documentos de trabajo								
Número	Puntos del programa	Título	Suministrado por	I	F	R	E	Adjuntos
		Observaciones sobre las repercusiones del hecho						
WP012	CPA 8a	Generar conciencia acerca de la introducción de especies no autóctonas: resultados de los talleres y listas de verificación para los gestores de cadena de suministro	COMNAP SCAR	X	X	X	X	COMNAP/SCAR Checklists for Supply Chain Managers COMNAP/SCAR NNS Workshop Report
WP013	CPA 7a	Grupo subsidiario sobre planes de gestión – Informe sobre los términos de referencia n.o 4 y n.o 5: Mejoramiento de los planes de gestión y procedimientos para su revisión entre sesiones	Australia	X	X	X	X	Resolución 2 (2011) - Anexo
WP014	CPA 6a	Informe del grupo de contacto abierto intersesional (GCI) para considerar el Proyecto de CEE para la "Propuesta de exploración del lago subglacial Ellsworth, Antártida"	Noruega	X	X	X	X	
WP015 rev.1	CPA 9	Técnicas de teledetección para una vigilancia más efectiva del cambio ambiental y climático en la Antártida	Reino Unido	X	X	X	X	
WP016	CPA 6a	Proyecto de Evaluación Medioambiental Global (CEE) para la propuesta de exploración del lago subglacial Ellsworth, Antártida	Reino Unido	X	X	X	X	Informe no técnico
WP017	CPA 7c	Revisión de las directrices de sitio para la caleta Balleneros, isla Decepción, islas Shetland del Sur	Reino Unido Argentina Chile Noruega España Estados Unidos	X	X	X	X	Directrices de sitio revisadas Caleta Balleneros
WP018	CPA 7a	Propuesta de actividades de vigilancia en la Zona Antártica Especialmente Protegida (ZAEP) n.º 107 isla Emperor, islas Dion, bahía Margarita, Península Antártica	Reino Unido	X	X	X	X	
WP019	RCTA 10	Evaluación de Actividades en Tierra en la Antártida	Reino Unido	X	X	X	X	
WP020	RCTA 10	Recopilación de datos e informes sobre la actividad de navegación a vela en la Antártida en 2010/2011	Reino Unido	X	X	X	X	
WP021	RCTA 10	Turismo antártico: Hacia un enfoque estratégico y activo a través de un inventario de preguntas pendientes	Países Bajos Reino Unido	X	X	X	X	
WP022	RCTA 5	Procedimiento adicional para las consultas intersesionales entre las PCTA	Países Bajos Alemania	X	X	X	X	
WP023	CPA 7a	Revisión del Plan de Gestión para la Zona Antártica Especialmente	Reino Unido	X	X	X	X	ZAEP 140 - Plan de gestión revisado

Documentos de trabajo								
Número	Puntos del programa	Título	Suministrado por	I	F	R	E	Adjuntos
		Protegida (ZAEP) 140, Partes de la Isla Decepción, Islas Shetland del Sur						
WP024	RCTA 5	Informe de avance del Grupo de Contacto Intersesional sobre la Revisión de las Recomendaciones de la RCTA	Argentina	X	X	X	X	
WP025	RCTA 5 CPA 4	Presentación oportuna de documentos antes de las RCTA	Alemania Estados Unidos	X	X	X	X	
WP026	RCTA 10	Revisión por parte de la RCTA del Reglamento de Turismo	Estados Unidos Francia Alemania Países Bajos Nueva Zelandia	X	X	X	X	
WP027	CPA 7b	Informe de los debates informales sobre Sitios y Monumentos Históricos	Argentina	X	X	X	X	
WP028	CPA 12	Aspectos ambientales relacionados con la posibilidad práctica de reparar o remediar el daño ambiental	Australia	X	X	X	X	
WP029	CPA 7a	Plan de gestión revisado para la Zona Antártica Especialmente Protegida N.o 167, isla Hawker, tierra de la Princesa Isabel	Australia	X	X	X	X	ASPA 167 Map A ASPA 167 Map B ZAEP 167 Plan de gestión revisado
WP030	CPA 7c	Directrices para el área de visitantes del valle de Taylor, Tierra de Victoria Sur	Nueva Zelandia Estados Unidos	X	X	X	X	Directrices para el Valle de Taylor Site Guidelines Taylor Valley Image 1 Site Guidelines Taylor Valley Map 1 Site Guidelines Taylor Valley Map 2 Site Guidelines Taylor Valley Overview
WP031	CPA 7a	Revisión del Plan de Gestión para la Zona Antártica Especialmente Protegica N.º 116: Valle New College, playa Caughley, cabo Bird, isla Ross	Nueva Zelandia	X	X	X	X	ASPA 116 Map A ASPA 116 Map B ZAEP 116 Plan de gestión revisado
WP032	CPA 7f	Mejora de la base de datos sobre Zonas Antárticas Protegidas a fin de facilitar la evaluación y el desarrollo del sistema de zonas protegidas	Australia	X	X	X	X	
WP033	CPA 7a	Revisión del plan de gestión para la Zona Antártica Especialmente Protegida No. 131: glaciar Canadá, lago Fryxell, valle Taylor, Tierra de Victoria	Nueva Zelandia	X	X	X	X	ASPA 131 Map A ASPA 131 Map B ZAEP 131 Plan de gestión revisado
WP034	CPA 8a	Informe 2010- 2011 del Grupo de Contacto Intersesional sobre especies no autóctonas	Nueva Zelandia	X	X	X	X	Resolución 6 (2011) - Anexo
WP035	CPA 7d	Comprender los conceptos de huella y vida silvestre en relación con la protección	Nueva Zelandia	X	X	X	X	

Documentos de trabajo								
Número	**Puntos del programa**	**Título**	**Suministrado por**	**I**	**F**	**R**	**E**	**Adjuntos**
		del entorno antártico						
WP036	RCTA 5 CPA 4	Propuesta de método nuevo para el manejo de documentos informativos	Australia Francia Nueva Zelandia	X	X	X	X	
WP037	RCTA 10	Directrices para yates que complementan los estándares de seguridad del tráfico de buques alrededor de la Antártida	Alemania Australia Noruega Reino Unido Estados Unidos	X	X	X	X	
WP038	CPA 8c	Foro de debate de autoridades competentes sobre la Antártida (DFCA por sus siglas en inglés): Impactos del sonido submarino en las aguas antárticas	Alemania	X	X	X	X	
WP039	CPA 7a	Plan de Gestión Revisado para la Zona Antártica Especialmente Administrada N° 2, Valles Secos de McMurdo, Tierra de Victoria Meridional	Nueva Zelandia Estados Unidos	X	X	X	X	ASMA 2 Map 1 ASMA 2 Map 2 ZAEA 2 Apéndice A ZAEA 2 Apéndice B ZAEA 2 Apéndice C ZAEA 2 Apéndice D ZAEA 2 Apéndice E ZAEA 2 Apéndice F ZAEA No. 2 Plan de gestión revisado
WP040	RCTA 5	Fortalecimiento del respaldo al Protocolo de Madrid	Francia Australia España	X	X	X	X	Llamamiento a favor del relanzamiento del proceso de ratificación del Protocolo de Madrid
WP041	CPA 7f	Cuarto informe de progreso acerca de las deliberaciones del Grupo de Trabajo Internacional sobre las posibilidades de gestión ambiental de la península Fildes y la península Ardley	Chile Alemania	X	X	X	X	
WP042	CPA 6a	Proyecto de Evaluación Medioambiental Global para la construcción y operación de la Estación de Investigación Antártica Jang Bogo en la Bahía de Terra Nova en la Antártida	Corea RDC	X	X	X	X	Annex A. Non-technical summary
WP043	CPA 5	Desarrollar una metodología simple para clasificar las Zonas Antárticas Especialmente Protegidas según su vulnerabilidad al cambio climático	Reino Unido Noruega	X	X	X	X	
WP044	RCTA 13 CPA 5	Informe de avance de la RETA referido al cambio climático	Reino Unido Noruega	X	X	X	X	
WP045	CPA 7c	Informe del grupo de contacto intersesional abierto sobre la revisión de los elementos ambientales de la Recomendación XVIII-1	Australia	X	X	X	X	Resolución X (2011) Directrices para visitantes a la Antártida
WP046	RCTA 10	Limitación de las actividades turísticas y no gubernamentales solo para los sitios a los que se aplican Directrices para	Francia	X	X	X	X	

Documentos de trabajo								
Número	Puntos del programa	Título	Suministrado por	I	F	R	E	Adjuntos
		visitas a sitios						
WP047	CPA 7a	Grupo subsidiario sobre planes de gestión – Informe sobre los Términos de referencia 1 y 3: Revisión de los Proyectos de Planes de Gestión	Australia	X	X	X	X	Plan de gestión revisado para la ZAEP 126
WP048	RCTA 10	Informe del Grupo de contacto intersesional sobre la supervisión del turismo en la Antártida	Argentina	X	X	X	X	DRAFT MODULE OF QUESTIONS FOR VISITORS' IN-FIELD ACTIVITIES
WP049	RCTA 10 CPA 7c	Directrices para la playa noreste de península Ardley (isla Ardley), isla Rey Jorge / isla 25 de Mayo, islas Shetland del Sur	Chile Argentina	X	X	X	X	Guia para sitios que reciben visitas peninsula Ardley Guia para sitios que reciben Visitas peninsula Ardley
WP050	CPA 7a	Plan de gestión revisado para la Zona Antártica Especialmente Protegida (ZAEP) N.º 165 punta Edmonson, Mar de Ross	Italia	X	X	X	X	ASPA 165 Map 1 ASPA 165 Map 2 ASPA 165 Map 3 ASPA 165 Map 4 Plan de gestión revisado para la ZAEP 165
WP051	RCTA 11 CPA 10	Inspecciones de Australia dentro del marco del Tratado Antártico y el Protocolo Ambiental: enero de 2010 y enero de 2011	Australia	X	X	X	X	
WP052 rev.1	CPA 7c	Guía para el visitante de Cabañas de Mawson y Cabo Denison, Antártida oriental	Australia	X	X	X	X	
WP053	CPA 8a	Medidas para reducir el riesgo de introducción de especies no autóctonas a la región antártica en relación con los alimentos frescos	SCAR	X	X	X	X	
WP054	CPA 6b	Tecnología para la investigación de los estratos de agua del lago subglacial Vostok	Federación de Rusia	X	X	X	X	
WP055	RCTA 5	Sobre la estrategia para el desarrollo de actividades de la Federación rusa en la Antártida durante el periodo comprendido hasta el año 2020 y perspectivas de mayor plazo	Federación de Rusia	X	X	X	X	
WP056	RCTA 9	Medidas para garantizar la seguridad de los buques en aguas antárticas adoptadas por la Federación rusa	Federación de Rusia	X	X	X	X	
WP057	CPA 7f	Sobre la necesidad de realizar un constante monitoreo de los valores de las Zonas Antárticas Especialmente Protegidas y de las Zonas Antárticas Especialmente Administradas	Federación de Rusia	X	X	X	X	
WP058	CPA 7a	Plan de gestión revisado para la Zona Antártica Especialmente Protegida Nº 127 "ISLA HASWELL" (Isla Haswell y criadero contiguo en hielo fijo de pingüinos emperador)	Federación de Rusia	X	X	X	X	ZAEP 127 Plan de gestión revisado

Documentos de trabajo								
Número	Puntos del programa	Título	Suministrado por	I	F	R	E	Adjuntos
WP059	CPA 7b	Proposición de modificación del Monumento Histórico N° 82. Instalación de Placas Conmemorativas en el Monumento al Tratado Antártico	Chile	X	X	X	X	
WP060	RCTA 18	Propuesta para acortar las Reuniones Consultivas del Tratado Antártico	Noruega	X	X	X	X	
WP061 rev.1	CPA 7f	Informe del Taller del CPA sobre Zonas Antárticas Especialmente Administradas marinas y terrestres. Montevideo, Uruguay, 16 y 17 de junio de 2011	Australia Uruguay	X	X	X	X	

Documentos de información								
Número	Puntos del programa	Título	Suministrado por	I	F	R	E	Adjuntos
IP001	CEP 7d	Temporal and spatial patterns of anthropogenic disturbance at McMurdo Station, Antarctica	United States	X				Kennicutt et al. 2010 Temporal and spatial patterns of anthropogeric disturbance at McMurdo Station, Antarctica
IP002	CEP 7d	The historical development of McMurdo Station, Antarctica, An environmental perspective.	United States	X				Klein et al. 2008 The historical development of McMurdo station, Antarctica, an environmental perspective.
IP003	ATCM 4	Report Submitted to Antarctic Treaty Consultative Meeting XXXIV by the Depositary Government for the Convention for the Conservation of Antarctic Seals in Accordance with Recommendation XIII-2, Paragraph 2(D)	United Kingdom	X	X	X	X	
IP004	ATCM 11 CEP 10	Japanese Inspection Report 2010	Japan	X				
IP005	ATCM 12	60th Anniversary of the Argentine Antarctic Institute	Argentina	X		X		
IP006	ATCM 9	Report on the Evacuation of an Altitude Sickness-suffered Expeditioner at the Kunlun Station in Dome A	China	X				
IP007	ATCM 12	Brief Introduction of the Fourth Chinese National Arctic Expedition	China	X				
IP008	ATCM 13 CEP 5	COMNAP Energy Management Workshop	COMNAP	X				
IP009	ATCM 10 CEP 7c	Antarctic Site Inventory 1994-2011	United States	X				
IP010	ATCM 4 CEP 11	The Annual Report for 2010 of the Council of Managers of National Antarctic Programs (COMNAP)	COMNAP	X	X	X	X	
IP011	ATCM 13	Permafrost and climate change in the maritime Antarctic. 5 Years of permafrost research at the St Kliment Ohridski Station in Livingston Island	Bulgaria Portugal	X				
IP012	CEP 7c	Guidelines of environmental behavior of the expedition participants and visitors to the Bulgarian Base in Antarctica	Bulgaria	X				
IP013	CEP 6a	The Draft Comprehensive Environmental Evaluation (CEE) for the Proposed Exploration of Subglacial Lake Ellsworth, Antarctica	United Kingdom	X				Draft CEE for the Proposed Exploration of Subglacial Lake Ellsworth
IP014	ATCM 10	IAATO Yacht Outreach Campaign	IAATO	X				Yacht Outreach Pamphlet Yacht Outreach Poster
IP015	ATCM 10	Training Course for Yachts intending to visit Antarctica	United Kingdom	X				
IP016	ATCM 17	Report on the recent bioprospecting activities carried out by Argentina during the period 2010-	Argentina	X		X		

			Documentos de información					
Número	Puntos del programa	Título	Suministrado por	I	F	R	E	Adjuntos
		2011						
IP017	ATCM 12	Bioremediation of Antarctic soils contaminated with hydrocarbons. Rational design of bioremediation strategies	Argentina	X			X	
IP018	ATCM 10 ATCM 9	The Berserk Incident, Ross Sea, February 2011	New Zealand Norway United States	X	X	X	X	
IP019	ATCM 14 CEP 6a	The Draft Comprehensive Environmental Evaluation for the construction and operation of the Jang Bogo Antarctic Research Station, Terra Nova Bay, Antarctica	Korea (ROK)	X				Full Draft CEE of Korean Jang Bogo Station in Antarctica
IP020	ATCM 10	Report on Antarctic tourist flows and cruise ships operating in Ushuaia during the 2010/2011 austral summer season	Argentina	X			X	
IP021 rev.1	ATCM 10	Non-commercial pleasure and/or sport vessels which travelled to Antarctica through Ushuaia during the 2010/2011 season	Argentina	X			X	
IP022	ATCM 4	Report of the Depositary Government of the Antarctic Treaty and its Protocol in accordance with Recommendation XIII-2	United States	X	X	X	X	Antarctic Treaty Status table List of Recommendations/Measures and their approvals Protocol Status table
IP023	ATCM 10 CEP 7c	Antarctic Peninsula Compendium, 3rd Edition	United States United Kingdom	X				Appendix A - Antarctic Peninsula Compendium Maps and Tables
IP024	CEP 7f	Progress Report on the Research Project "Current Environmental Situation and Management Proposals for the Fildes Region (Antarctic)"	Germany	X				
IP025	ATCM 10	Notice on environmental impacts by small tourist groups within the overall frame of Antarctic tourism	Germany	X				
IP026	CEP 8a	Progress Report on the Research Project "The role of human activities in the introduction of non-native species into Antarctica and in the distribution of organisms within the Antarctic"	Germany	X				
IP027	CEP 8c	Progress Report on the Research Project 'Whale Monitoring Antarctica'	Germany	X				
IP028	ATCM 10	Technical safety standards and international law affecting yachts with destination Antarctica	Germany	X				
IP029	CEP 8c	Potential of Technical Measures to Reduce the Acoustical Effects of Airguns	Germany	X				Evaluation of the Potential of Technical Measures to Reduce the Acoustical Effects of Airguns
IP030 rev.1	ATCM 10	Areas of tourist interest in the Antártica Peninsula (Antarctic Peninsula) and	Argentina	X			X	

		Documentos de información						
Número	**Puntos del programa**	**Título**	**Suministrado por**	**I**	**F**	**R**	**E**	**Adjuntos**
		Orcadas del Sur Islards (South Orkney Islands) region. 2010/2011 austral summer season						
IP031	CEP 11	Report by the SC-CAMLR Observer to the Fourteenth Meeting of the Committee for Environmental Protection	CCAMLR	X	X	X	X	
IP032	CEP 8a	Report on IPY Oslo Science Conference Session on Non-Native Species	France	X				
IP033	CEP 8c	SCAR's code of conduct for the exploration and research of subglacial aquatic environments	SCAR	X				
IP034	ATCM 8	Implementation of Annex II and VI of the Protocol on Environmental Protection to the Antarctic Treaty and Measure 4(2004)	Finland	X				
IP035	CEP 9	Environmental Monitoring and Ecological Activities in Antarctica, 2010-2012	Romania	X				
IP036	ATCM 12	ERICON AB Icebreaker FP7 Project. A new era in the polar research	Romania	X				
IP037	ATCM 12	Law- Racovita Base. An example of cooperation in Antarctica	Romania	X				
IP038	ATCM 19	Statement of the Romanian delegation at the celebration of the 50th anniversary of the entry into force of the Antarctic Treaty	Romania	X				
IP039	ATCM 11 CEP 10	Australian Antarctic Treaty and Environmental Protocol inspections January 2010	Australia	X				
IP040	ATCM 11 CEP 10	Australian Antarctic Treaty and Environmental Protocol inspections January 2011	Australia	X				
IP041	ATCM 12	Japan's Antarctic research highlights in 2010–2011 including those related to climate change	Japan	X				
IP042	ATCM 12	Legacy of IPY 2007–2008 for Japan	Japan	X				
IP043	CEP 7d	Discovery of human activity remains, pre-1958 in the north coast of the King George Island / 25 de Mayo.	Uruguay	X			X	Caracterización de la zona y descripción de los hallazgos
IP044	ATCM 9	Exploration, search and rescue training activities in support of the scientific, technical and logistical operational tasks	Uruguay	X			X	
IP045	ATCM 15	Publication of the book "The Elephant Island. The Adventure of the Uruguayan Pioneers in Antarctica"	Uruguay	X			X	
IP046	ATCM 15	Publication of the book	Uruguay	X			X	

Documentos de información								
Número	**Puntos del programa**	**Título**	**Suministrado por**	**I**	**F**	**R**	**E**	**Adjuntos**
		"Antarctic Verses" in occasion of the 25th anniversary of "Uruguay Consultative Member of the Antarctic Treaty"						
IP047	ATCM 15	Commemorative postage stamp issue: "25th anniversary of Uruguay consultative member of the Antarctic Treaty"	Uruguay	X			X	
IP048	CEP 12	Thala Valley Waste Removal	Australia	X				
IP049	ATCM 14 CEP 12	Renewable Energy and Energy Efficiency Initiatives at Australia's Antarctic Stations	Australia	X				
IP050	CEP 8a	Colonisation status of known non-native species in the Antarctic terrestrial environment (updated 2011)	United Kingdom Uruguay	X				
IP051	ATCM 12 CEP 9	The Southern Ocean Observing System (SOOS): An update	SCAR Australia	X				
IP052	ATCM 13 CEP 5	Antarctic Climate Change and the Environment – 2011 Update	SCAR	X				
IP053	CEP 8c	SCAR's Code of Conduct for the Use of Animals for Scientific Purposes in Antarctica	SCAR	X				
IP054	ATCM 18 ATCM 4 CEP 11 CEP 3	Summary of SCAR's Strategic Plan 2011-2016	SCAR	X				
IP055	ATCM 12	Summary Report on IPY 2007–2008 by the ICSU-WMO Joint Committee	SCAR	X				IPY Summary Contents Table IPY Summary Cover
IP056	ATCM 13 CEP 5 CEP 7e	Marine spatial protection and management under the Antarctic Treaty System: new opportunities for implementation and coordination	IUCN	X				
IP057	CEP 11	Report of the CEP Observer to SC-CAMLR's Working Group on Ecosystem Monitoring and Management (WG-EMM)	CCAMLR	X	X	X	X	
IP058	ATCM 12	IPY Legacy Workshop	Norway	X				IPY Legacy Report
IP059	ATCM 9	The grounding of the Polar Star	Norway	X				
IP060	ATCM 9	Working group on the development of a mandatory code for ships operating in polar waters, IMO	Norway	X				IMO Report DE 55/WP.4
IP061	ATCM 12 CEP 12	The SCAR Antarctic Climate Evolution (ACE) Programme	SCAR	X				
IP062	ATCM 17	A case of Biological Prospecting	Netherlands	X				
IP063	ATCM 14	Renovación del Parque de Tanques de combustible de la Base Científica Antártica Artigas (BCAA)	Uruguay				X	Fotografías del Parque de Tanques

Documentos de información								
Número	Puntos del programa	Título	Suministrado por	I	F	R	E	Adjuntos
IP064	CEP 6b	Final Comprehensive Environmental Evaluation (CEE) of New Indian Research Station at Larsemann Hills, Antarctica and Update on Construction Activity	India	X				
IP065	CEP 5	Frontiers in Understanding Climate Change and Polar Ecosystems Workshop Report	United States	X				Frontiers in Understanding Climate Change
IP066	ATCM 4	Report of the Depositary Government for the Agreement on the Conservation of Albatrosses and Petrels (ACAP)	Australia	X	X	X	X	
IP067	ATCM 4	Report of the Depositary Government for the Convention on the Conservation of Antarctic Marine Living Resources (CCAMLR)	Australia	X	X	X	X	
IP068	CEP 8a	Alien Species Database	Australia SCAR	X				
IP069	CEP 7f	Summary of key features of Antarctic Specially Managed Areas	Australia	X				
IP070	ATCM 12	The Dutch Science Facility at the UK's Rothera Research Station	Netherlands United Kingdom	X				
IP071	CEP 4	Annual Report pursuant to Article 17 of the Protocol on Environmental Protection to the Antarctic Treaty. 2009-2010	Italy	X				
IP072	CEP 6b	Methodology for clean access to the subglacial environment associated with the Whillans Ice Stream	United States	X				
IP073	CEP 7a	Amundsen-Scott South Pole Station, South Pole Antarctica Specially Managed Area (ASMA No. 5) 2011 Management Report	United States	X				ASMA 5 South Pole - Revised Map 3 ASMA 5 South Pole - Revised Map 4 Guideline for NGO Visitors to South Pole Station 2011 2012 Revised Appendix A Additional Guidelines for Non-Governmental Organizations at the South Pole
IP074	ATCM 13	Assessment of wind energy potential at the Norwegian research station Troll	Norway	X				
IP075	ATCM 10	The legal aspects of the Berserk Expedition	Norway	X				
IP076	CEP 6a	The Initial Responses to the Comments on the Draft CEE for Construction and Operation of the Jang Bogo Antarctic Research Station Terra Nova Bay, Antarctica	Korea (ROK)	X				
IP077	ATCM 12	Scientific & Science-related Collaborations with Other Parties During 2010-2011	Korea (ROK)	X				
IP078	ATCM 14	The First Antarctic	Korea (ROK)	X				

			Documentos de información					
Número	**Puntos del programa**	**Título**	**Suministrado por**	**I**	**F**	**R**	**E**	**Adjuntos**
		Expedition of Araon (2010/2011)						
IP079	CEP 7a	Report of the Larsemann Hills Antarctic Specially Managed Area (ASMA) Management Group	Australia China India Romania Russian Federation	X				
IP080	ATCM 4	Report by the CCAMLR Observer to the Thirty-Fourth Antarctic Treaty Consultative Meeting	CCAMLR	X	X	X	X	
IP081	ATCM 4	Summary of the Annual Report for 2010 of The Scientific Committee on Antarctic Research (SCAR)	SCAR	X	X	X	X	
IP082	ATCM 14	An Antarctic Vessel Traffic Monitoring and Information System	ASOC	X				
IP083	ATCM 13 CEP 5	An Antarctic Climate Change Communication Plan	ASOC	X				
IP084	ATCM 10 CEP 6b	Antarctic Tourism – What Next? Key Issues to Address with Binding Rules	ASOC	X				
IP085	ATCM 9	Developing a Mandatory Polar Code – Progress and Gaps	ASOC	X				
IP086	CEP 7d	Evolution of Footprint: Spatial and Temporal Dimensions of Human Activities	ASOC	X				
IP087	ATCM 10 CEP 6b	Land-Based Tourism in Antarctica	ASOC	X				
IP088	ATCM 13 CEP 5	Ocean Acidification and the Southern Ocean	ASOC	X				
IP089 rev.1	ATCM 18 ATCM 5 CEP 3	The Antarctic Environmental Protocol, 1991-2011	ASOC	X				
IP090	CEP 7e	The Southern Ocean MPA Agenda – Matching words and spirit with action	ASOC	X				
IP091	ATCM 9	Vessel Protection and Routeing – Options Available to Reduce Risk and Provide Enhanced Environmental Protection	ASOC	X				
IP092	ATCM 13 CEP 7e	The Ross Sea: A Valuable Reference Area to Assess the Effects of Climate Change	ASOC	X				
IP093	CEP 4 CEP 7a	Annual Report Pursuant to Article 17 of the Protocol on Environmental Protection to the Antarctic Treaty	Ukraine	X				
IP094	ATCM 10 CEP 8c	Use of dogs in the context of a commemorative centennial expedition	Norway	X				
IP095	ATCM 5 CEP 12	Paying for Ecosystem Services of Antarctica?	Netherlands	X				
IP096	ATCM 12	Scientific workshop on Antarctic krill in the Netherlands	Netherlands	X				

Documentos de información								
Número	Puntos del programa	Título	Suministrado por	I	F	R	E	Adjuntos
IP097	ATCM 12	Current status of the Russian drilling project at Vostok station	Russian Federation	X		X		
IP098	ATCM 13	New approach to study of climate change based on global albedo monitoring	Russian Federation	X		X		
IP099	ATCM 17	Microbiological monitoring of coastal Antarctic stations and bases as a factor of study of anthropogenic impact on the Antarctic environment and the human organism	Russian Federation	X		X		
IP100	ATCM 12	Preliminary results of Russian scientific studies in the Antarctic in 2010	Russian Federation	X		X		
IP101 rev.1	ATCM 12	Russian proposals on the International Polar Decade Initiative	Russian Federation	X		X		Nuuk Declaration
IP102	CEP 7f	Present zoological study at Mirny station area and at ASPA No 127 "Haswell Island"	Russian Federation	X		X		
IP103	ATCM 13 CEP 5	IAATO Climate Change Working Group: Report of Progress	IAATO	X				
IP104	CEP 7c	Proposed Amendment to Antarctic Treaty Site Guidelines for Hannah Point	IAATO	X				
IP105	ATCM 10 CEP 7c	Report on IAATO Operator use of Antarctic Peninsula Landing Sites and ATCM Visitor Site Guidelines, 2009-10 & 2010-11 Seasons	IAATO	X				
IP106 rev.1	ATCM 10	IAATO Overview of Antarctic Tourism: 2010-11 Season and Preliminary Estimates for 2011-12 Season	IAATO	X				
IP107	ATCM 10	Towards an IAATO Enhanced Observer Scheme	IAATO	X				Appendix 1 IAATO Member Internal Review Scheme Appendix 2 IAATO Member External Review Mechanism Appendix 3 IAATO Observer Report Form ship based w landings 2011 Appendix 4 IAATO Observer Report Form Cruise Only 2011 Appendix 5 IAATO Observer Report Form Land 2011
IP108	ATCM 4	Report of the International Association of Antarctica Tour Operators 2010-11	IAATO	X	X	X	X	
IP109	CEP 7f	Cooperation Management Activities at ASPAs in 25 de Mayo (King George) Island, South Shetland Islands	Korea (ROK) Argentina	X			X	
IP110	CEP 7c	Ukraine policy regarding visits by tourists to Vernadsky station	Ukraine	X		X		Site Guidelines for Vernadsky Station
IP111	ATCM 13	Installation of new meteorological equipment at Vernadsky Station	Ukraine	X		X		
IP112	ATCM 12	Ukrainian research in	Ukraine	X		X		

Documentos de información								
Número	Puntos del programa	Título	Suministrado por	I	F	R	E	Adjuntos
		Antarctica, 2002-2011						
IP113	ATCM 16 CEP 4	Review of the Implementation of the Madrid Protocol: Annual report by Parties (Article 17)	UNEP ASOC	X				
IP114	ATCM 4	Report by the International Hydrographic Organization (IHO) on "Cooperation in hydrographic surveying and charting of antarctic waters"	IHO	X	X	X	X	Annexes A, B and C
IP115	CEP 7a	Fauna Survey of the ASPA 171 Narębski Point, ASPA 150 Ardley Island and ASPA 132 Potter Peninsula in 2010-11	Korea (ROK)	X				
IP116	ATCM 19	Statement by the Head of Japanese Delegation on the occasion of the 50th Anniversary of the entry into force of the Antarctic Treaty	Japan	X				
IP117	CEP 7b	Inauguración de la instalación de Placas Conmemorativas en el Monumento al Tratado Antártico	Chile			X		
IP118	ATCM 12	Contribuciones chilenas al conocimiento científico de la Antártica: Expedición 2010/11	Chile			X		
IP119	ATCM 12	Programa Chileno de Ciencia Antártica PROCIEN: Un Programa Abierto Al Mundo	Chile			X		
IP120 rev.1	ATCM 9	Navegación Aérea Segura, hacia la Base Antártica Presidente Eduardo Frei, en la isla Rey Jorge	Chile			X		
IP121	ATCM 14	Medical evacuation reported by the Combined Antarctic Naval Patrol	Argentina Chile	X	X		X	
IP122	ATCM 10	Perceptions of Antarctica from the modern travellers' perspective	Argentina	X			X	
IP123	CEP 6b	Estudio de Impacto Ambiental Ex-post de la Estación Científica Ecuatoriana "Pedro Vicente Maldonado". Isla Greenwich-Shetland del Sur-Antártida, 2010-2011.	Ecuador				X	
IP124	ATCM 15	I Concurso Intercolegial sobre Temas Antárticos (CITA, 2010)	Ecuador				X	
IP125	ATCM 12	Cooperación en Investigación Científica entre Ecuador y Venezuela	Ecuador Venezuela				X	
IP126	ATCM 10 CEP 7c	Manejo turístico para la isla Barrientos	Ecuador				X	
IP127	CEP 12	The Construction of an Orthodox Chapel at Vernadsky Station	Ukraine	X		X		
IP128	ATCM 15	The excitement "Antarctica" distance in itself invisible	Bulgaria	X				

Documentos de información								
Número	Puntos del programa	Título	Suministrado por	I	F	R	E	Adjuntos
IP129	ATCM 4	Report of the Antarctic and Southern Ocean Coalition (ASOC)	ASOC	X	X	X	X	
IP130	CEP 7b	Update on enhancement activities for HSM 38 "Snow Hill"	Argentina	X			X	
IP131	CEP 7a	Deception Island Specially Managed Area (ASMA) Management Group Report	Argentina Chile Norway Spain United Kingdom United States	X				
IP132	ATCM 12	Report on the Research Activities: Czech Research Station J. G. Mendel, James Ross Island, and Antarctic Peninsula, Season 2010/11	Czech Republic	X				
IP133	ATCM 12 CEP 7d	Report on all-terrain vehicles impact on deglaciated area of James Ross Island, Antarctica	Czech Republic	X				
IP134	ATCM 9	Situación SAR en los últimos 5 años en el área de la Antártica de responsabilidad de Chile	Chile				X	
IP135	ATCM 9	Patrulla de rescate terrestre Argentina-Chilena PARACACH (Bases Antárticas "Esperanza" y "O'Higgins")	Argentina Chile				X	
IP136	CEP 7f	Report of the CEP Workshop on Marine and Terrestrial Antarctic Specially Managed Areas Montevideo, Uruguay, 16-17 June 2011	Australia Uruguay	X				
IP137	ATCM 19	Declaración del Perú en conmemoración del 50 Aniversario de la entrada en vigencia del Tratado Antártico	Peru				X	

Documentos de la Secretaría								
Número	Puntos del programa	Título	Suministrado por	I	F	R	E	Adjuntos
SP001 rev.1	RCTA 1 CPA 1	Programa y calendario de trabajo de la XXXIV RCTA y la XIV Reunión del CPA	STA	X	X	X	X	
SP002 rev.2	RCTA 6	Informe de la Secretaría 2010/2011	STA	X	X	X	X	Carta de Jan Huber en relación con el Fondo para cesantías de personal Contribuciones recibidas por la Secretaría del Tratado antártico 2010/11 Decisión 3 (2011) Anexo 1 Decisión 3 (2011) Anexo 2 Informe financiero auditado 2009/10
SP003	RCTA 6	Programa de la Secretaría para 2011/2012	STA	X	X	X	X	Escala de Contribuciones 2012/13 Escala de salarios Informe Prov. 2010/11, Presupuesto 2011/12, Presupuesto proyectado 2012/13 Perfil presupuestario quinquenal prospectivo 2011 a 2016
SP004 rev.1	RCTA 6	Contribuciones recibidas por la Secretaría del Tratado Antártico 2008-2012	STA	X	X	X	X	
SP005 rev.1	CPA 6b	Lista anual de Evaluaciones medioambientales iniciales (IEE) y Evaluaciones medioambientales globales (CEE) preparadas entre el 1 de abril de 2010 y el 31 de marzo de 2011	STA	X	X	X	X	
SP006	CPA 7e	Resumen del trabajo del CPA sobre Zonas Marinas Protegidas	STA	X	X	X	X	
SP007	CPA 7a	Situación de los Planes de Gestión de las Zonas Antárticas Especialmente Protegidas y las Zonas Antárticas Especialmente Administradas	STA	X	X	X	X	

3. Lista de participantes

3. Lista de participantes

Participantes: Partes Consultivas				
Parte	Tratamiento	Contacto	Cargo	Correo electrónico:
Alemania	Dr.	Gaedicke, Christoph	Asesor	
Alemania	Dr.	Herata, Heike	Asesor	heike.herata@uba.de
Alemania	Dr.	Läufer, Andreas	Asesor	andreas.laeufer@bgr.de
Alemania		Lehmann, Harry	Asesor	
Alemania		Liebschner, Alexander	Asesor	alexander.liebschner@bfn-vilm.de
Alemania		Lindemann, Christian	Asesor	christian.lindemann@bmu.bund.de
Alemania	Prof. Dr.	Miller, Heinrich	Asesor	heinrich.miller@awi.de
Alemania	Dr.	Ney, Martin	Jefe de Delegación	
Alemania	Dr.	Nixdorf, Uwe	Asesor	Uwe.Nixdorf@awi.de
Alemania	Dr.	Vöneky, Silia	Asesor	svoeneky@mpil.de
Alemania	Dr.	Winkelmann, Ingo	Suplente	504-RL@diplo.de
Argentina	Sra.	Balsalobre, Silvina	Asesora	
Argentina	Secretario	Barreto, Juan	Delegado	bat@mrecic.gov.ar
Argentina	Sr.	Bunge, Carlos	Asesor	carlosbunge73@yahoo.com.ar
Argentina	Sr.	Casela, Hugo	Asesor	
Argentina	Dr.	Coria, Néstor	Asesor	
Argentina	Sr.	Correa, Manuel	Asesor	
Argentina	Sra.	Daverio, María Elena	Asesora	medaverio@arnet.com.ar
Argentina	Dr.	del Valle, Rodolfo	Asesor	
Argentina	Sra.	del Valle, Verónica	Asesora	
Argentina	Sr.	Di Vincenzo, Andrés	Asesor	
Argentina	Sr.	Figueroa, Victor Hugo	Asesor	
Argentina	Asesor	Gowland, Maximo	Suplente	gme@mrecic.gov.ar
Argentina	Sr.	Graziano, Pablo	Delegado	zgp@mrecic.gov.ar
Argentina	Sra.	Gucioni, Paola	Delegada	
Argentina	Sra.	Hourcade, Odile	Asesora	
Argentina	Sr.	Irusta, Adolfo Guillermo	Asesor	
Argentina	Min.	López Crozet, Fausto	Jefe de Delegación	flc@mrecic.gov.ar
Argentina	Sr.	Lusky, Jorge	Asesor	
Argentina	Dr.	MacCormack, Walter	Delegado	
Argentina		Maldonado, Gabriel	Asesor	gfmaldo@live.com.ar
Argentina	Embajador	Mansi, Ariel	Presidente de la RCTA	rpc@mrecic.gov.ar
Argentina	Dr.	Marenssi, Sergio	Delegado	smarenssi@dna.gov.ar
Argentina	Dr.	Marschoff, Enrique	Delegado	marschoff@dna.gov.ar
Argentina	Dr.	Memolli, Mariano A.	Representante del CPA	mmemolli@dna.gov.ar
Argentina		Molina Carranza, Maria Isabel	Asesora	mmcarr@minagri.gob.ar
Argentina	Sra.	Motta, Luciana	Asesora	
Argentina	Sra.	Nuviala, Victoria	Asesora	
Argentina	Sra.	Ortúzar, Patricia	Asesora	portuzar@dna.gov.ar
Argentina	Sr.	Palet, Guillermo	Asesor	clamos41@yahoo.com.ar
Argentina	Dr.	Perlini, Gabriel	Asesor	
Argentina	Dra.	Quartino, Liliana	Asesora	
Argentina	Sr.	Sala, Hérnan	Asesor	
Argentina	Sr.	Sánchez, Rodolfo	Delegado	rsanchez@dna.gov.ar
Argentina	Sr.	Santillana, Sergio	Asesor	
Argentina	Sra.	Vereda, Marisol	Asesora	
Argentina	Sra.	Vlasich, Verónica	Delegada	veronicavlasich@hotmail.com
Australia	Sra.	Davidson, Lisa	Delegada	
Australia	Sr.	Davis, Robert (Bob)	Delegado	Bob.Davis@dfat.gov.au
Australia	Sr.	Gunn, John	Delegado	john.gunn@aad.gov.au
Australia	Sr.	Jackson, Andrew	Delegado	andrew.jackson@aad.gov.au
Australia	Sr.	McIvor, Ewan	Representante del CPA	ewan.mcivor@aad.gov.au
Australia	Sr.	Mundy, Jason	Delegado	Jason.Mundy@dfat.gov.au
Australia	Sr.	Nicoll, Rob	Asesor	RNicoll@wwf.org.au
Australia	Sra.	Ralston, Kim	Delegada	Kim.Ralston@dfat.gov.au
Australia	S. E. Sr.	Richardson, John	Suplente	John.Richardson@dfat.gov.au
Australia	Dr.	Riddle, Martin	Delegado	martin.riddle@aad.gov.au
Australia	Sr.	Rowe, Richard	Jefe de Delegación	Richard.Rowe@dfat.gov.au
Australia	Dr.	Tracey, Phillip	Delegado	phil.tracey@aad.gov.au

Participantes: Partes Consultivas

Parte	Tratamiento	Contacto	Cargo	Correo electrónico:
Australia	Sra.	Trousselot, Chrissie	Asesora	chrissie.trousselot@development.tas.gov.au
Bélgica	Sr.	de Lichtervelde, Alexandre	Representante del CPA	alexandre.delichtervelde@health.fgov.be
Bélgica	Sra.	Vancauwenberghe, Maaike	Delegada	maaike.vancauwenberghe@belspo.be
Bélgica	Sr.	Vanden Bilcke, Christian	Jefe de Delegación	christian.vandenbilcke@diplobel.fed.be
Bélgica	Sra.	Wilmotte, Annick	Asesora	awilmotte@ulg.ac.be
Brasil	Contralmirante	de Carvalho Ferreira, Marcos José	Suplente	proantar@secirm.mar.mil.br
Brasil	Comandante	do Amaral Silva, Marco Antonio	Delegado	amaral.silva@secirm.mar.mil.br
Brasil	Sra.	Leal Madruga, Jaqueline	Delegada	jaqueline.madruga@mma.gov.br
Brasil	Comandante	Leite, Márcio	Delegado	marcio.leite@secirm.mar.mil.br
Brasil	Sr.	Moesch, Ricardo	Asesor	ricardo.moesch@turismo.gov
Brasil	Sr.	Polejack, Andrei	Delegado	andrei.polejack@mct.gov.br
Brasil	Sr.	Rosa da Silveira, Carlos	Delegado	carlos.rosa@itamaraty.gov.br
Brasil	Sra.	Soares Leite, Patricia	Delegada	pleite@brasil.org.ar
Brasil	Ministro	Vaz Pitaluga, Fábio	Jefe de Delegación	dmae@itamaraty.gov.br
Bulgaria	Sr.	Ivchev, Encho	Delegado	embular@uolsinectis.com.ar
Bulgaria	Prof.	Pimpirev, Christo	Jefe de Delegación	polar@gea.uni-sofia.bg
Chile	Sr.	Cariceo Yutronic, Yanko Jesús	Asesor	ycariceo.12@mma.gob.cl
Chile	Sra.	Carvallo, María Luisa	Delegada	mlcarvallo@minrel.gov.cl
Chile	Coronel	Castillo, Rafael	Delegado	castillo.antartica@gmail.com
Chile	Segunda Secretaria	Concha, Andrea	Asesora	aconcha@minrel.gov.cl
Chile	Capitán de Navío	Lubascher, Pablo	Asesor	
Chile	Coronel	Madrid, Santiago	Delegado	smadrid@fach.cl
Chile	Tercer Secretario	Marin, Juan Cristobal	Delegado	jmarin@minrel.gov.cl
Chile	Sr.	Olguin, Carlos	Asesor	colguin@minrel.gov.cl
Chile	Dr.	Retamales, José	Suplente	jretamales@inach.cl
Chile	Sr.	Riquelme, Hernan	Delegado	hriquelme@emdn.cl
Chile	Asesor	Sanhueza, Camilo	Jefe de Delegación	csanhueza@minrel.gov.cl
Chile	Sra.	Sardiña, Jimena	Delegada	jsardina@inach.cl
Chile	Capitán de Navío	Sepúlveda, Víctor	Delegado	vsepulveda@armada.cl
Chile	Sra.	Tellez Rubina, Andrea	Asesora	cruiz@sernatur.cl
Chile	Sra.	Vallejos, Verónica	Representante del CPA	vvallejos@inach.cl
Chile	Capitán de Corbeta	Velásquez, Ricardo	Delegado	mcabrerad@directemar.cl
Chile	Sra.	Verdugo, Manola	Delegada	mverdugo@minrel.gov.cl
China	Srta.	Fang, Lijun	Asesora	
China	Sr.	Liu, Shaoqing	Asesor	
China	Sr.	Wang, Chen	Delegado	wang_chen@mfa.gov.cn
China	Sr.	Wei, Long	Representante del CPA	chinare@263.net.cn
China	Sr.	WU, Jun	Delegado	
China	Sr.	Zhang, Xia	Asesor	
China	Sra.	Zhao, Wenting	Asesora	zhao_wenting@mfa.gov.cn
China	Sr.	Zhou, Jian	Jefe de Delegación	zhou_jian@mfa.gov.cn
Corea (RDC)	Sra.	Cho, Ji I	Delegada	jicho07@mofat.go.kr
Corea (RDC)	Dr.	Choi, Jaeyong	Delegado	jaychoi@cnu.ac.kr
Corea (RDC)	Sr.	Hwang, Jun Gu	Asesor	hwangjg@kiSra.t.re.kr
Corea (RDC)	Sr.	Kang, Myong-il	Suplente	mikang94@mofat.go.kr
Corea (RDC)	Dr.	Kim, Ji Hee	Delegado	jhalgae@kopri.re.kr
Corea (RDC)	Dr.	Kim, Yeadong	Representante del CPA	ydkim@kopri.re.kr
Corea (RDC)	Dr.	Lee, Yoo Kyung	Delegado	yklee@kopri.re.kr
Corea (RDC)	Sr.	Lee, Key Cheol	Jefe de Delegación	kclee85@mofat.go.kr
Corea (RDC)	Sr.	Lee, Young-joon	Asesor	yjlee@kei.re.kr
Corea (RDC)	Sr.	Lim, Hyun Taek	Delegado	pado21@korea.kr
Corea (RDC)	Dr.	Seo, Hyun kyo	Delegado	shkshk@kopri.re.kr
Corea (RDC)	Sr.	Yang, Jae-gook	Delegado	jgyang91@mofat.go.kr
Ecuador	DRA.	BORBOR, MERCY	Jefe de Delegación	mborbor@ambiente.gob.ec
Ecuador	MSC.	CAJIAO, DANIELA	Delegada	danicajiao@gmail.com

Participantes: Partes Consultivas				
Parte	Tratamiento	Contacto	Cargo	Correo electrónico:
Ecuador	ECO.	MELES, JOSE LUIS	Jefa de Delegación	jmieles@midena.gob.ec
Ecuador	Sr.	Olmedo Morán, José	Delegado	inae@gya.satnet.net
Ecuador	Abogada	Proaño, Pilar	Delegada	
Ecuador	EMBAJADOR	SUAREZ, ALEJANDRO	Delegado	cartografia@mmrree.gob.ec
España	Embajador	Martínez-Cattaneo, Juan Antonio	Jefe de Delegación	juan.mcattaneo@maec.es
España	Sra.	Ramos, Sonia	Delegada	cpe@micinn.es
Estados Unidos	Sr.	Bloom, Evan T.	Jefe de Delegación	bloomet@state.gov
Estados Unidos	Sra.	Cohun, Kelly	Delegada	cohunka@state.gov
Estados Unidos	Sra.	Dahood-Fritz, Adrian	Delegada	adahood@nsf.gov
Estados Unidos	Sr.	Edwards, David	Delegado	
Estados Unidos	Sr.	Foster, Harold D.	Suplente	fosterhd@state.gov
Estados Unidos	Sr.	Gilanshah Bijan	Delegado	bgilansh@nsf.gov
Estados Unidos	Sra.	Hessert, Amee	Delegada	
Estados Unidos	Dr.	Karentz, Deneb	Asesor	karentzd@usfca.edu
Estados Unidos		LaFratta, Susanne	Delegado	slafratt@nsf.gov
Estados Unidos	Sr.	McDonald, Samuel	Delegado	
Estados Unidos	Sr.	Naveen, Ron	Asesor	
Estados Unidos	Dr.	Penhale, Polly A.	Representante del CPA	ppenhale@nsf.gov
Estados Unidos	Sra.	Perrault, Michele	Asesora	
Estados Unidos	Sr.	Rudolph, Lawrence	Delegado	lrudolph@nsf.gov
Estados Unidos	Sr.	Spangler, Bryson	Delegado	Bryson.T.Spangler@uscg.mil
Estados Unidos	Sra.	Toschik, Pamela	Delegada	
Estados Unidos	Sr.	Watters, George	Delegada	George.Watters@ncaa.gov
Estados Unidos	Sra.	Wheatley, Victoria	Asesora	
Federación de Rusia	Sra.	Bystramovich, Anna	Delegada	antarc@mcc.mecom.ru
Federación de Rusia	Sr.	Gevorgyan, Kiril.	Jefe de Delegación	dp@mid.ru
Federación de Rusia	Sr.	Lukin, Valery	Delegado	lukin@aari.nw.ru
Federación de Rusia	Sr.	Makoedov, Anatoly	Delegado	
Federación de Rusia	Sr.	Masolov, Valery	Delegado	
Federación de Rusia	Sr.	Pomelov, Víctor	Delegado	pom@aari.nw.ru
Federación de Rusia	Sr.	Timokhin, Konstantin	Delegado	dp@mid.ru
Federación de Rusia	Sr.	Titushkin, Vassily	Suplente	tvj2000@mail.ru
Federación de Rusia	Sra.	Varigina, Tatiana	Personal	dp@mid.ru
Finlandia	Sr.	Kalakoski, Mika	Delegado	mika.kalakoski@fimr.fi
Finlandia	Sra.	Mähönen, Outi	Representante del CPA	outi.mahonen@ely-keskus.fi
Finlandia	Embajadora	Meres-Wuori, Ora	Jefa de Delegación	ora.meres-wuori@formin.f
Finlandia	Sra.	Pohjanpalo, Maria	Suplente	maria.pohjanpalo@formin.fi
Francia	Embajador	Asvazadourian, Jean-Pierre	Asesor	jean-pierre.asvazadourian@diplomatie.gouv.fr
Francia	Sra.	Belna, Stéphanie	Representante del CPA	stephanie.belna@developpement-durable.gouv.fr
Francia	Dr.	Choquet, Anne	Delegado	anne.choquet@univ-brest.fr
Francia		Dalmas, Dominique	Representante del CPA	dominique.dalmas@interieur.gouv.fr
Francia	Dr.	Frenot, Yves	Representante del CPA	yves.frenot@ipev.fr
Francia	Sr.	Lebouvier, Marc	Representante del CPA	marc.lebouvier@univ-rennes1.f
Francia	Sr.	Maxime, Reynaud	Delegado	maxime.reynaud@diplomatie.gouv.fr
Francia	Sr.	Mayet, Laurent	Asesor	lmayet@lecerclepolaire.com
Francia	Sr.	Pottier, Stanislas	Asesor	stanislas.pottier@dgtresor.gouv.fr
Francia	Sr.	Reuillard, Emmanuel	Delegado	emmanuel.reuillard@taaf.fr
Francia	Embajador	Rocard, Michel	Jefe de Delegación	stanislas.pottier@dgtresor.gouv.fr
Francia	Sr.	Segura, Serge	Jefe de Delegación	serge.segura@diplomatie.gouv.fr
India	Dr.	Chaturvedi, Sanjai	Delegado	
India	Dr.	Rangreji, Luther	Delegado	rangreji@yahoo.com
India	Dr.	Ravindra, Rasik	Jefe de Delegación	rasik@ncaor.org
India	Dr.	Tiwari, Anoop	Delegado	anooptiwari@ncaor.org
Italia	Embajador	Fornara, Arduino	Jefe de Delegación	arduino.fornara@esteri.it
Italia	Dr.sa	Mecozzi, Roberta	Personal	roberta.mecozzi@enea.it
Italia	Sr.	Paparo, Gabriele	Delegado	scient.buenosaires@esteri.it
Italia	Dr.	Tamburelli, Gianfranco	Personal	gtamburelli@pelagus.it
Italia	Sra.	Tomaselli, Maria Stefania	Personal	tomaselli.stefania@minambiente.it
Italia	Dr.	Torcini, Sandro	Personal	sandro.torcini@casaccia.enea.it

Participantes: Partes Consultivas				
Parte	Tratamiento	Contacto	Cargo	Correo electrónico:
Italia	Sra.	Vigni, Patrizia	Suplente	vigni@unisi.it
Japón	Sra.	Fujimoto, Masami	Delegada	masami.fujimoto@mofa.go.jp
Japón	Sr.	Hasegawa, Shuichi	Delegado	SHUICHI_HASEGAWA@env.go.jp
Japón	S.E.	Ishida, Hitohiro	Jefe de Delegación	masami.fujimoto@mofa.go.jp
Japón	Sr.	Kawashima, Tetsuya	Delegado	tetsuya_kawashima@nm.maff.go.jp
Japón	Sra.	Konagaya, Yuki	Delegada	yuki.konagaya@mofa.go.jp
Japón	Dr.	Suginaka, STAushi	Jefe de Delegación	STAushi.suginaka@mofa.go.jp
Japón	Sr.	Uno, Kenya	Delegado	kenya.uno@mofa.go.jp
Japón	Prof.	Watanabe, Kentaro	Delegado	
Japón	Prof.	Yamanouchi, Takashi	Delegado	
Noruega	Sra.	Askholt, Kjerstin	Suplente	kjerstin.askholt@jd.dep.no
Noruega	Sr.	Halvorsen, Svein Tore	Delegado	sth@md.dep.no
Noruega	S.E.	Haugstveit, Nils	Delegado	nils.haugstveit@mfa.no
Noruega	Sra.	Holten, Inger	Delegada	iho@mfa.no
Noruega	Sra.	Ingebrigtsen, Hanne Margrethe	Delegada	hanne.margrethe.ingebrigtsen@jd.dep.no
Noruega	Sr.	Klepsvik, Karsten	Jefe de Delegación	karsten.klepsvik@mfa.no
Noruega	Sra.	Njaastad, Birgit	Representante del CPA	njaastad@npolar.no
Noruega	Sr.	Pettersen, Terje Hernes	Delegado	terje-hernes.pettersn@nhd.dep.no
Noruega	Sr.	Rognhaug, Magnus H.	Delegado	mar@md.dep.no
Noruega	Sr.	Rosenberg, Stein Paul	Suplente	
Noruega	Primera Secretaria	Tapia, Eugenia	Delegada	
Noruega	Dr.	Winther, Jan-Gunnar	Delegado	
Nueva Zelandia	Sr.	Gaston, David	Asesor	david.gaston@mfat.govt.nz
Nueva Zelandia	Dr.	Keys, Harry	Asesor	hkeys@doc.govt.nz
Nueva Zelandia	Sra.	Leslie, Nicola	Asesor	nicola.leslie@mfat.govt.nz
Nueva Zelandia	Sr.	MacKay, Don	Asesor	don_maria_mackay@Sra.n.com
Nueva Zelandia	Sr.	Martin, Peter	Asesor	peter.martin@mfat.govt.nz
Nueva Zelandia	Sra.	Newman, Jana	Asesora	j.newman@antarcticanz.govt.nz
Nueva Zelandia	Sr.	Sanson, Lou	Asesor	l.sanson@antarcticanz.govt.nz
Nueva Zelandia	Sra.	Schwalger, Carolyn	Jefa de Delegación	carolyn.schwalger@mfat.govt.nz
Nueva Zelandia	Dr.	Sharp, Ben	Asesor	Ben.Sharp@fish.govt.nz
Países Bajos	Prof. Dr.	Bastmeijer, Kees	Asesor	c.j.bastmeijer@uvt.nl
Países Bajos		Elstgeest, Marlynda	Asesor	
Países Bajos	Sr.	Hernaus, Reginald	Representante del CPA	Reggie.hernaus@minvrom.nl
Países Bajos	Sr.	Lefeber, René J.M.	Suplente	rene.lefeber@minbuza.nl
Países Bajos	Drs. ir.	Martijn, Peijs	Asesor	w.f.peijs@minlnv.nl
Países Bajos	Drs.	van der Kroef, Dick A.	Asesor	d.vanderkroef@nwo.nl
Países Bajos	Sr.	van Zeijst, Vincent	Jefe de Delegación	vincent-van.zeijst@minbuza.nl
Países Bajos	Sra.	WilleSra., Gerrie	Asesor	gerrie.willeSra.@minbuza.nl
Perú		Farje Orna, Alberto Alejandro	Asesor	
Perú	Embajador	Isasi-Cayo, Fortunato	Delegado	fisasi@rree.gob.pe
Perú	Sr.	Sandiga Cabrera, Luis	Jefe de Delegación	lsandiga@rree.gob.pe
Polonia	Sr.	Misztal, Andrzej	Jefe de Delegación	
Polonia	Embajador	Wolski, Jakub T.	Jefe de Delegación	jakub.wolski@Sra.z.gov.pl
Reino Unido	Sr.	Bowman, Rob	Representante del CPA	rob.bowman@fco.gov.uk
Reino Unido	Sra.	Clarke, Rachel	Delegada	racl@bas.ac.uk
Reino Unido	Sr.	Culshaw, Robert	Delegado	rocl@bas.ac.uk
Reino Unido	Sra.	Dickson, Susan	Delegada	susan.dickson@fco.gov.uk
Reino Unido	Sr.	Downie, Rod	Delegado	rhd@bas.ac.uk
Reino Unido	Sra.	Durham, Anna	Delegada	anna.durham@fco.gov.uk
Reino Unido	Dr.	Hughes, Kevin	Delegado	kehu@bas.ac.uk
Reino Unido	HMA	Morgan, Shan	Delegado	
Reino Unido	Sra.	Rumble, Jane	Jefa de Delegación	Jane.Rumble@fco.gov.uk
Reino Unido	Dr.	Shears, John	Delegado	jrs@bas.ac.uk
Reino Unido	Sr.	Siegert, Martin	Delegado	M.J.Siegert@ed.ac.uk
Reino Unido	Srta.	Whitehouse, Natasha	Delegada	
Sudáfrica	Sra.	Jacobs, Carol	Representante del CPA	cjacobs@deat.gov.za
Sudáfrica	Dr.	Mphepya, Jonas	Delegado	jmphepya@environment.gov.za
Sudáfrica	Dr.	Siko, Gilbert	Asesor	Gilbert.Siko@dst.gov.za
Sudáfrica	Sr.	Smit, Danie	Representante del	dsmit@deat.gov.za

Participantes: Partes Consultivas

Parte	Tratamiento	Contacto	Cargo	Correo electrónico:
			CPA	
Sudáfrica	Asesor	Stemmet, Andre	Delegado	StemmetA@dirco.gov.za
Sudáfrica	Sr.	Valentine, Henry	Jefe de Delegación	hvalentine@environment.gov.za
Suecia	Coordinador de Investigación	Jonsell, Ulf	Delegado	ulf.jonsell@polar.se
Suecia	Dr.	Melander, Olle	Suplente	olle.melander@polar.se
Suecia	Embajadora	Ödmark, Helena	Jefa de Delegación	helena.odmark@foreign.ministry.se
Suecia	Funcionaria de Medio Ambiente	Selberg, Cecilia	Representante del CPA	cecilia.selberg@polar.se
Ucrania	Asesor	Boietskyi, Taras	Suplente	embucra@embucra.com.ar
Ucrania	Sr.	Fedchuk, Andrii	Delegado	andriyf@gmail.com
Ucrania	Embajador	Tranenko, Oleksandr	Jefe de Delegación	embucra@embucra.com.ar
Uruguay	Sr.	Abdala, Jean	Representante del CPA	jabdala@iau.gub.uy
Uruguay	CA	Burgos, Manuel	Jefe de Delegación	presidente@iau.gub.uy
Uruguay	Sra.	Caula, Nicole	Representante del CPA	ambiente@iau.gub.uy
Uruguay	Sr.	Escayola, Carlos	Delegado	secretaria@atcm2010.gub.uy
Uruguay	Sr.	Fontes, Waldemar	Delegado	dirsecretaria@iau.gub.uy
Uruguay	Dr.	Grillo, Bartolome	Asesor	cakrill@redfacil.com.uy
Uruguay	Sr.	Lluberas, Albert	Asesor	alexllub@iau.gub.uy
Uruguay	Sr.	Pollack, Raúl	Delegado	urubaires@embajadadeluruguay.com.ar
Uruguay	Sr.	Schunk, Ricardo	Asesor	rschunk@iau.gub.uy
Uruguay	Sr.	Somma, Gustavo	Suplente	
Uruguay	Sr.	Vignali, Daniel	Asesor	secretaria@atcm2010.gub.uy

Participantes: Partes no Consultivas

Parte	Tratamiento	Contacto	Cargo	Correo electrónico:
Colombia		Lozano Pinilla, Mary	Asesor	mery.lozano@cancilleria.gov.co
Colombia	Sr.	Restrepo Hurtado, Alvaro	Asesor	
Grecia	Sr.	Konstantinou, Konstantinos	Jefe de Delegación	grembsecr.bay@mfa.gr
República Checa	Sr.	Bartak, Milos	Asesor	mbartak@sci.muni.cz
República Checa	Sr.	Venera, Zdenek	Representante del CPA	zdenek.venera@geology.cz
Rumania		Iftimescu, Daniel	Jefe de Delegación	dvifti@yahoo.com
Rumania		Iftimescu, Adrian	Delegado	dvifti@yahoo.com
Suiza	Sra.	Gerber, Evelyne	Jefa de Delegación	evelyne.gerber@eda.admin.ch
Venezuela	Dr.	Alfonso, Juan A.	Asesor	jalfonso@ivic.gob.ve
Venezuela	Capitán	Leon Fajardo, Reinaldo	Delegado	operacionesdhn@gmail.com
Venezuela	Almirante	Ortega Hernandez, Jesus	Jefe de Delegación	dihn@dhn.mil.ve
Venezuela	Capitán	Pereira, Adolfo	Delegado	adolfojosepereira@hotmail.com
Venezuela	Sr.	Quintero, Alberto	Asesor	ajquinte@ivic.gob.ve
Venezuela	Capitán	Rodriguez, Hector	Delegado	hrodriguezp63@yahoo.com

Participantes: Observadores

Parte	Tratamiento	Contacto	Cargo	Correo electrónico:
CCRVMA	Dr.	Agnew, David	Representante del CPA	d.agnew@mrag.co.uk
CCRVMA	Dr.	Reid, Keith	Asesor	keith@CCRVMA.org
CCRVMA	Sr.	Wright, Andrew	Jefe de Delegación	andrew_wright@CCRVMA.org
COMNAP	Sra.	Rogan-Finnemore, Michelle	Jefa de Delegación	michelle.finnemore@comnap.aq
SCAR	Dr.	Badhe, Renuka	Delegado	rb302@cam.ac.uk
SCAR	Prof.	Kennicutt, Mahlon (Chuck)	Delegado	m-kennicutt@tamu.edu
SCAR	Dr.	Sparrow, Mike	Jefe de Delegación	mds68@cam.ac.uk

Participantes: Expertos

Parte	Tratamiento	Contacto	Cargo	Correo electrónico:
ASOC	Sr.	Barnes, James	Jefe de Delegación	jimbo0628@mac.com
ASOC	Sra.	Barrett, Jill	Asesora	j.barrett@BIICL.ORG
ASOC	Sra.	Christian, Claire	Asesora	Claire.Christian@asoc.org

ASOC	Sra.	Cirelli, Verónica	Asesora	oceanosaustrales@vidasilvestre.org.ar
ASOC	Sra.	Di Pangracio, Ana	Asesora	adipangracio@farn.org.ar
ASOC	Sr.	Leiva, Sam	Asesor	
ASOC	Sra.	Park, Jie-Hyun	Asesora	sophile@gmail.com
ASOC	Sra.	Prior, Judith Sian	Asesora	Karen.Sack@wdc.greenpeace.org
ASOC	Sr.	Roura, Ricardo	Representante del CPA	ricardo.roura@worldonline.nl
ASOC	Sr	Weller, John	Asesor	jweller@indra.com
ASOC	Sr.	Werner Kinkelin, Rodolfo	Asesor	rodolfo.antarctica@gmail.com
IAATO	Dr.	Crosbie, Kim	Representante del CPA	kimcrosbie@iaato.org
IAATO	Sra.	Hohn-Bowen, Ute	Delegada	ute@antarpply.com
IAATO	Sra.	Machado-D'Oliveira, Suzana	Delegada	Oisuzana@yahoo.com
IAATO	Sr.	Rootes, David	Delegado	david.rootes@antarctic-logistics.com
IAATO	Sra.	Schillat, Monika	Delegada	Monika@antarpply.com
IAATO	Sr.	Wellmeier, Steve	Jefe de Delegación	swellmeier@iaato.org
OHI	Capt.	Gorziglia, Hugo	Jefe de Delegación	hgorziglia@ihb.mc

Participantes: Secretarías				
Parte	Tratamiento	Contacto	Cargo	Correo electrónico:
SPA	Sr.	Acosta, Adolf	Asesor	gringo19145@hotmail.com
SPA		Aguirre, Aldana Rocío	Personal	
SPA	Sra.	Alsina, Andrea Isabel	Personal	andreaalsin@yahoo.com.ar
SPA		Alvarez, Miguel	Asesor	paisaje34@hotmail.com
SPA	Sra.	Ameri, Carolina	Personal de la SPA	info@atcm2011.gov.ar
SPA	Sr.	Arzani, Leandro	Personal de la SPA	info@atcm2011.gov.ar
SPA		Ayala, Nicolas Pablo	Personal	ayalanp@gmail.com
SPA		Barrandeguy, Martin Horacio	Personal	
SPA	Sra	Bazterrica Benson, Victoria	Personal	vicky.bazte@hotmail.com
SPA	Sr.	Bizzozero, Andres	Personal de la SPA	info@atcm2011.gov.ar
SPA	Asesora	Bovone, Silvana M.	Personal de la SPA	sbo@mrecic.gov.ar
SPA	Sr.	Briloni, Fernando Ruben	Personal de la SPA	info@atcm2011.gov.ar
SPA		Cabrera, Hugo Sebastián	Personal	
SPA	Sr.	Canio, Alejandro	Personal de la SPA	info@atcm2011.gov.ar
SPA	Sra.	Casanovas, Paula	Personal de la SPA	paulacasanovas@gmail.com
SPA	Sra.	Castelanelli, Adriana	Personal de la SPA	info@atcm2011.gov.ar
SPA	Sra.	Caviglia, Lucila	Personal de la SPA	lucaviglia@hotmail.com
SPA	Secretario	Conde Garrido, Rodrigo	Personal de la SPA	xgr@mrecic.gov.ar
SPA	Sr.	Crilchuk, Guido	Personal de la SPA	info@atcm2011.gov.ar
SPA	Sra.	Deimundo Roura, Lucila	Personal de la SPA	info@atcm2011.gov.ar
SPA	Sra.	Erceg, Diane	Asesora	
SPA	Sr.	Flesia, Carlos Felix	Personal de la SPA	
SPA	Sr.	Gomez, Gonzalo	Personal de la SPA	ggomez@cancilleria.gov.ar
SPA	Sr.	Gonzalez Vaillant, Joaquín	Personal de la SPA	joacogv@hotmail.com
SPA	Sra.	Graziani, Maria	Personal de la SPA	maria@mariagraziani.com
SPA	Sr.	Hirsch, Federico Gabriel	Personal de la SPA	info@atcm2011.gov.ar
SPA	Sra.	Idiens, Melissa	Personal de la SPA	melissa.idiens@canterbury.ac.nz
SPA	Sr.	Jimenez, Nicanor	Personal de la SPA	info@atcm2011.gov.ar
SPA	Sr.	JULIA, Gustavo	Personal de la SPA	gusjulia@gmail.com
SPA		Kestelboim, Juan Cesar	Asesor	juankestel@gmail.com
SPA	Sr.	Lopez Crozet, Martiniano	Personal de la SPA	sirmartiniano@gmail.com
SPA	Sra.	Mallmann, Heidi	Personal	heidi.mallmann@gmail.com
SPA	Sr.	Massa, Gustavo	Personal	gustavo.massa@gmail.com
SPA	Sr.	Massuh, Carlos	Personal	muh@mrecic.gov.ar
SPA	Sr.	Meli, Facundo	Personal de la SPA	facundo.meli@gmail.com
SPA	Sr.	Molinari, Angel Ernesto	Personal de la SPA	iae@mrecic.gov.ar
SPA	Sr.	Munafo, Oscar	Personal de la SPA	info@atcm2011.gov.ar
SPA	Sra.	Oberti, Tamara	Personal de la SPA	info@atcm2011.gov.ar
SPA	Sr.	Ortea Sabitay, Maximiliano	Personal de la SPA	info@atcm2011.gov.ar
SPA	Sr.	Otegui, Jose	Personal de la SPA	info@atcm2011.gov.ar

Participantes: Secretarías				
Parte	Tratamiento	Contacto	Cargo	Correo electrónico:
SPA	Sr.	Palermo, Blas Alberto	Personal de la SPA	info@atcm2011.gov.ar
SPA	Sr.	Quiroga, Ariel Fernando	Personal de la SPA	
SPA	Sr.	Rabinstein, Mariano	Asesor	mrabinstein@hotmail.com
SPA	Min.	Robalo, Jorge	Secretario Ejecutivo del PA	jr@atcm2011.gov.ar
SPA	Sr.	Sakamoto, Leonardo Martin	Personal de la SPA	martinsakamoto@hotmail.com
SPA	Sra.	Salkin, Paula Daniela	Personal de la SPA	info@atcm2011.gov.ar
SPA	Sra.	Sanchez Acosta, Sofia	Personal de la SPA	info@atcm2011.gov.ar
SPA	Srta.	Sulikowski, Chavelli	Personal de la SPA	csulik@gmail.com
SPA	Srta.	Tuttle, Robin	Personal de la SPA	robtut@yahoo.com
SPA	Sra.	Urdaniz, Belen	Personal	belenurdaniz@gmail.com
SPA	Sr.	Vega, Rodrigo	Asesor	rodrigo_vega@live.com.ar
SPA	Sra.	Vicente Lago, Emilia	Personal	evl@mrecic.gov.ar
STA	Sr.	Acero, Jose Maria	Suplente	tito.acero@STA.aq
STA	Sr.	Agraz, José Luis	Personal	pepe.agraz@STA.aq
STA	Sra.	Balok, Anna	Personal	annabalok@live.com
STA	Sr.	Davies, Paul	Personal	littlewest2@googlemail.com
STA	Sr.	Fennell, Alan	Personal	alan.fennell@STA.aq
STA	Sra.	Fontan, Gloria	Personal	gloria.fontan@STA.org.ar
STA	Sra.	Guretskaya, Anastasia	Personal	a.guretskaya@googlemail.com
STA	Dr.	Reinke, Manfred	Jefe de Delegación	manfred.reinke@STA.aq
STA	Dr.	Reinke, Friederike	Personal	friederike.reinke@uni-bremen.de
STA	Sr.	Wainschenker, Pablo	Personal	pablo.wainschenker@STA.aq
STA	Sr.	Walton, David W H	Personal	dwhw@bas.ac.uk
STA	Sr.	Wydler, Diego	Personal	diego.wydler@STA.aq
Traducción e Interpretación	Sra.	Alal, Cecilia	Personal	conference@oncallinterpreters.com
Traducción e Interpretación	Sr.	Aroustian, Aramais	Personal	conference@oncallinterpreters.com
Traducción e Interpretación	Sr.	Avella, Alex	Personal	conference@oncallinterpreters.com
Traducción e Interpretación	Sra.	Bouladon, Sabine	Personal	conference@oncallinterpreters.com
Traducción e Interpretación	Sra.	Christopher, Vera	Personal	conference@oncallinterpreters.com
Traducción e Interpretación	Sra.	Coussaert, Joelle	Personal	conference@oncallinterpreters.com
Traducción e Interpretación	Sra.	de Bassi, Teresa	Personal	conference@oncallinterpreters.com
Traducción e Interpretación	Sra.	de Choch Asseo, Ana	Personal	conference@oncallinterpreters.com
Traducción e Interpretación	Sr.	Doubine, Vadim	Personal	conference@oncallinterpreters.com
Traducción e Interpretación	Dra.	Hale, Sandra	Personal	conference@oncallinterpreters.com
Traducción e Interpretación	Sr.	ISTAenko, Viktor	Personal	conference@oncallinterpreters.com
Traducción e Interpretación	Sr.	Ivacheff, Alexey	Personal	conference@oncallinterpreters.com
Traducción e Interpretación	Sra.	Lacey, Roslyn	Personal	conference@oncallinterpreters.com
Traducción e Interpretación	Sra.	Lieve, Marisol	Personal	conference@oncallinterpreters.com
Traducción e Interpretación	Sra.	Lira, Isabel	Personal	conference@oncallinterpreters.com
Traducción e Interpretación	Sra.	McGrath, Peps	Personal	peps.mcgrath@oncallinterpreters.com
Traducción e Interpretación	Sr.	Orlando, Marc	Personal	conference@oncallinterpreters.com
Traducción e Interpretación	Sra.	Poblete, Verónica	Personal	conference@oncallinterpreters.com
Traducción e Interpretación	Sra.	Rosenstein, Cecilia	Personal	conference@oncallinterpreters.com

Participantes: Secretarías				
Parte	Tratamiento	Contacto	Cargo	Correo electrónico:
Traducción e Interpretación	Sra.	Stern, Ludmila	Personal	conference@oncallinterpreters.com
Traducción e Interpretación	Sr.	Tanguy, Philippe	Personal	conference@oncallinterpreters.com
Traducción e Interpretación	Sra.	Ulman, Irene	Personal	conference@oncallinterpreters.com
Traducción e Interpretación	Sra.	Weschler, Doralia	Personal	conference@oncallinterpreters.com
Traducción e Interpretación	Dra.	Wilson, Hilary	Personal	conference@oncallinterpreters.com

Participantes: Invitados				
Parte	Tratamiento	Contacto	Cargo	Correo electrónico:
Malasia	Sr.	Othman, Mohd Hafiz	Asesor	hafizwp@kln.gov.my
Malasia	Su Excelencia	Yaacob, Dato´Zulkifli	Jefe de Delegación	aizzaty@kln.gov.my